U0882660

中央党校大讲堂

曹普讲稿

中共中央党校出版社
The Central Party School Publishing House

图书在版编目（CIP）数据

曹普讲稿/曹普著 . --北京：中共中央党校出版社，2019.6

（中央党校大讲堂）

ISBN 978-7-5035-6479-6

Ⅰ.①曹… Ⅱ.①曹… Ⅲ.①中国共产党-干部教育-学习参考资料 Ⅳ.①D262.3

中国版本图书馆 CIP 数据核字（2018）第 217716 号

曹普讲稿

策划统筹 李瑞琪
责任编辑 任 典
版式设计 尉红民
责任印制 陈梦楠
责任校对 马 晶
出版发行 中共中央党校出版社
地 址 北京市海淀区长春桥路 6 号
电 话 （010）68929580（办公室） （010）68929899（发行部）
（010）68922815（总编室） （010）68929342（网络销售）
传 真 （010）68922814
经 销 全国新华书店
印 刷 北京柏力行彩印有限公司
开 本 700 毫米×1000 毫米 1/16
字 数 507 千字
印 张 31.25
版 次 2019 年 6 月第 1 版 2019 年 6 月第 1 次印刷
定 价 96.00 元

网 址：www.dxcbs.net 邮 箱：zydxcbs2018@163.com
微 信 ID：中共中央党校出版社 新浪微博：@党校出版社

版权所有 · 侵权必究

如有印装质量问题，请与本社发行部联系调换

出版说明

历经80多年的风雨，中央党校作为培训轮训党员领导干部，培养党的理论队伍，学习、研究、宣传马列主义、毛泽东思想、中国特色社会主义理论、习近平新时代中国特色社会主义思想的重要阵地和干部加强党性锻炼的熔炉，在党的干部教育方面一直发挥着重要作用。中央党校的教师们以他们独特的学术视角、深厚的理论功底和紧跟时代发展的观念意识，在课堂上传播智慧、启迪思想，其中一些教师还为中央政治局集体学习做过讲解。他们多年的研究成果和授课经验是十分难得的珍贵教学研究资料。

因此，我们选取了在中央党校有代表性的教授，将他们的讲稿进行精选和编辑整理，形成《中央党校大讲堂》丛书。丛书中收录了中央党校著名教师为中央党校各班次学员、地方党校学员以及政府机关和企事业单位培训授课的讲稿。这些讲稿在一定程度上展示了中央党校的教学风貌，反映了中央党校目前教学与研究的一流水平，也体现了中央党校在中高级党政领导干部教育方面所作的努力和贡献。

《中央党校大讲堂》第一批图书于2013年出版后，获得了学界和读者多方面好评，产生了较大的社会影响。在此基础上，我们特推出《中央党校大讲堂》第二批图书。

《中央党校大讲堂》第二批图书共10卷。讲稿作者既有学界著名专家，也有教学和科研成果显著的知名教师；讲稿内容涵盖马克思主义理论教育与研究的各个方面，包括哲学、经济学、文史、党史、党建、国际战略等各学科领域。

我们期望《中央党校大讲堂》第二批图书的出版，能够使读者了解中央党校厚重的历史；能够展现中央党校一贯的教学传统和求实的授课风格，反映出中央党校教学和研究的重要成果；能够使年轻教师从中深刻感悟作者们严谨治学的态度和直面现实问题的意识，传承光大教书育人的学理智慧；能够让各级领导干部和更多的读者从中受到马克思列宁主义理论的熏陶和新时代中国特色社会主义理论与实践成功经验的启迪。

2019 年 3 月

目 录

基本理论篇

历史经验篇

目　　录　　CONTENTS

文献导读篇

改革源流篇

基本理论篇

毛泽东关于中国社会主义建设的理论*

1956 年我国社会主义改造基本完成以后，我们党带领人民转入全面的大规模的社会主义建设。以毛泽东同志为核心的党的第一代中央领导集体带领全党全国人民对适合中国国情的社会主义道路进行了艰苦探索并取得了重要思想理论成果，积累了在中国这样的社会生产力水平十分落后的东方大国进行社会主义建设的重要经验。这些理论成果和宝贵经验，是毛泽东思想科学体系的重要组成部分，是中国特色社会主义理论的重要思想来源，至今仍具有重要的现实指导意义。

一、关于社会主义社会的基本矛盾和两类矛盾的学说

马恩经典作家认为，人类社会的基本矛盾是生产关系和生产力的矛盾、上层建筑和经济基础的矛盾。但是，由于当时社会实践的局限，马克思、恩格斯没有明确地讨论过社会主义社会的矛盾问题。肯定社会主义存在矛盾这一观点是由列宁最先提出来的，他在 1902 年就曾预言："在社会主义制度下，对抗将要消失，矛盾还会存在。"[①] 由于列宁过早的逝世，他的这一思想没有得到发挥。在苏联完成社会主义改造，进入社会主义社会后，斯大林却长期不承认社会主义还有矛盾。他认

---

* 这是 2002 年 4 月在中央党校两年制西藏班的授课讲稿。

① 列宁：《对布哈林〈过渡时期的经济〉一书的评论》，人民出版社 1976 年版，第 12 页。

为，社会主义社会的生产关系和生产力是完全适合的，工人、农民、知识分子亲密团结、友爱合作，在政治上道义上是一致的，这种友爱合作和团结一致就是社会主义社会发展的动力。斯大林晚年对这一认识曾有过纠正，但也只是承认社会主义社会的生产关系和生产力之间会存在矛盾，而却没有把它当作社会主义社会的基本矛盾，更没有提出社会主义社会还存在敌我矛盾和人民内部矛盾这两类不同性质矛盾的问题。

在国际共产主义运动史上，第一次对社会主义社会的基本矛盾、两类矛盾及其性质问题作出深入、全面、系统分析的人，是中国共产党的领袖毛泽东。毛泽东于 1957 年 2 月发表的《关于正确处理人民内部矛盾的问题》的讲话，运用马克思主义唯物辩证法科学地分析了社会主义社会存在的各种矛盾，正确地提出和阐述了解决这些矛盾必须坚持的原则和方法，从而奠定了社会主义矛盾学说的理论基础，极大地发展了马克思主义的矛盾学说。

毛泽东提出这个问题，是有深刻的国际国内背景的。

就国内情况而言，20 世纪 50 年代中期的中国，正处在一个历史大转折时期：大规模的急风暴雨式的阶级斗争基本结束了，敌我矛盾、阶级剥削与被剥削的矛盾基本解决了，但人民内部矛盾却大量地显露出来，开始成为我国政治生活中的一个突出特点。从 1956 年下半年起，我国一些地区接连出现了严重的不安定形势。据统计，在 1956 年 9 月后开始的半年时间里，全国城乡共发生 29 起约 10000 多名工人罢工、30 起约万余名学生罢课的事件。在农村中，夏收以来也连续发生了闹社的风潮，如浙江省农村发生请愿上访、哄抢公物、殴打干部等事件 1100 多起，广东省农村先后闹退社、分社的农户也有近 12 万户等。发生这些事件的原因，从当时的调查情况看，绝大多数是因为领导机关严重的官僚主义所致，事件的性质显然属于人民内部矛盾。但是，当时各地的许多干部党员却认为，“好人不闹事，闹事没好人”“凡是与政府闹事的就是敌我矛盾”。基于这样的认识，他们对群众的闹事，一是“怕”，二是“简单处理”，即采取压制和压服的办法，动辄批判、开除，甚至动用武力，比如：广东某县麻风病防治委员会，要在某乡盖一个麻风病院，和群众商量，群众不同意，但县政府不顾群众反对，硬在那里盖了一所麻风病院，这就惹恼了群众，有 400 多人在合作社主任的带领下，把麻风病院拆掉，把干部的衣服也扯烂了。对于群众的行动，县政府认为是造反，于是派县公安局的负责人带警察赶赴现场进行强压，警察开枪打死5人、打伤9个人。又如，甘肃兰州的一所技校，放寒假时，外省籍的学生要求学校发给回家路费，学校不同意，300多名学生闹了起来，学校领导采取强硬办法，抓了60多人，认为他们是反革命。① 这种用简单粗暴手段处理人民内部矛盾的做法不但未能解决问题，反而激化了矛盾。毛泽东指出："现在我们有些同志，对待人民内部问题动不动就想'武力解决'，这是非常危险的，必须坚决纠正的"②。

就国际情况而言，毛泽东提出正确处理人民内部矛盾问题，是同总结和吸取苏联和东欧一些社会主义国家在这个问题上的经验教训分不开的。首先讲一下苏共二十大的情况。1956年2月14日至25日召开的苏共二十大，是斯大林去世后，苏共召开的第一次党代表大会，引起了全世界的注意。苏共二十大开幕后，总体上是按预定日程进行的，但就在大会即将闭幕的头一天晚上，也就是2月24日晚上，苏共中央总书记赫鲁晓夫召开了一次事先没有安排且只有苏联代表团参加的秘密会议，在会上作了长达4个小时的《关于个人崇拜及其后果》的秘密报告，秘密报告的核心，是揭露斯大林制造个人崇拜及其产生的严重后果，对斯大林几乎来了一个全盘否定。赫鲁晓夫在报告中列举的斯大林的错误主要包括：欣赏并提倡个人崇拜，亲自把吹捧和称赞自己的话写进斯大林传记中；性格粗暴，独断专行，滥用重大权力，给党和国家造成无法估计的损失；在反法西斯战争前夕，缺乏必要的警惕，战争中按地球仪制订作战计划，搞瞎指挥；在肃反斗争中，把党内思想斗争的问题同社会上的阶级斗争混为一谈，制造了大量冤假错案，等等。既然是秘密会议，赫鲁晓夫在会上一再要求对报告内容保密。但会后不久，一直密切关注大会进展的美国中央情报局很快就搞到了这个秘密报告的副本，并在《纽约时报》上对外公布。正如美国人期待的，秘密报告公布后，犹如一枚重磅炸弹，立即在国际社会特别是在社会主义阵营内

① 参见薄一波：《若干重大决策与事件的回顾》（下），中共中央党校出版社1993年版，第571页。

② 薄一波：《若干重大决策与事件的回顾》（下），中共中央党校出版社1993年版，第571页。

引起了一股巨大政治冲击波。首先受到冲击的是波兰和匈牙利两国。赫鲁晓夫做完秘密报告后，要求波兰统一工人党总书记贝鲁特表态，贝鲁特被这种突然袭击弄得不知所措，慌乱之中心脏病突发，猝死在莫斯科。秘密报告公布后 3 个月，波兰发生了波兹南事件，数十万群众涌上街头，并与政府军发生冲突。同年 10 月，发生了更加严重的匈牙利事件，匈牙利首都布达佩斯的军事仓库、电话交换台、电台、报社等被群众占领，群众高呼反苏口号，局势出现严重失控，直到苏联两次出兵干涉，匈牙利局势才得以稳定。历史学家在评价苏联乃至整个国际共产主义运动史的时候，普遍认为 1956 年是个转折年，是二战之后国际共产主义运动由蒸蒸日上到经历曲折的转折点，而在这一年所发生的所有重大事件中，又首推苏共二十大上赫鲁晓夫作的这个秘密报告。

总之，这一连串的国际国内事件的发生，使 1956 年下半年，用毛泽东的话说，成了一个“多事之秋”。面对这个“多事之秋”，毛泽东等中央领导人进行了深入思考和研究，认为“多事之秋”所反映出来的问题，说到底，是如何认识、正确处理社会主义国家的人民内部矛盾问题。为此，在经过长时间的酝酿和深思熟虑后，1957 年 2 月 27 日，毛泽东在最高国务会议第 11 次会议上作了《关于正确处理人民内部矛盾的问题》（以下简称《正处》）的讲话，讲话围绕着正确处理人民内部矛盾这个总题目，就社会主义社会是否存在矛盾、矛盾的性质以及处理矛盾的方法等问题，进行了深入、系统的阐述，创造性地提出了一系列认识和处理社会主义条件下矛盾问题的正确方针：第一，揭示了社会主义社会的基本矛盾及其性质、特点和运动规律。针对斯大林一度否认社会主义社会存在矛盾的观点，毛泽东指出：矛盾普遍存在，社会主义社会仍然充满着矛盾，其基本矛盾仍然是生产关系和生产力、上层建筑和经济基础之间的矛盾，正是这些矛盾推动着社会主义社会向前发展。但社会主义社会的基本矛盾，同旧社会的矛盾具有根本不同的性质和情况。社会主义社会生产关系和生产力、上层建筑和经济基础之间是又相适应又相矛盾，它不表现为剧烈的对抗和冲突，可以经过社会主义制度本身的改革和完善，不断得到解决。第二，提出了两类不同性质的矛盾及其区分和处理的正确方法。毛泽东认为，社会主义国家政治生活中存在着两类不同性质的矛盾，这就是敌我矛盾和人民内部矛盾。由于这两类矛盾性质不同，因此解决的方法也不同。敌我之间的矛盾是对抗性的矛盾，必须用强制、专政的方法去解决，而人民内部矛盾则是非对抗性的矛盾，只能用民主的、说服教育的“团结——批评——团结”的方法去解决。毛泽东同时强调，两类不同性质的矛盾在一定条件下是可以相互转化的，如果处理得当，敌我矛盾可以转化为人民内部矛盾，人民内部矛盾如果处理不当，有的也可以转化为敌我矛盾。第三，提出正确处理人民内部矛盾是社会主义国家政治生活的主题。社会主义社会的政治性矛盾虽然分为两类，但在社会主义改造完成后，革命时期的大规模的急风暴雨式的群众阶级斗争基本结束，剥削阶级作为一个完整的阶级已经被消灭，大量突出的是人民内部矛盾，而且愈益上升至主导地位。因此，正确处理人民内部矛盾，就成为社会主义国家政治生活的主题。第四，阐明了正确处理人民内部矛盾的一系列具体方针和政策。在经济工作方面，提出要“统筹兼顾，适当安排”；在分配方面，提出要兼顾国家、集体和劳动者个人三者的利益；在科学文化方面，提出要“百花齐放，百家争鸣”；在共产党与民主党派关系方面，提出要“长期共存，相互监督”，在处理民族关系上，提出既要反对大汉族主义，又要反对地方民族主义，等等。毛泽东提出这些方针和政策的着眼点，是调动一切积极因素，团结一切可以团结的人，并尽可能化消极因素为积极因素，为社会主义这一伟大事业服务。

《正处》与《论十大关系》是新中国成立后毛泽东在探索中国自己的社会主义建设道路过程中构筑的理论“双峰”，是分析和论述中国社会主义建设全局问题的重要文献。1957 年 6 月 19 日，当《正处》经过 14 次修改，在《人民日报》正式发表后，立即在世界范围内引起了广泛注意和反响。英国《曼彻斯特卫报》在社论中认为：“这篇讲话对世界共产主义的影响可能比赫鲁晓夫的秘密演说来得大，因为，毛泽东的讲话完全是积极地提出新的思想和政策，而赫鲁晓夫主要是消极地贬斥过去。”① 东欧大部分国家拥护这个讲话，并给予了高度评价，例如波兰《人民论坛报》认为，毛泽东的讲话“是苏共二十大后第一个根据近年来的问题和经验如此大规模地发挥社会主义理论的尝试，它的贡献在

① 薄一波：《若干重大决策与事件的回顾》（下），中共中央党校出版社 1993 年版，第 595 页。

于提出了以前一个时期内由于教条主义束缚而没有人提出的社会主义国家内部矛盾的问题”。也有不赞成毛泽东这篇讲话精神的，这主要来自苏联官方。《正处》发表后不久，赫鲁晓夫在与美国哥伦比亚广播公司记者谈话时认为，苏联不存在如毛泽东所说的领导者与被领导者之间的矛盾，苏共中央宣传部长更声称苏联不存在人民内部矛盾。

毛泽东在45年前提出的关于正确处理社会主义矛盾的学说，其基本观点，直到今天仍然具有重要的现实指导意义。从国际经验看，发展中国家在人均国民生产总值达到1000美元上下的时候，都是社会矛盾比较集中、比较尖锐的时期，我国目前正处于这样的时期。我国今天人民内部矛盾的多样性、尖锐性，甚至远远超过当时：一是矛盾的复杂性增加；二是矛盾的群体性突出；三是矛盾的对抗性趋强；四是矛盾的危害性更烈；五是矛盾的调处难度加大。对新时期人民内部矛盾的处理，必须针对新的具体实际，对矛盾产生的原因、性质、特征作出新的科学分析，进而找到解决矛盾的正确方法。

二、关于中国社会主义现代化建设的战略目标

在社会主义的条件下实现现代化，实现国家的繁荣昌盛和人民富裕，是中国近代以来一切爱国志士梦寐以求的理想，也是中国共产党人矢志不渝的追求。但是，由于帝国主义的侵略掠夺和长期战乱的破坏，新中国成立初期，我国生产力的发展水平还是十分低下的，现代化的大工业基础更是一片空白。对此，1954年6月14日，毛泽东在中央人民政府委员会第30次会议上曾深有感触地说：“现在我们能造什么？能造桌子椅子，能造茶碗茶壶，能种粮食，还能磨成面粉，还能造纸，但是，一辆汽车、一架飞机、一辆坦克、一辆拖拉机都不能造。”① 后来，他又多次对中国经济文化落后的情况进行过论述。1963年9月，他在一份报告上批示：“我国从19世纪40年代起，到20世纪40年代中期，共计105年时间，全世界几乎一切大中小帝国主义国家都侵略过我国，都打过我们，除了最后一次，即抗日战争……外，没有一次战争不是以我国失败、签订丧权辱国条约而告终。其原因，一是社会制度腐败，二

① 《毛泽东著作选读》下册，人民出版社1986年版，第712页。

是经济技术落后。”因此，他指出：“如果不在今后几十年内，争取彻底改变我国经济和技术远远落后于帝国主义的状态，挨打是不可避免的。”①

正是从迅速改变我国贫穷落后、“一穷二白”面貌的紧迫感和危机感出发，新中国成立后不久，党和毛泽东就向全党全国人民提出了把我国建设成为伟大的社会主义现代化强国的奋斗目标，而实现工业、农业、国防和科学技术的“四个现代化”，则是这一目标的具体体现。

“四个现代化”导源于革命战争年代即已提出的“工业化”口号。1944 年 5 月，毛泽东在陕甘宁边区职工代表大会上的讲话中曾指出，中国落后的原因，主要是没有新式工业。日本帝国主义为什么敢于这样欺负中国，就是因为中国没有强大的工业，它欺负我们落后。因此，消灭这种落后，是我们全民族的任务。在这个会议上，毛泽东正式提出了中国要实现工业化的设想。

新中国成立后，中国共产党成为全国的执政党，中国社会现代化的实现有了坚强的政治基础。1953 年 12 月，毛泽东在他修改审定的《关于党在过渡时期总路线的学习和宣传提纲》中，初步提出了“四个现代化”的思想。1954 年 9 月 15 日，在第一届全国人民代表大会第一次会议的开幕词中，毛泽东明确宣布：我国人民“准备在几个五年计划之内，将我们现在这样一个经济上文化上落后的国家，建设成为一个工业化的具有高度现代文化程度的伟大的国家”。② 正是根据毛泽东的这个思想，周恩来在这次会议上所作的《政府工作报告》中，代表党中央第一次正式宣布了“建设起强大的现代化的工业、现代化的农业、现代化的交通运输业和现代化的国防”的宏伟设想，这也是我们党对“四个现代化”概念所作最早的表述，这一表述，在 1956 年 9 月被写进了新修订的八大党章中。此后几年，“四个现代化”在内容表述上曾有过一些变化。“四个现代化”还一度变成了“三个现代化”，即工业现代化、农业现代化和科学文化现代化，增加了“科学文化现代化”的内容，少了“国防现代化”。直到 1959 年年底至 1960 年年初，毛泽东在读苏联《政治经济学教科书》，反思中国社会主义建设的历史教训，再次提到“四

① 《毛泽东著作选读》下册，人民出版社 1986 年版，第 848 页。

② 《毛泽东著作选读》下册，人民出版社 1986 年版，第 715 页。

个现代化”问题时，才提议要在“工业”“农业”“科学文化”现代化之外重新加上“国防”现代化，从而第一次比较完整地表述了目前所说的“四个现代化”的内容。

对“四个现代化”给予更确切的界定并正式把它确定为国家发展的战略目标，是到了1963年、1964年，即调整国民经济取得显著成效之后。1963年1月下旬，刘少奇、周恩来先后在北京科技界春节晚会和上海民主人士春节座谈会、上海科技工作会议的讲话中，把“四个现代化”界定为“农业现代化、工业现代化、国防现代化和科学技术现代化”，号召各界人士为实现这样的“目标”而奋斗。周恩来明确提出：实现四化“关键在于实现科学技术的现代化”。1964年12月，周恩来在第三届全国人民代表大会第一次会议上作的《政府工作报告》中，代表党中央向党内外正式宣告：我们“今后发展国民经济的主要任务，总的说来，就是要在不太长的历史时期内，把我国建设成为一个具有现代农业，现代工业、现代国防和现代科学技术的社会主义强国，赶上和超过世界先进水平”。为了实现这个伟大历史任务，我国的国民经济发展分两步走：“第一步，建立一个独立的比较完整的工业体系和国民经济体系；第二步，全面实现农业、工业、国防和科学技术的现代化，使我国经济走在世界的前列。”① 周恩来这里关于“四个现代化”内容的提法，后来成为四个现代化的经典的、规范性的表述，为各种文件所引用。

“文化大革命”开始以后，四个现代化建设受到严重冲击和破坏。1974年底，毛泽东发出把国民经济搞上去的指示。根据这个指示，1975年1月13日，周恩来在第四届全国人民代表大会第一次会议上的《政府工作报告》中，又一次重申了他在1964年提出的四个现代化的目标，并在第二步设想前特别加上了“在本世纪内”几个字，明确提出要在20世纪内实现四个现代化。

“四个现代化”是以毛泽东同志为核心的党的第一代中央领导集体为我国现代化建设勾画的宏伟蓝图，体现了中国人民决心屹立于世界先进民族之林的雄心壮志，为全党全国人民指明了奋斗的方向。党的十一届三中全会后，以邓小平同志为核心的第二代中央领导集体在继承毛泽东“四个现代化”思想的基础上，总结经验教训，对毛泽东规划的现代

① 中共中央文献研究室编：《周恩来经济文选》，中央文献出版社1993年版，第563页。

化蓝图进行了修正和补充，先后提出了“小康”目标和中国分“三步走”基本实现现代化的新发展战略。“四化”的内容有所更新，体现在党的十三大提出要实现工业化和生产的商品化、社会化、现代化以及十五大报告中提出要实现工业化和经济的社会化、市场化、现代化上。

三、关于中国社会主义工业化道路的设计

工业化描述的是一个国家生产力发展的过程，其特征是建立起用机器和科技装备的国民经济大工业。按照西方的历史进程，这种工业化（或说工业革命）一般是由资产阶级完成的，比如，英国通过圈地运动和对外殖民掠夺最早实现了工业化，德国通过对法战争索取了50亿法郎战争赔款加速了工业化，其他西方国家的工业化也是由资产阶级完成的，因此，马克思、恩格斯对无产阶级革命以后的社会主义工业化问题，基本上没有论及。

十月革命胜利后，列宁从俄国的国情出发，把建立和发展大工业视为巩固和发展社会主义的唯一物质基础。斯大林根据列宁的思想，进一步阐明了社会主义工业化的本质和中心，指出：“不是发展任何一种工业都算做工业化。工业化的中心，工业化的基础，就是发展重工业（燃料、金属等等），归根到底，就是发展生产资料的生产，发展本国的机器制造业。”[①] 在斯大林的领导下，苏联的工业化，是通过片面优先发展重工业，在一定程度上牺牲农业和轻工业的方式实现的，导致了严重的后果。

1956年社会主义制度建立后，毛泽东在借鉴苏联经验教训的基础上，深入研究中国经济问题，提出了关于中国工业化道路的整体构思。

第一，关于中国工业化的目标。毛泽东提出，中国工业化的目标是建立独立、完整的工业体系。所谓建立独立、完整的工业体系，“主要是说：自己能够生产足够的主要的原材料；能够独立地制造机器，不仅能够制造一般的机器，还要能够制造重型机器和精密机器，能够制造新式的保卫自己的武器，像国防方面的原子弹、导弹、远程飞机；还要有相应的化学工业、动力工业、运输业、轻工业、农业等等”[②]。毛泽东

---

① 《斯大林全集》第8卷，人民出版社1954年版，第113页。

② 《周恩来选集》下卷，人民出版社1984年版，第232页。

认为，如果不“建立独立的完整的工业体系”①，一旦风吹草动，没有任何一个国家能够支援我们解决问题。1959年年底至1960年年初，毛泽东在读苏联《政治经济学教科书》时，专门对教科书中一段关于中国是一个大国，人口居世界第一，拥有丰富的种类繁多的自然资源，因此，必须建立自己完整的工业体系的话作了评述，认为这段话写得不错。毛泽东说，过去苏联和东欧的一些国家都曾经要我们不搞完整的工业体系，我们没有答应，“像捷克、日本这些国家，铁矿等资源靠外国，还发展了钢铁工业，我们资源多，怎么能不搞呢?”② 毛泽东关于建立独立、完整的工业化体系的思想，符合中国实际，适应长远发展要求，作为中国社会主义工业化的目标要求，至今仍具有重要的现实意义。

第二，关于中国社会主义工业化道路的内容。为了建立一个独立、完整的工业体系，1956年4月，毛泽东在《论十大关系》讲话中，第一次提出要正确处理农业、轻工业和重工业的关系，开始涉及中国社会主义工业化的道路问题。1957年2月，在《关于正确处理人民内部矛盾的问题》的讲话中，毛泽东则明确提出了中国工业化道路的问题，指出：“工业化道路的问题，主要是指重工业、轻工业和农业的发展关系问题”，我国的经济建设必须以重工业为中心，“但是同时必须充分注意发展农业和轻工业”“发展工业必须和发展农业同时并举”。1959年庐山会议前期，毛泽东针对“大跃进”运动中片面发展钢铁工业，造成国民经济比例失调的问题，提出了安排国民经济要以农、轻、重为序的思想。他说，过去安排计划是重、轻、农，这个关系要反一下，现在要强调把农业搞好，次序改为农、轻、重。根据毛泽东的讲话精神，这次会议决定今后要以农、轻、重为序安排国民经济，即在保证农业、轻工业基本需要的条件下，再安排重工业。以农、轻、重次序安排国民经济计划的思想，对以往沿袭多年的以重、轻、农次序安排国民经济的思想相比是一个根本性的改变，表明党和毛泽东对中国工业化道路认识的进一步深化。1959年年底，在一次读苏联《政治经济学教科书》之后的谈话中，毛泽东对农轻重关系作了全面解释，指出：我们的提法是在优先发展重工业的条件下，发展工业和发展农业同时并举。所谓并举，并不

---

① 《毛泽东选集》第4卷，人民出版社1991年版，第1433页。

② 陈晋主编：《毛泽东读书笔记解析》，广东人民出版社1996年版，第591页。

否认重工业优先增长，不否认工业发展快于农业；同时，并举也不是要平均使用力量。他还提出，在安排国民经济计划的时候，“工业的发展当然要快于农业。但是提法要适当，不能把工业强调到不适当的地位。否则一定会发生问题”①。

进入国民经济调整时期后，毛泽东又明确提出了“农业是基础，工业是主导”的发展国民经济的总体战略思想。1962 年，党中央把毛泽东这一思想概括为“以农业为基础，以工业为主导”的发展国民经济的总方针。

第三，关于中国工业化的方针。在确定了中国工业化的目标和明确了工业化过程中要着重处理好的重要关系的同时，毛泽东还提出了中国工业化必须坚持的一系列基本方针。主要是：其一，“两条腿走路”的方针，这主要是几个同时并举，包括工业和农业同时并举、重工业和轻工业同时并举、中央工业和地方工业同时并举、沿海工业和内地工业同时并举、大型企业和中小型企业同时并举、土法生产和洋法生产同时并举，等等。其二，自力更生为主，争取外援为辅的方针。其三，厉行节约、勤俭建国的方针等。

对于毛泽东的中国工业化道路思想及其成果，美国毛泽东思想研究专家莫里斯·迈斯纳给予了高度评价，认为在毛泽东时代，中国已从一个基本的农业国转变为一个初具规模的工业国，“与世界上的发展中国家及主要发达国家的早期发展相比，中国经济的增长率是较高的，与现代世界历史上任何国家实现工业化的周期相比，中国的发展速度也是较快的”“50 年代初期，中国从比比利时还要弱小的工业起步，到毛泽东时代结束时，长期以来被耻笑为‘东亚病夫’的中国已经跻身于世界前 6 位最大的工业国家之列”“毛泽东主义的工业化是在没有外国贷款和投资的情况下进行的。在毛泽东时代结束时，中国是唯一一个既无外债又无国内通货膨胀的国家”，未来的历史学家“肯定会把人民共和国史上的毛泽东时代作为世界史上伟大的时期之一，作为一个取得了社会成就和人类成就的时期（而载入史册）”。②

---

① 《毛泽东文集》第 8 卷，人民出版社 1999 年版，第 123 页。

② 〔美〕莫里斯·迈斯纳著，杜蒲、李玉玲译：《毛泽东的中国及后毛泽东的中国》，四川人民出版社 1990 年版，第 537—543 页。

四、关于社会主义经济体制改革的重要思想

改革开放前，中国社会主义的政治、经济体制和其他体制基本上是20世纪50年代照抄苏联模式建立起来的。苏联模式的特征，用一句话来概括，就是高度中央集权的行政命令式的社会主义。苏联模式有各种表现：反映在政治体制上，其特征主要有三：一是高度集权的以党代政的领导体制；二是干部的委派制和终身制；三是轻法治重人治，领袖权威至上。反映在经济体制上，则有四个特征：一是强调所有制形式的单一化；二是主要以行政手段管理经济；三是实行指令性的计划经济，排除市场机制的作用；四是强调高速度、高积累，优先发展重工业，忽视农业、轻工业。

新中国建立初期，我国照抄苏联的这种模式建立起来的高度集中统一的政治经济体制，应该说，为促进国民经济的迅速恢复、保证抗美援朝的胜利、完成三大改造和“一五”计划，都起了重大的作用。然而，随着社会主义建设的全面展开，它的弊端也日益突出地显露出来，因此必须对之进行改革。

关于改革经济体制，毛泽东提出并主要探讨了以下三个问题。

第一，关于正确处理中央和地方的关系，发挥中央和地方两个积极性的问题。由于照搬苏联，我国经济体制中存在的一个严重弊端是：权力过分集中于中央，过于统一，地方缺乏独立性，因此影响了地方积极性的发挥。为此，1956年4月，毛泽东在《论十大关系》讲话的第五个问题中专门讲了中央与地方的关系。他指出，像中国这样幅员大、人口多、情况复杂的国家，应当在巩固中央统一领导的前提下，扩大一点地方的权力，给地方更多的独立性，让地方办更多的事情。有中央和地方两个积极性，比只有一个积极性要好得多。此前，1952年11月，在江苏视察时，毛泽东就说：“中国是一个大国，中国本身就是一个联合国，各省都要按照自己的特点，搞好经济建设。”① 1959年底，毛泽东在读苏联《政治经济学教科书》总结教训时再次指出，中央管得多，管

① 邸延生：《历史的真言——李银桥在毛泽东身边工作纪实》，新华出版社2000年版，第540页。

得死，这是我们国家管理体制中的主要倾向。中央不能只靠自己的积极性，还必须同时依靠地方的积极性。他把我国同欧洲相比较来强调这个问题，指出：欧洲的好处之一，是各国林立，各搞一套，使欧洲经济发展较快。我国自秦以来形成大帝国，从那以后，少数时间是分裂，多数时间保持统一，缺点之一就是官僚主义，统治很严，控制太死，地方没有独立性，大家拖拖沓沓，懒懒散散，过一天算一天，经济发展很慢。因此，他主张既统一，又分权，即在全国统一计划下，各省尽可能都各搞一套。

关于如何发挥好两个积极性，毛泽东强调了三点：一是中央要和地方商量办事情。他说，现在中央各部门几十只手插到地方，给地方的压力很大，各种报表之多，闹得泛滥成灾。这种情况，必须纠正。凡是同地方有关的事情，都要先同地方商量，商量好了再下命令。二是解决好统一和特殊的关系。毛泽东指出，我们要统一，也要特殊。中央强有力的统一领导是必要的，但各地方地情不同，必须因地制宜，要考虑适合当地情况的特殊。三是解决好各个层次的上下级关系问题。中央要注意发挥省市的积极性，省市也要注意发挥地、县、区、乡的积极性，都不能够框得太死。凡是可以和应当统一的，必须统一，而不可以和不应当统一的，不能强求统一。

另外，毛泽东还从利益关系的角度论述了处理好中央和地方关系的问题。他认为，人的积极性总是同利益相联系的，在保证统一的国家整体利益的同时，地方也有获取利益的权利。相反，如果地方的利益得不到满足，积极性不能发挥，国家的利益也就无法保证。因此，他说，要发展社会主义建设，就必须发挥地方的积极性。中央要巩固，就要注意地方的利益，并且明确指出："正当的独立性，正当的权利，省、市、地、县、区、乡都应当有，都应当争。这种从全国整体利益出发的争权，不是从本位利益出发的争权，不能叫做地方主义，不能叫做闹独立性。"①

第二，关于增加企业的"独立性"和改革企业内部管理制度的问题。"一五"期间，我国实行的高度集权的计划管理体制，不仅影响了地方积极性的发挥，而且影响了企业生产积极性的发挥。为了克服高度

① 《毛泽东文集》第7卷，人民出版社1999年版，第33页。

集中的经济体制造成的压抑企业生产积极性的状况，毛泽东着重从两个方面进行了探索。

一是提出要增加企业的“独立性”，以调动企业生产的积极性。当时影响企业积极性发挥的首要因素是企业缺乏自主权。就企业财务管理来说，当时国家对企业实行统收统支的办法，企业收入全部上交财政，支出全部由财政拨款。当时的规定是，国营企业的厂长、经理，视企业规模大小和性质不同，只有开支200元到500元人民币的机动权，公私合营企业更少，超出规定数字就要报批。企业若要进行技术改造，也要作出计划，报请上级批准。这样就使企业该办的事不能及时办，限制了企业的自主性，妨碍了生产的更快发展。针对这种情况，毛泽东指出：“把什么东西统统都集中在中央或省市，不给工厂一点权力，一点机动的余地，一点利益，恐怕不妥。”① 他提出，企业要有点“独立王国”，就是说要有半独立性，不但企业的管理权要下放，财务权要下放，利润也要下放。为了让企业具有一定的独立性，除了把一部分权力下放给企业以外，毛泽东还赞同办托拉斯企业的设想。所谓办托拉斯，即把生产和经营同类产品的许多企业联合组成专业性的大公司，按经济规律而不是靠行政命令管理经济。1963年3月，为了解决烟草行业长期存在的争原料、争市场等问题，中央根据刘少奇的提议，试办了中国第一个托拉斯——中国烟草工业总公司。1964年1月，在听取国家计委关于托拉斯问题的汇报时，毛泽东说：“目前这种按行政方法管理经济的办法，不好，要改。比如说，企业里用了那么多的人干什么？人要吃饭的，要消耗的，用那么多的人，就是不按经济法则办事。”② 他还说，商业为什么不能用经济渠道管理？为什么只能按行政区划设置机构？要打破省、专、县界嘛！就是要按经济渠道办事。试办托拉斯，用托拉斯的组织形式来管理工业，这是工业管理体制上的一项重大改革，对于改变新中国成立后一段时间内偏重用行政办法管理企业，使企业变成行政单位附属物的状况有重大作用，实际上已接近了经营权与所有权相分离的思想。毛泽东对这种办法的支持表明了他的改革探索精神。

---

① 《毛泽东文集》第7卷，人民出版社1999年版，第29页。

② 薄一波：《若干重大决策与事件的回顾》（下），中共中央党校出版社1993年版，第1175页。

二是提出要改革企业内部的管理制度，以调动工人群众的生产积极性。“一五”期间，在企业管理上，我国模仿苏联“马钢宪法”的做法，在企业推行“一长制”，这对企业管理起过一定的积极作用，但也有缺点。1956年4月，毛泽东对“一长制”提出批评后，党的八大决定在工矿企业中实行党委领导下的厂长负责制，同时建立党委领导下的职工代表大会制，目的是吸收职工群众，扩大企业民主权利，参与企业管理。在1958年5月党的八大二次会议上，毛泽东明确提出了“干部参加劳动，工人参加生产管理”的思想。1959年年底至1960年年初，在读苏联《政治经济学教科书》时，毛泽东又说，一切资本主义国家的企业，都是实行一长制的。社会主义企业管理的原则，应当同资本主义企业有根本的区别。我们实行党委领导下的厂长负责制，就使我们同资本主义企业的管理制度严格地区别开来了。他还说，企业领导人员要以普通劳动者的姿态出现，以平等态度待人，不能要老爷态度，“对企业的管理，采取集中领导和群众运动相结合，工人群众、领导干部和技术人员三结合，干部参加劳动，工人参加管理，不断改革不合理的规章制度”①。1960年3月，毛泽东在转发中共鞍山市委一份报告的批示中，再次强调“两参一改三结合”的问题，并指出鞍山钢铁厂实行的“两参一改三结合”的管理办法对苏联“马钢宪法”来说是一次创造，因此称之为“鞍钢宪法”。从此，以“鞍钢宪法”命名的“两参一改三结合”成为我国企业管理的标准模式和一项基本制度。

实行“两参一改三结合”的企业管理制度，对于改善人与人之间的关系，特别是领导与群众之间的关系，调动企业职工的生产积极性，确实起到了一定作用。但是，这个制度的提出和实行具有探索的性质，若完全否定“一长制”，而将是否实行“两参一改三结合”看成是区分社会主义企业与资本主义企业的根本标志，就显然有失偏颇了。将“两参一改三结合”作为企业管理的最佳模式，要求所有企业一律机械实行，就更值得讨论和反思了。

第三，关于如何对待社会主义改造基本完成后新出现的非公有制经济成分问题。对这个问题，毛泽东认为，“可以消灭了资本主义，又搞资本主义”。1956年11月，中国民主建国会召开一届二中全会。会后，

① 《毛泽东文集》第8卷，人民出版社1999年版，第135页。

民建主席黄炎培先生给毛泽东写了一封信汇报情况。信中说：自全行业公私合营后，全国大部分工商业者的表现是好的，但也有少数人消极，“白天社会主义，夜里资本主义，还出现了地下工厂、地下商店”。由此，黄炎培认为，资本主义工商业的改造任务还是很艰巨的。黄炎培的信引起了毛泽东的重视。同年 12 月 5 日、7 日、8 日，毛泽东花 3 个晚上的时间，分别找民建和工商联的有关人士谈话，继续了解这方面的情况。12 月 7 日晚，在同民建和工商联负责人黄炎培、陈叔通等人谈话时，毛泽东第一次明确提出了“可以消灭了资本主义，又搞资本主义”的思想。他是这样说的：“上海的地下工厂虽然同合营企业是对立物，但是‘因为社会有需要，就发展起来。要使它成为地上，合法化，可以雇工。现在做衣服要三个月，合作工厂做的衣服裤腿一长一短，扣子没眼，质量差。最好开私营工厂，同地上的作对，还可以开夫妻店，请工也可以。这叫新经济政策。我怀疑俄国新经济政策结束得早了，只搞了两年退却就转为进攻，到现在社会物资还不充足。……还可以考虑，只要社会需要，地下工厂还可以增加。可以开私营大厂，订个协议，十年、二十年不没收。华侨投资的，二十年、一百年不要没收。可以开投资公司，还本付息。可以搞国营，也可以搞私营。可以消灭了资本主义，又搞资本主义。”①

在毛泽东讲了“可以消灭了资本主义又搞资本主义”的话以后，刘少奇对毛泽东的思想作了进一步的发挥。1956 年年底，在全国人大常委会第 52 次会议上，他说：有一些资本家，他们每年分的定息很多，有分到百把万元、几百万元的，一家子一年用不了这么多钱。如果资本家要盖工厂，是否可以准许他盖呢？可以的。我们国家有百分之九十几的社会主义，有百分之几的资本主义，我看也不怕。有这么一点资本主义，一条是它可以作为社会主义经济的补充，另一条是它可以在某些方面同社会主义经济作比较。

毛泽东关于“可以消灭了资本主义，又搞资本主义”的思想，是一个很值得重视的思想。之所以值得重视，是因为他是在我国刚刚完成对资本主义工商业的社会主义改造、在以限制和消灭资本主义为主要价值取向的背景下提出这一思想的。可惜的是，毛泽东的这一思想是不稳定

---

① 《毛泽东文集》第 7 卷，人民出版社 1999 年版，第 170 页。

的，在讲了这个话以后，他后来就再也不讲类似的话了，使这一思想最终未能在实践中得到实施。我国及其他社会主义国家的实践证明：在生产力还没有高度发达、公有制经济还不能完全满足社会全部需要的时候，个体经济和私营经济的存在是不可免的。党的十一届三中全会以来，我国城乡个体经济和私营经济有较大的发展，它们所起的积极作用是主要的。1997 年，江泽民在党的十五大报告中指出，非公有制经济是我国社会主义市场经济的重要组成部分，公有制经济为主体，多种所有制经济共同发展是我国社会主义初级阶段的一项基本经济制度。

2001 年 7 月，在“七一”讲话中，江泽民更是明确地把个体户、私营企业主作为 6 种人之一，归入有中国特色社会主义事业的建设者的行列，这是在新的历史条件下，对非公有制经济积极作用的进一步肯定。

综上所述，毛泽东关于改革经济体制的基本思想，用薄一波的话说，“虽然其深度和广度都不能同十一届三中全会以后的改革相比较，但是，对于当时那种被认为是神圣不可侵犯的，以高度集中、纯而又纯、政企不分为特征的苏联传统体制模式来说，却打开了一个重要的缺口”。① 它为党的十一届三中全会后我国经济体制的改革提供了宝贵的历史经验和思想启迪。

五、关于社会主义商品生产和价值规律作用的分析

在 1958 年人民公社化高潮阶段，全国各地普遍刮起了一股“共产风”。所谓“共产风”，就是严重混淆集体所有制与全民所有制、社会主义与共产主义的界限，任意无偿调拨社员、生产队、公社的劳动力和物资，共各种“产”。与此同时，党内的某些理论家们，如陈伯达等人则公开提出要废除商品生产和商品交换，取消商品货币关系，实行产品直接调拨。毛泽东在发现上述问题以及由此造成的严重后果后，开始注意到社会主义条件下发展商品生产和商品交换的重要性。他在学习《苏联社会主义经济问题》和《政治经济学教科书》的过程中，对社会主义条

① 薄一波：《若干重大决策与事件的回顾（修订本）》（上），中共中央党校出版社 1997 年版，第 571 页。

件下的商品生产、商品流通和价值规律等问题进行了研究，提出了一系列宝贵思想。

第一，深刻阐述了社会主义制度下商品生产和商品交换的必要性。毛泽东指出："只要存在两种所有制，商品生产和商品交换就是极其必要、极其有用的。"① 他对陈伯达等人的错误主张提出了尖锐批评，认为不搞商品交换，任意无偿调拨社员和生产队的物资，实质上是对农民的剥夺，是不能允许的。

当时各地的农民为了反抗这种公开的"剥夺"，曾普遍采取了瞒产私分、深藏密窖的对抗办法，有的甚至还组织起来在村头站岗放哨，用武力保卫他们的劳动果实。但是，有一些地方领导，如广东省委书记陶铸等发表文章，认为这种做法是农民本位主义的表现，要求农民发扬共产主义风格。对此，毛泽东认为，这不是农民的本位主义，而是我们上级犯了冒险主义，拿共产主义做招牌，翻箱倒柜，实际上是抢产。为了表示对"抢产"这种"左"的做法的不满，1959 年 3 月，毛泽东在第二次郑州会议上严肃地说：我要代表一千万生产队长和五亿农民说话，反对你们"抢产"，如果你们说我是右倾机会主义，我就是右倾机会主义，我要坚持到底。你们不跟我坚持，我一人坚持，直到开除党籍，杀头，也要到马克思那里告状。②

第二，明确提出不要怕商品生产这个"鬼"，在社会主义条件下发展商品生产不会导致资本主义。毛泽东认为，不能把商品生产与资本主义混为一谈。"商品生产，要看它是同什么经济制度相联系，同资本主义制度相联系就是资本主义的商品生产，同社会主义制度相联系就是社会主义的商品生产。"他强调，商品生产自古就有，商朝为什么叫商朝呢？就是因为有了商品生产，并说这是郭沫若考证出来的。他还指出：现在有些同志怕商品，无非是怕资本主义。他郑重告诫大家不要怕。过去资本主义这个"鬼"已经被我们吃掉了，将来再出现资本主义这个鬼，就再吃掉它，怕它干什么？"我看要大大发展商品生产。"③

第三，明确肯定生产资料也是商品。"生产资料不是商品"，这是流

① 《毛泽东文集》第 7 卷，人民出版社 1999 年版，第 440 页。

② 顾龙生：《毛泽东经济年谱》，中共中央党校出版社 1993 年版，第 455 页。

③ 《毛泽东文集》第 7 卷，人民出版社 1999 年版，第 439 页。

行于苏联相当长时间的一个重要的经济理论观点。1958 年 11 月，在第一次郑州会议上，毛泽东对这个观点提出异议。他认为，这个观点既是，又不是。也就是说，生活资料无疑是商品，但生产资料有一部分也是商品，他举例说，工厂把生产出来的农业机械卖给合作社，农业机械就是商品。

第四，关于商品生产在社会主义社会存在多长时间的问题，毛泽东也作了预测。他认为，商品生产的命运，最终和生产力的发展水平有关系。因此，即使是过渡到了单一的社会主义全民所有制，如果产品还不很丰富，某些范围内的商品生产和商品交换仍有可能存在。他强调，只有当一切生产资料都归国家所有了，只有当社会产品大为丰富了而中央组织有权支配一切产品的时候，即到了共产主义高级阶段到来之时，才有可能使商品生产因不必要而被消灭——这个论断被有的研究者称为关于商品生产的“毛泽东猜想”。①

关于与商品生产和商品交换紧密相联的价值规律，毛泽东也作了分析。他提出了三个基本观点：一是价值规律是客观经济规律，只能利用，不能违背。二是价值规律不仅在消费资料领域而且在生产领域内和生产资料各部门之间也发生作用。三是提出所有的经济单位都要利用价值规律进行经济核算。

总之，毛泽东关于商品生产和价值规律作用的上述观点，显然已突破了斯大林在这些问题上的框框，突破了传统观念的束缚，是切合当时我国经济建设实际的。但后来毛泽东又改变了上述正确认识，在“文化大革命”期间，商品生产被视为资本主义产生的温床，价值规律被视为社会主义经济的异己力量，都遭到了批判和否定。

六、关于社会主义发展阶段和社会主义建设长期性问题的认识

马克思列宁主义认为：人类社会是随着生产力的发展和生产关系的变革，逐步由低级阶段向高级阶段发展的，社会主义和共产主义社会也不例外。马克思在《哥达纲领批判》中，曾经根据共产主义经济成熟程

---

① 李君如:《毛泽东与当代中国》，福建人民出版社 1997 年版，第 149 页。

度的不同，把共产主义分为两个阶段，即共产主义第一阶段（或叫低级阶段）和共产主义高级阶段。但由于马克思所处的历史条件的限制，他对共产主义第一阶段是否还要划分为若干个小的阶段，没有作出预言。列宁从俄国的历史和社会实际出发，提出过从资本主义过渡到共产主义要经历一系列发展阶段的思想，并明确地在《共产主义运动中的“左派”幼稚病》一文将共产主义划分为初级阶段、中级阶段和最高阶段，并在他的讲话和文章中多次使用了“初级形式的社会主义”“发达的社会主义”“完全的社会主义”或“完全的社会主义社会”等提法，但由于列宁的过早辞世，他也没有对社会主义的发展阶段问题作过更周详的论证，没有将社会主义作明确的阶段划分。

经过1958年“大跃进”和人民公社化运动的挫折之后，毛泽东在1959年12月到1960年2月读苏联《政治经济学教科书》时，比较集中地谈论了社会主义的发展阶段问题。他指出：“社会主义这个阶段，又可能分为两个阶段，第一个阶段是不发达的社会主义，第二个阶段是比较发达的社会主义。后一阶段可能比前一阶段需要更长的时间。经过后一阶段，到了物质产品、精神财富都极为丰富和人们的共产主义觉悟极大提高的时候，就可以进入共产主义社会了。”① 毛泽东是国际共运史上第一个对社会主义发展阶段作出明确划分的政治领袖，这一划分是对马克思主义有关理论的重大发展。

正是依据毛泽东的划分，并在吸取理论界研究成果的基础上，1981年6月，党的十一届六中全会第一次作出了“我国社会主义社会还处在初级阶段”的判断。什么是社会主义初级阶段？邓小平明确指出，“就是不发达的阶段”②。1987年党的十三大第一次系统阐述了社会主义初级阶段理论，并以这个理论为依据，提出了党的“一个中心，两个基本点”的基本路线。1997年党的十五大再次论述了社会主义初级阶段理论。2001年7月，在建党80周年讲话中，江泽民进一步指出社会主义初级阶段是整个建设有中国特色社会主义的初始阶段，这就进一步明确了初级阶段在中国社会主义整体进程中的历史方位问题。

关于社会主义建设的长期性问题，毛泽东的认识有一个变化的曲

---

① 《毛泽东文集》第8卷，人民出版社1999年版，第116页。

② 《邓小平文选》第3卷，人民出版社1993年版，第252页。

线。在1958年“大跃进”以前，他的认识总体上比较客观一些。1954年6月，在中央人民政府委员会第三十次会议上的讲话中，毛泽东说：“我们是一个六亿人口的大国，要实现社会主义工业化，要实现农业的社会主义化、机械化，要建成一个伟大的社会主义国家，究竟需要多少时间？……大概经过五十年即十个五年计划，就差不多了，就像个样子了，就同现在大不一样了。”① 1955年3月，在全国党代表会议上，毛泽东指出：“要建设成为一个强大的社会主义工业化的国家，需要有几十年的艰苦努力，比如说，要有五十年的时间，即本世纪的整个下半世纪”②。1956年9月中共八大会议期间，他又说：要使中国变成富强的社会主义国家，“需要五十到一百年的时光”③。但到了1958年“大跃进”和人民公社化运动高潮期间，毛泽东却一度将时间的估计提前了许多。他当时甚至提出，中国“大概十年左右，可能产品非常丰富，道德非常高尚，我们就可以从吃饭、穿衣、住房子上实行共产主义。公共食堂，吃饭不要钱，就是共产主义。”④ 这年8月，中共中央通过的《关于在农村建立人民公社的决议》中写道：“共产主义在我国的实现，已经不是什么遥远将来的事情了，我们应该积极地运用人民公社的形式，摸索出一条过渡到共产主义的具体途径。”⑤

在经历了“大跃进”的严重挫折后，毛泽东的头脑清醒了很多，不仅恢复了原来的估计，而且认为时间可能会更长一些。1960年12月，在中央工作会议期间听取汇报时，毛泽东插话说：“这几年我们有些东西搞多了，搞快了，自己挨整是必要的。现在看来，建设只能逐步搞，恐怕要搞半个世纪。”这是3年“大跃进”后毛泽东第一次重新回到“半个世纪”的提法。1962年年初，在七千人大会上，毛泽东进一步指出：“中国人口多、底子薄，经济落后，要使生产力很大地发展起来，要赶上和超过世界上最先进的资本主义国家，没有一百多年的时间，我看是不行的”。他认为，“把时间设想得长一点，是有许多好处的，设想

① 《毛泽东文集》第6卷，人民出版社1999年版，第329页。

② 《毛泽东文集》第6卷，人民出版社1999年版，第390页。

③ 《毛泽东文集》第7卷，人民出版社1999年版，第124页。

④ 引自薄一波：《若干重大决策与事件的回顾》（下），中共中央党校出版社1993年版，第742页。

⑤ 《中共中央关于在农村建立人民公社问题的决议》，《人民日报》1958年9月10日。

得短了反而有害”[1]。回顾历史，我们党吃过的一个大亏，就是容易犯“左”的急性病。认识到社会主义建设的长期性、艰巨性，这是20世纪60年代初期毛泽东总结“大跃进”错误时在理论上取得的重要收获。

对社会主义建设长期性、艰巨性抱有更加清醒和自觉的认识，是到了党的十一届三中全会以后。最著名的是1992年邓小平在著名的南方谈话中指出，我们搞社会主义才几十年，还处在初级阶段。巩固和发展社会主义制度，还需要一个很长的历史阶段，需要我们几代人、十几代人，甚至几十代人坚持不懈地努力奋斗，决不能掉以轻心。邓小平这段话，是对新中国建立后社会主义建设经验教训的深刻总结，包含着极为丰富的历史内涵。建成强大的社会主义国家、实现共产主义是一个十分漫长的过程，我们宁可把时间想得远一些，而不能重犯过去超越阶段、“跑步进入共产主义”的错误。

七、关于社会主义民主政治建设和繁荣科学文化事业的方针

斯大林领导苏联社会主义建设的重要错误之一，是严重破坏社会主义民主与法制。为了避免苏联的错误，1956年前后，党中央和毛泽东就如何加强社会主义民主政治建设问题，作了深入思考，提出了一些有重要价值的设想。

1956年9月八大期间，毛泽东在会见南斯拉夫共产主义者同盟代表团时说：我们必须想些办法来扩大社会主义民主，“人民意志统一对我们有利，使我们可以在短期内实现工业化，能对付帝国主义。但这也有缺点，缺点在于使人不敢讲话，因此要使人有讲话的机会。我们政治局的同志都在考虑这些问题。”[2] 他认为，资产阶级民主，特别是初期，有那么一些办法，比我们现在的方法更进步一些。我们比那个时候不是更进步了，而是更退步了。[3] 为了鼓励党外人士说话，毛泽东在《论十大关系》的讲话中，专门讲了党与非党的关系，指出：“究竟

---

① 《毛泽东文集》第8卷，人民出版社1999年版，第302页。

② 《毛泽东文集》第7卷，人民出版社1999年版，第127页。

③ 中共中央文献研究室等编：《刘少奇论党的建设》，中央文献出版社1991年版，第646页。

是一个党好，还是几个党好？现在看来，恐怕是几个党好。不但过去如此，而且将来也可以如此，就是长期共存，互相监督。”① 他引述刘少奇“共产党有两怕，一怕老百姓哇哇叫，一怕民主人士发议论”的话讲：我们搞两个万岁，“共产党万岁，民主党派也万岁”。② 1957 年 7 月，毛泽东进一步提出了我国民主政治建设的总目标，就是要造成一个又有集中又有民主，又有纪律又有自由，又有统一意志、又有个人心情舒畅、生动活泼，那样一种政治局面，以利于社会主义革命和社会主义建设。

周恩来、刘少奇对民主政治建设问题也发表了许多好的意见。周恩来认为，“专政的权力虽然建立在民主的基础上，但这个权力是相当集中相当大的，如果处理不好，就容易忽视民主。苏联的历史经验可以借鉴。所以我们要时常警惕，要经常注意扩大民主，这一点更带有本质意义。”为此，他提出了“专政要继续，民主要扩大”的重要思想。③ 1956 年 5 月，周恩来进一步指出：社会主义国家政治制度的一个根本缺点就是单一政党体制，它使民主少了，集中多了，不容易听到不同意见。这本身就包含着它的阴暗面。他认为，为了避免一党制的弊端，使民主进一步扩大，必须“在国家制度上想一些办法”，就是学习和借鉴西方国家的议会民主制度。他认为“资本主义国家的制度我们不能学，那是剥削阶级专政的制度，但是西方议会的某些形式和方法还是可以学的，这能够使我们从不同方面来发现问题”。④

刘少奇对加强民主和改革国家领导制度也非常重视。1956 年 11 月在党的八届二中全会上的讲话中，他结合苏联、东欧等国暴露的问题，指出：美国的开国总统华盛顿也算劳苦功高，可是他做了八年总统后，一退而为平民，“这样的办法，我们是不是也可以参考一下，也可以退为平民？资本主义国家中有些人当过部长，当过总理，结果又去当教员，当教授，当律师，当经理，当校长。艾森豪威尔当过总司令之后，又当过哥伦比亚大学的校长，然后才去竞选总统。马歇尔当了国务卿之

---

① 《毛泽东文集》第 7 卷，人民出版社 1999 年版，第 34 页。

② 引自石仲泉：《毛泽东的艰辛开拓（增订本）》，中共党史出版社 1992 年版，第 192 页。

③ 中共中央文献研究室编：《建国以来重要文献选编》第 8 册，中央文献出版社 1994 年版，第 435 页。

④ 《周恩来选集》下卷，人民出版社 1984 年版，第 208 页。

后，又去当红十字会的会长。当然我们不一定完全照那样办，但恐怕有些东西，资产阶级的有些制度也可以参考”。①

为了破除实际上存在的领导职务终身制现象，1957 年 4 月 30 日，毛泽东在最高国务会议第十二次扩大会议上第一次向党外人士透露了不担任下一届国家主席的想法，他说：“瑞士有七人委员会，总统是轮流当的。我们几年轮一次总可以，采取逐步脱身政策。”② 毛泽东甚至考虑，在将来的适当时机不再继续担任党的主席。党中央也赞同这个意见。八大党章中特别规定了一条：“中央委员会认为有必要时，可以设立中央委员会名誉主席一人”。名誉主席就是为毛泽东不当党的主席后设的荣誉职位。

没有民主，就没有社会主义。如何不断修正、补充和完善社会主义民主政治制度，是我国社会主义建设过程中需要始终注意的一个重大理论和实际问题。党的八大前后，毛泽东和中央其他领导人关于加强社会主义民主政治建设的思想特别是关于可以学习、参照西方资产阶级民主的某些具体制度、形式和方法的意见，直到今天，仍然有着重要的启示意义和参考价值。当前我国民主政治建设和政治体制改革的关键环节，是在建立社会主义法治国家的过程中，建立和健全权力制衡机制，这涉及改革和重构人大监督制度（树立人大监督至上的权威性和严肃性）、改革和完善党内监督体制（实行纪检机构的垂直领导）、进一步加大舆论监督力度（加快新闻立法）、深化政府管理体制改革，彻底转变政府职能（加快实现经济生活市场化）等一系列问题。

在提出加强社会主义民主政治建设的同时，党和毛泽东还借鉴苏联的经验教训，提出了繁荣社会主义科学文化事业的“百花齐放、百家争鸣”的“双百方针”。这里我们首先介绍一下“双百方针”提出的过程。

“百花齐放”的提出，源于戏曲问题的争论。中国传统戏曲丰富多彩，但在如何对待中国传统戏曲问题上，人们的认识并不一致。在五四新文化运动中，陈独秀在反对封建旧文化时，将中国传统戏曲也列在反对之列，犯了形式主义和矫枉过正的错误。但全国解放后，争论又起。一派认为传统戏曲是国粹，是艺术，主张要全部继承，不愿批判和改

① 中共中央文献研究室等编：《刘少奇论党的建设》，中央文献出版社 1991 年版，第646 页。

② 引自石仲泉：《毛泽东的艰辛开拓（新增订本）》，中共党史出版社 1996 年版，第 205 页。

革。另一派则认为，戏曲是封建主义的腐朽没落的东西，因而主张全盘否定。在这种情况下，1950 年 11 月在全国第一届戏曲工作会议上，有人提出戏曲应“百花齐放”。周扬认为这个提法很好，就向毛泽东报告了。毛泽东也认为很好，1951 年 4 月 3 日，中国戏曲研究院成立时，毛泽东应约为建院题写了“百花齐放，推陈出新”八个大字。这个题词，算是暂时解决了关于戏曲问题的这场争论。

“百家争鸣”则是毛泽东在 1953 年就中国历史问题研究而提出的。当时，我国两位著名的马克思主义史学家郭沫若、范文澜，对中国古代史分期问题持不同看法。为此，1953 年中央责成中宣部成立一个中国历史问题研究委员会加以研究，毛泽东提议陈伯达任这个委员会的主任。委员会成立后，陈伯达向毛泽东请示历史研究工作的方针，毛泽东说：要百家争鸣。还有一个情况和苏联有关，当时苏联正在搞一本苏联版的大百科全书，要求中国方面提供历史方面的部分资料。中宣部便出面约请翦伯赞、邵循正、胡华等三个历史学家合写了一本《中国历史概要》的小册子，准备提供给苏联大百科全书备用。书稿出来后，中宣部向毛泽东请示，如何解决学术上一些有争议的问题，如古代史分期问题等等。毛泽东回答说：把稿子印发给全国历史学家们讨论，实行百家争鸣。后来，毛泽东又指示：“中国历史很长，建议在中国科学院设立三个研究所，把中国史分作三段来研究；第一所研究古代，止于汉；第二所研究魏晋到鸦片战争前；第三所研究鸦片战争以来的近代史。三个历史研究所合办一个杂志，定名为《历史研究》，方针是百家争鸣。”①

把“百花齐放”“百家争鸣”这两个口号合在一起，正式、完整地确定为党和国家指导科学文化工作的一条基本方针，是在 1956 年 4 月讨论毛泽东《论十大关系》报告的中央政治局扩大会议上。4 月 28 日，在会议的总结讲话中，毛泽东指出：“艺术问题上的百花齐放，学术问题上的百家争鸣，我看这应该成为我们的方针。”“讲学术，这种学术可以，那种学术也可以，不要拿一种学术压倒一切。”② 这个讲话第一次明确地将“百花齐放，百家争鸣”确定为我们党发展科学文化事业的一条基本方针。

① 引自黎澍：《论历史的创造及其他》，湖南人民出版社 1988 年版，第 169 页。

② 《毛泽东文集》第 7 卷，人民出版社 1999 年版，第 54—55 页。

后来，毛泽东在党内外多次会议上，又就“双百方针”的内容、应用范围等问题从理论上进行了阐述。主要强调了以下几点：一是“双百方针”是弘扬学术自由的方针，是促进艺术发展和科学进步的方针；二是贯彻“双百方针”必须坚持社会主义的方向；三是提出“双百方针”不仅是发展科学和艺术的好方法，也是进行一切工作的好办法；四是强调“双百方针”是一个基本性的同时也是长期性的方针，不是权宜之计；五是指出实行“双百方针”不会削弱马克思主义的指导地位，相反会加强这种地位。

从上述分析中可以看出，毛泽东提出“双百方针”的直接原因是为了解决戏曲和历史研究中的有关争议问题。但是进一步深入考察当时的历史状况，可以发现，原因又不仅限于此。应该说，党和毛泽东之所以提出“双百方针”，并把这一指导戏曲和历史研究的具体方针提升为党繁荣科学文化事业的一条基本方针、甚至提升为指导一切工作的重要方针，除了解决戏曲和历史研究中的争议问题这个直接的原因外，另外还有两个更深刻的原因需要提及：

一是为了反对当时严重存在的以马、恩、列、斯、毛之是非为是非的教条主义学风。1955 年年底，在中国讲学的一位苏联学者在参观孙中山故居时对我方陪同人员说，他不同意毛泽东在《新民主主义论》中对孙中山世界观的某些评论。这件事反映到中央以后，有人认为，这种说法影响“我党负责同志的威信”，提出是否应向苏联驻华大使尤金交涉此事。为此，1956 年 2 月 19 日，毛泽东在致刘少奇、周恩来等的信中说：“我认为这种自由谈论，不应当去禁止。这是对学术思想的不同意见，什么人都可以谈论，无所谓损害威信。因此，不要向尤金谈此事。如果国内对此类学术问题和任何领导人有不同意见，也不应加以禁止。如果企图禁止，那是完全错误的。”① 中国古代就有以孔孟之是非为是非的传统，五四新文化运动破除了对孔孟之道的迷信。但一段时间里，在马克思主义者中间，又有意无意逐渐形成了一种以马、恩、列、斯及毛的言论为是非之标准的教条主义学风。有关单位向上请示是否就苏联学者的意见向尤金交涉一事，就是这种教条主义学风的具体表现。

二是鉴于苏联曾经发生的利用行政手段干涉学术争论从而严重阻碍

---

① 《建国以来毛泽东文稿》第 6 册，中央文献出版社 1992 年版，第 40 页。

科学发展的经验教训。其中最典型的是李森科用行政手段压制遗传学中的摩尔根学派。1948 年，当时的苏联农业科学院院长李森科把遗传学中的摩尔根学派当作“资产阶级的”“唯心主义的”“形而上学的”“反动的伪科学”加以粗暴批判。在大学中，则只准讲米丘林学派，不准讲摩尔根学派。斯大林逝世后，苏联报刊揭露和批评李森科压制学术争论的学阀作风。毛泽东注意到了苏联的这一教训，并在多次会议和讲话中把李森科作为反面例子告诫国内同志，希望大家不要重犯这方面的错误，不要对学术方面的问题肆意压制和干涉。但事有凑巧，有一个单位的负责人向中宣部请示，要求中宣部对某个学术问题先作一个结论，然后他们好依据这个结论再去开展学术批评和争论。为此，负责中宣部工作的陆定一向毛泽东请示，结果遭到毛泽东的尖锐批评，他说：就是“让马克思来当你中宣部的部长，让恩格斯当你中宣部的副部长，再加上一个列宁当副部长，也解决不了那么多的学术问题。学术问题就是要百家争鸣。”①

以上，我们从七个方面介绍了毛泽东关于社会主义建设的理论。这些理论涉及我国社会主义经济、政治、文化建设的各个方面，内容极为丰富。这些正确的思想理论观点，至今仍然具有生命力，其中一些重要观点成为中国特色社会主义理论一些重大命题的思想来源。比如，关于正确处理社会主义社会的矛盾特别是人民内部矛盾的理论，这是毛泽东首创的，其基本原则现在仍然适用。比如，社会主义初级阶段理论，毛泽东有一定的发明之权。又如，我们今天搞改革，这是毛泽东破的题；我们对市场经济性质的判断，和毛泽东关于商品生产性质的说法具有一致性；我们对发展个体私营、外资经济的认识，毛泽东关于“可以消灭了资本主义又搞资本主义”的思想有重要的启示作用。我们把毛泽东当年的思想火花变成了今天的燎原之势。比如，关于发展文化艺术的“双百方针”，我们还在大力弘扬。又如，改革政治体制，废除领导职务终身制，扩大人民民主和党内民主，实行党代会常任制，毛泽东都做过尝试，我们现在还在努力做。正是由于毛泽东的这些重大理论贡献，所以我们说：毛泽东的社会主义建设理论是邓小平理论的“生长点”和“发源地”；党对中国特色社会主义建设道路的探索，始于毛泽东，成于邓

① 于光远：《双百方针提出三十周年》，《人民日报》1986 年 5 月 16 日。

小平，发展于后来的中国共产党人。总之，毛泽东关于如何在中国进行社会主义建设的理论，很多方面富有创见。虽然由于“左”倾错误的多次干扰，这一理论中的很多正确或比较正确的思想观点未能在实践中得到始终如一地贯彻或贯彻得不够彻底，有的甚至完全走向了反面，但我们不能因此否定这些理论本身的价值。党的十一届三中全会后的20多年来，我们党正是在毛泽东社会主义建设理论的基础上，结合新的时代特点大胆创新，创立了邓小平理论，成功开辟了中国特色社会主义道路，才在改革开放实践中推动我国社会主义现代化建设取得了重大胜利。

“三个代表”重要思想形成的时代背景和实践基础*

党的十三届四中全会以来，以江泽民同志为核心的党的第三代中央领导集体，高举邓小平理论伟大旗帜，准确把握时代特征，科学判断我们党所处的历史方位，围绕建设中国特色社会主义这个主题，集中全党智慧，以马克思主义的巨大勇气进行理论创新，逐步形成了“三个代表”重要思想这一科学理论。“三个代表”重要思想的形成，表明我们党对共产党执政规律、社会主义建设规律和人类社会发展规律的认识，达到了新的理论高度，开辟了马克思主义发展的新境界。要深刻领会、全面把握“三个代表”重要思想的科学内涵、精神实质和历史地位，必须首先了解“三个代表”重要思想的形成过程、时代背景和实践基础。

一、“三个代表”重要思想的形成过程

“三个代表”重要思想从酝酿、提出到被确立为党的指导思想，经历了一个较长的发展过程。江泽民指出：“我提出这个问题，是经过了长时期思考的。在实行改革开放和发展社会主义市场经济的条件下，‘建设一个什么样的党，怎样建设党’，是一个重大的现实问题，直接关

* 这是2003年9月在中央党校县（市）委书记进修班的授课讲稿。

系到我们党和国家的前途命运。”①

（一）在聚精会神抓党的建设过程中酝酿提出“三个代表”重要思想

早在以江泽民同志为核心的党的第三代中央领导集体建立之初，邓小平在与几位中央负责同志的谈话中，就明确要求新建立的中央政治局“常委会的同志要聚精会神地抓党的建设”，郑重强调“这个党该抓了，不抓不行了”②。

20 世纪 90 年代以后，伴随着东欧剧变、苏联解体，国际国内形势发生了巨大变化。在建党 70 周年纪念大会上，江泽民鲜明地提出：“面对复杂的国际形势和繁重的国内任务，党必须在理论上更加成熟起来”，要“紧密联系实际，加强调查研究，深入认识和把握中国国情，认真探讨和解决当代重大的政治、经济、思想文化等问题”，并“做出新的理论概括”③。

1992 年 10 月，党的十四大提出了用邓小平建设有中国特色社会主义理论武装全党的战略任务，同时系统论述了加强党的建设和改善党的领导的问题。党的十四届四中全会则专门研究了在发展社会主义市场经济条件下如何加强党的建设的问题，通过了《关于加强党的建设几个重大问题的决定》。

1997 年 9 月，党的十五大在阐述“面向新世纪的中国共产党”这个具有鲜明时代特征的党建命题时，第一次提出了在改革开放和发展社会主义市场经济条件下“建设一个什么样的党、怎样建设党”的问题，同时提出了按照党的建设新的伟大工程的总目标，从思想上、组织上、作风上全面加强党的建设，不断提高领导水平和执政水平，不断提高拒腐防变能力这两大历史任务。

根据十五大的部署，1998 年底，中央决定：在全国县级以上党政领导班子、领导干部中集中时间，分期分批开展以“讲学习、讲政治、讲正气”为主要内容的党性党风教育活动。2000 年 2 月，江泽民

① 《论党的建设》，中央文献出版社 2001 年版，第 422 页。
② 《邓小平文选》第 3 卷，人民出版社 1993 年版，第 314 页。
③ 《论党的建设》，中央文献出版社 2001 年版，第 33—34 页。

在出席了广东茂名高州市领导干部“三讲”教育会议之后，在广东考察工作并发表重要讲话，提出：“总结我们党七十多年的历史，可以得出一个重要的结论，这就是：我们党所以赢得人民的拥护，是因为我们党在革命、建设、改革的各个历史时期，总是代表着中国先进生产力的发展要求，代表着中国先进文化的前进方向，代表着中国最广大人民的根本利益，并通过制定正确的路线方针政策，为实现国家和人民的根本利益而不懈奋斗。”① 这是江泽民第一次正式提出“三个代表”重要思想。

（二）在广泛调查研究和总结实践经验的基础上进一步深化发展“三个代表”重要思想

“三个代表”重要思想不只是简单的三句话，它是对我们这个世界上最大的执政党在治党治国问题上的成功经验的科学总结，具有丰富的科学内涵。因此，“三个代表”重要思想提出后，江泽民围绕建设中国特色社会主义这个主题，在广泛调查研究，总结实践经验的过程中进一步深化发展了“三个代表”重要思想。

2000 年 5 月，江泽民赴江苏、浙江、上海等地，重点就加强新时期党的建设进行调研。调研中，他再次阐述了坚持“三个代表”的问题，强调“始终做到‘三个代表’，是我们党的立党之本、执政之基、力量之源”“党的各项工作，都要坚持、体现和贯彻‘三个代表’的要求”②。

同年 6 月和 8 月，江泽民又分别到西北五省和东北三省进行调研，并在全国党校工作会议、西北五省区党建工作和西部开发工作座谈会、中央思想政治工作会议、十五届五中全会、全国宣传部长会议等一系列会议上，从不同侧面和角度对“三个代表”重要思想作了进一步的阐发，不断丰富和深化了“三个代表”重要思想的科学内涵。

2001 年是建党 80 周年，2002 年秋，又要召开党的十六大。为了科学总结党成立 80 年来的历史经验，同时为党的十六大的召开作好思想理论上的充分准备，从 2000 年起，江泽民就把加强党的建设作为他外

① 《论“三个代表”》，中央文献出版社 2001 年版，第 2 页。
② 《论“三个代表”》，中央文献出版社 2001 年版，第 7、16 页。

出调研的重点，并先后到十几个省、市、自治区进行考察，亲自主持召开了 30 多个党建工作座谈会。与此同时，根据江泽民的倡议，中央有关部门也组成了 10 个调研组，分赴全国各地，对一大批重大理论和现实课题进行深入调研。在广泛调查研究的基础上，2001 年 7 月 1 日，江泽民在建党 80 周年庆祝大会上发表讲话。讲话以“三个代表”思想统领全篇，回顾并充分肯定了我们党 80 年的光辉历程和奋斗业绩，深刻总结了我们党领导革命、建设和改革的基本经验。讲话专门论述了“三个代表”重要思想，把一年多前提出的重要论断进一步展开，把一年多来的研究成果加以升华，更加系统、全面、深刻地揭示了“三个代表”的科学内涵、精神实质及其相互关系，在全党引起了巨大反响。江泽民的“七一”讲话是“三个代表”重要思想初步形成理论体系的重要标志。

“七一”重要讲话发表以后，在统一思想的过程中，江泽民一方面要求全党深入学习马克思主义发展史，领会马克思主义具有的与时俱进的理论品质，另一方面又根据改革开放提出的新问题，提出了包括党的建设、基本国情、发展先进生产力和先进文化、收入分配等在内的 14 个研究课题，由胡锦涛组织中央有关部门的专家学者开展第二次党建调研，广泛听取从中央到地方有实践经验的领导同志和理论工作者的意见和建议。十六大报告起草组成立后，江泽民要求起草组的同志也要开展调查研究，不断深化对“三个代表”重要思想的认识。2002 年 5 月 31 日，江泽民来到中央党校，就即将召开的党的十六大和贯彻“三个代表”重要思想等问题在省部级干部进修班毕业典礼上发表讲话，对“三个代表”重要思想的历史地位、精神实质和贯彻这一思想的根本要求进行了新的阐发，强调“三个代表”重要思想同马克思列宁主义、毛泽东思想和邓小平理论一脉相承，反映了当代世界和中国的发展变化对党和国家工作的新要求。“贯彻‘三个代表’要求，关键在坚持与时俱进，核心在保持党的先进性，本质在坚持执政为民。”① 这个讲话为党的十六大的召开作了政治、思想和理论上的重要准备。

① 《江泽民在中央党校省部级干部进修班毕业典礼上强调高举邓小平理论伟大旗帜全面贯彻“三个代表”要求与时俱进努力开创建设有中国特色社会主义事业新局面》，《人民日报》2002 年 6 月 1 日。

（三）党的十六大集中全党智慧，郑重将“三个代表”重要思想确立为党的指导思想

2002年11月，党的十六大召开。大会在总结十三届四中全会以来10条基本经验的基础上，高度评价了“三个代表”重要思想的历史地位，指出：“三个代表”重要思想是对马克思列宁主义、毛泽东思想和邓小平理论的继承和发展，反映了当代世界和中国的发展变化对党和国家工作的新要求，是加强和改进党的建设、推进我国社会主义自我完善和发展的强大理论武器，是全党集体智慧的结晶，是党必须长期坚持的指导思想。十六大通过的党章修正案明确规定：中国共产党以马克思列宁主义、毛泽东思想、邓小平理论和“三个代表”重要思想作为自己的行动指南。

这样，从2000年2月江泽民在广东视察提出“三个代表”重要思想以来，经过“七一”重要讲话、“5·31”重要讲话，到党的十六大，“三个代表”重要思想逐步深化，形成了系统的科学理论，最终被确立为党的指导思想。2003年7月1日，胡锦涛在《在“三个代表”重要思想理论研讨会上的讲话》中，又进一步对“三个代表”重要思想的历史地位和科学体系等问题作了新的阐述，推动了学习贯彻“三个代表”重要思想掀起新高潮。

二、“三个代表”重要思想形成的时代背景

“三个代表”重要思想，是在对当今国际局势和时代特征作出科学判断的基础上形成的，具有鲜明的时代特色。冷战结束后，国际局势发生了新的动荡和变化，世界处于大转折时期。和平与发展仍是时代的主题，但两大问题一个也没有解决。世界多极化和经济全球化在曲折中发展，霸权主义和强权政治有新的表现，恐怖主义危害上升，一些地区的冲突和争端时起时伏，世界很不安宁。随着新科技革命的兴起，科技进步日新月异，以经济为基础、科技为先导的综合国力的竞争更为激烈。与此同时，当代社会主义和资本主义的发展也出现了许多令人瞩目的新情况和新变化。当今国际局势发生的深刻变化，是“三个代表”重要思想形成的时代背景。

（一）世界多极化和经济全球化趋势在曲折中发展

随着苏联解体、东欧剧变，以美苏两个超级大国相互对抗为核心的两极格局终结，世界进入了一个大动荡、大变动、大改组的过渡期。各种政治力量进行新的分化组合，多个力量中心开始形成，世界出现了多极化的趋势。

美国是世界上唯一的超级大国，拥有超强的政治、经济、军事和科技实力。但美国并未建立起单极霸权，因为它受到了世界其他国际力量的制约。其中欧盟、日本、俄罗斯、中国等几大力量相对突出。欧盟在建成统一的市场和统一的货币体系之后，现正致力于政治上的联合，制定欧洲宪法，实行共同的外交政策，建设独立的欧洲防务体系。欧盟加快推进政治、经济、外交、防务一体化进程，有摆脱对美依赖的战略考虑。日本是世界第二大经济强国，经济规模差不多相当于美国的一半。近年来，日本争取政治大国地位的动向十分明显，发挥国际作用的愿望极其强烈。俄罗斯经济实力虽然有所下降，近年来对美让步较多，但它仍然是世界上唯一可以同美国抗衡的核大国，拥有庞大的战略核力量。随着经济的逐渐恢复，俄罗斯在国际事务中的作用也在增大。改革开放以来，中国经济快速发展，综合国力明显增强，国际地位不断提高。从发展趋势上看，中国必然要成为世界上一个主要的力量中心。印度等地区大国也不甘寂寞，谋求走向国际政治的中心舞台。欧、日、俄、中四大力量的发展是推动世界多极化进程的重要因素。

世界多极化趋势还表现在发展中国家总体实力的增强和各种国际组织的空前活跃上。近年来，发展中国家的经济增长速度明显快于发达国家。作为一支重要的和平力量和经济力量，发展中国家在地区和国际事务中，特别是在反对霸权主义和强权政治、推动国际政治经济新秩序方面，发挥着越来越重要的作用，成为推动世界多极化趋势发展的一支不可忽视的力量。包括联合国在内的各种国际性、区域性的合作组织也是制约超级大国和单极倾向的有力手段。世界多极化就其实质来说，是国际关系的民主化，而就其广义来说，则意味着世界文明的多样化。世界是丰富多彩的，任何以单一政治制度和发展模式去规范世界的企图，都是违背人类进步规律和世界发展潮流的。世界多极化是国际关系发展的必然趋势，但必须承认，“多极化格局的最终形成将是一个充满复杂斗争的长期过程”[①]，在这个过程中，“单极与多极的矛盾，称霸与反霸的斗争，将成为二十一世纪相当一个时期内国际斗争的焦点”。[②] 世界走向多极化的进程是不可逆转的，同时又是漫长、曲折、复杂的。

世界发展的另一重要趋势是经济全球化加速推进。所谓经济全球化，是指随着世界统一大市场的形成、科学技术的不断进步、跨国公司的蓬勃发展、国际贸易的迅速增长和国际金融市场的急剧膨胀，整个世界正日益紧密地结合在一起，各个地区、国家和民族相互依存、不可分割。经济全球化作为一种客观趋势，经历了长时间的发展过程。

第二次世界大战后，特别是近十几年来，原来曾经彼此隔绝的社会主义与资本主义两大经济体系逐渐弥合，经济全球化加速发展，成为不可抗拒的时代潮流。经济全球化的发展，不仅使传统经济活动走向全球化，而且带动了政治、思想、文化等在全球范围内的渗透和冲击，出现了所谓“政治全球化”“文化全球化”等新的发展趋向。

经济全球化是一把“双刃剑”，对中国等发展中国家来说，既有机遇，又有挑战；既有积极影响，又有消极影响。西方发达国家凭借其先发优势，继续主导经济全球化进程。发展中国家从总体上说，在经济全球化中处于弱势地位。落后的现实要求广大发展中国家尽可能地对外开放，融入经济全球化的进程。但是，广大发展中国家长期经济落后，不健全的国内体制、制度又相对脆弱，缺乏抵御经济全球化风险的能力。我国加入世界贸易组织，是应对经济全球化的重大而积极的举措，然而，面对着对外开放的大门越开越大，与世界各个国家和地区的联系越来越紧密的国际形势，我们也面临着严峻挑战。如果不能采取积极的态度、正确的对策，就会在经济全球化浪潮中陷于更加不利的地位。

（二）科技进步日新月异，综合国力的竞争日趋激烈

20 世纪 90 年代以来，世界科学技术的发展呈现出新的趋势和特点：一是以信息技术为主要标志的高新技术革命来势迅猛，高新技术产业在整个经济中的比重不断增加。二是经济与科技的结合日益紧密，国际间科技、经济的交流合作不断扩大，产业技术升级加快，国际经济结

---

① 《江泽民论有中国特色社会主义（专题摘编）》，中央文献出版社 2002 年版，第 516 页。

② 《江泽民论有中国特色社会主义（专题摘编）》，中央文献出版社 2002 年版，第 519 页。

构加速重组，科技、经济越来越趋于信息化、全球化。三是科技创新和科技成果转化为现实生产力的周期大大缩短，有力地推动了社会生产力的发展，对世界政治、经济、文化、军事等领域产生了广泛而深刻的影响。四是科技革命创造了新的技术经济体系，产生了新的生产管理和组织形式，大大推动了世界经济的增长。五是各国更加重视科技人才、教育的基础作用。这些都说明，未来世界将是以知识与技术创新为基础，以全球为市场的时代，它将促进各国的经济增长模式、产业构成、经济体制、社会结构、教育制度、文化取向等发生深刻的变化，也将对各国的对内、对外政策提出新的课题。

伴随着科学技术突飞猛进的发展，以经济和科技为基础的综合国力的竞争日趋激烈，从而对各国执政党提出了严峻的挑战。

在当代国际竞争中，一个国家的强弱，不仅决定于军事力量或经济力量，更主要的取决于综合国力。所谓综合国力，是指一个主权国家赖以生存与发展所拥有的全部实力及国际影响力的合力。它的构成要素，既包含自然的，也包含社会的；既包含物质的，也包含精神的；既包含实力，也包含潜力以及由潜力转化为实力的机制，是一个国家的政治、经济、科技、文化、教育、国防、外交、资源和民族意志、凝聚力等要素有机关联、相互作用的综合体。

综合国力，不仅反映一个国家在国际社会中自由行动和影响国际事务的综合能力，也代表一个国家盛衰与发展的程度，体现着一个国家安全与稳定的水平。在国际竞争日趋激烈的时代，世界各国特别是发达国家，都把争夺综合国力优势当作进入新世纪的国家战略目标。经过20多年的改革开放，中国的综合国力虽然不断上升，但仍属于发展中国家，仍然与综合国力最强的国家有较大差距。在充满挑战的21世纪里，我们党和国家要立于不败之地，就要不断地发展我国的综合国力。否则，就要被动挨打。

（三）当代资本主义出现新变化，世界社会主义遭受严重曲折

用变化和发展的观点考察历史及其发展过程，是马克思主义的一个基本方法。列宁曾经指出：马克思的全部理论，就是运用最彻底、最完整、最周密、内容最丰富的发展论去考察现代资本主义。资本主义的发

展，从英国资产阶级革命算起，已有360多年的历史。第二次世界大战后，资本主义进入了一个新阶段，发生了许多令人瞩目的新变化：一是在经济发展层面上，随着新的科学技术革命的兴起，当代资本主义特别是主要资本主义国家的经济保持了较长时期的相对稳定发展。二是在产业和劳动力结构层面上，出现了转向信息化、服务化和高科技化的趋势。以金融、信息和其他服务为主要内容的第三产业迅速崛起，传统意义上的产业工人数量大幅度下降，劳动者队伍出现了知识化、脑力化、白领化、多层次化的新趋势，其整体的科学技术和文化素质日益提高，以知识分子为主的中间阶层不断扩大。三是在运作体制层面上，当代资本主义由一般垄断转变为国家垄断。国家对整个经济活动进行直接干预和普遍调节，促进了资本的社会化，在其根本制度容许的范围内调整了社会生产关系。四是在社会关系层面上，西方发达国家推行“社会福利政策”“工人持股”和“工人参与管理”等改良主义措施，实施有利于限制贫富差距扩大的税收政策和社会再分配政策。五是资本主义国家对上层建筑也进行了相应调整，资产阶级的民主制度进一步完善，以选举权为核心的公民权普遍扩大，公民政治参与的形式和渠道有较大发展。再加上资本主义国家法律体系的进一步完善，资本主义法制社会的形成，国家的经济管理和社会管理的职能大大加强，国家的阶级性趋于隐蔽，其社会性越来越突出。这些都在一定程度上缓和了社会矛盾和阶级矛盾，为经济在社会稳定条件下的发展提供了条件。

总之，由于新科技革命等多种因素的作用，当代资本主义的发展出现了许多引人注目的深刻变化。虽然这种变化并没有从根本上解决资本主义社会的基本矛盾，也没有改变马克思主义关于资本主义的基本原理的真理性，但是却给世界社会主义的发展带来了沉重的压力。如何在“两制”竞争中令人信服地充分发挥和体现出社会主义的优越性，是我们必须深思的重要课题。

自19世纪40年代马克思、恩格斯创立科学社会主义，社会主义经历了由空想到科学、由科学理论到社会制度、由一国实践到多国实践的发展历程。社会主义取得了巨大进步，同时也遇到过挑战和曲折。20世纪最后十几年间，世界上16个社会主义国家，先后垮了11个，特别是1989年到1991年短短两年间就垮了10个。世界上第一个社会主义国家苏联也垮掉了。苏联及东欧等社会主义国家遭受的严重挫折，是当代社会主义运动中最为突出的事件。2000 年 1 月，江泽民在中纪委第四次全会上，在谈到苏联及东欧发生的问题时曾经指出：从列宁领导十月革命取得胜利，到第二次世界大战后中国等一批国家建立起社会主义制度，社会主义显示了蓬勃的生命力，深刻地改变了世界政治力量的对比。但到了 20 世纪末，东欧剧变、苏联解体，社会主义遇到了严重挫折。这一错综复杂、变化深刻的历史进程，向人们、向一切马克思主义者和共产党人提出了许多重大课题：世界社会主义的这种变化究竟是什么原因引起的？世界上第一个社会主义国家苏联究竟为什么会解体？具有几十年历史的苏联共产党为什么会失去政权？我们应该从中吸取什么教训？中国共产党和中国社会主义事业应该如何在已有成就的基础上继续开辟光明的未来？江泽民指出，只有把这些问题思考和研究清楚了，我们党才能更好地巩固和加强自己，更好地领导人民在新的世纪谱写出中国历史发展的新篇章。

（四）和平与发展仍是时代的主题，但两大问题一个也没有解决

冷战结束以来，国际形势持续动荡，以不同地缘政治、文化传统、民族宗教为主导的各种力量开始重新排列组合。进入 21 世纪之时，形势更加错综复杂，重大突发事件频仍，不确定因素大量增加，一些长期积聚起来的矛盾呈现出激化之势。“9·11”事件就是国际格局转换过程中综合矛盾的一次极端反映，它反过来又强烈冲击着现存的国际秩序，刺激了国际关系中许多深层矛盾的联动与发展。在“9·11”事件的强烈冲击与震荡之下，全球性和地区性不稳定、不确定因素增多，世界和平与发展面临新的挑战，国际形势正在发生二战结束以来最为深刻的变化。但即使是在这种局面下，也要清醒地认识到，“从总体上看，和平与发展作为时代主题没有改变，世界多极化的趋势没有改变，我国面临的国际环境依然是机遇大于挑战。总体和平、局部战争，总体缓和、局部紧张，总体稳定、局部动荡，是当前和今后一个时期国际局势发展的基本态势。”① 和平与发展的时代主题，要求我们要积极抓住当今世界正处于新旧格局交替时期的各种时机，趋利避害，谋划我们党和国家在

① 《江泽民论有中国特色社会主义（专题摘编）》，中央文献出版社 2002 年版，第 522 页。

充满机遇和挑战的 21 世纪的更大的发展。

综上所述，国际局势所发生的这些变化及其带来的新要求、新考验，集中到一点，就是我们党能不能在世界形势深刻变化的历史进程中始终走在时代前列，在应对国内外各种风险考验的历史进程中始终成为全国人民的主心骨，在建设中国特色社会主义的历史进程中始终成为坚强的领导核心。我们党要解决好时代提出的新课题，必须在思想上有新解放、实践上有新创造、理论上有新发展。如果因循守旧，停滞不前，就有丧失先进性和领导资格的危险。“三个代表”重要思想正是在这样的时代背景下，基于对当今世界经济、政治、文化、科技、军事等方面发展变化的科学分析所提出来的，体现了当今世界发展的时代精神。正如江泽民所指出的：“时代在发展，形势在变化，我们党要不断巩固自己的执政地位，必须紧跟世界发展进步的潮流，始终代表中国先进生产力的发展要求、先进文化的前进方向和最广大人民的根本利益，坚决解决党内存在的突出问题。提出坚持‘三个代表’的要求，其出发点和着眼点就在这里。”①

三、“三个代表”重要思想形成的实践基础

伟大的时代呼唤伟大的理论，伟大的理论来自伟大的实践。党成立 80 多年来艰苦卓绝的奋斗历程和经验总结、改革开放以来特别是十三届四中全会以来党和人民建设中国特色社会主义的伟大实践、党自身的历史发展和党的建设面临的新形势新任务，是“三个代表”重要思想形成的基本依据和实践基础。

（一）改革开放以来特别是十三届四中全会以来党和人民建设中国特色社会主义的伟大实践是“三个代表”重要思想形成的直接来源

1978 年底召开的十一届三中全会，重新确立了党的解放思想、实事求是的思想路线，开始了改革开放、建设中国特色社会主义的伟大探索。在以邓小平同志为核心的第二代中央领导集体的领导下，我们党从

① 《江泽民论有中国特色社会主义（专题摘编）》，中央文献出版社 2002 年版，第 579 页。

全国人民的根本利益出发，致力于两个文明建设，致力于发展社会主义先进生产力和先进文化，改革开放取得了伟大成就，为党和国家的继续发展奠定了坚实基础。

从党的十三届四中全会到党的十六大这13年，我国的改革开放和现代化建设取得了新的辉煌成就。党的十六大对这13年的评价，用了这两句话。一句是："这十三年来，国际局势风云变幻，我国改革开放和现代化建设的进程波澜壮阔。"另一句是："人们公认，这十三年是我国综合国力大幅度跃升、人民得到实惠最多的时期，是我国社会长期保持安定团结、政通人和的时期，是我国国际影响显著扩大、民族凝聚力极大增强的时期。"[①] 在这13年里，我们党从容应对一系列关系我国主权和安全的国际突发事件，战胜在政治、经济领域和自然界出现的各种困难和风险，经受住一次又一次考验，排除各种干扰，保证了改革开放和现代化建设的航船始终沿着正确的方向破浪前进。13年里，我们打破了西方国家对我国的经济贸易制裁，治理了严重的通货膨胀并成功实现经济的"软着陆"，克服了亚洲金融危机并有效地解决了经济紧缩等困难，实施了科教兴国战略和可持续发展战略，初步建立了社会主义市场经济体制，加入了世界贸易组织，开创了外交工作的新局面，恢复了对香港、澳门行政主权。统计数据表明，经过13年的发展，我国综合国力上了一个大台阶，经济总量已经由世界第10位跃升到第6位。这种景观，同近几年来全球性经济低迷的状况，形成了极为鲜明的对照。

与此同时，随着改革开放和发展社会主义市场经济的推进，我国社会面貌也发生了重大变化，社会经济成分、组织形式、就业方式、利益关系和分配方式日益多样化。这种多样化的出现，既为我们的社会增加了活力和创造力，同时又对我们党和国家的传统领导方式和执政方式提出了严峻的挑战。

总之，13年的辉煌，已经载入史册；13年的经验，需要深入总结。"三个代表"重要思想正是在总结改革开放特别是十三届四中全会以来党团结和带领人民建设中国特色社会主义的伟大实践和成功经验的基础上提出来的。

---

① 《中国共产党第十六次全国代表大会文件汇编》，人民出版社2002年版，第5、6页。

（二）党成立80多年来艰苦卓绝的奋斗历程和正反经验是“三个代表”重要思想形成的历史根据

中国共产党已走过了80多年奋斗历程。80多年的历史证明：我们党之所以能够创造辉煌业绩，根本原因在于坚持了“三个代表”的要求，而在探索着前进的道路上之所以出现严重失误和错误，归根结底在于违背了“三个代表”。

从1921年党创立到1949年新中国成立的28年，是党领导新民主主义革命的历史。中国共产党创立的本身，就是先进的思想理论——马克思列宁主义同先进生产力的物质载体——中国工人阶级相结合的产物。党的二大通过的纲领明确规定党的性质是中国无产阶级的先锋队组织，是中国无产阶级的忠实代表。所以，党创立本身就体现了“三个代表”的要求。但是，在大革命后期，由于革命经验不足，又受到共产国际错误指示的影响，党制定的政策不符合当时的实际，没有反映广大中国人民根本利益的要求，犯了右的错误，轰轰烈烈的大革命遭受了失败。在土地革命战争时期，又连续地发生了三次“左”倾错误。这三次错误的路线和政策，从指导思想来说，都脱离了中国的实际情况，没有能把先进的思想理论应用到实践中去解决革命的具体问题，在对革命形势、革命性质、革命对象、革命动力、革命策略等一系列问题的认识上犯了错误，从而实际上违背了“三个代表”。遵义会议以后，以毛泽东同志为核心的党的第一代中央领导集体逐渐形成，实行正确的军事路线、政治路线、组织路线和思想路线，进一步搞清楚了中国革命的对象、任务、动力、性质和前途，掌握了统一战线、武装斗争和党的建设三大法宝，制定了新民主主义革命的基本纲领，形成了新民主主义革命阶段的总路线，确立了毛泽东思想的指导地位。在毛泽东思想的指引下，党领导中国人民夺取了抗日战争和解放战争的伟大胜利，建立了独立自主的新中国，从而为中国先进生产力和先进文化的发展、为谋求中国最广大人民的根本利益创造了前提条件。

从新中国成立到1978年党的十一届三中全会召开的29年，是我们党解决怎样由新民主主义转变为社会主义和探索社会主义建设道路的历史。新中国成立前三年，我国的新民主主义建设取得了显著成就。随后，根据党提出的过渡时期总路线，在大规模地开展工业化建设的同时，也对农业、手工业和资本主义工商业进行了社会主义改造。到1956年秋，三大改造的任务提前基本完成，社会主义制度得以确立。社会主义制度的确立，符合中国先进生产力的发展要求、中国先进文化的前进方向和中国最广大人民的根本利益，体现了“三个代表”的要求。但是随后由于犯了一系列“左”的错误，党在探索中国自己的社会主义建设道路的过程中先后发生了两次严重挫折。这就是三年“大跃进”、人民公社化运动和十年“文化大革命”的发动。发动“大跃进”和人民公社化运动，其本意是想促进生产力的大发展，但是由于大搞群众运动，不讲科学，不尊重客观经济规律，结果造成国民经济的极大破坏。发动“文化大革命”，本想使社会主义事业健康发展，使党更能忠实地代表中国最广大人民的根本利益，但在“无产阶级专政下继续革命理论”指导下进行的“文化大革命”，非但没有带来任何意义上的社会进步，反而给党、国家和各族人民带来了严重灾难。这完全不符合“三个代表”的要求。

从党的十一届三中全会直到现在，是我们党团结和带领全国人民进行改革开放和现代化建设的历史，也是我们大家都在经历的当代历史。以党的十一届三中全会为开端，以邓小平同志为核心的党的第二代中央领导集体，经过对我国面临的世界形势和时代主题的科学分析，经过对改革开放和社会主义现代化建设新鲜经验的不断总结，同时对我国建设社会主义正反两方面历史经验以及其他国家社会主义兴衰成败的历史经验的认真反思，创立了邓小平理论。在邓小平理论的指引下，20多年来，我们国家发生了翻天覆地的巨大变化，中华民族进入了历史上的又一个辉煌发展。为什么会有这样好的局面呢？说到底，是因为以邓小平同志为核心的党的第二代中央领导集体和以江泽民同志为核心的党的第三代中央领导集体，制定并不断完善的基本路线、基本纲领和改革开放的各项政策，真正体现了中国先进生产力的发展要求和先进文化的前进方向，真正代表着中国最广大人民的根本利益。

总之，正如江泽民在庆祝建党80周年大会上的讲话中所指出的，“总结八十年的奋斗历程和基本经验，展望新世纪的艰巨任务和光明前途，我们党要继续站在时代前列，带领人民胜利前进，归结起来，就是必须始终代表中国先进生产力的发展要求，代表中国先进文化的前进方向，代表中国最广大人民的根本利益。”① 可见，“三个代表”重要思想是对党成立以来的全部实践及其正反经验的集中概括，是总结党的全部历史得出的科学结论。

（三）党所处地位和环境、党所肩负的历史任务，党的自身状况以及党的建设面临的新形势新任务是“三个代表”重要思想形成的现实依据

经过80多年的发展，我们党已经从一个领导人民为夺取全国政权而奋斗的党，成为一个领导人民掌握着全国政权并长期执政的党；从一个在受到外部封锁和实行计划经济条件下领导国家建设的党，成为在对外开放和发展社会主义市场经济条件下领导国家建设的党。党的地位和所处的外部环境发生的这两个重大变化，要求我们在党的建设问题上必须解放思想，进行观念变革，树立新的思维方式，探讨加强和改进党的建设的新路子、新方法。

伴随着上述这两个转变，我们党的队伍的数量和结构出现了重大变化。一是由一个当初几十人的小党发展成为具有6600多万党员并领导着13亿人口进行社会主义现代化建设的世界第一大执政党。二是党员队伍的构成发生了新的变化，一些非工农职业的劳动者、企业管理人员甚至一些以资本要素参与分配的人开始加入党的组织。三是党员的经济地位和经济条件发生了变化。在战争年代和计划经济时期，党员的经济地位大致相同，而在社会主义市场经济条件下，一方面高收入的社会阶层已经形成，另一方面，社会贫困阶层仍然存在，而在这两个社会阶层中都有许多党员。四是过去党员的文化程度普遍比较低，而现在党员的文化程度大大提高。这些都为我们如何保证党员的质量和保持党的工人阶级先锋队性质，提出了重大而又现实的新课题。

进入新世纪，我们党的干部队伍面临着整体性新老交替的问题。党的十一届三中全会以来，在邓小平提出的“革命化、年轻化、知识化、专业化”方针的指引下，一大批优秀的年轻干部走上了各级领导岗位。现在，由于自然规律和干部退休制度的严格执行，我们将又一次面临干部队伍成批交替的问题。一大批“文化大革命”后成长起来的年轻干部

① 《论“三个代表”》，中央文献出版社2001年版，第152页。

将走上更重要的领导岗位。这批干部有许多突出的优点，但也有一些不足，正如江泽民指出的那样，“现在四十岁上下的年轻干部，一般都接受了马克思主义和党的优良传统的教育，但还不够系统、扎实。他们对中国的历史和现状有不少了解，但还不够深入、广泛。他们也经受了一定的党内生活和社会实践的锻炼，但还不够全面、严格。也就是说，这一代年轻干部，还缺乏马克思主义基本理论的扎实功底，缺乏对中国历史和现实的系统了解，缺乏党内生活和艰苦环境的严格锻炼。”① 因此，新世纪加强党的建设，关键是建设一支能够适应社会主义现代化建设要求的高素质干部队伍，这直接关系到建设有中国特色社会主义的宏伟目标能否实现。

前车之辙，后车之鉴。一部世界政党史表明，一个执政党不管它的资格有多老，如果不能站在时代进步潮流的前列，不能赢得最广大人民群众的支持和拥护而丧失先进性，人民就会把它抛弃。20 世纪 80 年代末以来，在世界政党政治中出现了一个发人深思的现象：就是在一些国家和地区，一些长期一党单独连续执政的大党老党接二连三地失去执政地位。其中，不仅有墨西哥革命制度党、印度国大党、印尼专业集团等民族主义政党，日本自民党等资产阶级政党，奥地利社会民主党、法国社会党等社会党，也有苏联、东欧等一大批无产阶级政党。这种政治现象对包括中国共产党在内的各国执政党都是一个很好的警示，应该引起高度的重视。

中国共产党已经持续执政 50 多年，也同样面临着长期执政的考验。这种考验主要表现在以下几个方面：一是容易产生脱离群众的倾向；二是容易滋生既得利益集团；三是容易出现权力失控和腐败现象；四是容易固步自封而失去生机和活力。有着 80 多年光辉历程的中国共产党，一旦失去了她应有的先进性，也就会因得不到广大群众的普遍支持而产生合法性危机，其在中国社会发展进程中的领导资格、执政资格也就迟早会丧失。怎样有效地解决这个重大的时代性问题，使我们党不断与时俱进、永葆先进性、永立时代潮头、保持长期执政的地位呢？“三个代表”重要思想提出的根本出发点和着眼点，就是为了回答这些问题的。它为我们党面向新世纪迎接新挑战新考验，开创中国特色社会主义事业和党的建设的新局面，提供了强大的思想武器。

---

① 《论党的建设》，中央文献出版社 2001 年版，第 428 页。

贯彻落实科学发展观的政治保证*

深入贯彻落实科学发展观，必须毫不动摇地坚持党的“一个中心，两个基本点”的基本路线。党的十七大报告指出：“党的基本路线是党和国家的生命线，是实现科学发展的政治保证。”① 以经济建设为中心是兴国之要，是我们党、我们国家兴旺发达和长治久安的根本要求；四项基本原则是立国之本，是我们党、我们国家生存发展的政治基石；改革开放是强国之路，是我们党、我们国家发展进步的活力源泉。只有始终不渝地坚持“一个中心，两个基本点”的基本路线，才能从根本上保持党和国家大政方针的连续性、稳定性，才能为实现科学发展提供坚强有力的政治保证，奋力开拓中国特色社会主义更加广阔的前景。

一、坚持党的基本路线是贯彻落实科学发展观的题中应有之义

党的基本路线，也就是党的政治路线或党的总路线，是党在一定历史时期指导全局的总路线、总方针、总政策的集中概括，是党的指导思想和基本理论的集中体现。科学发展观作为新时期我国经济社会发展的重要指导方针和重大战略思想，是在坚持党的“一个中心，两个基本

---

* 这是2009年5月为中央党校教材《科学发展观研究》撰写的书稿中的一部分。

① 胡锦涛：《高举中国特色社会主义伟大旗帜，为夺取全面建设小康社会新胜利而奋斗——在中国共产党第十七次全国代表大会上的报告》，《人民日报》2007年10月25日。

点”的基本路线的过程中形成的，是把党的基本路线贯彻于中国特色社会主义建设实践的理论创造和理论结晶。因此，坚持党的基本路线是贯彻落实科学发展观的必然要求和题中应有之义。

中国共产党建党近90年的历史表明，能否从实际出发，依据环境和党的任务的变化，在不同的历史时期制定和贯彻一条正确的政治路线，直接关系着党和国家事业的兴衰成败。中国新民主主义革命历经坎坷曲折，之所以最终取得胜利，就是因为我们党经过反复比较，在确定了毛泽东的核心领导地位以后制定并执行了正确的新民主主义革命的正确路线。1949年新中国成立后，我们党从领导人民为夺取全国政权而奋斗的党，成为领导人民掌握全国政权并长期执政的党，党所处的地位、环境和面临的任务发生了重大变化，党的政治路线也随之进行了调整和改变。从新中国成立到1978年12月党的十一届三中全会召开的30年间，我们党在不同时期，对党的基本路线进行了曲折的探索，积累了正反两个方面的经验教训。1952年，党把马克思列宁主义关于过渡时期的理论同中国实际相结合，提出了党在过渡时期的总路线，即：要在一个相当长的时期内，逐步实现国家的社会主义工业化，并逐步实现国家对农业、手工业和资本主义工商业的社会主义改造，简称“一化三改”的总路线。这条总路线促进了中国由新民主主义向社会主义的过渡。到1956年，全国绝大部分地区基本上完成了社会主义改造的历史任务，使我国进入了社会主义初级阶段。1958年，党的八届二中全会又提出了“鼓足干劲，力争上游，多快好省地建设社会主义”的总路线。这条总路线提出的初衷是要鼓舞中国各族人民的斗志，调动人民群众的积极性，实现社会主义的高速发展，但由于忽视了客观规律，夸大了主观意志的作用，引发了全国范围内的“大跃进”“人民公社化”运动，没有实现预期的成效，反而给我国经济建设造成了严重损失。到了1962年，由于“左”倾思想的指导，党的八届十中全会重提“以阶级斗争为纲”，强调“社会主义社会是一个相当长的历史阶段，在这个历史阶段中，始终存在着阶级、阶级矛盾和阶级斗争，存在着社会主义同资本主义两条道路的斗争，存在着资本主义复辟的危险性。”这个判断和估计在1969年党的九大上被正式确定为党在整个社会主义历史阶段的基本路线。由于推行这条脱离实际的基本路线，使得阶级斗争理论和实践在国内愈演愈烈，直至酿成了“文化大革命”，给党和人民及社会主义事业带来了极大的损失。

1978年12月，我们党召开了具有深远历史意义的十一届三中全会，抛弃了“以阶级斗争为纲”这个不适用于社会主义社会的“左”的错误方针，作出了把党和国家的工作中心转移到经济建设上来和改革开放的战略决策，实现了政治路线的拨乱反正。同时，我们党针对拨乱反正过程中出现的错误思潮，旗帜鲜明地强调必须坚持社会主义道路，坚持人民民主专政，坚持中国共产党的领导，坚持马克思列宁主义、毛泽东思想，党在新时期的基本路线开始形成。1987年，党的十三大依据我国仍处于并将长期处于社会主义初级阶段的重大国情判断，进一步明确概括和全面阐发了党在社会主义初级阶段“一个中心，两个基本点”的基本路线，这就是：“领导和团结全国各族人民，以经济建设为中心，坚持四项基本原则，坚持改革开放，自力更生，艰苦创业，为把我国建设成为富强、民主、文明的社会主义现代化国家而奋斗。”① 邓小平同志指出：对这条基本路线，“不但这一届领导人要坚持，下一届、再下一届都要坚持，一直坚持下去”。② 1992年，在南方谈话中，他进一步指出：“坚持党的十一届三中全会以来的路线、方针、政策，关键是坚持‘一个中心，两个基本点’。”“基本路线要管一百年，动摇不得。”③ 党的十四大将党的基本路线首次写入党章。党的十五大强调：“全党要毫不动摇地坚持党在社会主义初级阶段的基本路线，把以经济建设为中心同四项基本原则、改革开放这两个基本点统一于建设有中国特色社会主义的伟大实践。”党的十六大强调：“无论遇到什么困难和风险，都必须坚持党的基本理论、基本路线和基本纲领不动摇。”党的十六大以来，党的基本路线得到了进一步丰富发展。科学发展观和构建社会主义和谐社会重大战略思想的提出，将中国特色社会主义事业总体布局由经济建设、政治建设、文化建设三位一体进一步发展为经济建设、政治建设、文化建设、社会建设四位一体，标志着我们党对中国特色社会主义的科学内涵和现代化建设目标的认识达到了一个新高度，党的基本路线的内涵也有了新的发展。党的十七大报告将党的基本路线表述为：“领导和

① 《十三大以来重要文献选编》（上），人民出版社1991年版，第15页。
② 《邓小平文选》第3卷，人民出版社1993年版，第347页。
③ 《邓小平文选》第3卷，人民出版社1993年版，第370—371页。

团结全国各族人民，以经济建设为中心，坚持四项基本原则，坚持改革开放，自力更生，艰苦创业，为把我国建设成为富强民主文明和谐的社会主义现代化国家而奋斗。”①

概而言之，党的“一个中心，两个基本点”的基本路线是我们党在经历了成功与挫折的几次反复、经过几十年的认识和实践的检验，才逐步确立起来的。党的十一届三中全会以前，我们党在领导建设社会主义的实践中之所以多次出现严重失误，一个根本原因，就在于党在制定和贯彻正确的政治路线方面出现了偏差。党的十一届三中全会后的 30 年来，我国改革开放和现代化建设之所以能够取得巨大成功，其原因，归根结底，则是由于我们坚持一切从实际出发，制定并始终不渝地坚持了党的“一个中心，两个基本点”的基本路线。事实表明，什么时候坚持了这条正确的基本路线，我们党和国家的事业就顺利发展；什么时候背离了这条基本路线，党和国家的事业就出现挫折，遭受失败。正如胡锦涛同志在纪念十一届三中全会召开 30 周年大会上的讲话中所指出的：“党的基本路线是兴国、立国、强国的重大法宝，……是党和国家的生命线、人民群众的幸福线。”②

进入新世纪新阶段，我们党和国家事业的发展站在了新的起点上。以胡锦涛为总书记的党中央坚持以邓小平理论和“三个代表”重要思想为指导，在准确把握世界发展趋势、认真总结我国发展经验、深入分析我国发展阶段性特征的基础上提出了科学发展观这一重大战略思想。从一定意义上看，科学发展观是党的基本路线在发展理念上的新的表现形式。党的基本路线是整个社会主义初级阶段都要坚持的路线，科学发展观则是新的历史条件下坚持党的基本路线的具体方式。科学发展观反映了我们党在坚持社会主义初级阶段基本路线时对发展问题的新认识，反映了当今世界和当代中国的发展变化对党和国家工作的新要求。它的最根本的贡献，是进一步回答了实现什么样的发展、怎样发展的重大问题。科学发展观坚持发展是党执政兴国的第一要务，坚持以经济建设为中心和改革开放，同时，根据实践的要求，进一步提出了关于发展的一

---

① 胡锦涛：《高举中国特色社会主义伟大旗帜，为夺取全面建设小康社会新胜利而奋斗——在中国共产党第十七次全国代表大会上的报告》，《人民日报》2007 年 10 月 25 日。

② 胡锦涛：《在纪念党的十一届三中全会召开 30 周年大会上的讲话》，《人民日报》2008 年 12 月 19 日。

系列新思想、新观点、新论断，提出发展是以经济建设为中心，经济、政治、文化、社会全面进步、整体推进的发展，是不断满足人民群众物质文化生活需求，切实保障人民群众的经济、文化、政治权益，不断提高人民群众整体素质的发展，是以人为本，人与自然和谐相处，经济效益、社会效益和生态效益有机统一的可持续发展，是和谐发展与和平发展相统一的发展等等。科学发展观的提出，进一步深化了我们党对中国特色社会主义的发展道路、发展战略、发展布局、发展动力、发展目的和发展要求的认识，为中国特色社会主义增添了新的科学内容。在新的历史条件下，贯彻落实科学发展观，是对党的基本路线的最好坚持和最好实践，而坚持和维护党的基本路线，则是实现科学发展的政治前提和政治保障。

二、以经济建设为中心为科学发展提供坚实的物质基础

坚持党的基本路线不动摇，关键是坚持以经济建设为中心不动摇。只有坚持以经济建设为中心，不断增强综合国力，才能真正落实好发展这个党执政兴国的第一要务，为全面协调可持续发展打下坚实的物质基础，才能更好地解决党和国家前进中面临的各种矛盾和问题，实现全面建设小康社会的宏伟目标。

马克思主义最注重发展生产力。马克思主义唯物史观认为，物质生产力直接决定生产关系并进而决定一切社会关系，是人类社会发展的最终决定力量和最根本的推动力。在人类社会发展史上，原始社会的解体、阶级现象的出现、国家的产生、人类的文明进步，是由社会生产力的发展水平决定的。未来社会的发展、阶级的消灭、国家的消亡、高级人类文明的出现，也是由生产力的发展水平决定的，“是以生产力的巨大增长和高度发展为前提的”①。马克思、恩格斯揭示了资本主义必然会被社会主义所取代的客观规律，社会主义之所以能够取代资本主义，是因为它是比资本主义更高的社会形态。当资本主义发展到其自身不能容纳生产力进一步发展的时候，社会主义却能够极大地解放生产力，允

① 《马克思恩格斯选集》第1卷，人民出版社1972年版，第39页。

许生产力以更快的速度发展。然而，社会主义制度在世界范围内最终取代资本主义是一个相当长的历史过程，在这个过程中，将始终存在两种制度的对立和斗争。社会主义制度在建立、成长和完善的过程中能否把自身的优越性尽快地、充分地展示出来，将直接关系到社会主义制度的巩固和进一步发展。如果在一个不太长的时间内，社会主义的优越性能够发挥出来，社会主义制度就获得了它赖以存在的物质基础和群众基础，它就能够巩固和发展，否则，它就会遭到怀疑和否定，也就难以立住脚。正因为如此，马克思主义经典作家一直强调，无产阶级夺取政权以后，必须坚持以经济建设为中心，大力发展生产力。马克思、恩格斯指出："无产阶级将利用自己的政治统治，一步一步地夺取资产阶级的全部资本，把一切生产工具集中在国家即组织成为统治阶级的无产阶级手里，并且尽可能快地增加生产力的总量。"① 列宁也说："劳动生产率，归根到底是使新社会制度取得胜利的最重要最主要的东西。……资本主义可以被最终战胜，而且一定会被最终战胜，因为社会主义能够创造新的高得多的劳动生产率。"② 邓小平同志更是反复强调：马克思主义最注重发展生产力，"马克思主义的另一个名词就是共产主义。……共产主义是没有人剥削人的制度，产品极大丰富，各尽所能，按需分配。按需分配，没有极大丰富的物质条件是不可能的。要实现共产主义，一定要完成社会主义阶段的任务。社会主义的任务很多，但根本一条就是发展生产力，在发展生产力的基础上体现出优于资本主义，为实现共产主义创造物质基础"。③ 总之，坚持以经济建设为中心，不断提高生产力的发展水平，是社会主义优越性的直接体现，是巩固和发展社会主义制度的内在要求。

坚持以经济建设为中心，也是反思新中国成立以来我国社会主义建设历史教训得出的必然结论。1956 年我国社会主义改造基本完成后，我们党开始了对中国自己的社会主义建设道路的探索。当时面临的首要的理论和实践问题是：社会主义制度建立后，我国社会的主要矛盾和党的中心任务是什么？全党为此进行了开创性的艰辛探索。1956 年 9 月，

---

① 《马克思恩格斯选集》第 1 卷，人民出版社 1995 年版，第 293 页。

② 《列宁全集》第 37 卷，人民出版社 1986 年版，第 18 页。

③ 《邓小平文选》第 3 卷，人民出版社 1993 年版，第 137 页。

党的八大从我国社会主要矛盾变化和社会主义的本质要求出发，第一次对我国社会的主要矛盾作出正确判断，提出“我们国内的主要矛盾，已经是人民对于建立先进的工业国的要求同落后的农业国的现实之间的矛盾，已经是人民对于经济文化迅速发展的需要同当前经济文化不能满足人民需要的状况之间的矛盾”。据此，大会提出：“党和全国人民的当前的主要任务，就是要集中力量来解决这个矛盾，把我国尽快地从落后的农业国变为先进的工业国。”党的八大对我国社会主义主要矛盾和党的主要任务的分析是符合马克思主义和我国实际情况的，党的八大的路线是正确的，为我国社会主义建设指明了方向。但是，从 1957 年开始，由于对国际国内发生的一系列复杂情况作出错误的判断和估计，人为夸大阶级斗争的严重程度，“左”的思想逐渐在党内占据主导地位，党和国家实际上偏离了党的八大的正确路线，开始进入了“以阶级斗争为纲”的误区。“文化大革命”更形成了一整套极左理论，完全背离了马克思主义科学社会主义原理，极大地阻碍了生产力发展，给我国社会主义建设造成了巨大损失。对此，邓小平同志深刻地指出：“多少年来我们吃了一个大亏，社会主义改造基本完成了，还是‘以阶级斗争为纲’，忽视发展生产力。‘文化大革命’更走到了极端。十一届三中全会以来，全党把工作重点转移到社会主义现代化建设上来，在坚持四项基本原则的基础上，集中力量发展社会生产力。这是最根本的拨乱反正。”① 总之，坚持以经济建设为中心，是我们党在深刻总结历史经验教训上作出的战略决策，任何情况下都不能动摇这个中心。在历史上，由于没有能够清醒对待国际国内某些事件，我们有过离开经济建设这个中心的严重教训，改革开放以来，尽管国际国内发生了这样那样的重大事件，我们始终没有动摇这个中心，这才取得了改革开放的巨大成就，今后我们还必须坚定不移地这样做。

从现实看，我国正处于并将长期处于社会主义初级阶段，这是我国最基本的国情，也是我国“最大的实际”。社会主义初级阶段就是生产力不发达的阶段，在这个阶段，社会主义制度还不完善，社会主义市场经济体制还不成熟，社会主义民主法制还不够健全，祖国统一大业还没有最终完成，西方敌对势力还在加紧对我实施“西化”“分

① 《邓小平文选》第 3 卷，人民出版社 1993 年版，第 141 页。

化”的图谋，等等。所有这一切，都有赖于我国经济实力和综合国力的提高，都要求我们一心一意谋发展，聚精会神搞建设，把解放和发展生产力作为党和国家的中心任务。发展是硬道理，这是我们必须始终坚持的一个战略思想。改革开放 30 年来，我们党的路线方针政策得到全体人民的拥护，我们经得起国际国内各种风浪的考验，我国的国际威望和影响不断提高，都与我国社会生产力的迅速发展、综合国力的显著增强和人民生活的不断改善密切相关。在当代中国，继续解决我国经济和社会生活中存在的矛盾，提高我们抵御各种风险的能力，实现全面建设小康社会的战略目标，要靠发展；巩固和完善社会主义制度，增强社会主义的内聚力和向心力，坚定人们对社会主义和祖国前途的信心，要靠发展；加强民主和法制建设，保持社会稳定，实现国家长治久安，要靠发展；最终解决台湾问题，完成祖国统一大业，要靠发展；反对霸权主义、强权政治，履行我们维护世界和平与促进各国共同发展的国际责任，不断增强我国在国际事务中的作用，要靠发展；从根本上摆脱贫穷落后的状况，提高经济科技竞争力，振兴中华民族，使中国跻身于世界现代化国家之林，更离不开发展。要完成好发展这个党执政兴国的第一要务，首先是要发展经济，因此就要牢牢扭住经济建设这个中心，除非发生大规模外敌入侵，任何时候任何情况下都不能动摇、不能放松。

科学发展观，第一要义是发展。发展，首先是发展经济。国家的昌盛，人民的富裕，说到底是经济实力问题。国际竞争，说到底也是经济实力的竞争。我们要全面推进经济、政治、文化和社会建设，实现经济发展和社会全面进步。统筹城乡发展、区域发展、经济社会发展、人与自然和谐发展、国内发展和对外开放，最终也都有赖于经济的持续快速发展。因此，要保障科学发展观“第一要义”的全面贯彻落实，就必须始终坚持党的“一个中心，两个基本点”的基本路线，“牢牢扭住经济建设这个中心，坚持聚精会神搞建设、一心一意谋发展，不断解放和发展社会生产力”。①

① 胡锦涛：《高举中国特色社会主义伟大旗帜，为夺取全面建设小康社会新胜利而奋斗——在中国共产党第十七次全国代表大会上的报告》，《人民日报》2007 年 10 月 25 日。

三、四项基本原则为科学发展指明正确的政治方向

贯彻落实科学发展观，必须始终坚持社会主义道路、坚持人民民主专政、坚持中国共产党的领导、坚持马克思列宁主义、毛泽东思想。四项基本原则是立国之本，是我们党和国家生存和发展的政治基石。离开了四项基本原则，中国就不成其为社会主义国家；动摇了四项基本原则，或者四项基本原则坚持得不好，就会在政治方向、政治保障上出问题，贯彻落实科学发展观也就成了一句空话。

贯彻落实科学发展观，必须坚持社会主义道路——在今日之中国，就是坚定不移地走中国特色社会主义道路。中国走上社会主义道路，是近代以来中国人民在长期斗争中经过反复比较和选择的结果。鸦片战争以后，中国人民为了改变自己的悲惨命运进行了不懈努力，做了各种探索。从太平天国运动、戊戌变法、义和团运动到孙中山先生领导的旧民主主义革命，都没能把中国从积贫积弱、任人宰割的悲惨境况中解救出来。只有在中国共产党的领导下，搞了社会主义，中国社会的面貌才焕然一新。30年前，面对十年内乱中由“四人帮”严重破坏造成的后果，面对严峻的政治经济局面，社会上和我们党内有一部分人对社会主义的前途产生了怀疑，也出现了一些反对社会主义的势力。针对这种情况，邓小平同志旗帜鲜明地提出了坚持社会主义道路的问题。他强调，只有社会主义才能救中国，只有社会主义才能发展中国。中国不能搞资本主义，如果搞资本主义就会天下大乱，中国就会变成西方大国的附庸。30年来，我们党高举中国特色社会主义伟大旗帜，在东欧剧变、苏联解体、世界社会主义发生严重曲折的严峻考验下，在对历史经验的总结中和对国际环境的比较中不断深化对这个论断的认识，坚定不移地走中国特色社会主义道路，使得改革开放和现代化建设取得了巨大成就。我们所坚持的中国特色社会主义道路，就是在中国共产党领导下，立足基本国情，以经济建设为中心，坚持四项基本原则，坚持改革开放，解放和发展社会生产力，巩固和完善社会主义制度，建设社会主义市场经济、社会主义民主政治、社会主义先进文化、社会主义和谐社会，建设富强民主文明和谐的社会主义现代化国家。中国特色社会主义道路之所以完全正确，之所以能够引领中国发展进步，关键在于我们既坚持了科学社

会主义的基本原则，又根据我国实际和时代特征赋予其鲜明的中国特色。在当代中国，坚持中国特色社会主义道路，就是真正坚持社会主义。

贯彻落实科学发展观，必须坚持人民民主专政。我国宪法第一条规定，中华人民共和国是工人阶级领导的、以工农联盟为基础的人民民主专政的社会主义国家。人民民主专政是我国的国体，因此也是我国社会主义制度最根本的制度。坚持人民民主专政，就要坚持国家的一切权力属于人民，保证人民依照宪法和法律规定，通过各种途径和形式，管理国家事务，管理经济和文化事业，管理社会事务，充分发挥人民群众的积极性、主动性、创造性，保证人民当家作主。发展社会主义民主，最重要的是把社会主义民主落实到国家经济、政治、文化及各项社会事业的决策和管理中去，落实到各项制度和各项实际工作中去，落实到广大人民行使民主权利的实践中去。要不断扩大基层民主，不断创造和完善人民群众当家作主的新形式。要保证人民群众在基层的经济、政治、文化和其他社会事务中当好家作好主，这是人民群众在整个国家经济、政治、文化和社会生活中当家作主的基础。发展社会主义民主，必须与加强社会主义法制结合起来，坚持依法治国的基本方略，促进社会主义民主的制度化、法律化，做到有法必依、执法必严、违法必究，同时把依法治国与以德治国结合起来，以保障国家各项工作都有秩序地进行，保障良好的经济和社会秩序，保障广大人民群众的公民权利和合法权益。坚持人民民主专政，还要在人民民主的基础上，依法严厉打击危害社会主义制度、危害改革开放和社会主义现代化建设、危害人民群众生命财产安全的各种违法犯罪活动，充分发挥国家机器保护人民、打击敌人的作用。对国际敌对势力的渗透、破坏活动，对敌对分子颠覆中国共产党的领导和社会主义制度的政治图谋，对民族分裂主义势力的分裂活动，对暴力恐怖活动，对严重危害人民群众生命财产安全的严重刑事犯罪，对严重危害国家和人民利益的腐败现象等，更要依法防范和坚决打击，切实用人民民主专政来维护人民政权，维护人民的根本利益。因此，只有坚持人民民主专政，才能为贯彻落实科学发展观创造良好的内外环境。

贯彻落实科学发展观，必须坚持中国共产党的领导。在我们这样一个人口多、底子薄、经济文化发展很不平衡、多民族的发展中大国，要把13亿多人的思想统一起来、力量凝聚起来，向着社会主义现代化建设的共同目标前进，必须有中国共产党这个核心力量，必须有中国共产党的坚强领导。否则，一盘散沙，四分五裂，不仅建设搞不起来，而且必然会陷入混乱的深渊。中国共产党的领导地位，是在领导中国人民进行革命、建设、改革的长期实践中形成的，是历史的必然选择。鸦片战争以后，中国内忧外患，中国人民进行了长期抗争，但都没有成功。直到中国共产党成立并不断发展壮大起来，中国人民才前所未有地组织起来，并最终取得了革命胜利。世界上很多国家，特别是一些发展中国家，长期处于动荡和贫困状态，根本原因就是没有一个正确而坚强的政治力量能够把社会力量凝聚起来，各种势力相互争斗，甚至内战连绵。新中国成立以后，在复杂的国内外条件下，中国始终保持团结统一，社会主义建设不断前进，根本原因就是有了中国共产党的坚强领导。因此，中国要发展，中华民族要振兴，中国人民要为人类文明作出更大贡献，就必须毫不动摇地坚持中国共产党的领导。贯彻落实科学发展观，实现经济社会又好又快发展，同样离不开中国共产党的正确领导。坚持中国共产党的领导，是坚持党对国家大政方针和全局工作的政治领导，坚持党对军队和其他人民民主专政的国家机器的绝对领导，坚持党管干部的原则，坚持党对意识形态领域的领导，坚持共产党领导的多党合作。为了坚持党的领导，必须不断改善党的领导，加强和改进党的建设，为此，要按照党的十七大的要求，紧紧围绕加强党的执政能力建设和先进性建设这条主线，不断提高党的领导水平和执政水平、提高拒腐防变和抵御风险的能力，从思想、组织、作风、制度、反腐倡廉等方面全面推进党的建设，使党永葆旺盛的生机与活力。

贯彻落实科学发展观，必须坚持马克思列宁主义、毛泽东思想，坚持在改革开放伟大实践中形成的马克思主义中国化的最新成果——中国特色社会主义理论体系。马克思列宁主义、毛泽东思想、中国特色社会主义理论体系，是我们立党立国的根本指导思想，是我们一切工作的行动指南，是激励全国各族人民为振兴中华团结奋斗的思想基础和精神动力，也是我们认识世界、改造客观世界和主观世界的强大思想武器。我们党自成立之日起，就把马克思主义作为指导自己思想的理论基础。在今日中国，要把7000多万党员和13亿多人的思想统一起来，必须有一套先进的思想体系，这只能是马克思列宁主义、毛泽东思想、中国特色社会主义理论体系。坚持马克思主义，必须紧密结合我国社会主义改革和建设的新实际和国际形势发展变化的新实际，不断丰富和发展马克思主义，不断增强马克思主义理论的说服力和战斗力。这样才能真正坚持好马克思主义。马克思主义具有强大生命力的奥秘，就在于它有与时俱进的理论品质。新世纪新阶段，我国改革发展中遇到的矛盾和问题很多，贯彻落实科学发展观任重道远，只有在坚持马克思列宁主义、毛泽东思想、中国特色社会主义理论体系的基础上，坚持与时俱进、坚持实践是检验真理的唯一标准、坚持理论联系实际，发挥历史的主动性和革命的创造性，勇于创新、开拓进取，才能赋予马克思主义新的生命力，才能不断推进马克思主义中国化，才能不断研究新情况、解决新问题，正确回答和解决现实生活中和群众思想上迫切需要解决的问题。

综上所述，坚持社会主义道路，坚持人民民主专政，坚持中国共产党的领导，坚持马克思列宁主义、毛泽东思想，这四项基本原则，是支撑我们人民共和国大厦的四根支柱，是贯彻落实科学发展观，发展中国特色社会主义的根本政治保障，任何时候都动摇不得。正如邓小平同志所指出的，“如果动摇了这四项基本原则中的任何一项，那就动摇了整个社会主义事业，整个现代化建设事业”。① 这就是我们在新形势下贯彻落实科学发展观，坚持四项基本原则的根本政治意义。

四、改革开放为科学发展提供强大的动力源泉

改革开放是新时期最鲜明的特点。实践证明，改革开放是我们党和国家发展进步的活力源泉，是发展中国特色社会主义、实现民族复兴的必由之路。

早在1890年，恩格斯就曾指出：“我认为，所谓‘社会主义’，不是一种一成不变的东西，而应当和任何其他社会制度一样，把它看成是经常变化和改革的社会。”② 当今时代，改革已成为社会主义不可逆转的历史趋势，成为推动社会主义向前发展的不可或缺的强大动力。只有坚定不移地推进改革，才能使社会主义跟上时代，永葆蓬勃生机。从社

① 《邓小平文选》第2卷，人民出版社1994年版，第173页。

② 《马克思恩格斯全集》第37卷，人民出版社1971年版，第443页。

会发展规律来看，改革是调整和解决社会主义社会基本矛盾的根本途径和方法。社会主义社会的基本矛盾仍然是生产关系和生产力之间的矛盾，上层建筑和经济基础之间的矛盾，社会主义制度的根本性质决定了这种矛盾不可能成为束缚生产力发展的桎梏，但是却并不意味着社会主义根本制度借以实现的具体形式，即社会主义经济、政治等方面的运行机制是完全适应社会生产力发展需要和不需做任何改变的。恰恰相反，一种长期不变的体制机制很难适应不断发展的社会生产力的需要，往往会表现出僵化的特征，从而对生产力的发展形成障碍。因此，通过改革不断调整不适应生产力发展的经济、政治体制，就成为坚持、完善和发展社会主义制度的根本措施。从中国社会主义的实际状况看，改革是破除旧的僵化体制，建立充满活力的新体制的必然要求。马克思主义的创始人曾经预言，社会主义在消灭剥削制度的基础上，必然能够创造出更高的劳动生产率，使生产力以资本主义条件下难以达到的更高更快的速度向前发展。新中国成立后到党的十一届三中全会以前，我国经济社会发展发生的深刻变化，从一定程度上初步显示了社会主义制度的优越性。但是，由于照抄照搬苏联经验，再加上社会主义建设指导思想上的“左”的错误，这种优越性没有得到充分发挥，反而在社会主义的体制机制上形成了一种与生产力发展要求不相适应的僵化模式。这种模式的主要弊端，经济上主要表现为政企不分、条块分割、国家对企业统得过死、忽视价值规律和市场的作用、分配中存在严重的平均主义，政治上主要表现为权力过于集中、严重的官僚主义、管理效率低下等等。这种体制上的弊端，严重影响了我国的社会主义经济建设，妨碍了社会主义制度优越性的发挥和社会主义事业的发展。对此，邓小平同志尖锐地指出：“再不实行改革，我们的现代化事业和社会主义事业就会被葬送。”改革的实质就是要从根本上改变束缚我国生产力发展和社会进步的体制机制，以适应社会主义现代化建设的需要。改革是全面的改革，而不是对社会主义体制机制的细枝末节的修补。因此，就其引起社会变革的广度和深度来说，是开始了一场新的革命——发展生产力的革命。邓小平同志指出：“革命是解放生产力，改革也是解放生产力。推翻帝国主义、封建主义、官僚资本主义的反动统治，使中国人民的生产力获得解放，这是革命，所以革命是解放生产力。社会主义基本制度确立以后，还要从根本上改变束缚生产力发展的经济体制，建立起充满生机和活力的社会主义经济体制，促进生产力的发展，这是改革，所以改革也是解放生产力。”“改革是中国的第二次革命”。①

党的十一届三中全会以来，改革和开放相互促进，相得益彰，密不可分。对外开放是加快我国经济发展和社会进步的一项重大战略措施，是我国长期坚持的一项基本国策。马克思、恩格斯早在《共产党宣言》中就揭示了资产阶级开拓世界市场所带来的深远历史意义，他们写道：“过去那种地方的和民族的自给自足和闭关自守状态，被各民族的各方面的互相往来和各方面的互相依赖所代替了。物质生产是如此，精神生产也是如此。”② 他们还指出，共产主义“是以生产力的普遍发展和与此相联系的世界交往为前提的”“无产阶级只有在世界历史意义上才能存在，就像共产主义——它的事业——只有作为‘世界历史性的’存在才有可能实现一样”。③ 列宁也从社会主义国家和资本主义世界市场关系的角度，强调社会主义共和国必须和世界发生联系，否则就无法生存下去，更谈不上建成社会主义大厦。但是新中国建立后，由于各种原因，我们不仅没有能够对外开放，反而越来越走向对外隔绝，长期处于封闭半封闭的状态，这种情况是导致我国经济建设长期停滞不前的一个重要原因。邓小平同志指出：“现在的世界是开放的世界。中国在西方国家产业革命后变得落后了，一个重要原因就是闭关自守。建国以后，人家封锁我们，在某种程度上我们也还是闭关自守，这给我们带来了一些困难。三十几年的经验教训告诉我们，关起门来搞建设是不行的，发展不起来。”④ 正是基于对历史经验教训的总结，邓小平同志指出，“对外开放具有重要意义，任何一个国家要发展，孤立起来，闭关自守是不可能的，不加强国际交往，不引进发达国家的先进经验、先进科技和资金，是不可能的。”⑤ “要实现四个现代化，就要善于学习，大量取得国际上的帮助。要引进国际上的先进技术、先进装备，作为我们发展的起点”。⑥

---

① 《邓小平文选》第3卷，人民出版社1993年版，第113页。
② 《马克思恩格斯选集》第1卷，人民出版社1995年版，第276页。
③ 《马克思恩格斯选集》第1卷，人民出版社1995年版，第86—87页。
④ 《邓小平文选》第3卷，人民出版社1993年版，第64页。
⑤ 《邓小平文选》第3卷，人民出版社1993年版，第117页。
⑥ 《邓小平文选》第2卷，人民出版社1994年版，第133页。

从 1978 年至今，中国的改革开放已走过了 30 年波澜壮阔的行程。30 年来，这场历史上从未有过的大改革大开放，给中国人民带来的福祉，使中华民族大踏步赶上了时代前进潮流、迎来了伟大复兴的光明前景。正是改革开放，使我国成功实现了从高度集中的计划经济体制到充满活力的社会主义市场经济体制、从封闭半封闭到全方位开放的伟大历史转折，从而极大地解放和发展了社会生产力。正是改革开放，极大地调动了亿万人民的积极性，使中国这块古老的土地焕发出无穷无尽的勃勃生机。正是改革开放，使我国经济从一度濒于崩溃的边缘发展到总量跃至世界第四、进出口总额位居世界第三，使人民生活从不足温饱发展到总体小康，使农村贫困人口从两亿五千多万减少到两千多万。正是改革开放，使得全党和全国人民的思想得到大解放，进一步深化了对什么是社会主义、怎样建设社会主义，建设什么样的党、怎样建设党，实现什么样的发展、怎样发展等重大理论和实际问题的认识，社会主义在中国焕发出前所未有的强大生命力，马克思主义在中国焕发出前所未有的强大感召力，领导这场伟大革命的中国共产党焕发出前所未有的强大的创造力和战斗力。这些年来，我们之所以能够在国际风云变幻中站稳脚跟，之所以能够经受住来自经济、政治、社会和自然领域的一次次严峻考验，之所以能够战胜各种困难和风险，使现代化建设的航船始终沿着正确的方向破浪前进，归根结底，就在于通过改革开放，中国的社会生产力得到了大解放、大发展，积累了应对和化解各种风险和困难的雄厚基础。事实雄辩地证明：没有改革开放，就没有今天中国的一切。改革开放是决定当代中国命运的关键抉择、必然选择；是发展中国特色社会主义、实现中华民族伟大复兴的必由之路、强国之路；是中国一切发展进步的活力源泉。只有社会主义才能救中国，只有改革开放才能发展中国、发展社会主义、发展马克思主义。

新世纪新阶段，中华民族伟大复兴的进程站在了新的历史起点上，改革开放也进入了新的攻坚阶段。我们面临的机遇前所未有，面对的挑战也前所未有。从国际上看，世界多极化和经济全球化的趋势深入发展，国际环境复杂多变，综合国力竞争日趋激烈，我们仍将长期面对发达国家在经济科技等方面占优势的压力。从国内看，经济体制深刻变革，社会结构深刻变动，利益格局深刻调整，思想观念深刻变化。这种空前的社会变革，给我国发展进步带来了巨大活力，也带来了这样那样的矛盾和问题。面对困难和风险，停顿下来不行，倒退更没有出路。不推进改革开放，不仅不能取得新的成就，已经取得的成就也难以保持。21 世纪头 20 年，是我国经济社会发展的重要战略机遇期，也是中华民族实现伟大复兴的重要战略机遇期。艰巨的使命、繁重的任务，要求我们必须始终保持清醒的头脑，深刻认识当今世界和当代中国发展的大趋势，居安思危，清醒认识、高度重视改革过程中出现的不足和问题，增强改革的使命感和紧迫感，从而更好地谋划和推进改革，不断把改革开放推向深入。建立完善的社会主义市场经济体制，必须坚定不移地坚持改革开放。经过 30 年的努力，我们已经初步建立社会主义市场经济体制，但距离改革的目标还有很大的差距。不深化改革，经济社会生活中的深层次矛盾和问题就难以从根本上解决，市场经济也难以高效有序地运转。不深化改革，经济结构就难以得到有效调整和不断优化，经济增长方式也无法实现根本性转变，科学发展观就不能真正落实。提高对外开放水平，必须深入改革开放。当前，制约对外开放水平提高的体制性障碍还较多，只有针对这些体制缺陷来深化改革，进一步推进体制创新，才能在更大范围、更广领域、更高层次上参与经济全球化进程，在激烈的国际竞争中处于有利位置、立于不败之地。

坚持党的基本路线，必须全面理解和正确处理“一个中心，两个基本点”的关系。经济建设与四项基本原则、改革开放，是相互贯通、相互依存、不可分割的统一整体。坚持以经济建设为中心，是以四项基本原则为政治保证、以改革开放为强大动力的；坚持改革开放，是以进一步解放和发展生产力、巩固和发展社会主义制度为目的的；坚持四项基本原则，是保证改革开放和经济建设沿着正确的方向前进，同时又从新的实践中不断吸取新的经验来丰富和发展的。离开经济建设这个中心任务，社会主义社会的一切发展和进步就会失去物质基础；离开四项基本原则和改革开放，经济建设就会迷失方向和丧失动力。这就是“一个中心，两个基本点”的辩证统一关系。坚持基本路线一百年不动摇，包括坚持一个中心和两个基本点都不能动摇。我们要牢牢把握经济建设和四项基本原则、改革开放之间相互贯通、相互依存、不可分割的辩证统一关系，坚持把以经济建设为中心同四项基本原则、改革开放这两个基本点统一于建设和发展中国特色社会主义的伟大实践中。中国特色社会主义经济建设、政治建设、文化建设、社会建设的基本目标和基本政策构成的基本纲领，是党的基本路线在经济、政治、文化、社会等方面的展开，是中国特色社会主义理论体系的重要内容。中国特色社会主义经济建设、政治建设、文化建设、社会建设“四位一体”的总体布局，体现了党的基本路线的要求，也是中国特色社会主义理论体系的重要内容。我们要毫不动摇地坚持党的基本理论、基本路线、基本纲领、基本经验，坚定不移地按照“四位一体”总体布局全面推进中国特色社会主义伟大事业。

邓小平理论基本问题研究*

习近平总书记指出："邓小平同志留给我们的最重要的思想和政治遗产，就是他带领党和人民开创的中国特色社会主义，就是他创立的邓小平理论。"① 邓小平理论是在深刻总结我国社会主义胜利和挫折的历史经验、借鉴其他国家社会主义兴衰成败的历史经验、大胆吸收利用人类社会创造的一切文明成果包括资本主义发达国家创造的先进成果的基础上，在我国改革开放和社会主义现代化建设的实践过程中，逐步形成和发展起来的。作为毛泽东思想的继承和发展、作为中国特色社会主义理论体系的奠基之作，邓小平理论围绕"什么是社会主义、怎样建设社会主义"这个"首要的基本的理论问题"，深刻揭示社会主义的本质，第一次比较系统地初步回答了在中国这样经济文化比较落后的国家如何建设社会主义、如何巩固和发展社会主义的一系列重大问题，确定了建设中国特色社会主义的基本思路和基本原则，用新的思想观点，继承和发展了马克思主义，开拓了马克思主义新境界，实现了我们党在社会主义理论和实践认识上新的巨大觉醒。

---

* 这是 2007 年 3 月、2017 年 10 月在中央党校中青一班的授课讲稿，第二次讲授时，讲稿有较大修改。

① 习近平：《在纪念邓小平同志诞辰 110 周年座谈会上的讲话》，《人民日报》2014 年 8 月 21 日。

一、“文化大革命”结束时的中国与邓小平之“问”

1956 年中国确立社会主义基本制度后，在中国这样的经济文化落后的国家如何认识和建设社会主义，就成为中国共产党人面临的一个重大理论和实践新课题。以毛泽东同志为核心的党的第一代中央领导集体对此“进行了艰苦探索”，迈出了“披荆斩棘、开通道路”[①] 的第一步，既取得了重大成就，也经历了严重曲折，特别是“文化大革命”的发生，使探索走上歧途。历史证明：“文化大革命”不但没有达到建设美好社会主义的目标，反而严重损害了社会主义的形象，使我国经济社会发展受到重大损失，进一步拉大了同西方发达国家的差距。1977 年邓小平再次复出伊始，就引导全党痛定思痛，对“文化大革命”期间所鼓吹的社会主义以及这种社会主义所呈现的“优越性”进行了深刻的反思。

1977 年底，在会见澳大利亚共产党（马列）主席希尔和夫人乔伊斯时，邓小平说：“林彪和‘四人帮’反对马克思主义，他们不讲生产，谁讲发展生产就说谁是修正主义，那马克思写《资本论》是干什么的?”社会主义是一种比资本主义更加优越的社会制度，那“怎样才能体现列宁讲的社会主义的优越性，什么叫优越性？不劳动、不读书叫优越性吗？人民生活水平不是改善而是后退叫优越性吗?”[②] 1978 年 2 月，在五届全国人大一次会议上，邓小平说：“‘四人帮’不讲生产。过渡到共产主义不讲生产能行吗？共产主义是什么？是各尽所能，按需分配……光喊口号没有用。”[③] 同年 3 月，在国务院第一次全体会议上，他又说：“什么叫社会主义？它比资本主义好在哪里？每个人平均六百几十斤粮食，好多人饭都不够吃，28 年只搞了 2300 万吨钢，能叫社会主义优越性吗?”[④]

---

① 习近平：《在纪念毛泽东同志诞辰 120 周年座谈会上的讲话》，《人民日报》2013 年 12 月 27 日。

② 中共中央文献研究室编：《邓小平年谱（1975—1997）》（上），中央文献出版社 2004 年版，第 250 页。

③ 中共中央文献研究室编：《邓小平年谱（1975—1997）》（上），中央文献出版社 2004 年版，第 271 页。

④ 中共中央文献研究室编：《邓小平年谱（1975—1997）》（上），中央文献出版社 2004 年版，第 277 页。

这一连串的“问号”，实际上是发出了重新思考和探索“什么是社会主义、怎样建设社会主义”的强有力的信号。

党的十一届三中全会后，结合改革开放新实践新认识，在探索“走自己的路，建设有中国特色的社会主义”的过程中，邓小平继续把理论反思的重点集中聚焦于“什么是社会主义、怎样建设社会主义”这个根本问题上，不断“追问”和求索。这里仅作以下列举：1984 年 6 月，在会见第二次中日民间人士会议日方委员会代表团时，他说：“什么叫社会主义，什么叫马克思主义？我们过去对这个问题的认识不是完全清醒的。”① 1985 年 4 月，在会见坦桑尼亚联合共和国副总统姆维尼时，他说：“我们建立的社会主义制度是个好制度，必须坚持。……但问题是什么是社会主义，如何建设社会主义。我们的经验教训有许多条，最重要的一条，就是要搞清楚这个问题。”② 同年 8 月，在会见津巴布韦政府总理穆加贝时，他说：“我们总结了几十年搞社会主义的经验。社会主义是什么，马克思主义是什么，过去我们并没有完全搞清楚。”③ 1987 年 4 月，在会见捷克斯洛伐克总理什特劳加尔时，他说：中国“现在的方针政策，就是对‘文化大革命’进行总结的结果。最根本的一条经验教训，就是要弄清什么叫社会主义和共产主义，怎样搞社会主义。”④ 同月，在会见西班牙政府副首相格拉时，他说：“我们建设社会主义的方向是完全正确的，但什么叫社会主义，怎样建设社会主义，还在摸索之中。”⑤ 1988 年 6 月，在会见埃塞俄比亚总统门格斯图时，他说：“在‘文革’的 10 年中，什么叫社会主义，没有搞清楚，什么叫马克思主义，也没有搞清楚。”⑥ 1991 年 8 月，在同几位中央负责同志谈话时，邓小平再次指出：“我们搞改革开放，把工作重心放在经济建设上，没有丢马克思，没有丢列宁，也没有丢毛泽东。老祖宗不能丢啊！问题是要把什么叫社会主义搞清楚，把怎么样建设和发展社会主义搞

---

① 《邓小平文选》第 3 卷，人民出版社 1993 年版，第 63 页。

② 《邓小平文选》第 3 卷，人民出版社 1993 年版，第 116 页。

③ 《邓小平文选》第 3 卷，人民出版社 1993 年版，第 137 页。

④ 《邓小平文选》第 3 卷，人民出版社 1993 年版，第 223 页。

⑤ 《邓小平文选》第 3 卷，人民出版社 1993 年版，第 227 页。

⑥ 《邓小平会见门格斯图时说形势迫使我们进一步改革开放》，《人民日报》1988 年 6 月 23 日。

清楚。”①

邓小平如此不厌其烦地谈论“什么是社会主义、怎样建设社会主义”的问题，这说明，在他看来，这个问题的确是一个“首要的基本的理论问题”②，是一个牵一发而动全身的“首要的基本的理论问题”，是总结过去、思考当下、着眼未来，审视、回答和解决中国社会主义建设理论和实践诸问题的根本出发点和落脚点。正是在此意义上，把握了这个“首要的基本的理论问题”，也就从整体上把握了邓小平理论的主题和主要内容。

邓小平提出和阐述这个“首要的基本的理论”问题，至少有以下三个事实是必须看到的。一是中国社会主义建设的经验教训。我国从1956年进入社会主义社会，但从1957年起，用邓小平的话说，我们接连犯了20年“左”的错误，先后发动了“大跃进”运动、人民公社化运动，“文化大革命”运动，给我国的社会主义事业造成了重大损失。为什么会出现这些问题？说到底和没有搞清楚“什么是社会主义、怎样建设社会主义”这个根本问题有重大关系。1961年8月毛泽东在反思“大跃进”失误时就曾经说过：对于什么是社会主义、怎样搞社会主义“不甚了了”③。1969年2月，在与陈毅、李富春、徐向前等谈话时，他又说：“怎样搞社会主义，就是不懂。”④ 二是苏联社会主义建设的经验教训。苏联是世界上最早建立社会主义制度的国家。苏联对社会主义建设规律的认识又怎么样？邓小平1980年初就指出：“苏联搞社会主义，从1917年10月革命算起，已经63年了，但是怎么搞社会主义，它也吹不起牛皮。”⑤ 1985年8月，他又就此指出：“社会主义究竟是个什么样子，苏联搞了很多年，也并没有完全搞清楚。”⑥ 三是非洲一些国家搞社会主义的经验教训。第二次世界大战后，非洲先后有30多个国家

---

① 《邓小平文选》第3卷，人民出版社1993年版，第369页。

② 江泽民：《在学习〈邓小平文选〉第三卷报告会上的讲话》，《人民日报》1993年11月4日。

③ 中共中央文献研究室编：《毛泽东传（1949—1976）》（下），中央文献出版社2003年版，第1168页。

④ 中共中央文献研究室编：《毛泽东传（1949—1976）》（下），中央文献出版社2003年版，第1541页。

⑤ 《邓小平文选》第2卷，人民出版社1994年版，第250页。

⑥ 《邓小平文选》第3卷，人民出版社1993年版，第139页。

选择了“社会主义”道路，但很多国家却越搞越穷。对此，1980 年 4 月，在会见阿尔及利亚客人时邓小平特别指出：“要研究一下，为什么好多非洲国家搞社会主义越搞越穷。不能因为有社会主义的名字就光荣，就好。”① 总之，苏联的经验教训、非洲等国的经验教训——主要是中国的经验教训，是邓小平再三提出搞清楚“什么是社会主义、怎样建设社会主义”的最根本的因由。

围绕“首要基本理论问题”，作为马克思主义中国化的第二大理论成果、中国特色社会主义实践的真实记录和全党集体智慧的结晶，邓小平理论的酝酿、形成、发展，直至被确立为中国共产党的指导思想，经历了以下主要环节：

一是党的十一届三中全会。党的十一届三中全会前，对邓小平理论的主要内容就有所酝酿。全会召开前夕，邓小平在中央工作会议上作的《解放思想，实事求是，团结一致向前看》的讲话，实际上是党的十一届三中全会的主报告。党的十一届三中全会则是邓小平理论开始形成和发展的正式标志。通过这次全会，重新确立了党的解放思想、实事求是的思想路线，实现了从“以阶级斗争为纲”到以经济建设为中心、从封闭半封闭到改革开放的历史性转变，并在事实上形成了以邓小平为核心的新的中央领导集体。在党的十一届三中全会上，社会主义根本任务和主要矛盾论、社会主义改革开放论等开始提出，邓小平理论的大框架已具雏形。

二是从十一届三中全会到党的十二大。这个期间的主要历史内容是拨乱反正和改革开放起步。为了从根本上纠正“左”的和右的错误倾向，党中央认为，必须正确地认识新中国成立以来党走过的历史道路，科学地总结历史的经验教训。为此，在邓小平主持下，党中央从 1979 年 11 月开始起草并于 1981 年 6 月党的十一届六中全会上正式通过《关于建国以来党的若干历史问题的决议》（以下简称《决议》）。《决议》实事求是地评价了毛泽东的历史地位，恢复了毛泽东思想的本来面目，对新中国建立以来的一系列重大历史问题作出正确结论，彻底否定“文化大革命”，标志着党在指导思想上拨乱反正任务的完成。在这个基础上，1982 年党的十二大制定了全面开创社会主义建设新局面的纲领，确定

① 《邓小平文选》第 3 卷，人民出版社 1993 年版，第 313 页。

了党在新时期的总任务。大会还把20世纪末的奋斗目标由原来的全面实现现代化改为达到小康水平，并明确提出社会主义精神文明是社会主义的重要特征，是社会主义制度优越性的重要表现，在促进经济建设全面高涨的同时，要努力建设高度的社会主义精神文明和高度的社会主义民主，这使得党对社会主义的理解更加全面深刻。在此期间，农村实行家庭联产承包责任制和在深圳、珠海、汕头、厦门等地建立经济特区，给全国的改革开放以极大的示范和推动。正是在拨乱反正和改革开放起步中，邓小平理论形成主题，这就是邓小平在党的十二大开幕词中所宣布的："建设有中国特色的社会主义"。

三是从党的十二大到党的十三大。党的十二大以后改革开放全面展开，这包括以城市为中心的全面经济体制改革，还包括科技、教育和政治体制的改革。在邓小平的指示和支持下，1984年党的十二届三中全会作出《关于经济体制改革的决定》，深刻阐明了加快以城市为重点的整个经济体制改革的必要性、紧迫性，规定了改革的性质、基本任务和各项基本方针政策，确认我国社会主义经济是公有制基础上的有计划商品经济，提出改革是社会主义制度的自我完善，改革的基本任务是建立起具有中国特色的、充满生机和活力的社会主义经济体制。此后，经济体制改革的重点由农村转向城市，对外开放也逐步形成由沿海地区向内地滚动的格局。1987年召开的党的十三大，比较系统地论述了社会主义初级阶段理论，明确概括了党的"一个中心，两个基本点"的基本路线，提出了"三步走"战略。强调了计划和市场的作用范围都是覆盖全社会的，我国经济运行机制总体上说应当是国家调节市场、市场引导企业。党的十三大还对党的十一届三中全会以来，我们党在再认识社会主义的过程中，在哲学、政治经济学和科学社会主义等方面发挥和发展的一系列科学理论观点从12个方面作了归纳概括，初步回答了我国社会主义建设的阶段、任务、动力、条件、布局和国际环境等基本问题，规划了我们前进的科学轨道。在全面改革的逐步深入中，邓小平理论形成轮廓。

四是从党的十三大到南方谈话和党的十四大。20世纪80年代末90年代初，随着苏东剧变和国内政治风波的发生，中国又一次面临向何处去的重大抉择。在此关键时刻，1992年初，邓小平先后视察武昌、深圳、珠海、上海等地并发表重要谈话，强调指出：党的基本路线要管一百年，动摇不得。改革开放胆子要大一些，敢于试验。判断的标准，应该主要看是否有利于发展社会主义社会的生产力，是否有利于增强社会主义国家的综合国力，是否有利于提高人民的生活水平。计划多一点还是市场多一点，不是社会主义与资本主义的本质区别。社会主义的本质，是解放生产力，发展生产力，消灭剥削，消除两极分化，最终达到共同富裕。社会主义要赢得与资本主义相比较的优势，就必须大胆吸收和借鉴人类社会创造的一切文明成果，包括当今资本主义发达国家的一切反映现代社会化生产规律的先进经营方式和管理方法。中国要警惕右，但主要是防止“左”。要抓住时机，发展自己，关键是发展经济。发展才是硬道理。必须依靠科技和教育，经济发展才能快一点。要坚持两手抓，一手抓改革开放，一手抓打击各种犯罪活动。两只手都要硬。在整个改革开放过程中必须始终坚持四项基本原则。必须反对腐败，廉政建设要作为大事来抓。中国的事情能不能办好，从一定意义上说，关键在人，说到底，关键是我们共产党内部要搞好。社会主义经历一个长过程发展后必然代替资本主义，这是社会历史发展不可逆转的总趋势。我们搞社会主义才几十年，还处在初级阶段，巩固和发展社会主义，需要几代人、十几代人，甚至几十代人坚持不懈地努力奋斗。从现在起到下世纪中叶，将是很要紧的时期，我们要埋头苦干。这些谈话科学地总结了党的十一届三中全会以来的基本实践和基本经验，从理论上深刻回答了长期困扰和束缚人们思想的许多重大认识问题，是把改革开放和现代化建设推向新阶段的又一个解放思想、实事求是的宣言书。在南方谈话的思想指导下，同年 10 月召开了党的十四大。大会作出了三项具有深远意义的决策：一是确立邓小平建设有中国特色社会主义理论在全党的指导地位，并从发展道路、发展阶段、根本任务、发展动力、外部条件、政治保证、战略步骤、领导和依靠力量、实现祖国统一九个方面，概括了这个理论的主要内容。二是明确我国经济体制改革的目标是建立社会主义市场经济体制。大会要求，围绕社会主义市场经济体制的建立，要抓紧制定总体规划，有计划、有步骤地进行相应的体制改革和政策调整。三是要求全党抓住机遇，加快发展，集中精力把经济建设搞上去。通过南方谈话和党的十四大，邓小平理论逐渐走向成熟，形成体系。

五是党的十五大。1997 年党的十五大从回顾百年和面向新世纪的历史高度，鲜明地提出了“邓小平理论”这一科学概念，把这一理论作为指引我们党继续前进的旗帜。大会指出：马克思列宁主义同中国实际相结合有两次历史性飞跃，产生了两大理论成果。第一次飞跃的理论成果是毛泽东思想。第二次飞跃的理论成果是邓小平理论。这两大理论成果都是党和人民实践经验和集体智慧的结晶。在当代中国，只有把马克思主义同当代中国实践和时代特征结合起来的邓小平理论，而没有别的理论能够解决社会主义的前途和命运问题。大会通过的《中国共产党章程（修正案）》把邓小平理论确立为党的指导思想，明确规定中国共产党以马克思列宁主义、毛泽东思想、邓小平理论作为自己的行动指南。

二、“从端正思想路线入手”打开再认识社会主义的通道

粉碎“四人帮”，结束“文化大革命”后，中国社会主义的发展获得了重大转机。但是，由于长期“左”的错误的影响以及思维上的惯性，实现历史转折并非那么容易。1977 年 2 月“两个凡是”（“凡是毛主席作出的决策，我们都坚决维护，凡是毛主席的指示，我们都始终不渝地遵循”）的提出，就反映了这个不易。“两个凡是”实质上就是“想原封不动地把毛泽东晚年的错误思想坚持下去”，把“文化大革命”的错误路线继续贯彻下去。也主要是因为“两个凡是”，“文化大革命”结束后的两年间，党和国家的工作虽然有所前进，但在根本指导思想上仍然继续肯定“文化大革命”的“左”倾理论，仍然在“以阶级斗争为纲”的大框架内“抓纲治国”，导致党和国家在前进道路上出现了踯躅徘徊的局面。

面对严峻复杂的形势，邓小平以他政治家的远见卓识和领导艺术，“在千头万绪中抓住决定性环节，从端正思想路线入手进行拨乱反正”。[①]“两个凡是”提出伊始，邓小平就提出异议，“认为这不是马克思主义，不是毛泽东思想”[②]。1977 年 4 月 10 日，在致华国锋、叶剑英

① 《在邓小平同志追悼大会上江泽民同志致悼词》，《人民日报》1997 年 2 月 26 日。

② 中共中央文献研究室编：《邓小平年谱（1975—1997）》（上），中央文献出版社 2004 年版，第 155 页。

和中共中央的信中，针对“两个凡是”，邓小平郑重提出：“我们必须世世代代地用准确的完整的毛泽东思想来指导我们全党、全军和全国人民，把党和社会主义的事业，把国际共产主义运动的事业，胜利地推向前进。”① 5月24日，在同王震等人谈话时，邓小平进一步指出：“按照‘两个凡是’，就说不通为我平反的问题，也说不通肯定1976年广大群众在天安门广场的活动‘合乎情理’的问题。把毛泽东同志在这个问题上讲的移到另外的问题上，在这个地点讲的移到另外的地点，在这个时间讲的移到另外的时间，在这个条件下讲的移到另外的条件下，这样做，不行嘛！”“这是个重要的理论问题，是个是否坚持历史唯物主义的问题。彻底的唯物主义者，应该像毛泽东同志说的那样对待这个问题。马克思、恩格斯没有说过‘凡是’，列宁、斯大林没有说过‘凡是’，毛泽东同志自己也没有说过‘凡是’。”②

1978年5月，《光明日报》发表《实践是检验真理的唯一标准》一文，强调：凡是科学的理论，都不会害怕实践的检验。马克思主义的理论宝库并不是一堆僵死不变的教条，它要在实践中不断增加新的观点、新的结论，抛弃那些不再适合新情况的个别旧观点旧结论。现在，无论在理论上或实际工作中，“四人帮”设置的不少禁锢人们思想的禁区，还没有被完全打破。对于这些禁区，要敢于去触及，敢于去弄清是非；凡有超越于实践并自奉为绝对禁区的地方，就没有科学，就没有真正的马列主义、毛泽东思想，而只有蒙昧主义、唯心主义、文化专制主义。共产党人不能拿现成的公式去限制、宰割、剪裁无限丰富的生动的实际生活，应该勇于研究新的实践中提出的新问题。这篇文章虽然主要是对马克思主义认识论的一个基本问题作正面阐述，但实际上是从思想路线方面对“两个凡是”进行了批驳，并且触及盛行多年的思想僵化和个人崇拜现象。由于文章思想观点的鲜明和尖锐以及文章发表的形式和声势，立即在党内外引起关注，引发了一场意义深远的关于真理标准问题的大讨论。邓小平对这场讨论给予了及时而关键的支持，号召全党“一定要肃清林彪、‘四人帮’的流毒，拨乱反正，打破精神枷锁，使我们

① 中共中央文献研究室编：《邓小平年谱（1975—1997）》（上），中央文献出版社2004年版，第157页。

② 《邓小平文选》第2卷，人民出版社1994年版，第38页。

的思想来个大解放”。[①] 在1978年底召开的中央工作会议上，他更是振聋发聩地提醒全党：“一个党，一个国家，一个民族，如果一切从本本出发，思想僵化，迷信盛行，那它就不能前进，它的生机就停止了，就要亡党亡国。”[②]

在邓小平支持下取得重大胜利成果的真理标准问题大讨论，其最根本的意义，是冲破了“两个凡是”、个人崇拜的束缚，极大地解放了人们的思想。由这场大讨论所推动形成、并经党的十一届三中全会最终确立的解放思想、实事求是的思想路线，是实现党和国家历史大转折、实现在“什么是社会主义、怎样建设社会主义”这个根本问题上拨乱反正的前提和思想先导，成为“邓小平理论的精髓”[③]，贯穿于邓小平理论、中国特色社会主义理论体系成长的整个过程。

三、邓小平理论对“什么是社会主义”的创造性回答

（一）牢固确立“生产力标准”——提出社会主义本质论

要探索和解决“什么是社会主义，怎样建设社会主义”这个首要的基本问题，首先要搞清楚“什么是社会主义”。长期以来，人们对“什么是社会主义”的认识和理解存在很多误区。邓小平指出：“不解放思想不行，甚至于包括什么叫社会主义这个问题也要解放思想。”[④]

马克思、恩格斯认为，共产主义社会是物质极大丰富和按需分配，社会主义的最主要任务就是为实现共产主义这一要求而创造物质基础。他们在《哥达纲领批判》等著作中，对未来社会的面貌和特征曾作出描述，奠定了关于社会主义制度的基本原则。但他们也指出，社会主义究竟是什么样的，要根据今后的实践来决定。后来包括苏联在内的社会主义实践者把马克思、恩格斯关于未来社会特征的描述作为社会主义的模式加以固化，以为坚持了这些原则就是坚持了社会主义，忽视了马克思主义关于发展生产力的基本原理，离开生产力抽象地谈论生产关系，特

① 《邓小平文选》第2卷，人民出版社1994年版，第119页。

② 《邓小平文选》第2卷，人民出版社1994年版，第143页。

③ 江泽民：《高举邓小平理论伟大旗帜，把建设有中国特色社会主义事业全面推向二十一世纪》，《人民日报》1997年9月22日。

④ 《邓小平文选》第2卷，人民出版社1994年版，第312页。

别是忽视了经济文化落后国家建设社会主义的具体实际，发生了认识上“错位”，这是多年来社会主义没有搞好的重要原因之一。

邓小平从社会主义严重挫折中认识到这些道理。他根据马克思主义的基本原理和国际社会主义实践经验，从现实中的社会主义国家生产力普遍不发达的现状出发，明确提出：“社会主义原则，第一是发展生产，第二是共同致富。”① 1992 年，在南方谈话中，他进一步明确概括了“社会主义的本质，是解放生产力，发展生产力，消灭剥削，消除两极分化，最终达到共同富裕。”② 这个概括，把“解放生产力，发展生产力”放在第一位，以“最终达到共同富裕”作归宿，以逐步实现“消灭剥削，消除两极分化”为途径，体现了现实社会主义发展的根本要求。对社会主义本质的概括，马克思主义经典作家们没有作过，是邓小平对科学社会主义理论的重大创新，对于指导改革开放沿着正确方向发展具有极重要的意义。

邓小平的社会主义本质论是在排除了哪些不属于社会主义——包括贫穷不是社会主义，发展太慢也不是社会主义；平均主义不是社会主义，两极分化也不是社会主义；僵化封闭不能发展社会主义，照搬外国也不能发展社会主义；没有民主就没有社会主义，没有法制也没有社会主义；不重视物质文明搞不好社会主义，不重视精神文明也搞不好社会主义的基础上提出来的，是以一些人所共知的体现社会主义制度基本规定性（共产党领导、公有制、人民民主专政等）为前提提出来的，是针对中国发展实际特别是苏东剧变后国内出现的关于社会主义的各种错误认识提出来的，具有强烈的针对性、应战性。

（二）科学揭示中国是什么样的社会主义——提出社会主义初级阶段论

社会主义初级阶段论，从“本质”的角度明确了“什么是社会主义”，邓小平提出，还要进一步明确当前“中国社会主义是处在一个什么阶段”③，明确中国的社会主义是什么样的社会主义。这就进一步提

① 《邓小平文选》第 3 卷，人民出版社 1993 年版，第 172 页。
② 《邓小平文选》第 3 卷，人民出版社 1993 年版，第 373 页。
③ 《邓小平文选》第 3 卷，人民出版社 1993 年版，第 252 页。

出了社会主义初级阶段理论。

早在1977年10月，邓小平就说过："人们都说中国是个大国，其实只有两点大，一是人口多，二是地方大。就发展水平来说，是个小国，顶多也是个中小国家，连中等国家都算不上。"① 1979年3月底，在《坚持四项基本原则》的讲话中，他进一步指出，要使中国实现现代化，至少有两个重要特点是必须看到的："一个是底子薄""第二条是人口多耕地少""中国式的现代化，必须从中国的特点出发"。② 根据邓小平的有关论述，1979年9月，叶剑英在《在庆祝中华人民共和国三十周年大会上的讲话》中指出："社会主义制度还处在幼年时期。我国封建社会的历史特别长，我们的社会主义社会不可避免地带有这种旧社会的许多痕迹。毫无疑问，我们的社会主义制度已经开始显示出它的生命力和发展前途。但是，它还不成熟、不完善。""在我国实现现代化，必然要有一个由初级到高级的过程。"③ 叶剑英的讲话，对我国社会主义发展现状作了基本估计，实际上已经孕育了社会主义初级阶段的基本思想。

在党的文献中，第一次正式使用社会主义"初级阶段"这一概念，是1981年党的十一届六中全会通过的《关于建国以来党的若干历史问题的决议》（以下简称《决议》）。《决议》指出："尽管我们的社会主义制度还是处于初级的阶段，但是毫无疑问，我国已经建立了社会主义制度，进入了社会主义社会，任何否认这个基本事实的观点都是错误的……当然，我们的社会主义制度由比较不完善到比较完善，必然要经历一个长久的过程。"④ 1982年党的十二大报告重申："我国的社会主义社会现正处在初级发展阶段"，这是"初级阶段"概念在党的正式文件中第二次使用。1986年党的十二届六中全会通过的《关于社会主义精神文明建设指导方针的决议》第三次使用了"我国还处在社会主义初级阶段"的提法。这三次使用，在理论上对"初级阶段"的具体含义都没有作展开阐述。

1987年8月29日，邓小平在会见意大利共产党领导人约蒂和赞盖

① 《邓小平思想年谱》，中央文献出版社1998年版，第48页。

② 《邓小平文选》第2卷，人民出版社1994年版，第163—164页。

③ 《三中全会以来重要文献选编》（上），人民出版社1982年版，第220、233页。

④ 《三中全会以来重要文献选编》（下），人民出版社1982年版，第1134页。

里时说："我们党的十三大要阐述中国社会主义是处于一个什么阶段，就是初级阶段，是初级阶段的社会主义。社会主义本身是共产主义的初级阶段，而我们中国又处在社会主义的初级阶段，就是不发达的阶段。一切都要从这个实际出发，根据这个实际来制定规划。"①

在此基础上，1987 年 10 月，党的十三大第一次对社会主义初级阶段理论作了系统的阐述，大会报告指出："我国正处在社会主义的初级阶段。这个论断，包括两层含义。第一，我国社会已经是社会主义社会。我们必须坚持而不能离开社会主义。第二，我国的社会主义社会还处在初级阶段。我们必须从这个实际出发，而不能超越这个阶段。"②

社会主义初级阶段理论的提出，具有重大的理论和实践意义。它是邓小平理论在中国国情判断方面的基础，而邓小平理论在哲学、政治经济学、科学社会主义方面的特色和创造，归根结底，都结合于、落实在对中国的国情判断这个基础之上。党的十一届三中全会前我们在建设社会主义中出现失误的根本原因之一，就在于提出的一些任务和政策超越了社会主义初级阶段。党的十一届三中全会后改革开放和现代化建设取得成功的根本原因之一，就是认清了"中国现在处于并将长期处于社会主义初级阶段"这个最基本的国情，使得我们党在对社会主义理论与实践的思想认识上和改革举措上的很多重大突破有了理论依据。

（三）用事实证明"社会主义优于资本主义"——提出"三步走"战略论

对于什么是社会主义的优越性，邓小平指出，"社会主义的优越性归根结底要体现在它的生产力比资本主义发展得更快一些、更高一些，并且在发展生产力的基础上不断改善人民的物质文化生活"③。邓小平提出的"三步走"发展战略，就是发挥我国社会主义的制度优势，最终体现社会主义能够"更快""更高"发展生产力、从而实现中国社会主义长远发展目标的总构想。

1979 年 3 月，在会见英中文化协会执行委员会代表团时，邓小平

① 《邓小平文选》第 3 卷，人民出版社 1993 年版，第 252 页。

② 赵紫阳：《沿着有中国特色的社会主义道路前进》，《人民日报》1987 年 11 月 4 日。

③ 《邓小平文选》第 3 卷，人民出版社 1993 年版，第 63 页。

说："我们定的目标是在本世纪末实现四个现代化。我们的概念与西方不同，我姑且用个新说法，叫做中国式的四个现代化。"① 同年 12 月，在同日本首相大平正芳谈话时，邓小平进一步指出说："我们的四个现代化的概念，不是像你们那样的现代化的概念，而是'小康之家'。"② 这是邓小平第一次用"小康"这个概念来描述中国未来 20 年的发展目标。1984 年 4 月，在会见英国外交大臣杰弗里·豪时，邓小平说："我们的第一个目标就是到本世纪末达到小康水平，第二个目标就是要在 30 年至 50 年内达到或接近发达国家的水平。"③ 1987 年 2 月，在与加蓬总统邦戈谈话时，邓小平把此前一直使用的"接近发达国家水平"改成达到"中等发达国家水平"④。1987 年 4 月，在与西班牙工人社会党副总书记、政府副首相格拉谈话时，邓小平第一次全面阐述了我国分"三步走"实现现代化的发展战略，他说："我们原定的目标是，第一步在八十年代翻一番。以 1980 年为基数，当时国民生产总值人均只有 250 美元，翻一番，达到 500 美元。第二步是到本世纪末，再翻一番，人均达到 1000 美元。实现这个目标意味着我们进入小康社会，把贫困的中国变成小康的中国。那时国民生产总值超过一万亿美元，虽然人均数还很低，但是国家的力量有很大增加。我们制定的目标更重要的还是第三步，在下世纪用三十年到五十年再翻两番，大体上达到人均 4000 美元。做到这一步，中国就达到中等发达的水平。这是我们的雄心壮志。"⑤

邓小平确定的中国发展目标为党的十三大报告所采纳。十三大报告指出："我国经济建设的战略部署大体分三步走。第一步，实现国民生产总值比 1980 年翻一番，解决人民的温饱问题。第二步，到本世纪末，使国民生产总值再增长一倍，人民生活达到小康水平。第三步，到下个世纪中叶，人均国民生产总值达到中等发达国家水平，人民生活比较富

① 中共中央文献研究室编：《邓小平年谱（1975—1997）》（上），中央文献出版社 2004 年版，第 496 页。

② 《邓小平文选》第 2 卷，人民出版社 1994 年版，第 237 页。

③ 中共中央文献研究室编：《邓小平年谱（1975—1997）》（下），中央文献出版社 2004 年版，第 970 页。

④ 《邓小平文选》第 3 卷，人民出版社 1993 年版，第 204 页。

⑤ 《邓小平文选》第 3 卷，人民出版社 1993 年版，第 226 页。

裕，基本实现现代化。”①

经过全党全国人民的共同努力，到2000年我们胜利实现了现代化建设“三步走”战略的第一步、第二步目标，人民生活总体上达到小康水平。为此党的十五大对“三步走”战略的第三步目标作出进一步谋划，提出：“展望下世纪，我们的目标是，第一个十年实现国民生产总值比2000年翻一番，使人民的小康生活更加宽裕，形成比较完善的社会主义市场经济体制；再经过十年的努力，到建党一百年时，使国民经济更加发展，各项制度更加完善；到世纪中叶建国一百年时，基本实现现代化，建成富强民主文明的社会主义国家。”② 党的十六大报告进一步提出：“我们要在本世纪头二十年，集中力量，全面建设惠及十几亿人口的更高水平的小康社会，使经济更加发展、民主更加健全、科教更加进步、文化更加繁荣、社会更加和谐、人民生活更加殷实。这是实现现代化建设第三步战略目标必经的承上启下的发展阶段，……经过这个阶段的建设，再继续奋斗几十年，到本世纪中叶基本实现现代化，把我国建成富强民主文明的社会主义国家。”③ 党的十八大提出了到建党一百年、新中国建立一百年时“两个一百年”的奋斗目标。到党的十九大召开时，我国全面建成小康社会、实现第一个百年目标就进入了决胜期。从党的十九大到党的二十大，也是“两个一百年”奋斗目标的历史交汇期，要乘势开启全面建设社会主义现代化国家的新征程。在此重要时刻，党的十九大综合分析国际国内形势和我国发展条件，对2020年到21世纪中叶中国的现代化建设进程又作出了两个阶段的战略安排：“第一个阶段，从二〇二〇年到二〇三五年，在全面建成小康社会的基础上，再奋斗十五年，基本实现社会主义现代化。”“第二个阶段，从二〇三五年到本世纪中叶，在基本实现现代化的基础上，再奋斗十五年，把我国建成富强民主文明和谐美丽的社会主义现代化强国。”④ 以上各项部署，都是我们党与时俱进对邓小平“三步走”战略第三步目标的进

---

① 《十三大以来重要文献选编》（上），中央文献出版社1991年版，第16页。

② 江泽民：《高举邓小平理论伟大旗帜，把建设有中国特色社会主义事业全面推向二十一世纪——在中国共产党第十五次全国代表大会上的报告》，《人民日报》1997年9月22日。

③ 江泽民：《全面建设小康社会，开创中国特色社会主义事业新局面——在中国共产党第十六次全国代表大会上的报告》，《人民日报》2002年11月18日。

④ 习近平：《决胜全面建成小康社会，夺取新时代中国特色社会主义伟大胜利——在中国共产党第十九次全国代表大会上的报告》，《人民日报》2017年10月28日。

一步展开、更高层次的提升和具体化。当第三步战略目标——亦即“第二个百年奋斗目标”实现时，中华民族将以更加昂扬的姿态屹立于世界民族之林，我们就可以更“大胆地说社会主义优于资本主义”，“我们要做的事就是证明社会主义优于资本主义。”①

四、邓小平理论对“怎样建设社会主义”的创造性解决

搞清楚“什么是社会主义”，进而正确判断中国的社会主义处于什么阶段，即认清中国的国情，其根本目的是为了探索和回答在中国“怎样建设社会主义”的问题。邓小平理论是如何从实践上思考和解决在中国“怎样建设社会主义”问题的呢?

（一）“改革开放是决定中国命运的一招”——社会主义改革开放论的提出

1985 年 4 月，邓小平在同坦桑尼亚联合共和国副总统姆维尼谈话时指出：“丨一届三中全会以后，我们探索了中国怎么搞社会主义。归根结底，就是要发展生产力，逐步发展中国的经济。……从何处着手呢？就要尊重社会经济发展规律，搞两个开放，一个对外开放，一个对内开放。”“对内开放就是改革”。② 同年 8 月，在会见津巴布韦政府总理穆加贝时，他又说：“社会主义的任务很多，但根本一条就是发展生产力”“为了发展生产力，必须对我国的经济体制进行改革，实行对外开放的政策”。③ 从这两段谈话中，我们可以得到一个基本认识：改革开放是中国建设社会主义的必由之路。

建设社会主义，必须解决社会主义发展的动力问题。这个问题，长期以来，是国际共产主义运动中没有从根本上解决好的问题。在领导建设中国特色社会主义的实践中，邓小平提出，“革命是解放生产力，改

① 中共中央文献研究室编：《邓小平年谱（1975—1997）》（下），中央文献出版社 2004 年版，第 1158 页。

② 《邓小平文选》第 3 卷，人民出版社 1993 年版，第 117 页。

③ 《邓小平文选》第 3 卷，人民出版社 1993 年版，第 137—138 页。

革也是解放生产力。”[1] 革命是解放生产力，这是马克思主义者历来的观点，改革也是解放生产力，则是邓小平独具匠心的创见。关于改革，邓小平提出了以下重要观点：关于必要性，邓小平指出，“不改革没有出路，旧的那一套经过几十年的实践证明是不成功的”[2] “再不实行改革，我们的现代化事业和社会主义事业就会被葬送”[3] “改革开放是决定中国命运的一招”。[4] 关于改革的性质，邓小平指出，“改革是社会主义制度的自我完善”“实质上是一场革命”“是中国的第二次革命”。[5] 关于改革的方针，邓小平指出：“胆子要大，步子要稳，走一步，看一步。”“对的就坚持，不对的赶快改”[6]。关于改革的步骤，邓小平指出，“改革和开放是从经济方面开始的，首先又是从农村开始的”“农村改革取得成功后，我们就转到城市”。[7] 关于改革的范围，邓小平说：“改革是全面的改革，包括经济体制改革、政治体制改革和相应的其他各个领域的改革。”[8] 关于改革的风险，邓小平指出，“改革没有万无一失的方案”“但我们不能怕，不能因噎废食，不能停步不前”。[9] 关于判断改革成败的标准，邓小平指出，“主要看是否有利于发展社会主义社会的生产力，是否有利于增强社会主义国家的综合国力，是否有利于提高人民的生活水平”。[10] 关于改革的目的，邓小平指出，“就是扫除发展社会生产力的障碍”“使中国摆脱贫穷落后的状态”“赶上时代”。[11]

如何处理社会主义国家与外部世界——主要是与发达资本主义国家的关系，也是国际共产主义实践中长期没有解决好的重大问题之一。邓小平明确提出：现在的世界是开放的世界，凡是“世界上最先进的成果都要学习”，要“以世界先进水平”作为我国“赶超”的起点，勇敢

---

① 《邓小平文选》第 3 卷，人民出版社 1993 年版，第 370 页。
② 《邓小平文选》第 3 卷，人民出版社 1993 年版，第 242 页。
③ 《邓小平文选》第 2 卷，人民出版社 1994 年版，第 150 页。
④ 《邓小平文选》第 3 卷，人民出版社 1993 年版，第 368 页。
⑤ 《邓小平文选》第 3 卷，人民出版社 1993 年版，第 142、174、113 页。
⑥ 《邓小平文选》第 3 卷，人民出版社 1993 年版，第 372 页。
⑦ 《邓小平文选》第 3 卷，人民出版社 1993 年版，第 237、117 页。
⑧ 《邓小平文选》第 3 卷，人民出版社 1993 年版，第 237 页。
⑨ 《邓小平文选》第 3 卷，人民出版社 1993 年版，第 267、229 页。
⑩ 《邓小平文选》第 3 卷，人民出版社 1993 年版，第 372 页。
⑪ 《邓小平文选》第 3 卷，人民出版社 1993 年版，第 134、135、242 页。

“采取‘拿来主义’态度”①。邓小平反复强调，“总结历史经验，中国长期处于停滞和落后状态的一个重要原因是闭关自守。经验证明，关起门来搞建设是不能成功的，中国的发展离不开世界”。② 他呼吁“社会主义要赢得与资本主义相比较的优势，就必须大胆吸收和借鉴人类社会创造的一切文明成果，吸收和借鉴当今世界各国包括资本主义发达国家的一切反映现代社会化生产规律的先进经营方式、管理方法。”③ 在邓小平对外开放理论的指导下，中国以兴办经济特区为突破口，以加入世界贸易组织为重大标志，经过近 40 年的不懈努力，形成了全方位、多层次、宽领域的对外开放格局。在全球化的巨流中搏击，对外开放给中国特色社会主义发展注入了强大生机与活力。

中国的改革开放已历时近 40 年。邓小平曾这样评价和展望中国改革的远景：“改革的意义，是为下一个十年和下世纪的前五十年奠定良好的持续发展的基础。没有改革就没有今后的持续发展。所以，改革不只是看三年五年，而是要看二十年，要看下世纪的前五十年。”“现在面临的问题是，不进则退，退是没有出路的。只有深化改革，而且是综合性的改革，才能够保证本世纪内达到小康水平，而且在下个世纪更好的前进。”④ 邓小平多年前讲的这些话，对于今天全面深化改革仍具有重要的启示意义。

（二）“市场也可以为社会主义服务”——社会主义市场经济论的提出

中国改革开放的根本目的，是打破束缚生产力发展的僵化体制和做法，为经济发展扫除障碍，促进社会全面进步。但是，随着改革开放的不断深入，也向人们提出了一个问题，那就是：在旧的僵化的计划经济体制逐步打破以后，要建立一个什么样的新的体制来保障和促进经济的进一步发展？改革的方向和目标模式是什么？这是关系中国社会主义建设全局的又一个重大理论和实践问题。

---

① 中共中央文献研究室编：《邓小平年谱（1975—1997）》（上），中央文献出版社 2004 年版，第 220 页。

② 《邓小平文选》第 3 卷，人民出版社 1993 年版，第 78 页。

③ 《邓小平文选》第 3 卷，人民出版社 1993 年版，第 373 页。

④ 《邓小平文选》第 3 卷，人民出版社 1993 年版，第 131、268 页。

实行改革开放政策后，随着农村家庭联产承包责任制的推行、乡镇企业的突起、多种经济成分的发展、对外开放的扩大，我们逐步冲破了高度集中的计划经济体制的束缚。但是在推进这个转变的过程中，我们也不断遇到各种僵化的“左”的社会主义观念的干扰和阻碍，使改革的进程在一些阶段举步维艰。为冲破这种阻碍，党的十一届三中全会后，邓小平就社会主义条件下计划与市场的关系、社会主义能不能搞市场经济的问题，进行了深入思考和探索，为最终确立社会主义市场经济的改革目标，作出了重大贡献。

早在1979年，邓小平就指出：“说市场经济只存在于资本主义社会，只有资本主义的市场经济，这肯定是不正确的，社会主义为什么不可以搞市场经济？这个不能说是资本主义。我们是计划经济为主，也结合市场经济”“社会主义利用（市场经济）这种方法来发展社会生产力。把这当作方法，不会影响整个社会主义”。①

1982年党的十二大将我国社会主义建设中计划和市场的关系表述为“计划经济为主，市场调节为辅”。党的十二大后不久，在同国家计委负责同志谈话时，邓小平指出：“社会主义同资本主义比较，它的优越性就在于能做到全国一盘棋，集中力量，保证重点。缺点在于市场运用得不好，经济搞得不活。计划与市场的关系问题如何解决？解决得好，对经济的发展就很有利，解决不好，就会糟。”② 在邓小平的支持下，党的十二届三中全会通过的《关于经济体制改革的决定》，提出：我国社会主义经济是在“公有制基础上有计划的商品经济”。对这个理论上的重要突破，邓小平给予了高度评价，认为其“是马克思主义基本原理和中国社会主义实践相结合的政治经济学”。③

1985年10月，在回答外宾关于社会主义和市场经济之间是否存在很难解决的矛盾的提问时，邓小平回答：两者“不存在根本矛盾。问题是用什么方法才能更有力地发展社会生产力。……多年的实践证明，在某种意义上说，只搞计划经济会束缚生产力的发展。把计划经济和市场经济结合起来，就更能解放生产力，加速经济发展。”④ 在党的十三大

① 《邓小平文选》第2卷，人民出版社1994年版，第236页。
② 《邓小平文选》第3卷，人民出版社1993年版，第16、17页。
③ 《邓小平文选》第3卷，人民出版社1993年版，第83、91页。
④ 《邓小平文选》第3卷，人民出版社1993年版，第148页。

准备过程中，邓小平说："计划和市场都是方法嘛。……我们以前是学苏联的，搞计划经济。后来又讲计划经济为主，现在不要再讲这个了。"[①] 根据邓小平的意见，十三大报告提出："计划和市场的作用范围都是覆盖全社会的。新的经济运行机制，总体上来说应当是'国家调节市场，市场引导企业'的机制。"[②]

国内风波和苏东剧变发生后，针对"左"的思潮，邓小平于1990年底和1991年初两次有针对性地指出："我们必须从理论上搞懂，资本主义与社会主义的区分不在于是计划还是市场这样的问题。……不搞市场，连世界上的信息都不知道，是自甘落后。""不要以为，一说计划经济就是社会主义，一说市场经济就是资本主义，不是那么回事，两者都是手段，市场也可以为社会主义服务"。[③]

在1992年发表的南方谈话中，邓小平进一步指出："计划多一点还是市场多一点，不是社会主义与资本主义的本质区别。计划经济不等于社会主义，资本主义也有计划；市场经济不等于资本主义，社会主义也有市场。计划和市场都是经济手段。"[④] 南方谈话从根本上对社会主义可不可以搞市场经济这个人们长期争论不休的问题，作了清楚、透彻的总回答，提出了"两个不等于"，解除了把计划和市场看作属于基本社会制度范畴的束缚。在此基础上，党的十四大宣布，"我国经济体制改革的目标是建立社会主义市场经济体制"。

社会主义市场经济理论的确立和实践，是以邓小平为代表的中国共产党人对科学社会主义理论最具标志性、突破性的重大贡献。在此后的20多年中，中国构建和完善社会主义市场经济体制的改革实践不断深入。

（三）关于"什么是社会主义、怎样建设社会主义"的多方面思考

除了以上几个主要方面外，邓小平在探索"什么是社会主义、怎样建设社会主义"的过程中，还提出了"科学技术是第一生产力"论，敏

---

① 《邓小平文选》第3卷，人民出版社1993年版，第203页。

② 赵紫阳：《沿着有中国特色的社会主义道路前进》，《人民日报》1987年11月4日。

③ 《邓小平文选》第3卷，人民出版社1993年版，第364、367页。

④ 《邓小平文选》第3卷，人民出版社1993年版，第373页。

锐地指出了科技教育对社会主义发展的重大作用；提出了社会主义民主法制论和精神文明论，强调中国的社会主义建设要在稳定有序的政治保障下进行，要坚持“两手抓”“两手都要硬”；提出了“和平与发展”的时代主题论和国防战略论，阐述了我国改革开放和现代化建设的外部条件及安全保障；提出了推进祖国和平统一的“一国两制”论，解决了中国特色社会主义发展中的特殊难题；提出了党的建设论，强调要警惕右，但主要是防止“左”，使党始终成为建设中国特色社会主义的坚强领导核心，等等。这些重要范畴和思想观点，构成了邓小平理论的完整体系。

五、历史地位和重大贡献：“马克思主义在中国发展的新阶段”

对邓小平理论的历史地位和指导意义，党的重要文献曾作出过权威性论述。

党的十四大报告指出，邓小平理论“是马克思列宁主义基本原理与当代中国实际和时代特征相结合的产物，是毛泽东思想的继承和发展，是全党全国人民集体智慧的结晶，是中国共产党和中国人民最可珍贵的精神财富”“这个理论，第一次比较系统地初步回答了中国这样的经济文化比较落后的国家如何建设社会主义、如何巩固和发展社会主义的一系列基本问题，用新的思想、观点，继承和发展了马克思主义”。① 十五大报告指出：“在当代中国，只有把马克思主义同当代中国实践和时代特征结合起来的邓小平理论，而没有别的理论能够解决社会主义的前途和命运问题。邓小平理论是当代中国的马克思主义，是马克思主义在中国发展的新阶段。”② 十八大报告指出：“中国特色社会主义理论体系，就是包括邓小平理论、‘三个代表’重要思想、科学发展观在内的科学理论体系，是对马克思列宁主义、毛泽东思想的坚

① 江泽民：《加快改革开放和现代化建设步伐，夺取有中国特色社会主义事业的更大胜利》，《人民日报》1992年10月21日。

② 江泽民：《高举邓小平理论伟大旗帜，把建设有中国特色社会主义事业全面推向二十一世纪》，《人民日报》1997年9月22日。

持和发展。”①

中国社会主义脱胎于半殖民地半封建社会，是在经过短暂的新民主主义社会阶段之后而进入社会主义社会的，经济文化十分落后。对于在这样的国家里如何认识社会主义、怎样建设社会主义，马克思、恩格斯难以预见，也没有提供现成的“答案”，列宁同样没有来得及作出完满回答。以毛泽东为核心的党的第一代中央领导集体为此进行了艰辛探索，积累了宝贵经验，最终也没能作出成功回答。成功地、初步地系统回答这一重大历史课题的，是邓小平理论。从这个意义上说，邓小平理论填补了马克思主义科学社会主义原有理论中的一个巨大空白。

“邓小平同志的贡献，不仅改变了中国人民的历史命运，而且改变了世界的历史进程。”② 20 世纪 70 年代末，邓小平引领中国走出“文化大革命”困局，通过实行改革开放，逐步打开了中国社会主义勃兴与发展的新局。20 世纪 80 年代末至 90 年代初，在世界社会主义运动遭受严重挫折而处于低潮之际，又是邓小平及其创立的理论引领中国度过了苏东剧变后世界社会主义面临可能土崩瓦解的艰难危局，使得中国特色社会主义事业欣欣向荣，进入新的发展阶段，代表了世界社会主义运动的希望所在。可以说，一定意义上，产生于中国大地上的邓小平理论开辟了马克思主义再生和进一步发展的全新境界。同时也为拓展发展中国家走向现代化的路径、为解决人类发展问题贡献了中国智慧、提供了中国框架方案。

中国特色社会主义事业是不断发展的事业，中国特色社会主义理论是与时俱进的理论。在邓小平理论重点回答“什么是社会主义、怎样建设社会主义”，成功开创中国特色社会主义的基础上，以江泽民同志为代表的中国共产党人提出了“三个代表”重要思想，创造性地回答了建设什么样的党、怎样建设党的问题，把中国特色社会主义成功推向 21 世纪。以胡锦涛同志为代表的中国共产党人提出以人为本、全面协调可持续的科学发展观，创造性地回答了实现什么样的发展、怎样发展的问题，在新的起点上坚持和发展了中国特色社会主义。党的十八大以来，

① 胡锦涛：《坚定不移沿着中国特色社会主义道路前进，为全面建成小康社会而奋斗——在中国共产党第十八次全国代表大会上的报告》，《人民日报》2012 年 11 月 18 日。

② 习近平：《在纪念邓小平同志诞辰 110 周年座谈会上的讲话》，《人民日报》2014 年 8 月 21 日。

以习近平同志为核心的党中央把握时代大势，回应实践要求，提出了新形势下治国理政的一系列新理念新思想新战略，进一步从理论和实践的结合上系统回答了新时代坚持和发展什么样的中国特色社会主义、怎样坚持和发展中国特色社会主义的一系列重大问题，形成了习近平新时代中国特色社会主义思想。无论是邓小平理论、“三个代表”重要思想、科学发展观还是习近平新时代中国特色社会主义思想，都统属于中国特色社会主义理论体系这个总的范畴，都统一于建设中国特色社会主义这个总题目之下。在这个总范畴中，邓小平理论处于创始理论、奠基理论的地位。

从邓小平理论对于“什么是社会主义、怎样建设社会主义”的思考和阐发中，我们可以体悟并得出哪些结论呢？最主要的是：第一，马克思主义必须与中国实际相结合，马克思主义的生命力在于发展、战斗力在于运用，思考、运用、发展、创造马克思主义，必须始终坚持以中国问题为中心、为导向。第二，坚持以中国问题为中心，最根本的是认清和正确把握国情，坚持以中国处于并将长期处于社会主义初级阶段这个最大国情、最大实际为中心，离开中国实际空谈马列主义没有意义，中国社会主义必须“走自己的路”，建设“有中国特色的社会主义”。第三，与时俱进是马克思主义的理论品质，必须坚持用发展、联系的眼光看待世界，把握自己，“登高望远、居安思危，勇于变革、勇于创新，永不僵化、永不停滞”①，永葆马克思主义的生机活力。

① 习近平：《决胜全面建成小康社会，夺取新时代中国特色社会主义伟大胜利——在中国共产党第十九次全国代表大会上的报告》，《人民日报》2017 年 10 月 28 日。

习近平新时代中国特色社会主义思想概论*

习近平新时代中国特色社会主义思想是在世界处于大发展大变革大调整的国际环境和中国特色社会主义进入新时代的国内条件下，在统揽推进“四个伟大”、决胜全面建成小康社会、向“两个一百年”奋斗目标迈进、实现中华民族伟大复兴中国梦的实践中，在总结中国特色社会主义历史经验并借鉴其他国家兴衰成败历史经验的基础上形成和发展起来的。党的十九大站在时代和全局的高度，着眼新时代坚持和发展中国特色社会主义，顺应全党全国人民的共同意愿，把这一思想同马克思列宁主义、毛泽东思想、邓小平理论、“三个代表”重要思想、科学发展观一道，确立为党必须长期坚持的指导思想，实现了党在指导思想上的又一次与时俱进，这是党的十九大最主要、最重大的历史贡献。深入学习贯彻习近平新时代中国特色社会主义思想，全面准确把握习近平新时代中国特色社会主义思想的形成背景、科学内涵、历史地位，自觉运用这一科学真理武装头脑、指导实践、推动工作，对于在深刻复杂的国际国内形势下掌握治国理政主动权、夺取新时代中国特色社会主义伟大胜利，对于决胜全面建成小康社会、开启全面建设社会主义现代化国家新征程、实现中华民族伟大复兴的中国梦，意义重大而深远。

---

* 这是 2018 年 3 月在中央党校厅局级干部进修班和 2018 年 9 月在井冈山干部学院省部级干部培训班上的授课讲稿。

一、时代之变与时代之问：习近平新时代中国特色社会主义思想的形成背景

十九大报告指出："十八大以来，国内外形势变化和我国各项事业发展都给我们提出了一个重大时代课题，这就是必须从理论和实践结合上系统回答新时代坚持和发展什么样的中国特色社会主义、怎样坚持和发展中国特色社会主义，包括新时代坚持和发展中国特色社会主义的总目标、总任务、总体布局、战略布局和发展方向、发展方式、发展动力、战略步骤、外部条件、政治保证等基本问题，并且要根据新的实践对经济、政治、法治、科技、文化、教育、民生、民族、宗教、社会、生态文明、国家安全、国防和军队、'一国两制'和祖国统一、统一战线、外交、党的建设等各方面作出理论分析和政策指导，以利于更好坚持和发展中国特色社会主义。"十九大报告同时指出："围绕这个重大时代课题，我们党……进行艰辛理论探索，取得重大理论创新成果，形成了新时代中国特色社会主义思想。"① 这段话，提纲挈领，为我们科学认识习近平新时代中国特色社会主义思想产生的时代背景，提供了权威依据和分析思路。

问题就这样出现在我们的面前了：既然习近平新时代中国特色社会主义思想是围绕着回答由"国内外形势变化和我国各项事业发展"而提出的"重大时代课题"这个中心而生成和展开的，那么，要正确把握习近平新时代中国特色社会主义思想产生的时代背景，就必须总结和深入探讨自党的十八大以来，"国内外形势"究竟发生了哪些重大变化，"我国各项事业"实现了怎样的发展，这些变化和发展对于继续坚持和发展中国特色社会主义带来了哪些深远持续的影响、出现了哪些新情况新矛盾新问题新挑战，以至要求我们党"必须从理论和实践结合上"进一步提出并系统回答在变化了的形势下"坚持和发展什么样的中国特色社会主义、怎样坚持和发展中国特色社会主义"这个具有重大战略和全局意义的时代之问？

---

① 习近平：《决胜全面建成小康社会，夺取新时代中国特色社会主义伟大胜利——在中国共产党第十九次全国代表大会上的报告》，《人民日报》2017 年 10 月 28 日。

一定意义上，搞清楚、弄明白了上述重大问题，也就从最主要的方面把握住了习近平新时代中国特色社会主义思想形成发展的时代背景和立论依据。因此，应着重从以下三个方面进行讨论和考察。

（一）从中国情况看

经过长期努力，特别是经过党的十八大以来的加速发展，中国特色社会主义进入了新时代，中国发展站上了历史新起点。1978 年底党的十一届三中全会作出改革开放的重大决策，党的十二大发出走自己的路、建设中国特色社会主义的伟大号召，由此带来了中国翻天覆地的变化。党的十八大以来，以习近平同志为核心的党中央科学把握国内外发展大势，以巨大政治勇气和强烈责任担当，举旗定向、谋篇布局，迎难而上、开拓进取，出台了一系列重大方针政策，推出了一系列重大举措，推进了一系列重大工作，解决了许多长期想解决而没有解决的难题，办成了许多过去想办而没有办成的大事，推动党和国家事业发生历史性变革，推动全面建成小康社会、实现“两个一百年”奋斗目标取得重大进展。经过长期努力，特别是经过党的十八大以来革故鼎新、励精图治的加速发展，我国经济实力、科技实力、国防实力、综合国力进入世界前列，我国国际地位实现前所未有的提升，党的面貌、国家的面貌、人民的面貌、军队的面貌、中华民族的面貌发生前所未有的变化，中国特色社会主义进入了新时代，这是我国发展新的历史方位。新时代具有丰厚内涵，是我们党带领人民继续夺取中国特色社会主义伟大胜利、决胜全面建成小康社会进而全面建设社会主义现代化强国、逐步实现全体人民共同富裕、奋力实现中华民族伟大复兴中国梦、不断为人类作出更大贡献的时代。

然而，一系列问题也随着这些巨大的变化呈现在我们面前：上述这一系列重大成就、历史性变革是如何发生的？为什么能够发生？随着中国特色社会主义进入新时代，下一步变革的方向、目标、路径是什么？应如何在新时代谋划和推进好新的更大变革？更具体地说，随着改革开放的不断深入，处于急剧转型期的中国社会结构、生存方式、矛盾冲突、利益诉求、价值观念日益多样化、多元化，我们党应如何在多样中凝聚共识、在多元中形成主导、在多变中明确方向，把党的奋斗、社会主义制度的优势和实现中华民族伟大复兴统一起来，提出富有引领力、号召力、凝聚力的中国特色社会主义总任务、总目标、总愿景，以最大限度地扩张“主义”自信，增强中国特色社会主义的认同感、归属感？比如，在2020年全面建成小康社会任务即将完成之际，如何前瞻性地提出和规划好下一步中国发展目标并正确判断我国社会的主要矛盾？比如，党的十八大提出了中国特色社会主义“五位一体”总体布局，这是管长远、总领性的发展布局，现阶段推进这个总布局的战略抓手是什么？比如，改革是社会主义制度的自我完善，改革已近40年，在改革全面深化的情况下，改革要达到的成熟定型的中国特色社会主义制度是什么、依据制度实施国家治理的要求是什么，亦即全面深化改革的总目标是什么？如何通过全面依法治国，为更加成熟定型的中国特色社会主义制度、党和国家长治久安提供根本性法治保障？又比如，作为人口众多的最大发展中国家，发展仍然是解决中国一切问题的关键，应如何面对发展中遇到的新问题，在坚定发展这个执政兴国第一要务的同时，更新发展理念、转变发展方式、优化发展结构、转换发展动力，解决好发展中的不平衡、不充分、不协调、不可持续问题，打造发展“升级版”？应如何在发展中切实改善民生，使“共同富裕”社会主义本质充分彰显？面对网络时代前所未有的思想文化激烈博弈、相互激荡，应如何与国力增长同步，增强文化自觉、树立文化自信、坚守文化阵地，牢牢把握社会主义意识形态的主导权、话语权，提高全社会思想道德水平和文明水准？我们追求的现代化是人与自然和谐共生的高标准的现代化，为子孙万代计，应如何推动绿色发展，建设美丽中国，着力解决一段时间里不断恶化、人民反应强烈的大气污染、生态破坏等突出环境问题？应如何加强国防和军队建设，为捍卫中国特色社会主义、实现“两个一百年”奋斗目标、实现中华民族伟大复兴提供强大战略支撑等等。这些都是事关中国特色社会主义发展全局的重大理论和实际问题，不把这些重大问题回答好、解决好，“更好坚持和发展中国特色社会主义”就只能是一句空话。

（二）从国际力量对比及中国与世界关系看

世界发生大变革大调整，中国在“百年未有之大变局”[①] 中主动发

① 《习近平接见2017年度驻外使节工作会议与会使节并发表重要讲话》，《人民日报》2017年12月29日。

起或参与塑造更美好世界的能力空前提升。自21世纪特别是2008年国际金融危机发生以来，世界经济格局深度调整，国际力量对比发生了近百年来最具革命性的变化：以美国为代表的西方国家面临一系列政治、经济、社会危机，治理失灵、问题成堆，内顾倾向上升。新兴市场和发展中国家则群体性崛起，国际力量“东升西降”“南升北降”的态势愈加明显。尤其引人瞩目的是，中国的综合国力和国际地位大幅度提升，2013年至2017年对世界经济增长贡献率保持在30%以上，国际影响力、感召力、参与力、塑造力大幅度提高。国际力量对比发生的革命性变化，必然要求各国在现行全球治理体系越来越跟不上时代发展、国际治理赤字积重难返、各种全球性挑战应接不暇的背景下，进一步扩大新兴市场国家和发展中国家的代表性和话语权，以构建更加公正公平正义的全球治理体系和更加合理的国际政治经济新秩序。而中国作为最大发展中国家，作为世界上GDP总量超过10万亿美元的两大经济体之一，作为与世界各国利益高度融合、相互依存的国际社会大家庭的一员，在全球治理体系加速变革的历史转折点上，尤其不能置身事外。这一方面是实现我国发展和安全的需要，关系到我国根本利益，另一方面也是国际社会对中国的热切期待，正如习近平总书记所指出的那样，“世界那么大，问题那么多，国际社会期待听到中国声音、看到中国方案”①。

同样，一系列的问题也将接踵而至：在世界多极化、经济全球化、社会信息化、文化多样化深入发展的进程中，在国际格局以西方占主导、国际关系理念以西方价值观为主要取向的“西方中心论”越来越难以为继，西方的治理理念、治理体系、治理模式越来越难以适应新的形势和时代潮流的背景下，作为负责任的大国大党，新时代中国和中国共产党的“世界”观是什么？中国对外战略的总目标是什么？中国主张建立什么样的新型国际关系？面对经济增长乏力、保护主义、孤立主义、贫富分化严重、地区热点此起彼伏、不稳定性不确定性突出的世界，面对极端主义、恐怖主义、网络安全、重大传染性疾病、气候变化等全球性挑战，中国的全球治理观、安全观、全球化观是什么？中国在其中应如何发挥建设性、引领性作用？面对急剧变革的世界，中国应如何统筹

① 《国家主席习近平发表2016年新年贺词》，《人民日报》2016年1月1日。

国际国内两个大局，秉持正确义利观，进一步扩大对外开放，与世界各国分享发展“红利”、促进共同发展、展现大国担当？在国家安全受到严重挑衅时，中国应如何坚定维护自身领土主权、海洋权益和其他正当权益、捍卫民族根本利益？只有把这些事关人类发展、也事关中国与世界各国利益的重大问题思考好、回答好，才能在国际社会进一步扩大中国特色社会主义的吸引力、感召力，中国也才能为人类进步事业作出“新的更大的贡献”。①

（三）从党的自身看

建党近百年，执政近70年，领导改革开放40年，中国共产党已成为世界最大执政党，是中华民族伟大复兴当之无愧的领导核心。将近100年前，中国共产党在中国社会的剧烈动荡中诞生。党一经成立，就义无反顾肩负起实现中华民族伟大复兴的历史使命。1921年至1949年的28年，党带领人民经过浴血奋战，完成新民主主义革命，建立了新中国，中国人昂首挺胸站起来，旧中国一盘散沙的局面、中华民族任人宰割的历史一去不复返。新中国成立后，党又带领人民完成社会主义革命，确立社会主义基本制度，为当代中国一切发展进步奠定根本政治前提和制度基础，在社会主义的轨道上艰辛探索，取得各项建设重大成就，推动中华民族实现由不断衰落到走向繁荣富强的根本性扭转。党的十一届三中全会以来，党深刻总结经验教训，带领人民进行改革开放新的伟大革命，坚决破除阻碍国家发展和民族进步的一切思想束缚、观念藩篱、体制障碍，极大解放和发展了中国社会生产力，极大增强了中国社会发展活力，极大提高了中国人民物质文化生活水平，成功开辟了中国特色社会主义道路，使中国大踏步赶上时代，中华民族迎来从站起来到富起来、强起来的伟大飞跃。历经磨难而不衰，千锤百炼更坚强。事实有力证明：只有社会主义才能救中国，只有中国特色社会主义才能发展中国，只有选择社会主义、信奉马克思主义、开创中国特色社会主义道路的中国共产党才是推动中华民族实现伟大复兴的忠实组织者和坚强领导核心。

① 习近平：《决胜全面建成小康社会，夺取新时代中国特色社会主义伟大胜利——在中国共产党第十九次全国代表大会上的报告》，《人民日报》2017年10月28日。

但是，必须清醒看到，在长期执政、改革开放、发展市场经济、受到外部环境全方位影响情况下，党在政治、思想、组织、作风、纪律建设以及自身发展中也面临着一系列严峻问题和挑战，“落实党要管党、从严治党的任务比以往任何时候都更为繁重更为紧迫”①。比如，在政治上，有的党员干部政治意识淡薄、政治纪律松弛、政治立场动摇、政治方向偏移、政治原则模糊、政治道路迷茫，有的地方政治生态严重恶化，个人主义、分散主义、自由主义、好人主义、宗派主义、山头主义、本位主义泛滥，圈子文化、码头文化盛行，各种“潜规则”不胜枚举。在思想上，有的党员干部信仰缺失、信念滑坡、信心不足，精神颓靡，思想空虚，“对共产主义心存怀疑，认为那是虚无缥缈、难以企及的幻想”。在组织上，有的地方选人用人不正之风严重，任人唯亲、亲亲疏疏、人身依附严重，跑官要官、买官卖官、拉票贿选现象频现。有的基层党组织软弱涣散、形同虚设，一些地方党的组织生活表面化、形式化、娱乐化、庸俗化。在作风上，有的干部政绩观错位，大搞“形象工程”“政绩工程”；有的权力观扭曲，高高在上，脱离群众；有的奋斗精神消减，贪图安逸、灯红酒绿、纸醉金迷，以形式主义、官僚主义、享乐主义和奢靡之风为集中表现的“四风”问题严重。在纪律上，有的地方和部门对党中央决策部署阳奉阴违，有令不行、有禁不止。有的党员干部视党纪国法为无物，肆无忌惮，恣意妄为，把分管领域视作“私人领地”，在主政之地建“独立王国”，规章制度成了“纸老虎”“稻草人”。特别是一段时间管党治党“宽松软”，致使腐败猖獗，“老虎”结队“苍蝇”扑面，一些腐败分子胃口之大、数额之巨、时间之长、情节之恶劣，令人触目惊心。有的地方甚至出现“塌方式腐败”②；更有极少数高级干部政治野心膨胀、权欲熏心，大搞结党营私、拉帮结派、谋取权位等严重政治阴谋活动。③ 我们党以全心全意为人民服务为宗旨，面对党内存在的以上种种丑恶现象，很多人深为忧虑。在关乎人心向背、关乎党的生死存亡的这些严重问题面前，我们党应该怎么办？在

---

① 《十八大以来重要文献选编》（上），中央文献出版社 2014 年版，第 80 页。

② 以上所列问题参见《习近平关于全面从严治党论述摘编》（中央文献出版社 2016 年版）等。

③ 《关于新形势下党内政治生活的若干准则》（2016 年 10 月 27 日中国共产党第十八届中央委员会第六次全体会议通过），《人民日报》2016 年 11 月 3 日。

成功带领人民进行伟大社会革命的同时，我们党是否能够、是否敢于刀刃向内，进行伟大的自我革命，又应如何进行伟大的自我革命？面对“四大考验”“四种危险”，我们党是否能够真正“警醒起来”，不忘初心、牢记使命，打赢正风肃纪反腐败这场不能输、也输不起的斗争，在继续“赶考”路上成功跳出“其兴也勃焉、其亡也忽焉”的历史周期率，又应如何跳出历史周期率？我们党和国家无论在体制、制度上，都有着和苏联相似或者相近乃至相同的境遇，我们党能否在敌对势力继续加紧实施“西化”“分化”战略和意识形态渗透的当前现实下保持政治定力、战略定力、道路定力，“走出一片艳阳天”①，避免“发生颠覆性错误”、避免重蹈苏联共产党土崩瓦解、分崩离析、亡党亡国的覆辙，又应如何避免重蹈覆辙？不把这些尖锐严峻的重大问题回答好、处理好，党内信念涣散、政治涣散、思想涣散、组织涣散、纪律涣散、作风涣散的问题就得不到真正意义上的解决，就会上演“霸王别姬”的历史悲剧。

“发展中国特色社会主义是一项长期的艰巨的历史任务，必须准备进行具有许多新的历史特点的伟大斗争。”这是习近平总书记在主持党的十八大报告起草工作时提出并写进大会报告的一句话。他直言，“这句话涵义是很深的”。② 2013 年 8 月，在全国宣传思想工作会议上，他又深刻指出：“我们中国共产党人能不能打仗，新中国的成立已经说明了；我们中国共产党人能不能搞建设搞发展，改革开放的推进也已经说明了；但是，我们中国共产党人能不能在日益复杂的国际国内环境下坚持住党的领导、坚持和发展中国特色社会主义，这个还需要我们一代一代共产党人继续作出回答。”③ 这两段话集中反映了习近平总书记对坚持和发展中国特色社会主义艰巨性、复杂性、挑战性的深刻认知、深远思考和深沉忧思。

习近平新时代中国特色社会主义思想就是带着这样的深刻思考，

---

① 习近平在十八届中央纪委第二次全会上的讲话，引自《人民论坛》2013 年 8 月下期（总第 414 期）《执政党建设仍需“去苏联特色”》一文。

② 中共中央文献研究室编：《习近平总书记重要讲话文章选编》，中央文献出版社、党建读物出版社 2016 年版，第 82 页。

③ 习近平：《在全国宣传思想工作会议上的讲话》，引自《习近平关于社会主义文化建设论述摘编》，中央文献出版社 2017 年版，第 31 页。

面对以上所述世情、国情、党情的重大变化以及由这些变化衍生的问题而形成和发展起来的。这些由时代之变而提出的“重大时代课题”，归结为一句话，就是要求我们党“必须从理论和实践结合上系统回答新时代坚持和发展什么样的中国特色社会主义、怎样坚持和发展中国特色社会主义”这个带有全局性、总领性、战略性、概括性、包括理论指引和实践指引两个层面要求的时代之问。只有科学把握、正确回答了这个“时代之问”，我们党才能“更好坚持和发展中国特色社会主义”。

“习近平新时代中国特色社会主义思想”这个命题的提出有一个过程。党的十八大后的一段时间里，媒体对习近平总书记发表的一系列重要讲话、论述和提出的重要思想理论观点，有的表述为“习近平重要讲话精神”或“习近平总书记的一系列重要讲话精神”或“习近平同志重要讲话精神”或“习近平同志系列重要讲话精神”，还有的表述为“习近平同志重要论述”或“习近平治国理政思想”等①。2013 年下半年后在《人民日报》等报刊中逐步规范表述为“习近平总书记系列重要讲话精神”②。2014 年 10 月，“习近平总书记系列重要讲话精神”概念首次写入党的重要文献——党的十八届四中全会通过的《中共中央关于全面推进依法治国若干重大问题的决定》中。2015 年 10 月党的十八届五中全会后，“习近平治国理政新理念新思想新战略”或“习近平总书记治国理政新思想新理念新战略”等概念开始见诸报端。2016 年 10 月党的十八届六中全会公报首次使用“习近平总书记系列重要讲话精神和治国理政新理念新思想新战略”表述。党的十九大正式提出“习近平新时代中国特色社会主义思想”这个重大理论命题。

---

① 参见：《省委常委扩大会议专题学习习近平重要讲话精神切实为中华民族伟大复兴作出应有贡献》，《浙江日报》2012 年 12 月 1 日；《把习近平总书记的一系列重要讲话精神与日喀则实际紧密结合努力开创地区跨越式发展和长治久安新局面》，《日喀则报》（汉）2012 年 12 月 10 日；《深入学习习近平同志重要论述》，人民出版社 2013 年版；《栗战书在全国党委秘书长会议上强调深入学习贯彻习近平系列讲话精神》，《人民日报》2013 年 9 月 3 日；《承担起做好意识形态工作的历史使命——“首都理论界学习习近平总书记系列讲话精神座谈会”述要》，《人民日报》2013 年 11 月 4 日；《中共中央印发〈建立健全惩治和预防腐败体系 2013—2017 年工作规划〉》，《人民日报》2013 年 12 月 26 日；《中国梦的灵魂与实现路径习近平治国理政思想梳理》，《人民论坛》2013 年第 13 期等。

② 参见《各地举行活动庆祝建党 92 周年》，《人民日报》2013 年 7 月 2 日。

二、理论回应与实践指引：习近平新时代中国特色社会主义思想的科学内涵

（一）习近平新时代中国特色社会主义思想的主题：坚持和发展中国特色社会主义

坚持和发展中国特色社会主义，是改革开放以来我们党全部理论和实践的主题，也是习近平新时代中国特色社会主义思想的核心要义和主题。

2013 年 1 月，在新进中央委员会委员、候补委员学习贯彻党的十八大精神研讨班开班式上的讲话中，习近平总书记指出："社会主义从来都是在开拓中前进的。坚持和发展中国特色社会主义是一篇大文章，邓小平同志为它确定了基本思路和基本原则，以江泽民同志为核心的党的第三代中央领导集体、以胡锦涛同志为总书记的党中央在这篇大文章上都写下了精彩的篇章。现在，我们这一代共产党人的任务，就是继续把这篇大文章写下去。"① 坚持和发展中国特色社会主义，"篇幅"极为宏大，是一个需要"几代人、十几代人，甚至几十代人"② 接力求索、不懈奋斗的历史过程，是连续性和阶段性相统一的过程。因此，在不同发展阶段，因为面对的问题不同，必然会有侧重点不同的主题表达方式。在邓小平理论中，坚持和发展中国特色社会主义主要侧重于和表达为搞清楚"什么是社会主义、怎样建设社会主义"；在"三个代表"重要思想中，主要侧重于和表达为搞清楚"建设一个什么样的党、怎样建设党"；在科学发展观中，主要侧重于和表达为搞清楚"实现什么样的发展、怎样发展"。党的十八大以来，习近平新时代中国特色社会主义思想"结合新的时代条件和实践要求，以全新的视野深化对共产党执政规律、社会主义建设规律、人类社会发展规律的认识"，主要侧重于回答"新时代坚持和发展什么样的中国特色社会主义、怎样坚持和发展中

① 《习近平在新进中央委员会的委员、候补委员学习贯彻党的十八大精神研讨班开班式上发表重要讲话强调：毫不动摇坚持和发展中国特色社会主义在实践中不断有所发现有所创造有所前进》，《人民日报》2013 年 1 月 6 日。

② 《邓小平文选》第 3 卷，人民出版社 1993 年版，第 380 页。

国特色社会主义”这个重大时代课题，弄清楚“新时代坚持和发展什么样的中国特色社会主义、怎样坚持和发展中国特色社会主义”就成为习近平新时代中国特色社会主义思想的主题表达方式。

虽然侧重点不同，主题表达方式不同，但作为在坚持和发展中国特色社会主义这篇大文章上起笔和不断续写的新篇章，无论是邓小平理论、“三个代表”重要思想、科学发展观还是习近平新时代中国特色社会主义思想，都统属于中国特色社会主义理论体系这个总的范畴，都统一在“坚持和发展中国特色社会主义”这个“改革开放以来我们党全部理论和实践的主题”这个总题目之下。

（二）“八个明确”：着重从理论层面回应和解答“新时代坚持和发展什么样的中国特色社会主义”

习近平新时代中国特色社会主义思想体系严整，内涵极为丰富，其中对于“新时代坚持和发展什么样的中国特色社会主义”的回答，涉及“新时代坚持和发展中国特色社会主义的总目标、总任务、总体布局、战略布局和发展方向、发展方式、发展动力、战略步骤、外部条件、政治保证等基本问题”，是这一思想最重要、最核心的内容，党的十九大报告将之概括为“八个明确”。

第一，明确了新时代坚持和发展中国特色社会主义的总任务是实现社会主义现代化和中华民族伟大复兴，在全面建成小康社会基础上，分两步走在本世纪中叶建成社会主义现代化强国。这个总任务实际上包含了近、中、远期三个层次的任务。近期任务是到 2020 年，全面建成小康社会；中（长）期任务是到 2035 年和 21 世纪中叶，分两个阶段全面建成社会主义现代化强国；远期宏伟目标是在前者基础上，实现中华民族伟大复兴。这是鼓舞人心、激发共鸣、令人振奋的总任务，是把实现社会主义现代化与实现中华民族伟大复兴统一推进的总任务。明确了这个总任务，新时代坚持和发展中国特色社会主义就有了前进动力和方向引领，13 亿多中国人就有了凝聚共识、汇聚力量、团结奋进的最大公约数。

第二，明确了完成总任务必须解决的新时代我国社会的主要矛盾，这就是“人民日益增长的美好生活需要和不平衡不充分的发展之间的矛盾”。主要矛盾决定党治国理政的主要工作。党的十九大强调贯彻新发展理念、建设现代化经济体系，推动我国经济由高速增长转向高质量发展、实施乡村振兴和区域协调发展战略；强调保障和改善民生、完善公共服务和收入分配体制、坚决打赢脱贫攻坚战；强调加快生态文明体制改革，推进绿色发展，着力解决突出环境问题等，就是围绕解决主要矛盾而作出的战略部署。明确了我国社会的主要矛盾，新时代坚持和发展中国特色社会主义就有了凝神聚力的“靶标”和着力点。

第三，明确了中国特色社会主义事业总体布局是“五位一体”、战略布局是“四个全面”，强调坚定道路自信、理论自信、制度自信、文化自信。“五位一体”总体布局是伴随着中国特色社会主义整个过程的长期性、战略性布局；“四个全面”战略布局是着眼落实“五位一体”总体布局、在党的十八大后提出的首先保障全面建成小康社会的治国理政布局。这两大布局内在统一、相互包含、相得益彰，反映了我们党对中国特色社会主义运行内在机理的整体性把握。明确了两大布局和“四个自信”，新时代坚持和发展中国特色社会主义就纲举目张，实现总任务、解决主要矛盾就有了总抓手、总方略。

第四，明确了全面深化改革的总目标是完善和发展中国特色社会主义制度、推进国家治理体系和治理能力现代化。制度与治理，是决定一个国家性质和竞争力的根本问题。制度“崛起”是最根本最持久的崛起。没有好的制度，国家难以实现善治；有了好的制度而没有良好的制度执行力，再好的制度最终也只是空中楼阁，这个道理对社会主义制度同样如此。推动中国特色社会主义制度更加成熟、更加定型，创制“一整套更完备、更稳定、更管用的制度体系”①，不断提高治国理政能力，是保障党和国家兴旺发达、永续发展的需要，是改革的最基本动机，也是全面深化改革必然追求的总归宿、总目标。在这个意义上，全面深化改革的总目标，也就是坚持和发展中国特色社会主义在制度建构和国家治理层面上所要达到的目标。党的十九届三中全会审议通过的关于深化党和国家机构改革的决定和方案，就是着眼实现全面深化改革总目标的重大制度安排，是推进国家治理体系和治理能力现代化的一场深刻

---

① 《习近平在省部级主要领导干部学习贯彻十八届三中全会精神全面深化改革专题研讨班开班式上发表重要讲话强调：完善和发展中国特色社会主义制度推进国家治理体系和治理能力现代化》，《人民日报》2014 年 2 月 18 日。

变革。

第五，明确了全面推进依法治国的总目标是建设中国特色社会主义法治体系、建设社会主义法治国家。全面推进依法治国，体现了“为子孙后代计、为长治久安谋”的历史自觉和使命担当。只有建构完备的法治体系、建成科学立法严格执法公正司法全民守法的法治国家，才能保障中国特色社会主义制度和国家治理有序高效运转、总任务持续稳定推进。全面依法治国的总目标，也就是坚持和发展中国特色社会主义在法治体系和法治国家建设层面所要达到的目标。

第六，明确了党在新时代的强军目标是建设一支听党指挥、能打胜仗、作风优良的人民军队，把人民军队建设成为世界一流军队。突出政治、突出打仗、突出改革、突出作风是习近平强军思想最鲜明的特点。党的十八大以来，国防和军队现代化全面推进，人民军队政治生态得到有效治理，组织架构和力量体系实现革命性重塑，军事斗争准备取得重大进展。建成了这样一支世界一流军队，就能够有效塑造态势、管控危机、遏制战争、打赢战争，实现总任务就有了战略支撑，坚持和发展中国特色社会主义就有了强大底气。

第七，明确了中国特色大国外交要推动构建新型国际关系，推动构建人类命运共同体。实现中国特色社会主义总任务离不开和平的国际环境和稳定的国际秩序，必须统筹国内国际两个大局。以构建人类命运共同体为旗帜，推动建设持久和平、普遍安全、共同繁荣、开放包容、清洁美丽的世界；推动经济全球化朝着更加开放、包容、普惠、平衡、共赢的方向发展；坚持共商共建共享的全球治理观；坚持对外开放基本国策，促进“一带一路”国际合作等。这些新理念是习近平新时代中国特色社会主义思想在对外战略方面的重大倡议和重大主张。

第八，明确了中国特色社会主义最本质的特征是中国共产党领导。中国特色社会主义制度的最大优势是中国共产党领导，党是最高政治领导力量。提出了新时代党的建设总要求，突出了政治建设在党的建设中的重要地位。中国共产党是中国特色社会主义的领导核心，必须毫不动摇坚持和加强党的全面领导，坚持以党的政治建设为统领，全面推进党的政治建设、思想建设、组织建设、作风建设、纪律建设，坚持思想建党和制度治党同向发力，坚持无禁区、全覆盖、零容忍深入开展反腐败斗争，把党建设成为始终走在时代前列、人民衷心拥护、勇于自我革命、经得起各种风浪考验、朝气蓬勃的马克思主义执政党。

以上这“八个明确”，紧紧扣住了坚持和发展中国特色社会主义这个主题、主脉、主线，以实现中华民族伟大复兴总任务“起笔”，以发挥最大优势、坚持中国共产党领导“收笔”，以一系列全新的思想理论观点创造性地阐明了新时代我国社会的主要矛盾、中国特色社会主义事业的总体布局和战略布局、引领新时代中国特色社会主义不断发展的改革总目标、法治总目标、强军总目标、外交总目标等重大问题，立起了习近平新时代中国特色社会主义思想的“四梁八柱”，构成了习近平新时代中国特色社会主义思想最基本最核心的内容。

（三）“十四个坚持”：着重从实践层面指引和回答新时代“怎样坚持和发展中国特色社会主义”

习近平新时代中国特色社会主义思想不但从理论上系统回答了“新时代坚持和发展什么样的中国特色社会主义”的问题，而且还从实践层面系统回答了新时代“怎样坚持和发展中国特色社会主义”，提出了新时代中国特色社会主义基本方略，对新时代“经济、政治、法治、科技、文化、教育、民生、民族、宗教、社会、生态文明、国家安全、国防和军队、‘一国两制’和祖国统一、统一战线、外交、党的建设”等各方面作出分析和指导，十九大报告将这方面内容概括为“十四个坚持”。

就内容和价值看，“十四个坚持”基本方略包括三个层面的方略。

第一层面，即总体方略，包括“党的领导、人民中心、全面改革”三大方略，即第1—3个“坚持”。第1个坚持，即“坚持党对一切工作的领导”，强调党政军民学，东西南北中，党是领导一切的，必须增强政治意识、大局意识、核心意识、看齐意识，自觉维护党中央权威和集中统一领导，自觉在思想上政治上行动上同党中央保持高度一致；必须提高党把方向、谋大局、定政策、促改革的能力和定力，确保党始终总揽全局、协调各方。第2个坚持，即“坚持以人民为中心”，强调人民是历史的创造者，必须坚持人民主体地位，坚持立党为公、执政为民，践行全心全意为人民服务的根本宗旨，把党的群众路线贯彻到治国理政全部活动之中，把人民对美好生活的向往作为奋斗目标。第3个坚持，即“坚持全面深化改革”，强调只有改革开放才能发展中国、发展社会主义、发展马克思主义，必须坚决破除一切不合时宜的思想观念和体制机制弊端，突破利益固化的藩篱，吸收人类文明有益成果，构建系统完备、科学规范、运行有效的制度体系，充分发挥我国社会主义制度优越性。这三个“坚持”带有“管总”的性质，是针对党和国家全部工作而言的，强调要把党的全面领导、以人民为中心、全面深化改革贯彻到新时代中国特色社会主义的全过程、各领域。在各领域、各方面、各项工作中都要坚持党对一切工作的领导、都要坚持以人民为中心、都要坚持全面深化改革。

第二层面，即建设方略，包括“新发展理念、民主、法治、文化自信、保障和改善民生、生态文明”六大方略，即第4—9个“坚持”。第4个坚持，即“坚持新发展理念”，强调发展必须是科学发展，必须坚定不移贯彻创新、协调、绿色、开放、共享的发展理念，必须坚持和完善我国社会主义基本经济制度和分配制度，使市场在资源配置中起决定性作用。第5个坚持，即“坚持人民当家作主”，强调党的领导、人民当家作主、依法治国的有机统一是社会主义政治发展必然要求，必须坚持中国特色社会主义政治发展道路，坚持和完善人民代表大会制度、中国共产党领导的多党合作和政治协商制度、民族区域自治制度、基层群众自治制度，巩固和发展最广泛的爱国统一战线，发展社会主义协商民主。第6个坚持，即“坚持全面依法治国”，强调必须坚定不移走中国特色社会主义法治道路，完善以宪法为核心的中国特色社会主义法律体系，建设中国特色社会主义法治体系和社会主义法治国家。第7个坚持，即“坚持社会主义核心价值体系”，强调文化自信是一个国家、一个民族发展中更基本、更深沉、更持久的力量，必须牢固树立共产主义远大理想和中国特色社会主义共同理想，不忘本来、吸收外来、面向未来，更好构筑中国精神、中国价值、中国力量，为人民提供精神指引。第8个坚持，即“坚持在发展中保障和改善民生”，强调必须多谋民生之利、多解民生之忧，在发展中补齐民生短板、促进社会公平正义，在幼有所育、学有所教、劳有所得、病有所医、老有所养、住有所居、弱有所扶上不断取得新进展。第9个坚持，即“坚持人与自然和谐共生”，强调必须树立和践行绿水青山就是金山银山的理念，坚持节约资源和保护环境的基本国策，实行最严格的生态环境保护制度，坚定走生产发展、生活富裕、生态良好的文明发展道路。这六个“坚持”，覆盖中国特色社会主义经济、政治（展开为民主、法治）、文化、社会、生态文明建设五大领域，主要围绕中国特色社会主义事业“五位一体”总体布局展开并提出要求。

第三层面，保障方略，包括“国家安全—国防军队—国家统一—对外战略—从严治党”五大方略，即第10—14个“坚持”。第10个坚持，即“坚持总体国家安全观”，强调必须坚持国家利益至上，以人民安全为宗旨，以政治安全为根本，统筹外部安全和内部安全、国土安全和国民安全、传统安全和非传统安全、自身安全和共同安全，完善国家安全制度体系，加强国家安全能力建设，坚决维护国家主权、安全、发展利益。第11个坚持，即“坚持党对人民军队的绝对领导”，强调必须全面贯彻党领导人民军队的一系列根本原则和制度，坚持政治建军、改革强军、科技兴军、依法治军，实现党在新时代的强军目标。第12个坚持，即“坚持‘一国两制’和推进祖国统一”，强调必须把维护中央对香港、澳门特别行政区全面管治权和保障特别行政区高度自治权有机结合起来，确保“一国两制”不会变不动摇、不变形不走样；强调必须坚持一个中国原则，坚持“九二共识”，推动两岸关系和平发展。第13个坚持，即“坚持推动构建人类命运共同体”，强调必须始终不渝走和平发展道路、奉行互利共赢的开放战略，坚持正确义利观，始终做世界和平的建设者、全球发展的贡献者、国际秩序的维护者。第14个坚持，即“坚持全面从严治党”，强调必须把党的政治建设摆在首位，统筹推进党的各项建设；全面净化党内政治生态，坚决纠正各种不正之风，以零容忍态度惩治腐败，不断增强党自我净化、自我完善、自我革新、自我提高的能力，始终保持党同人民群众的血肉联系。以上五个“坚持”，分别从国家安全、国防军队建设、实现国家统一、维护世界和平、全面从严治党各方面进行部署，为新时代中国特色社会主义顺利推进提供强有力保障。

“十四个坚持”基本方略，是对党的治国理政重大方针政策、经验原则的最新最集中概括，是“八个明确”的展开和具体化，每一条都有很强的针对性和指导性，是实现“两个一百年”奋斗目标、实现中华民族伟大复兴中国梦的“路线图”“方法论”。

“八个明确”和“十四个坚持”是内在统一的整体，两者在核心要义和精神实质上是一致的，应该统一学习、统一把握、统一贯彻。“八个明确”是习近平新时代中国特色社会主义思想在理论层面的表述，是更侧重于理论指引和思想导向的概括；“十四个坚持”是习近平新时代中国特色社会主义思想在实践层面的表述，是更侧重于实践指引和具体方针政策的要求。“八个明确”和“十四个坚持”各有侧重，共同构成习近平新时代中国特色社会主义思想这个逻辑严谨、博大精深的科学体系，体现了习近平新时代中国特色社会主义思想理论与实践相统一、战略与战术相统一、目标与路径相统一、顶层设计和微观指导相统一、认识论与方法论相统一，历史、现实与未来相统一，中国关怀与世界关切相统一的独特理论魅力和实践价值。

三、新的飞跃与总的遵循：习近平新时代中国特色社会主义思想的历史地位

党的十九大报告指出：“习近平新时代中国特色社会主义思想，是对马克思列宁主义、毛泽东思想、邓小平理论、‘三个代表’重要思想、科学发展观的继承和发展，是马克思主义中国化最新成果，是党和人民实践经验和集体智慧的结晶，是中国特色社会主义理论体系的重要组成部分，是全党全国人民为实现中华民族伟大复兴而奋斗的行动指南，必须长期坚持并不断发展。”① 习近平新时代中国特色社会主义思想坚持马克思主义又发展了马克思主义，立足中国问题的解决又具有恢宏的全球视野，其价值和影响越出中国而远播世界，实现了马克思主义中国化的新飞跃，为新时代坚持和发展中国特色社会主义、推进党和国家事业发展提供了基本遵循，为解决人类问题贡献了中国智慧和中国方案。

（一）为发展当代中国马克思主义、21世纪马克思主义作出原创性、时代性贡献

马克思主义发展史是一部不断追求真理、发现真理的历史。中国共产党是勇于突破陈规、勇于开拓创新、勇于与时俱进的马克思主义政党。

---

① 习近平：《决胜全面建成小康社会，夺取新时代中国特色社会主义伟大胜利——在中国共产党第十九次全国代表大会上的报告》，《人民日报》2017年10月28日。

改革开放以来特别是党的十八大以来，中国发生了历史性深刻变革，中国特色社会主义进入新时代。马克思主义因为科学社会主义在中国——以“中国特色社会主义”的样貌——焕发盎然生机、取得巨大成就而在新的历史高点上重新赢得尊重。理所当然地，置身和推动这一历史性变革的中国共产党人也就更有资格、更有能力揭示这其中所蕴含的历史经验和发展规律，为发展当代中国马克思主义、21 世纪马克思主义做出时代性、原创性贡献。

习近平新时代中国特色社会主义思想立足时代之基、顺应时代之变，回答时代之问，直面中国改革开放进入深水区、攻坚期的阻力、困难和挑战，直面世界政治经济格局大变革大调整和全球治理困境，直面党的自身建设遇到的“四大考验”“四种危险”以及党内存在的突出问题，坚持马克思主义的根本立场和基本观点，以无比自信、无比强大的深刻洞察力、敏锐判断力和战略定力，科学把握中国特色社会主义、世界社会主义的发展走势，既坚持“老祖宗不能丢”，又切准时代脉搏形成一整套“新话语”，就我国改革发展稳定、内政外交国防、治党治国治军各领域各方面的重大问题，提出了一系列富有创造性的新思想新观点新理念新战略，作出了一系列具有强烈针对性的重大决策部署，全面、系统、创造性回答了“新时代坚持和发展什么样的中国特色社会主义、怎样坚持和发展中国特色社会主义”的重大时代课题，浓墨重彩地书写出了中国特色社会主义新篇章，使马克思主义不仅得到了继承发展，而且得到创造性升华，焕发出强大生命力，使中国成为 21 世纪科学社会主义的思想生长地、理论策源地，成为振兴世界社会主义的旗手和中流砥柱。习近平新时代中国特色社会主义思想的形成、发展和在实践中取得的巨大应用成就有力地证明了马克思主义、科学社会主义并没有因为苏共的消亡而终结，马克思主义没有过时，社会主义没有失败，马克思主义的真理之火在穿越了 170 年之后依然光芒四射，苏共垮台近 30 年之后，在世界范围内的“主义”较量意识形态的激烈斗争中，第一次发生了有利于马克思主义、有利于社会主义的历史转变。习近平新时代中国特色社会主义思想聚焦坚持和发展中国特色社会主义这个主题，为中国特色社会主义理论体系、为马克思主义理论宝库增添了崭新内容，实现了马克思主义中国化的又一次历史性飞跃，推动当代中国马克思主义、21 世纪马克思主义进入新阶段。

（二）为统揽“四个伟大”、推动中国由富向强、实现中华民族伟大复兴提供思想引领和行动指南

党的十八大以来，我们党团结带领全国人民披荆斩棘、砥砺前行，以实现中华民族伟大复兴为战略引领，大力推进具有许多新的历史特点的伟大斗争、大力推进党的建设新的伟大工程、大力推进中国特色社会主义伟大事业，党和国家取得全方位、开创性成就，发生深层次、根本性变革。这些开创性成就之所以取得、深层次变革之所以发生，最根本的就在于有以习近平同志为核心的党中央的坚强领导，有习近平新时代中国特色社会主义思想的科学指导。

党的十九大在“两个一百年”奋斗目标的历史交汇期，就全面建成小康社会、实现第一个百年奋斗目标，乘势而上开启全面建设社会主义现代化国家新征程、向全面建成社会主义现代化强国的第二个百年奋斗目标进军，进而实现中华民族伟大复兴的中国梦作出了新的部署。在前进道路上，我们党要继续统揽推进“四个伟大”，要在应对重大挑战、抵御重大风险、克服重大阻力、解决重大矛盾中赢得主动、赢得胜利，就必须始终坚持和依靠习近平新时代中国特色社会主义思想的科学指引。在继续进行具有许多新的历史特点的伟大斗争中，我们党面临的矛盾问题和风险挑战严峻复杂，要跨越许多已知和未知的“雪山”“草地”、征服许多已看见和未看见的“娄山关”“腊子口”。习近平新时代中国特色社会主义思想是闯关夺隘、攻坚克难的“作战书”“集结号”。在继续推进党的建设新的伟大工程的道路上，我们党要把全面从严治党推向纵深，消除一切损害党的先进性和纯洁性的因素，清除一切侵蚀党的健康肌体的病毒，不断增强党的政治领导力、思想引领力、群众组织力、社会号召力，确保党永葆旺盛生命力和强大战斗力。习近平新时代中国特色社会主义思想是“力量源”“主心骨”。在继续推进中国特色社会主义伟大事业的进程中，要牢固树立“四个自信”，解决好坚持和发展中国特色社会主义的时代性、全局性、方向性问题，谱写新时代中国特色社会主义的更精彩篇章，习近平新时代中国特色社会主义思想是“总遵循”“指南针”。在继续推进实现中华民族伟大复兴中国梦的征程上，我们比历史上任何时期都更接近、更有信心和能力达到这一目标，但中华民族伟大复兴“绝不是轻轻松松、敲锣打鼓就能实现的”，要坚

定中国道路、弘扬中国精神、凝聚中国力量，沿着中国特色社会主义主航道乘风破浪，驾驭中华民族伟大复兴巨轮驶向光辉彼岸。习近平新时代中国特色社会主义思想是“压舱石”“定盘星”。习近平新时代中国特色社会主义思想是马克思主义基本原理与新时代中国改革发展实际相结合的产物，是在毛泽东思想引领中华民族站起来，邓小平理论、“三个代表”重要思想、科学发展观引领中华民族富起来的基础上，引领中华民族由富向强、实现中华民族伟大复兴的精神动力和战略理论体系。

（三）为开创人类发展更加美好的未来贡献中国智慧、中国思路、中国方案，提供中国道路参照

中国共产党是世界上最大的政党，中国是世界上人口最多、规模巨大、历史文化悠久的大国，大就要有大的样子，大就要有大的担当。

中国共产党始终把为人类作出新的更大贡献作为自己的使命。中国特色社会主义进入新时代，不仅意味着近代以来久经磨难的中华民族迎来了从站起来、富起来到强起来的伟大飞跃，迎来了实现中华民族伟大复兴的光明前景，而且意味着科学社会主义在21世纪的中国焕发出强大生机活力，意味着中国特色社会主义道路、理论、制度、文化不断发展，拓展了发展中国家走向现代化的途径，给世界上那些既希望加快发展又希望保持自身独立性的国家和民族提供了不以西方文明为唯一中心、不以西方发展道路为唯一样板、不以实行资本主义制度为唯一前提、超越了传统社会主义模式的全新现代化选择。中国40年改革发展取得的巨大成就向世界说明了一个道理：“治理一个国家，推动一个国家实现现代化，并不只是西方制度模式这一条道，各国完全可以走出自己的道路来。可以说，我们用事实宣告了‘历史终结论’的破产，宣告了各国最终都要以西方制度模式为归宿的单线式历史观的破产。”由习近平新时代中国特色社会主义思想所进一步阐明的中国道路和造就的新时代中国发展，极大启发和提振了非西方文化传统国家从自身情况出发、走具有本国特色的现代化道路的信心和意志。

当今世界，没有哪个国家能够独自应对人类面临的各种挑战，也没有哪个国家能够退回到自我封闭的孤岛。党的十八大以来，面对波谲云诡的国际局势，习近平总书记把握中国与世界关系的历史性变化，站在人类历史发展进程的战略高度，对“建设一个什么样的世界、如何建设

这个世界”等关乎人类前途命运的重大课题进行了深入思考。习近平新时代中国特色社会主义思想提出的以构建人类命运共同体为核心的全球治理观、安全观、发展观、正确义利观、全球化观、“一带一路”倡议等，摒弃了弱肉强食的丛林法则，谴责了穷兵黩武的霸权之道，为世界发展和人类未来指明了正确方向。这些重大战略思想，归结起来，总的精神就是：要和平不要战争，要发展不要贫穷，要合作不要对抗，要共赢不要单赢。这既体现了中国将自身发展同世界发展相统一的全球视野、世界胸怀和大国担当，引领中国日益走近世界舞台中央，提升了中国的国际话语权和能见度，又回应了时代要求，为人类社会实现共同发展、持续繁荣、长久和平绘制了宏伟蓝图，为回答和解决“世界怎么了，我们怎么办”的全球之问贡献了中国智慧、中国思路、中国方案。

历史经验篇

建设有中国特色社会主义道路的继续发展*

今天是本学期中共党史教学阶段的第八次、也是最后一次专题讲授，由我给同志们讲一讲从党的十三大到党的十五大这10年我们党的历史。这10年历史，时间跨度比较长，头绪比较多，而且大都是同志们亲身经历或正在经历的，基本事实大家都比较清楚。因此，在讲课过程中，我们不求面面俱到，而是要抓住历史发展的主要线索和若干重点环节，从整体上同大家一起回顾这10年来我们党领导建设有中国特色社会主义的艰辛进程。总共讲4个问题。

一、党的十三大以后：国内风波国际变局严峻考验与党的抉择

1987年10月召开的党的十三大，是我国改革开放和现代化建设史上一次十分重要的大会。大会提出并论证了社会主义初级阶段理论，确立了“一个中心，两个基本点”的基本路线，归纳了邓小平建设有中国特色社会主义理论的12个主要观点，制定了经济建设分“三步走”的发展战略，标志着建设有中国特色社会主义道路的初步开辟。但是，党的十三大以后，就在全党全国人民积极工作、为完成大会确定的各项任务而努力奋斗之时，由于多种原因的作用，建设有中国特色社会主义在

* 这是1999年6月21日在中央党校新疆班的授课讲稿。

发展中却遇到了一系列我们未曾预料到的严重问题，经历了来自经济、政治、国际方面的严峻考验。

（一）1988年发生的严重经济波动

这次经济波动是由多种因素造成的，但直接促发因素则是这年上半年开始进行的价格改革"闯关"。大家知道，价格是最有效的经济调节手段，价格改革是整个经济体制改革成败的关键。长期以来，我国由于实行由国家统一定价的计划价格，忽视价值规律的作用，因此，造成了价格体系的严重扭曲，价格形成机制很不合理，从而严重制约和影响了我国经济的发展，必须对之进行改革。价格改革的任务，最早在党的十二届三中全会通过的《关于经济体制改革的决定》中就提出来了。1985年起实行的"双轨价格"，就是价格改革向前迈出的重要一步，是计划价格向市场价格转轨的一种过渡办法。

"双轨价格"的实行，客观上打破了指令性计划一统天下的僵死局面，极大地活跃了当时的社会经济生活。但"双轨价格"也带来了严重问题。同一商品在同一时间、同一地点有两种不同的价格，就犹如同一条马路上有两种不同的交通规则在起作用，势必要造成经济秩序的严重混乱，也成为经济持续、稳定增长和各方面改革进一步深化的严重障碍。一是一物多价使企业很难进行科学的经济核算，很难进行平等的竞争。二是造成了商业投机和分配不公。1988年普通钢材的计划价格是每吨700元，而市场价格则高达1800元。据估算，在"双轨制"下，我国每年的价差、利差和汇差总额达2000亿～3500亿元，占国民生产总值的20％～30％左右[①]。在如此巨大的差额诱导下，一些企业不是通过改善管理来提高效益，而是下很大功夫去拉关系、走后门，低价进、高价出，搞"跑部钱进"，使企业在很大程度上丧失了发展的动力和生机。三是为腐败行为提供了温床和土壤。由于"双轨制"存在的漏洞，很多权力部门以及有权力背景的人（当时称作"倒爷"或"官倒"）通过各种不正当途径买进计划内的平价商品，然后转手在市场上卖出高价，严重扰乱了正常的经济秩序。买空卖空和几乎一夜之间的非法"暴富"，造成了民怨的沸腾，人们要求改变价格"双轨制"的呼声很高。

① 吴敬琏主编：《1988年中国经济实况分析》，中国社会科学出版社1991年版，第98页。

1988年上半年，党中央、国务院终于下定了价格“闯关”的决心。5月30日至6月1日，中共中央政治局召开第九次全体会议，讨论全国改革和经济发展形势问题。会议认为，随着改革的深化，现在一些难度很大而又不能绕开的问题摆在我们的面前，我们必须抓住历史给予的有利条件，迎着风浪前进，坚决而又稳妥地把改革中不可回避的问题解决好。会议提出，发展社会主义商品经济，要按价值规律办事，理顺原来很不合理的价格关系。会后，中央即责成专门机构组织及有关部门反复研究此后5年特别是1989年的价格、工资改革和配套措施问题。经过几上几下的论证，有关机构提出了初步方案。同年8月15日至17日，中共中央政治局在北戴河召开第十次全体会议，讨论并原则通过了《关于价格、工资改革的初步方案》。这个初步方案的主要内容包括：价格、工资改革的必要性；改革需要遵循的主要原则；1989年至1993年改革的轮廓设想；1989年改革的初步方案；改革中可能遇到的主要风险和基本对策；必须采取的配套改革措施等。会议认为，价格改革的总方向是少数重要商品和劳务价格由国家管理，绝大多数商品价格放开，由市场调节，以转换价格形成机制，逐步实现“国家调控市场、市场引导企业”的要求。会议特别强调：“目前我国经济正处于充满活力、蓬勃发展的时期。进行价格改革、工资改革，时机是有利的，尽管面临的问题不少，但克服困难的潜力和回旋余地很大。”① 然而，随后发生的事件证明，这个估计是过于乐观了。还在这次政治局会议之前，根据中央的要求，国务院就加快了价格改革的步伐和节奏。4月1日，国家有关部门调高了粮、油、糖等部分农产品的收购价格。此后，陆续调整了茶叶、木材、黄红麻的收购价格，放开了猪肉、大路菜、鲜蛋和白糖4种主要副食品的零售价格，并由此造成四五月间在全国主要城市出现的一场抢购风潮。7月，国家进一步扩大了棉纱、棉布价格的浮动幅度。7月28日，放开了名烟名酒价格，茅台酒每瓶卖到150元左右，中华烟每条80元上下。

中央政治局开会讨论价格改革方案的消息引起了国内外人士的广泛关注。为了配合物价改革的进行，中央领导人在接见外宾或公开讲话

① 《中央政治局召开第十次全体会议原则通过价格工资改革初步方案》，《人民日报》1988年8月19日。

时，发表了一系列关于加快价格改革的谈话。舆论宣传部门也通过报刊杂志、广播电视等一再宣传价格改革是一场“攻坚战”，提醒人们要勒紧裤带，准备过“紧日子”。当时的口号是：“改革有风险，苦战能过关”。中央领导人和舆论宣传部门的以上做法，其出发点是好的，就是让人们提前在思想和心理上做好准备，但也一定程度上加剧了价格改革和物价上涨给人们造成的心理压力。

这一次价格改革，确实和过去有一点明显的不同，这就是由过去的“调放结合，以调为主”变成了“调放结合，以放为主”。确定“以放为主”，大胆推进价格“闯关”，就价格改革的紧迫性和重要性而言，这个大方向无疑是正确的，因为不彻底放开物价就难以达到经济改革的目的。但问题是，这个以放为主，是“逐步放开”还是“一步到位”？由于价格改革牵扯到全国上下，各行各业、各种人的利益，这里的差别很大。也正是在这个问题上，有关部门在具体贯彻落实“以放为主”的部署时，在指导思想上出现急于求成、企图在很短时间就完成价格“闯关”的任务，而没有作深入细致的研究论证工作的情况。同时，对通货膨胀的潜在压力和人民群众承受物价上涨的能力也估计不足，事先又未能采取必要的预防措施，再加上在舆论宣传方面存在的上述失误等，使得8月19日当中央人民广播电台和《人民日报》正式报道了中央政治局会议的情况和价格改革方案的基本内容后，一场新中国成立以来前所未有的抢购风潮迅速席卷了全国所有城市和部分乡村。其特点，一是涉及范围广，抢购对象涉及50个大类500多种商品，从高档耐用消费品到日常用品，从粮食、食盐、火柴、肥皂到棉布、手纸、洗衣粉，无所不包。二是盲目性大，抢购时不管品种、牌号、质量甚至不问价格，很多积压多年的残次商品也被一抢而空。三是卷入的群众多，无论工人、农民、教师、机关干部、个体工商业者等各社会阶层，几乎都加入了抢购之列。据不完全统计，这次抢购风潮，共消费了约60亿元商品。这次商品抢购风潮还伴随着严重的挤兑银行储蓄存款，不仅挤兑活期存款，而且挤兑未到期的定期存款，8月份城乡储蓄存款没有增加反而减少26.1亿元，其中定期减少27.8亿元，活期增加1.7亿元。这种情况，很大程度上反映了老百姓普遍存在的对物价上涨的恐惧和持币抢购的心理状态。

全国性抢购风潮的发生，使价格改革“闯关”受到严重挫折，党和政府不得不调整政策。8 月 30 日，国务院总理李鹏主持召开国务院第二十次常务会议，认真讨论了当前的市场和物价问题。会议重提“稳定经济，深化改革”的方针，并特别申明：价格改革方案中提到的“少数重要商品和劳务价格由国家管理，绝大多数商品价格放开，由市场调节”，指的是经过 5 年或更长一点时间的努力才能达到的长远目标。会议还强调了当年不再出台新的调价政策，要加强物价管理，开办保值储蓄，压缩基建规模，控制货币发行，做好粮、油、棉的收购工作，保证市场供应，整顿市场秩序等。同日，根据会议精神，国务院发出《关于做好当前物价工作和稳定市场的紧急通知》。这些措施一一落实后，各地的抢购和挤兑风潮才逐渐平息。

抢购和挤兑风潮的出现，使本已严重混乱的经济秩序进一步恶化，国民经济的宏观运行严重失控。1988 年全年零售物价指数上升至 18.5%，是 1952 年以来最高的，比三年困难时期的 1961 年还高出 2.4 个百分点。全年生产资料价格指数也突破两位数，增幅达到 22.5%。全年现金流通量达到 2134 亿元，一年增幅达 46.7%，出现了明显的通货膨胀。在此情况下，1988 年 9 月 26 日至 30 日，中共中央召开十三届三中全会，会议正式通过了关于“治理经济环境，整顿经济秩序，全面深化改革”的基本方针，提出 1989 年、1990 年两年改革和建设的重点是治理经济环境和整顿经济秩序。此后，我国的经济发展就进入了治理整顿阶段。

（二）经受 1989 年严重政治风波考验

在经济上出现波动的同时，政治上这时也出现了问题。这就是 1989 年春夏之交，在首都北京发生了一场严重政治风波。这场政治风波是国际大气候和国内小气候等多种因素综合作用的结果，其规模之大、来势之猛、持续时间之长，是新中国成立以来我们党未经历过的。关键时刻，党中央采取果断措施，平息了风波。

对政治风波发生的原因、性质等问题，邓小平在接见首都戒严部队军以上干部时曾作了深刻分析，但同时也强调，虽然发生了政治风波，但党的“一个中心，两个基本点”的基本路线没有错。他要求全党要按照原来制定的基本路线、方针、政策，照样干下去，坚定不移地干下去。政治风波的平息，使得全国政局暂时得以稳定下来，但各种不安定因素仍然存在。为此，1989 年 6 月 16 日，在与江泽民、李鹏等 8 位中央负责同志谈话时，邓小平郑重提出了第三代领导集体必须解决的四个当务之急：一是“经济不能滑坡”、二是“更大胆地改革开放”和“抓紧惩治腐败”、三是“平息暴乱抓到底”、四是“聚精会神地抓党的建设，这个党该抓了，不抓不行了。”① 在邓小平讲话后的一个星期，即1989 年 6 月 23 日至 24 日，党的十三届四中全会召开，正式建立了以江泽民同志为核心的第三代中央领导集体。江泽民在当选新一任总书记后的即席讲话中说，他对当选中央政治局常委和总书记职务，是没有思想准备的，也缺乏中央全面工作的经验，深感担子很重，力不从心，同时表示要与大家一道，刻苦学习，加强调查研究，尽心尽力做好工作，以不辜负老一辈革命家和同志们期望。会上，江泽民就坚持十一届三中全会以来党的基本路线和基本政策问题，毫不含糊地作了两句话的表态：一句是坚定不移，毫不动摇；一句是全面执行，一以贯之。

这次全会后，新一代中央领导集体为消除政治风波造成的影响，在巩固政局稳定和推进改革开放方面，做了大量工作。

为了进一步巩固政局的稳定，党中央采取了 5 项措施：一是 1989 年 7 月 28 日，中共中央、国务院作出《关于近期做几件群众关心的事的决定》，提出要认真做好“清理整顿公司”“制止高干子女经商”“抓紧查处大案要案”等 7 件人民群众普遍关心的事。二是在同年 8 月 17 日，中共中央、国务院专门作出《关于进一步清理整顿公司的决定》，根据决定，有关部门对中国康华发展总公司、中国国际信托投资公司、中国光大实业公司等进行清理整顿。三是大力加强党的建设、密切党群关系。1989 年 8 月，中共中央召开全国组织部长会议，研究加强党的建设问题，江泽民在会上发表重要讲话。1990 年 3 月，党的十三届六中全会审议通过《中共中央关于加强党同人民群众联系的决定》，提出要从决策的制定和执行、领导作风、疏通和拓宽党同人民群众联系的渠道、加强党风廉政建设、建立和完善党内党外监督制度、发挥党的基层组织和党员作用、深入开展马克思主义群众观点教育七个方面加强党同人民群众的联系。四是加大反腐败力度。1989 年 9 月，海南省原省长梁湘因严重以权谋私被撤销党内外一切职务；1990 年 6 月，原铁道部

① 《邓小平文选》第 3 卷，人民出版社 1993 年版，第 312—314 页。

副部长罗云光因收受贿赂被开除出党，撤销职务，并移交司法部门查处。五是加强和改善对群众团体和各民主党派的领导。1989 年 12 月 21 日，中共中央发出《关于加强和改善党对工会、共青团、妇联工作领导的通知》，要求各级党组织都要按照党的路线、方针、政策，对同级工会、共青团、妇联实行统一领导，使这些组织坚持正确的政治方向，同党中央在政治上、思想上、行动上保持高度的一致。12 月 30 日，中共中央又发布《关于坚持和完善中国共产党领导的多党合作和政治协商制度的意见》，强调中国共产党领导的多党合作和政治协商制度是我国的一项基本政治制度，重申“长期共存、互相监督、肝胆相照、荣辱与共”是共产党同各民主党派合作的基本方针，决定加强中国共产党和各民主党派之间的合作与协商，进一步发挥民主党派成员、无党派人士在人民代表大会中的作用，举荐民主党派成员、无党派人士担任各级政府及司法机关的领导职务，进一步发挥民主党派在人民政协中的作用，并支持民主党派加强自身建设。

与此同时，在推进改革开放方面，中共中央也采取了积极措施。1989 年 9 月 29 日，在庆祝中华人民共和国成立 40 周年大会上，江泽民代表新的党中央向全国人民和全世界郑重宣布：尽管发生了严重政治风波，但中国改革开放的基本方针不会变。同年 11 月，党的十三届五中全会审议通过《关于进一步治理整顿和深化改革的决定》，提出包括 1989 年在内，用 3 年或更长一点的时间，基本完成治理整顿的任务。此后，各项改革活动主要围绕着治理整顿进行，并在以下方面取得进展：一是在价格改革方面，1990—1991 年国家先后提高了长期偏低的部分基础工业产品的价格和粮油统销价格，这对进一步理顺价格关系起了积极作用。二是在工业改革方面，进一步完善企业承包经营责任制，健全企业内部领导体制，积极把国营大中型企业推向市场。三是在农业方面，1991 年 11 月党的十三届八中全会讨论通过《关于进一步加强农业和农村工作的决定》，强调要进一步稳定、充实和完善以家庭联产承包为主的责任制，加强农业基础建设，推进农业现代化。四是在对外开放方面，1990 年 4 月，党中央、国务院正式宣布了开发开放上海浦东的重大决策，拉开了以上海为龙头的长江流域大开发、大开放的序幕，等等。

国内政局的逐步稳定、治理整顿的继续进行和改革开放的进一步展开，表明我们党已从国内政治风波严峻考验中走了出来，各项工作重新走上正轨，并呈现出新的发展态势，这是我们党在严峻的国内政治风波考验面前取得的巨大成功！

（三）打破西方“制裁”，冷静应对苏东剧变

1989年中国平息国内政治风波后，以美国为首的西方国家借口所谓维护“人权”“自由”“民主”，纷纷宣布对中国实行“制裁”，各种政治势力出于各种压力，也在世界上掀起了阵阵反华浪潮。1989年6月5日，即政治风波平息后第二天，美国总统布什宣布5项对华制裁措施。美国对华“制裁”的内容主要包括：中止与中国领导人的高层互访，停止向中国出售武器及相关的高科技产品，禁用中国火箭发射美国卫星，中止中美核能合作，推迟国际金融机构向中国提供新的贷款等。这期间，美国国会先后通过20多项干涉中国内政的议案，严重地损害了中美关系。与此同时，澳大利亚、丹麦、法国、英国、联邦德国、日本、意大利、加拿大等西方国家也相继宣布对中国进行“制裁”。英国还单方面推迟了关于香港问题的中英谈判。对中国所谓“制裁”大有“黑云压城城欲摧”之势。

面对西方国家的压力，中国的立场是坚定的。1989年7月2日，美国总统特使、总统安全事务助理布伦特·斯考克罗夫特秘密访华。邓小平在会见他时指出：现在，两国关系确实处在一个很微妙、甚至可以说相当危险的地步。中国没有触犯美国，任何一个小问题都没有触犯。问题出在美国，美国在很大范围内直接触犯了中国的利益和尊严。我要明确告诉阁下，中国的内政决不允许任何人加以干涉，不管后果如何，中国都不会让步。中国内政要由中国来管，什么灾难到来，中国都可以承受，决不会让步。同时，他又表示：“中国领导人不会轻率采取和发表处理两国关系的行动和言论，现在不会，今后也不会，但在捍卫中国的独立、主权和国家尊严方面也决不含糊”①。

在西方国家对华实施所谓“制裁”的同时，国际局势出现剧烈动荡，发生了20世纪历史上令人震撼的“苏东剧变”事件。这一事件从1989年东欧剧变开始，到1991年底苏联解体基本结束，大体经历了两

① 《邓小平思想年谱》，中央文献出版社1998年版，第433页。

年多时间。1989 年 2 月，波兰召开有各党派参加的“圆桌会议”，决定于当年 6 月举行议会大选，结果“团结工会”在选举中大胜，波兰统一工人党失去了执政地位，由此拉开了东欧剧变的序幕。此后，东德、匈牙利、捷克斯洛伐克、保加利亚、罗马尼亚、南斯拉夫、阿尔巴尼亚等国执政的共产党也纷纷下台，或虽未下台而改变了名称和性质。东欧剧变是由戈尔巴乔夫的“新思维”引爆的，并得到了戈尔巴乔夫的支持和赞许，反过来，东欧剧变又影响了苏联政局的发展。1990 年 3 月，苏联删除了宪法第 6 条关于苏共在国家生活中的“领导地位”条款，从而为在苏联实行多党制、三权分立制铺平了道路。1991 年“8·19”事件后，苏联形势急转直下，开始了党和国家全面崩溃的急变过程。8 月 24 日，戈尔巴乔夫宣布辞去苏共中央总书记职务，苏共中央“自行解散”；12 月 21 日，“独立国家联合体成立”；12 月 25 日，戈尔巴乔夫被迫辞去苏联总统职务，苏联国旗从克里姆林宫黯然降落，苏联解体的过程最终完成，“苏维埃社会主义共和国联盟”从此从地球上消失。苏联解体、东欧剧变，其程度之激烈、速度之快、波及面之广，完全超出了人们的预料，它极大地改变了世界政治版图，结束了第二次世界大战后形成的雅尔塔两极格局，社会主义阵营不复存在，世界社会主义运动陷入低潮，遭受了重大挫折。

苏东剧变后，西方国家和国际上反共反社会主义势力欢欣鼓舞，弹冠相庆，相继抛出了《大失败：20 世纪共产主义的兴亡》《历史的终结》《1999 年：不战而胜》等著作，断言“21 世纪将是资本主义一统天下”，“共产主义将不可逆转地在历史上衰亡，……它将作为 20 世纪最反常的政治与理性畸形物载入史册。”① 国际上各种反共反社会主义势力也不断叫喊：“马克思主义过时了”，“社会主义失败了”，“共产主义将走向消亡”！他们纷纷预言，中国很快也将重蹈苏联、东欧的覆辙，发生一场没有硝烟的“和平演变”。这样，中国就面临着因苏东剧变而来的又一巨大压力和考验。在此情况下，怎样化解和消除这一巨大压力，怎样认识错综复杂的国际局势，采取正确的对策和策略趋利避害，争取主动，坚持和捍卫中国特色社会主义，继续推进改革

① 〔美〕布热津斯基著，军事科学院外国军事研究部译：《大失败——20 世纪共产主义的兴亡》，军事科学出版社 1989 年版，第 1 页。

开放和现代化建设事业，就成为摆在全党面前的一项重大而紧迫的现实课题。

关键时刻，邓小平扮演了中国外交战略“掌舵人”的角色。1989年6月16日，在与中央几位负责同志谈话时，邓小平一针见血地指出：“整个帝国主义西方世界企图使社会主义各国都放弃社会主义道路，最终纳入国际垄断资本的统治，纳入资本主义的轨道。现在我们要顶住这股逆流，旗帜要鲜明。”“现在国际舆论压我们，我们泰然处之，不受他们挑动。”① 9月4日，在同江泽民等谈话时，他又指出：“中国自己要稳住阵脚，否则，人家就要打我们的主意。”“要维护我们独立自主、不信邪、不怕鬼的形象。我们绝不能示弱。你越怕，越示弱，人家劲头就越大。”“中国肯定要沿着自己选择的社会主义道路走到底。谁也压不垮我们。只要中国不垮，世界上就有五分之一的人口在坚持社会主义。我们对社会主义的前途充满信心。”总之，“对于国际局势，概括起来就是三句话：第一句话，冷静观察；第二句话，稳住阵脚；第三句话，沉着应付。不要急，也急不得。要冷静、冷静、再冷静，埋头实干，做好一件事，我们自己的事。”②

对于苏联东欧局势的变化，邓小平提出：现在旧的格局在改变中，新的格局还没有形成，我们对外政策还是两条，第一条是反对霸权主义、强权政治，维护世界和平；第二条是建立国际政治新秩序和经济新秩序。“具体的做法，还是要坚持同所有国家都来往，不管苏联怎么变化，我们都要同它在和平共处五项原则的基础上从容地发展关系，包括政治关系，不搞意识形态的争论。”③ 1990年12月24日，在与江泽民、杨尚昆、李鹏谈话时，针对苏东剧变后，第三世界有国家希望中国当头的主张，邓小平明确指出：“我们千万不要当头，这是一个根本国策。这个头我们当不起，自己力量也不够。当了绝无好处，许多主动都失掉了。中国永远站在第三世界一边，中国永远不称霸，中国也永远不当头。”④

根据邓小平所阐述的方针策略，以江泽民同志为核心的党中央处变

① 《邓小平文选》第3卷，人民出版社1993年版，第311页。
② 《邓小平文选》第3卷，人民出版社1993年版，第320—321页。
③ 《邓小平文选》第3卷，人民出版社1993年版，第353页。
④ 《邓小平文选》第3卷，人民出版社1993年版，第363页。

不惊，经过一个时期的冷静观察和缜密思考，于1991年夏季提出了对国际形势的基本看法。这就是：当今世界正处在大变动的历史时期。两极格局已经终结，各种力量重新分化组合，世界正朝着多极化的方向发展。新格局的形成将是长期、复杂的过程。尽管目前国际形势动荡不安，但和平与发展仍然是当今世界两大主题。根据这一基本判断，党中央明确提出，我们要一如既往地继续执行改革开放以来独立自主的和平外交政策，并从总体上制定了“冷静观察、稳住阵脚、沉着应付、韬光养晦、善于守拙、决不当头、有所作为”的28字外交策略方针。

在上述方针指导下，党中央确定了20世纪90年代初期我国外交工作的两个重点：一是开展睦邻外交，稳定和积极发展同周边国家的关系，加强同第三世界国家的团结与合作；二是积极主动，努力打破西方“制裁”，恢复和稳定同西方发达国家的关系，并提出和执行了“坚持原则、利用矛盾、广交朋友、多做工作、打破制裁、避免孤立”的基本方针策略。

从当时情况看，中国拥有打破西方“制裁”的多个条件：一是中国是联合国安理会常任理事国，拥有对国际重大问题的否决权，美国等国在一些重大国际问题上需要中国的合作；二是中国是世界上最大的发展中国家，在第三世界具有巨大影响力，中国是难以被完全孤立的；三是从历史上看，1949年后的30年里，中国基本上就是在西方国家经济制裁和军事封锁下生存和发展的，中国并未因此而生存不下去，事实证明中国党和政府具有抵御制裁的经验和能力；四是经过1978年以来的改革开放，中国的经济实力和综合国力显著增强，国内市场发展迅速，潜力巨大，这是哪一个国家也不愿失去的巨大商机；五是政治风波平息后，中国的政局日趋稳定，并向好的方面迅速转化，这是西方国家无法回避的现实。

为了打破“制裁”，从1989年下半年开始，在国内局势基本趋于平静之后，我国领导人走出国门，以周边国家和第三世界国家为中心，积极开展各个层次的外交活动。1989年11月，国务院总理李鹏应邀对巴基斯坦、孟加拉国和尼泊尔三国进行正式友好访问，这是平息国内政治风波后中国领导人的首次出访。1990年3月，应朝鲜劳动党中央总书记金日成的邀请，中共中央总书记江泽民对朝鲜进行友好访问，这是江泽民担任总书记后第一次出国访问；5月，国家主席杨尚昆分别对墨西哥、巴西、乌拉圭、阿根廷和智利进行国事访问，这是中国国家元首第一次访问拉丁美洲国家；8 月和 12 月，国务院总理李鹏又先后对印度尼西亚和新加坡，对马来西亚、菲律宾、老挝和斯里兰卡进行正式友好访问。1991 年 5 月，江泽民总书记对苏联进行正式访问，这是中苏两国自 1989 年恢复正常关系以来，中共中央总书记对苏联的首次正式访问；12 月，国务院总理李鹏对印度进行正式友好访问，这是时隔 31 年之后中国总理再次访问印度。与此同时，为了声援中国，埃及、坦桑尼亚、阿根廷、印度尼西亚、蒙古、朝鲜、越南等几十位第三世界国家的元首和政府首脑相继到中国访问。

从 1990 年至 1992 年，短短 3 年，中国的外交工作取得了丰硕成果。中国同印度尼西亚恢复了外交关系，中越关系实现了正常化，中印关系有了很大改善。这个时期，我国还同沙特阿拉伯、新加坡、文莱、以色列、韩国以及苏联解体后取得独立的各国等共 23 个国家建立了外交关系。这个数字，甚至超过了新中国成立初期第一次建交高潮时的数目。到 1992 年，中国已同 154 个国家建立了外交关系，同 200 多个国家和地区发展了贸易、科技、文化交流与合作。

西方国家的某些政治家曾经以为，只要采取了所谓“制裁”措施，就可以孤立中国，迫使中国政府放弃原则，向强权屈服。但是一段时间过后，中国不但没有屈服，反而政局迅速恢复稳定，经济继续发展，对外交往不断扩大，这一切大大出乎了西方国家的预料。作为联合国安理会常任理事国和最大的发展中国家，中国在解决海湾危机的过程中，在推动柬埔寨问题政治解决的进程中，都占据着举足轻重的地位。事实再次表明，要解决当今世界任何重大的国际问题，没有中国的参与是不行的，中国难以被“完全”孤立。“制裁”损害的不仅是中国的利益，对发动“制裁”的国家而言本身也毫无益处。实际上，从宣布“制裁”中国开始，西方国家在政策和做法上就表现得并不一致。有的国家领导人公开表示不赞成孤立中国，一些西方国家也认识到同中国恢复和保持正常关系的重要性，开始寻找打破僵局的机会。这为尽快打破西方国家的“制裁”提供了可能。

中国领导人审时度势，把推动日本加速改善对华关系作为第一步，采取了政治和经济结合，官方和民间结合的方针。1989 年 12 月 5 日，原经贸部副部长沈觉人与时任日本驻华大使桥本恕签署了 1989 年度日本政府向中国政府提供 50 亿日元无偿资金援助的协议。1990 年 1 月，原中国国务委员兼国家计委主任邹家华对日本进行了为期 10 天的访问，与日本政府、日本经济界、企业界以及其他各界人士进行了广泛接触。7 月，日本率先在西方七国首脑会议上提出取消对华“制裁”，决定恢复对中国的第三批日元贷款。1991 年 8 月，时任日本首相海部俊树对我国进行正式访问。

中国打破制裁的第二步是争取同西欧国家恢复正常关系。1990 年 1 月 5 日，西班牙政府恢复向中国提供 33 亿比塞塔的发展基金援助贷款。7 月，德国经济合作国务秘书和英国外交大臣相继访问中国。9 月，澳大利亚和新西兰的部长级代表到中国访问。10 月 22 日，欧共体外长会议作出决定：取消对华限制措施，恢复同中国在政治、经济和文化领域的正常关系。在随之而来的 1991 年里，西方更多国家的高级官员包括总理、外长来华访问，高层接触的禁令实际上已经取消了。1992 年，中国总理和副总理先后访问了意大利、瑞士、葡萄牙、西班牙、瑞典、丹麦、挪威、英国、澳大利亚等国。党的十四大后，中国经济出现了强劲发展势头，西方发达国家更加关注中国市场，逐步恢复了向中国提供援助、出口信贷，对华投资也不断增长，中国同这些国家的关系进一步深化和发展。

中国打破制裁的第三步，是在前两步的基础上，改善与美国的关系。美国带头“制裁”中国使两国关系陷入严重困境，但中国领导人表现出了作为大国应有的胸襟和远见卓识。1989 年 12 月 10 日，邓小平告诉再次访华的美国总统特使斯考克罗夫特：“中美两国之间尽管有些纠葛，有这样那样的问题和分歧，但归根到底中美关系是要好起来才行。这是世界和平和稳定的需要”①。在这之前，在与美国前总统尼克松及美国前国务卿基辛格的谈话中，邓小平都表示，打破中美“僵局”，美国要“采取主动”。但苏东剧变后，美国政府错估形势，中断了改善中美关系的努力。直到 1990 年 8 月伊拉克入侵科威特引发海湾危机后，双边关系的改善才出现了重要转机。1990 年 11 月 28 日，时任中国外交部长钱其琛应邀访问美国，与时任美国国务卿贝克就安理会即将讨论的海湾危机问题及改善中美关系问题交换意见。11 月 29 日，在表决联

① 《邓小平文选》第 3 卷，人民出版社 1993 年版，第 350 页。

合国安理会授权对伊拉克采取军事行动的第 678 号决议时，中国投了弃权票，决议得以通过。之后，按照预定的安排，钱其琛对美国进行正式访问，11 月 30 日，时任美国总统布什会见了钱其琛，这表明美国关于禁止中美高层接触的禁令实际上已经打破了。作为对钱其琛访问的回访，1991 年 11 月时任美国国务卿贝克访问中国，并与江泽民等中国领导人举行了会谈。这样，经过两年多的较量与谈判，美国对华的制裁措施虽然还没有完全解除，但在高层互访以及部分经济领域已有突破。到了 1993 年 11 月，江泽民与克林顿在西雅图举行首脑会晤，则标志着美国对华“制裁”政策的基本打破。

总之，党的十三大以来的五年，是我国改革开放 20 年历史上极不平凡的五年，是一个充满了荆棘和坎坷的多事之秋。在这五年中，我们经历了经济波动、政治风波、国际变局的严峻考验，特别是在国际国内风波考验面前，在中国面临向何处去的重大历史关头，我们党犹如一名出色的舵手，牢牢地驾驭着建设有中国特色社会主义的航船，迎风击浪，逆流而上，向着党的十三大确定的繁荣、富强、民主的社会主义现代化目标奋勇前进。所有这些，都以无可辩驳的事实再次证明了：我们党是经得起任何风浪考验的，稳定、团结、成熟的党，是领导改革开放、建设有中国特色社会主义的坚强核心。

“沉舟侧畔千帆过，病树前头万木春”。在经历种种考验和曲折发展之后，到 1992 年，伴随着邓小平巡视南方的脚步声，我国的改革开放终于再次掀起高潮。

二、邓小平南方谈话与党的十四大：改革开放进入新阶段

1992 年 1 月 18 日至 2 月 21 日，改革开放的总设计师邓小平亲临武昌、深圳、珠海、上海等地视察，并发表重要谈话。南方谈话后不久，党的十四大召开。以邓小平南方谈话和党的十四大召开为标志，我国改革开放和社会主义现代化建设进入了加速发展的新阶段。

（一）邓小平南方谈话的原因、背景及内容

邓小平南方谈话是新时期我国政治生活中的一件大事。关于南方谈

话的原因和背景，当时就曾引起国内外人士的广泛猜测和议论。即使是在南方谈话发表多年后的今天，也有很多人对此并不是十分了解。邓小平以 88 岁高龄视察南方并发表谈话的背景和主要原因究竟是什么？寻找这个问题的答案，必须结合当时的国际国内形势，从分析当时我国改革开放和现代化建设面临的一系列深层次矛盾和问题入手。

前面已经讲过，东欧剧变、苏联解体的发生，使国际共产主义运动遭受重大挫折，国际政治版图因此发生了大裂变，国际政治力量对比发生大逆转。这种大挫折、大裂变、大逆转的发生，引起了国内外人们的广泛思考，也在中国共产党内部引起了强烈震动，人们纷纷总结和反思苏东剧变的教训。但是在反思和总结经验教训的过程中，在以下一些问题上却产生了严重的意见分歧：

分歧之一是关于苏联、东欧解体剧变原因的分析。苏东剧变的根本原因是什么，是经济没搞好还是西方和平演变策略的成功？客观地说，苏东剧变的最主要、最根本的原因，一个是苏联、东欧共产党本身出了问题，另一个则是经济没有搞好。但也有人认为，苏联、东欧之所以发生剧变，其一是戈尔巴乔夫这类共产党的“叛徒”掌了权，其二是国外敌对势力的颠覆，其三是政治上反资产阶级自由化不力，其四是对群众缺乏教育。这两类观点，应该说，前一种观点比较客观，抓住了问题的实质，而后一种观点则只看外因，不看内因；只重政治，不重经济，看到的只是一些肤浅的表层现象，而没有透过现象抓住问题的本质。但在当时的政治气氛下，在很长一段时间里，却是这后一种观点在思想界占据着上风。

二是关于全党全国人民的“中心工作”问题。苏东剧变后，中国怎么办，是否还要继续坚持“以经济建设为中心”？大部分人认为，应该继续坚持。但也有人提出，为了避免重犯苏联的错误，中国应在坚持以“经济建设为中心”的同时，把“反和平演变”也列为全党全国工作的中心，提出要“两个中心”并重，以代替经济建设这“一个中心”。有人甚至重新提出了“以阶级斗争为纲”的口号。有人还认为当前我国的阶级斗争和积极矛盾比新中国成立以来的任何时期都要鲜明、激烈、尖锐。

三是关于计划与市场的关系问题。党的十一届三中全会以来，我国的经济改革一直以市场为取向，是市场取向的改革，这是我国改革取得巨大成就的关键因素。但是反对市场化改革的却一直大有人在。1989年政治风波后，这些人借批“资产阶级自由化”之名，对“市场取向的改革”进行猛烈批判，攻击“市场化改革就是资本主义改革”，搞市场经济就是走资本主义道路，只有计划经济才是社会主义。他们提出的逻辑是：“市场经济，就是取消公有制，这就是说，要否定共产党的领导，否定社会主义制度，搞资本主义。”

四是关于对什么是社会主义的认识问题。“什么是社会主义，怎样建设社会主义”？邓小平认为，过去很长时间里，我们对这个问题的认识不是完全清醒的。他认为，社会主义最根本的任务就是发展生产力。但有人对邓小平的话很不以为然，其主张是社会主义的问题马克思早就已经解决了，不存在什么不清楚的问题，认为“社会主义不清楚论”是一种嘲弄马克思主义，糟蹋共产主义政党，向正在建设社会主义的广大群众大泼冷水的理论。

此外，在利用外资、私营个体经济、乡镇企业、农村家庭联产承包责任制等问题上，人们的认识也不一致。有人认为，引进外资就是引狼入室，多一分外资，就是多一分资本主义，“三资”企业多了，就是资本主义的东西多了。有的说，私营个体经济是资产阶级自由化的温床，私营经济的发展将动摇我国社会主义的根基。有人说，乡镇企业是不正之风的风源，家庭联产承包责任制是农村集体经济瓦解的罪魁祸首，等等。

总之，由于在一些原则问题上存在着严重的意见分歧，一时间，国内思想界非常混乱。在思想混乱之中，一股势力越来越强大的“左”倾思潮乘机在现实生活中逐渐形成和发展起来了。“左”倾思潮把当时我国社会生活中出现的各种问题都归结到改革开放的头上，主张无论干什么事，对什么问题，都应首先问一问姓“社”还姓“资”。1990年2月22日，北京某报在《关于反对资产阶级自由化》的长文中提出：“搞资产阶级自由化的人……有没有经济上的根源？有没有一种经济力量支持他们，作为他们的基础？”并由此提出了“是推行资本主义化的改革还是社会主义的改革”的诘问。说不清姓“资”姓“社”的，就什么都不能干，也不许干。在“左”倾思潮的干扰下，报刊舆论对“改革开放”这样的字眼噤若寒蝉，尽量少用或不用。很多人不再敢于理直气壮地提改革开放了，因为谁要是坚持改革开放，谁就有搞“资产阶级自由化”

之嫌。在这种沉闷的思想气氛之下，国内各方面的改革不得不放慢了步伐，在一些地方和领域甚至出现了停顿倒退。

面对“新的思想僵滞”和改革停滞不前的形势，邓小平是很焦虑的。1990 年 3 月 3 日，在同江泽民、杨尚昆、李鹏等谈话时，他对“经济发展速度滑坡”表示了“担心”，认为“这不只是经济问题，实际上是个政治问题”①。12 月 24 日，针对在市场化改革问题上的错误认识，他对江泽民、杨尚昆、李鹏说：“不要以为搞点市场经济就是资本主义道路，没有那么回事。计划和市场都得要。不搞市场，连世界上的信息都不知道，是自甘落后。”② 1991 年 2 月 6 日，在上海与朱镕基谈话时，他指出：“改革开放还要讲，……光我一个人说话还不够，我们党要说话，要说几十年。”③ 他再次谈到了计划与市场的关系问题，指出：“不要以为，一说计划经济就是社会主义，一说市场经济就是资本主义，不是那么回事，两者都是手段，市场也可以为社会主义服务”。④关于 20 世纪 90 年代上海的改革与发展，他说，上海改革开放要迈大步子，必须要有一系列新的思路，思想要更解放一点，胆子要更大一点，要敢于做前人没有做过的事。比如对设立保税区、实行某些自由港政策这些造就“社会主义香港”的尝试，如果仍然囿于“姓资还是姓社”的诘难，那就只能坐失良机。

邓小平讲话后，上海市委机关报《解放日报》于同年 3 月至 4 月间，在一版头条位置，连续以“皇甫平”的署名，发表了 4 篇评论文章，转述并进一步发挥了邓小平谈话的内容。这 4 篇评论的题目是：《做改革开放的“带头羊”》《改革要有新思路》《扩大开放的意识要更强些》《改革需要大批德才兼备的干部》。文章依据邓小平讲话精神，直截了当地批判了由姓“资”姓“社”争论而造成的“新的思想僵滞”状况，号召人们解放思想，大胆探索，推动改革开放进一步深入进行。这些文章发表以后，立即引起高度关注。因为这些言论和当时甚嚣尘上的“左”的观点很不协调，因此也引来一些人的攻击和批评。攻击的调子仅从一些文章的标题便可看出，比如：《改革开放可以不问姓“资”姓

---

① 《邓小平文选》第 3 卷，人民出版社 1993 年版，第 354 页。

② 《邓小平文选》第 3 卷，人民出版社 1993 年版，第 364 页。

③ 《邓小平文选》第 3 卷，人民出版社 1993 年版，第 367 页。

④ 《邓小平文选》第 3 卷，人民出版社 1993 年版，第 367 页。

“社”吗?》《为何不能问一问姓“社”还是姓“资”?》《重提姓“社”姓“资”》《问一问“姓社还是姓资”》等。有的文章把要不要问姓“社”姓“资”说成是在改革问题上两种主张、两个方向即党内两条道路斗争的继续。有杂志发表题为《庸俗生产力观点是十分有害的》的文章，把社会主义根本任务是发展生产力论斥之为庸俗生产力论，说这是老牌机会主义分子伯恩斯坦、考茨基观点的翻版等。

邓小平于1991年春在上海的谈话以及《解放日报》皇甫平的评论文章，其动机和基本出发点是要在严重的“左”的禁锢中冲开一个缺口，以推进改革开放的进一步深入进行。但结果却招来了更严厉的批判。不坚决打破这种思想僵化和“左”的禁锢，或对其听之任之，任其发展，那么我们党自十一届三中全会以来所制定和一贯坚持的“一个中心，两个基本点”的基本路线，建设有中国特色社会主义的一系列基本政策、基本理论、基本实践、基本经验，就有被否定、被抛弃、被葬送的危险。这不能不引起全党全国人民的高度警觉。在这种情况下，采取新的更大胆的反“左”行动是势在必然了。

正是在上述背景之下，邓小平不辞辛劳，毅然起程视察南方，并有针对性地发表了影响深远的南方谈话。谈话包括以下10个要点：一是提出党的“一个中心，两个基本点”的基本路线要管一百年，动摇不得，这主要是针对着“两个中心”“双重任务”等观点而发的；二是提出以“三个有利于”作为判断改革开放是非得失的根本标准，这是针对姓“资”姓“社”的争论而发的；三是提出了“解放生产力、发展生产力、消灭剥削、消除两极分化，最终实现共同富裕”的社会主义本质理论，这是针对在社会主义问题上的一系列错误言论和错误认识而发的；四是提出“计划和市场都是经济手段”，重申社会主义也可以搞市场经济，这是针对把“市场经济等同于资本主义”，只有计划经济才是社会主义的观点而发的；五是强调要警惕右，但主要是防止“左”，这是吸取历史的经验教训，针对当时愈演愈烈的“左”倾思潮及其可能造成的危害而发的；六是提出发展是硬道理，中国经济发展要力争隔几年上一个台阶，这是针对当时改革开放迈不开步子，国民经济连续几年增速减缓的情况而发的；七是重申科学技术是第一生产力，强烈呼吁要发展中国的高科技，这是针对20世纪90年代世界科学技术加速发展、中国科技水平落后的紧迫形势而发的；八是强调“两手抓”，两个文明建设都搞好才是有中国特色的社会主义，这是针对一段时间里放松思想教育工作、一手硬一手软的现象而发的；九是提出“中国要出问题，还是出在共产党内部”，强调要加强干部队伍建设，要选好接班人，这是针对党的建设和党的干部队伍中存在的各种隐患和问题而发的；十是从人类历史发展的高度，提出社会主义在经历一个长过程发展后必然会代替资本主义，号召全党抓住有利时机，埋头苦干，到建国一百年时把我国建设成为中等水平的发达国家，这是针对一部分人共产主义理想淡漠，对社会主义前途丧失信心的问题而发的。

总之，南方谈话结合当时的国际国内形势，在科学总结十一届三中全会以来党的基本实践和基本经验的基础上，以一系列振聋发聩的科学理论观点，以简洁朴实的马克思主义语言，高屋建瓴地回答了多年来经常困扰人们思想和行为的许多重大问题，狠批了“左”，澄清了前进道路上的迷雾，从而促进了全党全国人民的又一次思想大解放，这是1978 年真理标准问题大讨论后全党的第二次思想解放。江泽民在党的十五大报告中对这个谈话的意义给予了高度评价，指出它是在国际变局国内风波后，在中国面临向何处去的重大历史关头，坚持党的基本理论和基本路线，把改革开放和现代化建设推进到新阶段的又一个解放思想、实事求是的宣言书。南方谈话既是《邓小平文选》的终卷篇，又是邓小平理论的集大成之作。

（二）党的十四大作出三大历史性决策

邓小平南方谈话经香港报纸首先披露后，立即在国内外产生了强烈反响，使一段时间里低迷不振的国内政治气象为之一新，真可谓“忽如一夜春风来，千树万树梨花开”。了解谈话内容的很多人奔走相告，当作喜讯来传播。

以江泽民同志为核心的第三代中央领导集体对邓小平南方谈话高度重视。南方谈话后一个星期，中共中央就整理了这个谈话要点，并以中共中央 1992 年 2 号文件的名义下发全党，要求向全体党员传达。1992 年 3 月 9 日至 10 日，江泽民亲自主持召开中央政治局全体会议，专题讨论邓小平南方谈话精神，第二天，新华社发表了关于这次政治局会议的长篇新闻。此后，中央政治局、国务院又多次召开会议，拟订贯彻落实邓小平南方谈话的具体方案和政策措施，以加快改革开放和现代化建设的步伐。1992年6月9日，党的十四大召开前夕，江泽民来到中央党校，在省部级干部进修班上发表重要讲话，从9个方面谈了关于如何深刻领会和全面落实邓小平谈话的精神问题。在谈到计划与市场问题时，根据邓小平关于市场问题的十多次论述，在比较了关于新的经济体制的几种主要提法后，江泽民明确表示："我个人的看法，比较倾向于使用'社会主义市场经济体制'这个提法。"他说："虽然这是我个人的看法，但也和中央一些同志交换过意见，大家基本上是赞成的。"[①] 在中央党校讲话后第3天，即6月12日，江泽民向邓小平汇报了关于建立"社会主义市场经济体制"的提法，得到了邓小平的赞同。邓小平说："实际上我们是在这样做，深圳就是社会主义市场经济。不搞市场经济，没有竞争，没有比较，连科学技术都发展不起来。"他还说："在党校的讲话可以先发内部文件，反映好的话，就可以讲。这样十四大也就有一个主题了。"结果，经过讨论，全国30个省、市、自治区的党委都同意这个提法。江泽民在中央党校的讲话进一步统一了全党的思想，为党的十四大召开作了重要的思想理论准备。

在此基础上，1992年10月召开的党的十四大顺应历史要求和人民愿望，作出了三项具有深远意义的伟大决策：一是确立了邓小平建设有中国特色社会主义理论在全党的指导地位，并对邓小平建设有中国特色社会主义理论的主要内容从9个方面作了系统、完整、权威的新概括。二是明确我国经济体制改革的目标是建立社会主义市场经济体制，强调社会主义条件下的市场经济，应当也完全可能比资本主义条件下的市场经济运转得更好。三是提出抓住机遇，加快发展，建议20世纪90年代我国经济的发展速度应由原来设想的6%提高至8%到9%。以邓小平南方谈话和党的十四大为标志，我国改革开放和现代化建设进入了加速发展的新阶段。

（三）建设有中国特色社会主义在各方面的展开

党的十四大以后，党中央先后召开七次全会，就建立社会主义市场经济体制、加强党的建设和精神文明建设等一系列重大问题作出决策部署，把党的十四大精神落到实处。按照这些决策部署，建设有中国特色

---

① 《十三大以来重要文献选编》（下），人民出版社1993年版，第2073页。

社会主义在各方面逐步展开。

一是初步构筑了社会主义市场经济体制的框架。1993年11月，党的十四届三中全会作出了《关于建立社会主义市场经济体制若干问题的决定》，对建立社会主义市场经济体制的要求、目标、原则以及有关的重大问题进行了具体阐述，初步勾画了社会主义市场经济体制的框架，成为建立社会主义市场经济体制的工程化蓝图。二是胜利完成“八五”计划，制订了“九五”计划和2010年远景目标。1995年9月，在“八五”计划即将完成之际，党的十四届五中全会审议并通过了《关于制定国民经济和社会发展“九五”计划和2010年远景目标的建议》，为在社会主义市场经济条件下制定我国国民经济和社会发展第一个中长期规划确立了一系列根本原则和重大方针，是指导我国跨世纪发展的宏伟纲领。三是大力加强宏观调控，成功地实现了经济发展的“软着陆”。十四大推动我国改革开放和现代化建设进入了加速发展的新阶段，但进入新阶段之初，由于缺乏正确处理改革、发展、稳定的经验，在旧的计划调控机制逐渐失效、新的宏观调控机制尚未建立的情况下，1993年上半年，伴随着经济的快速增长，我国国民经济出现了改革开放以来的第4次剧烈波动，突出地表现为经济生活中的“四热四高四紧一乱”。“四热”是房地产热、开发区热、集资热、股票热；“四高”是高投资膨胀、高工业增长、高货币发行、高物价上涨；“四紧”是交通运输紧张、能源紧张、重要原材料紧张、资金紧张；“一乱”是经济秩序混乱，特别是金融秩序混乱。这种情况如不能得到及时扭转，势必要造成国民经济的新一轮“大起大落”，损害经济的正常发展。在这种情况下，党中央和国务院排除干扰，果断决策，在1993年7月出台了加强宏观调控的16条措施，着力引导国民经济健康运行。经过党和政府3年多坚持不懈的努力，到1996年底，终于实现了经济发展的“软着陆”，经济增长率由1992年峰顶时的14.2%，逐步回落到1996年的10%左右，平均每年回落1个百分点，国民经济开始在健康、正常的区间运行，这是我国在建立社会主义市场经济体制进程中取得的一项重大成就。四是大力加强社会主义精神文明建设，制定新的决议。1996年10月，党的十四届六中全会审议并通过了《关于加强社会主义精神文明建设若干重要问题的决议》，这是我党历史上第二个关于精神文明建设问题的决议，它结合了新的国际国内形势，就加强社会主义精神文明建设的紧迫性、精神文明建设在社会主义现代化建设中的战略地位等一系列重大问题，作出了全面阐述。五是大力加强党的建设，继续推进新的伟大工程。1994年9月，党的十四届五中全会作出《关于加强党的建设几个重大问题的决定》，提出了继续推进党的建设新的伟大工程的历史任务。按照从严治党的方针，加大对腐败分子的惩治力度，反腐败斗争取得了阶段性成果。六是“一国两制”统一祖国的构想付诸实践。1997年7月1日，中国政府恢复对香港行使主权，香港顺利回归祖国，这是祖国统一进程中迈出的重要步伐。另外，在转变经济增长方式，实施科教兴国和可持续发展战略等方面，党中央也都进行了研究和部署。

综括党的十四大以后全党工作的突出特点，就是全面贯彻党的基本理论和基本路线，认真实施党的十四大的重要决策，牢牢把握“抓住机遇、深化改革、扩大开放、促进发展、保持稳定”的基本方针，物质文明和精神文明建设全面推进。五年来，经济发展取得显著成绩，改革开放取得新的突破，精神文明建设迈出新的步伐，人民生活水平显著提高，党的建设进一步加强，我国的国际影响日益扩大。在国际共产主义运动走入低潮之际，建设有中国特色社会主义事业却一枝独秀，欣欣向荣，成为东方地平线上一道独特的风景，引起了全世界的瞩目。党的十四大以来五年改革开放取得的丰硕成果，为党的十五大的召开奠定了坚实基础。

三、党的十五大与邓小平理论指导地位的确立

1997年9月召开的党的十五大，是一次在世纪之交，承前启后，继往开来，高举邓小平理论伟大旗帜，把建设有中国特色社会主义伟大事业全面推向21世纪的大会。这次大会是在国际竞争日趋激烈，国内改革日趋深入，发展任务异常繁重的特殊背景下召开的。

从国际上看，一方面，和平与发展仍然是时代的主题，多极化趋势在全球或地区范围内，在政治、经济等领域都有新的发展。世界上各种力量出现新的分化和组合，大国之间的关系经历着重大而又深刻的调整，可以为我所用的矛盾和机遇增多，中国改革发展的总体国际环境有利。另一方面，霸权主义和强权政治仍然威胁世界和平与稳定，因民族、宗教、领土等因素而引发的局部冲突此起彼伏，世界并不安宁。冷

战思维依然存在，西方反华势力不断借口“人权”问题干涉中国内政，并在中国加入世界贸易组织等问题上设置障碍、制造噪声，遏制中国发展和强大的企图十分明显。从国内情况看，1997 年 2 月 19 日，我国改革开放的总设计师，中国特色社会主义理论的创立者邓小平逝世。邓小平是中国共产党第一代中央领导集体的重要成员、第二代领导集体的核心，为党和国家建立了不朽功勋，在国内外享有崇高威望、具有巨大影响力。尽管党的十三届五中全会后邓小平就不再担任任何领导职务，但他的逝世还是引起了人们的极大关注。在国内，人们普遍关心的问题是：邓小平逝世后，中国的改革开放和现代化建设，能否沿着他所开辟的建设有中国特色社会主义道路继续走下去，党的路线方针政策能否保持一贯性？在国际上，留意中国发展动向的各方面人士，也都在观察邓小平逝世后的中国走向。有些人担心，有些人则制造舆论，企图改变中国的发展方向。总之，邓小平去世后的中国，又一次面临着举什么旗、走什么路的重大选择。

在思想理论领域，党的十四大以后，我国建立社会主义市场经济体制的改革步伐明显加快，进入了全面攻坚阶段。改革攻坚的重要任务之一，是要在原来不敢触及或很少触及的所有制问题上打开突破口，深化以国有企业为重点的各项改革，从而进一步解放和发展生产力。然而，就在改革攻坚要求进一步解放思想之际，继姓“社”姓“资”的争论之后，20 世纪 90 年代中期以来，围绕着国有企业如何改造、对股份制改革如何定性等问题，又发生了姓“公”姓“私”的争论，一股“左”的暗流再次泛起，给我国的改革开放和现代化建设事业造成了新的思想障碍。这种新的思想障碍及其主要观点集中反映在 1995 年以后在北京等地广为流传的 4 封万言书上。第一封万言书出现在 1995 年春，题目是《影响我国经济安全的若干因素》；第二封万言书出现在 1995 年夏秋，题目是《未来一二十年我国国家安全的内外形势及主要威胁的初步探讨》；第三封万言书出现在 1997 年初，题目是《关于坚持公有制主体地位的若干理论和政策问题》；第四封万言书出现在 1997 年邓小平去世前后，题目是《1992 年以来资产阶级自由化的动态和特点》。这几封万言书所表达的主要观点是：私有经济的发展，已对我国社会主义经济基础的性质产生了严重影响，威胁着我国经济基础的安全，因此，资产阶级是今后十年我国国内经济政治安全工作应注意的主要对象；改革开放以来，资产阶级自由化同四项基本原则进行了十几年的攻防拉锯战，1992年后，资产阶级自由化逐渐占了上风，其深度和广度均已超过了1989年政治风波以前，如不从现在起纠正这一情况，就可能来不及了；在我国，一个新的资产阶级已经或正在形成，阶级斗争有可能重新上升为我国社会的主要矛盾，因此，社会主义和资本主义谁胜谁负的问题，在我国远未解决；在我国各级党政机关和国有企事业单位中，存在着国内外资产阶级的政治代表、思想代表和经济代理势力，由这些人构成的“党内资产阶级化的利益集团联盟”是在我国实现“和平演变”的最大隐患和中坚力量；国有企业的股份制改革实质上是搞私有化，是历史的倒退；国企改革“抓大放小”也是搞私有化，是挖社会主义的墙脚，等等。正是这股“左”的思潮的出现及其造成的思想障碍，使得一段时间以来我国的经济改革特别是国有企业改革一直饱受姓“公”姓“私”的纠缠和质疑，成为我国改革开放进一步深化的主要障碍。如何对待和打破新的思想僵滞，是党中央必须面对并作出回答的重大课题。

党的十五大就是在这样的背景下召开的。作为谋划跨世纪改革发展战略的大会，党的十五大的决策事关中国以怎样的姿态告别20世纪、进入21世纪。

在邓小平逝世后复杂的国内政局和几年来愈演愈烈的姓“公”姓“私”之争面前，以江泽民同志为核心的党中央表现出了坚定的政治清醒。为了向全党、全国、全世界表明中央的态度，同时也为了给即将召开的党的十五大做思想、理论上的准备，1997年5月29日，江泽民代表中央政治局常委会在中央党校省部级干部进修班毕业典礼上发表了重要讲话。这个讲话，从邓小平建设有中国特色社会主义理论、社会主义初级阶段、经济发展和经济体制改革、党的建设四个方面，对中央研究确定的十五大报告稿的几个主要问题进行了论述。江泽民在讲话一开始，就向全党明确宣示了高举邓小平建设有中国特色社会主义理论伟大旗帜，继续推进改革开放和现代化建设的坚强决心，强调邓小平建设有中国特色社会主义理论是马克思主义同当代中国实践和时代特征相结合的产物，是毛泽东思想在新的历史条件下的继承和发展，是当代中国的马克思主义，是马克思主义在中国发展的新阶段。在当代中国，只有这个理论而没有别的理论能够解决社会主义的前途和命运问题。这一段话，铿锵有力，旗帜鲜明地回答了在邓小平逝世后的历史关头，中国举什么旗、向何处去的重大问题。关于社会主义初级阶段理论，江泽民指出，我们解决种种矛盾，澄清种种疑惑，认识为什么必须实行这样的路线和政策而不能实行别样的路线和政策，关键就在于对所处社会主义初级阶段的基本国情有统一的认识和准确把握。他认为，近 20 年来改革开放和现代化建设取得成功的根本原因之一，就是一切从社会主义初级阶段的实际出发，克服了那些超越阶段的错误观念和政策，又拒绝了抛弃社会主义基本制度的错误主张。这样做，没有离开社会主义，而是在脚踏实地地建设社会主义，使社会主义在中国真正活跃和兴旺起来。这一段话，是对超越阶段、无视国情、经常对改革开放“品头论足”的“左”的错误主张的有力回答。关于经济体制改革问题，江泽民指出，完善以公有制为主体、多种所有制经济共同发展的所有制结构，具有重大意义。要坚持生产关系一定要适应生产力发展水平的这个马克思主义基本观点，一切以“三个有利于”为标准，努力寻找能够极大促进生产力发展的公有制实现形式，一切反映社会化大生产规律的经营方式和组织形式都可以大胆利用。这一段话，是对姓“公”姓“私”争论的总回答，澄清了在这个问题上的种种思想疑惑。江泽民在中央党校的讲话，为党的十五大的召开作了重要的思想和舆论准备。

在此基础上，1997 年 9 月 12 日，中国共产党第十五次全国代表大会召开。大会的主题是高举邓小平理论伟大旗帜，把建设有中国特色社会主义事业全面推向 21 世纪。围绕这一主题，党的十五大在总结党的十四大以来 5 年实践经验的基础上，对建设有中国特色社会主义理论作了新的发展。这个发展是多方面的，包括：第一，提出并论证了邓小平理论这一科学概念，并将其确定为党的指导思想。第二，重申并进一步论述了社会主义初级阶段理论，制定了党在初级阶段的基本纲领。第三，提出了“依法治国，建设社会主义法治国家”的治国方略，为我国民主法制建设树立了一座新的里程碑。第四，确立了新的所有制理论，推动经济体制改革进一步深入，这是党的十五大在经济改革理论方面最引人注目的突破。十五大报告从改革攻坚的要求出发，第一次明确地将我国经济体制改革的重点指向传统的公有制，并对传统的所有制理论作出了重大的修正。这种关键性的修正至少有以下 10 个方面：一是强调公有制为主体，多种所有制经济共同发展，是我国社会主义初级阶段的一项基本经济制度；二是强调要全面认识公有制经济的含义，公有制经济不仅包括国有经济和集体经济，还包括混合所有制经济中的国有成分和集体成分；三是强调公有制主体地位是针对全国而言，不同地区和不同产业可以有所差别，国有经济起主导作用，主要体现在控制力上；四是强调只要国家控制国民经济命脉，国有经济的控制力和竞争力得到增强，国有经济的比重减少一些，不会影响我国的社会主义性质；五是把公有制和公有制的实现形式分开；六是强调公有制实现形式可以而且应当多样化，一切反映社会化大生产规律的经营方式和组织形式都可以大胆利用；七是强调选择什么样的公有制实现形式，标准是“三个有利于”，不利于生产力发展的公有制实现形式必须坚决摈弃；八是肯定股份制有利于生产力的发展，资本主义可以用，社会主义也可以用；九是确认非公有制经济不仅仅是我国社会主义经济的“补充”，而是重要组成部分，要鼓励、引导其健康发展；十是提出不分姓“公”姓“私”，依法保护各类企业的合法权益和公平竞争，并对其进行监督管理。在经济上取得的这些重大理论突破，是迄今为止我们在对社会主义市场经济规律认识方面取得的最新最主要的成果，它排除了由姓“公”姓“私”争论造成的观念障碍，极大解放了人们的思想，为进一步深化经济体制改革和其他方面的改革提供了强有力的理论支持。

党的十五大以后，按照大会的部署，我国的改革开放和现代化建设在困难中继续稳步推进。近两年来，在党的领导下，我们成功经受了东南亚金融危机的考验，战胜了百年不遇的严重自然灾害，1998 年经济增长率达 7.8%，基本实现预定发展目标。我们积极推进依法治国方略，民主法制建设取得积极进展，国务院机构改革基本达到既定目标。我们按照从严治党的方针，大力加强党的建设，目前正在县处级以上领导干部中深入开展“三讲”教育，并已取得阶段性成果等。

四、十年小结：经验与启示

从党的十三大到党的十五大，10 年时间里，党领导人民在建设有中国特色社会主义道路上，开拓进取，奋勇前进，走过了一段极不平凡的路程，取得了改革和建设的巨大成就。特别是党的十四大以来，在思想解放的旗帜下，建设有中国特色社会主义更是出现了大发展、大跃进的局面。回顾这十年历史，我们从中可以获得很多有益的经验和宝贵启示。一是必须坚持马克思主义基本原理与中国实际相结合，走自己的路。二是必须防止“左”、右两种干扰，主要是“左”的干扰，始终坚持党的基本路线，把集中力量发展社会生产力摆在全党工作的首要地位。三是必须坚持党的解放思想、实事求是的思想路线，保持高昂的精神状态，勇于进行理论和实践创新，不断开辟中国社会主义发展的新境界。四是必须正确处理改革、发展与稳定三者之间的关系，以改革促发展，以发展求稳定，在稳定中推动改革和发展的进一步深入，实现三者的良性循环。五是必须坚持物质文明和精神文明共同进步，两个文明一起抓，两手都硬，促进经济社会的全面、协调、健康发展。六是必须进一步推进政治体制改革，大力加强社会主义民主法制建设，实行依法治国，建设社会主义法治国家。七是必须坚持、加强和改善党的领导，加强党的建设，努力提高党的执政水平和领导水平，不断增强党的战斗力和拒腐防变能力，充分发挥党在社会主义建设中的领导核心作用。八是必须善于观察和把握国际政治经济发展的大局和走向，制定正确的对外战略，保证中国发展的良好国际环境和国家政治、经济、国防安全。

这八条都很重要，归根结底是要坚持邓小平提出的“发展是硬道理”。发展，是解决我国一切问题的基础和保障，发展的核心是发展生产力，增强我国的综合国力。只要有利于生产力发展和综合国力增强，只要符合邓小平提出的“三个有利于”标准，就可以大胆地干，大胆地试。马克思主义是发展的理论，如果教条化地对待马克思主义，把马克思 100 多年前写下的词句当作不可移易的清规戒律来固守，那就完全背离了马克思，不是真正的马克思主义者。

改革开放 20 多年来，我们党为什么一再强调要“警惕右，但主要是防止‘左’”？为什么一再鼓励全党要敢“闯”、敢“干”、敢“试”、敢“冒”、敢走新路？就是因为“左”的那一套东西，貌似坚持马克思主义，其实违反了马克思主义的真谛，束缚了人们“闯”和“创”的手脚，最终不利于我国“跟上时代”、加快发展。把本来可以为我所用、于我有利的资本主义社会创造的先进文明成果视若洪水猛兽，弃之不用，这是画地为牢，自甘落后。不久前，以美国为首的北约悍然用导弹袭击了我驻南联盟大使馆，欠下中国人民一笔血债。美国等西方国家之所以敢冒天下之大不韪，猖狂至此，一个最根本的原因还是因为我们目前仍然不够强大，经济实力、综合国力仍然相对较弱，对其挑衅行为，暂时还奈何不得。新中国成立以来，特别是党的十一届三中全会以来，我国的经济实力和综合国力有了明显增强，中国的国际地位有了很大提高，这是事实。但是，和美、日、西欧等发达国家比较起来，我们的经济实力、科技实力、国防实力与人家还有很大差距。自古“弱国无外交”。所以面对北约的野蛮暴行，我们进行谴责、抗议是必要的，因为不这样就无以表达中国人民的愤慨和爱国热情，但是最紧要的，是我们要铆足一股劲集中力量发展我国的社会生产力，提高我们的经济实力、国防实力和民族凝聚力。只有生产力发展了，综合国力增强了，我们才能在世界上挺直腰杆，才能不受欺辱，才能有自己的发言权。

可以相信，只要全国各族人民同心同德，共同努力，在党的领导下，在即将到来的21世纪里，中华民族一定能够实现伟大的复兴，一定能够巍然屹立于世界先进民族之林！

毛泽东对中国社会主义建设道路的探索*

1956 年中国社会主义制度建立后，以毛泽东同志为核心的党的第一代中央领导集体为寻找一条适合中国情况的社会主义建设道路，进行了 20 年披荆斩棘的开创性探索，既取得了许多有价值的重要理论和实践成果，也经历了严重曲折。所有这些都为党的十一届三中全会后党在新的历史时期开创中国特色社会主义提供了宝贵经验、理论准备、物质基础。回顾党和毛泽东 20 年探索中国社会主义建设道路的成败得失，从中汲取有益经验，获得宝贵启示，对于在新的历史条件下更加坚定地高举中国特色社会主义伟大旗帜、继续推进中国特色社会主义伟大事业、夺取中国特色社会主义新的更大胜利，具有重要的理论和现实意义。

一、以苏为鉴，提出“我们自己的一套”：探索的良好开端

1956 年这一年，因其基本完成了对生产资料私有制的社会主义改造，建立起社会主义基本制度，进入全面建设社会主义新时期而载入党和国家的史册。社会主义制度的建立，是我们党领导中国社会在 20 世纪实现的第二次历史性巨大变化，对此，全党全国人民精神振奋，急切

* 这是 1999 年 10 月至 2017 年在中央党校各主要班次的授课讲稿，中间经历多次修改。

地想做出一番新的伟大事业。但是，对于在中国这样一个贫穷落后、人口众多的国家怎样进行社会主义经济、政治、文化等建设，却是全党面临的一个经验不多、知识甚少的新课题。

最初，我们党提出了以苏联为榜样的号召。在进行社会主义改造和实施第一个五年计划的过程中，我们以苏联模式为蓝本，逐步建立了高度集中的中国社会主义的政治、经济体制。这种体制的主要特点是政治上高度集权，经济上实行高度集中的计划经济，所有制上搞单一的公有制等。在我国经济恢复和发展的过程中，苏联模式曾发挥了积极的作用，但也存在严重弊端。对于照抄照搬苏联模式的做法，毛泽东认为，应当采取辩证分析的态度。第一，“抄”还是必要的，自己不懂，又没有别的法子，只能“抄”。第二，毛泽东又对“抄”不满意，认为“一切都抄苏联”，不是长久之计，“觉得不满意，心情不舒畅”。特别是苏联一些不好的经验，被我们“抄”过来之后，也暴露了许多弊病，影响了我国的经济建设。这样，当 1956 年我国三大改造即将胜利在握、社会主义制度即将建立的时候，毛泽东便将自己的注意力逐渐由社会主义改造转移到社会主义建设上来，开始以更多的精力研究社会主义经济问题，希望在斯大林模式之外，另辟蹊径，探索出一条适合中国特点的社会主义建设道路来。

在党和毛泽东着手探索中国自己的社会主义建设道路的同时，1956 年 2 月，苏联共产党在莫斯科召开了苏共二十大。在大会即将闭幕的头一天晚上，苏共中央总书记赫鲁晓夫召开了一次事先没有安排的秘密会议，在会上作了《关于个人崇拜及其后果》的秘密报告，揭露了斯大林制造个人崇拜及造成的严重后果。报告内容披露后，立即在国际社会特别是在社会主义阵营内引起了一股巨大的政治冲击波，促发了波兰和匈牙利事件。斯大林问题的暴露，使社会主义国家的人们看到，原来一直被顶礼膜拜的苏联经验并非完美无缺，简单模仿苏联的办法终究不能代替对本国社会主义建设道路的探求，这就极大促进了包括中国共产党人在内的各国共产党人的思想大解放（毛泽东称其为“一场解放战争”），促使他们认真反思苏联模式，重新思考本国的社会主义建设道路问题。苏共二十大后，党和毛泽东以苏联弊端为借鉴，进一步加快了探索中国自己的社会主义建设道路的步伐。

在破除了对苏联模式的迷信以后，从 1956 年上半年到 1957 年夏天的反右派斗争严重扩大化以前，即党的八大召开前后的一年多时间里，党和毛泽东立足中国国情，积极开展创造性的理论思维，就中国社会主义建设中的许多重大理论问题，进行了全方位的思考，取得了一系列宝贵的思想成果。这些成果，集中地体现在毛泽东《论十大关系》报告、党的八大制定的路线和决策、毛泽东《关于正确处理人民内部矛盾的问题》的讲话以及刘少奇、周恩来、陈云等人提出的正确思想中。归纳起来，主要有以下几个方面的内容：

一是依据国内主要矛盾变化，作出了全党工作重点转移的战略决策。党的八大决议指出："我们国内的主要矛盾，已经是人民对于建立先进的工业国的要求同落后的农业国的现实之间的矛盾，已经是人民对于经济文化迅速发展的需要同当前经济文化不能满足人民需要的状况之间的矛盾""党和全国人民当前的主要任务，就是要集中力量来解决这个矛盾，把我国尽快地从落后的农业国变为先进的工业国"。这一重要论述，实际上是把发展生产力当成了全党全国的中心工作。

二是从中国国情出发，制定了既反保守又反冒进，即在综合平衡中稳步前进的经济建设方针。这一方针，是在周恩来、陈云等人的主持下，针对1956年经济工作中一度出现的贪多求快的急躁冒进倾向而提出来的。党的八大肯定了这一方针，强调应根据需要和可能，合理地规定国民经济的发展速度，把计划放在既积极又稳妥可靠的基础上，以保证国民经济比较均衡地发展。

三是针对照搬苏联的弊端，提出了改革过于集中统一的计划经济体制的思想。如毛泽东在《论十大关系》中，提出了扩大地方权力，增加工厂企业"独立性"的思想；陈云在八大会议上提出了"三个主体，三个补充"（在生产计划方面，以国家计划为主体，企业按照市场变化自主安排生产作补充；在社会主义统一市场方面，以国家市场为主体，一定范围内的自由市场作补充；在工商业经营方面，以国家和集体经营为主体，一定数量的个体经营作补充）的思想。党的八大以后，在自由市场活跃，个体工商户明显增加的情况下，毛泽东在同工商联负责人谈话时提出了"可以消灭了资本主义又搞资本主义"的"新经济政策"思想等。

四是创造性地阐述了社会主义社会的基本矛盾和两类矛盾学说。1957年2月，毛泽东在《关于正确处理人民内部矛盾的问题》的讲话中确认：社会主义社会的基本矛盾仍然是生产力和生产关系、经济基础和上层建筑之间的矛盾。社会主义社会还存在两类矛盾，一是敌我矛盾，一是人民内部矛盾，这两类矛盾性质不同，需要正确区分和处理。对敌我矛盾必须用强制、专政的方法去解决，而对人民内部矛盾则只能用民主的、说服教育的“团结——批评——团结”的方法去解决。在讲话中，毛泽东还具体分析和阐明了正确处理各方面人民内部矛盾的方针和方法，明确提出正确处理人民内部矛盾是国家政治生活的主题。

五是鉴于苏联的经验教训，提出了加强党的建设和社会主义民主政治建设的若干设想。如在党的建设上，要求更加重视发扬党的群众路线的优良传统，警惕执政党脱离群众和实际；强调加强对党的组织和党员的监督，坚持集体领导和个人负责相结合的制度；提出要发扬党内民主，反对个人崇拜，改革党和国家领导制度，废除实际存在的领导职务终身制等；在共产党和民主党派关系问题上，提出了“长期共存，互相监督”的方针；在法制建设方面，提出要把系统地制定完备的法律，健全法制作为国家工作的迫切任务之一，还有董必武在党的八大上提出了“有法可依”“有法必依”的思想等。

此外，这一时期的探索成果，还包括党和毛泽东关于“双百方针”的论述、关于加强执政党建设的论述、关于知识分子问题的论述、关于学习外国和扩大对外交流的论述、关于和平统一祖国方针政策的论述等等。这些成果，涉及社会主义经济、政治、文化建设的各主要方面，是我们党在探索中国自己的社会主义建设道路之初，对于“什么是社会主义、怎样建设社会主义”这个重大理论和实践问题所作的第一次初步回答，提出的许多新方针和设想富于创造精神，开始有了“我们自己的一套内容”①。但是也必须看到，党的八大前后我们在探索中取得的这些成果并没有经过实践的充分检验，也没有在全党形成稳定的共识，因此，对这些成果正确性的认识，无论是毛泽东还是党的其他领导人都不是十分清楚的，特别是对有些问题的认识还存在较大分歧。这样，党的八大以后不久，由于一些突发事件的发生和国内外多种因素的共同作用，探索中提出的这些正确思想和决策，大都未能在实践中很好地坚持下去，很快就被放弃了，有的还走向了反面。

① 《毛泽东文集》第7卷，人民出版社1999年版，第369—370页。

二、发动“大跃进”和人民公社化运动：探索出现严重失误

邓小平指出：从“1957年开始，我们犯了‘左’的错误，政治上的‘左’导致1958年经济上搞‘大跃进’，使生产遭到很大破坏，人民生活很困难。”① 邓小平所说的政治上的“左”，是从1957年夏全党整风转向、反右派斗争严重扩大化开始的。确定在1957年开展整风，则是鉴于波匈事件的教训，也是为了解决党内存在的严重官僚主义等问题，是加强执政党建设的一项重要举措。

1956年被毛泽东称为“多事之秋”。从国际上看，苏共二十大后，1956年6月，波兰西部的波兹南地区发生了由于工人的某些要求没有得到满足而引起的流血冲突，波兰局势陷入持续动荡。10月下旬，匈牙利首都布达佩斯又发生大规模骚乱，匈牙利各地发生多起捕杀共产党人事件，反社会主义势力气焰嚣张。波匈事件发生后，帝国主义乘机掀起反苏、反共、反社会主义的浪潮。

波匈事件对中国也产生了影响。1956年的秋冬两季，因一些城市出现粮食、肉类和日用品短缺，一些学生、工人在升学、就业等方面遇到困难，全国发生多起罢工、请愿事件。在农村，不少地方连续发生闹缺粮、闹退社风潮。对少数人闹事的原因，毛泽东认为，主要是“由于领导上存在着官僚主义和主观主义”“工作方法不对”以及“反革命分子和坏分子的存在”，归根到底属于社会主义社会敌我矛盾和人民内部矛盾的反映，其中大量表现为人民内部矛盾。毛泽东明确提出，“凡是人民内部的事情，党内的事情，都要用整风的方法，用批评和自我批评的方法来解决，而不是用武力来解决。”②

为了指导整风的开展，1957年2月27日，毛泽东在最高国务会议上以《如何处理人民内部的矛盾》为题发表讲话③，系统地阐明了关于严格区分社会主义社会的敌我和人民内部两类矛盾以及正确处理人民内

---

① 《邓小平文选》第3卷，人民出版社1993年版，第227页。

② 毛泽东在中共八届二中全会上的讲话记录，1956年11月15日。

③ 这个讲话后来经过整理并作了若干修改与补充，以《关于正确处理人民内部矛盾的问题》为题，在1957年6月19日《人民日报》上公开发表。

部矛盾的问题。这个讲话为全党整风作了重要准备。4月下旬，中共中央正式发出《关于整风运动的指示》，确定整风的主要内容是“反官僚主义、反宗派主义、反主观主义”。整风开始后，群众提出的意见绝大部分是正确的、有益的，是有利于改进党的领导的。但是，随着整风的迅猛展开，也出现了极少数人乘机向党和新生的社会主义制度发动进攻的情况。有的人把共产党在国家政治生活中的领导地位攻击为“党天下”，公然提出共产党退出机关、学校，公方代表退出合营企业，要求“轮流坐庄”；有人极力抹杀社会主义改造和建设的成绩，从根本上否定社会主义制度的优越性，把人民民主专政制度说成是产生官僚主义、宗派主义和主观主义的根源。这些言论的出现，引起了党的高度警觉，并被看成是一个危险的政治信号。6月，中央发出组织力量反击右派分子进攻的指示，大规模的反右派斗争随之展开。对极少数反党反社会主义的言行进行及时反击和批判，是必要的。但在处理这个问题的时候，由于党对当时阶级斗争和右派进攻的形势作了过于严重的估计，对反右派斗争的猛烈发展未能谨慎地掌握和引导，使得反右派斗争严重扩大化了，一批知识分子、爱国人士和党内干部被错划为右派分子，造成了不幸的后果。

反右派斗争扩大化的严重后果之一，是党的八大关于中国社会主要矛盾的判断和社会阶级关系状况的分析被轻率改变。1957年党的八届三中全会提出了“无产阶级和资产阶级的矛盾，社会主义道路和资本主义道路的矛盾，毫无疑问，这是当前我国社会的主要矛盾”的论断。两个阶级、两条道路的矛盾被作为中国社会主要矛盾重新强调，表明党在指导思想上开始出现“左”的偏差。

反右派斗争扩大化的又一个严重后果，是助推了“大跃进”的发动。经过反右派斗争，党中央认为，政治思想战线上的社会主义革命已取得伟大胜利，广大人民群众热情高涨，因此经济建设也应该搞得更快一些。在这个判断下，党的八届三中全会还同时改变了党的八大确认的在经济建设上既反保守又反冒进的方针。1957年冬季在全国范围掀起了以兴修水利为中心的农业生产高潮，实际上拉开了“大跃进”运动的序幕，从而使党不但在政治上同时在经济建设问题上也出现了“左”的错误。

1958年5月，党的八大二次会议通过了“鼓足干劲，力争上游，多快好省地建设社会主义”的总路线，标志着追求高速度、超英赶美的“大跃进”运动正式发动。“大跃进”运动在开始阶段，主要表现为农业生产上的虚报浮夸，各地竞放高产“卫星”。在农业“大跃进”的促动下，1958 年 8 月，中央政治局决定 1958 年全国钢产量比 1957 年翻一番，达到 1070 万吨，全国随即掀起了一场规模空前的大炼钢铁运动。在“以钢为纲，全面跃进”的口号下，在其他行业各式各样的“全民大办”中，各地都不同程度地出现了严重违反客观经济规律的主观蛮干现象，造成了国家经济比例的严重失调和国家财力物力的巨大浪费。在发动工农业“大跃进”的同时，1958 年 8 月北戴河中央政治局会议通过《关于在农村建立人民公社问题的决议》，全国农村一哄而起，仅用一个多月的时间，就基本实现了人民公社化。在大办人民公社的高潮中，不少地方喊出了“跑步进入共产主义”的口号，急于向共产主义过渡，严重混淆了社会主义和共产主义的界限。

党和毛泽东发动“大跃进”的初衷，是希望以最快的建设速度尽快改变中国贫穷落后的面貌，使中国真正发展、强大起来，以自立于世界民族之林。毛泽东在发动“大跃进”之时曾说过：“中国经济落后，物质基础薄弱，使我们至今还处在一种被动状态，精神上感到还是受束缚，在这方面我们还没有得到解放。”① 这番话，说出了全党的共同感受。他急于改变中国贫穷落后面貌的愿望，与广大干部群众的普遍愿望也是一致的。广大干部群众在“大跃进”期间付出的辛勤劳动确实也取得了一部分实际成果。但是，经济建设有不以人的主观意志为转移的客观规律，生产力的发展也需要有一个长期积累过程。在“大跃进”酝酿和实施的过程中，由于党对在中国这样一个幅员辽阔、人口众多、经济文化落后的大国建设社会主义的艰巨性、复杂性、长期性估计不足，过分夸大了主观意志和主观努力的作用；由于简单搬用战争年代大搞群众运动、开展政治军事斗争的成功经验来从事社会主义经济建设，结果在实际工作中发生了严重违反自然规律、科学规律和超越历史发展阶段的诸多问题。“大跃进”和人民公社化运动高潮期间，以高指标、瞎指挥、浮夸风、“共产风”为主要标志的“左”的错误泛滥，主观主义、唯意志论盛行，给我国经济建设造成了重大损失。特别是 1959 年“反右倾”

① 《毛泽东文集》第 7 卷，人民出版社 1999 年版，第 350 页。

以后继续“大跃进”的错误，再加上自然灾害等因素，使我国国民经济和人民生活遭受严重困难：粮、油和蔬菜、副食品等极度缺乏，许多地方城乡居民出现了浮肿病，出生率大幅度、大面积降低，死亡率显著增高，1960 年全国总人口比上年减少了 1000 万。

“大跃进”和人民公社化运动，其动机与结果相悖，是党在探索中国自己的社会主义建设道路过程中出现的一次严重挫折。“大跃进”运动的最大失误是在建设速度上急于求成，人民公社化运动的最大失误是在所有制关系上盲目求纯。两者共同的教训，归根到底，是限于当时对社会主义的认识，脱离了中国社会生产力发展水平的现实，违背了经济和社会发展的客观规律。其提供的教训极为深刻，值得后人永远记取。

三、五年调整与严重分歧：探索中“左”的错误的再度发展

面对“大跃进”造成的严重困难，党和毛泽东不得不重新思考中国社会主义建设的理论和战略问题。1960 年 11 月，中央发出《关于农村人民公社当前政策问题的紧急指示信》，要求全党用最大的努力来坚决纠正各种“左”的偏差。1961 年 1 月，党的八届九中全会正式决定对国民经济实行“调整、巩固、充实、提高”的方针，“大跃进”战略被放弃了，代之而起的是对国民经济进行调整。

在指导经济调整的过程中，鉴于“大跃进”期间做的一些“蠢事”，毛泽东在党的八届九中全会上号召全党大兴调查研究之风，把 1961 年搞成实事求是年。会后，毛泽东、刘少奇、周恩来等中央领导人带头深入基层调查研究，领导制定各项调整政策。在此期间，毛泽东还结合“大跃进”以来急于求成的教训，对中国社会主义建设的长期性、艰巨性问题进行深入思考，郑重提出建设强大的社会主义经济，需要一百年或者更长的时间。在此之前，1959 年 12 月到 1960 年 2 月，在读苏联《政治经济学教科书》时，毛泽东还比较集中地谈论了社会主义社会的发展阶段问题，提出社会主义又可以分为“不发达”和“比较发达”两个阶段的思想。这些观点，成为党的十一届三中全会后我们党正确认识国情、确立社会主义初级阶段理论的重要思想来源。

在调整取得初步成果的基础上，1962 年初，中共中央召开扩大的

工作会议（七千人大会），较为系统地总结了“大跃进”以来经济建设中的经验教训。对于“大跃进”以来发生的种种问题，毛泽东表示：干了蠢事，“人家不骂，我们应当自己骂自己”①。毛泽东、刘少奇等中央领导以及各省市负责人都在这次会议上作了自我批评。七千人大会后，刘少奇主持召开政治局常委扩大会议（西楼会议）和中央工作会议，对国民经济面临的困难形势作了进一步分析研判，提出了对国民经济实行“伤筋动骨”② 调整的重大措施：一是大力精简职工，减少城市人口。二是进一步压缩基本建设规模，停建缓建大批基建项目。三是进一步从人力物力财力等方面加强和支援农业。在全党全国人民共同努力下，到1965 年底，我国逐步克服了由“大跃进”、人民公社化运动造成的困难，经济发展主要指标恢复到了建国后最高水平，五年调整任务胜利完成。

但遗憾的是，就在经济调整的过程中和调整取得较大成绩的同时，党自 1957 年以来在阶级斗争问题上的“左”的错误再度发展起来。1962 年 8、9 月间，在相继召开的中央工作会议和党的八届十中全会上，出于对苏联发生赫鲁晓夫修正主义的极大警惕和对国内形势的观察，毛泽东把与刘少奇等人在国内形势估量、包产到户、甄别平反、对外政策等问题上的认识分歧，当作“黑暗风”“单干风”“翻案风”进行严厉批判，并把这些都看作是右倾机会主义、修正主义和阶级斗争的表现，进而把社会主义社会中一定范围内存在的阶级斗争扩大化和绝对化，断言“在无产阶级革命和无产阶级专政的整个历史时期，在由资本主义过渡到共产主义的整个历史时期”，都将“存在着无产阶级和资产阶级之间的阶级斗争，存在着社会主义和资本主义这两条道路的斗争”，提出从现在起，阶级斗争必须年年讲、月月讲。上述论断，把党在社会主义社会阶级斗争问题上的“左”的错误更加系统化、理论化了，实际上提出了以阶级斗争为纲的思想。

党的八届十中全会后，全党随即在国际国内两个战线开始了“反修防修”实践。国际上的“反修防修”，主要表现为 20 世纪 60 年代的中

① 薄一波：《若干重大决策与事件的回顾（修订本）》下，中共党史出版社 1997 年版，第1077 页。

② 中共中央文献研究室编：《建国以来重要文献选编》第 15 册，中央文献出版社 1997 年版，第 244 页。

苏论战。国内的“反修防修”，则是开展城乡社会主义教育运动，进行意识形态领域的批判运动，并在运动过程中错误地提出了“官僚主义者阶级”和“党内走资本主义道路的当权派”等问题。在“左”的理论和实践的不断推动下，最终发动了“文化大革命”。

从1956年到1966年“文化大革命”爆发前的十年，是党领导我国社会主义建设在探索中曲折发展的十年。其间，我们虽然遭受过严重挫折，但仍然取得了很大的建设成就。工业建设方面，以1966年同1956年相比，全国工业固定资产按原价计算增长了3倍。石油工业的发展尤其突出，到1965年已经实现原油的全部自给。电子工业、石油化工、原子能、航天等一批新兴工业逐步建设起来，初步改善了工业布局，形成有相当规模和一定技术水平的工业体系。铁路、公路、水运、航空、邮电等事业都有较大发展。农业基本建设和技术改造大规模展开，全国农用拖拉机产量和化肥施用量都增长6倍以上，农村用电量增长70倍。科学技术工作取得比较突出的成果，国防科学技术的进展最为显著。1964年10月16日，成功爆炸第一颗原子弹，打破了超级大国的核垄断和核讹诈，极大提高了我国的国际地位。此外，导弹和人造卫星的研制也取得突破性进展。这些成就是在我国面临国内发生严重经济困难、国际上遭到战争威胁和巨大压力的情况下取得的，显得尤其可贵。在严重困难面前，中国人民所表现出来的艰苦奋斗、同自然灾害和物质匮乏作斗争的大无畏气概和团结一致、奋发图强的社会风貌更是一笔值得我们永远珍惜的宝贵精神财富。总体来看，我国进行现代化建设的物质技术基础，很大一部分是这个期间建设起来的；全国经济文化建设等方面的骨干力量和他们的工作经验，大部分是在这个期间培养和积累起来的；在十年艰辛奋斗中，我们党还积累了如何领导社会主义建设的一些极其宝贵的经验，形成了一系列正确的思想理论观点——这些都是党探索中国自己的建设社会主义道路十年工作中的主导方面。

四、“文化大革命”爆发：探索走入歧途

从1966年5月到1976年10月，我国经历了给党和人民造成严重灾难的“文化大革命”时期。“文化大革命”的发生和发展，表明党和毛泽东对中国自己的社会主义建设道路的探索完全偏离了正轨而走上

歧途。

毛泽东发动“文化大革命”的出发点是防止资本主义复辟、维护党的纯洁性和寻求中国自己的建设社会主义的道路。“文化大革命”期间毛泽东关于社会主义的认识和思考，大致包括以下内容：一是关于社会主义建设的指导思想，这就是“无产阶级专政下继续革命的理论”。20世纪60年代中期后，基于对党内分歧性质和国内外形势的错误判断，毛泽东的阶级斗争理论进一步发展，逐步形成了在中央存在着一个资产阶级司令部、有一条修正主义的政治路线和组织路线的认识，认为过去几年在农村进行的“四清”、在城市进行的“五反”和意识形态领域的批判运动，都不能解决“防止资本主义复辟”的问题，而只能通过特殊的形式，以“文化大革命”的形式，公开地、全面地、由下而上地发动广大群众来揭露党和国家生活中的阴暗面，把被“走资派”篡夺的权力重新夺回来，才能逐步达到他理想中的社会主义目标。毛泽东的这一思想，后来被概括为“无产阶级专政下继续革命的理论”，成为“文化大革命”的指导思想。二是关于社会主义建设的目标模式，这就是“五七”模式。对这个目标模式的具体图景，毛泽东1966年5月在写给林彪的关于部队农副业生产的批示信（《五七指示》）中曾作过表述。其根本要求，是政治上不断开展阶级斗争，思想上高度革命化，经济上逐步消灭行业和专业分工，人人“亦工亦农、亦文亦武”，限制商品生产和按劳分配。这个模式，实际上是1958年关于人民公社构想的进一步发展。三是关于实现上述社会主义目标模式的途径，这就是“天下大乱，达到天下大治”，基本战略则是“抓革命，促生产”。事实表明，毛泽东在“文化大革命”期间关于社会主义建设的这些思考和构想，脱离了中国实际，也不符合马克思主义的根本要求。在“无产阶级专政下继续革命理论”的指导下，在林彪、“四人帮”集团利用毛泽东的错误又将这个错误进一步推向极端的情况下，“文化大革命”不但没有达到毛泽东追求理想社会主义的目标，反而严重损害了社会主义的形象，给我国经济建设造成了巨大损失。邓小平指出，“文化大革命”虽然口头上也讲社会主义，但实际上搞的是“以极左面目出现的主张普遍贫穷的假社会主义”①。

① 《邓小平文选》第2卷，人民出版社1994年版，第165页。

"文化大革命"在理论和实践上都是完全错误的，必须彻底否定。但在这十年中，我国社会主义建设仍然在一些重要领域取得了一定进展，特别是在国防科技和外交工作等方面取得了突破性进展——这些成就绝不是"文化大革命"的果实，恰恰相反，是抵制"文化大革命"的干扰而取得的。对毛泽东来说，作为这场"大革命"的发动者，虽然在全局上一直维护和坚持"文化大革命"，但在运动发展的过程中，他对极左思潮的危害也有一定的认识，他制止和纠正过某些具体错误，保护过一些党的重要领导干部和党外著名人士，后来还一再呼吁安定团结，要求"把国民经济搞上去"。他也有限度地支持过周恩来、邓小平的整顿。这就使得即便是在"文化大革命"最为混乱的时期，我们党作为一个整体力量，没有被摧毁，也没有被分裂，国务院等机构仍能进行许多必要的工作，我国社会主义制度的根基仍然保存着，我们这个多民族的国家仍然保持统一，人民解放军仍然英勇地保卫着祖国的安全。所有这些，都保证了我国的社会主义建设能够继续进行。

直到1976年10月粉碎"四人帮"、结束"文化大革命"，并以1978年底党的十一届三中全会召开为标志，我们党才逐步从严重挫折中重新奋起，开始了在改革开放中重新探索和成功开创中国特色社会主义道路的历史新时期。

五、20年曲折探索的理论成果与宝贵启示

党和毛泽东在对中国社会主义建设道路的20年探索中，取得的主要积极成果——包括曾经提出后来又被否定或抛弃、未能在实践中得到贯彻落实的思想理论成果，归结起来，主要有以下10个方面：

第一，在社会主义发展道路问题上，提出了以苏为鉴，探索中国自己的社会主义建设道路的思想。第二，在社会主义经济建设问题上，作出了工作重点转移到经济建设上来的正确决策，提出了在综合平衡中稳步前进的经济建设方针，以及要按农轻重次序合理安排国民经济，发展商品生产、重视价值规律作用等重要思想。第三，在社会主义经济体制改革问题上，提出要扩大地方和企业自主权，实行"三个主体三个补充"，可以消灭资本主义又搞资本主义等重要思想。第四，在社会主义社会矛盾问题上，提出了主要矛盾、基本矛盾和两类矛盾学说以及正确

处理人民内部矛盾的一系列正确主张。第五，在社会主义民主政治建设问题上，提出要扩大人民民主、健全社会主义法制，确定社会主义民主政治建设的基本目标是造成“又有集中又有民主，又有纪律又有自由，又有统一意志又有个人心情舒畅、生动活泼，那样一种政治局面”；制定和实施了民族区域自治制度；提出了与民主党派“长期共存，互相监督”的方针。第六，在社会主义发展战略问题上，提出建设强大的社会主义经济，要一百年或者更多的时间，提出了“四个现代化”的奋斗目标。第七，在社会主义文化建设问题上，提出了“百花齐放，百家争鸣”的方针，确认知识分子是工人阶级的一部分，强调了科学技术在经济、国防和文化发展中的决定性作用。第八，在社会主义建设的政治保证问题上，提出了“只有社会主义能够救中国”；人民民主专政是广大群众的“护身法宝”和“传家法宝”；“领导我们事业的核心力量是中国共产党”“指导我们思想的理论基础是马克思列宁主义”等基本原则。第九，在社会主义对外关系问题上，提出了独立自主的和平外交政策和和平共处五项原则，反对霸权主义，维护世界和平；主张在平等互利基础上，加强中外经济文化交流，向世界各国包括西方发达资本主义国家一切好的经验和长处学习。第十，在党的建设问题上，提出要加强和改善党的领导，要重视执政党自身建设，密切党与人民群众的联系，等等。

但是，由于党和毛泽东领导社会主义建设的思想理论准备和实践经验不足、制定的路线方针政策超越了社会主义初级阶段、思想方法上的教条主义和经验主义、对复杂的国际国内形势作出错误估量和判断以及党和国家组织制度和领导体制上存在的严重弊端，归根结底，由于违背了党的实事求是的思想路线，使得探索中在对“什么是社会主义、怎样建设社会主义”这个重大理论和实践问题的认识上多次出现偏差，发生严重失误，探索最终没有获得成功。

探索中的成败得失和经验教训，给我们很多启示，主要是：在中国从事社会主义建设，必须立足中国国情，一切从实际出发、实事求是，充分认识社会主义建设的长期性、艰巨性；必须以科学的态度正确对待马克思主义，要在坚持马克思主义基本原理的基础上，适应时代的变化创造性地发展马克思主义，推进指导思想的与时俱进；必须科学把握社会主义的本质，始终把解放和发展生产力放在党和国家工作的首要位置，生产关系的变动要适合生产力发展的要求和水平；必须通过改革和对外开放、发展科学技术、提高创新能力来建设和发展社会主义，决不能以阶级斗争为纲；必须建立健全党和国家的民主制度，大胆探索并建立既符合世界政治文明发展潮流又适应中国国情的社会主义民主政治体制和机制，推进政治体制改革和民主法制建设，不断提高党依法治理国家的能力和治理水平。

十三年的历程与基本经验*

党的十六大是我们党在新世纪新阶段召开的一次十分重要的大会。江泽民在大会上所作的报告，高屋建瓴，总揽全局，鲜明回答了进入新世纪我们党举什么旗、走什么路、实现什么目标的重大问题，对建设中国特色社会主义经济、政治、文化和党的建设等各方面工作作出了全面部署，是引领新世纪初中国改革发展的政治宣言和行动纲领。十六大报告的一个重要贡献，是在回顾党的十三届四中全会以来十三年不平凡历程的基础上，高度评价了十三年来取得的成就，系统总结了改革开放特别是十三年中党领导人民建设中国特色社会主义的基本经验。认真学习、全面把握这些基本经验，对于我们更好推进中国特色社会主义事业，更加坚定自觉地贯彻落实党的十六大的决策部署，具有重大意义。

一、永载民族复兴史册的十三年

所谓十三年，是指从1989年6月党的十三届四中全会选出以江泽民同志为核心的第三代中央领导集体，到2002年11月党的十六大召开的十三年零四个多月的时间，取其整数，称为十三年。这十三年，是我们党和国家发展史上的一个极为重要的时期。十三年中，以江泽民为核心的党中央团结带领全党全国各族人民奋力开创中国特色社会主义事业

* 这是2003年3月至2004年3月在中央党校中青一班、一年制西藏班、两年制西藏班的授课讲稿。

的新局面，把中华民族复兴大业推进到新的发展阶段，实现了具有里程碑意义的伟大历史跨越。十三年实现的伟大历史跨越，不仅以其举世瞩目的辉煌成就载入中华民族伟大复兴的光辉史册，而且对于我们沿着邓小平开辟的中国特色社会主义道路继续推进民族复兴的历史进程，也必将产生巨大而深远的影响。

第一，经过十三年的不懈奋斗，我国综合国力大幅度跃升，人民生活水平显著提高，实现了从“温饱”到总体上“小康”的历史性跨越。这一历史性跨越，为在中国特色社会主义道路上推进中华民族的伟大复兴奠定了雄厚的物质基础。第二，经过十三年的不懈奋斗，我们成功地推进了经济体制转型，实现了从计划经济到社会主义市场经济的历史性跨越。这一历史性跨越，为在中国特色社会主义道路上推进中华民族的伟大复兴提供了重要的体制制度保障。第三，经过十三年的不懈奋斗，我们更加积极地对外开放，实现了从打开国门到走向世界、主动参与国际竞争的历史性跨越。这一历史性跨越，为在中国特色社会主义道路上推进中华民族的伟大复兴创造了必需的外部条件。第四，经过十三年的不懈奋斗，我们党在理论上更加成熟，形成了“三个代表”重要思想，实现了马克思列宁主义与中国实际相结合的新飞跃。这一历史性飞跃，为在中国特色社会主义道路上推进中华民族伟大复兴提供了强大思想武器。

十三届四中全会以来的十三年，是我们党在改革发展稳定、内政外交国防、治党治国治军等各方面都取得巨大成就的十三年。十六大报告指出：“人们公认，这十三年是我国综合国力大幅度跃升、人民得到实惠最多的时期，是我国社会长期保持安定团结、政通人和的时期，是我国国际影响显著扩大、民族凝聚力极大增强的时期。我们党和我国人民作出的艰辛努力和取得的伟大成就举世瞩目，必将载入中华民族伟大复兴的光辉史册。”①

二、波澜壮阔的奋斗历程

十三年的成就来之不易，十三年的历程波澜壮阔。

① 江泽民：《全面建设小康社会，开创中国特色社会主义事业新局面——在中国共产党第十六次全国代表大会上的报告》，《人民日报》2002年11月18日。

1989年5月31日，江泽民出任总书记前夕，邓小平同志在与中央两位负责同志的谈话中，对新的中央领导集体曾有一个语重心长的政治交代。他“希望大家能够很好地以江泽民同志为核心，很好地团结。只要这个领导集体是团结的，坚持改革开放的，即使是平平稳稳地发展几十年，中国也会发生根本的变化。关键在领导核心。”① 事实证明，以江泽民同志为核心的第三代中央领导集体没有辜负邓小平同志和全党全国人民的殷切期望。

从党的十三届四中全会到党的十六大，十三年中，以江泽民同志为核心的第三代中央领导集体殚精竭虑，开拓创新，带领全党全国人民进行改革开放和现代化建设，走过了一段极不平凡的历程。这一历程，可以划分为三大阶段：

第一个阶段：是从1989年6月党的十三届四中全会到1992年2月邓小平南方谈话。这是在党和国家处于危难之际、世界社会主义出现严重曲折的历史关头，以江泽民同志为核心的新一代中央领导集体应运而生登上中国政治舞台，在国内外风波中经受考验，顶住压力，稳住局势，坚守阵地，保持稳定，打破“制裁”，成功捍卫和推进邓小平开创的中国特色社会主义事业的阶段。

1989年春夏之交，北京发生了一场严重政治风波，其规模之大、来势之猛、持续时间之长，是新中国成立以来我们党和国家所从未经历过的。政治风波平息后，邓小平在总结经验教训中斩钉截铁地说，我们提出的“一个中心，两个基本点”的基本路线没有错，我们“三步走”的发展战略没有错，我们的路线、方针、政策不能变。1989年6月23日，党中央召开十三届四中全会。全会分析了全国政治形势，对中央领导机构部分成员进行了调整，选举产生了以江泽民同志为核心的新一代中央领导集体。江泽民在当选中央总书记后发表讲话表示：这次中央全会推选我担任政治局常委、总书记，我没有这个思想准备，又缺乏中央全面工作的经验，深感担子很重，力不从心。我感谢同志们的信任，决心同大家一道，刻苦学习，加强调查研究，尽心尽力做好工作，不辜负老一辈革命家和同志们的期望。江泽民指出：这次中央领导机构作了一些人事调整，但是，党的十一届三中全会以来的路线和基本政策没有

① 《邓小平文选》第3卷，人民出版社1993年版，第301页。

变，必须继续贯彻执行。

新的中央领导集体上任之时面对的内外形势是异常严峻的，可以说是受命于危难之时：在国内，政治风波虽已平息，但余波尚在；在国际上，苏联东欧局势开始出现剧烈动荡，国际共产主义运动遭遇严重困难。恰在此时，国内经济又处于治理整顿阶段，经济形势异常严峻。面对多事之秋，党的十三届四中全会后，以江泽民同志为核心的党中央义无反顾地肩负起党和人民的重托，在冷静分析和正确判断国内外形势的基础上，牢牢把握大局，在艰难中坚守阵地，使中国社会主义的航船在惊涛骇浪中朝着既定的目标破浪前进。

一是采取有力措施，进一步维护和巩固政局稳定。1989 年 7 月 28 日，中共中央、国务院作出《关于近期做几件群众关心的事的决定》，提出要认真做好“清理整顿公司”“制止高干子女经商”“抓紧查处大案要案”等 7 件人民群众普遍关心的事。8 月 11 日，国务院举行第 45 次常务会议，专门讨论进一步清理整顿公司问题，随后党中央、国务院作出《关于进一步清理整顿公司的决定》，对人民群众反映强烈的几家大公司进行了清理整顿。接着，中共中央连续召开全国宣传部长和组织部长会议，研究党的思想宣传工作和自身建设问题。9 月 28 日，党中央发出《关于加强党的建设的通知》，1990 年 3 月 12 日，党的十三届六中全会又专门审议并通过了《中共中央关于加强党同人民群众联系的决定》，提出要从 7 个方面加强党同人民群众的联系。与此同时，党还加强和改善了对群众团体和各民主党派的领导，相继发出了《中共中央关于加强和改善党对工会、共青团、妇联工作领导的通知》和《中共中央关于坚持和完善中国共产党领导的多党合作和政治协商制度的意见》，强调要充分发挥群众团体和民主党派的参政议政作用。上述工作极大地增强了党的凝聚力、号召力，使一度存在的“一手硬、一手软”的状况得到迅速扭转，有力地保证了全国的政治和社会局面的稳定，从而为其他各项工作的开展创造了重要的思想、政治条件。

二是完成治理整顿任务，进一步深化改革开放。1989 年 11 月 6 日至 9 日，中共中央召开十三届五中全会。全会通过了《关于进一步治理整顿和深化改革的决定》，就治理整顿的时间和目标、加强农业、整顿经济秩序、继续深化改革和扩大对外开放等 8 个方面的问题作了部署，提出包括 1989 年在内，用 3 年或者更长一点的时间，基本完成治理整顿的任务。这次会议还通过了关于同意邓小平辞去中央军委主席职务的决定，决定江泽民任中央军委主席，从而完成了两代中央领导集体的顺利交接。在治理整顿期间，改革开放并没有停顿，而是在继续深化和发展。农村在巩固和完善家庭联产承包责任制的基础上，发展了农业社会化服务体系和农产品市场；在企业改革方面，进一步完善了企业承包经营责任制；在价格改革方面，调整了已经 25 年没有动过的城镇居民定量平价粮油销售价格，提高了长期偏低的部分基础工业产品价格，部分产品实行了计划内、外两种价格的并轨或缩小差距，为进一步建立合理的价格体系创造了条件。对外开放也取得显著成就。1990 年 4 月，党中央正式决定开发开放上海浦东，在浦东实行经济技术开发区和经济特区的某些政策。此后，浦东开发迅速启动，带动了全上海以及长江三角洲和整个长江流域经济的新飞跃。

三是经受住苏东剧变的严峻考验。在中国政局趋于稳定的同时，从 1989 年下半年开始，苏联、东欧相继发生政局震荡，并愈演愈烈。1990 年 11 月，被视为冷战标志和东西方分界线的“柏林墙”被推倒，随后，在各国长期执政的马列主义政党纷纷下台，更改国名、党名、国旗、党旗，东欧的社会性质发生了重大变化。1991 年“8·19”事件后，苏联局势每况愈下，各主要加盟共和国相继宣告独立。8 月 24 日，戈尔巴乔夫宣布苏共中央“自行解散”。12 月 25 日，戈尔巴乔夫辞去苏联总统职务，苏联社会主义红旗“落地”，国家政权不复存在。苏东剧变后，西方国家和国际上反共反社会主义势力纷纷预言中国很快就将重蹈苏联、东欧的覆辙，发生没有硝烟的“和平演变”。面对苏东剧变后出现的复杂局势和带来的压力，以江泽民同志为核心的党中央，按照邓小平同志提出的“冷静观察、稳住阵脚、沉着应付、韬光养晦、善于藏拙、决不当头、有所作为”的方针，客观地分析国际形势，埋头做好自己的事，同时吸取历史的经验教训，抛弃意识形态分歧，在和平共处五项原则基础上从容地和剧变后的苏联、东欧国家发展关系，包括政治关系。由于应对正确，党领导人民胜利地度过了苏东剧变的巨大冲击，中国的社会主义制度岿然不动，改革开放和现代化建设事业继续稳步前进。

四是打破西方“制裁”。1989 年中国平息政治风波后，以美国为首的西方国家先后宣布对华进行制裁。西方的某些政治家以为，采取了这些严厉“制裁”措施，马上就可以孤立中国，迫使中国政府放弃原则，向强权屈服。但是西方势力打错了算盘。在“制裁”面前，以江泽民同志为核心的党中央和中国政府表现得异常冷静、沉着：一不因“制裁”而自乱阵脚；二不为制裁所吓倒；三从改革开放和现代化建设的大局出发，提出正确的策略方针，努力打破制裁。中国领导人审时度势，利用矛盾，各个击破，经过努力，以推动日本改善对华关系作为第一步，到1991年底，先后打破了“制裁”，同大多数西方国家的关系回到正常轨道。同美国的关系，也在解决海湾危机和推动柬埔寨问题政治解决的过程中得到改善，两国高层一直保持着接触。1991年11月，中美就两国间的若干重要问题达成协议和谅解。根据这些谅解，美国政府宣布它准备取消1989年6月以来对华实施的部分制裁。这样，中美关系也出现了重大突破。

总之，国内政局的稳定，改革开放的继续推进，“制裁”的被打破，成功地经受住苏东剧变的考验，表明经过第三代中央领导集体卓有成效的工作，中国已经成功地走出了1989年以来的困境，即将进入一个新的发展阶段。

第二个阶段，是从1992年2月邓小平南方谈话、党的十四大到1997年9月党的十五大。这是在改革开放受到“左”倾思潮严重干扰和束缚甚至出现倒退的又一历史关头，通过邓小平南方谈话和党的十四大，以江泽民同志为核心的党中央确立社会主义市场经济体制的改革目标，抓住机遇，加快发展，把改革开放和现代化建设事业加速推向前进的阶段。

20世纪80年代末、90年代初，由于东欧剧变和苏联解体，国际共产主义运动遭受重大挫折，陷入了低潮，国际政治版图也因此发生了大裂变，国际政治力量的对比发生了大逆转。这种大挫折、大裂变、大逆转的发生，对中国产生了巨大影响。异常复杂的形势使相当一部分干部和群众的思想发生困惑，一些人对社会主义前途缺乏信心，一些人对改革开放提出姓“社”姓“资”的疑问，对党的“一个中心，两个基本点”的基本路线产生动摇，甚至有人提出要否定改革开放。“左”的思潮的出现，严重干扰了改革开放，形成了新的思想障碍。而从世界范围看，此时经济全球化趋势已初现端倪，科学技术加速发展，中国发展面临良好机遇。于是，能不能在国内外的压力和困难面前，毫不动摇地坚持党的基本路线，能不能抓住机遇，把改革开放和社会主义现代化建设继续推向前进，就成为进入 20 世纪 90 年代后党必须着力解决的重大问题。

面对严峻的形势，1990 年 3 月和 12 月，邓小平两次找中央有关负责同志谈话，对改革开放迈不开步子，经济发展速度可能出现滑坡表示了担心。1991 年初，在与上海市负责人的谈话中，邓小平再次提出要克服“怕”字，开拓新路。他希望上海人民思想要更解放一点，胆子要更大一点，步子更快一点，要敢于做前人没有做过的事。否则，就只能坐失良机。1992 年 1 月 18 日至 2 月 21 日，88 岁的邓小平不辞辛劳，亲临武昌、深圳、珠海、上海等地视察，历时 35 天，行程 6000 余公里。这位已经辞去一切领导职务的老人以极其敏锐的目光，再次为中国捕捉到加快发展的机遇。他在视察过程中提出的党的基本路线要管一百年、判断工作得失的“三个有利于”标准、社会主义本质、计划与市场都是经济手段、要警惕右但主要是防止“左”等一系列重要观点，从理论上深刻回答了长期困扰和束缚人们思想的许多重大认识问题，批判了“左”的错误思潮对改革开放的种种诘难，成为又一个解放思想、实事求是的宣言书。

邓小平南方谈话内容披露后，立即在国内外产生了强烈反响。以江泽民同志为核心的党中央对邓小平南方谈话给予高度重视。南方谈话后一个星期，中共中央就整理了这个谈话要点并以中共中央名义下发全党。1992 年 3 月 9 日至 10 日，江泽民亲自主持召开中央政治局全体会议，专门讨论了邓小平南方谈话精神。此后，中央政治局、国务院又多次召开会议，拟订贯彻落实邓小平南方谈话的具体方案和政策措施，以加快改革开放和现代化建设的步伐。为了进一步用邓小平南方谈话精神统一全党思想，1992 年 6 月 9 日，江泽民在中央党校省部级干部进修班上发表讲话。在讲话中，江泽民根据邓小平关于市场问题的多次讲话，在列举了关于计划与市场和建立新经济体制的几种不同提法后，明确表示他比较倾向于使用“社会主义市场经济”的提法。江泽民在中央党校的讲话，为党的十四大的召开作了重要的思想和舆论准备。

在此基础上，1992 年 10 月，党的第十四次全国代表大会在北京召开。党的十四大顺应历史发展的要求和人民的愿望，作出了 3 项具有深远意义的重大决策：一是确立邓小平建设有中国特色社会主义理论在全党的指导地位；二是明确我国经济体制改革的目标是建立社会主义市场经济体制；三是要求全党抓住机遇，加快发展，集中精力把经济建设搞上去。以邓小平南方谈话和党的十四大为标志，中国的改革开放和社会主义现代化建设事业进入了新的发展阶段。

为了贯彻落实党的十四大提出的各项任务，大会以后五年间，党中央先后召开七次全会，就调整“八五”计划指标、建立社会主义市场经济体制、加强党的建设、制订国民经济和社会发展“九五”计划和2010年远景目标、加强社会主义精神文明建设等一系列重大问题作出了规划和部署。按照这些规划和部署，改革开放和各项现代化建设事业全面展开。

第一，构筑社会主义市场经济体制的总体框架，改革开放取得新突破。1993年11月，党的十四届三中全会审议并通过《关于建立社会主义市场经济体制若干问题的决定》，对建立社会主义市场经济体制的要求、目标、原则以及相关的问题进行了具体阐述，勾画了社会主义市场经济体制的基本框架。按照这一框架，从1994年起，我国经济体制改革开始向着建立社会主义市场经济体制的目标“整体推进、重点突破”，在国企改革、价格改革以及财税、金融、外汇、外贸、投资等管理体制改革方面都迈出了重大步伐。

第二，在市场经济条件下成功实施宏观调控，实现经济发展的“软着陆”。党的十四大后，在加快改革开放过程中，一些地方出现了房地产热、开发区热以及乱集资、乱设金融机构等现象，导致投资规模过度扩大，通货膨胀呈现加速之势。党中央及时发现这些问题，并果断作出加强宏观调控的重大决策。1993年6月，党中央、国务院出台了加强宏观调控的16条措施，着力引导国民经济健康运行。经过3年努力，宏观调控取得显著成效，到1996年底，国民经济成功实现了从发展过快到“高增长、低通胀”的“软着陆”。“软着陆”的实现，不仅为在市场经济条件下进行宏观调控积累了经验，也为国民经济的持续、快速、健康发展奠定了坚实基础，赢得了国内外的广泛赞誉。

第三，大力加强党的建设，继续推进新的伟大工程。1994年9月，党的十四届五中全会作出《关于加强党的建设几个重大问题的决定》，提出了继续推进党的建设新的伟大工程的历史任务。把党的建设称作一项“伟大的工程”，是1939年10月毛泽东在《〈共产党人〉发刊词》中第一次提出来的。

第四，大力加强社会主义精神文明建设，制定新的决议。1996 年 10 月，党的十四届六中全会审议并通过了《关于加强社会主义精神文明建设若干重要问题的决议》，结合新的国际国内形势，就加强社会主义精神文明建设的紧迫性、战略性等一系列重大问题，作出了全面阐述。

第五，“一国两制”统一祖国的构想付诸实践。1997 年 7 月 1 日，中国政府恢复对香港行使主权，这是祖国统一进程中迈出的重要步伐。

第六，深化对社会主义建设规律的认识，正确处理改革发展稳定的关系。在带领人民推进改革开放和现代化建设的伟大实践中，以江泽民同志为核心党中央在总结经验教训的基础上，进一步深化了对社会主义现代化建设规律的认识，提出并坚决贯彻了一系列对国家发展具有长远意义的指导方针。1993 年，在开始实施宏观调控决策后不久，党中央在部署 1994 年工作时，提出了“抓住机遇、深化改革、扩大开放、促进发展、保持稳定”的二十字方针，并将其作为全党和全国工作的大局，要求各项工作都要服从和服务于这个大局，认真处理好改革、发展、稳定之间的关系。1995 年 9 月，中共中央召开十四届五中全会，审议并通过了《关于制定国民经济和社会发展“九五”计划和 2010 年远景目标的建议》。江泽民在全会闭幕会上发表重要讲话，全面阐述了社会主义现代化建设过程中必须正确处理的十二个重大关系，以及处理这些关系的基本原则。其中最重要最根本的是正确处理好改革、发展、稳定三者之间的关系。江泽民指出：三者关系处理得当，就能总揽全局，保证经济和社会的顺利发展；处理不当，就会吃苦头，付出代价。发展是硬道理，改革是经济和社会发展的强大动力，稳定是发展和改革的前提。要做到在政治和社会稳定中推进改革和发展，在改革和发展的推进中实现政治和社会的长期稳定。

总之，党的十四大以后的五年，是我们抓住机遇，加快发展，改革开放和现代化建设全面推进的五年。在国际共产主义运动处于低潮之际，中国特色社会主义事业一枝独秀，欣欣向荣，成为东方地平线上一道独特的风景。

第三个阶段，是从 1997 年 9 月党的十五大到 2002 年 11 月党的十六大。这是在邓小平逝世、举世关注中国向何处去的第三个历史关头，以江泽民同志为核心的党中央高举邓小平理论伟大旗帜，带领人民战胜前进道路上的一个又一个艰难险阻、渡过一个又一个难关，与时俱进，开拓创新，谱写中国特色社会主义事业大发展新的辉煌篇章的阶段。

正当全国人民为实现跨世纪宏伟目标而努力奋斗的时候，1997 年 2 月 19 日，中国改革开放的总设计师邓小平逝世，中国再一次面临向何处去的重大抉择。在国内，人们普遍关注和议论的问题是：邓小平逝世后，新的中央领导集体会不会继续沿着邓小平指引的道路前进，会不会把邓小平提出的路线、方针、政策继续坚持下去？极少数人甚至想乘机否定邓小平理论。在国际上，注意中国发展的各方面人士，也都在观察邓小平逝世后的中国走向，有些人担心中国的前途和发展，有些人则希望中国转向。与此同时，党的十四大后，随着建立社会主义市场经济体制改革的逐步深化，我国社会经济生活中原来潜伏着的各种深层次矛盾进一步暴露出来。围绕着国有企业如何改造、对新兴的股份制企业性质如何看待等问题，继姓“资”姓“社”的争论之后，20 世纪 90 年代中期以来又发生了姓“公”姓“私”的激烈争论，一股“左”的暗流再次沉渣泛起，给我国的改革开放和现代化建设事业造成了新的思想障碍。

面对邓小平逝世和党的十五大即将召开前出现的复杂局面，以江泽民同志为核心的党中央表现出坚定的政治清醒。在悼念邓小平逝世的三篇重要文献中①，中共中央对邓小平的丰功伟绩给予了高度评价。江泽民在悼词中提出的 10 个“一定要”更是充分显示了新的中央领导集体继承邓小平遗志的坚定决心和信念。

为了进一步统一全党思想，1997 年 5 月 29 日，江泽民在中央党校省部级干部进修班毕业典礼上发表重要讲话，就当时人们普遍关注的一系列重大理论和政策问题作了阐述，强调在跨越世纪的新征途上，一定要高举邓小平建设有中国特色社会主义理论伟大旗帜，用这个理论来指导我们的整个事业和各项工作，无论遇到什么困难，什么风险，都不动摇。江泽民的“5·29”讲话为党的十五大的召开做了思想、理论上的准备。

在此基础上，1997 年 9 月 12 日至 18 日，党的十五大在北京召开。

---

① 这三篇重要文献是：《告全党全军全国各族人民书》《邓小平同志追悼大会上江泽民同志致悼词》《邓小平同志伟大光辉的一生》。

大会的主题是：高举邓小平理论伟大旗帜，把建设有中国特色社会主义事业全面推向21世纪。江泽民在大会上作的报告中首次使用了“邓小平理论”的称谓，指出旗帜问题至关紧要，坚持党的十一届三中全会以来的路线不动摇，就是高举邓小平理论的旗帜不动摇。大会通过的党章修正案明确把邓小平理论确立为党的指导思想。

十五大报告还对全面推进中国特色社会主义事业的一系列重大理论和实践问题进行了科学阐述，其中包含着多方面的理论和实践创新，包括：进一步强调了我国还处于社会主义初级阶段这个科学论断，第一次明确而系统地提出了党在社会主义初级阶段的经济、政治、文化纲领；提出了“依法治国，建设社会主义法治国家”的治国方略，为我国民主法制建设树立了一座新的里程碑；进一步规定了我国跨世纪发展的战略部署，展望了中国在21世纪前50年（新中国成立一百周年）的发展目标和前景；对社会主义初级阶段的所有制结构和公有制实现形式等问题作出新的论断，等等。报告特别指出，公有制为主体，多种所有制经济共同发展，是我国社会主义初级阶段的一项基本经济制度。公有制经济不仅包括国有经济和集体经济，还包括混合所有制经济中的国有成分和集体成分。国有经济起主导作用，主要体现在控制力上。公有制实现形式可以而且应当多样化，一切反映社会化大生产规律的经营方式和组织形式都可以大胆利用。股份制是现代企业的一种资本组织形式，有利于生产力的发展，资本主义可以用，社会主义也可以用。确认非公有制经济是我国社会主义市场经济的重要组成部分，对个体、私营经济要鼓励、引导其健康发展。

党的十五大提出的这些新思想新论断，丰富和发展了邓小平理论，体现了与时俱进的创新精神，是党在社会主义理论问题上的又一次思想解放和认识深化，它解除了人们思想上的束缚，大大促进了全国的改革开放实践。

党的十五大以后，按照大会的部署，我国的改革开放和现代化建设事业全面推进：一是把加强农业放在经济工作的首位，通过深化粮食流通体制改革、推进农业和农村经济结构战略性调整、实施“八七”扶贫攻坚计划、实施农村税费改革，着力解决农业和农村发展中存在的突出问题。二是以建立现代企业制度为重点，进行国有企业改革的全面攻坚。从1998年到2000年，经过国有企业广大干部职工的不懈努力，基本实现了党的十五大提出的国有大中型企业改革三年脱困的目标。三是适应发展社会主义市场经济的要求，进一步深化政府机构改革和干部人事制度改革。四是落实邓小平关于现代化建设“两个大局”的思想，作出实施西部地区大开发的战略决策，促进东西部地区经济协调发展。五是根据经济全球化发展趋势和我国经济发展的客观需要，制定了“引进来”和“走出去”相结合的开放战略，作出加入世界贸易组织的战略决策，为21世纪中国经济谋求更大的发展空间，等等。

党的十五大以后，以江泽民同志为核心的党中央在坚定推进改革开放和现代化建设的同时，带领全党全国人民从容应对和经受住了来自国内外经济、政治、自然界方面的困难和考验，并取得重大胜利。一是经受住亚洲金融风暴的考验。1997年下半年，东南亚爆发金融危机，并很快波及整个亚洲和世界其他地区，中国的外贸进出口也因此呈下降趋势，经济建设遇到严重困难。面对这一冲击，党中央及时提出了“坚定信心，心中有数，未雨绸缪，沉着应付，埋头苦干，趋利避害”的指导方针，并在权衡利弊的基础上，及时采取了扩大内需、实施积极的财政和货币政策等应对措施。在周边许多国家都因这场危机出现经济衰退、货币大幅度贬值的情况下，实现了人民币不贬值的承诺，既促进了中国经济的平稳增长，也为缓解这场影响全球的金融风暴作出了积极贡献。二是经受住特大洪水灾害的考验。1998年夏，我国的长江、嫩江、松花江发生超历史纪录的特大洪水。珠江流域的西江和福建闽江也一度发生百年一遇的大洪水。全国受灾人口多达2亿2300万。面对特大洪水的袭击，党中央周密部署，正确决断。党和国家领导人亲临抗洪第一线，同广大军民一道顽强奋战。人民解放军和武警部队出动30余万官兵参加抗洪斗争，起到了中流砥柱的作用。全国上下万众一心，军民协同作战，最终夺取了抗洪抢险斗争的全面胜利。三是针对1999年国内外出现的一系列突发事件，统揽全局，领导人民及时果断地进行了3次重大斗争：其一是针对以李登辉为首的台湾分裂势力公开将两岸关系界定为“特殊的国与国关系”，组织全国各界开展对“两国论”的批判。其二是针对少数人利用“法轮功”蛊惑人心，破坏社会稳定的事件，及时发动社会各界揭批“法轮功”歪理邪说，取缔“法轮功”邪教组织，维护了社会稳定。其三是针对以美国为首的北约轰炸我驻南斯拉夫使馆的野蛮行径，开展坚决斗争，维护了国家主权和民族尊严。四是从战略高度妥善处理2001年4月中美撞机事件，捍卫了我国主权和国家安全。美国“9·11”事件发生后，我们正确判断形势和事件的影响，在国际反恐斗争中发挥了建设性作用。五是深入思考党的建设面临的重大问题，提出“三个代表”重要思想。对来自国内外的各个方面的困难和风险以及各种突发事件的及时、正确的应对，党的自身建设的加强，充分显示了以江泽民同志为核心的党中央驾驭全局、解决复杂问题的能力，使中国人民在实现民族伟大复兴的征途上更加充满信心。

三、弥足珍贵的基本经验

伟大的实践必将积累宝贵的经验。从党的十三届四中全会，经过党的十四大、十五大到十六大，十三年的不平凡历程和伟大实践，加深了我们对什么是社会主义、怎样建设社会主义，建设什么样的党、怎样建设党的认识，在很多方面积累了十分宝贵的经验。党的十六大报告把这些基本经验归纳为10条。10条经验都用两句话来表述，大体前一句讲坚持，后一句讲发展。坚持的部分，体现了邓小平理论的指导作用；发展的部分，体现了以江泽民同志为核心的党中央在理论和实践上的创新。这两句话的内容都很重要，应联系起来全面把握。由于前一句话的内容大家都比较熟悉，以下我们更多侧重讲后一句话的内容。

第一条经验，是坚持以邓小平理论为指导，不断推进理论创新。这是十三年经验中最重要、最根本的一条经验，是管总的一条。为什么要把推进理论创新作为十三年经验中第一条重要的经验呢？大家知道，邓小平南方谈话至今，已经过去了10年。10年中，无论中国还是世界，都发生了巨大变化。对这些变化、对新出现的情况和问题，邓小平理论没有也不可能提供现成答案。怎么办？这就需要我们结合新的实践，在坚持邓小平理论的基础上，不断推进理论创新。对马克思主义不能搞本本主义，对邓小平理论同样不能搞本本主义。江泽民在十五大报告中指出：坚持邓小平理论，在实践中继续丰富和创造性地发展这个理论，这是党中央领导集体和全党同志的庄严历史责任。“三个代表”重要思想是我们党理论创新的最新成果，“三个代表”重要思想本身也要发展。江泽民在十六大报告中指出：“实践没有止境，创新也没有止境。我们要突破前人，后人也必然会突破我们。这是社会前进的必然规律。”

十三年来，在推进理论创新方面，我们党始终做到3条：一是坚持以马克思主义为指导。如果连马克思主义也不坚持了，也就无所谓理论创新。二坚决反对教条主义。坚持马克思主义，怎么坚持？有两种态度，一种是教条式地坚持，一种是创造性地坚持。只有克服了教条式的坚持，才能实现创造性的坚持。十三年来，以江泽民同志为核心的党中央坚决反对教条主义坚持法，提出要创造性地坚持和发展马克思主义。江泽民反复强调："不能用本本去框实践，而要用实践去发展本本"，强调"如果不顾历史条件和现实情况的变化，拘泥于马克思主义经典作家在特定历史条件下、针对具体情况作出的某些个别论断和具体行动纲领，我们就会因为思想脱离实际而不能顺利前进，甚至发生失误。"江泽民关于"一个中心，三个着眼于""三个解放出来"的论述，就是针对教条主义的学风而提出来的。三是大力弘扬"与时俱进"的精神。2001年初，在全国宣传部长会议上，江泽民第一次使用了"与时俱进"一词。同年7月，在庆祝建党80周年大会上，他又进一步提出了"马克思主义具有与时俱进的理论品质"的重要论断。此后，在山西考察工作时，在国防大学军队高级干部理论研讨班上，在"5·31"讲话中，他又对"与时俱进"这一马克思主义的理论品质进行了反复阐述，使这一思想成为党的思想路线的一项重要内容。

什么叫"与时俱进"？某种意义上可以说，与时俱进，就是对待马克思主义要做到与"时（代变化）"俱进、与"实（际情况）"俱进、与"（历史发展的大趋）势"俱进、与"（浩浩荡荡的）世（界潮流）"俱进。只有始终做到这几个"俱进"，我们的党、我们的事业、我们的国家和民族才能永葆发展的生机活力，才能立于不败之地。

第二条经验，坚持以经济建设为中心，用发展的办法解决前进中的问题。发展，是人类社会的永恒主题，也是当代中国的主题。翻开新中国成立后党的执政史，可以发现，我们党从来没有像今天这样毫不动摇地、始终不渝地强调发展的问题。邓小平在南方谈话中提出了"发展是硬道理"的论断，强调中国不发展不改革，只能是死路一条。党的十三届四中全会以来，江泽民更是大力强调发展的问题。他说："解决中国的所有问题，关键是发展"。能不能解决好发展的问题，关系人心向背、事业兴衰。为什么我们要如此突出地强调发展的问题？一是从历史教训来说，江泽民曾指出，在15世纪以前，中国出现过汉唐盛世，经济技术一直处于世界领先地位，但15世纪以后逐渐落后了，关键是丧失了一些发展机遇，没有做好发展的文章。新中国成立后一段时间也有这样的问题。二是就目前国内的情况来看，我国的改革开放和经济建设虽然取得了很大成绩，但还面临着很多深层次的矛盾和问题，只有继续发展了，才能化解矛盾，解决问题，国家才能长治久安。三是从我们党来说，作为执政党，肩负着实现民族复兴的历史重任，只有加快发展，才能不辜负人民的重托，获得人民的支持。四是从国际上来讲，国际竞争空前激烈，国际斗争从来是靠实力说话的。我们反对在国际事务中搞实力政策，但是我们自己必须有实力。只有在发展中积蓄足够的实力，我们的腰杆子才能更硬，在国际事务中说话更有分量。始终把发展作为党执政兴国的第一要务，对改革开放和现代化建设中遇到的各种困难、阻力、风险、难题，坚持用发展的办法、发展的眼光、发展的思路去解决，是十三年来我们取得巨大成就的一个重要原因。

第三条经验，坚持改革开放，不断完善社会主义市场经济体制。从社会主义思想和实践的发展历程来看，几乎可以说："社会主义"的概念从诞生的第一天起，就是天然地与"计划"联系在一起的。从1516年莫尔的"乌托邦"、康帕内拉的"太阳城"、斯宾斯的"公社"，到傅立叶的"法伦斯泰尔"即合作村社、欧文的"新协和村"、卡贝的"伊加利亚"，这些空想社会主义者提出和试验的社会主义居民点，其经济活动都是有计划的。圣西门更是主张全社会都实行计划经济体制。马克思关于社会主义的设想也是实行计划经济的。进入20世纪，社会主义从理想变成现实后，苏联、中国也都无一例外地建立了指令性的计划经济体制。从理论和实践上冲破长达400年之久的"社会主义＝计划经济"的传统思维定势，是由我们党完成的。我们不但提出了社会主义也可以搞市场经济，而且确立了中国改革的目标就是建立社会主义市场经济体制。但是，冲破过去的思维定势容易，真正要在实践中建立并不断完善社会主义市场经济体制，则需要一个长期探索的过程。党的十四大以后，以江泽民同志为核心的党中央，在建立和不断完善社会主义市场经济体制方面，进行了10年艰辛的探索，主要做法是：在经验上，大胆吸收、借鉴世界各国主要是发达资本主义国家市场经济运行的成熟经验，同时总结我们自己的经验；在方法上，采取整体推进与重点突破相结合、微观改革与宏观改革相配套、对内搞活与对外开放相促进的办法。在具体操作上，做好关键性的五项工作：一是转变政府职能，实行政企分开；二是转换企业经营机制，推动企业走向市场；三是更新计划观念，加强宏观调控；四是培育和发展市场，建立统一的市场体系，五是大力加强与市场经济发展有关的基础设施建设等。通过这些工作，社会主义市场经济体制在我国逐步建立并不断完善起来。

第四条经验，坚持四项基本原则，发展社会主义民主政治。社会主义市场经济的发展，必然催生人们民主政治意识的觉醒，伴随着这种觉醒，也就必然要求建立与市场经济发展相适应的民主政治的运行机制和体制。近 10 年来，在建立社会主义市场经济体制的过程中，以江泽民同志为核心的党中央按照循序渐进、积极稳妥的原则，努力推进我国的民主政治建设和政治体制改革，在理论和实践两个方面都取得了重要进展，积累了丰富的经验。其中理论方面的进展，最值得关注的是提出了社会主义政治文明的概念。社会主义政治文明的概念，是江泽民 2001 年初在全国宣传部长会议上第一次提出来的。在十六大报告中，他又重申了这一概念，明确地把政治文明与物质文明、精神文明一起确立为我国社会主义现代化全面发展三大基本目标。人类社会的发展和进步，从总体上讲，是经济、政治、文化相互促进、共同发展的过程。与之相适应的人类文明也包括物质文明、政治文明和精神文明三个方面。但是，在过去很长一段时间里，我们主要提物质文明、精神文明，未提政治文明，这是因为过去我们认为精神文明已包含了政治领域，没有必要再把“政治文明”单独拿出来。实际上，精神文明并不能完全涵盖或代替政治文明。人类政治文明成果包括两个方面的内容，一是价值形态的内容，二是制度形态的内容。如果说价值形态的内容基本可以纳入精神文明的范畴的话，那么制度文明则很难由精神文明来涵盖。因此，如果说物质文明着重的是器物，精神文明着重的是文化，那么政治文明着重的则是制度。因此，社会主义政治文明概念的提出，是我们党在中国特色社会主义发展规律认识上的一大进步，为推进我国的民主政治建设和政治体制改革指明了方向。我国社会主义政治文明建设要坚持党的领导、人民当家作主和依法治国的有机统一；要坚持从我国国情出发，总结自己的实践经验，同时大胆吸收借鉴人类政治文明发展的有益成果。

第五条经验，坚持物质文明和精神文明两手抓，实行依法治国和以德治国相结合。中国有几千年封建社会的历史，长期实行的是人治，皇帝是天下至尊，一言九鼎，人们的法制观念历来比较淡漠。在这方面，新中国成立后我们党也有很深刻的经验教训。法制观念的淡漠，以人治国，是过去我们发生“左”的错误以及犯了错误得不到及时纠正的重要原因之一。党的十一届三中全会后，我们党逐渐恢复了法律、宪法至高无上的权威。拨乱反正之初，针对有人提出的“是党大还是法大”的问题，彭真明确回答：宪法和法律是在党的领导下制定的，但这些法律一旦制定了，全国人民都得遵守，党也得在宪法、法律规定的范围内活动。市场经济也是法制经济，社会主义市场经济改革目标确立后，法律在调整国家生活中各种复杂关系方面的作用显得更加重要。建立健全各项法律制度，严格依法办事，是社会主义市场经济正常运行的必要条件。正是基于对法律在国家生活中发挥的作用及其重要地位的认识，以江泽民同志为核心的党中央高度重视法制的作用。党中央、国务院多次举办各种法制讲座。1996 年 2 月，江泽民在听取中央举办的第三次法制讲座后所发表的重要讲话中，第一次明确提出了“依法治国”的概念。十五大报告则把“依法治国，建设社会主义法治国家”，确定为党和国家领导人民治理国家的基本方略。“法治”不是“治民”，而是“民治”，就是人民当家作主治理国家。“依法治国”方略的提出，树起了我国民主法制建设史上的一座里程碑，标志着党在领导方式和执政方式上的重大转变。2001 年 1 月，在全国宣传部长会议上，江泽民第一次提出了“以德治国”的治国方略，强调要“把依法治国和以德治国紧密结合起来”。现代世界的政治发展实践，特别是我国法制建设的实践表明，法治与德治的有机结合，是科学的治国之道。江泽民关于“把依法治国与以德治国结合起来”的治国思想，是对历史教训的总结，也反映了我国发展社会主义市场经济的必然要求。

第六条经验，坚持稳定压倒一切的方针，正确处理改革发展稳定的关系。邓小平说过，中国压倒一切的是需要稳定。但是，回顾近代以来的中国历史，能够保持社会稳定的时间少之又少。新中国成立后，我们有了稳定和发展的条件，但是由于指导思想上“左”的错误，从 1957 年起，我们先后经历了反右派运动、“大跃进”运动、人民公社运动、反右倾运动、“四清”运动，直到发动“文化大革命”，使我国社会长期处于动荡和混乱之中。这样频繁地搞政治运动，也就根本谈不上稳定、发展。党的十一届三中全会后，我们努力维护稳定，但还是未能避免出现1989年那场严重损害我国社会稳定的政治风波。党的十三届四中全会以来的十三年：是新中国成立后少有的保持社会政治稳定、经济繁荣发展的时期。而这十三年，恰恰又是外有压力、内有困难，风险不断、考验不断的十三年，先是苏联解体、东欧剧变，之后则有海湾战争，“台独”分裂活动、亚洲金融危机、严重洪涝灾害、科索沃战争、美国轰炸我大使馆、中美撞机事件以及“9・11”事件、阿富汗战争等等。在这样的情况下，我们为什么能实现较长时间的稳定？根本的原因是十三年来，以江泽民同志为核心的党中央吸取历史的教训，特别重视稳定，极力维护稳定。1993年，在开始实施宏观调控决策后不久，党中央提出了“抓住机遇、深化改革、扩大开放、促进发展、保持稳定”的全党全国工作大局。1995年9月，在党的十四届五中全会上，江泽民又全面阐述了社会主义现代化建设中必须正确处理好的十二个重大关系，提出在这些关系中，最重要、最根本的是要正确处理好改革、发展、稳定三者之间的关系。在十五大报告中，江泽民进一步提出：“必须把改革的力度、发展的速度和社会可承受的程度统一起来，在社会稳定中推进改革发展，在改革发展中促进社会稳定”。“不谋全局者不足谋一域，不谋万事者不足谋一时”。正确处理改革发展稳定三者之间的关系，是十三年实践形成的一条重要经验。

第七条经验，坚持党对军队的绝对领导，走中国特色的精兵之路。“养兵千日，用在一时”。“养兵”是为了准备打仗，准备战争。但是现在的战争和过去的战争已经大不一样了。20世纪前半叶，战争的基本形态是以机器大工业为技术基础的机械化战争，最典型的是两次世界大战。但是从20世纪90年代起，伴随着高新技术运用于军事领域，以海湾战争、“沙漠之狐”行动以及科索沃战争为标志，人类战争的形态发生了根本性的转变，即从机械化战争转入了信息化战争阶段。在机械化与信息化的相互关系中，信息化逐步成为主导因素。在海湾战争和科索沃战争中，伊拉克和南联盟的机械化程度并不低，但是在以美国为首的多国部队和北约强大的信息技术优势面前，他们的机械化效能呈几何级数下降，最终造成军事上的惨败。海湾战争、科索沃战争、2001年的阿富汗战争，乃至即将发生的美国对伊拉克的战争，这些高技术局部战争在对世界军事产生强烈冲击的同时，也给世人、给我党及我军留下了深刻印象，那就是：历史上西方列强以洋枪洋炮对亚非拉国家的大刀长矛的军事技术优势，正在转变为发达国家以信息化军事对发展中国家的机械化半机械化军事的新的技术优势，世界军事力量的对比再次出现了新的严重失衡。正是基于对这种失衡的认识，基于对世界军事形势发展的清醒估计和冷静把握，面对着西方新干涉主义抬头、台独势力猖獗等一系列我们现在和未来必须面对的重大军事斗争问题，20 世纪 90 年代以来，以江泽民同志为核心的党中央作出了我军建设必须实施“科技强军”战略，努力完成机械化和信息化“双重任务”，“走中国特色的精兵之路”的重大抉择，同时提出要从我国国力和发展大局的出发，形成自己的攻防兼备的“杀手锏”、力争打赢一场“非对称”的高技术局部战争的应对策略。江泽民认为，面对世界军事发展带来的严峻挑战，如果我们目光短浅，行动迟缓，就会在未来战争中重演过去我们用大刀长矛对人家洋枪洋炮的历史悲剧。走中国特色的精兵之路，是 21 世纪我军建设的唯一选择。

第八条经验，坚持团结一切可以团结的力量，不断增强中华民族的凝聚力。这一条实际上讲的是扩大党的统一战线的问题。毛泽东在总结中国民主革命经验时，提出中国革命有三大法宝，其中第一个法宝，就是统一战线。1921 年，我们党成立后不久，就和孙中山领导的国民党建立了民族革命统一战线，实行第一次国共合作，开展北伐战争，掀起了轰轰烈烈的工农革命运动，极大地推动了中国革命的发展。抗日战争时期，我们党从抵抗外侮的民族大义出发，经过和国民党的谈判，结束了内战，实行第二次国共合作，建立了抗日民族统一战线。全中国人民同仇敌忾，最终取得了抗日战争的最后胜利。抗战胜利后，为了反对蒋介石独裁内战，我们党又和全国各阶层人民一道结成了极其广泛的人民民主统一战线，在各个方面开展反蒋斗争，最终推翻了国民党的统治，建立了新中国。在中国革命的不同时期，积极利用统一战线这个法宝，坚持团结一切可以团结的力量，把中华民族各阶层的先进分子都团结、汇集、凝聚在党的周围，是我们党由小变大、从弱变强，领导人民夺取民主革命胜利的重要原因。民主革命胜利以后，我们党取得了执政地位。作为执政党，为了巩固自己的执政地位，实现肩负的历史使命，更需要加强全国各族人民的大团结，巩固和发展最广泛的爱国统一战线，想方设法把社会上的各种力量都凝聚起来，团结在党的周围，形成推动中华民族实现伟大复兴的巨大合力。改革开放以来，特别是党的十三届四中全会以来，随着以公有制为主体、多种所有制经济的共同发展，我国社会出现了个体户、私营企业主等6个新的社会阶层。如何认识和对待这些社会阶层，曾经引起过不同的争论。是争取、团结、整合这些人，扩大我们的爱国统一战线的队伍呢，还是对他们熟视无睹，甚至作为异己力量，拒之门外呢？对此，江泽民在深入思考的基础上，郑重提出，这些新出现的社会阶层中的广大人员，与广大工人、农民、知识分子、干部和解放军一样，也是中国特色社会主义事业的建设者。同时，他进一步提出，对这些社会阶层中的优秀分子，凡是符合党员条件的，也要大胆吸收到我们党内来，以不断增强党的阶级基础和群众基础，扩大党在全社会的影响力和凝聚力。伟大而艰巨的建设中国特色社会主义事业，需要全社会各个方面的优秀分子共同参与，共同加以推进。我们党只有以海纳百川的气魄，在新形势下进一步发扬光大我们的统一战线优势，最广泛地调动一切积极因素，团结一切可以团结的力量，才能不断增强中华民族的凝聚力，才能带领人民实现民族复兴的神圣使命。

第九条经验，坚持独立自主的和平外交政策，维护世界和平与促进共同发展。新中国成立后，我国的外交政策曾经历过多次调整：先是中华人民共和国成立后20世纪50年代的“一边倒”，然后是20世纪60年代的“两面开弓”，与美、苏两大国都为敌，再到20世纪70年代的“一条线、一大片”，联合美国对抗苏联的侵略威胁。这个时期的中国外交，尽管也取得了一些成就，但在外交政策中也存在着一些严重的问题：一是对国际形势的判断过于偏激。二是对自身的实力估计过高，对一些国家搞超过国力的大量援助，只搞政治外交，轻视经济外交。三是对世界事务强调斗争过多，四面出击，没有把更多的注意力放在国内发展问题上。四是以世界革命而不是国家利益为主要外交目标，不适当地强调国际主义。五是外交方法上意识形态色彩过浓，缺乏灵活性。党的十一届三中全会后，由邓小平决策，我们对过去的外交政策进行了调整，确立了新时期“独立自主的不结盟的和平外交政策”。在这一政策指导下，我国的外交工作取得了巨大成就。党的十三届四中全会以后，国际局势风云变幻，我国的外交工作面临新的挑战。在这种情况下，以江泽民同志为核心的党中央吸取历史教训，创造性地继承并发展了邓小平的外交思想，开辟了新中国外交理论与实践的新境界。和20世纪80年代相比，20世纪90年代以来的中国外交是在一种全新的背景下推进的。第一，社会主义与资本主义两大阵营的对立不复存在，国际共产主义陷入低潮，中国事实上成为世界社会主义发展的擎天大旗，树大必然招风。第二，美、苏两个超级大国长期对峙的局面不复存在，美国、北约成为世界上的唯一“超强”，充满了“老子天下第一，打遍天下无敌手”的自信，由此就出现了西方政治家所说的“资本主义野蛮化”的倾向，多极化进程并不顺利。第三，经济全球化加速发展，国际竞争空前激烈。十三年来的中国外交就是在这样的复杂形势下推进的。面对错综复杂的国际形势，以江泽民同志为核心的党中央是怎样应对的呢？一是从全局和根本上牢牢把握世界发展的主流，继续坚持“和平与发展是当今时代主题”的总体判断。这一判断没有因为发生海湾战争、科索沃战争以及我驻南联盟大使馆被炸事件而动摇和改变。二是继续奉行“韬光养晦”的政策，在国际事务中不强出头，不乱出头。三是努力发展大国间长期稳定的友好合作关系，积极参与多边外交。四是倡导以“互信、互利、平等、协作”为核心的新安全观，坚持与邻为善，以邻为伴，强调互利双赢——我们发起成立了“上海合作组织”，主持了2001年APEC会议，积极参与东盟与中、日、韩“10＋3”及“10＋1”合作机制，推动建立“中国——东盟”自由贸易区，与东盟开展政治与安全对话，努力消除“中国威胁论”。五是提出世界多样性的观点，推动世界各国和睦相处，共同发展，等等。国际战略和对外政策的正确，是十三年来我们党能够在各种困难和考验面前，“任凭风浪起，稳坐钓鱼船”的又一重要原因。

第十条经验，坚持加强和改善党的领导，全面推进党的建设新的伟大工程。1989年6月16日，邓小平在与江泽民等人谈话时提出，希望新组成的中央常委会“要聚精会神地抓党的建设”，认为“这个党该抓了，不抓不行了”。对邓小平的这个谆谆嘱托，十三年来，江泽民时刻铭记在心。2000年2月，在广东高州进行党建工作调研时，他曾对当地干部说：说“作为党的总书记，我朝思暮想的就是怎么样把党建设好”①。正是出于这样一种重大的历史使命感，十三年来，江泽民“朝思暮想”党的建设问题，提出了“三个代表”重要思想。并按照“三个代表”的要求，就如何在发展社会主义市场经济条件下，坚持加强和改

① 卢方圆：《“三个代表”与高州》，《中共党史研究》2002年第6期。

善党的领导，全面推进党的建设新的伟大工程问题，作出了一系列具体的战略部署，积累了党的建设的新经验，这主要包括五个方面：一是始终坚持把思想理论建设放在首位，不断推进理论创新。二是紧紧抓住干部队伍建设这个关键环节，努力形成朝气蓬勃奋发有为的领导层，这个任务由党的十六大完成了。三是紧紧围绕执政为民这个核心问题，全面加强党的作风建设，深入开展反腐败斗争。四是高度重视党的基层组织建设，不断增强党的阶级基础和扩大党的群众基础。五是大力加强党的执政能力建设，不断提高党的执政能力和执政水平，等等。

十三年积累的基本经验，覆盖了改革发展稳定、内政外交国防、治党治国治军等各个方面，这些经验，联系党成立以来的历史经验，归结起来就是，我们党必须始终代表中国先进生产力的发展要求，代表中国先进文化的前进方向，代表中国最广大人民的根本利益。这些经验，是以江泽民同志为核心的党中央领导全党进行理论创新的重要成果，是全党和全国各族人民实践创造的智慧结晶，标志着我们党对什么是社会主义、怎样建设社会主义，建设什么样的党、怎样建设党的认识进一步深化，对共产党执政的规律、社会主义建设规律和人类社会发展规律的认识水平进一步提高，它同我们党在新时期的基本理论、基本路线、基本纲领一道，对于党和国家事业的发展具有长远的指导作用。

中国共产党长期执政的历史经验*

以 1949 年新中国成立为标志，中国共产党从一个领导人民为夺取全国政权而奋斗的党，成为领导人民掌握全国政权并长期执政的党。从革命到执政，这是一个极具挑战性的巨大历史转变。60 多年来，为了巩固来之不易的执政地位，探索适合中国情况的执政道路，我们党进行了艰辛开拓，积累了宝贵经验。回顾并总结党不同寻常的执政历程及其经验，从中获得有益的历史启迪，对于在新形势下进一步提高党的执政能力，更好地把握执政规律，具有重要意义。

一、执政地位的取得与执政的良好开局

1921 年中国共产党建立后，经过 28 年艰苦卓绝的浴血奋战，党带领人民建立了中华人民共和国，并由此取得了在全国执政的地位。执政之初，面对来自军事、经济、外交等方面的严峻困难和考验，党采取了一系列正确措施，巩固了新生的人民政权，同时迅速恢复了受到严重破坏的国民经济。进入 1953 年，根据国内外形势的发展变化，党正式提出了过渡时期的总路线。到 1956 年，对农业、手工业和资本主义工商业的社会主义改造基本胜利完成，社会主义基本制度在我国确立起来——这是在党的领导下中国社会发生的又一次意义深远的重大变革。

* 这是 2012 年 6 月在中央党校中青一班的授课讲稿。

在这以后，党执政的主要任务，就是努力探索一条适合中国情况的社会主义建设道路，集中力量发展生产力，把贫穷落后的中国建设成繁荣富强的现代化国家。

社会主义基本制度的建立，为当代中国的一切发展进步奠定了根本制度基础。但是，对于在经济文化十分落后的中国如何建设和发展社会主义，党没有经验，也缺乏足够的思想和理论准备。在开始建设的时候，党号召学习苏联。但是，经过执行“一五”计划三年多的实践，特别是苏共二十大揭露出来的严重问题，使得党对苏联社会主义模式的弊端以及照搬苏联经验带来的问题逐步有所认识。这样，以苏联为鉴戒，总结中国自己的经验，独立自主地探索一条反映中国实际、适合中国特点的社会主义建设道路，开始成为全党共识。从 1956 年上半年到 1957 年夏反右派斗争严重扩大化以前，即党的八大召开前后的一年多时间里，党就中国社会主义建设全局中的一系列重大理论和认识问题，进行了全方位的思考，取得了宝贵成果。这些成果，集中地体现在毛泽东《论十大关系》报告、党的八大制定的路线和决策、毛泽东《关于正确处理人民内部矛盾的问题》的讲话以及刘少奇、周恩来、陈云等人提出的正确思想中。归纳起来，主要有以下几个方面内容：

一是依据国内主要矛盾的变化，作出了实现全党工作重点转移、集中力量发展生产力的战略决策。党的八大决议指出：“我们国内的主要矛盾，已经是人民对于建立先进的工业国的要求同落后的农业国的现实之间的矛盾，已经是人民对于经济文化迅速发展的需要同当前经济文化不能满足人民需要的状况之间的矛盾”“党和全国人民当前的主要任务，就是要集中力量来解决这个矛盾，把我国尽快地从落后的农业国变为先进的工业国”。这一重要论述，实际上已经把发展生产力当成了全党全国人民的中心工作。二是制定了既反保守又反冒进即在综合平衡中稳步前进的经济建设方针。这一方针，是在周恩来、陈云等人主持下，针对 1956 年经济工作中一度出现的贪多求快的急躁冒进倾向而提出来的。党的八大肯定了这一方针，强调应根据需要和可能，合理地规定国民经济的发展速度，把计划放在既积极又稳妥可靠的基础上，以保证国民经济比较均衡地发展。三是提出了改革过于集中统一的计划经济体制的思想。如毛泽东在《论十大关系》中，提出了扩大地方权力，增加工厂企业“独立性”的思想。陈云在党的八大会议上提出了“三个主体，三个补充”（在生产计划方面，以国家计划为主体，企业按照市场变化自主安排生产作补充；在社会主义统一市场方面，以国家市场为主体，一定范围内的自由市场作补充；在工商业经营方面，以国家和集体经营为主体，一定数量的个体经营作补充）的思想等。四是创造性地阐述了社会主义社会的基本矛盾和两类矛盾学说。五是提出了加强社会主义民主政治建设的若干重要设想。如在共产党和民主党派关系问题上，提出了“长期共存，互相监督”的方针。在改革党和国家领导制度方面，提出了废除领导职务终身制的设想等。六是提出了加强执政党自身建设的重大任务。邓小平在关于修改党章的报告中特别指出：中国共产党已经是执政的党，已经在全部国家工作中居于领导地位；执政党的地位，使我们党面临着新的考验；党必须经常注意进行反对主观主义、官僚主义和宗派主义的斗争，经常警戒脱离实际和脱离群众的危险等。

此外，这一时期的执政成果，还有党关于“双百方针”的论述、关于知识分子问题的论述、关于学习外国和扩大对外交流的论述等等。这些成果，涉及中国社会主义经济、政治、文化建设的各主要方面，是我们党在执政实践中对于“什么是社会主义、怎样建设社会主义”这个重大理论和实践问题所作的第一次初步回答，党在这个时期的执政总体上是成功的。

二、执政探索中的严重曲折

执政探索中出现严重曲折，是从 1957 年夏全党整风转向、反右派斗争严重扩大化开始的。确定在 1957 年开展全党整风，是党的八大的部署，是加强执政党建设的一项重要举措。其目的是通过整风，切实纠正党内严重存在的官僚主义、宗派主义、主观主义三股歪风。经过广泛动员，1957 年 4 月整风开始后，在各种座谈会上，党外人士畅所欲言，提出的意见大多是中肯和善意的。但是在此过程中，也出现了极少数人乘机向党和新生的社会主义制度发动进攻的情况。在处理这个问题的时候，由于党对阶级斗争和右派进攻的形势作了过于严重的估计，反右派斗争被严重地扩大化了，并造成严重后果。

反右派斗争告一段落后，从 1957 年 10 月党的八届三中全会起，毛泽东在杭州会议、南宁会议、成都会议等一系列会议上对此前周恩来等领导的经济工作中的反冒进提出严厉批评。1958 年 5 月召开的党的八大二次会议则对反冒进作出了完全否定的结论，并通过了“鼓足干劲，力争上游，多快好省地建设社会主义”的总路线。总路线的通过，标志着追求高速度、“超英赶美”的“大跃进”运动正式发动。“大跃进”运动在开始阶段，主要表现为农业生产上严重的虚报浮夸：各地竞放高产“卫星”，工业生产上则掀起了空前规模的全民大炼钢铁运动。在发动工农业“大跃进”的同时，1958 年 8 月，以北戴河中央政治局会议通过的《关于在农村建立人民公社问题的决议》为发端，人民公社化运动也发动起来。全国农村一哄而起，一个多月时间里就基本实现了人民公社化。

“大跃进”和人民公社化运动给我国社会主义建设造成了严重破坏。对“大跃进”和人民公社化运动中出现的乱子，党很快就有所察觉，并采取了一些措施对觉察到的“左”的错误进行纠正。但在 1959 年 7 月召开的庐山会议上，由于对彭德怀等人进行错误批判，纠“左”出现了反复，纠“左”变成了反右。庐山会议后开展的一年多的“反右倾”斗争造成了更加严重的后果。在此情况下，1961 年 1 月，党的八届九中全会正式决定对国民经济实行“调整、巩固、充实、提高”的八字方针，“大跃进”战略被放弃了，代之而起的是对国民经济进行调整。由于各项调整措施得力，到 1965 年底，我国逐步克服了由“大跃进”、人民公社化运动造成的严重困难，经济发展的各项指标都恢复到了新中国成立后的最高水平，五年调整任务胜利完成。但是，就在经济调整的过程中和调整取得较大成绩的同时，党自 1957 年以来在阶级斗争问题上的“左”的错误在此期间再度发展起来。1962 年 8、9 月间，在相继召开的中央工作会议和党的八届十中全会上，毛泽东把与刘少奇等人在国内形势估量、包产到户、甄别平反、对外政策等问题上的认识分歧，当作“黑暗风”“单干风”“翻案风”进行了严厉指责和批判，并把这些都看作是右倾机会主义、修正主义和阶级斗争的表现。党的八届十中全会后，全党随即在国际国内两个战线开始了“反修防修”实践。随着对修正主义和阶级斗争严重性估计的不断升级，最终导致了“文化大革命”的发动。

从 1966 年 5 月到 1976 年 10 月，长达 10 年的“文化大革命”是党在执政中遭受的一次重大挫折。“文化大革命”不但没有达到毛泽东追求理想社会主义的目标，反而严重损害了党和社会主义的形象。

三、伟大历史转折与执政新路的开创

粉碎“四人帮”，结束“文化大革命”后，全党对于“什么是社会主义，如何建设社会主义”这个重大问题进行了深刻反思，并在此基础上开始了对执政新路的探索。

“文化大革命”的结束，只是使中国获得了有利的发展契机。要根本消除“文化大革命”时期形成的关于社会主义的种种错误认识以及由于长期“左”的宣传造成的政治上思想上的各种混乱，是很不容易的。1977 年 2 月“两个凡是”的提出，就成为阻碍中国社会前进的严重羁绊。为了打破“两个凡是”禁锢，1978 年 5 月 11 日，《光明日报》公开发表了《实践是检验真理的唯一标准》一文，并由此引发了一场意义深远的真理标准问题大讨论。在真理标准问题讨论推动思想大解放的基础上，经过历时 36 天的中央工作会议的准备，党的十一届三中全会于 1978 年 12 月 18 日至 22 日召开。全会彻底否定了“两个凡是”的方针，重新确立了解放思想、实事求是的指导思想，实现了思想路线的拨乱反正；停止使用“以阶级斗争为纲”的口号，作出工作重点转移的决策，实现了政治路线的拨乱反正；形成以邓小平为核心的党中央领导集体，取得了组织路线拨乱反正的最重要成果；审查和解决历史上遗留的一批重大问题和一些重要领导人的功过是非问题，开始了系统清理重大历史是非的拨乱反正。全会作出的改革开放重大决策，开始了中国从“以阶级斗争为纲”到以经济建设为中心、从僵化半僵化到全面改革、从封闭半封闭到对外开放的历史性转变。这一系列重大转变的实现，标志着我们党从根本上冲破了长期“左”的错误的严重束缚，揭开了通过改革开放建设中国特色社会主义、重新探索执政新道路的帷幕。

党的十一届三中全会后，经济改革首先在农村启动并取得成功，家庭联产承包责任制逐步推向全国；城市经济体制改革开始了试点；对外开放有了重大突破。1982 年党的十二大后，经济体制改革全面展开。1984 年党的十二届三中全会讨论通过《关于经济体制改革的决定》，阐明了加快以城市为重点的整个经济体制改革的必要性、紧迫性，规定了改革的性质、基本任务和各项基本方针政策。党的十二届三中全会后，我国经济体制改革的重点开始由农村转向城市。为适应发展有计划商品经济的需要，国家对经济的计划管理权限逐步下放，缩小了指令性计划，扩大了指导性计划。按照政企分开、所有权和经营权适当分离的原则，国营企业生产经营自主权进一步扩大。农村改革继续深入，对外开放地域进一步扩大。1987 年党的十三大提出了“一个中心，两个基本点”的基本路线。从党的十一届三中全会到党的十三大，在经济体制改革和对外开放不断深化的同时，我们党在对社会主义再认识的过程中，逐步找到了发展中国特色社会主义的执政新路，其主要内容包括：解放思想，实事求是，以实践作为检验真理的唯一标准；建设社会主义必须根据本国国情，走自己的路；在经济文化落后的条件下，建设社会主义必须有一个很长的初级阶段；社会主义社会的根本任务是发展生产力，集中力量实现现代化；改革是社会主义社会发展的重要动力，对外开放是实现社会主义现代化的必要条件；坚持四项基本原则同坚持改革开放的总方针这两个基本点相互结合、缺一不可；和平与发展是当代世界的主题等等。这些新认识，初步回答了我国社会主义建设的阶段、任务、动力、条件、布局和国际环境等基本问题，规划了党在领导建设中国特色社会主义中科学执政的正确轨道。

党的十三大以后，中国特色社会主义继续推进。1988 年经济波动发生后，党的十三届三中全会决定，用一段时间治理经济环境、整顿经济秩序，以更好地推进改革和建设。但正当党着手治理整顿、解决经济发展中的一些深层次矛盾和问题时，我国改革开放和现代化建设却遭受了未曾预料的严重波折。

四、严峻考验与执政新路的拓展

1989 年北京发生了一场严重政治风波。政治风波平息后，党召开了十三届四中全会，对中央领导机构的部分成员进行了调整，建立了以江泽民同志为核心的第三代中央领导集体。新的中央领导集体建立伊始，针对当时党和国家面临的最紧迫问题，主要做了两方面工作：一是在维护国内政局稳定的同时，进一步治理整顿和推进改革开放。二是沉着冷静，成功应对西方“制裁”和苏东剧变的考验。

20 世纪 80 年代末、90 年代初是世界社会主义运动中的又一个多事之秋。东欧剧变、苏联解体后，在国内和党内，一些人对社会主义前途缺乏信心，对改革开放提出了姓“社”姓“资”的疑问，对党的“一个中心，两个基本点”的基本路线产生了动摇。在此形势下，能不能始终不渝坚持改革开放不动摇，能不能捍卫并继续推进中国社会主义伟大事业，能不能巩固和加强党的执政地位，成为全党面临的严峻考验。在事关党和国家前途命运的关键时刻，1992 年初，邓小平视察南方，发表了重要谈话。南方谈话结合当时的国际国内形势，在科学总结党的十一届三中全会以来的基本实践和基本经验的基础上，以一系列振聋发聩的新的科学理论观点，高屋建瓴地回答了多年来经常困扰人们思想和行为的许多重大认识问题，狠批了“左”的思潮对改革开放的种种诘难，澄清了前进道路上的迷雾。根据邓小平南方谈话精神，1992 年党的十四大作出三项具有深远意义的决策：一是确立邓小平建设有中国特色社会主义理论在全党的指导地位；二是明确我国经济体制改革的目标是建立社会主义市场经济体制；三是要求全党抓住机遇，加快发展，集中精力把经济建设搞上去。以邓小平南方谈话和党的十四大为标志，中国改革开放和现代化建设进入新阶段。党的十四大以后，党领导全国人民解放思想，开拓进取，在建立社会主义市场经济体制的深刻变革中，成功进行宏观调控，实现了经济快速增长，各个领域取得了巨大成就。在此基础上，1997 年党的十五大召开。大会首次使用“邓小平理论”这个科学称谓，把这一理论作为指引党继续前进的旗帜。党的十五大进一步阐述了社会主义初级阶段理论，规定了我国跨世纪发展的战略部署。大会还就社会主义初级阶段的所有制结构和公有制实现形式、依法治国、建设社会主义法治国家等问题提出了新的论断。党的十五大以后，我们相继作出了进行国有企业改革攻坚、实施西部大开发战略、加入 WTO 等一系列重大决策，在纷繁复杂的国际国内条件下，我们党坚定地推进改革开放和现代化建设，取得了在应对来自经济、政治和自然界等方面的严峻挑战的一系列新胜利。

20 世纪 80 年代末、90 年代初国内国际变局发生后，党之所以能够在异常复杂的环境中经受住严峻考验，关键在于不断加强了自身建设。2000 年 2 月江泽民提出了“三个代表”重要思想。“三个代表”重要思想进一步回答了在改革开放和发展社会主义市场经济的历史条件下“建设一个什么样的党，怎样建设党”这一关系党和国家前途命运的重大问题，是对马克思主义建党学说的新发展。

在“三个代表”重要思想的指导下，2002 年召开了党的十六大。党的十六大以来，以胡锦涛同志为总书记的党中央坚持以邓小平理论和“三个代表”重要思想为指导，深入贯彻落实科学发展观，在全面建设小康社会、坚定不移地把中国特色社会主义事业继续推向前进的进程中不断拓展执政新路。

一是提出并实践科学发展观。2003 年春，“非典”疫情侵袭了中国 20 多个省、直辖市、自治区，使人民生命健康和经济社会发展受到严重威胁。在这场与病毒对抗的特殊战斗中，我们党立足社会主义初级阶段的基本国情，总结我国发展实践，借鉴国外发展经验，推进理论和实践创新，提出了科学发展观。科学发展观，第一要义是发展，核心是以人为本，基本要求是全面协调可持续，根本方法是统筹兼顾。科学发展观与马克思列宁主义、毛泽东思想、邓小平理论和“三个代表”重要思想既一脉相承又与时俱进，是我国经济社会发展的重要指导方针。

二是加强党的执政能力建设。2004 年党的十六届四中全会审议通过《关于加强党的执政能力建设的决定》。全会确定了当前和今后一个时期加强党的执政能力建设的主要任务和各项部署，提出要坚持把发展作为党执政兴国的第一要务，不断提高驾驭社会主义市场经济的能力；要坚持党的领导、人民当家作主和依法治国的有机统一，不断提高发展社会主义民主政治的能力；要坚持马克思主义在意识形态领域的指导地位，不断提高建设社会主义先进文化的能力；要坚持最广泛最充分地调动一切积极因素，不断提高构建社会主义和谐社会的能力；要坚持独立自主的和平外交政策，不断提高应对国际局势和处理国际事务的能力。

三是建设社会主义新农村。2005 年党的十六届五中全会审议通过《关于制定国民经济和社会发展第十一个五年规划的建议》，提出要坚持把解决好“三农”问题作为全党工作的重中之重，实行工业反哺农业、城市支持农村，推进社会主义新农村建设。同年底，中共中央、国务院发布《关于推进社会主义新农村建设的若干意见》，就社会主义新农村建设问题作出具体部署。

四是构建社会主义和谐社会。2006 年党召开十六届六中全会，研究了构建社会主义和谐社会的若干重大问题，审议通过了《关于构建社会主义和谐社会若干重大问题的决定》，全面阐述了构建社会主义和谐社会的重大意义、奋斗目标和主要任务，强调构建社会主义和谐社会，必须按照民主法治、公平正义、诚信友爱、充满活力、安定有序、人与自然和谐相处的总要求，以解决人民群众最关心、最直接、最现实的利益问题为重点，着力发展社会事业、促进社会公平正义、建设和谐文化、完善社会管理、增强社会创造活力，走共同富裕道路，推动社会建设与经济建设、政治建设、文化建设协调发展。

2007 年党的十七大召开。大会以马克思列宁主义、毛泽东思想、邓小平理论和“三个代表”重要思想为指导，深入贯彻落实科学发展观，科学回答了党在改革发展关键阶段举什么旗、走什么路、以什么样的精神状态、朝着什么样的发展目标继续前进等重大问题，对继续推进改革开放和社会主义现代化建设、实现全面建设小康社会的宏伟目标作出了全面部署，对以改革创新精神全面推进党的建设新的伟大工程提出了明确要求。党的十七大以后的 5 年来，我们党在执政中带领人民万众一心，迎难而上，取得了抗击汶川特大地震灾害的胜利，成功举办了北京奥运会、残奥会，在各方面严峻考验面前，锐意改革，全力保增长、保民生、保稳定，取得了应对国际金融危机冲击、保持经济平稳较快发展的明显成效，全面推进了社会主义经济建设、政治建设、文化建设、社会建设以及生态文明建设，全面推进了党的建设新的伟大工程，各项工作取得新进展。

五、党长期执政的主要经验

中国共产党在 60 多年的执政历程中，取得了巨大成就，积累了宝贵经验。这些经验，归结起来就是：第一，必须紧紧围绕建设中国特色社会主义这个主题，解放思想、实事求是、与时俱进，不断推进马克思主义中国化，为履行执政职能、完成执政使命提供科学的理论指导，走既反映时代特点又符合马克思主义基本原则的中国特色社会主义道路。第二，必须立足社会主义初级阶段的基本国情，紧紧抓住社会主义社会的主要矛盾，牢牢把握好发展这个执政兴国的第一要务，把发展作为解决中国一切问题的关键，确保经济社会又好又快发展。第三，必须坚持立党为公、执政为民，以人为本，把实现和维护最广大人民的根本利益作为党和国家一切工作的出发点和落脚点，真正代表广大人民群众的根本利益和长远利益。第四，必须坚持推进社会主义的自我完善，通过改革和对外开放、发展科学技术、提高创新能力来建设和发展社会主义，不断增强社会主义的生机和活力。第五，必须坚持以改革的精神加强党的建设，建立健全党和国家政治生活中的民主制度，不断完善党的领导方式和执政方式，大胆探索并建立既符合世界政治文明发展潮流又适应中国国情的社会主义民主政治体制和机制，推进政治体制改革和民主法制建设，实行依法治国，真正做到科学执政、民主执政、依法执政。

中国特色社会主义道路的历史由来*

道路问题是关系党的事业兴衰成败第一位的问题。中国特色社会主义是当代中国发展进步的根本方向，是实现我国社会主义现代化的必由之路。这条道路来之不易，它是在改革开放 30 多年的伟大实践中走出来的，是在中华人民共和国成立 60 多年的持续探索中走出来的，是几代中国共产党人接力探索的成果。党和国家的长期实践证明，中国特色社会主义道路符合中国国情，是富民强国的唯一正确道路。要全面建成小康社会、加快推进社会主义现代化、实现中华民族伟大复兴的中国梦，必须坚定不移沿着中国特色社会主义道路前进。

一、对有别于“苏联公式”的社会主义建设道路的曲折探索

1949 年新民主主义革命的胜利，为中国走上社会主义道路创造了前提。1956 年，在完成对农业、手工业和资本主义工商业的社会主义改造任务后，社会主义制度在我国确立起来。社会主义的建立，为当代中国一切发展进步奠定了根本制度基础。但是，对于在经济文化十分落后的中国如何建设和发展社会主义的问题，党是没有经验的，也缺乏足够的理论准备。在开始建设的时候，党号召学习苏联社会主义建设经

* 这是 2014 年 3 月在中央党校新疆县处班的授课讲稿。

验。但是，苏共二十大暴露出了苏联社会主义模式存在严重的弊端，使得党和毛泽东认识到，简单照搬“苏联公式”不能解决中国自己的社会主义建设问题，因此向全党提出了以苏联为鉴戒，独立自主地探索一条反映中国实际、适合中国特点的社会主义建设道路的重大任务。

从1956年上半年到1957年夏反右派斗争严重扩大化以前，即党的八大召开前后的一年多时间里，在深入调研的基础上，党就中国社会主义建设全局中的一系列重大理论和认识问题进行全方位思考，取得了宝贵成果。归纳起来，这些成果主要有：一是依据国内主要矛盾的变化，作出了实现全党工作重点转移、集中力量发展生产力的战略决策；二是制定了既反保守又反冒进即在综合平衡中稳步前进的经济建设方针；三是提出了改革过于集中统一的计划经济体制的思想；四是创造性地阐述了社会主义社会的基本矛盾和两类矛盾学说；五是在改革党和国家领导制度方面，提出了废除领导职务终身制的设想，等等。这些成果，是党和毛泽东对于“什么是社会主义，在中国怎样建设社会主义”问题所作的一次初步回答，总体上看是成功的。

但是，党的八大以后不久，正如邓小平后来所说，从“1957年开始，我们犯了‘左’的错误，政治上的‘左’导致1958年经济上搞‘大跃进’，使生产遭到很大破坏，人民生活很困难。”① 这里说的政治上的“左”，是从1957年夏全党整风转向、反右派斗争严重扩大化开始的。确定在1957年开展全党整风，是党的八大的部署，是加强执政党建设的一项重要举措。整风开始后，党外人士畅所欲言，对党的工作提出的意见大多是中肯的，但也出现了极少数人乘机向党和新生的社会主义制度发动进攻的情况。在处理此问题时，由于党对阶级斗争和右派进攻的形势作了过于严重的估计，反右派斗争被严重扩大化了，并造成严重后果。随之而来的经济上的“左”，则主要表现为1958年发动的超英赶美的“大跃进”运动。“大跃进”在开始阶段，主要表现为农业生产上的虚报浮夸，各地竞放高产“卫星”。到了1958年8月，中央政治局在北戴河召开扩大会议，决定1958年全国钢产量比1957年翻一番，达到1070万吨。为了在有限的时间内实现这个目标，工业生产上也出现了“大跃进”，即掀起了空前规模的全民大炼钢铁运动。在“以钢为纲，

① 《邓小平文选》第3卷，人民出版社1993年版，第227页。

全面跃进”的口号下，全国各地都不同程度地出现了严重违反客观经济规律的主观蛮干现象，造成了国家经济比例的严重失调和国家财力物力的巨大浪费。在工农业“大跃进”的同时，还发动了人民公社化运动，不少地方喊出了“跑步进入共产主义”的口号，严重混淆了社会主义和共产主义的界限。

“大跃进”和人民公社化运动的出发点，是为了迅速改变中国贫穷落后的面貌，但事实证明，这个充满了空想色彩的社会主义“试验”是不成功的。“大跃进”和人民公社化运动高潮期间，以高指标、瞎指挥、浮夸风、“共产风”为主要标志的“左”的错误严重泛滥，主观主义、唯意志论盛行，违背了党和毛泽东的初衷，给我国经济建设造成了重大损失。面对严重困难，1961 年 1 月，党的八届九中全会决定对国民经济实行“调整、巩固、充实、提高”八字方针，放弃了“大跃进”。经过 5 年调整，到 1965 年底，我国逐步克服了由“大跃进”、人民公社化运动造成的困难，经济发展的各项指标都恢复到了新中国成立后的最高水平。在领导经济调整的过程中，毛泽东号召全党大兴调查研究之风，并结合“大跃进”以来的教训，对中国社会主义所处发展阶段，中国社会主义建设的长期性、艰巨性等问题进行了思考，提出了一些可贵的见解。

但是，就在经济调整的过程中和调整取得较大成绩的同时，毛泽东与刘少奇等人对“大跃进”之后的国内形势估量、包产到户、甄别平反、对外政策等问题的看法上出现了分歧。毛泽东把党内与他意见的不一致都看作是右倾机会主义、修正主义和阶级斗争的表现，最终发动了“文化大革命”。长达 10 年的“文化大革命”是党在探索中国社会主义建设道路过程中出现的重大挫折，不但没有达到毛泽东追求理想社会主义的目标，反而严重损害了社会主义的形象，留下了深刻教训。

二、伟大历史转折与中国特色社会主义道路的开创

粉碎“四人帮”，结束“文化大革命”后，面对严峻的经济社会形势，全党对于“什么是社会主义，如何建设社会主义”这个重大理论和实践问题进行了深刻反思。邓小平的反思尤为深刻。邓小平第三次复出后不久，即 1977 年 12 月，在会见澳大利亚共产党（马列）主席希尔和夫人乔伊斯时，他尖锐地指出：“怎样才能体现列宁讲的社会主义的优

越性，什么叫优越性？不劳动、不读书叫优越性吗？人民生活水平不是改善而是后退叫优越性吗？如果这叫社会主义优越性，这样的社会主义我们也可以不要。”① 1978年3月，在出席第五届全国人民代表大会第一次会议解放军代表团第一小组会议时，他讲话指出：“社会主义不是比资本主义优越吗？不优越叫什么社会主义。‘四人帮’不讲生产。过渡到共产主义不讲生产能行吗？共产主义是什么？是各尽所能，按需分配。按需分配就要物质极大丰富。所以要实现四个现代化，才能更好地体现社会主义的优越性，不然，就始终处于挨打的地位。光喊口号没有用。”② 同年9月，在东北视察工作时，他又说：“我们是社会主义国家，社会主义制度优越性的根本表现，就是能够允许社会生产力以旧社会所没有的速度迅速发展，使人民不断增长的物质文化生活需要能够逐步得到满足。”③ 邓小平对“什么是社会主义”的理解，始终是把“改善人民生活”“物质丰富”“发展生产力”放在最主要方面的。

1978年5月，《光明日报》发表《实践是检验真理的唯一标准》一文，由此开始了一场影响深远的真理标准大讨论。真理标准问题大讨论重新恢复了党的解放思想、实事求是的思想路线，把人们从个人迷信、“两个凡是”的禁锢中解放出来，开启了当代思想解放的先河。在真理标准大讨论的基础上，经过36天的中央工作会议的准备，1978年12月18日至22日党的十一届三中全会召开。全会彻底否定了“两个凡是”的方针，重新确立了解放思想、实事求是的指导思想，实现了思想路线的拨乱反正。全会决定停止使用“以阶级斗争为纲”的口号，作出工作重点转移的决策，实现了政治路线的拨乱反正；形成以邓小平同志为核心的党中央领导集体，取得了组织路线拨乱反正的最重要成果；审查和解决了历史上遗留的一批重大问题和一些重要领导人的功过是非问题，开始了系统清理重大历史是非的拨乱反正。全会作出的改革开放重大决策，开始了中国从“以阶级斗争为纲”到以经济建设为中心、从僵化半僵化到全面改革、从封闭半封闭到对外开放的历史性转变。这一系

① 中共中央文献研究室编：《邓小平年谱（1975—1997）》（上），中央文献出版社2004年版，第250页。

② 《邓小平思想年谱》，中央文献出版社1998年版，第81页。

③ 中共中央文献研究室编：《邓小平年谱（1975—1997）》（上），中央文献出版社2004年版，第380页。

列重大转变的实现，标志着我们党从根本上冲破了长期“左”的错误的严重束缚，踏上了在改革开放中开辟中国特色社会主义道路的新征程。

党的十一届三中全会后，经济改革首先在农村启动并取得成功，家庭联产承包责任制逐步推向全国，城市经济体制改革开始了试点，对外开放有了重大突破。1982 年 9 月，邓小平在党的十二大开幕词中郑重提出：“把马克思主义的普遍真理同我国的具体实际结合起来，走自己的道路，建设有中国特色的社会主义”①。从此，建设中国特色社会主义成为把全国各族人民凝聚起来，进行改革开放和现代化建设的旗帜。党的十二大以后，中国的改革开放全面展开。1984 年 10 月，党召开十二届三中全会，讨论并通过了《中共中央关于经济体制改革的决定》，阐明了加快以城市为重点的整个经济体制改革的必要性、紧迫性，规定了改革的性质、基本任务和各项方针政策。党的十二届三中全会后，我国经济体制改革的重点开始由农村转向城市，农村改革继续深入，对外开放地域进一步扩大。1987 年召开的党的十三大系统阐述了中国社会主义初级阶段理论，完整概括了党在社会主义初级阶段“一个中心，两个基本点”的基本路线，明确提出了中国现代化建设“三步走”战略，科学揭示了党的十一届三中全会以来所形成的建设有中国特色的社会主义理论的总体“轮廓”，高度评价了“有中国特色的社会主义，是马克思主义基本原理同中国现代化建设相结合的产物，是扎根于当代中国的科学社会主义”。

十三大报告把党的十一届三中全会以来我们党在对社会主义再认识的过程中在哲学、政治经济学和科学社会主义等方面发挥和发展了的一系列科学理论观点从 12 个方面作了概括，这就是：解放思想，实事求是，以实践作为检验真理的唯一标准；建设社会主义必须根据本国国情，走自己的路；在经济文化落后的条件下，建设社会主义必须有一个很长的初级阶段；社会主义社会的根本任务是发展生产力，集中力量实现现代化；改革是社会主义社会发展的重要动力，对外开放是实现社会主义现代化的必要条件；坚持四项基本原则同坚持改革开放的总方针这两个基本点相互结合、缺一不可；和平与发展是当代世界的主题，等等。把上述 12 个方面的重大理论和实践认识与党的十一届三中全会作

① 《邓小平文选》第 3 卷，人民出版社 1993 年版，第 3 页。

出的一系列决策综括起来，我们可以看到：从 1978 年党的十一届三中全会到 1987 年党的十三大，经过近 10 年探索，我们党已经初步形成了一套有别于传统模式、具有中国特点的关于“什么是社会主义、如何建设社会主义”的新观念、新思路：在思想路线方面，从否定“两个凡是”方针到提出解放思想，实事求是的思想路线；在国情认识方面，从抛弃“跑步进入共产主义”的臆想到提出“社会主义不够格”的初级阶段理论；在根本任务方面，从坚持“以阶级斗争为纲”到坚持以经济建设为中心、集中力量发展生产力；在发展动力方面，从鼓吹“阶级斗争，一抓就灵”到实施对内改革对外开放；在发展战略方面，从提出“四个现代化”目标到确立“温饱、小康、中等发达国家”的“三步走”部署；在国际局势判断方面，从准备“早打、大打、打核战争”到确立“和平与发展”的时代主题；在祖国统一方面，从高呼“一定要解放台湾”口号到制定“和平统一，一国两制”方针；在党的建设方面，从提出以开展“阶级斗争”为方向的“五十字建党方针”到强调加强党风建设，改革党和国家领导制度，提出“执政党应该是一个什么样的党”的郑重思考等等，所有这些新认识、新命题、新判断，相互联系，相辅相成，初步构成了一个骨架清晰、逻辑严密的关于中国特色社会主义的新的理论体系。也正是基于这一点，十三大报告指出：这些观点，构成了建设有中国特色的社会主义理论的轮廓，初步回答了我国社会主义建设的阶段、任务、动力、条件、布局和国际环境等基本问题，规划了我们前进的科学轨道。我们党不但提出了这“一系列科学理论观点”，而且在实践中大胆实施并取得成功，这表明：到了党的十三大召开之际，中国特色社会主义新道路已初步开辟。

党的十三大以后，中国特色社会主义在改革开放中继续推进。但是，党的十三大后不久，就在我们党开始着手认真解决改革发展中的一些深层次矛盾和问题时，我国社会主义改革开放和现代化建设却遭受了未曾预料的严重波折。

三、国内风波、国际变局与中国特色社会主义道路的拓展

1989 年北京发生了一场严重的政治风波。政治风波平息后，党召

开了十三届四中全会，对中央领导机构的部分成员进行了调整，建立了以江泽民同志为核心的新中央领导集体。新的中央领导集体建立伊始，针对当时党和国家面临的最紧迫问题，主要做了两方面工作：一是在维护国内政局稳定的同时，进一步治理整顿和推进改革开放。二是沉着冷静，成功应对了西方“制裁”和苏东剧变的考验。

20 世纪 80 年代末、90 年代初，随着东欧剧变、苏联解体，世界社会主义运动陷入低潮。面对国际国内变局，一些人对社会主义前途缺乏信心，对改革开放提出了姓“社”姓“资”的疑问，对党的“一个中心，两个基本点”的基本路线产生了动摇。在此形势下，能不能始终不渝坚持改革开放不动摇，能不能捍卫并继续推进中国社会主义伟大事业，能不能巩固和加强党的执政地位，成为全党面临的严峻考验。在事关党和国家前途命运的关键时刻，1992 年初，邓小平视察南方，发表了重要谈话。南方谈话结合当时的国际国内形势，在科学总结党的十一届三中全会以来的基本实践和基本经验的基础上，以一系列振聋发聩的新的科学理论观点，高屋建瓴地回答了多年来经常困扰人们思想和行为的许多重大认识问题，狠批了“左”的思潮对改革开放的种种诘难，澄清了我们前进道路上的迷雾。

根据邓小平南方谈话精神，1992 年 10 月党的十四大作出了三项具有深远意义的决策：一是确立了邓小平建设有中国特色社会主义理论在全党的指导地位；二是明确了我国经济体制改革的目标是建立社会主义市场经济体制；三是要求全党抓住机遇，加快发展，集中精力把经济建设搞上去。以邓小平南方谈话和党的十四大为标志，我国改革开放和现代化建设事业进入新的发展阶段。党的十四大以后，党领导全国各族人民解放思想，开拓进取，在建立社会主义市场经济体制的深刻变革中成功进行宏观调控，实现经济快速增长，使得各个领域取得巨大成就。在党的十四大以来 5 年加速发展的基础上，1997 年 9 月召开的党的十五大首次使用了“邓小平理论”这个科学称谓，并把这一理论作为指引党继续前进的旗帜。党的十五大进一步阐述了社会主义初级阶段理论，规定了我国跨世纪发展的战略部署。大会还就社会主义初级阶段的所有制结构和公有制实现形式、依法治国、建设社会主义法治国家等问题提出了新的论断。党的十五大以后，按照大会的部署，我们党相继作出了进行国有企业改革攻坚、实施西部大开发战略、加入 WTO 等一系列重大决策，在纷繁复杂的国际国内条件下，我们党坚定地推进中国特色社会主义伟大事业，取得了应对来自经济、政治和自然界等方面的严峻挑战的一系列新胜利。

20 世纪 80 年代末、90 年代初国内国际变局发生后，党之所以能够在异常复杂的环境中经受住严峻考验，关键在于不断加强了党的自身建设。2000 年 2 月江泽民提出了“三个代表”重要思想。“三个代表”重要思想进一步回答了在改革开放和发展社会主义市场经济的历史条件下“建设一个什么样的党，怎样建设党”这一关系党和国家前途命运的重大问题，是对马克思主义建党学说的新发展。

四、在新的历史起点上继续推进和发展中国特色社会主义

在“三个代表”重要思想指导下，2002 年召开了党的十六大。党的十六大以后，以胡锦涛同志为总书记的党中央坚持以邓小平理论和“三个代表”重要思想为指导，深入贯彻落实科学发展观，在全面建设小康社会实践中经受住了新的考验，坚定不移地把中国特色社会主义事业继续推向前进。

一是提出并实践科学发展观。科学发展观，第一要义是发展，核心是以人为本，基本要求是全面协调可持续，根本方法是统筹兼顾。科学发展观与马克思列宁主义、毛泽东思想、邓小平理论和“三个代表”重要思想既一脉相承又与时俱进，是我国经济社会发展的重要指导方针。二是加强党的执政能力建设。2004 年 9 月党的十六届四中全会审议通过《中共中央关于加强党的执政能力建设的决定》，提出要坚持把发展作为党执政兴国的第一要务，不断提高驾驭社会主义市场经济的能力；要坚持党的领导、人民当家作主和依法治国的有机统一，不断提高发展社会主义民主政治的能力；要坚持马克思主义在意识形态领域的指导地位，不断提高建设社会主义先进文化的能力；要坚持最广泛最充分地调动一切积极因素，不断提高构建社会主义和谐社会的能力；要坚持独立自主的和平外交政策，不断提高应对国际局势和处理国际事务的能力。三是提出建设社会主义新农村的任务。2005 年 10 月党的十六届五中全会提出要坚持把解决好“三农”问题作为全党工作的重中之重，实行工

业反哺农业、城市支持农村，推进社会主义新农村建设。同年年底，中共中央、国务院发布《关于推进社会主义新农村建设的若干意见》，就社会主义新农村建设问题作出具体部署。四是构建社会主义和谐社会。2006 年 10 月党的十六届六中全会通过的《中共中央关于构建社会主义和谐社会若干重大问题的决定》，全面阐述了构建社会主义和谐社会的重大意义、奋斗目标和主要任务，强调构建社会主义和谐社会，必须按照民主法治、公平正义、诚信友爱、充满活力、安定有序、人与自然和谐相处的总要求，以解决人民群众最关心、最直接、最现实的利益问题为重点，着力发展社会事业、促进社会公平正义、建设和谐文化、完善社会管理、增强社会创造活力，走共同富裕道路，推动社会建设与经济建设、政治建设、文化建设协调发展，等等。

在改革开放即将迎来 30 周年之际，2007 年 10 月党的十七大召开了。大会以马克思列宁主义、毛泽东思想、邓小平理论和“三个代表”重要思想为指导，深入贯彻落实科学发展观，科学回答了党在改革发展关键阶段举什么旗、走什么路、以什么样的精神状态、朝着什么样的发展目标继续前进等重大问题，对继续推进改革开放和社会主义现代化建设、实现全面建设小康社会的宏伟目标作出了全面部署，对以改革创新精神全面推进党的建设新的伟大工程提出了明确要求。党的十七大后，我国成功举办了北京奥运会、残奥会，在来自经济、政治和自然界的考验面前，锐意改革，共克时艰，取得应对国际金融危机冲击、保持经济平稳较快发展的明显成效，全面推进社会主义经济建设、政治建设、文化建设、社会建设以及生态文明建设，全面推进党的建设新的伟大工程，各项工作取得新进展。

2012 年 11 月党的十八大召开。党的十八大回顾总结了党的十六大以来的奋斗历程及取得的历史性成就，确立了科学发展观的历史地位，提出了夺取中国特色社会主义新胜利的基本要求，确定了全面建成小康社会和全面深化改革开放的目标，对新的时代条件下推进中国特色社会主义事业作出全面部署。党的十八大以来，以习近平同志为核心的党中央面对十分复杂的国际形势和艰巨繁重的国内改革发展稳定任务，高举中国特色社会主义伟大旗帜，雷厉风行、大刀阔斧，着眼于全面建成小康社会、加快推进社会主义现代化、实现中华民族伟大复兴中国梦的宏伟目标，提出了在新的历史起点上全面深化改革和大力加强党的建设的各项重大任务，推动中国特色社会主义事业取得新的重大进展。

从党的十一届三中全会召开至今，在30多年改革开放一以贯之的接力探索中，我们党坚定不移高举中国特色社会主义伟大旗帜，既不走封闭僵化的老路、也不走改旗易帜的邪路，而是艰辛求索，奋力开拓出了一条引领中华民族实现伟大复兴的中国特色社会主义道路。中国特色社会主义道路，就是在中国共产党领导下，立足基本国情，以经济建设为中心，坚持四项基本原则，坚持改革开放，解放和发展社会生产力，建设社会主义市场经济、社会主义民主政治、社会主义先进文化、社会主义和谐社会、社会主义生态文明，促进人的全面发展，逐步实现全体人民共同富裕，建设富强民主文明和谐的社会主义现代化国家。正是沿着中国特色社会主义道路，我们党带领全国各族人民在短短几十年时间里取得了其他国家需要上百年、几百年才能取得的发展成果，创造了举世瞩目的“中国奇迹”。

“世界在变化，中国也在变化，中国特色社会主义也必须随着形势和条件的变化而向前发展。”① 只要我们坚定中国特色社会主义的理论自信、道路自信、制度自信，不动摇、不懈怠、不折腾，顽强奋斗、艰苦奋斗、不懈奋斗，中国特色社会主义道路就一定越走越宽广，我们党一定能够带领全国各族人民在中国共产党成立一百年时全面建成小康社会，在新中国成立一百年时建成富强民主文明和谐的社会主义现代化国家，最终实现中华民族伟大复兴的中国梦。

① 《习近平接受金砖国家媒体联合采访》，《人民日报》2013年3月20日。

中国共产党的奋斗历程与优良传统*

中国共产党是实现中国现代化、实现中华民族伟大复兴的坚强组织者和领导者。建党 90 多年来，我们党把马克思主义基本原理同中国实际和时代特征结合起来，孜孜求索，接力奋斗，历经千辛万苦，付出各种代价，取得了新民主主义革命、社会主义革命和建设、改革开放的伟大胜利，开创和发展了中国特色社会主义，“把贫穷落后的旧中国变成日益走向繁荣富强的新中国，中华民族伟大复兴展现出前所未有的光明前景”①。在这一艰辛过程中，党形成了以实事求是、理论联系实际、密切联系群众、批评和自我批评、民主集中制、纪律严明以及全心全意为人民服务、艰苦奋斗、调查研究、崇尚学习、廉洁奉公、思想政治工作等为主要内容的一整套优良传统作风，这是党的宝贵财富和独特政治优势，为保证完成党在各个历史时期中心任务发挥了重要作用。面对实现“两个一百年”宏伟目标和中华民族伟大复兴的崇高使命，学习和科学把握党的奋斗历程，继承并不断发扬光大党的优良传统作风，对于增强信心、坚定信念、赢得信任，在新的历史条件下进行具有许多新的历史特点的伟大斗争，奋力推进中国特色社会主义伟大事业和党的建设新的伟大工程，具有重大的现实意义。

---

* 这是 2014 年 9 月至 2017 年 10 月在中央党校省部班、地厅班、中青班等班次的授课讲稿。

① 习近平：《在十八届中央政治局常委同中外记者见面时的讲话》，《人民日报》2012 年 11 月 16 日。

一、"使中华民族来一个大翻身""大解放"——艰苦卓绝的民主革命与党的优良传统的形成

中国曾创造了世界领先的古代文明。但当历史步入近代时，中国落伍了。

落后就要挨打。从1840年第一次鸦片战争起至20世纪初，几乎所有资本主义、帝国主义强国都侵略过中国。为了反抗外敌和改革现状，中国人民同外国侵略势力和本国封建势力进行了英勇斗争。但历次抗争无不"以我国失败、签订丧权辱国条约而告终"[①]。1911年爆发的辛亥革命，推翻了清王朝统治。但以孙中山为首的中华民国南京临时政府仅存在三个月，就被以袁世凯为代表的北洋军阀政府所取代，中国又陷入四分五裂的动乱之中——以资本主义为出路的资产阶级救国方案同样未能解决中国的问题。就在无数爱国志士为寻找"救中国"的道路而继续求索、苦闷彷徨之际，1917年，"十月革命一声炮响，给我们送来了马克思列宁主义。"自从"中国人找到了马克思列宁主义这个放之四海而皆准的普遍真理，中国的面目就起了变化了。"[②] 受俄国十月革命的影响，1921年7月，中国共产党建立了。党成立伊始，就义无反顾地肩负起了从根本上扭转中国人民受剥削压迫的重大使命，完成了让中国人昂首挺胸"站起来"——实现民族独立和人民解放的历史任务，走上了让中华民族巍然屹立"强起来"——实现国家富强、民族振兴、人民幸福的伟大征程。

在中国特定的社会历史条件下，要实现民族独立和人民解放，只有实行社会革命，通过社会革命"使中华民族来一个大翻身，由半殖民地变为真正的独立国，使中国人民来一个大解放"，并由此"造成由农业国变为工业国的先决条件，造成由人剥削人的社会向着社会主义社会发展的可能性。"[③] 但中国共产党诞生时，只是一个有着50多名党员的小党，怎样进行革命并领导这场革命取得最后胜利呢？这是一个巨大的难

① 《毛泽东文集》第8卷，人民出版社1999年版，第340页。
② 《毛泽东选集》第4卷，人民出版社1991年版，第1470页。
③ 《毛泽东选集》第4卷，人民出版社1991年版，第1375页。

题。为了解决这个难题，中国共产党奋斗了28年。

中国共产党成立后，以主要精力从事工人运动，先后发动了100多次罢工，但大都被镇压了。这使党认识到：中国革命的敌人异常强大，为了战胜强敌，仅靠工人阶级孤军奋战是不够的，必须争取一切可能的同盟者。为此，党积极推进与国民党合作的联合战线的建立和发展。1924年1月，中国国民党第一次全国代表大会在广州召开，这次大会标志着国民党改组的完成和第一次国共合作正式建立，并很快开创出以广州为中心的反帝反封建新局面。党为北伐的准备和胜利进军做了大量卓有成效的组织、群众动员和政治宣传工作。北伐军向长沙进军途中，中共湖南区委发动工农群众参加带路、送信、侦察、运输、扫雷、担架救护、慰劳、扰乱敌军后方等工作，还组织农民自卫军直接参战。政治工作对北伐军迅速取胜也起了重要作用。据不完全统计，在北伐军各军担负政治工作的共产党员，到1926年12月已达到1500人左右。共产党人实际上领导了北伐军的全部政治工作。政治工作在叶挺独立团发挥了重要作用，使得该团在历次战斗中都勇于承担最艰巨的任务。北伐时期，周恩来、恽代英、聂荣臻、李富春等党的早期领导人，不仅亲自参加政治工作的实践，成为革命军队政治工作的开拓者，而且在不断总结军队政治工作经验的基础上，提出了许多颇具见地的军队政治工作思想原则，为党后来建立红军中的政治工作制度积累了经验。但是，到1927年，随着蒋介石、汪精卫相继背叛革命，持续三年多的轰轰烈烈的大革命失败了。

面对异常严峻的形势，中共中央于1927年8月在湖北汉口召开紧急会议，确定了土地革命和武装反抗国民党反动派的总方针。根据这一方针，中国共产党人相继组织了南昌起义、秋收起义、广州起义等一系列武装起义。但是，虽然“打蒋介石是不错的，但是如何组织队伍，以及组织了队伍又如何放枪，这就发生了很多不同的意见”，在各种“不同的意见”中，“有一部分同志的意见大体上比较恰当，适合中国国情，比较正确些”①。党内持“比较恰当”“比较正确”意见的代表人物是毛泽东。秋收起义后，毛泽东率先创建井冈山革命根据地，后又领导建立了以瑞金为中心的赣南、闽西根据地（中央根据地），开始了对立足中

---

① 《毛泽东文集》第3卷，人民出版社1996年版，第292—293页。

国实际、符合中国国情的民主革命道路的艰辛探索。

在异常艰苦的革命战争环境中，中国共产党人坚贞不屈的信念气节在生与死、血与火的考验中得到检验，党的优良传统进一步形成。一是紧密联系群众，并给群众以切实的利益。1927 年底，毛泽东规定部队必须执行打仗消灭敌人、打土豪筹款子、做群众工作三项任务，打仗的时间与做群众工作的时间“乃是一与十之比”①。毛泽东在井冈山领导开展土地革命，使无地或少地的农民分得了土地，激发了农民的革命积极性。井冈山根据地初创时期，群众就是通过工农革命军的言行来了解中国共产党的主张的。正是因为得到了老百姓的支持拥护，共产党及其领导的军队才能在根据地站稳脚跟。1934 年初，面对蒋介石围攻中央根据地的几十万大军和几千座碉堡，毛泽东说：“真正的铜墙铁壁是什么？是群众，是千百万真心实意拥护革命的群众。这是真正的铜墙铁壁，什么力量也打不破的，完全打不破的。”② 二是倡导党内生活“政治化”。针对党内存在的主观主义、极端民主化、无原则的批评等各种非无产阶级思想，1929 年 12 月，毛泽东在其起草的红四军九大决议即古田会议决议中提出，要“教育党员使党员的思想和党内的生活都政治化，科学化”。他还深入分析了“极端民主化”和“非组织观点”对党和红军的严重危害，提出要在组织上、纪律上“厉行集中指导下的民主生活”；要“从理论上铲除极端民主化的根苗”“建立领导的中枢”，要坚持“少数服从多数”“少数人在自己的意见被否决之后，必须拥护多数人所通过的决议。除必要时得在下一次会议再提出讨论外，不得在行动上有任何反对的表示。”③ 三是深入调查研究，“没有调查，没有发言权”。要真正了解群众的愿望、把握中国革命的实际，必须深入调查研究。毛泽东是全党调查研究的典范。他批评“安于现状，不求甚解……饱食终日，坐在机关里面打瞌睡，从不肯伸只脚到社会群众中去调查调查”的共产党员“一定要弄坏事情，一定要失掉群众，一定不能解决问题”。要克服困难和“洗刷唯心精神”，唯有“努力作实际调查”④。四是军内民主，官兵平等，艰苦奋斗，形成强有力的思想政治工作局面。

---

① 《毛泽东文集》第 1 卷，人民出版社 1993 年版，第 57 页。
② 《毛泽东选集》第 1 卷，人民出版社 1991 年版，第 139 页。
③ 《毛泽东选集》第 1 卷，人民出版社 1991 年版，第 88—90 页。
④ 《毛泽东选集》第 1 卷，人民出版社 1991 年版，第 109、110、112、116 页。

井冈山时期，红军物质生活菲薄，战斗频繁，仍能“艰难奋战而不溃散”，除了“支部建在连上”、党组织发挥作用外，靠的重要一条是军队实行民主、官长不打士兵、官兵待遇平等、士兵有开会说话的自由，废除烦琐的礼节，经济公开。党内军内可以开展平等的相互批评，使得思想政治工作有力进行。这样，新加入红军的俘虏兵，虽然感觉红军的物质生活不如“白军”，但是精神得到了解放，“同样一个兵，昨天在敌军不勇敢，今天在红军很勇敢”“红军像一个火炉，俘虏兵过来马上就熔化了。”红军内部无论“什么人都是一样苦”，红米饭，南瓜汤，“从军长到伙夫，除粮食外一律吃五分钱的伙食。发零用钱，两角即一律两角，四角即一律四角。因此士兵也不怨恨什么人。”① 五是推进马列主义的“本本”同中国实际相结合。马克思主义的书本上并没有关于中国革命的现成答案，因此“中国革命斗争的胜利要靠中国同志了解中国情况”。毛泽东说：“共产党的正确而不动摇的斗争策略，决不是少数人坐在房子里能够产生的”，而“是要在群众的斗争过程中”“在实际经验中才能产生”“我们说马克思主义是对的，决不是因为马克思这个人是什么‘先哲’，而是因为他的理论，在我们的实践中，在我们的斗争中，证明了是对的”“马克思主义的‘本本’是要学习的，但是必须同我国的实际情况相结合”②。也正是在推进这个“相结合”的过程中，从1928年10月至1930年初，毛泽东相继写出《中国的红色政权为什么能够存在?》《井冈山的斗争》《星星之火，可以燎原》等重要文章，创造性地提出了“农村包围城市、武装夺取政权”的思想，逐步找到了一条推动中国革命走向复兴和胜利的正确道路。但是，由于此时全党对于中国革命的一系列重大理论和实践问题尚未形成正确的认识，加上共产国际及其代表的错误指导等原因，中共中央在领导土地革命的10年间，多次发生“左”的错误，特别是王明“左”倾教条主义造成第五次反“围剿”战争失败，导致红军被迫进行长征。在严酷的形势面前，1935年1月，中央政治局在遵义召开扩大会议，终止了“左”倾教条主义在中央的统治，确立了毛泽东在中共中央和红军的领导地位。遵义会议后，中央红军摆脱几十万国民党军队的围追堵截，于1935年10月到达

---

① 《毛泽东选集》第1卷，人民出版社1991年版，第65页。

② 《毛泽东选集》第1卷，人民出版社1991年版，第111、115页。

陕北吴起镇，胜利结束了长征。一年之后，红四方面军、红二方面军等同红一方面军在甘肃会师，也结束了长征。红军三大主力会师后不久，西安事变爆发。西安事变促成中国共产党和国民党第二次合作，团结御侮，共同抗日。抗日战争是中国近代历史上空前规模的全民族反侵略战争。抗日战争时期，是中国共产党队伍大扩张、理论大觉醒、优良传统（作风）大发展并进一步巩固和强化的时期。六是坚持实事求是，把马列理论与中国实际紧密结合、推进马克思主义中国化。毛泽东说：“马克思列宁主义的伟大力量，就在于它是和各个国家具体的革命实践相联系的。对于中国共产党说来，就是要学会把马克思列宁主义的理论应用于中国的具体的环境……离开中国特点来谈马克思主义，只是抽象的空洞的马克思主义”。因此，要“使马克思主义在中国具体化，使之在其每一表现中带着必须有的中国的特性”① “理论和实践这样密切地相结合，是我们共产党人区别于其他任何政党的显著标志之一。”② 经过延安整风，全党实现了理论大觉醒，马列主义基本原理同中国实际相结合的第一大理论成果——毛泽东思想在党的七大上被写入党章。七是“和最广大的人民群众取得最密切的联系”。毛泽东说：“共产党员是一种特别的人……他们是人民的儿子，又是人民的教师”③ “应该紧紧地和民众在一起，保卫人民，犹如保卫你们自己的眼睛一样，依靠人民，犹如依靠自己的父母兄弟姊妹一样。”④ “我们共产党人区别于其他任何政党的又一个显著的标志，就是和最广大的人民群众取得最密切的联系。”⑤ 全心全意为人民服务，一刻也不脱离群众；一切从人民的利益出发，是中国共产党全部工作的出发点。八是开展认真的“批评和自我批评”。“因为我们是为人民服务的，所以，我们如果有缺点，就不怕别人批评指出。”⑥ 延安整风的方针是“惩前毖后”“治病救人”，办法是联系个人思想和工作，自我反省，开展批评和自我批评，提高认识，增强党性。这个方针同“残酷斗争”“无情打击”解决党内分歧的做法形成了

① 《毛泽东选集》第2卷，人民出版社1991年版，第534页。
② 《毛泽东选集》第3卷，人民出版社1991年版，第1094页。
③ 《毛泽东文集》第3卷，人民出版社1996年版，第47页。
④ 《毛泽东文集》第3卷，人民出版社1996年版，第45页。
⑤ 《毛泽东选集》第3卷，人民出版社1991年版，第1094—1095页。
⑥ 《毛泽东选集》第3卷，人民出版社1991年版，第1004页。

鲜明对比——“有无认真的自我批评，也是我们和其他政党互相区别的显著的标志之一。”① 九是不惧艰难困苦，始终艰苦奋斗。“共产党也有他的作风，就是：艰苦奋斗！这是每一个共产党员，每一个革命家的作风。”② 毛泽东等亲自参加的“自己动手，丰衣足食”的大生产运动是党发扬自力更生、艰苦奋斗精神的典范。十是“纪律是执行路线的保证”“向中央基准看齐”。毛泽东指出：党规党纪“一经制定之后，就应不折不扣地实行起来，以统一各级领导机关的行动”“党的一切工作由中央集中领导……各级党的委员会的委员必须无条件的执行”。③ 1945 年 4 月在党的七大预备会议上毛泽东进一步指出：“一个队伍经常是不大整齐的，所以就要常常喊看齐，向左看齐，向右看齐，向中看齐。我们要向中央基准看齐，向大会基准看齐。看齐是原则，……有了偏差，就喊看齐。”④ 正因为一切向“中央基准看齐”，无条件服从中央调遣，我们党才得以在抗日战争时期能够不断发展壮大并夺取了最终胜利。黄克诚回忆：“抗战时期，毛主席就是用个电台，嘀嗒、嘀嗒地指挥我们”“不管在什么情况下，只要中央下个命令，党员都坚决地执行”“没有什么人来监督，也没有人来批评、斗争，大家都自觉地执行延安的‘嘀嗒、嘀嗒’。”⑤ 十一是大力兴办学校，重视干部学习。毛泽东说：“我们队伍里边有一种恐慌，不是经济恐慌，也不是政治恐慌，而是本领恐慌”“共产党在全国的党员过去是几万个，现在有几十万，将来会有几百万，这几十万、几百万共产党员要领导几千万、几万万人的革命，假使没有学问，是不成的”“学习是我们注重的工作，特别是干部同志，学习的需要更加迫切，如果不学习，就不能领导工作，不能改善工作与建设大党。”⑥ 为了加强学习，党在极其困难的条件下在延安及其他抗日根据地创办了包括中共中央党校、抗日军政大学、陕北公学等在内的几十所学校，为中国民主革命的胜利培养和造就了一大批忠勇干部。十二是勇于修正错误，善于总结经验。这集中体现在 1945 年 4 月党的六

---

① 《毛泽东选集》第 3 卷，人民出版社 1991 年版，第 1096 页。

② 《毛泽东著作专题摘编》(下)，中央文献出版社 2003 年版，第 2132—2133 页。

③ 中央档案馆：《中共中央文件选集》第 11 册（1936—1938 年），中共中央党校出版社 1991 年版，第 766、769 页。

④ 《毛泽东文集》第 3 卷，人民出版社 1996 年版，第 298 页。

⑤ 黄克诚：《关于党风问题》，《人民日报》1981 年 2 月 28 日。

⑥ 《毛泽东文集》第 2 卷，人民出版社 1993 年版，第 177—179 页。

届七中全会通过的《关于若干历史问题的决议》中。

经过同仇敌忾、艰苦卓绝的8年抗战，1945年中国的抗日战争胜利结束。抗战胜利后，中国又面临着建立一个什么样的新国家的斗争。中国共产党力图通过和平的途径来建设一个独立、民主、富强的新中国。为了达到这一目的，毛泽东亲赴重庆同国民党当局进行谈判。但是，国民党背弃了和平民主建国的方针，发动了全面内战。进入1948年，民主革命已是胜利在望。面对新的形势，为了进一步加强中央的集中统一领导，把一切必须和可能集中的权力集中于中央，1948年初，毛泽东亲自为中央起草了《关于建立报告制度》的指示，要求“各中央局和分局，由书记负责（自己动手，不要秘书代劳），每两个月，向中央和中央主席作一次综合报告。”① 同年8月，中央又发出《关于严格执行报告制度的指示》，督促报告制度的落实。9月召开的中央政治局扩大会议又通过《中共中央关于各中央局、分局、军区、军委分会及前委会向中央请示报告制度的决议》，对请示报告制度作了进一步规范。建立请示报告制度是维护中央权威的一个重要举措，对保障解放战争大决战的顺利进行和筹备新中国的成立起到了重要的作用。

中国共产党紧紧依靠人民又领导进行了气势磅礴的三年解放战争，最终摧毁了国民党政权，建立了中华人民共和国。

二、把中国建成“一个真正的大国”“强国”——艰辛探索社会主义建设之路与党的优良传统的传承

新中国成立后，中国共产党所处地位发生根本变化，开始从领导人民为夺取全国政权而奋斗的党，变为领导人民掌握全国政权、进行社会主义革命和建设并长期执政的党。党执政后所肩负和要致力完成的新的历史使命，就是实现国家繁荣富强和人民共同富裕，引领中华民族实现伟大复兴。

还在新中国成立前夕召开的党的七届二中全会上，毛泽东就指出：“夺取全国胜利，这只是万里长征走完了第一步”“剧是必须从序幕开始

① 《毛泽东选集》第4卷，人民出版社1991年版，第1264页。

的，但序幕还不是高潮”“务必使同志们继续地保持谦虚、谨慎、不骄、不躁的作风，务必使同志们继续地保持艰苦奋斗的作风”。[①] 1950 年 4 月，中共中央专门作出《关于在报纸刊物上开展批评和自我批评的决定》，提倡“在一切公开的场合，在人民群众中，特别在报纸刊物上展开对于我们工作中一切错误和缺点的批评与自我批评。”[②] 中国共产党就是以这样的自我警示开始了建国初期的各项工作。

新中国在经济上所继承的是一个千疮百孔的烂摊子，是一个工业化基础极为薄弱、“一穷二白”的农业国。从总产量上看，中国与当时主要资本主义国家工业水平的差距至少在 100 年以上。朝鲜战争爆发后，中国同美国在朝鲜战场上进行了力量悬殊的较量，更加凸显了我国工业实力不强、武器装备落后的紧迫现实。如果不能迅速改变中国贫穷落后的状况，就难免还要受欺负。社会主义具有集中力量办大事的优势。在工人阶级领导的以工农联盟为基础的人民民主专政的条件下，中国要实现工业化、现代化，只能走社会主义道路。在完成对生产资料私有制的社会主义改造任务后，1956 年中国建立起了社会主义基本制度。然而，问题也随之而来：在中国这样一个“一穷二白”、人口众多的东方大国，如何建设社会主义？这是全党在理论和实践上面临并亟须解决的新的重大课题。

最初，中国共产党提出了“以苏联为榜样”的口号。但很快发现，简单照抄照搬苏联模式是行不通的。中国自己的社会主义建设道路只能在实践探索中逐步解决，只能在对中国国情的深刻把握和认识中解决。1956 年 2 月至 4 月，毛泽东用了 2 个多月时间听取了国务院 30 多个部门汇报，对我国经济政治各方面情况进行了较为深入、全面的调查研究。在此基础上，1956 年 9 月党的八大召开。党的八大依据国内主要矛盾发生的重大变化，明确提出党和人民的主要任务是集中力量发展社会生产力，把我国尽快地从落后的农业国变为先进的工业国。党的八大在经济、政治、文化建设等方面作出的一系列决策总体上是正确的。

但党的八大以后不久，党探索中国社会主义建设道路就发生了严重

① 《毛泽东选集》第 4 卷，人民出版社 1991 年版，第 1438 页。

② 《中共中央关于在报纸刊物上展开批评和自我批评的决定》，《人民日报》1950 年 4 月 22 日。

曲折。1957年，出现了反右派斗争的严重扩大化；1958年发动了“超英赶美”的“大跃进”和“一大二公”的人民公社化运动。发动“大跃进”和人民公社化运动的出发点是为了更快速度改变中国贫穷落后的面貌，实现“超英赶美”，“把中国变成一个真正的大国”[①]“一个强国”[②]，让人民过上幸福美好的生活。但“大跃进”期间，以高指标、瞎指挥、浮夸风、“共产风”为主要标志的“左”的错误严重泛滥，超越阶段、脱离实际，生产力发展上急于求成，生产关系变革上急于求纯，主观主义、唯意志论盛行，反而给我国经济建设造成了重大损失，给人民生活带来严重困难。面对严峻形势，1961年初召开的党的八届九中全会决定对国民经济实行“调整、巩固、充实、提高”八字方针，放弃了“大跃进”。

在领导经济调整的过程中，毛泽东等中央领导人大力倡导并身体力行党的优良传统，党的优良传统也为克服严重困难发挥了巨大威力。一是勇敢承认错误，带头开展批评和自我批评。在1962年初召开的七千人大会上，毛泽东说：不论党内党外，都要有充分的民主生活，让群众讲话，哪怕是骂自己的话，也要让人家讲。哪有马克思列宁主义者怕群众的道理呢？我们的态度是：坚持真理，随时修正错误。他还表示：干了蠢事，“人家不骂，我们应当自己骂自己”。毛泽东、刘少奇、周恩来等中央领导以及各省市负责人都在这次会议上对错误作了自我批评。二是“大兴调查研究之风”。在1961年1月党的八届九中全会上，毛泽东号召“1961年，成为一个调查年，大兴调查研究之风”。同年3月，中共中央发出《关于认真进行调查工作问题给各中央局，各省、市、区党委的一封信》，要求“一切从实际出发，不调查没有发言权，必须成为全党干部的思想和行动的首要准则。”毛泽东、刘少奇、周恩来、朱德、陈云等中央领导人亲自深入各地调查研究。三是掀起读书学习运动，探索社会主义理论问题。为了澄清党内的混乱思想，深入探究社会主义理论问题，早在1958年11月，毛泽东在第一次郑州会议上就写了《致中央、省市自治区、地、县四级党委委员》的信，向各级干部提出读书的建议。在毛泽东的推动下，1959年底至1960年初，中央领导层和全党

---

① 《毛泽东文集》第7卷，人民出版社1999年版，第325页。

② 毛泽东在最高国务会议第十四次会议上的讲话记录，1958年1月28日。见《毛泽东传(1949—1976)》(上)，中央文献出版社2003年版，第781页。

干部掀起读书学习运动，重点研读了苏联《政治经济学教科书》（第三版下册），通过读书，对社会主义发展阶段、社会主义条件下的价值规律和商品生产等问题上形成了新认识。四是团结一致，艰苦奋斗，奋发图强，共度时艰。在严重困难面前，毛泽东等领导人以身作则，节衣缩食，带领党和政府各级干部及广大党员与人民同甘共苦。山西大寨人自力更生、艰苦奋斗和河南林县人民开凿红旗渠、重塑祖国大好山河的壮举，代表了中国人民面对严峻考验时同自然灾害和物质匮乏作斗争的可贵精神。雷锋、焦裕禄等先进典型全心全意为人民服务的奉献精神，更是教育了整整一代人。

经过全党全国人民的共同努力，到 1965 年底，全国工农业总产值超过了 1957 年水平，国民经济调整的任务全面完成。

但是，随着调整工作的深入，党中央领导层对“大跃进”以来国内形势估量以及若干重大调整政策的认识上出现了严重分歧。毛泽东把党内与他意见不一致者都视作修正主义，对当时我国阶级斗争形势及党和国家的政治状况作出过于严重、不切实际的估计，最终导致了“文化大革命”的发动。“文化大革命”给我国经济社会发展造成了重大损失，党的优良传统也受到极大损害，是党在探索社会主义建设道路过程中发生的一次严重挫折。

三、改革开放让中华民族伟大复兴迎来光明前景——成功开创“中国道路”与党的优良传统的弘扬

实现中国的现代化和中华民族的伟大复兴，“必须走中国道路。这就是中国特色社会主义道路”①。中国特色社会主义道路，是我们党在深刻总结我国社会主义建设正反经验的同时在借鉴世界社会主义兴衰成败经验教训基础上开创出来的。

“文化大革命”结束时，我国“整个国民经济几乎到了崩溃的边缘”②，

① 习近平：《在第十二届全国人民代表大会第一次会议上的讲话》，《人民日报》2013 年 3 月 18 日。

② 华国锋：《团结起来，为建设社会主义的现代化强国而奋斗——1978 年 2 月 26 日在第五届全国人民代表大会第一次会议上的政府工作报告》，《人民日报》1978 年 3 月 7 日。

中国与西方资本主义发达国家本已存在的经济科技差距进一步拉大。“文化大革命”造成的严重后果以及中外经济科技水平的巨大悬殊，促使人们不得不对“什么是社会主义，如何建设社会主义”进行反思。在深刻反思的基础上，在真理标准问题大讨论促进思想大解放的前提下，1978年底召开的党的十一届三中全会坚持解放思想，实事求是，一切从实际出发，总结历史经验教训，果断停止使用“以阶级斗争为纲”的口号，作出了把党和国家工作中心转移到经济建设上来、实行改革开放的重大决策。党的十一届三中全会标志着中国共产党人在新的时代条件下的伟大觉醒，中国的现代化和中华民族复兴伟业又站在了新起点上。

党的十一届三中全会后30多年来，以邓小平为核心的党的第二代中央领导集体带领全党全国人民进行改革开放，确立社会主义初级阶段的基本路线，规划现代化建设“三步走”战略，提出“走自己的路、建设有中国特色的社会主义”的重大任务，科学回答了建设中国特色社会主义的一系列基本问题，成功开创了中国特色社会主义。在此基础上，党的几届中央领导集体带领全党承前启后、接力探索，在应对国内国际一系列重大挑战的过程中，解放思想、开拓创新，制定并实施了指导改革开放和社会主义现代化建设的一整套方针政策和工作部署，成功捍卫、坚持和发展了中国特色社会主义。中国特色社会主义是当代中国发展进步的根本方向，中国特色社会主义道路是实现中华民族伟大复兴的历史必由之路。沿着中国特色社会主义道路，改革开放30多年来，我们党带领全国人民胜利实现了现代化建设“三步走”战略的第一步、第二步目标，创造了世界瞩目的发展奇迹，中国综合国力大幅度跃升，成为世界第二大经济体，并以此为后盾，办好、办成、办妥了一系列大事、喜事、难事。正如习近平总书记所说：“邓小平同志为我们擘画的社会主义现代化蓝图正在一步步变成美好现实，我们伟大的祖国正在一天天走向繁荣富强，中华民族正在一步步走向伟大复兴。”① 事实证明，中国特色社会主义道路“是一条符合中国国情、富民强国的正确道路”②，必须毫不动摇地坚持和发展。

---

① 习近平：《在纪念邓小平同志诞辰110周年座谈会上的讲话》，《人民日报》2014年8月21日。

② 《习近平接受拉美三国媒体联合书面采访》，《人民日报》2013年6月1日。

在领导改革开放、开创中国特色社会主义道路的整个进程中，中国共产党对继承、发扬党的优良传统作风始终高度重视。在致党的十一大上的闭幕词中，邓小平就号召全党一定要恢复和发扬党的群众路线、实事求是、批评和自我批评、谦虚谨慎、戒骄戒躁、艰苦奋斗的“优良传统和作风”①，并要求“全国的干部，首先是高级干部起模范带头作用”②。改革开放 30 多年来，我们党重新确立了解放思想、实事求是的思想路线和理论联系实际的优良学风，把马克思主义中国化推向了一个新的阶段，创造了马克思主义与中国实际相结合的又一重大理论成果——中国特色社会主义理论。我们一再强调党员干部要始终保持同人民群众的血肉联系，“党的最大政治优势是密切联系群众，党执政后的最大危险是脱离群众”③，要老老实实向人民学习，全心全意为人民服务，始终坚持权为民所用、情为民所系、利为民所谋。为了防止干部特殊化，在改革开放之初，党中央、国务院就专门发布了《关于高级干部生活待遇的若干规定》，对中央机关、国家机关的高级干部生活待遇作出了明确规定，要求广大党员要“经常地自觉地拿起批评与自我批评的武器，开展积极健康的思想斗争”，并进行了多次以加强党的建设为主题的教育实践活动。我们党提醒自己“是靠艰苦奋斗起家的，也是靠艰苦奋斗不断发展壮大起来的”④“艰苦奋斗是我们的传统，艰苦朴素的教育今后要抓紧，一直要抓六十至七十年。我们的国家越发展，越要抓艰苦创业。”⑤ 我们党高度重视调查研究在党和国家重大决策中的作用，不断创新调查研究的内容和形式，调查研究成为我们党创新理论、制定政策、开展工作的重要手段和方法。我们党坚持并进一步强化了崇尚学习的好做法，通过兴办各级党校和干部培训机构提高全党马克思主义理论水平，号召全党在改革开放新时代“学习、学习、再学习”，创建学习型社会，建设学习型政党，中央政治局集体学习制度化。我们党高度重视党的自身建设，坚持从严治党管党，坚决维护中央权威，严肃党内

---

① 邓小平：《在中国共产党第十一次全国代表大会上的闭幕词》（1978 年 8 月 18 日），《人民日报》1978 年 8 月 25 日。

② 《邓小平文选》第 2 卷，人民出版社 1994 年版，第 229 页。

③ 江泽民：《全面建设小康社会，开创中国特色社会主义事业新局面——在中国共产党第十六次全国代表大会上的报告》，《人民日报》2002 年 11 月 18 日。

④ 《十四大以来重要文献选编》（中），人民出版社 1997 年版，第 1129 页。

⑤ 《邓小平文选》第 3 卷，人民出版社 1993 年版，第 306 页。

政治生活。办好中国的事情，关键在党，关键在党要管党、从严治党。党要管党必须从党内政治生活管起，从严治党必须从党内政治生活严起。1980年，党的十一届五中全会深刻总结历史经验特别是“文化大革命”的教训，制定了《关于党内政治生活的若干准则》，为拨乱反正、恢复和健全党内政治生活、推进党的建设发挥了重要作用。我们党更加重视也更加经常、更加自觉地总结历史经验，善于从对世界社会主义运动曲折演进的历史和其他国家及政党兴衰成败的历史总结中，特别是善于从对我们党胜利失败自身发展的历史总结中坚持真理、修正错误、发扬经验、吸取教训，把党和人民的事业更好地推向前进。我们还在改革开放中创造了以解放思想、与时俱进、求真务实、开拓创新等为基本内容的新的时代精神，等等。

总之，能够坚持、发扬党的优良传统，能够结合新形势不断充实、拓展党的优良传统的内涵，是30多年来党领导改革开放、领导中国特色社会主义事业取得巨大成就的根本原因之一。但也应清醒看到，面对长期执政、改革开放、发展市场经济、复杂外部环境的严峻考验，一段时间以来，党的优良传统的一些方面也出现了较大流失和严重弱化的状况，从而使党面临着精神懈怠、能力不足、脱离群众、消极腐败的巨大危险。对这些危险漠然置之、听之任之，就将犯下无可挽回的历史性错误。也正因为清醒地看到了这些严峻问题，党的十八大以来，以习近平同志为核心的党中央以上率下、身体力行，坚定推进全面从严治党，坚持思想建党和制度治党紧密结合，集中整饬党风，严厉惩治腐败，净化党内政治生态，在革故鼎新、守正出新的自我革命中实现自身跨越，从而使党内政治生活展现出全新的气象，赢得了党心军心民心。这些新气象新作为，说到底，是对党长期形成的、一段时间被淡化甚至淡忘的优良传统作风的贯彻和弘扬。

“事非经过不知难”。一部中国共产党90多年波澜壮阔的发展史，就是一部为了实现中华民族伟大复兴中国梦而接力探索、不懈奋斗的历史。“世界潮流浩浩荡荡，顺之则昌，逆之则亡。”当前，我国已进入全面建成小康社会决胜阶段，中华民族正处于走向伟大复兴的关键时期，各种矛盾叠加、风险隐患集聚。逆水行舟，不进则退。从对历史的回顾和正确把握中可以使我们党获得有益启迪，汲取前进的力量。只要中国共产党人不忘初心、继续前进，勇于变革、勇于创新，永不僵化、永不停滞，始终坚持并进一步发扬光大自身的优良传统，把党的优良传统这个党“起家”“治家”“传家”之宝一代代传下去，坚定中国特色社会主义道路自信、理论自信、制度自信、文化自信，就一定能够带领全国各族人民同心协力，如期实现“两个一百年”的奋斗目标，并在新的历史性考试中经受住考验，实现中华民族伟大复兴的中国梦，使中华民族以更加昂扬的姿态屹立于世界民族之林。

文献导读篇

《新民主主义论》与新民主主义社会*

《新民主主义论》是毛泽东 1940 年 1 月 9 日在陕甘宁边区文化协会第一次代表大会上作的长篇演讲，原题是《新民主主义的政治与新民主主义的文化》。这个长篇演讲，“从下午一直讲到晚上点起煤气灯的时分，……拥挤在会场里的五六百听众，被他的精辟论述和有力话语所鼓舞、所吸引，聚精会神，屏息静听，情绪热烈，不时响起一阵阵的掌声。”[①] 演讲稿经进一步补充修改后，于同年 2 月 15 日在《中国文化》创刊号上公开发表。2 月 20 日改题为《新民主主义论》并在延安《解放》周刊第九十八期、第九十九期合刊上再次登载。《新民主主义论》是民主革命时期毛泽东的理论代表作。对这篇文章，他酝酿的时间很长，写作过程中反复修改，并向其他人征求过意见。他后来讲道：“《新民主主义论》初稿写到一半时，中国近百年历史前八十年是一阶段、后二十年是一阶段的看法，才逐渐明确起来，因此重新写起，经过反复修改才定了稿。”[②] 胡乔木评论说：“毛主席的著作不仅全面阐述了中国共产党领导的中国革命是一个什么样的革命及如何进行这一革命的问题，而且正确回答了经过新民主主义革命要建立一个什么样的社会以及经过怎样的步骤走向社会主义的问题。毛主席的新民主主义理论是对马克思

---

* 这是 2010 年 3 月在中央党校分校班以及 2018 年 4 月在中央党校中青一班的授课讲稿。

① 温济泽：《听毛泽东讲〈新民主主义论〉》，《征鸿片羽集》，当代中国出版社 1995 年版，第 472—473 页。

② 《毛泽东文集》第 7 卷，人民出版社 1999 年版，第 15 页。

主义的重大发展。”[1]

《新民主主义论》连同稍早前毛泽东发表的《〈共产党人〉发刊词》(1939年10月)、《中国革命和中国共产党》(1939年12月)等一起，对新民主主义理论作了系统阐述，标志着经过近20年艰辛探索，以毛泽东为代表的中国共产党人把马克思列宁主义基本原理与中国革命具体实际相结合，取得了重大理论创新成果、对新民主主义革命“这个必然王国”的认识实现了重大飞跃，终于为中国人民找到了一条适合中国国情的夺取民主革命胜利、建设新中国的正确道路。

一、对民主革命道路的艰辛探索与《新民主主义论》的形成背景

毛泽东早年说过：“主义譬如一面旗子，旗子立起了，大家才有所指望，才知所趋赴”。[2] 中国共产党从成立之日起，就高高举起了马克思主义的旗帜。但是，中国共产党是在幅员广大、人口众多、情况复杂、经济文化落后的这样一个半殖民地半封建国家开展革命活动的。不同于欧洲、不同于俄国，在马克思主义这杆旗帜下，中国共产党人究竟应如何“趋赴”，怎样战斗？又应怎样把马克思主义的基本原理、俄国十月革命的经验与中国具体实际结合起来，解决中国革命遇到的重大理论和实践问题，领导革命取得胜利并建立一个适合中国情况的“新社会”“新国家”？这又是一个什么样的“新社会”“新国家”？

为回答以上这些重大理论和实践问题，为了找到一条适合中国情况的民主革命道路、建立一个新中国，中国共产党付出了巨大努力，进行了艰辛求索。

1922年7月，党的二大通过对中国经济政治状况的分析，揭示了中国社会半殖民地半封建的性质，指出党的最高纲领是实现社会主义、共产主义，但在现阶段的纲领即最低纲领是打倒军阀，推翻国际帝国主义的压迫，统一中国为真正的民主共和国，从而第一次提出了明确的反

① 引自中共中央党史研究室编著：《中国共产党历史图志》，上海人民出版社2001年版，第251页。

② 中共中央文献研究室等：《毛泽东早期文稿（1912年6月—1920年11月）》，湖南出版社1990年版，第554页。

帝反封建的民主革命纲领。从党的一大确定直接搞社会主义革命，到党的二大确定先进行民主革命然后再进行社会主义革命，这是党在中国革命战略方针上的一次重大转变。党的二大还对中国民主革命的性质、动力、策略、任务等问题作了初步阐述。

中国共产党成立之初就集中力量从事工人运动。在工人运动受镇压转入低潮后，党认识到结成最广泛的统一战线的重要性。1923 年 6 月，在共产国际的提议和推动下，党的三大正式决定共产党员以个人身份加入国民党。1924 年 1 月，国民党一大召开，第一次国共合作正式形成。1925 年 1 月，党的四大总结国共合作一年来的经验教训，特别提出了民主革命中“无产阶级之领导地位”问题和工农联盟问题，强调中国民主革命是“十月革命后，广大的世界革命之一部分”，它既“是一个资产阶级性的德谟克拉西革命”，又在政治上“含有社会革命的种子”①。因此，对于这场革命，无产阶级“不是附属资产阶级而参加，乃以自己阶级独立的地位与目的而参加”，民主革命“必须最革命的无产阶级有力的参加，并且取得领导的地位，才能够得到胜利”②。关于革命步骤，党的四大特别提出，民主革命胜利后，“能否接着就是无产阶级的革命，是否必须经过资产阶级民主制度，必得无产阶级在民族革命中自己阶级的革命准备至何种程度及那时的社会的客观条件定之。”③

国共合作推动了大革命的到来。1926 年 7 月，有共产党人参加的国民革命军出师北伐。北伐的直接打击目标，是受帝国主义支持的吴佩孚、孙传芳、张作霖等北洋军阀。北伐战争是由国共两党共同推进的正义之战。在沿途群众的大力支持下，北伐军势如破竹，到 1926 年底，基本控制了除江苏、浙江、安徽以外的南部各省，北伐胜利大局已定。但是，就在北伐胜利进军之时，由于国民革命联合战线内蒋介石、汪精卫等资产阶级右翼先后叛变革命、幼年的中国共产党缺乏足够的革命理

---

① 中央档案馆：《中共中央文件选集》第 1 册（1921—1925 年），中共中央党校出版社 1989 年版，第 337 页。

② 中共中央文献研究室、中央档案馆：《建党以来重要文献选编（1921—1949）》第 2 册，中央文献出版社 2011 年版，第 217、219 页。

③ 中央档案馆：《中共中央文件选集》第 1 册（1921—1925 年），中共中央党校出版社 1989 年版，第 337 页。

论准备和实践经验、以陈独秀为首的中共中央未能适应复杂多变的形势而“放弃对于武装力量的领导权”、犯了妥协让步的右倾机会主义错误，加上共产国际不少脱离中国实际的错误指挥等，轰轰烈烈的大革命最终失败。

面对严峻形势，1927年8月7日中共中央在汉口秘密召开紧急会议。会议彻底清算大革命后期陈独秀的右倾机会主义错误，确定了土地革命和武装起义的方针。按照八七会议确定的方针，党派出许多干部分赴各地，组织了包括南昌起义、秋收起义、广州起义在内的一系列武装起义。但是，中共中央此时并没有清醒地认识到革命依然处于低潮的形势，反而在共产国际代表指导下于1927年11月召开的中央临时政治局扩大会议上，认为中国革命是所谓“无间断的革命”“现在的革命斗争，已经必然要超越民权主义的范围”而“急转直下的进于社会主义的道路”①，从而混淆了民主革命和社会主义革命的界限。会议还认为：蒋介石的叛变就是整个民族资产阶级的叛变，汪精卫的叛变就是小资产阶级的叛变，因而提出在反帝反封建的同时，还要反对民族资产阶级和上层小资产阶级。并确定了以城市暴动为“中心及指导者”，实行全国武装暴动的总策略。会议由此规定了一系列过“左”的政策，如要求在农民暴动时“极端严厉绝无顾惜的杀尽豪绅反革命派”等。直至1928年4月，根据共产国际执委会第九次扩大会议精神，这次“左”倾错误在全国范围的实际工作中才基本停止。秋收起义后，毛泽东等进军井冈山，建立革命根据地，实行“工农武装割据”，则代表了中国革命发展的正确方向。

为了认真总结大革命失败以来的经验教训，确定革命斗争的路线和任务，1928年6月至7月，中国共产党第六次全国代表大会在莫斯科召开。大会在一系列有关中国革命的根本问题上作出了基本正确的回答。大会指出：中国仍然是一个半殖民地半封建的国家，现阶段的中国革命是资产阶级性质的民主主义革命；革命的形势是第一个革命浪潮已经因为历次失败而过去了，而新的浪潮还没有来到。党的总路线是争取群众。目前最主要的危险倾向，是盲动主义和命令主义。党的六大后的

---

① 中央档案馆：《中共中央文件选集》第3册（1927年），中共中央党校出版社1983年版，第370页。

两年间，中国革命出现了复兴局面。这个复兴之所以能够发生，最根本的是以毛泽东为代表的中国共产党人逐渐找到了一条正确的革命道路。这条道路，就是把立足点由城市转入农村，发动和依靠农民群众，在农村建立根据地，开展土地革命和各项建设事业，开展以农民为主体的长期革命战争，发展和壮大革命力量，最后占领城市，夺取全国胜利的道路。毛泽东为开辟这条道路作出了卓越贡献。他不仅在实践中首先把武装斗争的重心转向农村，总结了坚持、发展农村根据地的系统经验，而且在《中国的红色政权为什么能够存在?》《井冈山的斗争》《星星之火，可以燎原》等著作中，从理论上对中国革命道路问题作了初步阐明。他还在 1930 年 5 月写作的《反对本本主义》一文中深刻阐明了坚持理论与实际相结合的极端重要性。

但中国革命的发展并不是一帆风顺的。随着局势的好转，加上共产国际的错误指导，中国共产党内的“左”倾错误又发展了起来。1930 年 6 月 11 日召开的中央政治局会议通过了李立三拟订的以武汉为中心的全国中心城市起义和集中全国红军攻打中心城市的冒险计划，从而使“左”倾冒险主义在党中央占据了统治地位。这次“左”倾错误在对中国革命形势、革命力量、革命性质和革命转变等问题的看法上都出现了严重偏差，使党付出了沉重代价。直到 1930 年 9 月瞿秋白、周恩来主持召开党的六届三中全会才结束了这次“左”倾冒险。但是，1931 年 1 月 7 日在上海召开的党的六届四中全会，在共产国际代表米夫的把持下，以批判对于“立三路线”的“调和主义”为旗号，决定“改造充实各级领导机关”，补选王明等为中央委员、中央政治局委员，拉开了以教条主义为特征的王明“左”倾错误在党中央长达四年的统治的序幕。党的六届四中全会后，由于顾顺章、向忠发等的叛变，党中央领导机关受到严重破坏，王明离开上海前往莫斯科，周恩来前往中央根据地瑞金。根据共产国际远东局的提议，1931 年 9 月成立了临时中央政治局，由博古负总的责任。

“左”倾教条主义指导下的主观蛮干，使党在国民党统治区的工作变得更加困难。不仅如此，中央还通过派遣中央代表或新的领导干部，逐步地将错误路线推行到红军和根据地中。在中央革命根据地，毛泽东的许多正确主张被指责为“狭隘的经验论”“富农路线”“极严重的一贯右倾机会主义"[①]"丝毫马克思主义也没有"的"庸俗的保守主义者"[②]。1933年初，临时中央自上海迁入中央根据地后，在福建错误地开展反对"罗明路线"的斗争，接着又在江西开展反对邓（小平）、毛（泽覃）、谢（唯俊）、古（柏）的斗争，而斗争的主要矛头实际上是对着毛泽东的。这次"左"倾错误不断发展的恶果，是第五次反"围剿"的失败。1934年10月中旬，中共中央机关和中央红军8.6万多人被迫撤离中央根据地，踏上突围和战略转移的征途，开始了著名的长征。在连续突破国民党军队布置的四道封锁线之后，红军和中央机关人员锐减到3万多人。在极为严酷的形势下，1935年1月，中共中央在遵义召开政治局扩大会议，集中全力解决当时具有决定意义的军事和组织问题。会议增选毛泽东为中央政治局常委。会后不久，中央政治局常委决定由张闻天代替博古负总的责任，并成立由毛泽东、周恩来、王稼祥组成的三人团，负责全军的军事行动。遵义会议是党的历史上一个生死攸关的转折点。遵义会议后，中央红军在毛泽东等的指挥下，根据实际情况的变化，灵活机动地变换作战方向，最终摆脱了几十万国民党军队的围追堵截，于1935年10月到达陕北吴起镇，胜利结束长征，实现了战略大转移。

毛泽东在指导中国革命实践的过程中早就感到，没有正确的理论作指导，中国革命要取得成功是不可能的。回顾1921年党建立以来的历史可以发现：遵义会议召开前的14年里，中国革命之所以屡遭挫折，根本原因之一，就是革命理论的不成熟，导致了革命实践的不成功。红军长征到达陕北后，中国共产党面对的形势、肩负的任务比过去更艰巨、更复杂、更繁重了。这个新的革命形势使毛泽东更加深刻地感觉到加强党的理论建设的极端重要性。而此时的中国共产党已经经历了两次胜利、两次失败的考验，政治上、理论上更加成熟，已有能力、有条件站在新的历史起点上，把马克思主义普遍原理与中国具体实际创造性地结合起来，独立自主地通盘提出和回答中国革命面临的一系列根本性的重大理论问题了。包括《新民主主义论》等在内的一系列论著，就是在

① 中央档案馆：《中共中央文件选集》第8册（1932年），中共中央党校出版社1991年版，第209页。

② 《胡乔木回忆毛泽东》，人民出版社2003年版，第215页。

这个背景下发表的。毛泽东后来就此指出："在抗日战争前夜和抗日战争时期，我写了一些论文，例如《中国革命战争的战略问题》、《论持久战》、《新民主主义论》、《〈共产党人〉发刊词》，替中央起草过一些关于政策、策略的文件，都是革命经验的总结。那些论文和文件，只有在那个时候才能产生，在以前不可能，因为没有经过大风大浪，没有经过两次胜利和两次失败的比较，还没有充分的经验，还不能充分认识中国革命的规律。"①

在以《新民主主义论》为代表的系列重要文章中，毛泽东是如何回答中国的民主革命是什么样的革命、怎样领导这个革命取得胜利、胜利后建立一个什么样的新社会新国家等这些重大理论和实际问题的呢？

二、《新民主主义论》对新民主主义革命问题的创造性回答

中国共产党成立之前，在世界近代史中主要出现过两种类型的革命：一种是由资产阶级领导、反对封建专制统治、为发展资本主义扫除障碍的资产阶级（民主）革命，如发生在英法等国的资产阶级革命；一种是由无产阶级领导、为推翻资产阶级统治而进行的社会主义革命，如俄国十月革命。中国的国情不同于以上各国，那么，中国革命是一场什么性质的革命呢？中国革命的对象、动力、道路、步骤、前途有什么特点呢？如何领导这个革命取得胜利呢？《新民主主义论》就此展开了深入讨论。

要回答和解决中国革命中的诸问题，毛泽东提出，首先必须正确认识和把握"中国社会的性质，亦即中国的特殊的国情"②。关于近代中国社会的性质，当时中国政治舞台上的人们各有不同的认识和结论，并为此展开过一场大论战。但是，真正给予这个问题以科学、透彻回答的，是以毛泽东为代表的中国共产党人。在《中国革命和中国共产党》一文中，毛泽东通过对 1840 年鸦片战争以来中国百年历史变化的分析，

① 《毛泽东文集》第 8 卷，人民出版社 1999 年版，第 299 页。
② 《毛泽东选集》第 2 卷，人民出版社 1991 年版，第 646 页。

明确将中国社会概括为“半殖民地半封建的社会”[①]。在《新民主主义论》中，毛泽东进一步指出：“自周秦以来，中国是一个封建社会”，但“自外国资本主义侵略中国，中国社会又逐渐地生长了资本主义因素以来，中国已逐渐地变成了一个殖民地、半殖民地、半封建的社会。在日本占领区，是殖民地社会；在国民党统治区，基本上也还是一个半殖民地社会；而不论在日本占领区和国民党统治区，都是封建半封建制度占优势的社会。这就是现时中国社会的性质，这就是现时中国的国情。”[②]由这个特殊国情所决定，中国社会的主要矛盾是“帝国主义和中华民族的矛盾，封建主义和人民大众的矛盾”，而“帝国主义和中华民族的矛盾，乃是各种矛盾中的最主要的矛盾。……伟大的近代和现代的中国革命，（就）是在这些基本矛盾的基础之上发生和发展起来的”[③]。明确了国情和主要矛盾，就抓住了解决中国革命诸问题的总依据和总纲。

从半殖民地半封建社会的国情出发，毛泽东在总结中国革命的经验教训的基础上，进一步回答了中国革命的性质、对象、任务、动力、步骤等问题，指出：为了改变“殖民地、半殖民地、半封建的社会形态”，中国革命第一步的对象是“反对帝国主义和封建势力”[④]，革命的任务主要地就是打击外国帝国主义和本国封建势力“这两个敌人”[⑤]，革命的动力是“无产阶级”“农民阶级”农民以外的“各种类型的小资产阶级”和“民族资产阶级”，其中无产阶级是革命的领导阶级。[⑥] 由“中国社会的性质”以及“中国革命的对象、中国革命的任务、中国革命的动力”所规定，毛泽东提出，现阶段中国革命的性质“不是无产阶级社会主义的革命”，而是“资产阶级民主主义的革命”[⑦]。在《中国革命和中国共产党》一文中，毛泽东对此解释说：“既然中国社会还是一个殖民地、半殖民地、半封建的社会，既然中国革命的敌人主要的还是帝国主义和封建势力，既然中国革命的任务是为了推翻这两个主要敌人的民族革命和民主革命，而推翻这两个敌人的革命，有时还有资产阶级参

① 《毛泽东选集》第2卷，人民出版社1991年版，第626页。
② 《毛泽东选集》第2卷，人民出版社1991年版，第664页。
③ 《毛泽东选集》第2卷，人民出版社1991年版，第631页。
④ 《毛泽东选集》第2卷，人民出版社1991年版，第666页。
⑤ 《毛泽东选集》第2卷，人民出版社1991年版，第637页。
⑥ 《毛泽东选集》第2卷，人民出版社1991年版，第639—645页。
⑦ 《毛泽东选集》第2卷，人民出版社1991年版，第667页。

加，即使大资产阶级背叛革命而成了革命的敌人，革命的锋芒也不是向着一般的资本主义和资本主义的私有财产，而是向着帝国主义和封建主义，既然如此，所以，现阶段中国革命的性质，不是无产阶级社会主义的，而是资产阶级民主主义的。”① 在《新民主主义论》中，毛泽东进一步指出，“自从一九一四年爆发第一次帝国主义世界大战和一九一七年俄国十月革命在地球六分之一的土地上建立了社会主义国家以来”，中国的资产阶级民主革命“起了一个变化”②，它“已不是旧式的一般的资产阶级民主主义的革命，这种革命已经过时了，而是新式的特殊的资产阶级民主主义的革命”，即“新民主主义的革命”。③ 中国革命的以上情况也就必然决定了中国革命的步骤和整个进程是这样的：“中国革命必须分为两个步骤。第一步，改变这个殖民地、半殖民地、半封建的社会形态，使之变成一个独立的民主主义的社会。第二步，使革命向前发展，建立一个社会主义的社会。”换句话说，“中国革命的历史进程，必须分为两步，其第一步是民主主义的革命，其第二步是社会主义的革命”④ “民主主义革命是社会主义革命的必要准备，社会主义革命是民主主义革命的必然趋势。”⑤ 毛泽东关于中国革命分“两步走”的思想，把不断革命论与革命阶段论统一起来，透彻地阐明了民主主义革命与社会主义革命的联系与区别，与“举政治革命与社会革命毕其功于一役”的所谓“一次革命论”⑥ 和主张在民主革命成功后由资产阶级握得政权的所谓“二次革命论”等划清了界限，科学把握和勾勒了中国革命发展的总体趋势。

对中国共产党领导的新民主主义革命究竟“新”在何处，毛泽东在《新民主主义论》一文作了全面论述，概括起来就是：第一，第一次帝国主义世界大战和第一次胜利的社会主义十月革命，改变了整个世界历史的方向，划分了整个世界历史的时代。“在这种时代，任何殖民地半殖民地国家，如果发生了反对帝国主义，即反对国际资产阶级、反对国

① 《毛泽东选集》第2卷，人民出版社1991年版，第646—647页。
② 《毛泽东选集》第2卷，人民出版社1991年版，第667页。
③ 《毛泽东选集》第2卷，人民出版社1991年版，第646—647页。
④ 《毛泽东选集》第2卷，人民出版社1991年版，第665页。
⑤ 《毛泽东选集》第2卷，人民出版社1991年版，第651页。
⑥ 《毛泽东选集》第2卷，人民出版社1991年版，第685页。

际资本主义的革命，它就不再是属于旧的世界资产阶级民主主义革命的范畴，而属于新的范畴了；它就不再是旧的资产阶级和资本主义的世界革命的一部分，而是新的世界革命的一部分，即无产阶级社会主义世界革命的一部分了。”第二，这场革命的领导阶级不同，即这场革命“虽然按其社会性质，基本上依然还是资产阶级民主主义的，它的客观要求，是为资本主义的发展扫清道路；然而这种革命，已经不是旧的、被资产阶级领导的、以建立资本主义的社会和资产阶级专政的国家为目的的革命，而是新的、被无产阶级领导的、以在第一阶段上建立新民主主义的社会和建立各个革命阶级联合专政的国家为目的的革命”。革命领导者不同，是最根本之“新”。第三，由此造成了革命前途的不同。这场革命“是彻底打击帝国主义的，因此它不为帝国主义所容许，而为帝国主义所反对。但是它却为社会主义所容许，而为社会主义的国家和社会主义的国际无产阶级所援助”，革命的第一步任务完成后，必然发展到第二阶段，即“建立中国社会主义的社会”①。

在明确了中国国情和新民主主义革命的性质、对象、任务、动力、步骤、前途等基本问题以及由此表现出来的“新”的特点后，怎样开展这场革命并领导革命取得胜利呢？以毛泽东为代表的中国共产党人，经过艰苦斗争、艰辛探索和反复比较，成功找到了一条符合中国情况的民主革命道路，这就是“农村包围城市、武装夺取政权”的道路，即先在敌人力量薄弱的农村建立根据地，进行广泛的土地革命，不断积蓄和发展革命力量，逐步形成农村包围城市的态势，最终夺取城市和全国政权。这是中国共产党人独创的具有中国特色的民主革命道路。

要推动革命取得胜利，还必须找到正确的领导革命的方式方法。这些革命的方式方法，最重要的就是统一战线、武装斗争、党的建设。毛泽东指出：“统一战线，武装斗争，党的建设，是中国共产党在中国革命中战胜敌人的三个法宝，三个主要的法宝。”“统一战线和武装斗争，是战胜敌人的两个基本武器。统一战线，是实行武装斗争的统一战线。而党的组织，则是掌握统一战线和武装斗争这两个武器以实行对敌冲锋陷阵的英勇战士。”毛泽东认为，正确地理解了这三大法宝及其相互关

① 《毛泽东选集》第2卷，人民出版社1991年版，第668页。

系，“就等于正确地领导了全部中国革命”。①

由毛泽东《新民主主义论》等文章所阐述的新民主主义革命理论，使全党对于中国国情以及中国革命的性质、对象、任务、动力、步骤等重大问题有了一个明确而完整的认识。它成功地解决了中国革命的道路和革命的方式方法等问题，对新民主主义革命的发展和最后胜利起到了根本指导作用。

三、《新民主主义论》关于新民主主义社会的独创性构想

抗日战争爆发后，中国共产党与国民党结成抗日民族统一战线，开始从原来受到严密封锁和“围剿”的狭小天地里走出来，变成了在全国政治舞台上显示力量的大党。但是国民党内的顽固派千方百计想遏制党的发展壮大，其手法，除了不断在军事上制造摩擦外，还在思想战线上发动攻势。1938 年初，国民党顽固派在武汉发动鼓吹“一个主义”“一个政党”“一个领袖”宣传活动，国民党控制的报刊连篇累牍发表文章，攻击中国共产党和马克思主义，叫嚣“国民党是一切党派中的骄子，它以外的党派，根本不能与它讲平等”，不论是今天还是将来，都“没有独立存在的理由”②。抗战进入相持阶段后，国民党顽固派的反共宣传变本加厉。国民党“宣传家”声称：“中国有了三民主义就够了，用不着社会主义”。国家社会党的张君劢也发表致毛泽东的公开信，要求共产党取消边区，取消八路军和新四军，“将马克思主义暂搁一边”③。蒋介石也在 1939 年 9 月发表《三民主义之体系及其实行程序》的长文，鼓吹“以党治国”“以党建国”叫嚷“要使抗战胜利之日，即为建国完成之时”。④ 上述这一系列行动，就把“中国向何处去”的问题十分尖锐地摆到了每一个关心国家命运的人的面前，它要求中国共产党必须旗帜鲜明地发表自己区别于其他政党的关于时局和中国未来前途的看法，把人们吸引到自己高举的大旗下来。这样一种现实要求，成为毛泽东写

① 《毛泽东选集》第 2 卷，人民出版社 1991 年版，第 605—606、613 页。

② 叶青：《关于政治党派》，《扫荡报》1938 年 1 月 22 日。

③ 张君劢：《致毛泽东先生一封公开信》，《再生》1938 年第 10 期。

④ 蒋介石：《三民主义之体系及其实行程序》，《青年中国季刊》创刊号，1939 年 9 月 30 日。

作《新民主主义论》并在文中深入阐述党关于中国革命前途、关于未来“新中国”构想的主要原因和直接背景。

中国共产党是把抗日战争作为中国新民主主义革命的一个阶段看待的。进行抗日战争，不仅要驱逐日本侵略者，而且要为建设新中国创造条件。毛泽东在《新民主主义论》中写道：“我们共产党人，多年以来，不但为中国的政治革命和经济革命而奋斗，而且为中国的文化革命而奋斗；一切这些的目的，在于建设一个中华民族的新社会和新国家。在这个新社会和新国家中，不但有新政治、新经济，而且有新文化。这就是说，我们不但要把一个政治上受压迫、经济上受剥削的中国，变为一个政治上自由和经济上繁荣的中国，而且要把一个被旧文化统治因而愚昧落后的中国，变为一个被新文化统治因而文明先进的中国。一句话，我们要建立一个新中国。”①

这样的“新社会”“新中国”，究竟是一个什么样的中国呢？

在《新民主主义论》中，毛泽东从“中国的历史特点”和“中国革命”与“世界革命”的关系出发，第一次创造性地提出了“新民主主义社会”的构想，这就从历史和战略的高度鲜明回答了“中国向何处去”的重大问题。毛泽东提出：中国民主革命的“第一步、第一阶段，决不是也不能建立中国资产阶级专政的资本主义的社会，而是要建立以中国无产阶级为首领的中国各个革命阶级联合专政的新民主主义的社会，以完结其第一阶段。然后，再使之发展到第二阶段，以建立中国社会主义的社会。”② 这就是说，中国革命胜利后所要建立的“新社会”“新中国”，首先是一个新民主主义的中国，然后在此基础上继续前进建立一个社会主义的中国。毛泽东在文中还用很大的篇幅，通过“驳资产阶级专政”“驳‘左’倾空谈主义”，批判了有人主张民主革命“第一步、第一阶段”完结后应“走资产阶级专政的资本主义的路”或“走无产阶级专政的社会主义的路”等论调，通过“驳顽固派”，反击了“一个主义”“‘收起’共产主义”等反共叫嚣，并对“三民主义和共产主义的异同”“旧三民主义和新三民主义的区别”作了深入阐述。③

---

① 《毛泽东选集》第 2 卷，人民出版社 1991 年版，第 663 页。

② 《毛泽东选集》第 2 卷，人民出版社 1991 年版，第 672 页。

③ 《毛泽东选集》第 2 卷，人民出版社 1991 年版，第 679—694 页。

毛泽东后来又多次阐述了新民主主义社会的相关问题。1941 年 5 月，在讲到陕甘宁边区和华北华中各抗日根据地的社会性质时，他说："判断一个地方的社会性质是不是新民主主义的，主要地是以那里的政权是否有人民大众的代表参加以及是否有共产党的领导为原则。……现在各根据地的政治，是一切赞成抗日和民主的人民的统一战线的政治，其经济是基本上排除了半殖民地因素和半封建因素的经济，其文化是人民大众反帝反封建的文化。因此，无论就政治、经济或文化来看，只实行减租减息的各抗日根据地，和实行了彻底的土地革命的陕甘宁边区，同样是新民主主义的社会。各根据地的模型推广到全国，那时全国就成了新民主主义的共和国。"① 新民主主义社会是什么性质的社会呢？它与资本主义和社会主义的关系怎样？对此，1944 年 3 月，毛泽东在中共中央宣传委员会召开的宣传工作会议上发表了以下看法，他说："现在我们建立新民主主义社会，性质是资本主义的，但又是人民大众的，不是社会主义，也不是老资本主义，而是新资本主义，或者说是新民主主义。"② 这就是说，新民主主义社会是一种介于资本主义社会和社会主义社会之间的社会形态。为什么共产党领导建立的新社会要允许资本主义经济存在和发展呢？这是因为，近代中国没有经历过独立的资本主义生产力发展阶段，旧中国的生产力水平极其低下，经济文化异常落后，在这样的物质基础上是难以按照马克思主义经典作家的设想立即进入社会主义社会的。中国革命胜利后，要经历一个新民主主义社会阶段，允许有利于国计民生的资本主义有一个较大发展，利用资本主义发展生产力，实现国家的工业化，为最后转入社会主义创造物质条件。

新民主主义革命的目标是建立新民主主义的社会制度。毛泽东对于新民主主义社会的政治、经济、文化等问题发表了极富创造精神的见解，描绘了新民主主义社会的蓝图，提出并（在抗战时期至新中国成立初期）初步实践了一整套体现新民主主义社会特点和要求的政治、经济、文化基本纲领及相关方针政策。

关于新民主主义的政治纲领，最根本的是新民主主义社会实行什么样的国家制度和政权形式的问题。毛泽东在《新民主主义论》中指出，

① 《毛泽东选集》第 2 卷，人民出版社 1991 年版，第 785 页。
② 《毛泽东文集》第 3 卷，人民出版社 1996 年版，第 110 页。

中国共产党主张的新民主主义共和国既不是“旧形式的、欧美式的、资产阶级专政的、资本主义的共和国”，也不是“苏联式的、无产阶级专政的、社会主义的共和国”，而是“在无产阶级领导下的一切反帝反封建的人们联合专政的民主共和国”。这样的国家形式，“是一定历史时期的形式，因而是过渡的形式，但是不可移易的必要的形式。”① 他进一步指出：“国体——各革命阶级联合专政。政体——民主集中制。这就是新民主主义的政治，这就是新民主主义的共和国。”② 这也就是说，新民主主义社会既不是无产阶级专政，也不是资产阶级专政，而是各革命阶级联合专政。关于政权的组成即“政体”问题，毛泽东指出，“政体”是“指的一定的社会阶级取何种形式去组织那反对敌人保护自己的政权机关”。新民主主义社会“采取全国人民代表大会、省人民代表大会、县人民代表大会、区人民代表大会直到乡人民代表大会的系统，并由各级代表大会选举政府”。③ 这种制度即为民主集中制。1940 年 3 月，毛泽东在名为《抗日根据地的政权问题》的党内指示中所提出的“三三制”主张即是体现新民主主义政治要求的几个革命阶级联合专政的政权组织形式。1949 年 6 月 30 日，在为“纪念中国共产党二十八周年”而发表的《论人民民主专政》一文中，毛泽东又将他关于新民主主义政权建设的思想发展为人民民主专政理论，并就实行人民民主专政的历史必然性、人民民主专政的任务、民主和专政的关系以及各阶级在人民民主专政政权中的地位等问题作了系统阐述。

关于新民主主义的经济纲领，对这个问题，毛泽东在《新民主主义论》中提出了两个重要主张：一是没收“大银行、大工业、大商业，归这个共和国的国家所有”，但“并不没收其他资本主义的私有财产，并不禁止‘不能操纵国民生计’的资本主义生产的发展”，而“无产阶级领导下的新民主主义共和国的国营经济是社会主义的性质，是整个国民经济的领导力量”。二是采取“必要的方法，没收地主的土地，分配给无地和少地的农民，实行中山先生‘耕者有其田’的口号，扫除农村中的封建关系，把土地变为农民的私产。农村的富农经济，也是容许其存

① 《毛泽东选集》第 2 卷，人民出版社 1991 年版，第 675 页。
② 《毛泽东选集》第 2 卷，人民出版社 1991 年版，第 677 页。
③ 《毛泽东选集》第 2 卷，人民出版社 1991 年版，第 677 页。

在的。这就是‘平均地权’的方针。”总之，“中国的经济，一定要走‘节制资本’和‘平均地权’的路，决不能是‘少数人所得而私’”。① 此后，为了促进新民主主义经济的发展，毛泽东在党的七大上作的《论联合政府》的报告中还提出了欢迎“广大”的“外国投资”和“广大”的私人资本主义发展的重要观点②。1947 年 12 月，毛泽东根据国内外形势出现的新变化，在题为《目前形势和我们的任务》的报告中进一步完整提出了新民主主义的三大经济纲领，这就是：“没收封建阶级的土地归农民所有，没收蒋介石、宋子文、孔祥熙、陈立夫为首的官僚资本归新民主主义的国家所有；保护民族工商业”。③ 1949 年 3 月，在党的七届二中全会上，毛泽东提出新民主主义社会的经济将是国营经济、合作社经济、国家资本主义经济、个体经济和私人资本主义五种经济成分并存的格局。同年 4 月，他进一步提出了“公私兼顾、劳资两利、城乡互助、内外交流”的新民主主义经济方针，以此照顾“四面八方”的利益，达到“发展生产，繁荣经济”的目的。

关于新民主主义的文化纲领，毛泽东在《新民主主义论》中指出：一定的文化是一定社会的政治和经济在观念形态上的反映。“五四”以后的中国新文化，是新民主主义性质的文化，用一句话表述，“就是无产阶级领导的人民大众的反帝反封建的文化”。在回顾了“五四”以来 20 年中国文化革命统一战线四个时期的表现并指出了文化性质问题上可能发生的背离“新民主主义”定位的“偏向”后，毛泽东重点阐述了新民主主义文化三个方面的具体内容，即新民主主义文化是“民族的科学的大众的文化”。所谓“民族的”文化，是说“它是反对帝国主义压迫，主张中华民族的尊严和独立的。它是我们这个民族的，带有我们民族的特性。”毛泽东指出，“中国文化应有自己的形式，这就是民族形式。民族的形式，新民主主义的内容——这就是我们今天的新文化。”④ 所谓“科学的”文化，是说“它是反对一切封建思想和迷信思想，主张实事求是，主张客观真理，主张理论和实践一致的。”我们尊重自己的灿烂文化历史，但“这种尊重，是给历史以一定的科学的地位，是尊重

① 《毛泽东选集》第 2 卷，人民出版社 1991 年版，第 678 页。

② 毛泽东：《论联合政府》，《解放日报》1945 年 5 月 2 日。

③ 《毛泽东选集》第 4 卷，人民出版社 1991 年版，第 1253 页。

④ 《毛泽东选集》第 2 卷，人民出版社 1991 年版，第 706—707 页。

历史的辩证法的发展，而不是颂古非今，不是赞扬任何封建的毒素。”[①] 所谓“大众的”文化，是说“它应为全民族中百分之九十以上的工农劳苦民众服务，并逐渐成为他们的文化。”这种新民主主义文化是服务大众的，“因而即是民主的”。毛泽东提出，一切进步的文化工作者“应有自己的文化军队，这个军队就是人民大众。革命的文化人而不接近民众，就是‘无兵司令’，他的火力就打不倒敌人”。[②]

在上述分析基础上，毛泽东在《新民主主义论》全文结束时指出：“新民主主义的政治、新民主主义的经济和新民主主义的文化相结合，这就是新民主主义共和国，这就是名副其实的中华民国，这就是我们要造成的新中国。”他以无产阶级战略家的坚定自信豪迈宣告并呼吁：“新中国站在每个人民的面前，我们应该迎接它。新中国航船的桅顶已经冒出地平线了，我们应该拍掌欢迎它。举起你的双手吧，新中国是我们的。”[③]

考察中国共产党建立到《新民主主义论》发表近20年的历史，可以发现：中国共产党虽然从党的二大时已经认识到中国现阶段的革命，是要完成反帝反封建的民主革命的任务，社会主义革命是下一阶段的任务，但并没有说明达到这个目标的具体途径。在中国共产党内，长时期以来，犯右倾错误的人并不了解无产阶级领导的民主革命同资产阶级领导的民主革命的区别，因而也就不了解民主革命同社会主义革命之间的联系；犯“左”倾错误的人混淆了民主革命同社会主义革命的界限，在民主革命阶段内不适当地提出某些社会主义的任务。全国抗战爆发前后，党内有人意识到，抗日战争的胜利将引导中国走向非资本主义的前途。但是“非资本主义前途”是怎样一个前途呢？是直接达到社会主义呢，还是要经过一个中间环节？毛泽东在《新民主主义论》中明确回答了这个十分重要的中国发展的前途问题，指出抗日战争的胜利应使中国摆脱殖民地、半殖民地、半封建的地位。但中国既不可能走资本主义道路，也不可能立即进入社会主义社会。他提出并论证了建立新民主主义社会制度的必要性和可能性，指明新民主主义社会就是走向社会主义的

① 《毛泽东选集》第2卷，人民出版社1991年版，第707—708页。
② 《毛泽东选集》第2卷，人民出版社1991年版，第708页。
③ 《毛泽东选集》第2卷，人民出版社1991年版，第709页。

过渡阶段。这就为党纠正和防止右的和“左”的错误、制定和执行正确的政策奠定了理论基础。

综上所述，由《新民主主义论》等文章所阐述的包括新民主主义革命论和新民主主义社会论在内的新民主主义理论，是以毛泽东为代表的中国共产党人把马克思主义基本原理与中国具体实际相结合的重大创造。这一理论使广大党员和人民群众清楚地看到了中国革命的发展规律和前景，极大地鼓舞了他们的胜利信心，有力地指导和促进了抗日战争和中国革命的胜利发展。在新民主主义革命论的指导下，我们党领导人民取得了新民主主义革命的胜利，这个胜利以无可辩驳的事实证明了这个理论的正确性。新民主主义社会论对革命胜利后建立一个什么样的新社会以及如何建设这个新社会进行了创造性阐述，并在一段时间遵照这个构想进行了初步实践尝试，这个初步尝试和探索同样证明了这个战略构想的现实可行性。虽然由于多方面原因，关于建设新民主主义社会的构想未能在后来的实践中坚持下去并得到进一步完善和提升，但新民主主义社会论关于从中国国情出发来思考中国经济、政治、文化事业建设的观点和思路，对于今天我们认识和不断推进新时代中国特色社会主义事业的发展进步，仍然具有重要启示意义。

通过回顾党和毛泽东艰辛探索中国民主革命道路的历程、学习毛泽东对这个艰辛历程及其发展前途进行提炼总结而形成的以《新民主主义论》为代表的马克思主义中国化的理论创新成果，给我们以很多启示，主要是：第一，马克思主义只有与中国实际相结合，才有生命力、号召力、战斗力；离开中国实际空谈马列主义，没有意义；照抄照搬别国经验，没有出路。第二，在中国坚持、运用和发展马克思主义，其首要前提，是科学认识和全面把握中国国情，认清国情是正确制定和实施各项路线方针政策的根本依据。第三，与时俱进是马克思主义的理论品质，无论是革命、建设还是改革，都要不忘初心、牢记使命，既要坚守信仰、坚定信念，又要勇于变革、勇于创新，永不僵化、永不停滞，在不断创新和发展中永葆马克思主义的生命活力。

《论十大关系》与中国社会主义建设*

1956年上半年，在中国即将全面开展社会主义建设之际，毛泽东在两个多月时间里听取了中央30多个部委的汇报，对全国情况作了一次较为深入系统的调查研究，在此基础上发表了《论十大关系》讲话。讲话借鉴苏联社会主义建设的教训，立足中国实际，提出了“把国内外一切积极因素调动起来，为社会主义事业服务”的基本方针。这个讲话，为党的八大的成功召开作了重要准备，是党开始独立探索适合中国情况的社会主义建设道路的标志，讲话提出的关于中国社会主义建设的一系列方针原则和政策措施，至今仍具有重要的现实指导意义。

一、《论十大关系》形成的背景和过程

在以毛泽东同志为核心的党的第一代中央领导集体的领导下，经过28年奋斗，我们党领导人民取得了新民主主义革命的胜利，建立了新中国，中国人从此站立起来了。在此基础上，党又领导人民创造性地实现了由新民主主义到社会主义的转变，使占世界人口四分之一的东方大国进入社会主义社会。但是，如何在中国这样一个“一穷二白”、人口众多的东方大国建设社会主义，成为了全党在理论和实践上面临的一个异常复杂的重大历史新课题。

---

* 这是2011年11月至2017年11月在中央党校省部班、地厅班、中青班等班次的授课讲稿。

最初，中国共产党提出了“以苏联为榜样”的口号。但很快发现，简单照抄照搬苏联模式是行不通的：中国自己的社会主义建设道路只能在实践探索中逐步解决，只能在对中国国情的深刻把握和认识中解决。早在 1955 年，为准备党的八大报告，刘少奇就分别约请中央和国务院 30 多个部门的负责人座谈，了解各方面情况。受到这个做法的启发，毛泽东也要求听取一些部门的汇报。从 1956 年 2 月 14 日开始到 4 月 24 日结束，毛泽东在两个多月时间里，先后听取了国务院 35 个部门的汇报以及国家计委关于第二个五年计划的汇报，实际听汇报的时间为 43 天，对我国社会主义建设的实际情况作了一次深入全面的调研。毛泽东这次听取汇报，是在极为紧张疲劳的状态下进行的，用他自己的话说，几乎每天都是“床上地下，地下床上”。一起床，就开始听汇报，每次都长达四五个小时。周恩来除个别时候因事请假外，每次都来参加听汇报。刘少奇、陈云、邓小平有时也来参加。各部事先把汇报写成书面材料送给毛泽东。毛泽东在听口头汇报时，不断插话，提出问题。为了听汇报，他还不得不改变长期养成的夜间工作的习惯。

汇报从重工业部门开始。2 月 14 日，这是第一天，听取主管重工业的国务院第三办公室汇报。2 月 15 日至 17 日，听取电力工业部及第一、第二、第三机械工业部汇报。2 月 19 日、20 日，听取国家建委、建筑工业部汇报。2 月 21 日、22 日，分别听取城市建设局、第二机械工业部关于原子能问题的汇报。2 月 25 日至 29 日，听取重工业部、石油工业部、地质部、煤炭工业部等汇报。3 月 1 日，听取主管轻工业部门的国务院第四办公室和纺织工业部汇报。3 月 2 日至 4 日，听取地方工业部、轻工业部、手工业管理局汇报。3 月 5 日，听取主管交通、邮电部门的国务院第六办公室汇报。3 月 6 日至 9 日，听取铁道部、交通部、邮电部、民航局汇报。3 月 13 日，听取主管农林水利的国务院第七办公室汇报。3 月 15 日至 18 日，听取农业部、水利部、林业部、气象局汇报。3 月 19 日至 21 日，连续听取主管财贸金融的国务院第五办公室汇报。3 月 26 日、27 日，听取商业部、外贸部汇报。4 月 2 日，听取全国供销合作总社汇报。4 月 5 日，听取粮食部汇报。4 月 8 日至 10 日，听取农产品采购部、财政部、中国人民银行汇报。从 3 月 15 日到 4 月 11 日，这十几次汇报的具体情况，没有档案可查。

在 3 月 12 日至 4 月 5 日听取汇报的这段时间里，毛泽东还同时做着另一件重要而紧迫的工作，就是研究和思考由苏共二十大特别是赫鲁晓夫秘密报告引发的关于国际共运的重大问题。苏共二十大于 1956 年 2 月 14 日至 25 日在莫斯科召开，会议即将结束时，赫鲁晓夫突然召集与会苏共代表，作了题为《关于个人崇拜及其后果》的长篇秘密报告，集中揭露和批判了斯大林所犯的一系列严重错误，包括违背民主集中制原则搞个人崇拜、肃反严重扩大化、在反法西斯的卫国战争前夕对德国进攻丧失警惕、在国内民族问题上的错误处置等。这些揭露和批判，触及了 20 世纪 30 年代以来苏联党和国家政治生活中的一系列深层次问题。毛泽东对于苏共二十大揭露和批评斯大林，一则以喜，一则以忧。喜的是揭开了对斯大林神化的盖子，破除了迷信，解放了思想，使大家敢于讲真话，敢想问题；忧的是赫鲁晓夫批判斯大林，过分追究其个人品质和个人责任问题，对斯大林采取“一棍子打死”的做法以及由此带来的一系列严重后果。美国等西方国家随即利用这个秘密报告在全世界掀起了一股反苏反共潮流。为了向全世界表明中国共产党在斯大林评价问题上的基本立场和态度，在继续听取经济部门汇报的同时，毛泽东从 3 月 12 日起把更多的注意力转到苏共二十大的问题上，或召集会议，或进行个别谈话，讨论和研究苏共二十大和斯大林问题，并主持发表了《关于无产阶级专政的历史经验》（以下简称《一论》）一文。《一论》分析了斯大林犯错误的原因、阐述了对国际共产主义运动中所发生错误应采取的正确态度，总结了中国共产党从中应吸取的教训。

从 4 月 18 日至 24 日，新一轮汇报开始，主要内容是李富春向毛泽东汇报第二个五年计划。这一轮汇报是毛泽东向 35 个部门作系统调查的延续。

在新一轮汇报进行之时，毛泽东的思考和认识也在不断深化，并开始着手进行理论归纳和概括工作，《论十大关系》的完整思想呼之欲出。4 月 19 日，毛泽东首先把思考中的问题归纳出三个关系，即“沿海与内地的关系，轻工业与重工业的关系，个人与集体的关系。”4 月 20 日，他进一步把研究中的问题归纳为五个关系，即：轻工业与重工业的关系、沿海与内地的关系、个人与集体的关系、地方与中央的关系、经济与国防的关系。4 月 24 日，毛泽东又进一步归纳出“六大矛盾”，即轻工业与重工业、沿海与内地、国防、行政与经济、文化、个人与集体、地方与中央、少数民族与汉族。“六大矛盾”也就是六大关系。毛泽东后又增加提出四大关系，成为十大关系。

至此，这次调查活动全部结束。这是毛泽东在新中国成立后乃至在他一生中所作的规模最大、时间最长、周密而系统的经济工作调查。

在此基础上，1956 年 4 月 25 日，毛泽东主持召开中共中央政治局扩大会议，首次发表《论十大关系》讲话。出席会议的除中央政治局委员外，还有各省、市、自治区党委第一书记。这次会议的原定议题是讨论农业生产合作社等问题。毛泽东在会上发表《论十大关系》讲话后，从 4 月 25 日到 28 日，会议便集中讨论了这篇讲话。根据讨论中提出的意见，毛泽东在 1956 年 5 月 2 日召开的最高国务会议上，又对十大关系作了进一步阐述，其主要内容与 4 月 25 日讲话大致相同。

关于十大关系思想的形成过程，1958 年 2 月 18 日，毛泽东在中央政治局扩大会议上曾说："那个十大关系怎么出来的呢？我在北京经过一个半月，每天谈一个部，找了三十四个部的同志谈话，逐渐形成了那个十条。如果没有那些人谈话，那个十大关系怎么会形成呢？不可能形成。"①

二、《论十大关系》的主要内容及初步贯彻

毛泽东曾说：十大关系的基本观点，就是同苏联作比较，看除了苏联办法之外，是否可以找到别的办法，比苏联、东欧各国搞得更快更好。《论十大关系》开篇即提出："特别值得注意的是，最近苏联方面暴露了他们在建设社会主义过程中的一些缺点和错误，他们走过的弯路，你还想走？过去我们就是鉴于他们的经验教训，少走了一些弯路，现在当然更要引以为戒。"根据中国情况探索中国自己的社会主义道路，"以苏为戒"，是贯穿《论十大关系》的基本思想。

《论十大关系》中所阐述的"十大关系"是：重工业和轻工业、农业的关系；沿海工业和内地工业的关系；经济建设和国防建设的关系；国家、生产单位和生产者个人的关系；中央和地方的关系；汉族和少数

① 据现存档案，这期间向毛泽东汇报的实为 35 个部门。参见《毛泽东年谱（1949—1976）》第 2 卷，中央文献出版社 2013 年版，第 528 页；中共中央文献研究室编：《毛泽东传（1949—1976）》（上），中央文献出版社 2003 年版，第 471 页。

民族的关系；党和非党的关系；革命和反革命的关系；是非关系；中国和外国的关系。前五大关系属于经济关系，后五大关系是同经济建设密切相关的国家政治关系。十大关系的地位不是简单的平列关系。毛泽东指出，十大关系中，工业和农业，沿海和内地，中央和地方，国家、集体和个人，国防建设和经济建设，这五条是主要的。

在重工业和轻工业、农业的关系上，《论十大关系》指出："重工业是我国建设的重点。必须优先发展生产资料的生产，这是已经定了的。但是决不可以因此忽视生活资料尤其是粮食的生产。如果没有足够的粮食和其他生活必需品，首先就不能养活工人，还谈什么发展重工业？所以，重工业和轻工业、农业的关系，必须处理好。"毛泽东在和苏联比较后说，在处理重工业和轻工业、农业的关系上，我们没有犯原则性的错误。我们比苏联和一些东欧国家做得好些。"我们现在的问题，就是还要适当地调整重工业和农业、轻工业的投资比例，更多地发展农业、轻工业。这样，重工业是不是不为主了？它还是为主，还是投资的重点。但是，农业、轻工业投资的比例要加重一点。加重的结果怎么样？加重的结果，一可以更好地供给人民生活的需要，二可以更快地增加资金的积累，因而可以更多更好地发展重工业。重工业也可以积累，但是，在我们现有的经济条件下，轻工业、农业积累得更多更快些。"毛泽东指出：现在发展重工业可以有两种办法，一种是少发展一些农业、轻工业，一种是多发展一些农业、轻工业。从长远观点来看，前一种办法会使重工业发展得少些和慢些，至少基础不那么稳固，几十年后算总账是划不来的。后一种办法会使重工业发展得多些和快些，而且由于保障了人民生活的需要，会使它发展的基础更加稳固。

在沿海工业和内地工业的关系上，毛泽东强调在合理安排工业布局的前提下，既要重视发展内地工业，改变工业布局不合理的状况，同时又要充分利用和发展沿海的工业基地，以此为基础，加强和发展内地工业，促使全国各地经济的普遍发展，促进全国各个民族之间的团结，促进工业和农业、城市和乡村的更好结合。毛泽东在《论十大关系》中指出："我国全部轻工业和重工业，都有约百分之七十在沿海，只有百分之三十在内地。这是历史上形成的一种不合理的状况。沿海的工业基地必须充分利用，但是，为了平衡工业发展的布局，内地工业必须大力发展。"他说，"现在，新的侵华战争和新的世界大战，估计短时期内打不起来，可能有十年或者更长一点的和平时期。这样，如果还不充分利用沿海工业的设备能力和技术力量，那就不对了。……好好地利用和发展沿海的工业老底子，可以使我们更有力量来发展和支持内地工业。如果采取消极态度，就会妨碍内地工业的迅速发展。所以这也是一个对于发展内地工业是真想还是假想的问题。如果是真想，不是假想，就必须更多地利用和发展沿海工业，特别是轻工业”。

在经济建设和国防建设的关系上，毛泽东强调：在我们这样一个经济发展落后的大国，建设强大的国防十分重要，但是，一定要有首先加强经济建设的思想。因此，最可行的办法是用增强经济建设的力量来增强国防建设，经济建设是国防建设的物质基础，离开了经济建设，国防建设就是一句空话。

关于国家、生产单位和生产者个人的关系，毛泽东指出，“国家和工厂、合作社的关系，工厂、合作社和生产者个人的关系，这两种关系都要处理好。为此，就不能只顾一头，必须兼顾国家、集体和个人三个方面”。“我们历来提倡艰苦奋斗，反对把个人物质利益看得高于一切，同时我们也历来提倡关心群众生活，反对不关心群众痛痒的官僚主义。随着整个国民经济的发展，工资也需要适当调整。”关于工厂在统一领导下的独立性问题，毛泽东说：把什么东西统统都集中在中央或省市，不给工厂一点权力，一点机动的余地，一点利益，恐怕不妥。各个生产单位都要有一个与统一性相联系的独立性，才会发展得更加活泼。关于农民问题，毛泽东批评“苏联的办法把农民挖得很苦。他们采取所谓义务交售制等项办法，把农民生产的东西拿走太多，给的代价又极低。他们这样来积累资金，使农民的生产积极性受到极大的损害。你要母鸡多生蛋，又不给它米吃，又要马儿跑得好，又要马儿不吃草。世界上哪有这样的道理!”他说：我们对农民的政策不是苏联的那种政策，而是兼顾国家和农民的利益。“鉴于苏联在这个问题上犯了严重错误，我们必须更多地注意处理好国家同农民的关系。”

在中央和地方的关系上，毛泽东强调：“为了建设一个强大的社会主义国家，必须有中央的强有力的统一领导，必须有全国的统一计划和统一纪律，破坏这种必要的统一，是不允许的。同时，又必须充分发挥地方的积极性，各地都要有适合当地情况的特殊。”“应当在巩固中央统一领导的前提下，扩大一点地方的权力，给地方更多的独立性，让地方办更多的事情。这对我们建设强大的社会主义国家比较有利。我们的国家这样大，人口这样多，情况这样复杂，有中央和地方两个积极性，比只有一个积极性好得多。我们不能像苏联那样，把什么都集中到中央，把地方卡得死死的，一点机动权也没有。”

在汉族和少数民族的关系上，毛泽东提出：我们着重反对大汉族主义，地方民族主义也要反对，各个少数民族对中国的历史都作过贡献，“我们必须搞好汉族和少数民族的关系，巩固各民族的团结，来共同努力于建设伟大的社会主义祖国。”在党和非党的关系上，毛泽东强调：“究竟是一个党好，还是几个党好？现在看来，恐怕是几个党好。不但过去如此，而且将来也可以如此，就是长期共存，互相监督。”在革命和反革命的关系上，毛泽东指出：“还有反革命，但是已经大为减少”，“今后社会上的镇反，要少捉少杀”，机关、学校、部队里面清查反革命，要“一个不杀，大部不捉”。在是非关系上，毛泽东指出，“惩前毖后，治病救人”的方针，是团结全党的方针，必须坚持这个方针。在中国和外国的关系上，毛泽东强调：“我们的方针是，一切民族、一切国家的长处都要学，政治、经济、科学、技术、文学、艺术的一切真正好的东西都要学。但是，必须有分析有批判地学，不能盲目地学，不能一切照抄，机械搬运。”

综括起来，《论十大关系》的主旨，或者说，其确定的基本方针，就是：“我们一定要努力把党内党外、国内国外的一切积极的因素，直接的、间接的积极因素，全部调动起来，把我国建设成为一个强大的社会主义国家。”

《论十大关系》的发表，表明党和毛泽东对中国社会主义建设道路的探索有了一个初步的但又比较系统的思路。1958 年 3 月 10 日，毛泽东在成都会议上说：“1956 年 4 月的《论十大关系》，开始提出我们自己的建设路线，原则和苏联相同，但方法有所不同，有我们自己的一套内容。”①

《论十大关系》阐述的一系列重大方针政策，在 1956 年召开的党的八大上得到了进一步深化和展开，并在党的八大决策中得到了较充分的体现。刘少奇在党的八大上作的政治报告全面发挥了《论十大关系》的

① 《毛泽东文集》第 7 卷，人民出版社 1999 年版，第 369—370 页。

有关精神，着重讲了重工业和轻工业的关系问题、工业布局上沿海和内地、大型企业和中小型企业、中央国营企业和地方国营企业的配合问题、在发展生产基础上逐步改善职工生活的问题、国家政治生活中的中共与各民主党派的关系问题、调整中央和地方行政管理职权、国内各兄弟民族亲密团结的问题、对反革命分子和其他犯罪分子实行惩办和宽大相结合的政策的问题，争取国际上的一切有利条件团结国际上一切可能团结的力量问题，等等。周恩来在党的八大上作的《关于发展国民经济的第二个五年计划的建议的报告》中也就处理好重工业和轻工业的关系、沿海工业和内地工业的关系、积累和消费的关系、扩大国际间经济、技术和文化的合作和联系等问题作了深入阐述。党的八大通过的《关于政治报告的决议》进一步强调：要继续坚持优先发展重工业的方针，同时积极发展农业和轻工业。要正确解决工业和其他经济事业的布局问题，“在内地和近海地区的关系上，既须继续把工业重点合理地移向内地，发展内地的经济事业，又须充分利用和合理发展近海地区的经济事业，特别是应当充分利用近海原有的工业基地来迅速推进内地新的工业基地的建设。在中央和地方的关系上，既须发挥中央各经济部门的积极性，又须发挥地方的积极性；既须纠正地方经济事业中盲目发展的偏向，又须纠正对地方经济事业注意不够和限制过多的偏向。在大型工业和中、小型工业的关系上，既须努力建设那些起骨干作用的大型工业企业，又须有计划地新建和改建那些起配合作用的或者适合于较小规模经营的中、小型工业企业”，要使国家建设和人民生活改善这两个方面得到适当的结合，“使国民收入中积累和消费的比例关系得到正确的处理”。要“在国家所已经建立的统一集中的基础上，适当地调整中央和地方、上级地方和下级地方的行政管理职权”。要“按照长期共存、互相监督的方针，继续加强同各民主党派和无党派民主人士的合作”。要“加强国内各民族的团结，促进各民族的共同进步”。今后对于反革命残余势力仍必须进行坚决的斗争，“但是因为反革命力量已经日益缩小和分化，对于反革命分子应当进一步实行宽大政策”，等等。

三、突如其来的“暴风雨”与《论十大关系》的命运

《论十大关系》发表的 1956 年，被毛泽东称为“多事之秋”。这个

"多事之秋"一定意义上影响了《论十大关系》的命运。

国际上，最引人注目的是1956年上半年：苏共二十大召开，尖锐揭露和批判斯大林。1956年下半年，党的八大后不久，发生了波兰和匈牙利事件。

波兰事件，起因于波兹南事件后苏联对波兰内政的干预。1956年6月发生的波兹南事件，暴露出波兰政府在处理工人罢工问题上的严重官僚主义。同年7月波兰统一工人党召开七中全会，总结波兹南事件教训，提出进一步加强党和国家政治生活民主化等改革措施。随后，又决定在10月召开八中全会，准备改组政治局，选举哥穆尔卡为第一书记。波兰局势的发展，使苏共中央第一书记赫鲁晓夫等人感到紧张。从10月17日起，赫鲁晓夫一方面令驻扎在波兰及其附近的苏军向华沙等地调动，另一方面率苏共代表团一行于10月19日强行飞抵波兰参加波党八中全会。苏波两国关系骤然紧张。10月19日，苏联驻华大使尤金向刘少奇递交苏共中央关于波兰问题的通知，认为波兰存在脱离社会主义阵营、投入西方集团的危险。随后，苏共中央通知中共中央，要求中共中央派一个代表团去莫斯科商谈波兰问题。10月21日，毛泽东在中南海颐年堂召集中央政治局常委扩大会议，决定由刘少奇、邓小平、王稼祥、胡乔木等组成中共代表团赴莫斯科。10月23日晚，刘少奇、邓小平一行飞抵莫斯科，随即同赫鲁晓夫进行交谈。此时，赫鲁晓夫已经改变了对波兰问题的方针，撤走了军队，承认以哥穆尔卡为首的波兰新一届党中央，形势逐步缓和下来，波兰问题基本得到解决。

但就在中苏两党全力解决波兰问题的时候，又爆发了更加严重的匈牙利事件。1956年10月23日，匈牙利首都布达佩斯爆发了20万人参加的示威游行，表达对拉科西执政时代错误政策的严重不满。示威者占领了电台和一些军事设施，冲击劳动人民党和政府机构，后来又残酷杀害了劳动人民党党员及政府官员，致使这场游行演变成反政府暴乱。10月23日当晚，匈牙利劳动人民党中央召开紧急会议，改组中央领导机构，纳吉进入中央政治局，并担任部长会议主席。在10月25日的政治局会议上，又选举卡达尔担任党中央第一书记。但此后，匈牙利局势进一步恶化，纳吉政府宣布退出华沙条约组织，实行多党制。暴乱分子烧死、绞死、残害共产党人，匈牙利全国处于无政府状态。11月4日，应以卡达尔为总理的匈牙利工农革命政府的请求，苏军攻入布达佩斯，平息了匈牙利事件。

事件的发生，再次暴露了国际共产主义运动中存在的严重问题，这是由揭露斯大林错误所产生问题的进一步发展。毛泽东提出，根据事件的教训，要在4月发表的《一论》的基础上，再写一篇文章，好好总结社会主义建设的经验教训。这就是经毛泽东多次修改、于1956年底在《人民日报》发表的《再论无产阶级专政的历史经验》一文。《再论》深入阐述了社会主义社会的矛盾问题，并对斯大林作出评价，认为斯大林功大于过，而全面否定斯大林，就助长了修正主义思潮的发展。

在国内，进入1956年下半年，由于生产资料和生活资料供应出现紧张情况，一些地方也发生了工人罢工、学生罢课等事件。在半年内，全国各地，大大小小，大约有10000多名工人罢工，10000多名学生罢课。从1956年10月起，广东、河南、安徽、浙江、江西、山西、河北、辽宁等省，还发生了部分农民要求退社的情况。毛泽东认为，这些问题产生的根源，是工作中的官僚主义。为此，他在1956年11月召开的党的八届二中全会上宣布：要在1957年开展一场整风运动，重点整顿三风：一整主观主义，二整宗派主义，三整官僚主义，强调“以后凡是人民内部的事情，党内的事情，都要用整风的方法，用批评和自我批评的方法来解决，而不是用武力来解决”①。为了指导整风的开展，毛泽东发表了《关于正确处理人民内部矛盾的问题》一文。但在整风过程中，发生了极少数人趁机向党和社会主义进攻的情况，由于对这种进攻作了过于严重的估计并因此采取了一系列激烈反击措施，最终导致整风转向，出现了反右派严重扩大化的错误，使党对适合中国情况的社会主义建设道路的探索遇到挫折。

1956年下半年后国际国内发生的一系列重大事件，犹如突如其来的“暴风雨”，超出了党和毛泽东的预想，导致党和毛泽东的关注重点随之发生重大变化。阶级斗争意识、阶级斗争思维开始在国家政治生活中重占主导地位。《论十大关系》中阐述的一系列观点、党的八大作出的一系列决策部署在后来的实践中非但未得到贯彻执行，有的还走向了反面。

---

① 中共中央文献研究室编：《毛泽东传（1949—1976）》（上），中央文献出版社2003年版，第613页。

毛泽东《论十大关系》讲话发表后，曾有过一个文字整理稿，当时在党内高中级干部中进行过传达，但其具体内容很长时间没有对外公开。《论十大关系》报告形成后的 9 年，也就是 1965 年底，刘少奇曾给毛泽东写信，建议将《论十大关系》讲话印发下去，信中说："此件我又看了一遍，觉得对于一些基本问题说得很好，对现在的工作仍有很重要的指导作用。建议将此件作为内部文件发给县、团级以上各级党委学习。"但此时"文化大革命"正在酝酿之中，毛泽东看了整理稿后于 12 月 18 日批示："此件看了，不大满意，发下去征求意见，以为将来修改之助。"1975 年邓小平在主持中央日常工作和《毛泽东选集》第五卷编辑工作期间，又由胡乔木具体主持对《论十大关系》作了进一步整理。邓小平将新的整理稿送毛泽东并附信说："我们在读改时，一致觉得这篇东西太重要了，对当前和以后，都有很大的针对性和理论指导意义，对国际（特别是第三世界）的作用也大，所以，我们有这样的想法：希望早日定稿，定稿后即予公开发表，并作为全国学理论的重要文献。"但毛泽东仍未同意公开发表。直到毛泽东逝世后，《论十大关系》一文才在 1976 年 12 月 26 日的《人民日报》上第一次公开发表。

《论十大关系》从写作到公开发表，历时 20 年，一定意义上反映了我们党带领人民艰辛求索中国自己的社会主义建设道路的曲折进程。虽然命运多舛，但《论十大关系》作为党和毛泽东独立探索中国社会主义建设道路的开篇之作，在中国社会主义发展史上占有重要地位，是毛泽东关于中国社会主义建设的一篇重要理论文献。讲话确定的"把国内外一切积极因素调动起来，为社会主义事业服务"的基本方针，过去、现在、将来仍然是我们党团结全国各族人民建设社会主义的重要方针。《论十大关系》提出的党在探索中国社会主义建设道路中所面临和要解决的一系列重大问题——无论是五大经济关系还是五大政治关系，仍然是发展中国特色社会主义必须高度重视的问题。毛泽东围绕这些问题所作的科学阐述，今天仍给人以启发，仍然具有重要的借鉴价值和指导意义。

《沿着有中国特色社会主义道路前进》导读*

党的十一届三中全会后，在全面拨乱反正的基础上，我们党坚持以经济建设为中心，坚持四项基本原则，坚决而有步骤地进行全面改革和对外开放，在探索有中国特色的社会主义建设道路的进程中取得了显著成就。其中经济建设成就尤为突出。从 1978 年到 1987 年的 9 年间，国民生产总值、国家财政收入和城乡居民平均收入都大体上翻了一番，国家总体经济实力明显增长，这同从 20 世纪 50 年代后期开始到十一届三中全会以前的 20 年中，在“左”的思想指导下，“以阶级斗争为纲”，经济发展屡遭挫折，人民生活改善甚微的状况，形成了鲜明对比。在这 9 年中，随着改革开放的不断深入，我们党总结历史经验教训，对中国基本国情的认识、对中国社会主义建设长期性、艰巨性的认识、对中国特色社会主义发展规律的认识也进一步深化，许多适应社会进步趋势的新思想新观念在这个时期产生了。从中国实际出发、具有开创意义的新体制新机制的基础和轮廓在这个时期开始奠定了，改革开放的方向和目标进一步明确了，这都坚定了人们的信心，促进了生产力新的解放。按照党章的规定，1987 年将召开党的十三大。在此重要时刻，如何对这 9 年改革开放的实践进行总结；如何使改革开放政策得到科学理论的支撑，从而保持长期的稳定性、连续性；如何概括党的十一届三中全会以来我们党坚持和形成的基本路线；如何规划中国现代化建设的总体战

* 这是 2012 年 10 月为中央党校中直机关分校“中国特色社会主义理论体系原著十讲”撰写的讲稿。

略；如何深化经济体制、政治体制改革，保证我们沿着有中国特色的社会主义道路继续胜利前进，就成为全党面临并亟须解决的一个重大问题。1987 年 10 月党的十三大就是在这样的背景下召开的。邓小平直接指导了十三大报告的起草和大会的各项筹备工作。他明确提出，党的十三大是党的历史上一次很重要的会议，一定要把大会的报告搞好，“十三大报告要在理论上阐述什么是社会主义，讲清楚我们的改革是不是社会主义。要申明‘四个坚持’的必要……改革开放的必要，在理论上讲得更加明白。”① 党的十三大通过的题为《沿着有中国特色的社会主义道路前进》的政治报告很好地体现和贯彻了邓小平的上述要求。十三大报告最突出的贡献，是把马克思主义基本原理与中国社会主义发展实践结合起来，系统阐述了中国社会主义初级阶段理论，完整概括了党在社会主义初级阶段的基本路线，明确提出了中国经济“三步走”发展战略和经济政治体制改革的基本方针，科学揭示了党的十一届三中全会以来所形成的建设有中国特色的社会主义理论的总体“轮廓”，这个报告，极富理论上的创新精神，是中国特色社会主义理论形成发展史上的一篇重要文献。

一、中国社会主义初级阶段理论的系统阐述

关于社会主义的发展阶段问题，马克思恩格斯在创立科学社会主义学说的过程中，曾提出过一些极具原则性的设想。但是，不管是苏联还是我们党，在对社会主义发展阶段的认识上都曾出现过严重偏差，并直接导致社会主义在实践中遭受重大挫折。“文化大革命”结束后，通过反思历史教训，我们党对中国国情和中国社会主义所处的发展阶段问题进行了重新认识。1977 年 10 月，邓小平第三次复出后不久就指出：“人们都说中国是个大国，其实只有两点大，一是人口多，二是地方大。就发展水平来说，是个小国，顶多也是个中小国家，连中等国家都算不上。”② 1978 年 8 月，他又说：“各国的发展阶段不同，消灭资本主义，

① 《邓小平文选》第 3 卷，人民出版社 1993 年版，第 203 页。
② 《邓小平思想年谱》，中央文献出版社 1998 年版，第 48 页。

建立共产主义，这是一个很长的历史过程。”① 1979 年初，在中共中央召开的“理论工作务虚会”上，与会专家就社会主义发展阶段问题也进行了较深入的讨论。1979 年 9 月，经党的十一届四中全会讨论通过、由叶剑英作的《在庆祝中华人民共和国三十周年大会上的讲话》指出：中国的社会主义制度“还不完善，经济和文化还不发达”“还处在幼年时期”“在我国实现现代化，必然要有一个由初级到高级的过程”②。这个讲话实际上已蕴含了社会主义初级阶段的基本思想。

在党的正式文献中，第一次明确使用社会主义“初级阶段”概念，是 1981 年 6 月党的十一届六中全会通过的《关于建国以来党的若干历史问题的决议》。这一文件中提到：“尽管我们的社会主义制度还是处于初级的阶段，但是毫无疑问，我国已经建立了社会主义制度，进入了社会主义社会，任何否认这个基本事实的观点都是错误的”③。一年后，十二大报告重申了“我国的社会主义社会现正处在初级发展阶段”论断，并特别指明物质文明不发达是初级阶段社会主义的根本特征。但党的十二大以后，由于有人对我国社会主义还处在“初级阶段”的论断提出质疑，认为我国目前是处在“共产主义初级阶段”而非“社会主义初级阶段”，受此影响，此后几年里理论界关于“社会主义初级阶段”的讨论一度陷于沉寂。但是，随着改革开放的推进、人们的认识不断深化。1986 年 5、6 月间，《人民日报》相继发表《关于社会主义建设的历史阶段》《坚持实事求是原则是一切事业的成功之道》等文章，重提我国社会主义发展阶段问题，由此引发了关于“社会主义初级阶段”问题的新一轮讨论。在此背景下，1986 年 9 月党的十二届六中全会再次重申了“我国还处在社会主义的初级阶段”的论断。

不过，虽然党的正式文件已三次使用“初级阶段”的提法，但都未作展开，这样，人们关注的焦点就集中到了 1987 年召开的党的十三大上。

1987 年 3 月 21 日，主持十三大报告起草工作的赵紫阳给邓小平写信，信中提出：十三大报告“全篇拟以社会主义初级阶段作为立论的根

① 《邓小平思想年谱》，中央文献出版社 1998 年版，第 73 页。

② 《三中全会以来重要文献选编》（上），人民出版社 1982 年版，第 295、300、307 页。

③ 《三中全会以来重要文献选编》（下），人民出版社 1982 年版，第 1134 页。

据……以社会主义的初级阶段立论，有可能把必须避免‘左’右两种倾向这个大问题说清楚，也有可能把我们改革的性质和根据说清楚。如能这样，对统一党内外认识很有好处，对国外理解我们政策的长期稳定性也很有好处。‘初级阶段’这个提法，在党的文件中已三次出现（历史问题决议、十二大报告、精神文明决议），但都没有发挥。如您同意，报告的起草工作就准备循着这个思路加以展开”。3 月 25 日邓小平批示：“这个设计好。”① 1 个月以后，4 月 26 日，邓小平在会见捷克斯洛伐克社会主义共和国总理什特劳加尔时又说：“现在虽说我们也在搞社会主义，但事实上不够格。”②“不够格”的社会主义，也就是“初级阶段”的社会主义。

进入 1987 年，随着党的十三大各项筹备工作的展开和总体设想的确定，国内思想理论界也逐渐兴起了一股研究、讨论和宣传社会主义初级阶段理论的热潮。北京、安徽、浙江、上海等地的理论工作者先后召开各种研讨会，就社会主义初级阶段的一些重大理论和实际问题展开深入讨论。1987 年 8 月，党的十三大报告在征求党内意见时，从各地讨论中提出的 10 多个涉及全局和原则性的重大理论问题，就包括社会主义初级阶段如何论证、社会主义初级阶段的主要矛盾以及社会主义初级阶段的起始时间等问题。

在邓小平确定指导性意见、十三大报告草稿讨论和理论界深入研究的基础上，党的十三大第一次对社会主义初级阶段理论作了系统阐述。报告第二部分以“社会主义初级阶段和党的基本路线”为题，开宗明义地指出：“正确认识我国社会现在所处的历史阶段，是建设有中国特色的社会主义的首要问题，是我们制定和执行正确的路线和政策的根本依据。”围绕这个主旨，报告对社会主义初级阶段相关问题作了深入论述。报告揭示了社会主义初级阶段论断的两层含义：其一是说我国社会已经是社会主义社会，我们必须坚持而不能离开社会主义；其二是说我国的社会主义社会还处在初级阶段，我们必须从这个实际出发，而不能超越这个阶段。报告明确了我国社会主义初级阶段的主要矛盾和改革任务，

① 中共中央文献研究室编：《邓小平年谱（1975—1997）》（下），中央文献出版社 2004 年版，第 1173 页。

② 中共中央文献研究室编：《邓小平年谱（1975—1997）》（下），中央文献出版社 2004 年版，第 1183 页。

强调人民日益增长的物质文化需要同落后的社会生产之间的矛盾是现阶段我国社会的主要矛盾；阶级斗争在一定范围内还会长期存在，但已不是主要矛盾。为了解决这个主要矛盾，就必须大力发展商品经济，提高劳动生产率，逐步实现现代化，并且为此而改革生产关系和上层建筑中不适应生产力发展的部分。报告规定了党在社会主义初级阶段建设有中国特色的社会主义的基本路线，这就是："领导和团结全国各族人民，以经济建设为中心，坚持四项基本原则，坚持改革开放，自力更生，艰苦创业，为把我国建设成为富强、民主、文明的社会主义现代化国家而奋斗。"① 这就是"一个中心，两个基本点"的基本路线。

二、党的"一个中心，两个基本点"基本路线的完整概括

党的基本路线，也就是党的总路线，反映我们党在一定历史时期指导全局工作的总方针、总政策，是党的指导思想和基本理论的集中体现。党的基本路线不是规定短期的工作任务的，也不是规定具体的、个别的工作路线和政策的，而是总揽全局，为党在一个历史阶段中的全部工作确定方向、目标和航道的。十三大报告的又一个重大贡献，就是在系统阐述社会主义初级阶段理论的基础上，明确提出了党在社会主义初级阶段建设中国特色社会主义的"一个中心，两个基本点"的基本路线。这条基本路线，是对党的十一届三中全会以来提出和实施的一系列重大方针政策的集中概括，是照耀全党全国各项工作的"灯塔"。

（一）党在不同历史阶段的基本路线的演变

中国共产党建立以来的历史表明，能否从实际出发，依据党的任务的变化，在不同时期制定和贯彻正确的基本路线，直接关系着党的事业的兴衰成败。

民主革命时期，我们党总结长期革命实践，逐步形成了一条新民主主义革命的正确路线。1948 年 4 月，毛泽东对此概括说："无产阶级领

① 赵紫阳：《沿着有中国特色的社会主义道路前进——在中国共产党第十三次全国代表大会上的报告》，《人民日报》1987 年 11 月 4 日。

导的，人民大众的，反对帝国主义、封建主义和官僚资本主义的革命，这就是中国的新民主主义的革命，这就是中国共产党在当前历史阶段的总路线和总政策。”① 这是一条引导我们党最终取得民主革命胜利的正确的基本路线。

1949年新中国成立后，我们党从领导人民为夺取全国政权而奋斗的党，成为领导人民掌握全国政权并长期执政的党，党所处的地位、环境和面临的任务发生了重大变化，党的基本路线也要随之进行调整和改变。从新中国成立到1978年12月党的十一届三中全会召开的30年间，我们党在不同时期，对党的基本路线进行了曲折的探索，积累了正反两个方面的经验教训。

1952年，我们党把马克思列宁主义关于过渡时期的理论同中国实际相结合，提出了党在过渡时期的总路线，即：要在一个相当长的时期内，逐步实现国家的社会主义工业化，并逐步实现国家对农业、手工业和资本主义工商业的社会主义改造，这就是“一化”（社会主义工业化）“三改”（对农业、手工业和资本主义工商业的社会主义改造）的总路线，它引导我们取得了基本完成社会主义改造的新胜利。1956年基本完成社会主义改造以后，我国进入了一个新的历史阶段，即后来认识到的、十三大报告所论述到的社会主义初级阶段。在这个阶段，我们党为确立一条正确的、指导社会主义建设的基本路线，经历了曲折的探索过程。

实际上，1956年召开的党的八大本已为制定党在新的历史阶段的正确路线奠定了重要基础，已经提出“我们国内的主要矛盾，已经是人民对于建立先进的工业国的要求同落后的农业国的现实之间的矛盾，已经是人民对于经济文化迅速发展的需要同当前经济文化不能满足人民需要的状况之间的矛盾”。“党和全国人民的当前的主要任务，就是要集中力量来解决这个矛盾，把我国尽快地从落后的农业国变为先进的工业国。”顺着这样的认识制定路线方针政策、开展各项建设，我国的社会主义事业一定会呈现新的面貌，取得更大成就。遗憾的是，自1957年反右派斗争出现严重扩大化后，我们党动摇了关于我国社会的主要矛盾已经发生历史性变化的论断，从而动摇了这一基础。1958年党的八大

① 《毛泽东选集》第4卷，人民出版社1991年版，第1317页。

二次会议提出了一条新的总路线，即“鼓足干劲，力争上游，多快好省地建设社会主义”的总路线。这条总路线提出的初衷是要鼓舞中国各族人民的斗志，调动人民群众的积极性，实现社会主义的高速发展，但由于它同“大跃进”和人民公社化相联系，带有急于求成的主观空想的色彩，忽视了客观规律，因而在实践中发生了严重偏差，给我国经济建设造成了重大损失。到了1962年，由于“左”倾思想的指导，党的八届十中全会重提“以阶级斗争为纲”，强调“社会主义社会是一个相当长的历史阶段，在这个历史阶段中，始终存在着阶级、阶级矛盾和阶级斗争，存在着社会主义同资本主义两条道路的斗争，存在着资本主义复辟的危险性。”这个判断和估计在1969年党的九大上被正式确定为党在整个社会主义历史阶段的基本路线。由于推行这条脱离实际的基本路线，使得阶级斗争理论和实践在国内愈演愈烈，直至“文化大革命”内乱，给党和人民及社会主义事业带来了沉重灾难。

（二）“一个中心，两个基本点”基本路线的确立

1978年党的十一届三中全会以后，我们党在总结历史经验教训的基础上，逐渐形成和发展了正确把握我国社会发展阶段的性质及其主要矛盾的基本路线。党的十三大作了这样的概括：“在社会主义初级阶段，我们党的建设有中国特色的社会主义的基本路线是：领导和团结全国各族人民，以经济建设为中心，坚持四项基本原则，坚持改革开放，自力更生，艰苦创业，为把我国建设成为富强、民主、文明的社会主义现代化国家而奋斗。”这也就是被简称为“一个中心，两个基本点”（以经济建设为中心，坚持四项基本原则，坚持改革开放）的党的基本路线。

党的十三大完整概括了党的“一个中心，两个基本点”的基本路线，但实际上，党的基本路线的主要内容早在党的十一届三中全会后不久就已开始酝酿提出了。正如邓小平1987年11月所说的：“十三大确定了‘一个中心，两个基本点’的战略布局。我们十年前就是这样提出的，十三大用这个语言把它概括起来。”①

1978年党的十一届三中全会否定了“以阶级斗争为纲”这个不适用于社会主义社会的“左”的错误方针，把党和国家的工作中心转移到了

① 《邓小平文选》第3卷，人民出版社1993年版，第345页。

经济建设上。在确定工作中心转移的同时，作出了实行改革开放的伟大决策。党的十一届三中全会结束后不久，1979 年 3 月，针对拨乱反正过程中出现的错误思潮，邓小平又代表党中央旗帜鲜明地提出要坚持四项基本原则。这表明“一个中心，两个基本点”的思想此时已初步成型。1979 年 9 月，叶剑英在国庆 30 周年大会上的讲话中指出：现在我们的任务，就是团结全国各族人民，调动一切积极因素，同心同德，鼓足干劲，力争上游，多快好省地建设现代化的社会主义强国。这是对新的历史时期党的政治路线的最初概括。此后，1981 年 6 月党的十一届六中全会通过的《关于建国以来党的若干历史问题的决议》明确提出了“以经济建设为中心”的命题，强调“党和国家工作的重点必须转移到以经济建设为中心的社会主义现代化建设上来，大大发展社会生产力”“今后，除了发生大规模外敌入侵（那时仍然必须进行为战争所需要和容许的经济建设），决不能再离开这个重点。党的各项工作都必须服从和服务于经济建设这个中心”①。十二大报告进一步提出：“中国共产党在新的历史时期的总任务是：团结全国各族人民，自力更生，艰苦奋斗，逐步实现工业、农业、国防和科学技术现代化，把我国建设成为高度文明、高度民主的社会主义国家。”这一概括的主要内容为十三大报告所采纳。

随着实践的发展，我们党对建设有中国特色社会主义一系列根本问题的认识也在不断深化。到 1984 年，我国的改革开放和现代化建设已取得了巨大的成功，全面改革的格局开始形成，党的十一届三中全会以来提出的一系列方针政策也已经开始形成了比较完整的体系。实践和认识的发展表明，从整体上来对这些认识进行系统概括和科学阐述的条件已经成熟。正是在此背景下，1984 年 6 月 30 日，邓小平在会见日本外宾时，向客人介绍了建设有中国特色社会主义道路的总“构想”，旗帜鲜明地强调了在中国坚持马克思主义、坚持毛泽东思想、坚持社会主义道路、坚持以发展生产力为社会主义的最根本任务、坚持改革开放的历史必然性和必要性。这一“构想”清晰地勾画了“一个中心，两个基本点”的轮廓，提出了建设有中国特色社会主义的核心内容②。1985 年 8

① 《关于建国以来党的若干历史问题的决议——1981 年 6 月 27 日中国共产党第十一届中央委员会第六次全体会议一致通过》，《人民日报》1981 年 7 月 1 日。

② 《邓小平文选》第 3 卷，人民出版社 1993 年版，第 62—65 页。

月，在会见津巴布韦非洲联盟主席、政府总理穆加贝时，邓小平对上述构想又作了进一步的阐发，开始把发展生产力，即以经济建设为中心，与坚持四项基本原则，坚持改革开放联系起来思考，指出："我们拨乱反正，就是要在坚持四项基本原则的基础上发展生产力。为了发展生产力，必须对我国的经济体制进行改革，实行对外开放的政策。"①

把"一个中心，两个基本点"作为党的基本路线完整提出来，并对其相互关系进行论述，是从 1987 年开始的。在准备十三大报告的过程中，党中央回顾了党的十一届三中全会以来取得的成就，认为有必要对全国人民都身受其惠的"三中全会以来的路线"的主要内容加以明确的界定。1987 年 1 月底，在春节团拜会上，时任中央总书记的赵紫阳代表中共中央第一次公开提出了"坚持四项基本原则"和"坚持改革开放"是三中全会以来路线的"两个基本点"的说法，强调这两个基本点"互相联系，缺一不可"。这样，"以经济建设为中心"与"两个基本点"的提法都已经正式提出了，党的基本路线已呼之即出。同年 7 月 4 日，在会见孟加拉国总统艾尔沙德时，邓小平也指出："搞社会主义现代化建设是基本路线。要搞现代化建设使中国兴旺发达起来，第一，必须实行改革、开放政策；第二，必须坚持四项基本原则""这两个基本点是相互依存的"②。正是在上述准备的基础上，十三大报告对党在社会主义初级阶段的基本路线作出了系统概括。

（三）党的基本路线：兴国之要、立国之本、强国之路

"一个中心，两个基本点"这一基本路线的形成和确立，对于统一全党的思想和行动、保证改革开放和现代化建设事业的顺利发展、坚持沿着建设有中国特色社会主义的道路前进，具有十分重要的意义。

以经济建设为中心是兴国之要，是我们党、我们国家兴旺发达和长治久安的根本要求。第一，坚持以经济建设为中心，发展生产力，是马克思主义的一个基本原则。马克思恩格斯揭示了资本主义必然会被社会主义所取代的客观规律。社会主义之所以能够取代资本主义，是因为当资本主义发展到其自身不能容纳生产力进一步发展的时候，社会主义却

① 《邓小平文选》第 3 卷，人民出版社 1993 年版，第 138 页。
② 《邓小平文选》第 3 卷，人民出版社 1993 年版，第 248 页。

能够极大地解放生产力，社会主义是比资本主义更高的社会形态，能够允许生产力以更快的速度发展。然而，社会主义制度在世界范围内最终取代资本主义是一个长期历史过程。现实中的社会主义国家大多经济文化不发达，社会主义制度在建立、成长和完善的过程中能否把自身的优越性尽快地、充分地展示出来，将直接关系到社会主义制度的巩固和进一步发展。正因为如此，马克思主义经典作家一直强调，无产阶级夺取政权以后，必须“尽可能快地增加生产力的总量”[①]，大力发展生产力。列宁认为，“劳动生产率，归根结底是使新社会制度取得胜利的最重要最主要的东西”。[②] 邓小平更是反复强调：“社会主义的任务很多，但根本一条就是发展生产力，在发展生产力的基础上体现出优于资本主义，为实现共产主义创造物质基础。”[③] 总之，坚持以经济建设为中心，集中力量发展生产力，是社会主义优越性的直接体现，也是巩固和发展社会主义制度的内在要求。第二，坚持以经济建设为中心，是反思新中国成立以来我国社会主义建设历史教训得出的必然结论。1956 年 9 月党的八大提出“我们国内的主要矛盾，已经是人民对于建立先进的工业国的要求同落后的农业国的现实之间的矛盾，已经是人民对于经济文化迅速发展的需要同当前经济文化不能满足人民需要的状况之间的矛盾”。据此，大会提出：“党和全国人民的当前的主要任务，就是要集中力量来解决这个矛盾，把我国尽快地从落后的农业国变为先进的工业国”。党的八大对我国社会主义主要矛盾和党的主要任务的分析是符合马克思主义和我国实际情况的，党的八大路线是正确的。但是，从 1957 年开始，由于对国际国内发生的一系列复杂情况作出了错误的判断和估计、人为夸大阶级斗争的严重程度、“左”的思想逐渐在党内占据主导地位，党和国家实际上偏离了党的八大的正确路线，开始进入了“以阶级斗争为纲”的误区。“文化大革命”更形成了一整套极“左”理论，完全背离了马克思主义、科学社会主义原理，极大地阻碍了生产力发展，给我国社会主义建设造成了巨大损失。对此，邓小平深刻地指出：“多少年来我们吃了一个大亏，社会主义改造基本完成了，还是‘以阶级斗争为

---

① 《马克思恩格斯选集》第 1 卷，人民出版社 1995 年版，第 293 页。

② 《列宁全集》第 37 卷，人民出版社 1986 年版，第 18 页。

③ 《邓小平文选》第 3 卷，人民出版社 1993 年版，第 137 页。

纲’，忽视发展生产力。‘文化大革命’更走到了极端。十一届三中全会以来，全党把工作重点转移到社会主义现代化建设上来，在坚持四项基本原则的基础上，集中力量发展社会生产力。这是最根本的拨乱反正。”① 第三，坚持以经济建设为中心，集中力量发展生产力，是解决中国目前所有问题的关键。我国正处于并将长期处于社会主义初级阶段，这是我国最基本的国情，也是我国“最大的实际”。社会主义初级阶段就是生产力不发达的阶段。在这个阶段，社会主义制度还不完善，社会主义市场经济体制还不成熟，社会主义民主法制还不够健全，祖国统一大业还没有最终完成，西方敌对势力还在加紧对我实施“西化”“分化”的图谋，等等。所有这一切的最终解决，都有赖于我国经济实力和综合国力的提高，都要求我们一心一意谋发展，聚精会神搞建设，把解放和发展生产力作为党和国家的中心任务。要牢牢扭住经济建设这个中心，除非发生大规模外敌入侵，任何时候任何情况下都不能动摇、不能放松。

四项基本原则是立国之本，是我们党、我们国家生存发展的政治基石。坚持社会主义道路、坚持人民民主专政、坚持中国共产党的领导、坚持马克思列宁主义毛泽东思想，这四项基本原则是管我们国家建设和发展的政治方向、政治保障的，是党和国家生存发展的政治基石。首先，要坚持社会主义道路，就是坚定不移地走中国特色社会主义道路。中国走上社会主义道路，是近代以来中国人民在长期斗争中反复比较和选择的结果。鸦片战争以后，中国人民为了改变自己的悲惨命运进行了不懈努力，做了各种探索，但都没能把中国从积贫积弱、任人宰割的悲惨境况中解救出来。只有在中国共产党的领导下，搞了社会主义，中国社会的面貌才焕然一新。党的十一届三中全会以来，党带领人民走上了中国特色社会主义道路。中国特色社会主义道路之所以完全正确，关键在于我们既坚持了科学社会主义的基本原则，又根据我国实际和时代特征赋予其鲜明的中国特色。在当代中国，坚持中国特色社会主义道路，就是真正坚持社会主义。始终坚持和发展中国特色社会主义道路，不断挖掘和充分发挥社会主义的优越性，中国在发展进步的道路上就会走得更远更坚实。反之，如果像苏联那样，放弃了社会主义道路，走上资本主义道路，国家就势必陷入倒退和衰败，最终人民遭殃。邓小平曾严正

① 《邓小平文选》第3卷，人民出版社1993年版，第141页。

指出："中国不搞社会主义不行，不坚持社会主义不行""如果搞资本主义，首先发生的就是无法解决十一亿人都有饭吃的问题。没有饭吃，中国人干吗？"①。如果中国不坚持社会主义，即使"最终发展起来也不过成为一个附庸国，而且就连想要发展起来也不容易"②。其次，要坚持人民民主专政，就是要不断发展社会主义民主，切实保护人民的利益，维护国家的主权、安全、统一、稳定。坚持人民民主专政，发展社会主义民主，最重要的是把社会主义民主落实到国家经济、政治、文化及各项社会事业的决策和管理中去，落实到各项制度和各项实际工作中去，落实到广大人民行使民主权利的实践中去。发展社会主义民主，必须与加强社会主义法制结合起来，坚持依法治国的基本方略，促进社会主义民主的制度化、法律化，做到有法必依、执法必严、违法必究，同时把依法治国与以德治国结合起来，以保障国家各项工作都有秩序地进行，保障良好的经济和社会秩序，保障广大人民群众的公民权利和合法权益。坚持人民民主专政，还要在人民民主的基础上，依法严厉打击危害社会主义制度、危害改革开放和社会主义现代化建设、危害人民群众生命财产安全的各种违法犯罪活动，充分发挥国家机器保护人民、打击敌人的作用。人民民主专政是我国的国体，是我国最根本的政治制度，动摇了这个最根本的政治制度，人民当家作主、社会安定团结、国家和平安全就没有了保障，也"就不可能保卫从而也不可能建设社会主义"③。再次，要坚持中国共产党的领导，就是要坚持党在中国特色社会主义事业中的领导核心作用，不断加强和巩固党的执政地位，这是坚持四项基本原则的核心。中国共产党的领导地位，是在领导中国人民进行革命、建设、改革的长期实践中形成的，是历史的选择、人民的选择。在我们这样一个人口多、底子薄、经济文化发展很不平衡、多民族的发展中大国，要把12亿多人的思想统一起来、力量凝聚起来，向着社会主义现代化建设的共同目标前进，必须有中国共产党这个核心力量，必须有中国共产党的坚强领导。如果放弃了共产党的领导，中国将会陷入怎样的境地呢？对此邓小平曾预言："肯定会天下大乱，四分五裂"④"就呜呼

① 《邓小平文选》第3卷，人民出版社1993年版，第326页。

② 《邓小平文选》第3卷，人民出版社1993年版，第311页。

③ 《邓小平文选》第2卷，人民出版社1994年版，第169页。

④ 《邓小平文选》第2卷，人民出版社1994年版，第391页。

衰哉了，哪里能有现在的中国?”[①] 苏联共产党垮台之后的国家命运已经为我们提供了前车之鉴。最后，要坚持马列主义毛泽东思想，就是要坚持马克思主义的指导地位，并在实践中不断丰富和发展马克思主义，就是要坚持马克思主义中国化的最新成果——中国特色社会主义理论体系。马列主义、毛泽东思想、中国特色社会主义理论体系，是我们一切工作的行动指南，是激励全国各族人民为振兴中华团结奋斗的思想基础。放弃了这个立党立国的根本指导思想，中国共产党人就没有了灵魂和信仰，中国人民就失去了共同精神支柱。坚持马列主义、毛泽东思想、中国特色社会主义理论体系，必须紧密结合我国社会主义改革和建设的新实际和国际形势发展变化的新实际，坚持实践是检验真理的唯一标准，坚持理论联系实际，勇于创新、勇于开拓，不断赋予马克思主义新的生命力，不断推进马克思主义中国化，不断研究新情况、提出新思路，正确回答和解决现实生活中出现的重大理论和实践问题。总之，正如邓小平反复强调的，坚持四项基本原则，是实现中国现代化的“根本前提”“是所有政策的基础”“决不允许在这个根本立场上有丝毫动摇。如果动摇了这四项基本原则的任何一项”，那就动摇了“整个现代化事业”[②]。

改革开放是强国之路，是我们党、我们国家发展进步的活力源泉。当今时代，改革已成为社会主义生存发展不可逆转的历史趋势，只有坚定不移地推进改革，才能使社会主义跟上时代，永葆蓬勃生机。从社会发展规律来看，改革是调整和解决社会主义社会基本矛盾的根本途径和方法。社会主义社会的基本矛盾仍然是生产关系和生产力之间的矛盾，上层建筑和经济基础之间的矛盾。社会主义制度的根本性质决定了这种矛盾不可能成为束缚生产力发展的桎梏，但是却并不意味着社会主义根本制度借以实现的具体形式即社会主义经济、政治等方面的运行机制是完全适应社会生产力发展需要和不需做任何改变的。从新中国成立后到党的十一届三中全会以前，我国经济社会发展发生的深刻变化，一定程度上初步显示了社会主义制度的优越性。但是，由于照抄和“固化”了苏联经验，再加上社会主义建设指导思想上的“左”的错误，这种优越

① 《邓小平文选》第3卷，人民出版社1993年版，第326页。

② 《邓小平文选》第2卷，人民出版社1994年版，第173页。

性没有得到充分发挥，反而在社会主义的体制机制上形成了一种与生产力发展要求不相适应的僵化模式，其主要弊端集中体现为权力的过分集中，使现实中社会主义的发展丧失了生机活力。经济上，实行高度集中统一的计划经济体制，把一切经济活动置于国家指令性计划之下；政治上，实行高度集权的党的一元化领导体制，以党代政，党政不分，并由此衍生出个人崇拜、官僚主义、家长制和形形色色的特权现象，严重损害了党和国家的正常民主生活。对苏联社会主义模式的学习和效仿，在历史上也曾发挥过积极作用，但随着中国社会主义实践的发展，这种模式及其弊端也严重妨碍了社会主义制度优越性的发挥和社会主义事业的发展。对此，邓小平尖锐地指出："再不实行改革，我们的现代化事业和社会主义事业就会被葬送。"改革的实质就是要从根本上改变束缚我国生产力发展和社会进步的体制机制，以适应社会主义现代化建设的需要。改革是全面的改革，而不是细枝末节的修补。因此，就其引起社会变革的广度和深度来说，是开始了一场新的革命。邓小平指出："革命是解放生产力，改革也使解放生产力""改革是中国的第二次革命。"① 党的十一届三中全会以来，改革和开放相互促进，相得益彰，密不可分。对外开放是加快我国经济发展和社会进步的一项重大战略措施，是我国长期坚持的一项基本国策。新中国成立后，由于各种原因，我们社会长期处于封闭半封闭的状态，这是导致我国经济建设长期停滞不前的一个重要原因。邓小平指出："中国在西方国家产业革命后变得落后了，一个重要原因就是闭关自守。建国以后，人家封锁我们，在某种程度上我们也还是闭关自守，这给我们带来了一些困难。三十几年的经验教训告诉我们，关起门来搞建设是不行的，发展不起来。"② 正是基于对历史经验教训的总结，邓小平指出："对外开放具有重要意义，任何一个国家要发展，孤立起来，闭关自守是不可能的，不加强国际交往，不引进发达国家的先进经验、先进科技和资金，是不可能的。"③ "要实现四个现代化，就要善于学习，大量取得国际上的帮助。要引进国际上的先进技术、先进装备，作为我们发展的起点。"④ 自 1978 年启动改革开放

① 《邓小平文选》第 3 卷，人民出版社 1993 年版，第 113 页。
② 《邓小平文选》第 3 卷，人民出版社 1993 年版，第 64 页。
③ 《邓小平文选》第 3 卷，人民出版社 1993 年版，第 117 页。
④ 《邓小平文选》第 2 卷，人民出版社 1994 年版，第 133 页。

以来，中华民族大踏步赶上时代前进潮流、迎来了伟大复兴的光明前景。正是改革开放，使我国成功实现了从高度集中的计划经济体制到充满活力的社会主义市场经济体制、从封闭半封闭到全方位开放的伟大历史转折，从而极大地解放和发展了社会生产力。正是改革开放，极大地调动了亿万人民的积极性，使中国这块古老的土地焕发出无穷无尽的勃勃生机。这些年来，我们之所以能够在风云变幻的国际环境中站稳脚跟，之所以能够经受住来自经济、政治、社会和自然领域的一次次严峻考验，之所以能够战胜各种困难和风险，使现代化建设的航船始终沿着正确的方向破浪前进，归根结底，就在于通过改革开放，使中国的社会生产力得到了大解放，大发展，积累了应对和化解各种风险和困难的雄厚基础。事实雄辩地证明：没有改革开放，就没有今天中国的一切。改革开放是决定当代中国命运的关键抉择、必然选择，是发展中国特色社会主义、实现中华民族伟大复兴的必由之路、强国之路，是中国一切发展进步的活力源泉。

（四）科学把握“一个中心，两个基本点”的辩证关系

“一个中心，两个基本点”的基本路线，体现了社会主义的本质要求，反映了社会主义发展规律，是党的各项具体工作路线和方针政策的总纲，是制定和贯彻各项具体工作路线和方针政策的根本指导原则。

始终坚持党的基本路线，必须全面理解和正确把握“一个中心，两个基本点”的辩证关系。经济建设与四项基本原则、改革开放是相互贯通、相互依存、不可分割的统一整体。坚持以经济建设为中心，是以四项基本原则为政治保证、以改革开放为强大动力的。坚持改革开放，是以进一步解放和发展生产力、巩固和发展社会主义制度为目的的。坚持四项基本原则，是保证改革开放和经济建设沿着正确的方向前进，同时又从新的实践中不断吸取新的经验来丰富和发展的。离开经济建设这个中心任务，社会主义社会的一切发展和进步就会失去物质基础；离开四项基本原则和改革开放，经济建设就会迷失方向和丧失动力。这就是“一个中心，两个基本点”的辩证统一关系。

坚持基本路线一百年不动摇，包括坚持“一个中心”和“两个基本点”都不能动摇。我们要牢牢把握“一个中心”和“两个基本点”相互贯通、相互依存、不可分割的辩证统一关系，坚持把以经济建设为中心

同坚持四项基本原则、坚持改革开放这两个基本点统一于建设和发展中国特色社会主义的伟大实践中。

三、关于经济发展战略和经济政治体制改革

中国处于并将长期处于社会主义初级阶段，发展社会生产力所要解决的历史课题，是实现工业化和生产的商品化、社会化、现代化。因此，我国的经济建设肩负着既要着重推进传统产业革命又要迎头赶上世界新技术革命的双重使命。完成这个双重使命，任重道远，必须经过长期的有步骤、分阶段的努力奋斗。十三大报告的又一重大贡献，是着眼中国现代化建设全局，对党的十一届三中全会以后我国经济建设的战略部署作出了分“三步走”的规划，并据此提出了加快和深化经济体制改革、政治体制改革的一系列重要思路和方针政策。

（一）确立“三步走”经济发展战略

党的十三大报告指出：“在社会主义初级阶段，发展社会生产力所要解决的历史课题，是实现工业化和生产的商品化、社会化、现代化。我国的经济建设，肩负着既要着重推进传统产业革命，又要迎头赶上世界新技术革命的双重任务。完成这个任务，必须经过长期的有步骤分阶段的努力奋斗。”为此，十三大报告指出：“党的十一届三中全会以后，我国经济建设的战略部署大体分三步走。第一步，实现国民生产总值比1980年翻一番，解决人民的温饱问题。第二步，到本世纪末，使国民生产总值再增长一倍，人民生活达到小康水平。第三步，到下个世纪中叶，人均国民生产总值达到中等发达国家水平，人民生活比较富裕，基本实现现代化。然后，在这个基础上继续前进。”① “三步走”经济发展战略，是我们党关于中国经济现代化长远发展目标的总构想。这个构想，是在修正“四个现代化”目标的基础上提出并逐步完善起来的，到1987年正式确立，前后历时近10年。

党的十一届三中全会后不久，邓小平访问美国，先后参观了福特汽车厂、约翰逊航天中心、休斯公司、波音公司等大型现代化企业，“看

① 《十三大以来重要文献选编》（上），中央文献出版社1991年版，第16页。

到了一些很新颖的东西”[①]。美国社会高度现代化的“冲击力”，再加上此前在日本、新加坡访问时的见闻，使邓小平深切地感受到了中国与先进国家的经济科技差距，由此促使他开始重新思考中国既定的在20世纪末实现“四个现代化”的可行性问题。1979年3月，在会见以马尔科姆·麦克唐纳为团长的英中文化协会执行委员会代表团时，邓小平第一次谈到了这个问题。他说：“我们定的目标是在本世纪末实现四个现代化。我们的概念与西方不同，我姑且用个新说法，叫做中国式的四个现代化。……实现四个现代化可能比想像的还要困难些”[②]。两天后，在中央政治局会议上，他又说：“我同外国人谈话，用了一个新名词：中国式的现代化。到本世纪末，我们大概只能达到发达国家七十年代的水平，人均收入不可能很高。”[③] 10月，在出席中央召开的专门讨论经济工作的各省市自治区第一书记座谈会时，他又说：“中国式的现代化，就是把标准放低一点。”[④]“中国式的现代化”概念的提出，表明邓小平经过国内外比较和思考，对未来中国的经济发展战略有了新的认识。“中国式的现代化”是什么样的现代化呢？1979年12月，在同日本首相大平正芳谈话时，邓小平给出了答案，就是：“小康之家”。他说：“我们要实现的四个现代化，是中国式的四个现代化。我们的四个现代化的概念，不是像你们那样的现代化的概念，而是‘小康之家’。”[⑤] 这是邓小平第一次用“小康”这个概念来描述中国未来20年的发展目标。“小康”目标一经提出，就引起了国内外的强烈反响，很快成为全党全民的共识。1982年党的十二大正式提出了20世纪末实现全国工农业年总产值翻两番、达到小康水平的战略目标。

党的十二大以后，我国经济快速发展，特别是东南沿海一带经济快

① 中共中央文献研究室编：《邓小平年谱（1975—1997）》（上），中央文献出版社2004年版，第485页。

② 中共中央文献研究室编：《邓小平年谱（1975—1997）》（上），中央文献出版社2004年版，第496页。

③ 中共中央文献研究室编：《邓小平年谱（1975—1997）》（上），中央文献出版社2004年版，第497页。

④ 中共中央文献研究室编：《邓小平年谱（1975—1997）》（上），中央文献出版社2004年版，第563页。

⑤ 中共中央文献研究室编：《邓小平年谱（1975—1997）》（上），中央文献出版社2004年版，第582页。

速发展。1983年2月，邓小平专程来到人称“人间天堂”的苏州、杭州等地考察了12天，论证“小康”目标的现实可行性，结果信心大增。这样，从1984年起，邓小平的注意力开始转移到“小康”目标实现之后中国的长远发展规划问题上。也就是在这个过程中，邓小平完整地提出了“三步走”的战略设想。1984年4月，在会见英国外交大臣杰弗里·豪时，邓小平说：与我们的大目标相比，这几年的发展仅仅是开始。“我们的第一个目标就是到本世纪末达到小康水平，第二个目标就是要在30年至50年内达到或接近发达国家的水平。”① 5月，在会见尼日尔国家元首赛义尼·孔切时，他又说：“我们的目标是到本世纪末，人均国民生产总值达到800美元，把中国建成一个小康社会。……我们准备再用三十年、五十年的时间，赶上西方发达国家的水平。”② 这是关于“两步走”的表述。此后，在1984年至1987年的3年时间里，邓小平又10余次谈到这个问题。1987年2月，在与加蓬总统邦戈谈话时，邓小平把此前一直使用的“接近发达国家水平”改成达到“中等发达国家水平”。在此基础上，1987年4月，在会见西班牙工人社会党副总书记、政府副首相格拉的谈话中，邓小平第一次全面阐述了我国分“三步走”实现现代化的发展战略，并为十三大报告所采纳。为了实现“三步走”战略中的第二步奋斗目标，十三大报告提出，必须着重解决好以下3个重要问题：一是把发展科学技术和教育事业放在首要位置，使经济建设转到依靠科技进步和提高劳动者素质的轨道上来；二是保持社会总需求和总供给基本平衡，合理调整和改造产业结构；三是进一步扩大对外开放的广度和深度，不断发展对外经济技术交流与合作。

十三大报告规划的“三步走”发展战略，被邓小平称作中国共产党和中国人民致力于国家富强、民族复兴的“雄心壮志”。经过努力，原定2000年国民生产总值比1980年翻两番的前两步目标提前于1995年完成。在此基础上，1997年党的十五大又提出了21世纪前50年新的“三步走”发展战略。

---

① 中共中央文献研究室编：《邓小平年谱（1975—1997）》（下），中央文献出版社2004年版，第970页。

② 中共中央文献研究室编：《邓小平年谱（1975—1997）》（下），中央文献出版社2004年版，第973页。

（二）关于经济体制改革的部署

关于经济体制改革，十三大报告重点阐述了三个方面的问题。

一是针对改革中的某些疑惑和争议性问题，阐述了经济体制改革的社会主义性质。报告指出：我国经济体制改革已经取得重大成就，给社会主义注入了新的活力。为了进一步加快和深化改革，必须加深对我国经济体制改革性质的科学理解。报告指出，我国已经进行的改革，包括以公有制为主体发展多种所有制经济，以至允许私营经济的存在和发展，都是由社会主义初级阶段生产力的实际状况所决定的。改革中所采取的一些措施，例如发展生产资料市场、金融市场、技术市场和劳务市场，发行债券、股票，都是伴随社会化大生产和商品经济的发展必然出现的，并不是资本主义所特有的，社会主义可以而且应当利用它们为自己服务。而过去习以为常的许多做法，如直接向企业下达过多的指令性指标，实行统购统销和供给制式的分配，并不是社会主义制度必然要求的东西，有的是在新中国成立初期国内国际环境中为加快奠定工业化基础而采取的，有的是从革命战争年代沿袭下来的。在情况已发生很大变化的新形势下，不对之进行改革就会成为发展生产力的障碍。报告强调，我们已进行的一切改革，都是有利于社会主义经济发展的；全党在此问题上“应该进一步提高和统一认识，更加坚定地把改革推向前进”。

二是在党的十二届三中全会通过的《中共中央关于经济体制改革的决定》的基础上，进一步阐述了社会主义商品经济理论。十三大报告指出，社会主义经济是公有制基础上的有计划的商品经济，这一体制应是计划与市场内在统一的体制。报告就此问题明确了以下 3 个基本观念：第一，社会主义商品经济同资本主义商品经济的本质区别，在于所有制基础不同。建立在公有制基础上的社会主义商品经济为在全社会自觉保持国民经济的协调发展提供了可能，党的任务就是要善于运用计划调节和市场调节这两种形式和手段，把这种可能变为现实。社会主义商品经济的发展离不开市场的发育和完善，利用市场调节决不等于搞资本主义。第二，必须把计划工作建立在商品交换和价值规律的基础上。以指令性计划为主的直接管理方式，不能适应社会主义商品经济发展的要求。不能把计划调节和指令性计划等同起来，应当通过国家和企业之间、企业与企业之间按照等价交换原则签订定货合同等多种办法，逐步缩小指令性计划的范围。国家对企业的管理应逐步转向以间接管理为主。第三，计划和市场的作用范围都是覆盖全社会的。新的经济运行机制，总体上来说应当是“国家调节市场，市场引导企业”的机制。国家运用经济手段、法律手段和必要的行政手段，调节市场供求关系，创造适宜的经济和社会环境，以此引导企业正确地进行经营决策。

三是围绕转变企业经营机制这个中心环节，阐述了进一步深化经济改革的主要任务，这就是：分阶段地进行计划、投资、物资、财政、金融、外贸等方面体制的配套改革，逐步建立起有计划的商品经济新体制的基本框架。为此，报告要求：按照所有权经营权分离的原则，搞活全民所有制企业；促进横向经济联合的进一步发展；加快建立和培育社会主义市场体系；逐步健全以间接管理为主的宏观经济调节体系；在公有制为主体的前提下继续发展多种所有制经济；实行以按劳分配为主体的多种分配方式和正确的分配政策。报告根据几年来的实践经验，分析了经济体制改革任务的艰巨性，改变了 1985 年中共中央在关于“七五”计划建议中提出的力争在 5 年或更长一些时间内，基本上奠定新的经济体制的基础的要求，认为“建立新体制框架所需的时间，会比原来的估计要长一些”。①

（三）关于政治体制改革的设想

坚决推进政治体制改革，是党的十三大的一个“基调”②，也是十三大报告的一项重要内容。十三大报告指出：经济体制改革的展开和深入，对政治体制改革提出了愈益紧迫的要求。不进行政治体制改革，经济体制改革不可能最终取得成功。

党的十一届三中全会以来，我们党一直高度重视政治体制改革问题。1980 年 8 月 18 日，在中央政治局扩大会议上，邓小平发表了题为《党和国家领导制度的改革》的重要讲话，深刻剖析了党和国家现行制度中存在的官僚主义、权力过分集中、家长制、干部领导职务终身制、形形色色的特权等弊端，并提出了关于推进党和国家领导制度改革的若

---

① 《中国共产党第十三次全国代表大会文件汇编》，人民出版社 1987 年版，第 40 页。

② 中共中央文献研究室编：《邓小平年谱（1975—1997）》（下），中央文献出版社 2004 年版，第 1201 页。

干重大措施和原则方法。邓小平认为：我们过去发生的各种错误，固然与某些领导人的思想、作风有关，但是组织制度、工作制度方面的问题更重要，更带有根本性、全局性、稳定性和长期性。只有对党和国家现行制度中存在的弊端进行有计划、有步骤而又坚决彻底的改革，人民才会信任我们的领导，才会信任党和社会主义，我们的事业才有无限的希望。邓小平指出：我们进行社会主义现代化建设，是要在经济上赶上发达的资本主义国家，在政治上创造比资本主义国家的民主更高更切实的民主，并且造就比这些国家更多更优秀的人才。党和国家的各种制度究竟好不好，完善不完善，必须用是否有利于实现这三条来检验。邓小平关于《党和国家领导制度的改革》的讲话提出了改革党和国家的领导制度的指导思想，是进行政治体制改革的指导性文件。

随着经济体制改革的逐步深入，在党的十三大召开前的一两年间，国内出现了一股讨论政治体制改革的热潮。1986 年 5 月 20 日，邓小平在会见澳大利亚总理霍克时，明确提出要进行政治体制改革。此后一年多时间里，他先后 20 余次讲到政治体制改革问题，宣布要把政治体制改革作为党的十三大的一个主题。1986 年 9 月，邓小平在听取中央财经领导小组汇报工作时，具体地阐述了我国政治体制改革的目的和内容。他说：不搞政治体制改革，经济体制改革难以贯彻，“政治体制改革的目的是调动群众的积极性，提高效率，克服官僚主义。改革的内容，首先是党政要分开，解决党如何善于领导的问题，这是关键；第二个内容是权力下放，解决中央和地方的关系问题；第三个内容是精简机构”①。与此同时，中央成立了由 5 人组成的政治体制改革研讨小组，经过反复调研，制定了《政治体制改革总体设想（草案）》，经党的十二届七中全会讨论并原则同意，“总体设想”中的一些较为成熟的内容后来写入了党的十三大报告。

在前期准备的基础上，党的十三大认为，把政治体制改革提上全党日程的时机已经成熟。大会报告指出，我国是人民民主专政的社会主义国家，基本政治制度是好的。但在具体的领导制度、组织形式和工作方式上，存在着一些重大缺陷，主要表现为权力过分集中，官僚主义严

---

① 中共中央文献研究室编：《邓小平年谱（1975—1997）》（下），中央文献出版社 2004 年版，第 1137 页。

重，封建主义影响远未肃清。进行政治体制改革，就是要兴利除弊，建设有中国特色的社会主义民主政治。改革的长远目标，是建立高度民主、法制完备、富有效率、充满活力的社会主义政治体制。改革的近期目标，是建立有利于提高效率、增强活力和调动各方面积极性的领导体制。当前应该采取的改革措施是：实行党政分开、进一步下放权力、改革政府工作机构、改革干部人事制度、建立社会协商对话制度、完善社会主义民主政治的若干制度、加强社会主义法制建设。报告指出，建设社会主义民主政治，是一个逐步积累的渐进过程，需要安定的社会政治环境，决不能搞破坏国家法制和社会安定的“大民主”。人民代表大会制度，共产党领导下的多党合作和政治协商制度，按照民主集中制的原则办事，是我们的特点和优势，决不能丢掉这些特点和优势，照搬西方的“三权分立”和多党轮流执政。报告指出，政治体制改革的近期目标是有限的，而且也只能从解决业已成熟的问题着手。但是，达到了这个近期目标，就能为社会主义民主政治奠定良好的基础，进而逐步实现长远目标。

十三大报告特别强调，我国现行的政治体制，是脱胎于革命战争年代而在社会主义改造时期基本确立的，是在大规模群众运动和不断强化指令性计划的过程中发展起来的。这种体制，是过去历史条件下的产物，因为现在形势发展了，党的事业前进了，因此必须对其进行必要的改革。此一改革任务艰巨复杂，必须采取坚决、审慎的方针，有领导有秩序地逐步展开，尽可能平稳地推进。在新旧体制交替期间，各项改革都要注重试验，鼓励探索，注意找到切实的过渡措施和办法，做到循序渐进。报告指出：无论政治体制还是经济体制改革，其目的，都是为了在党的领导下和社会主义制度下更好地发展社会生产力，充分发挥社会主义的优越性。我国最终要在经济上赶上发达的资本主义国家，在政治上创造比这些国家更高更切实的民主，要用这些要求来检验各项改革的成效。

四、争取马克思主义在中国的新胜利

从 1917 年俄国十月革命取得胜利之后马克思主义在中国开始传播，到中国共产党的建立，再到 1987 年中国共产党十三大的召开，整整 70

年时间。在这70年中，先进的中国人经过多次尝试和反复比较，最终信服、选择了马克思主义这个救中国、发展中国的普遍真理。而马克思主义也确实没有辜负中国人的期待，在此后的半个多世纪里极大地改变了中国社会的面貌，影响和促进了中国历史发展的进程。马克思主义是发展的理论，而不是一成不变、“包治百病”的教条，只有在发展中才能保持其强大的生命力。1978年党的十一届三中全会后，马克思主义与中国社会主义建设实践相结合，得到了创造性的新发展。在从1978到1987年的9年中，中国共产党人锐意探索，逐步开创了有中国特色的社会主义，党的十三大报告对体现“中国特色的社会主义”理论面貌的主要观点作了系统、全面的归纳，并高度评价“有中国特色的社会主义，是马克思主义基本原理同中国现代化建设相结合的产物，是扎根于当代中国的科学社会主义”。对中国特色社会主义理论基本“轮廓”作出系统概括和总结，是党的十三大在理论上的又一个重要贡献。

（一）马克思主义需要有一个大的发展

马克思主义是在实践中不断发展的科学。马克思、恩格斯的伟大历史功绩，在于把社会主义从空想变成科学。1848年2月，在英国伦敦瓦伦街19号一家不大的印刷所里，印出了一本字数不多（翻译成中文大约15000字）却震撼世界、影响人类的小册子——《共产党宣言》。《共产党宣言》是国际共产主义运动第一个纲领性文献。在这部文献中，马克思、恩格斯以历史唯物主义考察了人类社会的发展进程，论述了社会主义代替资本主义、最终发展为共产主义的历史必然，阐明了无产阶级作为资本主义掘墓人和未来社会创造者所担负的历史使命。《共产党宣言》作为第一部较为完整而系统地阐述科学社会主义基本原理的伟大著作，标志着马克思主义的诞生。《共产党宣言》发表后的数十年间，马克思、恩格斯一直注意用实践检验自己的理论，在总结1848年革命经验教训的基础上，阐明了不断革命、工农联盟、无产阶级专政的思想，并根据巴黎公社的经验教训发展了关于无产阶级革命和无产阶级专政的学说、关于无产阶级政党的理论，从而使自己的理论不断丰富发展，成为严整的科学体系。

列宁把马克思主义的基本原理同时代特征和俄国具体实际结合起来，对帝国主义时代政治经济发展不平衡的规律进行深入研究，在理论上发展了马克思、恩格斯关于无产阶级革命在主要资本主义发达国家同时胜利的设想，提出了无产阶级革命在一国或几国首先取得胜利的可能性问题。列宁指出："资本主义的发展在各个国家是极不平衡的""由此得出一个必然的结论：社会主义不能在所有国家内同时获得胜利。它将首先在一个或者几个国家内获得胜利，而其余的国家在一段时间内将仍然是资产阶级的或资产阶级以前的国家。"① 在这一理论指导下，列宁领导俄国十月革命取得了胜利。十月革命后，列宁对"战时共产主义"政策及时作出反思，在 1921 年提出了"新经济政策"。通过实行新经济政策，列宁承认"我们对社会主义的整个看法根本改变了"，认识到"在一个小农生产者占人口大多数的国家里"，企图凭借国家政权实行直接过渡到社会主义是行不通的，这就创造性地发展了马克思在《哥达纲领批判》中关于未来社会主义的有关设想。

以毛泽东为代表的中国共产党人，在开展民主革命的过程中，认真总结成功经验和失败教训，创造性地运用和发展马克思主义，经过反复探索，找到了"农村包围城市，武装夺取政权"的有中国特色的革命道路，完成了民族独立和人民解放的历史重任，取得了新民主主义革命的伟大胜利，建立了中华人民共和国，这是马克思主义与中国实践相结合的第一次历史性飞跃。新中国成立后，以毛泽东为代表的中国共产党人又为把马克思主义基本原理与中国社会主义建设实际相结合，探索出一条具有中国特点的社会主义建设道路进行了艰辛努力，但最终未能成功，中国的社会主义建设在此期间多次遭受重大挫折。

从中国共产党领导中国革命和建设的历史实践来看，对待马克思主义，有两种基本态度：一种是用教条主义、经验主义和形而上学的态度对待马克思主义，另一种是用马克思主义的科学态度，即理论同实际相结合的实事求是的态度对待马克思主义。前一种态度曾使我们党陷入严重困境和艰难险滩，甚至使我们的革命和建设一度濒临绝境；后一种态度则使我们党最终冲破艰难险阻，扬帆远航，把党的事业引向胜利。历史经验证明，坚持与发展马克思主义是辩证统一的，不坚持马克思主义，就谈不上丰富发展马克思主义；不丰富发展马克思主义，也谈不上坚持马克思主义。马克思主义是应历史进步的要求而产生、存在、发展

① 《列宁选集》第 2 卷，人民出版社 1995 年版，第 722 页。

的。时代变化了，社会发展了，马克思主义也必然要丰富、要发展。到党的十三大召开之时，世界经济、政治面貌已发生巨大变化，人类文明突飞猛进，科学技术日新月异，与100多年前马克思主义诞生时的情况已大不相同。当此之时，中国的国情与诞生马克思主义的西方社会、与诞生列宁主义的俄国情况也大不相同。此时的中国与40年前、20年前的中国也大不相同。正是基于这样的认识，邓小平后来一方面强调“我们搞改革开放”“没有丢马克思，没有丢列宁，也没有丢毛泽东。老祖宗不能丢啊！”[①] 另一方面他强调指出，“多年来，存在一个对马克思主义、社会主义的理解问题”“世界形势日新月异，特别是现代科学技术发展很快。现在的一年抵得上过去古老社会几十年、上百年甚至更长的时间”“绝不能要求马克思为解决他去世之后上百年、几百年所产生的问题提供现成答案。列宁同样也不能承担为他去世以后五十年、一百年所产生的问题提供现成答案的任务。真正的马克思列宁主义者必须根据现在的情况，认识、继承和发展马克思列宁主义”。[②] 也正是在这个意义上，十三大报告郑重号召：“马克思主义需要有新的大发展，这是现时代的大趋势。”而在拓展和深化对马克思主义、社会主义再认识的过程中，“必然要抛弃前人囿于历史条件仍然带有空想因素的个别论断，必然要破除对马克思主义的教条式理解和附加到马克思主义名义下的错误观点，必然要根据新的实践使科学社会主义理论得到新的发展”，而这一切又必然“要求马克思主义者开拓新视野，发展新观念，进入新境界”[③]。

党的十一届三中全会后，中国共产党人在总结新中国成立30多年来正反两方面经验的基础上，在研究国际经验和世界形势的基础上，以中国具体国情为立足点和出发点，义无反顾地担负起了上述历史重任，以党的十三大所做的概括和总结为标志，开始逐步找到一条建设有中国特色的社会主义的正确道路，开始形成一个初步形态的具有中国特色的建设和发展社会主义的理论“轮廓”，成功地推进了马克思主义与中国实践相结合的第二次飞跃，开辟了中国社会主义建设的新阶段。

---

① 《邓小平文选》第3卷，人民出版社1993年版，第369页。

② 《邓小平文选》第3卷，人民出版社1993年版，第291—292页。

③ 赵紫阳：《沿着有中国特色的社会主义道路前进——在中国共产党第十三次全国代表大会上的报告》，《人民日报》1987年11月4日。

（二）对中国特色社会主义理论“轮廓”的初步概括

十三大报告把党的十一届三中全会以来我们党在对社会主义再认识的过程中在哲学、政治经济学和科学社会主义等方面发挥和发展了一系列的科学理论观点，从 12 个方面作了科学概括，第一次初步地、然而又是较为清晰地勾画了中国特色社会主义理论的轮廓。这 12 个基本观点包括：关于解放思想，实事求是，以实践作为检验真理的唯一标准的观点；关于建设社会主义必须根据本国国情，走自己的路的观点；关于在经济文化落后的条件下，建设社会主义必须有一个很长的初级阶段的观点；关于社会主义社会的根本任务是发展生产力，集中力量实现现代化的观点；关于社会主义经济是有计划商品经济的观点；关于改革是社会主义社会发展的重要动力，对外开放是实现社会主义现代化的必要条件的观点；关于社会主义民主政治和社会主义精神文明是社会主义重要特征的观点；关于坚持四项基本原则同坚持改革开放的总方针这两个基本点相互结合、缺一不可的观点；关于用“一个国家、两种制度”来实现国家统一的观点；关于执政党的党风关系到党的生死存亡的观点；关于按照独立自主、完全平等、互相尊重、互不干涉内部事务的原则，发展同外国共产党和其他政党的关系的观点；关于和平与发展是当代世界的主题的观点。

把上述重大理论和实践上的新认识与党的十一届三中全会作出的一系列决策综括起来看，我们看到了一幅什么样的图景呢？我们看到：从 1978 年党的十一届三中全会到 1987 年党的十三大，经过近 10 年探索，我们党已经初步形成了一套有别于传统模式、具有中国特点的关于“什么是社会主义、如何建设社会主义”的新观念、新思路：在思想路线方面，从否定“两个凡是”方针到提出解放思想、实事求是的思想路线；在国情认识方面，从抛弃“跑步进入共产主义”的臆想到提出“社会主义不够格”的初级阶段理论；在根本任务方面，从坚持“以阶级斗争为纲”到坚持以经济建设为中心、集中力量发展生产力；在发展动力方面，从鼓吹“阶级斗争，一抓就灵”到实施对内改革对外开放；在发展战略方面，从提出“四个现代化”目标到确立“温饱、小康、中等发达国家”的“三步走”部署；在国际局势判断方面，从准备“早打、大打、打核战争”到确立“和平与发展”的时代主题；在祖国统一方面，从高呼“一定要解放台湾”口号到制定“和平统一，一国两制”方针；在党的建设方面，从提出以开展“阶级斗争”为方向的“五十字建党方针”到强调加强党风建设，改革党和国家领导制度，提出“执政党应该是一个什么样的党”的郑重思考，等等。所有这些新认识、新命题、新判断相互联系，相辅相成，初步构成了一个骨架清晰、逻辑严密的关于中国特色社会主义的新的理论体系。也正是基于这一点，十三大报告指出：“这些观点，构成了建设有中国特色的社会主义理论的轮廓，初步回答了我国社会主义建设的阶段、任务、动力、条件、布局和国际环境等基本问题，规划了我们前进的科学轨道。”我们党不但提出了这“一系列科学理论观点”，而且在实践中大胆实施并取得了成功，这表明：到了党的十三大召开之际，中国特色社会主义新道路已初步开辟。

党的十三大对于中国特色社会主义理论“轮廓”所作的 12 点概括，较之 1981 年 6 月党的十一届六中全会对于“三中全会以来，我们党已经逐步确立了一条适合我国情况的社会主义现代化建设的正确道路”所做的 10 点概括有什么不同呢？仔细分析起来，可以清楚地看到，党的十三大的概括相对于 6 年前党的十一届六中全会的概括，在对中国特色社会主义一系列重大理论和实践问题看法上，我们党的认识大大丰富、大大深化了：我们更加明确地意识到正确的思想路线对于党和国家事业健康发展的重大意义；我们更为清醒地认识到中国的社会主义还处在初级阶段；我们更有把握地提出社会主义社会的根本任务是发展生产力；我们更加积极主动地推进改革开放；我们对中国社会主义建设内在规律的认识更加深入，科学概括了“一个中心，两个基本点”的基本路线；我们还创造性地提出了“一个国家、两种制度”这一实现国家统一的重大方针，科学判断出“和平与发展”是当今世界的主题，等等。这些新的理论创造，是马克思主义中国化的新进展、新胜利。

（三）提出“生产力标准”，从根本上划清科学社会主义与种种空想的界限

十三大报告依据马克思主义唯物史观，从社会主义的内在规定和本质要求出发，明确提出了从根本上划清科学社会主义与种种空想界限的“生产力标准”。

十三大报告指出：早在革命战争时期，我们党就明确指出，“中国

一切政党的政策及其实践在中国人民中所表现的作用的好坏、大小，归根到底，看它对于中国人民的生产力的发展是否有帮助及其帮助之大小，看它是束缚生产力的，还是解放生产力的。”① 报告认为，革命战争时期，我们之所以必须把阶级斗争摆在中心的位置上，那是因为只有首先推翻反动阶级的统治，使劳动人民政治上不受压迫，经济上不受剥削，才能解放生产力。但是，现在不同了，剥削阶级已经消灭，劳动人民已经当家作主，我们已经进入社会主义建设时期，发展生产力已成为全党全国人民直接的中心任务。国家的富强，人民的富裕，教育科学文化事业的繁荣，公有制和人民民主政权的巩固和发展，一句话，社会主义优越性的充分发挥和吸引力的不断增强，归根到底，都取决于生产力的发展。一切有利于生产力发展的东西，都是符合人民根本利益的，因而是社会主义所要求、所允许的。一切不利于生产力发展的东西，都是违反科学社会主义的，是社会主义所不允许的。报告郑重强调：在社会主义条件下，生产力标准“更加具有直接的决定意义”，“必须破除离开生产力来抽象谈论社会主义的历史唯心主义观念，从根本上划清科学社会主义同种种空想的界限”。②

十三大报告所提出和阐述的“生产力标准”，是马克思主义历史唯物论的题中应有之义，还原了马克思主义关于生产力思想的真面目。历史唯物主义认为，生产力和生产关系、经济基础和上层建筑的矛盾运动推动着人类社会不断进步和发展。时代的变迁、社会发展水平的高低、社会形态的更替，归根结底是由社会生产力的发展变化所决定的。马克思主义经典作家在分析一个社会的进步程度时，总是立足于生产力的发展水平和性质来提出问题和分析问题。他们充分肯定了资本主义社会的进步性，认为“资产阶级在它的不到一百年的阶级统治中所创造的生产力，比过去一切时代创造的全部生产力还要多，还要大”③。他们还通过对资本主义社会生产力的迅速发展、生产的日益社会化、资本主义的私人占有制与高度社会化的生产力之间的尖锐矛盾进行科学分析，认为资本主义“生产资料的集中和劳动的社会化，达到了与它们的资本主义

① 《毛泽东选集》第 3 卷，人民出版社 1991 年版，第 1079 页。

② 赵紫阳：《沿着有中国特色的社会主义道路前进——在中国共产党第十三次全国代表大会上的报告》，《人民日报》1987 年 11 月 4 日。

③ 《马克思恩格斯选集》第 1 卷，人民出版社 1972 年版，第 256 页。

外壳不能相容之点，这种外壳会被破裂。资本主义私有制的丧钟响起来了。剥夺者被剥夺”[①]，从而得出了资本主义的灭亡和社会主义的胜利同样不可避免的科学结论。

按照马克思主义经典作家的设想，社会主义是在高于资本主义劳动生产率的基础上成长起来的，具有发达的物质基础和高度发展的生产力。他们提出，无产阶级在争得政治上的统治地位并剥夺资本家以后，必须尽可能快地增加生产力的总量，并以此为前提从根本上巩固并逐步完善社会主义制度。列宁继承了马克思恩格斯的观点，进一步强调了社会主义发展生产力问题的极端重要性。他指出："无产阶级取得国家政权以后，它的最主要最根本的利益就是增加产品数量，大大提高社会生产力。”“劳动生产率，归根到底是保证新社会制度胜利的最重要最主要的东西”“资本主义可以被彻底战胜，而且一定会被彻底战胜，因为社会主义能造成新的高得多的劳动生产率。”[②] 新中国成立前夕，毛泽东也提出：“从我们接管城市的第一天起，我们的眼睛就要向着这个城市的生产事业的恢复和发展。务须避免盲目地乱抓乱碰，把中心任务忘记了。”[③] 1956 年，党的八大也规定了：全党在社会主义建设时期的主要任务是发展生产力。

总之，科学社会主义之所以是科学，最根本的，就在于它始终坚持生产力这个根本标准，就在于它不是从某种非理性的原则出发，而是从生产关系一定要适合生产力性质的客观规律出发得出自己的全部结论。在对社会主义的认识上，在实践社会主义的过程中，任何时候都不能离开生产力标准来孤立地看待社会主义，任何时候都要把坚持生产力标准作为坚持科学社会主义的根本标准。

在对“什么是社会主义，怎样建设社会主义”的认识和实践上，新中国成立后很长一段时间里，中国共产党人吃过“一个大亏”[④]，最大的“缺点”是“对发展生产力有某种忽略”[⑤]，“四人帮”更是荒谬地提出“宁要社会主义的草，不要资本主义的苗”“越穷越光荣、越穷越革

① 《资本论》第 1 卷，人民出版社 1953 年版，第 964 页。

② 《列宁选集》第 4 卷，人民出版社 1972 年版，第 586、16 页。

③ 《毛泽东选集》第 4 卷，人民出版社 1991 年版，第 1318 页。

④ 《邓小平文选》第 3 卷，人民出版社 1993 年版，第 141 页。

⑤ 《邓小平文选》第 3 卷，人民出版社 1993 年版，第 64 页。

命”，认为“共产主义主要是精神方面的”，而把凡是积极进行生产、搞社会主义建设的人都诬蔑为“唯生产力论”大加讨伐。这种“富则修”，只有“贫穷”才是社会主义的错误认识，在理论上引起了极大的混乱，在实践上则造成了经济建设的长期停滞和徘徊。尤其值得注意的是，在一方面离开生产力标准抽象地谈社会主义原则的同时，另一方面，我们又把一系列“对马克思主义的教条式理解和附加到马克思主义名义下”的种种不科学的东西误当作社会主义的本质加以固守，认为这些“附加”上来的东西才是“真正”的社会主义。这主要包括三个方面：一是在所有制问题上，认为越“大”越“公”越先进、公有制越“纯粹”越是社会主义——这种认识不是用是否适应生产力发展要求来作为生产关系是否先进的标准，而是形式主义地仅以所有制所具有的名称来作为判断是否先进的标准，最根本的缺点是离开生产力谈论一种所有制形式（公有制）。二是在分配问题上，认为越平均越“公平”、越是社会主义——这种认识用抽象的、超历史的“道德”标准来代替历史唯物主义的生产力标准，实际上是把社会主义看作社会福利主义，把社会主义事业看成是慈善事业，习惯于在分配上搞平均主义。而按照马克思主义的观点，评价一种生产关系的是非得失，不是根据道德标准，而是看它是否有利于生产力的发展，最根本的缺点也是离开生产力谈论一种分配方式（按劳分配）。三是在管理体制上，认为越集中、越统一、管得越多越是社会主义——这种高度统制的经济管理“模式”的发明权属于苏联社会主义，有其特殊的产生背景和条件，但长期以来，却形成了一种固化的传统观念，以致被认为是社会主义经济的固有属性，其最根本的缺点同样是离开生产力谈论一种经济管理体制（计划经济）。总之，过去我们所认识和标榜的所谓“真正”的、正统的社会主义的三个基本特征“公有制”“计划经济”“按劳分配”，恰恰都和“生产力”无关，最不该遗漏地遗漏了“生产力”这个建立、发展和体现社会主义优越性和根本价值的最重要特征。而一旦撇开“生产力”这个最根本、最关键、最核心的因素来谈论、评判和实践社会主义，也就只能陷入“空的”“荒谬的”“吹牛”的、“离开现实和超越阶段”的、“以极左面目出现、主张普遍贫穷的假社会主义”的泥潭①——这个教训应该牢牢记住。

① 《邓小平文选》第2卷，人民出版社1994年版，第165页。

“文化大革命”结束后，我们党对于发展社会主义生产力问题的高度重视，这是从否定对“唯生产力论”的错误批判开始的。早在1966年，康生就挑起了对“唯生产力论”的批判。批判“唯生产力论”，也就是否定经济建设是党和国家的工作重点，以政治冲击经济，否认在生产力和生产关系这一对矛盾中生产力是主要方面，把生产关系的变动作为决定性的因素。这些观点实际上与毛泽东晚年在政治与经济、革命与生产、生产关系与生产力等一系列范畴上的错误认识有关。毛泽东晚年总是把政治、革命、生产关系置于主要的、决定的地位，而把经济、生产、生产力置于次要的、从属的地位。他强调，“政治是统帅，是灵魂”，认为“先要改变生产关系，然后才有可能大大地发展社会生产力，这是普遍规律”。正是按照这些认识，发展经济、发展生产、发展生产力才被当作“唯生产力论”加以批判。面对这样一个长期的理论“禁区”，粉碎“四人帮”不久，《人民日报》在1976年11月1日发表的文章中即提出：“多快好省地发展社会主义生产，……决不是什么唯生产力论”“抓生产就是唯生产力论吗？否！”① 1977年1月，李先念对国家计委、财政部等部门发表讲话指出：“在当前的形势下，我们面临的任务是，一要深入揭批‘四人帮’，二要积极抓好发展国民经济的工作。这些年来‘四人帮’在各方面的干扰和破坏极其严重。我们经济部门的同志，对他们把经济工作搞乱了的危害，体会得尤其深刻。过去，我们要抓生产，他们就说是‘唯生产力论’，是‘用生产压革命’；我们要扭亏增赢他们就说是搞资产阶级的‘利润挂帅’……我们现在要通过批判‘四人帮’，放开手脚，理直气壮地抓经济。”② 1977年6月，于光远等人还专门编写出版了《评“四人帮”对“唯生产力论”的批判》一书。邓小平在看了此书后赞成这本书“基本上是写得好的，站得住”。③ 理论界在对这个问题的讨论中，“唯生产力论”这个概念不是被当作否定的对象，而是被当作马克思主义的基本原理来肯定的。有学者明确指出：“承认在社会生活中。在社会发展中，生产力的发展起决定作用，

① 《把“四人帮”破坏生产的损失夺回来!》，《人民日报》1976年11月1日。

② 中共中央文献编辑委员会编：《李先念文选（1935—1988)》，人民出版社1989年版，第311—312页。

③ 中共中央文献研究室编：《邓小平年谱（1975—1997)》（上），中央文献出版社2004年版，第171页。

是第一性的，理所当然地可以称之为‘唯生产力论’。‘唯生产力论’是马克思主义的历史唯物主义中的一个重要观点，这本来就不错。”① 否定对“唯生产力论”的批判，实际上就是要肯定生产力在社会主义发展中的重要作用，一定意义上是提出“生产力标准”的前奏。

党的十一届三中全会后，邓小平更是反复引导全党正本清源、认真思考究竟“什么是社会主义”的问题，并在这个过程中也明确提出了评价社会主义“好不好”“对不对”的生产力“标准”。在党的十一届三中全会召开之前，邓小平在中央工作会议闭幕会上的讲话中就提出：“今后，政治路线已经解决了，看一个经济部门的党委善不善于领导，领导得好不好，应该主要看这个经济部门实行了先进的管理方法没有，技术革新进行得怎么样，劳动生产率提高了多少，利润增长了多少，劳动者的个人收入和集体福利增加了多少。各条战线的各级党委的领导，也都要用类似这样的标准来衡量。离开这个主要的内容，政治就变成空头政治，就离开了党和人民的最大利益。”② 邓小平在此所说的“先进的管理方法”“技术革新”“劳动生产率”“利润”“劳动者的个人收入和集体福利”等，要么可以直接纳入生产力范畴，要么是生产力发展的结果。这就是说，这几条具体标准实际上都已蕴含了生产力标准的主要内容。邓小平明确提出和阐述生产力“标准”问题，是在 1980 年 4 月到 5 月的几次谈话中。1980 年 4 月，在会见阿尔及利亚民族解放阵线代表团时的谈话中，邓小平指出：“要充分研究如何搞社会主义建设的问题。现在我们正在总结建国二十年的经验。总起来说，第一，不要离开现实和超越阶段采取一些‘左’的办法，这样是搞不成社会主义的。我们过去就是吃‘左’的亏。第二，不管你搞什么，一定要有利于发展生产力。”③ 这表明，邓小平在进一步思考生产力标准问题。5 月，在会见几内亚总统杜尔时邓小平又说：“根据我们自己的经验，讲社会主义，首先就要使生产力发展，这是主要的。只有这样，才能表明社会主义的优越性。社会主义经济政策对不对，归根到底要看生产力是否发展，人民

---

① 于光远：《1978：我亲历的那次历史大转折》，中央编译出版社 2008 年版，第 300—301 页。

② 《邓小平文选》第 2 卷，人民出版社 1994 年版，第 150 页。

③ 《邓小平文选》第 2 卷，人民出版社 1994 年版，第 312 页。

收入是否增加。这是压倒一切的标准。”[①] 这里，邓小平明确提出了马克思主义的生产力标准。1982 年 9 月，在陪同朝鲜劳动党中央委员会总书记金日成去四川访问的途中，邓小平对金日成讲：“我们人民的生活如此困难，怎么体现出社会主义的优越性？‘四人帮’叫嚷要搞‘穷社会主义’、‘穷共产主义’，胡说共产主义主要是精神方面的，简直是荒谬之极！”1984 年 6 月，邓小平开始用生产力标准从宏观上、整体上来考察社会主义。他在会见第二次中日民间人士会议日方委员会代表团时说：“什么叫社会主义，什么叫马克思主义？我们过去对这个问题的认识不是完全清醒的。马克思主义最注重发展生产力……社会主义阶段的最根本任务就是发展生产力。”1985 年 4 月，在会见坦桑尼亚副总统阿里·哈桑·姆维尼时，邓小平联系新中国的经验教训，从社会主义特点的角度，强调了发展生产力是社会主义必须解决的问题。他说：“马克思主义的基本原则就是要发展生产力。马克思主义的最高目的是实现共产主义，而共产主义是建立在生产力高度发展的基础上的。……社会主义的首要任务是发展生产力，逐步提高人民的物质和文化生活水平。从一九五八年到一九七八年这二十年的经验告诉我们：贫穷不是社会主义，社会主义要消灭贫穷。不发展生产力，不提高人民的生活水平，不能说是符合社会主义要求的。”[②] 显然，这里所说的“社会主义要求”是包括社会主义的生产力标准在内的。1985 年 8 月，邓小平在会见津巴布韦非洲民族联盟主席、政府总理穆加贝时指出：“社会主义的任务很多，但根本一条就是发展生产力，在发展生产力的基础上体现出优于资本主义，为共产主义创造物质基础。”[③] 从以上论述中可以清楚地看到，生产力标准已被作为评判社会主义发展的主要尺度。到了 1987 年 4 月，在同捷克斯洛伐克总理什特劳加尔的谈话中，邓小平关于社会主义的生产力标准观点又有了新的升华。他说：“搞社会主义，一定要使生产力发展，贫穷不是社会主义。……现在虽说我们也在搞社会主义，但事实上不够格。”[④] 正是这个“事实上不够格”，奠定了党的十三大提出的我国处于社会主义初级阶段的理论基础。而这个“事实上不够格”，

---

① 《邓小平文选》第 2 卷，人民出版社 1994 年版，第 314 页。
② 《邓小平文选》第 3 卷，人民出版社 1993 年版，第 116 页。
③ 《邓小平文选》第 3 卷，人民出版社 1993 年版，第 137 页。
④ 《邓小平文选》第 3 卷，人民出版社 1993 年版，第 225 页。

则是邓小平运用生产力标准考察中国社会主义现实国情得出的必然结论。据不完全统计，从 1982 年党的十二大后到 1987 年党的十三大召开前，邓小平在不同时间和场合发表的讲话或谈话中，有关要以经济建设为中心，大力发展社会主义生产力的论述有 20 次之多。特别是党的十二届三中全会后，从 1985 年开始，他更是一再强调发展生产力的重要性，并将其上升到马克思主义的根本原则和社会主义根本要求的高度。

正是在邓小平关于发展生产力的一系列论述的基础上，结合中国社会主义建设的经验教训和党的十一届三中全会以来的 9 年实践，党的十三大报告明确提出了“生产力标准”，而且把它作为党在社会主义初级阶段应当确立的具有长远意义的指导方针的第一条，从理论上进行了深入论述，指出：“社会主义社会的根本任务是发展生产力。在初级阶段，为了摆脱贫穷和落后，尤其要把发展生产力作为全部工作的中心。是否有利于发展生产力，应当成为我们考虑一切问题的出发点和检验一切工作的根本标准。”报告还联系党的基本路线中的“两个基本点”，进一步发挥说：“我们为什么要坚持四项基本原则？就是因为在当代中国，只有这样做，才能从根本上保证生产力的发展。为什么要坚持改革、开放？就是因为只有这样做，才能进一步解放仍然受到束缚的生产力，促进生产力迅速发展。离开了生产力标准，用抽象原则和空想模式来裁判生活，只能败坏马克思主义的声誉。”“生产力标准”的提出，为在改革开放和社会主义现代化建设实践中坚持以经济建设为中心，大胆探索，勇于创新，探索加快生产力发展之路，提供了重要的理论依据。

改革源流篇

教育战线的拨乱反正与教育体制改革*

粉碎“四人帮”后，在邓小平的领导下，以恢复高考制度为标志，我国教育战线率先冲破“两个凡是”的束缚，在极为困难的情况下实现了拨乱反正，成为全面拨乱反正的先声。党的十一届三中全会后，随着全党工作重点转移到经济建设上来，党中央高度重视教育的作用，高瞻远瞩地确立了教育优先发展的战略地位，并通过大力推进教育改革，初步建立起了适应我国社会主义初级阶段基本国情的教育体系。人民教育事业的快速发展，极大地提高了全民族的科学文化水平和整体素质，为我国社会主义现代化建设做出了重大贡献。本讲主要回顾总结粉碎“四人帮”至20世纪90年代中期教育战线的拨乱反正和教育体制改革相关问题。

一、教育战线的拨乱反正

教育战线是“文化大革命”的重灾区。1975年，邓小平在主持党中央和国务院日常工作期间，为了改变教育战线长期极度混乱的状况，曾提出并支持领导了对教育科技领域的整顿工作。但由于“四人帮”的破坏，随着邓小平被又一次打倒，整顿工作被迫中止，教育战线的混乱局面未能得到改变。

---

* 这是1999年12月至2013年12月为中央党校中共党史专业研究生授课的讲稿。

“文化大革命”结束后，中国的发展迎来了历史性的重大转机，教育战线的拨乱反正也出现了新的希望。1977 年 5 月 12 日，尚未正式复出的邓小平在与中国科学院副院长方毅、李昌谈话时就谈道：“整个国家赶超世界先进水平，科学研究是先行官。”“抓科研就要抓教育。”① 5 月 24 日，在同王震、邓力群谈话时，他又说：“我们要实现现代化，关键是科学技术要能上去。发展科学技术，不抓教育不行。”“抓科技必须同时抓教育。从小学抓起，一直到中学、大学。我希望从现在开始做起，五年小见成效，十年中见成效，十五年二十年大见成效。”“要经过严格考试，把最优秀的人集中在重点中学和大学。”他大声疾呼：“一定要在党内造成一种空气：尊重知识，尊重人才。要反对不尊重知识分子的错误思想。不论脑力劳动，体力劳动，都是劳动。从事脑力劳动的人也是劳动者……科技和教育，各行各业都要抓。”② 7 月 23 日，邓小平复出后第三天，在听取中共长沙工学院临时党委正、副书记张文峰、高勇汇报工作时，他特别谈道：“我们国家六十年代和国际上差距还比较小，七十年代差距就比较大了”“科学技术人员，这些年接不上茬，十年啦。”关于改革招生制度，邓小平说：“不管招多少大学生，一定要考试，考试不合格不能要。不管是谁的子女，就是大人物的也不能要。我算个大人物吧！我的子女考不合格也不能要，不能‘走后门’。”“大学要从工农兵中招生，重点学校可以从应届高中毕业生中招。基础是数、理、化、外语，从小就可以学 ABC。”③

然而，在“文化大革命”十年中颠倒的是非尚未得到纠正的历史条件下，邓小平的呼吁被“两个凡是”的喧嚣声淹没了。那时，在中国教育领域的上空笼罩着一片阴云，这就是“两个估计”。“两个估计”是在 1971 年 8 月召开的全国教育工作会议上出笼的。这次会议的纪要是经姚文元修改、张春桥定稿、毛泽东圈阅批准的。“两个估计”，一个估计是说“文化大革命”前 17 年教育战线是资产阶级专了无产阶级的政，是“黑线专政”。另一个估计是说知识分子的大多数世界观基本上是资

① 中共中央文献研究室编：《邓小平年谱（1975—1997）》（上），中央文献出版社 2004 年版，第 158 页。

② 《邓小平文选》第 2 卷，人民出版社 1994 年版，第 40—41 页。

③ 《一九七七年邓小平关于恢复高考的讲话、谈话和批示选载》，《党的文献》2007 年第 4 期。

产阶级的，是资产阶级知识分子。“两个估计”犹如沉重的枷锁牢牢地钳制了广大知识分子的手脚，阻碍着教育、科技战线的拨乱反正。因此，要彻底清算“左”的错误对教育工作的影响，全面整顿和复兴教育事业，首先要推翻“两个估计”，这在当时是有很大的阻力的。

1977 年 6 月 29 日，教育部在山西太原召开全国高等学校招生工作座谈会。这是粉碎“四人帮”后召开的第一次全国高招会议。这次会议前，1976 年 11 月 30 日，《人民日报》发表了《一个反革命的政治骗局——揭发“四人帮”利用张铁生的答卷制造政治骗局的真相》的文章，揭露了“四人帮”利用白卷事件破坏教育工作的罪行。因此，会议期间，大家义愤填膺，严正声讨了“四人帮”的罪行。但是，当会议讨论到最主要的议题，比如是否要恢复从应届高中毕业生中招生的问题时，因为时任教育部的领导不敢否定“两个估计”，大家又变得小心翼翼，噤若寒蝉起来，使得这次高招会议未能在人们最为关注的问题上取得突破。在 8 月 4 日教育部向国务院报送的《关于全国高等学校招生工作座谈会的情况报告》和《关于 1977 年招生工作的意见》中，仍然维持了“文化大革命”中实行的“自愿报名，群众推荐，领导批准，学校复审”的招生办法。

这次高招会议后不到一个月，邓小平正式复出了。复出伊始，他就主动请缨，主管教育和科技，着手领导教育科技战线的拨乱反正工作。

为了深入了解科学教育方面的情况，1977 年 7 月 29 日，邓小平在听取中国科学院副院长方毅、教育部部长刘西尧等汇报工作时提出，近期要召开一个科教工作座谈会，要求中科院和教育部“找一些敢说话、有见解的，不是行政人员，在自然科学方面有才学的，与‘四人帮’没有牵连的人参加”①。按照邓小平的要求，中科院和教育部在科学院系统和高等院校邀请了 33 位专家学者参加会议，他们是：中国科学院吴文俊、马大猷、郝柏林、钱人元、严东生、张文佑、黄秉维、王守武、高庆狮、许孔时、邹承鲁、张文裕、童第周、叶笃正、汪猷、王大珩，中国农业科学院金善宝，北京大学周培源、沈克琦，清华大学何东昌、潘际銮，复旦大学苏步青，吉林大学唐敖庆，武汉大学查全性，中国医

① 中共中央文献研究室编：《邓小平年谱（1975—1997）》（上），中央文献出版社 2004 年版，第 167 页。

学科学院黄家驷，上海交大吴健中，南开大学杨石先，天津大学史绍熙，南京大学苗永宽，西安交大程遒晋，华北农大沈其益，中山医学院宗永生，中国科技大学温元凯。8月4日至8日，由邓小平亲自主持的科学和教育工作座谈会在北京饭店举行。会议一开始，邓小平就说："邀集这次座谈会的目的，就是要请大家一起来研究和讨论，科学研究怎样才能搞得更快更好些，教育怎样才能适应我国四个现代化建设的要求、适应赶超世界先进水平的要求。"他还说："这几年'四人帮'对科学工作、教育工作，对各行各业破坏极大，对我们国家是一个大灾难。一定要花很大的力量，把损失的时间抢回来。"①

邓小平的讲话使与会者深受鼓舞，与会者发言极为踊跃。清华大学党委负责同志向邓小平反映，清华大学教学质量很差，许多工农兵"学员"仅有小学毕业程度，入学后补习8个月就学大学课程，读3年就毕业。邓小平当即尖锐地指出，那就应该称做"清华中学""清华小学"。8月6日，武汉大学化学系副教授查全性发言，强烈要求必须立即改进大学招生办法。他指出了现行招生制度存在四个严重弊病：一是埋没了人才，大批热爱科学，有培养前途的青年选不上来；二是卡了工农子弟上大学；三是败坏了社会风气，助长了不正之风；四是严重影响了中小学生和教师的教与学的积极性。查全性说，招生是保证大学教育质量的第一关。大学新生质量没有保证，其原因之一是中小学生质量不高，二是招生制度有问题，主要矛盾还是招生制度。吴文俊、王大珩、邹承鲁、汪猷等发言赞同查全性的意见，建议党中央、国务院下大决心，对现行招生制度来一个大的改革，今年能办的就不要拖到明年去办，宁可今年招生晚两个月，也要恢复文化考试。在为期5天的座谈中，大家还一致呼吁要推翻"四人帮"对教育战线的"两个估计"②，要在全民族重新树立尊重知识、尊重文明的风尚；要改善科技人员的生活和工作待

① 中共中央文献研究室编：《邓小平年谱（1975—1997）》（上），中央文献出版社2004年版，第172页。

② 1971年4月15日至7月31日，全国教育工作会议在北京举行。在会议通过并经毛泽东同意，由姚文元修改、张春桥定稿的《全国教育工作会议纪要》中，提出了所谓"两个估计"，即"文化大革命"前17年教育战线是"资产阶级专了无产阶级的政"，是"黑线专政"；知识分子的大多数"世界观基本上是资产阶级的"，"是资产阶级知识分子"。"两个估计"对新中国成立后17年的教育工作给予了全盘否定，像沉重枷锁一样，紧箍在全国数百万知识分子头上，使广大知识分子长期受到压抑和不公正对待。

遇，解决科技人员后继乏人的问题等。

在充分听取与会者的意见后，8 月 8 日，邓小平在座谈会结束时发表了题为《关于科学和教育工作的几点意见》的重要讲话。这是一篇在共和国教育史上引起巨大变革的讲话，史称“八八”讲话。

讲话一开始，邓小平就说：“我们国家要赶上世界先进水平，从何着手呢？我想，要从科学和教育着手。”[①] 接着，邓小平就 6 个方面的问题发表了意见。关于对科技和教育战线 17 年的估计问题，他说：“对全国教育战线十七年的工作怎样估计？我看，主导方面是红线。应当肯定，十七年中，绝大多数知识分子，不管是科学工作者还是教育工作者，在毛泽东思想的光辉照耀下，在党的正确领导下，辛勤劳动，努力工作，取得了很大成绩。特别是教育工作者，他们的劳动更辛苦。现在差不多各条战线的骨干力量，大都是建国以后我们自己培养的，特别是前十几年培养出来的。如果对十七年不作这样的估计，就无法解释我们所取得的一切成就了。”[②] 邓小平还谈了调动知识分子积极性问题。他说：“就今天的现状来说，要特别注意调动教育工作者的积极性，要强调尊重教师。我国科学研究的希望，在于它的队伍有来源。科研是靠教育输送人才的，一定要把教育办好。我们要把从事教育工作的与从事科研工作的放到同等重要的地位，使他们受到同样的尊重，同样的重视……对于终身为教育事业服务的人，应当鼓励。”[③] 针对长期以来流行的知识分子不是社会主义劳动者的观点，邓小平强调：“无论是从事科研工作的，还是从事教育工作的，都是劳动者。不是讲脑力劳动、体力劳动吗？科研工作、教育工作是脑力劳动，脑力劳动也是劳动嘛。……科学实验也是劳动。一定要用锄头才算劳动？一定要开车床才算劳动？自动化的生产，就是整天站在那里看仪表。这也是劳动。”他强调，要珍视劳动，珍视人才，“知识分子的名誉要恢复”[④]。对于许多科学家强烈要求恢复六分之五科研时间的问题，邓小平深表赞同。他说：“要保证科研时间，使科研工作者能把最大的精力放到科研上去。会上提出一周要有六分之五的时间搞科研，我加了‘至少’两个字，你

---

① 《邓小平文选》第 2 卷，人民出版社 1994 年版，第 48 页。

② 《邓小平文选》第 2 卷，人民出版社 1994 年版，第 49 页。

③ 《邓小平文选》第 2 卷，人民出版社 1994 年版，第 50 页。

④ 《邓小平文选》第 2 卷，人民出版社 1994 年版，第 50—51 页。

们又加上'必须'两个字。好！科学院文件下发时就加上这四个字。我看，有人一头钻到科研里面，应当允许。有人七天七夜搞科研，为什么不可以？"① 在座谈会期间，邓小平还提出，各级领导同志要常和科学家、教授们谈谈心，经常同大家一起吃吃饭，闲谈闲谈，帮助帮助，政治思想工作要做活，对一头钻进去埋头苦干的人应该鼓励。

邓小平的这篇讲话，很快在教育界和科技界传播开来。这个讲话"为我国的教育事业，尤其是高教事业的发展带来了巨大而深远的影响，无论在我国教育发展史上，还是在我国历史和未来发展中都有着极其重大的意义"。②

"八八"讲话发表后不到一周，根据邓小平的指示，从8月13日开始，教育部在北京饭店（后移至友谊宾馆）召开了第二次全国高等学校招生工作会议。会议期间，《人民日报》记者找了六位曾经出席1971年全国教育工作会议并坚决拥护邓小平讲话的陕西、河北等省的科教负责人座谈，分析"两个估计"出台的背景及其影响，并写成内参，由《人民日报》以《情况汇编·特刊》的形式上报中央。这份内参很快摆到了邓小平的案头，引起了邓小平的注意。9月19日上午，邓小平找来刘西尧等教育部主要负责人，就教育战线拨乱反正面临的问题进行了一次内容极其严肃的谈话。邓小平明确指出：《全国教育工作会议纪要》是经姚文元修改、张春桥定稿的，当时就有不少人对这个《纪要》有意见，《人民日报》记者写的材料说明了问题的真相。邓小平说，《纪要》虽然是毛泽东同志画了圈的，但这并不等于说里面就没有是非问题了。他指出，"两个估计"是不符合实际的，怎么能把几百万、上千万知识分子一棍子打死呢？现在的人才，大部分还不是17年培养出来的？因此，"对这个《纪要》要进行批判，划清是非界限"③。这是邓小平在"八八"讲话中对17年作了肯定，认为"主导方面是红线"以后，第一次正式点名批判《全国教育工作会议纪要》。

在谈话中，邓小平毫不掩饰地表露了对教育部近期工作的不满，他尖锐地指出："你们的思想没有解放出来。你们管教育的不为广大知识

① 《邓小平文选》第2卷，人民出版社1994年版，第54页。

② 《高举伟大旗帜，推进教育改革和发展——纪念邓小平关于恢复高考"八八"讲话发表二十周年》，《中国教育报》1998年8月8日。

③ 《邓小平文选》第2卷，人民出版社1994年版，第67页。

分子说话，还背着‘两个估计’的包袱，将来要摔筋斗的”。他提醒“教育部要争取主动。……要放手去抓，大胆去抓，要独立思考，不要东看看，西看看。……现在群众劲头起来了，教育部不要成为阻力。教育部首要的问题是要思想一致。赞成中央方针的，就干；不赞成的，就改行。”①

邓小平的讲话，极大促动了教育部有关领导的思想。随着邓小平讲话的传达，第二次高等学校招生工作会议上引起争论的各种棘手问题迎刃而解，众望所归的恢复高考遂成定局。此后，教育部很快拿出了《关于1977年高等学校招生工作的意见》并再次报送中央。10月5日，中央政治局讨论并通过了由邓小平亲自修改过的这个文件。10月12日，国务院正式批转了《关于1977年高等学校招生工作的意见》，批示中强调："高等学校招生工作，直接关系大学培养高级专门人才的质量，影响中小学教育，涉及各行各业和千家万户，是一件大事。为快出人才，早出成果，尽快改变教育与社会主义事业发展严重不适应的状况，在本世纪末把我国建设成伟大的社会主义现代化强国，各地要加强对招生工作的领导，深入批判‘四人帮’的反革命修正主义路线，努力提高招收新生的质量，切实把优秀青年选拔上来。"

教育部的《关于1977年高等学校招生工作的意见》废止了林彪、“四人帮”在“文化大革命”中推行的高等学校靠“群众推荐”，招收具有两年以上实践经验和相当于初中毕业以上实际文化程度的工农兵入学的招生办法，对高等学校的招生工作进行了重大改革：一是扩大了招生范围。在“文化大革命”中，高校只招收具有两年以上实践经验的工农兵入学，而《关于1977年高等学校招生工作的意见》规定：凡是工人、农民、上山下乡和回乡知识青年（包括按政策留城而尚未分配工作的）、复员军人、干部和应届高中毕业生，符合条件者均可报考。二是从应届高中毕业生中直接招收大学生与从有实践经验的工农兵中选拔大学生是平行的。三是提高了对文化水平的要求。在“文化大革命”中，招生对象只需具有相当于初中毕业以上实际文化水平，大大降低了高等学校教学的起点和质量。为了彻底改变这种局面，《关于1977年高等学校招生工作的意见》规定：考生要具有高中毕业或相当于高中毕业的文化水平

① 《邓小平文选》第2卷，人民出版社1994年版，第68页。

（在校的高中学生，成绩特别优良，可自己申请，由学校介绍，参加报考）。四是坚持德智体全面衡量，择优录取的原则，重视文化考试。五是实行自愿报名，统一考试，地、市初选，学校录取，省市自治区批准的招生办法。

当恢复高考的消息在10月21日的《人民日报》社论中被正式公开宣布时，立刻在华夏大地上激起了石破天惊般的巨大反响。人们奔走相告，难抑激动兴奋之情。尽管只有一两个月的准备时间，但是已经积聚了十几届、多达570万的高初中毕业生还是争先恐后地报名参考。

1977年的全国高考，从11月28日开始，到12月25日结束，历时近一个月。当年全国报考人数570万，实际招生人数为27.3万，入学率为4.8%。1978年，经中共中央批准，教育部决定1978年高等学校招收新生实行全国统一考试，即全国统一命题，由各省、市、自治区组织考试。当年全国有610万考生参加了这次真正意义上的全国高等学校统一招生考试。秋季，又有30.2万名新生跨进了大学校门。

1977年高考结束后，12月25日，《人民日报》发表了新华社播发的《全国高等学校招生考试胜利结束》的电讯稿，电讯稿称："1977年全国高等学校招生考试，到12月25日为止已经胜利结束……今年的高校招生考试，震动了全国，在我国各条战线，各行各业，引起了强烈的反响。通过考试，极大地调动了广大青年的学习积极性，形成了空前未有的为革命刻苦学习的热潮。"恢复高考推动了社会风气发生巨大变化，它荡涤了"读书无用论""唯成份论"的污流，为百废待兴的中国大地吹来了尊重知识、尊重人才的春风。一代人的命运由此得到改变，刚刚结束了动乱的国家由此看到了振兴再起的希望。

恢复高校招生考试制度也是开始全面拨乱反正和全面恢复教育教学秩序的一个重要标志。它重新确立了人才选拔的公平、公正和科学的原则，改变了当时年轻一代沉闷、迷惘的精神状态，激发了亿万青少年学习知识的积极性，广大教师也精神振奋，整个教育界和社会风气为之一新，成为我党实现工作重心从"以阶级斗争为纲"向以经济建设为中心转移的先声。

在1977年全国高考紧锣密鼓地准备和进行的同时，为邓小平9月19日谈话所促动，教育部和《人民日报》联合召开座谈会，揭发和批判了"四人帮"炮制"两个估计"的经过及迫害知识分子的罪行。11

月 18 日，教育部以大批判组的名义在《人民日报》上发表了题为《教育战线的一场大论战——批判“四人帮”炮制的“两个估计”》的文章，开始了对“两个估计”的公开批判。此后，从中央到地方的全国各大报刊，北京大学、清华大学、中国科学院、中国社会科学院等高校和科研机构，也纷纷发表文章，从各个角度揭批“两个估计”，为教育战线和知识分子正名。教育领域加快了拨乱反正的步伐。

1978 年 3 月 18 日，全国科学大会在北京召开。邓小平在讲话中强调了科学技术和教育在社会主义现代化建设中的重要地位，指出：“四个现代化，关键是科学技术的现代化。”“科学技术人才的培养，基础在教育。”因此，我们要“大力发展科学研究事业和科学教育事业，大力发扬科学技术工作者和教育工作者的革命积极性”。他明确指出：我国绝大多数知识分子是工人阶级的一部分，从事体力劳动和脑力劳动的都是社会主义社会的劳动者，二者的区别，只是社会分工的不同。为了使我国的科学技术赶上世界先进水平，必须造就一支宏大的又红又专的科学技术队伍，尽快培养大批世界一流的科学家、工程技术专家。为此，各级党委、各行各业都要积极支持和大力兴办教育事业，尊重教师及其创造性的劳动，不拘一格地发现、选拔和培养杰出人才。

全国科学大会闭幕不久，在邓小平的提议下，1978 年 4 月 22 日至 5 月 16 日，有 6000 多人参加的全国教育工作会议在北京召开。邓小平出席开幕式并发表了重要讲话。邓小平的讲话主要围绕以下几个问题展开：

一是教育如何为无产阶级政治服务？这是一个争论了多年但一直造成人们混淆不清的问题。一段时间里，只要教师严格要求学生学习文化科学知识，就很容易被人指责为“智育第一”，是“脱离无产阶级政治”。人们一旦进入知识分子行列，其阶级属性也就由劳动者划入到资产阶级行列中，结果是除了挂在嘴头上的“政治”而外，再无其他任何内容可言，政治成了假、大、空的代名词。针对这种历史遗毒，邓小平明确论述了教育与政治的关系，强调教育只有为新时期的总任务服务，培养具有高度科学文化水平的劳动者，造就宏大的又红又专的工人阶级知识分子队伍，才能真正起到为无产阶级政治服务的作用，从而使教育有了明确的奋斗方向，逐步摆脱了以往空头政治的影响。

二是教育怎样同生产劳动相结合？长期以来，在许多人的意识中，包括在许多知识分子的头脑中，教育与生产劳动、科研与生产劳动的关系一直是扭曲的。由于这种扭曲，知识分子被讥为“四体不勤，五谷不分”，被划入非劳动者队列，从而影响了其积极性的发挥。针对这种情况，邓小平在讲话中深刻阐述了在新的历史条件下，贯彻教育与生产劳动相结合方针的问题，指出：“马克思、恩格斯、列宁和毛泽东同志都非常重视教育与生产劳动的结合，认为在资本主义社会里这是改造社会的最强有力的手段之一；在无产阶级夺得政权之后，这是培养理论与实际结合、学用一致、全面发展的新人的根本途径，是逐步消灭脑力劳动和体力劳动差别的重要措施。”“现代经济和技术的迅速发展，要求教育质量和教育效率的迅速提高，要求我们在教育与生产劳动结合的内容上、方法上不断有新的发展……更重要的是整个教育事业必须同国民经济发展的要求相适应。”①

三是关于尊师重教问题。尊师重教，这是教育界拨乱反正时期一个响亮而激动人心的口号。中国有着尊师重教的文化传统，但是到了十年动乱时期，教师的地位一落千丈，成为继地、富、反、坏、右、叛徒、特务、“走资派”之后，名列“老九”的“臭老九”，教师斯文扫地，身心备受凌辱。在这样的情况下，为知识分子正名、为教师正名，就成为拨乱反正时期教育界普遍的呼声。邓小平复职后在对教师的工作作了一系列肯定后，在全国教育工作会议上第一次从正面为共和国的教师们正名，他指出：“一个学校能不能为社会主义建设培养合格的人才，培养德智体全面发展、有社会主义觉悟的有文化的劳动者，关键在教师。二十多年来，我们已经建立了一支人民教师队伍。全国有教师九百万人。绝大多数教职工热爱党热爱社会主义，勤勤恳恳地为社会主义教育事业服务，为民族、为国家、为无产阶级立了很大功劳。为人民服务的教育工作者是崇高的革命的劳动者。我们对广大教育工作者的辛勤努力表示慰问和敬意。”② 邓小平的讲话掷地有声，赢得了与会代表雷鸣般的掌声。

全国教育工作会议在各地迅速引起了反响，特别是邓小平的讲话，从根本上纠正了长期以来在对待人民教师、对待知识分子问题上的“左”的错误，极大改变了教师的政治地位和社会地位，成为中国共产

① 《邓小平文选》第2卷，人民出版社1994年版，第107页。

② 《邓小平文选》第2卷，人民出版社1994年版，第109页。

党和人民政府在教育系统拨乱反正和制定政策的重要依据，它对于促进新时期教育工作的发展，造就宏大的德才兼备的知识分子队伍，有着重大的开创性的意义。

全国教育工作会议后，教育界出现了一个全新的气象。教育战线继恢复高考之后，陆续推出了一系列复兴教育的重大举措，使学校教育迅速得到整顿并逐步走上正轨。一是对20世纪60年代颁发试行的“高校六十条”“中学五十条”和“小学四十条”进行修改，颁布了《全国普通高等学校暂行工作条例（试行草案）》《全日制中学暂行工作条例（试行草案）》《全日制小学暂行工作条例（试行草案）》，恢复了必要的规章制度和教育教学秩序。二是恢复在“文化大革命”中被取消的教育组织和机构。如恢复学校中的共青团、少先队和学生会，撤销“红卫兵”“红小兵”组织；重建中央教育科学研究所，设立地方和高等学校教育科学研究机构；恢复中国教育工会全国委员会的活动，等等。1977年11月，中共中央还转发了教育部《关于工宣队问题的请示报告》，将各地进驻大、中、小学的“工人宣传队”撤出校园，恢复了学校的正常教学秩序。三是恢复研究生教育，建立学位制度。新中国成立后，我国曾于1954年至1957年、1961年至1964年及1965年至1966年间三次酝酿建立学位制度，并草拟了有关条例和办法。但由于种种原因，均未付诸实施。高考恢复后，为了加速高级人才的培养，1978年1月，教育部决定，全国开始统一招收研究生。许多著名科学家、教授，如华罗庚、周培源、杨石先等人成为第一批硕士生导师。这一年，中科院、社科院和全国各高校共招收研究生31050多名，接近“文化大革命”前培养研究生的总和。党的十一届三中全会以后，在邓小平的提议下，1980年2月12日，中华人民共和国第五届全国人民代表大会常务委员会第十三次会议审议通过了《中华人民共和国学位条例》，于1981年1月1日起施行，标志着新中国学位制度的正式建立。同时，这个文件也是新中国第一部教育法律，它的施行，标志着我国教育发展开始走上了依法治教的轨道。四是重整学校布局，恢复正常教育教学秩序。在总结经验的基础上，对各级各类学校的领导管理体制做出了统一规定，重建了学校领导管理体制；收回被占校舍；重新调整被关、停、迁、并的学校，陆续恢复和增建了一批高校和中专；恢复和整顿全国重点中小学和重点高等学校，迅速提高大中小学教育质量，提高教学水平。五是重建教材编审队伍，编写各科教学大纲和教科书。在邓小平的关怀下，中央拨给教育部10万美元专款，从美国、英国、西德、法国、日本等国家引进大、中、小学教材，以供我国编写教材时参考。1978年3月，国务院批转教育部和国家出版局关于教材出版发行工作会议的报告，恢复了教材编审体制和出版发行办法。教育部积极组织人力编写中小学全国通用教材，重建后的人民教育出版社从全国18个省、直辖市、自治区选调了200多人参加编写教材的工作。当年9月，全国中小学就开始使用新编教材，从而迅速改变了我国中小学教材短缺和混乱不堪的局面。六是改善教师生活待遇，恢复评定教师职称制度。从1977年10月起，根据邓小平关于教师工资、奖励和职称制度的指示精神，全国近60%的教职工不同程度地增加了工资。1978年，首次在学校教职工中发放了年终奖金。在高等学校恢复教师职务的同时，1978年5月《人民日报》报道，经教育部批准，北京景山学校提升马淑珍、郑俊选、方碧辉三名小学教师为特级教师的决定。此后，全国各地陆续授予一大批中小学教师“特级教师”“模范班主任”“优秀教师”等荣誉称号，教师的劳动得到政府和社会的充分肯定，大大地激发了广大教师的积极性。七是教育对外交流与合作开始起步。邓小平在1977年8月科学和教育工作座谈会上指出：“接受华裔学者回国是我们发展科学技术的一项具体措施，派人出国留学也是一项具体措施。我们还要请外国专家来我国讲学。”根据邓小平的指示，中央政府批准设立专项经费（包括外汇），用于扩大向国外特别是发达国家派遣留学人员，并决定由教育部、国务院科技干部局、中国科学院等有关部门具体落实。1978年7月11日，教育部会同有关部门提出了《关于加大选派留学生数量的报告》，提出按大学生、进修生和研究生三种类型派出3000人，并根据需要有重点、有目的、有选择地派到世界各有关国家，包括西方发达国家。派遣人员学科专业以自然科学和工程技术为主，适当安排语言、管理、社会科学专业。不久，教育部派出代表团赴美国、日本、加拿大等国直接商谈互派留学生事宜；我国驻欧洲的一些使馆也同时展开接洽留学生的工作。1978年12月26日，我国首批52名访问学者和科学家赴美国进修、研究。这是中华人民共和国成立后，中美之间第一次政府间的留学人员交流。与此同时，向其他国家包括加拿大、日本和西欧国家派遣留学人员的工作也顺利地开展起来。1978年，中国共向世界28个国家派出了

480 多名留学生。

综上所述，在拨乱反正时期，由于邓小平的亲自领导和推动，教育战线在全国率先拨乱反正，全面恢复了学校正常的教育教学秩序，使教育从为阶级斗争服务转变到为社会主义现代化建设服务的轨道上来。尊重知识、尊重人才和尊师重教的社会新风尚得以重新树立起来。

二、教育体制改革的展开

党的十一届三中全会实现了党和国家工作重点的战略转移。在“振兴中华”的新长征中，全党、全社会更加全面、科学地认识到教育的地位和作用。1981 年 6 月，党的十一届六中全会《关于建国以来党的若干历史问题的决议》强调：“要坚决扫除长期间存在而在‘文化大革命’期间登峰造极的那种轻视教育科学文化和歧视知识分子的完全错误的观念，努力提高教育科学文化在现代化建设中的地位和作用，明确肯定知识分子同工人、农民一样是社会主义事业的依靠力量，没有文化和知识分子是不可能建设社会主义的。”①

1982 年 9 月，中国共产党第十二次全国代表大会召开。邓小平在大会的开幕词中向全党全国人民发出了“走自己的路，建设有中国特色的社会主义”的伟大号召。在这一号召下，中国共产党对教育作用和地位的认识实现了新的飞跃，提出了新时期我国教育改革与发展的一系列正确方针和政策，有力地促进了新时期我国教育的改革和发展。

党的十二大把教育与农业、能源和交通、科学共同列为国家经济发展的战略重点，明确提出了教育的战略地位和今后的任务。十二大报告指出：“在今后二十年内，一定要牢牢抓住农业、能源和交通、教育和科学这几个根本环节，把它们作为经济发展的战略重点。”“必须大力普及初等教育，加强中等职业教育和高等教育，发展包括干部教育、职工教育、农民教育、扫除文盲在内的城乡各级各类教育事业，培养各种专业人才，提高全民族的科学文化水平。”这是我党历史上首次将教育上升为国家经济发展的战略重点之一。从此，教育在改革开放事业和现代化建设大局中有了与经济社会并行的相对独立的地位，这对推动我国教

① 《三中全会以来重要文献汇编》（下），人民出版社 1982 年版，第 1136 页。

育事业的改革与发展产生了极为深远的影响。

党的十二大以后，随着建设有中国特色社会主义教育发展的新道路的开辟，教育战线呈现出一派生机勃勃的景象。但是，由于长期以来轻视教育、轻视知识、轻视人才的错误思想仍然存在，教育工作中“左”的思想影响还没有完全克服，因此，教育事业的发展远远不能适应社会主义现代化建设的需要。特别是面对我国对外开放、对内搞活、经济体制改革全面展开的形势，面对世界范围的新技术革命的挑战，我国教育事业落后的情况和教育体制的弊端更加突出。

针对这一状况，早在 1980 年 2 月，党的十一届五中全会就明确提出了要“确定适合国民经济发展需要的经济体制，确定适合国民经济发展需要的教育计划和教育体制”的任务。1983 年国庆节，邓小平在为北京景山学校成立 20 周年题词中进一步提出“教育要面向现代化，面向世界，面向未来。”① 这“三个面向”，集中体现了建设有中国特色社会主义对教育的客观要求。1984 年 10 月，党的十二届三中全会通过的《中共中央关于经济体制改革的决定》针对我国教育方面存在的问题，又指出：“科学技术和教育对国民经济的发展有极其重要的作用。随着经济体制的改革，科技体制和教育体制的改革越来越成为迫切需要解决的战略性任务。中央将专门讨论这方面的问题，并做出相应的决定。”② 党的十二届三中全会后，中共中央把教育体制改革问题突出地提到全党的议事日程，成立了教育体制改革文件起草领导小组。经过半年时间，上万人次参加了文件的讨论，中央书记处和文件领导小组先后四次开会讨论文件，十易其稿，最后形成了《中共中央关于教育体制改革的决定（草案）》。

1985 年 5 月 15 日至 20 日，中共中央、国务院在北京召开了改革开放以来第一次、新中国成立以来第三次全国教育工作会议。会议的主要议题是：学习中共中央、国务院领导人有关教育体制改革的重要讲话，讨论中共中央关于《教育体制改革的决定（草案）》，并结合各地各部门实际情况，研究贯彻执行的步骤和措施。5 月 19 日，邓小平到会发表

---

① 《邓小平文选》第 3 卷，人民出版社 1993 年版，第 35 页。

② 《十一届三中全会以来党的历次全国代表大会中央全会重要文件选编》（上），中央文献出版社 1997 年版，第 365 页。

了题为《把教育工作认真抓起来》的重要讲话。邓小平在讲话中指出："我们国家，国力的强弱，经济发展后劲的大小，越来越取决于劳动者的素质，取决于知识分子的数量和质量。一个十亿人口的大国，教育搞上去了，人才资源的巨大优势是任何国家比不了的。有了人才优势，再加上先进的社会主义制度，我们的目标就有把握达到。"邓小平指出："近几年来，从中央到地方，到农村党支部，有越来越多的同志，懂得知识和人才的重要，懂得教育的重要。这是我们党的一大进步。另一方面，还有相当一部分同志，包括一些高级干部，对于发展和改革教育的必要性，认识不足，缺乏紧迫感，或者口头上承认教育重要，到了解决实际问题时又变得不那么重要了。"他认为，"一个地区，一个部门，如果只抓经济，不抓教育，那里的工作重点就没有转移好，或者说转移得不完全。忽视教育的领导者，是缺乏远见的、不成熟的领导者，就领导不了现代化建设"。他要求"各级党委和政府，对教育工作不仅要抓，并且要抓紧、抓好，严格要求，少说空话，多干实事""要像抓好经济工作那样抓好教育工作"①。为了在全社会推动形成尊师重教的风气，这次全国教育工作会议还正式确定把每年 9 月 10 日定为我国的教师节。

全国教育工作会议闭幕后一个星期，1985 年 5 月，中共中央正式颁布了《关于教育体制改革的决定》(以下简称《决定》)。《决定》总结了新中国成立以来特别是党的十一届三中全会以来教育改革的经验，比较系统地提出和阐明了教育体制改革的指导思想、目标、任务和具体措施，是全面推进新时期教育体制改革的纲领性文件。

第一，《决定》指出了我国教育体制存在的弊端：一是在教育事业管理权限的划分上，政府有关部门对学校（主要是对高等学校）统得过死，使学校缺乏应有的活力，而政府应该加以管理的事情，又没有很好地管起来。二是在教育结构上，基础教育薄弱，学校数量不足、质量不高，合格的师资和必要的设备严重缺乏，经济建设大量急需的职业和技术教育没有得到应有的发展，高等教育内部的科系、层次比例失调。三是在教育思想、教育内容、教育方法上，从小培养学生独立生活和思考的能力很不够，发挥立志为祖国富强而献身的精神很不够，生动活泼地用马克思主义思想教育学生很不够。不少课程内容陈旧，教学方法死

---

① 《邓小平文选》第 3 卷，人民出版社 1993 年版，第 120—121 页。

板，实践环节不被重视，专业设置过于狭窄，不同程度地脱离了经济和社会发展的需要，落后于当代科学文化的发展。

第二，《决定》提出了进行教育改革应遵循的指导方针，即："教育必须为社会主义现代化建设服务，教育必须同生产劳动相结合，培养德、智、体全面发展的建设者和接班人。"教育体制改革的根本目的是提高民族素质，多出人才，出好人才。

第三，《决定》提出教育体制改革的主要内容是：改革教育管理体制，在加强宏观管理的同时，坚决实行简政放权，扩大学校的办学自主权；调整教育结构，相应地改革劳动人事制度；改革同社会主义现代化不相适应的教育思想、教育内容、教育方法。经过改革，要使基础教育得到切实的加强，职业技术教育得到广泛的发展，高等学校的潜力和活力得到充分的发挥，学校教育和学校外、学校后的教育并举，各级各类教育能够主动适应经济和社会发展的多方面需要。《决定》还提出了进行教育体制改革的具体对策和措施：一是实施九年制义务教育，实行基础教育由地方负责、分级管理。二是大力发展职业技术教育。职业技术教育是我国整个教育事业最薄弱的环节，一定要采取切实有效的措施改变这种状况，力争有一个大的发展。三是要改革大学招生和毕业生分配制度，扩大高校的自主权。四是简政放权，加强党和政府对教育工作的领导，成立国家教育委员会。

中共中央《关于教育体制改革的决定》的颁布，是我国教育发展改革史上的一个里程碑，它与同一时期中央作出的《关于经济体制改革的决定》《关于科技体制改革的决定》共同组成我国新时期经济、社会整体发展的宏伟蓝图。它为后来制定《中国教育改革和发展纲要》以及《中华人民共和国教育法》奠定了重要基础，在指导思想上起到了定向作用。

中共中央《关于教育体制改革的决定》颁布后，各省、自治区、直辖市党委、政府和中央各部委在调查研究的基础上，结合本地本部门实际制定了具体的贯彻落实《决定》的规划，并分别召开各级教育工作会议部署实施。各级政府、国务院各部门也按照《决定》的要求，大幅增加教育经费，如中央机关派出讲师团培训中小学教师；全国出现了许多重视教育的先进地区和单位，等等。这些都表明全党全社会对教育地位和作用的认识有了新的提高，教育作为工作重点，切实提上了各级党委和政府的工作日程。一个全党高度重视教育、全社会尊师重教、各行各业大力支持教育的风尚蔚然形成。

1987 年 10 月，党的十三大召开。党的十三大立足于我国社会主义初级阶段的基本国情，进一步强调了教育的重要地位，明确提出："从根本上说，科技的发展，经济的振兴，乃至整个社会的进步，都取决于劳动者素质的提高和大量合格人才的培养。百年大计，教育为本。必须坚持把发展教育事业放在突出的战略位置。"① 把教育摆在优先发展的战略地位是党中央的重大战略决策，这不仅是我国实现经济社会现代化的最重要的战略选择，也是教育本质和功能所决定的，同时亦反映了教育自身发展的需要。这一决策反映了中国共产党人对教育认识的重大突破，无论对经济社会的发展，还是对科技教育的发展，都具有十分重要的现实意义和深远的历史意义。

在中共中央《关于教育体制改革的决定》和党的十三大精神的指引下，20 世纪 80 年代中后期，我国教育体制改革在许多方面取得重要进展。

第一，颁布《中华人民共和国义务教育法》，实施九年制义务教育。1986 年 4 月 12 日，第六届全国人民代表大会第四次会议通过了《中华人民共和国义务教育法》，并决定于当年 7 月 1 日起实施。《中华人民共和国义务教育法》的颁布，是关系我们国家和民族未来发展的一项具有战略意义的重大措施，是中国教育史、文化史和社会发展史上一件大事。它以法律的形式确定了我国义务教育制度，标志着我国基础教育开始走上依法治教的轨道。《中华人民共和国义务教育法》规定了我国义务教育的性质、义务教育的入学年龄和学习期限、适龄儿童、少年的权利和义务、适龄儿童、少年的父母或监护人的义务，还规定了社会和国家在义务教育中的义务，规定了义务教育的管理体制，规定了义务教育的实施步骤及有关法律规定，等等。

第二，把发展基础教育的责任交给地方，有步骤地实行九年制义务教育。根据《关于教育体制改革的决定》和《中华人民共和国义务教育法》正式确立的"基础教育实行地方负责、分级管理"的原则，基础教育通过实行"地方负责、分级管理"的体制改革，调动了全社会关心、

① 《十三大以来重要文献选编》(上)，人民出版社 1991 年版，第 19 页。

支持教育的积极性，从根本上改变了我国中小学特别是农村中小学的落后面貌。除基础教育的大政方针和宏观规划由中央决定外，具体政策、制度、计划的制定和实施以及对学校的领导、管理和检查，责任和权力都交给各级地方政府。基础教育管理体制的改革，有力地调动了各级地方政府主要是县乡两级政府、企事业单位和广大农民的办学积助性，在1985年到1992年的短短七年中，社会各方面集资办教育就达1062亿多元，基本消除了农村中小学的破旧危房，明显改善了办学条件，为推进基本普及九年义务教育和基本扫除青壮年文盲打下坚实的基础。

在实施九年义务教育的过程中，对基础教育的校内管理体制、招生考试制度、学制也进行了改革实验，肯定并推广了一些学校形成的“校长负责制”“教师聘任制”“岗位责任制”等改革学校内部管理制度的成功做法，并试行小学毕业生就近直接升入中学，不再举行升学考试。1985年，原国家教委开始在上海、浙江等地试行了普通高中毕业会考制度，加大了基础教育“六、三”和“五、四”学制的对比实验，召开了“全国学制改革经验交流会”。1989年原国家教委制定了《九年制义务教育小学、初中课程计划》和新的各科教学大纲，并于1990年颁布了《现行普通高中教学计划的调整意见》。此外，还召开了九年义务教育教材编写规划会议，编写了多套新教材。

第四，调整中等教育结构，大力发展职业技术教育。根据《决定》的要求，我国中等教育结构进行了大规模的改革。学生从中学开始分流，即初中毕业生一部分进入普通高中，一部分接受高中阶段的职业技术教育；高中毕业生一部分升入普通大学，一部分接受高等职业教育。此外，在小学毕业后接受过初中阶段的职业技术教育的学生，可以就业，也可以升学。凡是没有进入普通高中、普通大学和职业学校的学生，可以经过短期职业技术培训，然后就业。经过调整中等教育结构，中等职业技术教育迅速扩大，中等职业学校在校生数占高中阶段在校学生数的比例，由1978年的7.6%提高到1990年的45.8%，我国初、中、高等职业教育体系逐步形成。

第五，改革高等学校的招生计划和毕业生分配制度，扩大高等学校办学自主权。中共中央《关于教育体制改革的决定》明确规定，高等教育实行中央、省（自治区、直辖市）、中心城市三级办学的体制，并且强调：要扩大高等学校的办学自主权。根据《决定》的精神，1986年3

月，国务院发布了《高等教育管理职责暂行规定》，划分了中央各部之间、中央与地方之间在管理高等教育方面的权限、职责，既加强了国家对全国高等教育宏观管理和调控的职能，又扩大了省级人民政府对本地区内高等学校的管理职责。《暂行规定》还进一步强调要扩大高等学校办学自主权，并对人才培养，经费管理、基建计划、干部管理权限、职称评定、教学科研和外事政策等 8 个方面做了具体的规定。1988 年 5 月，国务院办公厅转发国家教委《关于推动联合办学和校际协作若干问题的意见》，推动了跨部门、跨地区的联合办学和高等学校之间的协作。在招生制度上，采取了国家指令性计划与调节性计划（包括委托培养等）相结合的办法，改变了过去按分数高低由教育行政统一录取的办法，实行了“学校录取、招办监督”的新体制，并试招收中学保送生。在毕业生分配制度上，扩大了学校的分配权限，试行了“供需见面”的办法和进行了招聘考核录用的改革试验，分配中的指令性计划逐渐减少，指导性计划增加。

第六，调整高等教育内部结构。在继续加强基础性学科的基础上，积极发展财经、政法等应用性学科，一大批新兴边缘学科和社会急需的专业，例如电子技术、计算机科学、信息科学、环境科学、材料科学、生物工程技术、医疗技术等，也得到了较大发展，逐渐填补了我国高等学校在这些学科领域的空白。这一时期，我国高等学校专业设置的特点是：文科、财经、政法类专业发展较快；新兴和边缘学科的专业增加较多；在工、农、医院校中增设了一批文科、理科和应用文理科专业；在综合大学中增设了一批应用理科和技术科学类专业，在一定程度上克服了过去理工、文史分校带来的弊病。

第七，明确了成人教育发展的总方向和具体指导方针，扫盲教育得到全面推进。为了适应社会发展的需要，进一步端正成人教育的办学指导思想，从根本上改变成人教育与社会主义现代化建设不相适应的状况，1986 年 12 月，我国召开了新中国成立以来第一次也是最大规模的全国成人教育工作会议，确立了“一是要改革，二是要发展”的成人教育总的方针和把成人教育的重点转移到开展岗位培训上来的战略决策。1987 年 6 月，国务院批转了国家教委《关于改革和发展成人教育的决定》，提出“成人教育是当代社会经济发展和科学进步的必要条件”，确立了“成人教育是我国教育的重要组成部分”的地位，同时还把成人教育的主要任务确定为岗位培训、成人基础教育、成人高中等学历教育、继续教育、社会文化和生活教育，其中岗位培训为成人教育的重点。在发展成人教育的同时，各地还采取有力措施，加快了扫盲工作的进度。1988年国务院发布了《扫除文盲工作条例》，同年，原国家教委召开了全国扫除文盲工作会议，制定了全国扫盲规划的总目标。1991年10月，原国家教委又签发了《关于进一步加强扫除文盲工作的意见》，提出了高标准扫盲的目标。

第八，有计划地组织实施农村教育和城市教育综合改革。1986年以来，原国家教委在全国范围选择若干地区进行了教育综合改革实验工作。其中农村教育综合改革的成效最为明显。农村教育综合改革就是要在各级政府的统筹领导下，对涉及农村教育的外部和内部各方面的关系进行调整，把农村教育由过去的单纯升学教育转到主要为当地建设培养急需的人才兼顾升学的轨道上来，大面积提高农村劳动者的文化技术素质，促进农村经济发展和社会全面进步。为此，要对农村教育的目标、体制、结构、内容等进行综合的配套改革，进一步调整和优化农村教育结构，坚持三教（基础教育、职业技术教育、成人教育）统筹，实行农科教（农村建设、科技、教育）结合，促进“燎原计划”与“星火计划”“丰收计划”有机结合，为当地建设培养迫切需要的中、初级适用人才，从整体上形成与科技体制和社会主义市场经济体制相适应的农村教育体系。农村教育综合改革的实施，有力地促进了农村教育更好地为农村经济建设服务。到20世纪90年代，全国进行农村教育综合改革的实验县达到600多个，其中国家级实验县116个，省级实验县540个。城市教育综合改革则旨在提高城市教育的质量和整体效益，重点是中等和中等以下各级各类教育、成人的继续教育和岗位培训，包括高中后短期职业技术教育，这重点是城市教育向农村辐射，农、医、师范要为农村服务，乡镇企业技术工人、技术人员的培训也需要城市帮助。

第九，多渠道筹措办学经费。《决定》明确提出必须增加教育投入，并要求“中央和地方政府的教育拨款的增长要高于财政经常性收入的增长，并使在校学生人数平均的教育费用逐步增长”。逐步建立以政府投入为主，多渠道筹措基础教育经费的投入体制。各级地方政府努力增加财政预算内的教育拨款，大多数省、自治区、直辖市基本做到了“两个增长”，从而使基础教育经费投入总量有很大的提高，改变了基础教育经费奇缺、中小学办学条件极差的状况。全国大多数地区学校的办学条件得到了明显的改善，广大农村呈现出“最好的房子是学校”的喜人景象。在积极拓宽高等教育的投资渠道方面，具体做法主要是：接受境内外企业界、社会知名人士、华侨捐赠的办学资金；接受世界银行教育贷款和开展国际教育合作；通过与地方、部门和企事业单位联合办学，取得一定的经费支持；通过创办校办产业、争取科研项目、进行技术转让和咨询服务等，取得资金支持。上述做法转变了在计划经济体制下形成的国家把高等教育经费包下来的做法，在一定程度上缓解了我国高校教育资金短缺的困境。

第十，教育对外交流进一步加强。中共中央《关于教育体制改革的决定》提出：“要通过各种可能的途径，加强对外交流，使我们的教育事业建立在当代世界文明成果的基础之上。”20 世纪 80 年代以来，我国教育的国际交流与合作全方位展开，交流与合作的规模日益扩大，形式日益多样，内容日益丰富，成为国家改革开放政策的重要组成部分。对外教育交流主要通过派出留学生、接受来华留学人员、聘请外国专家来华任教、发展双边及多边合作等方式进行。

三、绘制教育改革发展蓝图

进入 20 世纪 90 年代，以邓小平南方谈话和党的十四大召开为标志，中国改革开放和现代化建设进入了加速发展的新阶段。与此同时，中国的教育改革发展也进入了一个新的更加富有生机和活力的时期。这一阶段教育改革发展的主要特点是：为使教育的改革发展更加适应建立社会主义市场经济的需要，党中央、国务院更加重视对教育工作的领导。从教育改革的层面看，教育改革由过去的单项改革转向综合配套改革，原国家教委组织实施的农村教育、城市教育综合改革向纵深发展；从改革的深度看，越来越涉及到体制范畴等方面的深层次问题的改革，各级各类教育事业的规模发生了非常大的变化。

20 世纪 80 年代末到 20 世纪 90 年代初，教育改革与发展日益成为事关全局的战略性问题。1988 年 4 月下旬召开的中共中央政治局会议专门讨论了教育工作。根据会议的精神，国务院成立了教育工作研讨小组，着手研讨和起草《中国教育改革和发展纲要（1989—2000）》（草案）。1990年12月，经国务院同意，原国家教委将《中国教育改革和发展纲要（1989—2000）》（以下简称《纲要》）的第17次修改稿印发全国，供各地制定教育事业十年规划和“八五”计划时参考，并进一步征求意见。

邓小平南方谈话发表后，研讨小组根据南方谈话精神和对建设有中国特色社会主义理论的新认识，对《纲要》草案再次进行了认真、全面的修改，形成送审稿。1992年7月和8月，国务院两次召开常务会议，讨论并原则通过了《纲要》草案。党的十四大闭幕后，江泽民于1992年10月主持召开中共中央政治局常委会议对《纲要》草案进行了认真讨论。根据党的十四大精神和中央政治局常委会议讨论的意见，原国家教委对《纲要》又进行了修改，并再次征求各省、自治区、直辖市和中央有关部委的意见，其后将修改稿报送中共中央。1992年12月28日，江泽民主持中央政治局全体会议，讨论并原则通过了《纲要》，同时决定以中共中央、国务院的名义印发该《纲要》。1993年2月，中共中央、国务院正式印发了《纲要》。

《纲要》总结了新中国成立40多年来，特别是党的十一届三中全会以来教育改革和发展的经验，分析了我国社会主义初级阶段的国情以及教育工作面临的形势，提出了到20世纪末中国教育改革和发展的方针任务、战略目标、总体思路和重大政策措施，对建设有中国特色社会主义教育体制进行了整体设计，是指导20世纪90年代乃至21世纪初我国教育改革和发展的纲领性文件。《纲要》根据我国现代化建设对教育工作的要求，提出到20世纪末中国教育发展的总目标是：全民受教育水平有明显提高；城乡劳动者的职前、职后教育有较大发展；各类专门人才的拥有量基本满足现代化建设的需要；形成具有中国特色的、面向21世纪的社会主义教育体系的基本框架。再经过几十年的努力，建立起比较成熟和完善的社会主义教育体系，实现教育的现代化。到20世纪末中国教育工作的主要任务是：实现基本普及九年义务教育，基本扫除青壮年文盲，全面提高教育质量，建设好一批重点高等学校和一批重点学科。《纲要》明确了20世纪90年代乃至21世纪初我国教育工作的相关重点：一是深化改革，要采取综合配套、分步推进的方针，加快步伐，改革在计划经济体制下形成的包得过多、统得过死的体制，初步建立起与社会主义市场经济体制、政治体制和科技体制改革相适应的教育新体制。二是加强师资队伍建设，要下决心、采取重大政策和措施，提高教师的社会地位，大力改善教师的工作、学习和生活条件，努力使教师成为最受人尊重的职业，努力建设一支具有良好政治业务素质、结构合理、相对稳定的教师队伍。三是改革和完善教育投资体制，要增加教育经费，拓宽筹措教育经费的来源渠道，提高教育经费的使用效益，从物质上保证《纲要》规定的教育任务的顺利完成。

为了动员全党全社会实施《纲要》，1994 年 6 月，改革开放以来第二次全国教育工作会议在北京召开。江泽民在会上发表的讲话中从我国社会主义现代化建设的全局和国家、民族前途命运的高度，从我国有近 12 亿人口、资源相对不足、经济文化比较落后的现实国情出发，强调实现现代化的根本大计就是把经济建设转移到依靠科技进步和提高劳动者素质的轨道上来，真正把教育摆在优先发展的战略地位，努力提高全民族的思想道德水平和科学文化水平。江泽民强调，各级领导干部必须充分认识，大力发展教育，加快培养社会主义现代化建设人才。提高全民族的思想道德和科学文化素质，是贯彻党的基本路线的必然要求，是坚持基本路线一百年不动摇的必然要求。只有把教育搞上去，才能从根本上增强我国的综合国力，才能在激烈的国际竞争中取得战略主动地位。只有培养一代又一代有理想、有道德、有文化、有纪律的献身于有中国特色社会主义事业的建设者和接班人，才能保证我们国家的长治久安。在整个社会主义现代化建设的过程中，教育优先发展的战略地位必须始终坚持，不能动摇。他认为，如果我们现在不是这样来认识教育问题，就会丧失时机，贻误大事，就要犯历史性的错误。江泽民指出，要加快教育改革和发展，必须全面实现党中央、国务院颁布的《纲要》。这不仅是教育部门的大事，也是全党全社会的一件大事。江泽民说，落实教育优先发展的战略地位，要求在全党全社会形成和保持尊师重教的良好风气。振兴民族的希望在教育，振兴教育的希望在教师。他号召全党全社会都必须尊师重教，首先要从各级领导干部做起，特别是高级领导干部更应当起带头作用。要把重视人才培养、保证教育投入、为教育办实事，作为各级党政领导干部任期目标责任制的重要内容和政绩考核的重要标准。教育搞得不好，就是不合格的领导。他要求各级党委和政府要切实加强对教育工作的领导，精心筹划，统一部署，贯彻落实好

《纲要》①。

这次全国教育工作会议对全面部署和动员实施《纲要》，研究和解决我国教育改革和发展中的重大问题，实现20世纪90年代教育改革和发展的战略和目标，促进我国社会主义现代化建设，产生了重要影响，成为推动新时期我国教育体制改革和教育事业发展的新起点。

① 《江泽民同志理论论述大事纪要》，中共中央党校出版社1998年版，第381—382页。

从创办经济特区到形成全方位对外开放格局*

实行对外开放，是党的十一届三中全会以来我们党根据国际形势的发展变化和党的中心工作的要求制定的重大战略，是建设中国特色社会主义的一项基本国策。30多年的对外开放，极大地加快了中国的现代化进程，极大地改变了中国社会的面貌，使中华民族以更加昂扬自信的姿态屹立于世界。实践充分证明，实行对外开放，有利于推动我国经济社会发展，有利于促进我国科技进步和创新，有利于提高我国国际竞争力和影响力，是推进我国社会主义现代化建设的必由之路。

一、加强对外经济文化交流是我们党的一贯主张

1950年6月朝鲜战争爆发后，美国及其西方盟国对新中国实行全面的军事封锁和贸易禁运政策，被禁运的所谓“战略物资”达500种之多，参加禁运的国家有45个之多。在这种情况下，中国只能同苏联等社会主义国家发展经济贸易联系，实行“半开放”的对外政策。1949年12月，毛泽东率领中国党政代表团访问苏联，双方经过长时间谈判，于1950年2月14日在莫斯科签订了《中苏友好同盟互助条约》和苏联

* 这是1999年12月至2013年12月为中央党校中共党史专业研究生、在职研究生授课的讲稿。

给予中国3亿美元贷款以偿还苏联交付的机器设备和器材的协定。3月27日，两国政府又签订了关于在新疆创办中苏石油股份公司、中苏有色及稀有金属股份公司以及中苏民用航空股份公司等3个经济协定。这3个协定签订后，4月5日，《人民日报》发表了题为《欢迎有利于中国经济建设的中苏经济合作》的社论，指出：利用国外资金和技术发展我国的经济建设，是一件大事，“不独是和苏联，就是和其他新民主主义国家，以至某些资本主义国家，不独开办这三个合股公司，就是开办其他适当的合股公司以至实行某些事业的租让，在事实上有时也还是需要的。”① 整个20世纪50年代，我国共从苏联获得14.27亿美元的贷款，并用这些贷款引进了主要是苏联的156项成套设备，建立了新中国经济的主干。但是到了50年代末和60年代中期，随着中苏关系恶化，社会主义阵营解体，我国对外经济交流与合作开始受到严重影响。

“文化大革命”期间，由于党的指导思想出现严重的“左”的错误，特别是“四人帮”把自力更生与发展对外经济关系对立起来，画地为牢，一味强调“反帝反修”，对外开放、学习外国被说成是搞“洋奴哲学”“崇洋媚外”“投降主义”“卖国主义”，导致我们在很长一段时间里与外部世界隔绝了起来。在很长一段时间里，中国市场上没有外国商品，图书馆里没有外国期刊，工厂里没有国外的新技术，人们“谈洋色变”，造成了中国某种程度的自我封闭。但即便是在这样的情况下，20世纪70年代，在变化了的国际形势面前，由毛泽东亲自决策，邀请美国总统尼克松，打开了中美交往的大门，进而引起连锁反应，迎来了70年代我国外交关系发展的新高潮。中国与以美国为首的西方资本主义国家关系的正常化，是毛泽东晚年，用尽生命的最后余力为打破我国在国际上的空前孤立和闭关自守状态所作的一次巨大努力，也是“文化大革命”期间我国外交领域取得的一项重大成就，为改善我国的国际生存环境作出了重要贡献。但是，毛泽东和美国改善关系，其主要目的是为了对付苏联的威胁，是打“美国牌”以减缓苏联大军压境威胁的“以夷制夷”战略，其军事上和政治上的意义超过了经济贸易上的意义。因为就在中国和以美国为首的发达资本主义国家关系改善、我国恢复了在联合国的合法席位之际，在很多西方国家试探要在中国投资，和我们进

① 《欢迎有利于中国经济建设的中苏经济合作》，《人民日报》1950年4月5日。

行经贸往来之际，我国政府却对外郑重宣布：中华人民共和国不允许外国人在中国投资，中国也不向外国输出资本。1974 年外贸部写作组在一篇文章中更提出了三个“根本不会”的说法：“社会主义国家根本不会引进外国资本或同外国共同开发本国或其他国家的资源；根本不会同外国搞联合经营；根本不会低三下四地乞求外国的贷款。”这个时期实行的封闭半封闭政策，阻断了中外经济技术文化交流，使我国失去了难得的发展时机，进一步加大了与西方发达国家的差距。1975 年，邓小平二次复出主持中央和国务院日常工作期间，曾经试图突破“四人帮”设置的禁区，提出要把积极发展对外经济关系，引进先进设备，增加进出口作为发展国民经济的一项“大政策”来实行。但由于“四人帮”的干扰破坏，也没有得到很好落实。直至 1977 年 1 月，舆论上我们仍然坚持：“我们的社会主义国家根本不允许外国资本来开发我国的资源，也绝不同外国搞什么联合经营，更不去乞求外国的贷款。”①

二、党的十一届三中全会前后对外开放决策的酝酿和提出

1976 年 10 月粉碎“四人帮”，结束“文化大革命”以后，经过拨乱反正，许多被搞乱了的是非开始得到清理。全党在邓小平同志的引导下，基于“文化大革命”造成的严重灾难，开始认真反思“什么是社会主义和怎样建设社会主义”的问题。在深刻的反思中，全党和全国人民响亮地喊出了“实现四化、振兴中华”的口号。但是，要实现工农业和科学技术的现代化，光靠我们自己的力量显然是不可能的。因为，经过十年“文化大革命”的破坏，我们的经济发展水平很低，发展经济所需要的建设资金严重缺乏，科学技术和管理水平也很落后。怎么办？这就必须眼睛“向外”，充分利用外部资源（包括资金、技术、设备和管理经验）加快自己的发展，“把世界最新的科技成果作为自己的起点”②，从而达到事半功倍的效果。

---

① 《篡党夺权的一个严重步骤——揭露“四人帮”在外贸事业上猖狂反对毛主席、党中央，恶毒攻击周总理的滔天罪行》，《人民日报》1977 年 1 月 14 日。

② 中共中央文献研究室编：《邓小平年谱（1975—1997）》（上），中央文献出版社 2004 年版，第 210 页。

为此，1977 年 3 月，在国务院召开的全国计划会议上通过了国家计委向中央政治局提出的《关于 1977 年国民经济计划几个问题的汇报提纲》，针对当时经济领域存在的思想混乱，尖锐地提出了要不要坚持党的领导、要不要搞好生产、要不要规章制度、要不要社会主义积累、要不要实行各尽所能按劳分配的原则、要不要引进新技术、要不要坚持计划经济等“十个要不要”的问题。在关于要不要引进新技术问题中，该文件非常肯定地回答：有计划有重点地引进先进技术，洋为中用，这样有利于增强我国的能力，加快社会主义建设的步伐。善于学习前人的好经验，吸取外国的长处，这是后来居上的一个重要因素。闭关自守，拒绝学习外国的好东西，什么都要从头摸索起，那就会放慢我们一些工业技术的发展，那也是爬行主义。与此同时，出国考察的任务也提出来了。1977 年 11 月，在研究长远规划的第二次全国计划会议上，国务院领导进一步明确提出了要利用国际上的有利时机，在坚持独立自主和平等互利的前提下，运用更加灵活的方式，把我们急需的国外先进技术学到手、拿到手的经济建设指导思想。1978 年 9 月召开的全国计划会议，又明确提出了经济战线必须实行“三个转变”的思想，其中之一就是要“从那种不同资本主义国家进行经济技术交流的闭关自守或半闭关自守状态，转到积极地引进国外先进技术，利用国外资金，大胆地进入国际市场”① 上来，在对外开放中进行经济建设。

而要学习外国，首先就必须了解外国。由于长期封闭，我们对西方资本主义国家的经济科技发展状况，可以说知之不多，知之不深。为此，1977 年 7 月国家计委在向中央政治局提交的关于引进的报告中，首次提出要“认真组织好出国考察工作”。中央领导同志的意见是，通过考察“看看国外有什么好的东西”，“联系自己作为借鉴”。② 第一个比较重要的考察团是 1977 年底袁宝华、李强率领的国家经委代表团赴英国和法国考察企业管理。1978 年，全国掀起了一股声势浩大的出国考察热潮。据当时的国务院港澳办公室统计，仅从 1978 年 1 月至 11 月底，经香港出国和去港考察的人员就达 529 批，共 3213 人。重要的考

---

① 中央财经领导小组办公室编：《中国经济发展五十年大事记》，人民出版社 1999 年版，第 299 页。

② 《华国锋在听取赴日访问团和赴港澳考察团汇报后的谈话》，1978 年 6 月 3 日。

察团有：3—4 月，以林乎加为团长的中国赴日经济代表团，考察战后日本经济发展的经验；以李一氓为团长，于光远、乔石为副团长的中共中央代表团访问南斯拉夫；以段云为组长的港澳经济贸易考察团，对中国香港、澳门进行实地调查研究。5—6 月，谷牧带领中国经济代表团访问法国、瑞士、比利时、丹麦、德国西欧五国。其他考察团还有：4—6 月，中国农业机械化代表团访问意大利、法国、英国和丹麦；5—6 月，中国农业代表团和中国基本建设代表团先后访问日本；7—9 月，中国农业代表团访问美国；8 月，中国林业代表团访问奥地利、罗马尼亚；8—9 月，中国农业代表团访问罗马尼亚、西德、法国、加拿大；9—10 月，中国财经代表团访问南斯拉夫、罗马尼亚，中国农业代表团访问日本；10—12 月，袁宝华率国家经委代表团赴日本考察企业管理；11 月，国家计委代表团访问南斯拉夫，等等①。

在众多的出国考察团中，以谷牧为团长的西欧五国考察团最受世界注目，因为这是新中国成立后，中国首次向发达资本主义国家派出的国家级政府经济代表团。这个访问团是由华国锋首先提出并经中央讨论同意成行的。② 代表团成员除了分管经济工作的副总理谷牧外，还有水电部部长钱正英、农业部副部长张根生、国家建委副主任彭敏、北京市革委会副主任叶林、北京市主管工业的书记严明、广东省革委会副主任王全国、广西主管工业的书记朱广权、山东省革委会副主任杨波以及有关方面负责人王维澄、李浩、徐维勤、安东、游吉寿、杨南生等 20 余名长期从事经济工作的中央和地方各级领导干部。为了壮大出访声势，代表团还带了一个阵容庞大的摄影、摄像组随团，全团共 30 多人。从 5 月 2 日到 6 月 6 日，代表团先后访问了法国、西德、瑞士、比利时、丹麦五国的 15 个城市③。代表团每到一国都受到高规格接待。谷牧回忆说：“我是一位副总理，但到法国时是法国总理到机场亲自迎接，到其他国家都是国家元首接见。”④ 一个多月的访问，使代表团成员眼界大开，所见所闻深深震撼了每一个人的心。王全国 20 年后提及这次出访，仍然激动不

---

① 参见《共和国年轮：1978》，河北人民出版社 2001 年版，第 187—191 页。

② 张根生：《听谷牧谈亲历的几件大事》，《党的建设》2004 年第 6 期。

③ 中共中央文献研究室编：《回忆邓小平》（上），中央文献出版社 1998 年版，第 155—156 页。

④ 张根生：《听谷牧谈亲历的几件大事》，《党的建设》2004 年第 1 期。

已。他说："那一个多月的考察，让我们大开眼界，思想豁然开朗，所见所闻震撼每一个人的心，可以说我们很受刺激！闭关自守，总以为自己是世界强国，动不动就支援第三世界，总认为资本主义腐朽没落，可走出国门一看，完全不是那么回事，你中国属于世界落后的那三分之二！"①

考察团回国后，于6月30日下午，在人民大会堂东大厅向中共中央政治局作汇报。出席汇报会的有华国锋、叶剑英、李先念等中央政治局领导同志以及王震、康世恩两位副总理。汇报从下午3时半开始一直进行到晚上11时15分。谷牧在汇报中着重讲了三点：一是第二次世界大战后，欧洲资本主义国家的经济确实得到了前所未有的大发展，尤其是科学技术日新月异，电子技术广泛应用，劳动生产率大大提高。和这些国家相比，我国大大落后了，形势咄咄逼人。这些国家的经济运行机制、政府对经济的调控和对社会矛盾的处理，有很多值得我们学习和借鉴的地方。二是这些国家大都对华友好，由于资金过剩，技术要找市场，商品要找销路，因此都非常重视与中国发展经济贸易交往。只要我们做好工作，许多事情可以办成。三是在发展对外经济交往中，有许多国际上通行的办法，如卖方信贷、买方信贷、补偿贸易、中外合作生产、吸收外国直接投资等等，我们都可以选择采用，以加速我国的现代化建设。听了汇报，到会的中央领导同志兴致很高，纷纷发表意见。叶剑英说："资本主义国家的现代化是一面镜子，可用来照照自己是什么情况，没有比较不行。出国考察，就是照镜子，解决我们自己的问题""我们同西欧几十年没打过仗，没债可还。我国引进技术，重点在西欧。"李先念说："要利用西欧这个力量，把先进的东西搞过来。"聂荣臻也说："这次调查比较全面，可以说都看了。引进什么，从哪个国家进，应该拍板了！"主持汇报会的华国锋确定：由谷牧组织这次出国考察的人员深入讨论，研究出几条有情况分析、有行动措施的意见，提到国务院务务虚，以进一步统一认识。这次汇报后不久，邓小平同志找谷牧谈话，在详细听取了谷牧关于出访欧洲五国的汇报后，邓小平同志指示："引进这件事要做，下决心向外国借点钱搞建设，要抓紧时间。"②

---

① 《追寻1978——中国改革开放纪元访谈录》，福建教育出版社1998年版，第558页。

② 中共中央文献研究室编：《邓小平年谱（1975—1997）》（上），中央文献出版社2004年版，第335页。

根据中央政治局和小平同志的指示，7月上旬，国务院在中南海怀仁堂报告厅召开了由有关部委负责同志参加的关于加速现代化建设的务虚会。在务虚会上，谷牧又详细汇报了出国考察情况。谷牧强调，国际形势给我们提供了可以利用资本主义世界科技成果的良好机会，邓小平同志在1975年就提出把加强技术引进、增加外贸出口作为大政策，现在应该认真组织贯彻实施，一定要解放思想，开拓路子，再也不能自我封闭，贻误时机了。这次务虚会从7月6日开始一直开到9月9日，长达两个多月（星期天休息）。会上，大家畅所欲言，认真总结了新中国30年的经验教训，研究国外经济发展的成功经验，就有关社会主义现代化建设的一系列问题，特别是对如何加强技术引进、扩大外贸出口、采取灵活方式利用国外资金等问题，进行深入探讨，提出了许多好的意见和建议，为当年12月党的十一届三中全会确立以经济建设为中心，实行改革开放，作了重要准备。

1978年，也是中国领导人出国访问的高峰，这一年有12位副总理、副委员长以上领导人先后20次访问了51个国家，其中包括：华国锋出访两次，涉足4个国家，邓小平出访4次，涉足7个国家。领导人这样频密出访，除了所谓外交“还债”的需要外，很重要的意图，就是要亲眼看一看世界现代化究竟发展到什么程度，寻找中国可以借鉴的经验。特别是邓小平在出访时，日本、新加坡等国家的现代化水平给他留下了深刻印象。1978年10月22日至29日，邓小平访问日本。24日上午，在出席日本参众两院议长举行的欢迎宴会前，邓小平与日本6个在野党的领导人举行了15分钟的恳谈。在恳谈中，邓小平借用历史上徐福奉秦始皇之命东渡日本寻求长生不老药的故事，轻松地道出了谈话的主题。他说，这次访问日本有三个目的：一是交换中日和平友好条约批准书，二是向为中日友好作出贡献的日本老朋友表示感谢，三是寻找长生不老药。所谓“长生不老药”，其实是指日本由一个战败国用30年时间一跃而成为世界第二大经济强国的成功经验和奥秘。抱着这个目的，邓小平访日期间参观了许多现代化的大工厂和企业，通过比较，他对中日间经济技术发展的巨大差距留下了深刻印象。10月26日下午，根据安排，邓小平乘日本新干线“光—81号”超特快列车离开东京前往京都访问。列车以每小时210公里的速度高速运行，当同行的日本记者要他谈谈对于新干线的观感时，邓小平说：“就感觉到快，有催人跑的意思，我们现在正合适坐这样的车。”① 在著名的日产汽车公司参观时，当他了解到公司每个工人每年能生产汽车 94 辆，而我国最先进的长春汽车厂每名工人每年只能生产 1 辆汽车时，他不禁感慨地说：“我懂得什么是现代化了。欢迎工业发达的国家，特别是日本产业界的朋友们对中国的现代化进行合作。”② 后来，在设计中国社会主义现代化发展道路的过程中，邓小平经常拿日本与中国作比较，反复强调实行开放政策的重要性。1988 年 9 月 5 日，在会见捷克斯洛伐克总统胡萨克时，邓小平指出，中国“五十年代在技术方面与日本差距也不是那么大。但是我们封闭了二十年，没有把国际市场竞争摆在议事日程上，而日本却在这个期间变成了经济大国。”③

1978 年 11 月，邓小平访问新加坡。新加坡面积只有 587 平方公里，人口 250 万，独立后经济发展水平比较落后。但新加坡从 60 年代起就十分重视加强对外经济联系，积极参与国际市场，利用发达国家传统工业转移到海外的机会，不断从国外引进资金和先进技术，使经济迅速腾飞起来，成为亚太地区“四小龙”之一。新加坡引进外资发展经济的成功经验，也给邓小平留下了深刻印象。他当时就表示，要把新加坡的“经”取到中国去，中国要学习新加坡的做法。11 月 14 日，在结束访问接见中国驻新加坡机构主要负责人时，邓小平谈到了访问日本和新加坡的感受。他说：“现在的路子走得对。叶帅讲，路子要走宽一点。日本向我们建议搞合资银行，这是可以搞的。他们把钱存在我们的银行里，我们利用他们的资金和技术。明年是建国 30 周年，我们也不大搞庆祝活动，我们穷，为什么要讲排场呢？本来穷，就别摆富样子，好起来再说。……我在日本说，本来长得很丑，为什么要装美人呢？苏联就吃这样的亏，自以为什么都是自己的好，其实农业、技术都很落后，结果是自己骗自己。我们的框框太多了，一下子要改过来不容易。北京在前门一带建了 30 栋房子，外面好看，里面就不行了。可派人出来看看，学人家是怎么搞的。大家要开动脑筋，有的人总认为自己好。要比就要

① 中共中央文献研究室编：《邓小平年谱（1975—1997）》（上），中央文献出版社 2004 年版，第 413 页。

② 郑晓国等：《我是中国人民的儿子——邓小平 1977—1992 年活动实录》，中国国际广播出版社 1993 年版，第 53 页。

③ 《邓小平文选》第 3 卷，人民出版社 1993 年版，第 274 页。

跟国际上比，不要与国内的比。”① 而国际国内比较的结果却是“越看越感到我们落后”。②

伴随着一连串的出访，通过对历史的反思和与有关国家的比较，邓小平提出了一系列关于对外开放和发展对外经济关系的重要思想。第一，提出并论证了发展中外科学技术交流的必然性。他在1978年3月召开的全国科学大会上讲：“独立自主不是闭关自守，自力更生不是盲目排外。科学技术是人类共同创造的财富，任何一个民族、一个国家，都需要学习别的民族、别的国家的长处，学习人家的先进技术。”③ 第二，提出要把引进先进技术作为中国发展的起点。他在1978年5月和10月两次会见外宾时都说，现在我们提出在本世纪末实现四个现代化的目标，当然有很多重要条件作为根据，其中很重要的一条就是“大量取得国际上的帮助。要引进国际上的先进技术、先进设备，作为我们发展的起点。”④ 第三，把学习外国先进管理经验提到突出位置。1978年12月13日，他在中央工作会议闭幕会上发表了《解放思想，实事求是，团结一致向前看》的重要讲话，明确提出“要学会用经济方法管理经济，自己不懂就要向懂行的人学习，向外国的先进管理方法学习。不仅新引进的企业要按人家的先进方法去办，原有企业的改造也要采用先进的方法”。⑤ 第四，提出要抓住有利的国际国内条件，积极扩大对外经济技术交流。1978年9月，他在听取中共吉林省委工作汇报时指出：“毛泽东同志在世的时候，我们也想扩大中外经济技术交流，包括同一些资本主义国家发展经济贸易关系，甚至引进外资、合资经营等等。但是那时候没有条件，人家封锁我们。后来‘四人帮’搞得什么都是‘崇洋媚外’、‘卖国主义’，把我们同世界隔绝了。经过几年的努力，有了今天这样的、比过去好得多的国际条件，使我们能够吸收国际先进技术和经营管理经验，吸收它们的资金。”⑥

---

① 中共中央文献研究室编：《邓小平年谱（1975—1997）》（上），中央文献出版社2004年版，第429页。

② 中共中央文献研究室编：《邓小平年谱（1975—1997）》（上），中央文献出版社2004年版，第372页。

③ 《邓小平文选》第2卷，人民出版社1994年版，第91页。

④ 《邓小平文选》第2卷，人民出版社1994年版，第133页。

⑤ 《邓小平文选》第2卷，人民出版社1994年版，第150页。

⑥ 《邓小平文选》第2卷，人民出版社1994年版，第127页。

邓小平的这些论述，初步奠定了我国对外开放的理论依据。以邓小平的有关论述为指导，党的十一届三中全会在作出实现党的工作重心转移和改革决策的同时，以党的中央全会的郑重形式，进一步提出了要“在自力更生的基础上积极发展同世界各国平等互利的经济合作，努力采用世界先进技术和先进设备”① 的对外经济工作指导方针。党的十一届三中全会文件虽然在文字上没有使用“对外开放”这样的字眼，但事实上以其为标志，我国对外开放的历史性序幕正式拉开了。

三、对外开放决策的初步实施：兴办经济特区与开放14个港口城市

在党的十一届三中全会的路线指引下，人们解放思想，开拓视野，冲破长期以来经济工作中“左”的思想的束缚，以科学的态度分析我国的国情，清除闭关锁国的观念。全国上下，精神振奋，迅速改变中国经济文化落后的面貌，已成为全国各族人民共同的愿望。但是，在对外开放政策确立后，我们面临的突出问题是：对于像中国这样的封闭已久、国门乍开的发展中社会主义大国来说，应如何把开放政策付诸实施，寻找一个正确的对外开放的战略切入点和突破口，把开放可能带来的风险降低到最小限度，而又能很好地促进经济发展呢？对此，没有任何现成的经验可循。也正是在这个时候，1979 年初，在传达和贯彻党的十一届三中全会精神的过程中，广东省的领导人，从国外兴办“出口加工区”的经验中得到启示：为了加快经济的发展，根据广东省毗邻港、澳，华侨众多，商品经济比较发达的特点，提出在广东沿海某个城市划出一块地方，实行特殊的政策，试办类似国外出口加工区或自由贸易区一样的特区的设想。广东省委对此进行了认真的研究，比较一致地认为：出口加工区，可优先考虑在深圳、珠海试办，因为两地紧靠香港和澳门，并且两地已经国务院批准，建立了农、牧、水产出口基地，又新实行了市的建制。考虑到汕头历来是对外交往的口岸，有人缘和地缘关系的优势，也可以设置一个出口加工区。1979 年 4 月，在中央召开的工作会议上，出席会议的广东省委领导习仲勋、王全国等代表广东省委

① 《三中全会以来重要文献汇编》（上），人民出版社 1982 年版，第 4 页。

正式向中央汇报了这一设想，要求中央给予广东省一定的权力，对广东省在对外经济活动中实行特殊政策，以便借助华侨众多和毗邻港澳的优势，发展经济。这一建议得到中央的赞同。邓小平给予了肯定和赞扬，他指出："还叫特区好，陕甘宁开始就叫特区嘛！中央没有钱，可以给些政策，你们自己去搞，杀出一条血路来。"① 习仲勋在向华国锋汇报时，还曾希望能在广东搞一点类似美国联邦制的东西，多一些自主权。华国锋回答说：联邦制就不要搞了，给你们多放点权吧。广东省的建议也得到了福建在京参加会议的负责人的响应。这次会议初步讨论了对广东、福建两省在对外经济活动中实行特殊政策、灵活措施和试办出口特区的问题。

为了落实两省实行特殊政策、灵活措施和试办出口特区事宜，1979年5月中央派当时的书记处书记、国务院副总理谷牧带领工作组到广东、福建考察，帮助两省作进一步的调查论证，进而提出兴办特区的具体方案。当时任国家进出口委员会副主任的江泽民也曾参与了特区草创阶段的调研和论证工作。经过考察和论证，在谷牧的帮助下，广东省委和福建省委6月6日和6月9日分别向中央写了报告，提出了兴办出口特区的具体设想。7月15日，中共中央、国务院以中发〔1979〕50号文件正式批转了广东、福建两省关于对外经济活动中实行特殊政策和灵活措施的两个报告，提出"出口特区，可先在深圳、珠海两市试办，待取得经验后，再考虑在汕头、厦门设置的问题"。特区在发展步骤上，"先搞加工装配、轻型加工工业和旅游事业等，逐步积累资金，再兴办加工程度高的项目"。考虑到两省在执行特殊政策过程中，各有关方面难免出现一些复杂情况需要协调解决，中共中央、国务院决定组织有关部门领导参加协调小组，随时了解两省执行政策的情况，适时协调有关方面的关系，适时解决矛盾。为了抓好经济特区的筹建工作，1979年广东省成立了由省委书记吴南生负责的特区筹备组。以后又于1980年5月成立了广东省经济特区管理委员会，吴南生任主任。广东省经济特区管理委员会，代表省人民政府对各特区实行统一管理，并直接经营深圳特区。

1979年12月，广东省委在给中共中央的汇报报告中提出，特区不

① 《邓小平思想年谱》，中央文献出版社1998年版，第117页。

但要以办工业为主，同时也要搞楼宇、住宅和其他经济事业。因此，建议把“出口特区”改为“经济特区”，以使其含义更确切些。1980 年 3 月，国务院在广州召开广东、福建两省工作会议，同意将原拟“出口特区”的名称正式改名为“经济特区”。会议形成的纪要指出：“特区主要是实行市场调节”“主要是吸收侨资、外资进行建设。”同年 8 月 26 日，第五届全国人大常委会第十五次会议批准国务院提出的在广东省的深圳、珠海、汕头和福建省的厦门设置经济特区，并批准《广东省经济特区条例》，从而完成了设置经济特区的立法程序。建立经济特区是新时期中国对外开放政策确立后采取的第一个重大举措，是我国实行对外开放的一块试验田。正是在经济特区的基础上，党中央不断把我国的对外开放推向前进。

在酝酿兴办经济特区的同时，1979 年 1 月 17 日，邓小平还曾设宴款待胡厥文、胡子昂、荣毅仁、周叔弢、古耕虞这 5 位工商界著名人士，提出了利用外资的设想。邓小平指出：“现在搞建设，门路要多一点，可以利用外国的资金和技术，华侨、华裔也可以回来办工厂。吸收外资可以采取补偿贸易的方法，也可以搞合营，先选择资金周转快的行业做起。”① 3 月 19 日，邓小平在会见瑞士联邦委员、公共经济部部长弗里茨·霍纳格时，详尽阐述了中国在实行开放政策、发展对外经济方面的新观点新办法，指出：“中国四个现代化的目标是要坚持下去的，我们将会一步一步地采取更加开放的政策。我们充分理解到不利用和引进先进国家的技术和经验，四个现代化是搞不好的。当然，实现四个现代化主要是靠自己，任何国家发展经济都要靠自己。对外开放的政策，我们要继续贯彻下去。现在国际上一是担心我们引进技术、资金的偿付能力问题，二是担心我们政策的连续性问题。关于偿付能力问题，我出访美国时就说过，这个问题好办，因为中国钢铁企业的发展，特别是有色金属、稀有金属的开发，本身就有相当的补偿能力。问题是合作的方式。国际上也有汽车公司愿意同我们搞合股经营，这种形式本身就有偿付能力。至于发电、交通设施等不具有偿付能力的项目，可以通过发展其他贸易来解决。按现行的政策，也许五年后会好一些，十年后会更好一些。”又指出：“我们还要制定同国外交往的一些法律，如投资法，把

---

① 《邓小平文选》第 2 卷，人民出版社 1994 年版，第 156 页。

政策用法律形式肯定下来了，……我们之间的合作是长期的，不要只看到眼前，做生意总是要赚钱的，但要合理一点，要对双方有利。对欧洲其他国家的朋友，我也提出这个要求。”① 同年 10 月，由荣毅仁担任董事长的中国国际信托投资公司成立，并很快就同世界上很多大公司建立起业务往来，成为改革开放初期我国对外开放的一个重要窗口。

党的十一届三中全会后，经过全党全国人民几年的艰苦努力，我们党领导人民顺利完成了各方面的拨乱反正工作，社会主义现代化建设初步打开了新局面。在这个背景下，党的第十二次全国代表大会召开了。在党的十二大开幕词中，邓小平总结了我们党长期历史经验，同时结合党的十一届三中全会以来的新实践、新经验，第一次郑重提出了“把马克思主义的普遍真理同我国的具体实际结合起来，走自己的道路，建设有中国特色的社会主义”的科学命题。邓小平在讲话中还精辟地概括了我国对外开放的总体指导思想，这就是：“中国的事情要按照中国的情况来办，要依靠中国人自己的力量来办。独立自主，自力更生，无论过去、现在和将来，都是我们的立足点。中国人民珍惜同其他国家和人民的友谊和合作，更加珍惜自己经过长期奋斗而得来的独立自主权利。任何外国不要指望中国做它们的附庸，不要指望中国会吞下损害我国利益的苦果。我们坚定不移地实行对外开放政策，在平等互利的基础上积极扩大对外交流。同时，我们也保持清醒的头脑，坚决抵制外来腐朽思想的侵蚀，决不允许资产阶级生活方式在我国泛滥。中国人民有自己的民族自尊心和自豪感，以热爱祖国、贡献全部力量建设社会主义祖国为最大光荣，以损害社会主义祖国利益、尊严和荣誉为最大耻辱。”② 这个指导思想成为我国推进和扩大对外开放必须长期坚持的根本方针。

1979 年 7 月中央正式批准建立经济特区后，特区的发展日新月异，特别是深圳的变化尤为引人注目。到 1983 年，深圳已和外商签订了 2500 个经济合作协议，成交额 18 亿美元。1983 年与 1978 年相比，工农业总产值增长 11 倍，基本建设投资是新中国成立后 30 年的总和的 20 倍。但是，经济特区在发展过程中，由于缺乏管理经验，也出现了

---

① 中共中央文献研究室编：《邓小平年谱（1975—1997）》（上），中央文献出版社 2004 年版，第 495 页。

② 《邓小平文选》第 3 卷，人民出版社 1993 年版，第 3 页。

一些原来没有预料到的问题。当时最突出的是走私贩私猖獗和贪污受贿等犯罪活动严重，使对外开放工作受到严重干扰，同时也使一部分人对经济特区的性质和作用产生疑问。在一部分人特别是在一些尚未从僵化思维模式中走出来的人看来，经济特区俨然已成了冲击社会主义的洪水猛兽。一些人看到经济特区实行以市场调节为主的经济政策，就认为是搞资本主义；一些人看到特区内的企业采用资本主义企业的先进管理方法，就认为工人阶级失去了主人翁地位；一些人看到特区初建时产品内销较大的现象，就觉得是在帮外国人赚中国人的钱。更有甚者，少数人甚至认为特区就是旧中国的租界，中国政府失去了主权。甚至有的中央领导同志在深圳考察后说：深圳除了国旗还是红的，其他都变白了①。在这种情况下，1980 年 12 月，在中央召开的工作会议上，邓小平代表中央明确表态："在广东、福建两省设置几个特区的决定，要继续实行下去。……要继续在独立自主、自力更生的前提下，执行一系列已定的对外开放政策，并总结经验，加以改进。"②

1982 年 2 月 21 日到 23 日，中央书记处在北京召开了广东福建两省座谈会。中央书记处、国务院、中央军委、中央纪律检查委员会、各有关部门和两省省委负责人出席会议。会议重点讨论了如何严厉打击经济领域违法犯罪活动的问题。座谈会纪要最后以中共中央文件的形式下发各地。在关于如何"继续试办好经济特区"部分，文件转述了陈云在同国家计委负责人谈话中讲的一段话："现在搞特区，各省都想搞，都想开口子。如果那样，外国资本家和国内投机分子统统出笼，大搞投机倒把就是了，所以不能那么搞。特区第一位的问题是总结经验。"③ 这个文件中还夹有一个附件，题目是《旧中国租界的由来》，若隐若现地把经济特区与旧中国的租界联系起来了。因此，对加上这个附件，当时主管对外开放工作的副总理谷牧是有不同意见的，他当时就表示："上海租界的产生，不是上海道台的腐败，而是满清政府的腐败和软弱无能，如果是上海道台不听话，一个不听话可以换掉一个，两个不听话可以换掉两个，但这并不是上海道台的事。今天这样的事不可能出现，我们有

① 张根生：《听谷牧谈亲历的几件大事》，《党的建设》2004 年第 6 期。

② 《邓小平文选》第 2 卷，人民出版社 1994 年版，第 363 页。

③ 《陈云文选》第 3 卷，人民出版社 1995 年版，第 311 页。

一个强大的中央政府。”① 这使广东方面和经济特区面临着很大的压力。两省座谈会之后，经济特区的发展再次陷入了进退维谷的困境之中。

正当对外开放举步维艰之时，1984年1月24日至2月16日，经济特区的倡导者邓小平来到广东和福建，对深圳、珠海和厦门3个经济特区进行了实地视察。当他看到昔日荒凉的边陲小镇正在变成初具规模的现代化城市，到处呈现出一片生机勃勃的兴旺景象后，十分高兴。并欣然挥笔题词，对经济特区的发展给予了高度评价和肯定，他给深圳的题词是：“深圳的发展和经验证明，我们建立经济特区的政策是正确的。”在珠海的题词是：“珠海经济特区好。”在厦门的题词是：“把经济特区办得更快更好些。”邓小平的题词拨去了笼罩在特区头上的团团迷雾，为经济特区正了名，从而有力地支持了特区的发展。

从南方回到北京以后，2月24日，邓小平同胡耀邦、赵紫阳、万里、杨尚昆、姚依林、胡启立和宋平等谈话，有针对性地强调指出：“我们建立经济特区，实行开放政策，有个指导思想要明确，就是不是收，而是放。”“特区是个窗口，是技术的窗口，管理的窗口，知识的窗口，也是对外政策的窗口。从特区可以引进技术，获得知识，学到管理，管理也是知识。特区成为开放的基地，不仅在经济方面、培养人才方面使我们得到好处，而且会扩大我国的对外影响。厦门特区地方划得太小，要把整个厦门岛搞成特区。”他不顾有的同志怕“口子开得太多”的顾虑，明确提出“除现在的特区之外，可以考虑再开放几个港口城市，如大连、青岛。这些地方不叫特区，但可以实行特区的某些政策。”② 按照邓小平的指示，党中央和国务院随即开始筹划开放14个沿海港口城市的问题。

1984年3月26日至4月6日，沿海部分城市座谈会在北京召开。会议学习了邓小平同志在2月24日谈话中关于对外开放和特区工作的重要意见，着重讨论了如何加快步伐，更好地利用外资、引进先进技术的问题。到会的有天津、上海、大连、烟台、青岛、宁波、温州和北海8市，深圳、珠海、汕头、厦门4个特区和海南行政区，辽宁、山东、浙江、福建、广东和广西壮族自治区的负责同志。中共中央、全国人大

① 张根生：《听谷牧谈亲历的几件大事》，《党的建设》2004年第6期。

② 《邓小平文选》第3卷，人民出版社1993年版，第51—52页。

常委会、国务院有关部门和总参的负责同志以及胡耀邦等中央和国务院的领导同志出席了会议。4月6日，邓小平和李先念等会见了全体到会人员。会议提出要在总结经验的基础上，从四化建设全局出发，进一步解放思想，克服“左”的思想影响和闭关自守、自给自足的经济观点，加快利用外资、引进先进技术的步伐，以迎接世界新技术革命的挑战。会议建议：进一步开放天津、上海、大连、秦皇岛、烟台、青岛、连云港、南通、宁波、温州、福州、广州、湛江和北海14个沿海港口城市。所谓进一步开放，主要包括两个方面的内容：一是扩大这些城市的自主权，让他们有充分的活力去开展对外经济活动，如上海、天津两市的外商总投资项目审批权放宽到3000万美元以下。大连放宽到1000万美元以下，其他城市放宽到500万美元以下。二是对前来投资的外商给予优惠待遇，以利于更好地利用外资和引进先进技术。外商投资凡属技术密集、知识密集项目，能源交通项目和投资3000万美元以上项目的企业所得税均按15%的税率征收。5月4日，国务院批转了《沿海部分城市座谈会纪要》并发出通知，要求“认真研究、贯彻执行”。中央还决定，批准在上述条件具备的城市建立经济技术开发区，集中兴办三资企业，引进急需的先进技术。

开放14个沿海港口城市，是我国实行对外开放政策的新的重大步骤，它把我国对外开放的区域由相对集中的4个“点”进一步向北延伸，形成了由4个经济特区和14个沿海城市组成的一条对外开放的“线”。这对于促进这些城市的经济发展乃至全国经济的发展，都具有重要意义。

四、开辟沿海经济开放区，建立海南经济特区：对外开放的进一步发展

决定开放14个沿海港口城市不久，1984年10月，中央召开了党的十二届三中全会，作出了《关于经济体制改革的决定》。《关于经济体制改革的决定》在第八部分明确指出：闭关自守是不可能实现现代化的，“我们一定要充分利用国内和国外两种资源，开拓国内和国外两个市场，学会组织国内建设和发展对外经济关系两套本领。”据此，《关于经济体制改革的决定》正式把对外开放确定为我

国的“基本国策”之一，提出“今后必须继续放宽政策，按照既要调动各方面的积极性，又要实行统一对外的原则改革外贸体制，积极扩大对外经济技术交流和合作的规模，努力办好经济特区，进一步开放沿海港口城市。”① 对于《关于经济体制改革的决定》在开放政策上取得的这一重大突破和进展，邓小平给予了高度评价。《关于经济体制改革的决定》通过后的第二天，他在中顾委第三次全体会议上的讲话中指出：要实现十二大提出的到本世纪末全国工农业年总产值翻两番的战略目标，没有对外开放政策不可能，没有对外开放这一着，翻两番困难，翻两番之后再前进更困难。针对外国有些人担心中国的开放政策会变，邓小平强调：“我说不会变。……历史经验教训说明，不开放不行。……你不开放，再来个闭关自守，五十年要接近经济发达国家水平，肯定不可能。”②

党的十二届三中全会后不久，国务院主要领导率有关部门负责人到东南沿海一带进行实地考察，写出了《关于沿海地区经济发展的几个问题》的考察报告。报告形象地把经济特区、沿海开放城市和经济技术开发区比作我国“对外开放的桥头堡”，提出这些“桥头堡要起跳板作用”，同时还提出类似上海、广州这样的大型城市，应当在对外开放中发挥“两个扇面、一个枢纽”的作用，即形成对内和对外辐射的两个扇面，开放城市应居中起枢纽作用。报告还向中央提出了进一步开放珠江三角洲和长江三角洲，进而再陆续开放辽东半岛和胶东半岛的建议。这些意见得到了邓小平的充分肯定。他说：“沿海连成一片了，这很好。”③ 后来，国务院领导又提出了开放闽南厦、漳、泉三角区的建议。1985 年 2 月，中共中央、国务院联合下发中发〔1985〕3 号文件，正式决定将长江、珠江三角洲和闽南厦漳泉三角地区的 59 个市县开辟为沿海经济开放区，要求这三个地区通过进一步扩大对外开放，逐步形成“贸—工—农”型的生产结构，成为扩展对外经济联系的前沿地带。

开辟沿海经济开放区，是新时期我国对外开放的又一重大举措。它标志着我国对外开放的区域由“线”向“面”推进，在沿海地区形成了

---

① 《新时期经济体制改革重要文献选编》，中央文献出版社 1998 年版，第 291 页。

② 《邓小平文选》第 3 卷，人民出版社 1993 年版，第 90 页。

③ 《邓小平思想年谱》，中央文献出版社 1998 年版，第 308 页。

由“经济特区—沿海开放城市—沿海经济开发区—沿海经济开放区”构成的对外开放新格局。

党的十二大到党的十三大期间，我国对外开放由举办经济特区发展到开放沿海港口城市进而带动周围中小市县大跨度地推进，是适应国际国内形势的变化，充分利用内外条件发展自己的战略措施，也是实现党的十二大确定的到20世纪末实现工农业总产值翻两番目标的必然要求。作出这一决策的背景是：一是从国内来讲，经济特区的成功运作和发展为党中央确定在更大区域内实行对外开放政策提供了很好的经验。而上海等东南沿海大中型港口城市无论是在交通、通信、能源等基础设施方面，还是在科技、教育、文化等方面，都具有实行内引外联发展外向型经济的明显优势，具备扩大对外开放的条件。二是从国际上讲，进入20世纪80年代以后，国际局势由对抗转向对话，由紧张趋向缓和，制约战争维护和平的力量进一步增强。这一变化了的国际局势和环境，为我们党积极发展同美国、日本、欧洲等发达资本主义国家以及苏联东欧国家的经贸联系，进而确定对发达国家、对苏联东欧国家和对广大第三世界国家3个方面的全方位开放政策奠定了坚实的国际基础。

1987年10月召开的党的十三大确定了全面深化改革开放的决策与目标。十三大报告指出，今后，我们必须以更加勇敢的姿态进入世界经济舞台，正确选择进出口战略和利用外资战略，进一步扩展同世界各国包括发达国家和发展中国家在内的经济技术合作与贸易交流，为加快我国科技进步和提高经济效益创造更好的条件。党的十三大以后，我国有关扩大对外开放一系列重大决策接连出台：

一是进一步扩大沿海地区对外开放。党的十三大后不久，国务院主要领导根据对外开放从发展外向型经济起步和演进的成功启示，在深入调查研究的基础上，提出了加快沿海地区对外开放和经济发展的总体设想，即“沿海经济发展战略”。这个战略提出，沿海地区要抓住国际产业转移的有利时机，发挥劳务费用低、加工技术较高、对外交通便利的优势，开展加工出口贸易，积极走向国际市场，并按照国民经济发展需要，积极有效地举办外商投资企业，利用外商的资金、技术、信息和销售网络，优化生产要素组合，加快沿海经济的繁荣。沿海发展深加工的外向型经济还可以给中西部地区让出部分原材料和市场，从而带动内地经济的发展。这个设想报告中央后，邓小平明确批示：“完全赞成。特别是放胆地干，加速步伐，千万不要贻误时机。”① 随后他又进一步表示：“沿海地区要加快对外开放，使这个拥有两亿人口的广大地带较快地先发展起来，从而带动内地更好地发展，这是一个事关大局的问题。内地要顾全这个大局。反过来，发展到一定时候，又要求沿海拿出更多力量来帮助内地发展，这也是个大局。那时沿海也要服从这个大局。”② 根据邓小平优先发展沿海的大局思想，1988 年初，党中央、国务院决定将整个山东半岛、辽东半岛、河北省环渤海湾地区和广西北部湾地区的 234 个县市列入沿海经济开放区，从而在我国东部沿海由南向北共 1.8 万公里长的海岸线上，形成一个狭长的沿海对外开放前沿地带。这个开放地带横跨 11 个省、区，包括近 300 个市县、2.2 亿人口，总面积达 42 万平方公里。二是决定海南建省，整个海南岛建成经济特区。我国第二大岛海南岛的建设和开发问题，早在 20 世纪 80 年代初就提出来了。1980 年国务院就曾在北京召开了海南岛发展问题座谈会。1983 年 1 月，胡耀邦、赵紫阳、谷牧等中央领导同志又亲自视察海南岛，探讨加快海南岛改革开放的问题。1984 年 2 月，邓小平在视察深圳、珠海等地回京后，又明确提出要用 20 年时间把海南岛的经济发展到台湾的水平的设想。根据邓小平的谈话精神，为了加速海南岛的发展，1984 年 5 月 31 日，六届全国人大二次会议通过决议，决定撤销广东省海南行政公署、成立海南行政区人民政府，扩大海南的自主权限。成立海南行政区后，海南岛的工农业生产和基础设施建设有了一定的起色。但是由于这个行政区仍然隶属于广东省，行政层次繁多，仍然不利于海南的进一步发展和吸收外商投资。为了解决这个问题，1987 年 4 月，香港有关人士曾向中央领导提出以下设想，即把整个海南岛辟为特别行政区，采取国外自由港的管理办法，由港商负责投资开发。但国务院领导考虑后认为，这基本上是“一国两制”下的香港模式，缺乏可行性。经过仔细研究和专家论证，中央最后提出了将海南岛单独建省，将海南全省办成经济特区的设想。1987 年 12 月，中央在海口市召开专门会议，就海南岛建省和建立经济特区问题进行了广泛讨论。1988 年 4 月 13 日，第七届全国人民代表大会第一次会议通过了国务院提出的《关于设立海南省的议案》和

① 《邓小平文选》第 3 卷，人民出版社 1993 年版，第 408 页。

② 《邓小平文选》第 3 卷，人民出版社 1993 年版，第 277—278 页。

《关于建立海南经济特区的议案》。以此为标志，海南作为中华人民共和国第31个省和我国第5个，也是最大的经济特区正式诞生了。三是为了表明我国继续坚持改革开放的决心和信念，1990年4月，党中央国务院正式宣布开发开放上海浦东新区，在浦东新区比照实行经济技术开发区和经济特区的某些政策，通过开发开放浦东，带动整个长江三角洲和长江流域的开放，突出中国对外开放的决心和新态势。

党的十三大以后，在短短几年时间里，我国连续出台了扩大对外开放的若干重大决策，这是有深刻的历史背景的。概括地讲：第一，党的十三大科学地总结了改革开放9年来取得的成功经验，阐明了党的社会主义初级阶段理论和“一个中心，两个基本点”的基本路线，实行对外开放政策的决心和信念更加明确。第二，国内经济建设出现的新情况要求进一步开拓发展思路。这表现在我们必须加大力度克服建设资金在相当长的时期内十分短缺、人均自然资源不丰富这些困难上。特别是乡镇企业的发展，一方面为解决农村剩余劳动力提供了广阔的前景，另一方面又出现了与国有大中型企业争原料的矛盾。沿海与内地在原材料、市场等问题上的矛盾也日渐突出，这不仅使中西部地区经济发展受到限制，也使沿海地区技术进步和产业更新受到影响。这些严峻的现实逼迫我们必须眼睛向外，制定更加开放的政策，在国际市场上找出路。第三，世界新技术革命的浪潮推动着发达国家经济结构的变革，这正好为我国沿海地区扩大开放、加快发展外向型经济提供了难得的机遇。第四，面对西方国家的制裁政策，我们没有退缩和畏惧，而是继续坚持改革开放政策，使得西方国家的所谓制裁很快就破产了。正是从这个问题上，全党进一步认识到：对外开放不仅是加快经济发展的必由之路，而且也是顶住霸权主义和强权政治的压力，巩固社会主义制度的重要条件。第五，经过10余年的改革开放，我国的经济上了一个大台阶，人民生活明显改善，综合国力显著增强，党、国家和人民承担风险的能力大大增强了，这是我们能够加快对外开放步伐的重要经济基础。

五、对外开放的全面推进和加入世界贸易组织

1989年政治风波后，中国的改革开放一度受到“左”的思想的严重干扰，各项事业举步不前。有人说，“和平演变”的主要危险来自经

济领域，多引进一分外资，就是多了一分资本主义，“改革开放”要暂时打住。有人提出，党的“一个中心，两个基本点”的基本路线不行了，要改成两个中心，即以经济建设为中心和以反“和平演变”为中心。有人甚至重提以阶级斗争为纲，耸人听闻地提出要谨防资本主义复辟，等等。所有这些，都使人们对中国改革开放的前途感到茫然，也十分担忧。为了澄清思想领域的混乱状态，推动改革开放的进一步发展，1992年初邓小平视察南方并发表了重要谈话。在这个谈话中，邓小平严厉批评了干扰改革开放的“左”的观点，提出要抓住时机，加快改革开放的步伐。邓小平南方谈话，引发了全党新一轮思想解放。为了贯彻落实邓小平南方谈话精神，3月中共中央政治局召开全体会议，决定在全国范围内推进对外开放。10月，江泽民在十四大报告中强调，20世纪90年代要进一步扩大对外开放，更多更好地利用外资，加快我国现代化建设的步伐，并明确了我国在20世纪90年代对外开放的战略方针。邓小平南方谈话和党的十四大，标志着我国改革开放进入了一个新的发展阶段，我国的对外开放也掀起了新的高潮。

一是对外开放的领域和范围进一步扩大。1992年3月至7月，为了促进内陆边境地区的经济发展和资源开发，中央和国务院先后作出决定，将东北、西南和西北地区的黑河、满洲里、凭祥、二连浩特等13个边境市镇开辟为沿边开放城市，鼓励这些地区发展与独联体、东欧、中亚、中东和东南亚各国的经济贸易关系。这样，沿边开放带形成。6月，中共中央、国务院决定进一步开放芜湖、九江、岳阳、武汉、重庆5个长江中上游城市。至此，长江2000多公里沿岸主要城市全部对外开放，沿江开放带形成。在陆续开放沿边和沿江城市的同时，为了加快内陆省区的发展，充分发挥内陆中心城市的辐射和带动作用，党中央、国务院于6、7月间又相继开放了合肥、南昌、长沙、成都、郑州、太原、西安、兰州、银川、西宁、乌鲁木齐、贵阳、昆明、南宁、哈尔滨、长春、呼和浩特、石家庄18个省会和区首府城市，让这些城市享受沿海开放城市的同等优惠政策。二是明确了以浦东开发开放为龙头，带动长江流域经济起飞的发展战略，确定在21世纪中叶将上海建成国际性的经济、金融和贸易中心。三是进一步拓宽利用外资形式，采取更加灵活的方式，更多地吸收外资。利用外资的领域，经过试点，可逐步扩大到金融、贸易、商业、交通、旅游和其他第三产业，允许经过批准的若干城市试办外资银行和保险业。四是实行地区倾斜与产业倾斜相结合的政策，凡是符合国家产业政策、经国家批准的重大投资项目和高新技术项目，不分地区都可以享受经济技术开发区的政策优惠。积极鼓励外商向中西部地区投资。五是在对外贸易方面，采取多种措施，大幅度降低关税，消除各种非关税壁垒，扩大国内市场开放，逐步推行贸易自由化政策，为加入世界贸易组织而积极努力。

1992年以后，我国的对外开放由区域开放急速扩大到全国范围的大规模全方位开放，其发展之快是超乎寻常的。究其原因，主要有三条：一是邓小平南方谈话，破除了束缚人们手脚的传统偏见，使广大干部、群众观念大转变、思想大解放。二是党的十四大提出建立社会主义市场经济体制目标模式后，要求国内各项改革措施都要着眼于对外开放，积极向国际惯例靠拢，从而为我国经济最终与国际经济全面接轨创造了条件。三是从国际情况看，尽管1991年发生了海湾战争、苏联解体等重大事件，但冷战结束后，世界向多极化发展，中国在国际舞台上的回旋余地大得很。面对中国巨大的市场潜力和良好的经济发展势头，西方国家谁也不会熟视无睹，这是中国扩大对外开放有利的国际条件。

伴随着确立社会主义市场经济的改革目标，我国加入世界贸易组织的谈判和一系列相应的改革也进一步加快。世界贸易组织（WTO）是当今世界上最重要的国际经济组织之一，其前身是1948年成立的关贸总协定（GATT）。中国是关贸总协定的创始缔约国之一。1948年4月，中国国民党政府向关贸总协定提交了《关于接受关贸总协定临时适用议定书的文件》，接受了关贸总协定的重要议定书。1949年10月，中华人民共和国成立，国民党政府退居台湾，中国在联合国的合法席位和在关贸总协定中的缔约国席位由台湾国民党当局继续占据。而台湾当局认识到它难以全面履行在关贸总协定中的相应义务，而战时状态又使其不能在关贸总协定中获取任何贸易利益，于是在1950年3月6日通过其“常驻联合国代表”以“中华民国”的名义退出了关贸总协定。新中国政府从未承认台湾当局退出的合法性。不过，由于当时国际环境险恶，中国无法有效地参加关贸总协定的各项活动，对关贸总协定的情况也不甚了解，对恢复在关贸总协定的缔约方地位所涉及的一系列复杂的权利义务问题缺乏系统全面的研究，因此，中华人民共和国政府当时并未就关贸总协定问题发表看法。

1978 年底党的十一届三中全会后，在解放思想、实事求是思想路线的指引下，国内理论界围绕着是把发展对外贸易与坚持自力更生对立起来，还是从国际分工存在和发展的客观要求出发，自觉利用国际分工，积极发展社会主义的对外经济贸易等问题开展了深入探讨。经过讨论，人们逐渐达成了以下共识：对外经济贸易工作是关系我国四个现代化建设的一个重大战略问题，在发展经济中，“一定要在自力更生的基础上，把视野从国内范围扩展到国际范围，不但要放手地调动国内一切可以调动的积极因素，而且要放手地利用国外一切可以为我所用的因素，以天下之长，补一国之短”①。上述共识的达成，直接影响了我国后来对外经贸发展战略的制定和实施，也成为我国作出“复关”决策的重要准备和促成因素。

1980 年 4 月，国际货币基金组织董事会通过决议，决定恢复中国在国际货币基金组织中的合法席位。5 月，中国又恢复了在世界银行中的合法席位。在推动世界经济发展的三大支柱机构中，中国只有在关贸总协定中的合法席位尚未恢复。然而，中国与关贸总协定的合作关系一直比较密切。1980 年 8 月，中国派代表出席了联合国经社理事会国际贸易组织执委会会议，投票选举瑞士人阿瑟·邓克尔为关贸总协定的新任总干事。1980 年至 1981 年，当时的对外贸易部还曾 3 次派人到关贸总协定与联合国贸发会议的合作机构——国际贸易中心参加关贸总协定举办的贸易政策培训班，学习关贸总协定的有关协定、协议及贸易理论与政策方面的知识，了解关贸总协定的发展和各缔约方的情况。由于恢复了在国际货币基金组织及世界银行的合法地位，使我国从这两个国际金融组织中迅速获得了较大数量的资金支持，加之与关贸总协定主持下的国际贸易中心和棉纺织品委员会的接触，使我们感受到有必要进一步加深对关贸总协定的认识并参与其活动。在这种认识下，1982 年 9 月，我国政府正式向关贸总协定总干事阿瑟·邓克尔提出申请，要求成为关贸总协定的观察员。同年 11 月，中国获得观察员资格。

在取得观察员资格后，中国政府开始对关贸总协定的重要性有了新的充分认识，并开始积极准备重新加入关贸总协定的有关事宜。对外经济贸易部、外交部、海关总署等部门还就我国恢复关贸总协定问题进行

---

① 《三中全会以来重要文献选编》（下），中央文献出版社 2011 年版，第 411 页。

了反复研究和论证，向国务院提交了中国申请加入关贸总协定的报告，在报告中提出了我国复关的“三项原则”与“三个要求”。所谓复关三项原则，一是以恢复身份方式参加关贸总协定，而非重新加入。二是以关税减让作为承诺条件，而非承担进口义务。三是以发展中国家的地位享受相应的待遇并承担与我国经济和贸易发展水平相适应的义务。所谓复关的三个要求，一是要求美国按照关贸总协定有关原则，给予中国多边无条件的最惠国待遇。二是要求享受发达缔约国给予发展中国家的普惠制待遇。三是要求欧共体取消对中国实施的歧视性贸易限制措施。这三项原则和要求，都是根据关贸总协定的相关规定和当时中国经济发展的实际需要提出来的。

与此同时，1983 年 8 月，对外经济贸易部、外交部和海关总署还联合组成了一个考察团，到与中国关系友好的巴基斯坦、匈牙利、南斯拉夫等国就加入关贸总协定问题进行考察。其中匈牙利和南斯拉夫在经济体制上与中国有相似之处，中国政府拟吸取他们的经验，对加入关贸总协定进行一次“摸底”考察。此后几年里，中国的复关步骤在关贸总协定缔约国的帮助和中国政府的努力下，进行得颇为顺利。关贸总协定缔约国已经看到，让中国这样一个正在进行全方位经济改革的大国进入关贸总协定，有着十分重要的意义，所以在态度上积极支持，主要缔约方如美、日、欧共体等也未从中作梗。冷战的阴云尚未彻底退去，发达资本主义国家都乐于看到中国抛却计划经济体制，进入自由贸易圈，以给其他尚未改革的社会主义国家作一个“样板”，起到鼓励、刺激的示范作用。

1986 年年初，关贸总协定总干事阿瑟·邓克尔首次访问中国。当时的国务院总理赵紫阳会见了邓克尔，明确向他表示了中国希望恢复关贸总协定席位的愿望。至此，中国复关问题被正式提上了中国政府和关贸总协定的议事日程。1986 年 7 月 10 日，中国政府指示中国常驻日内瓦联合国代表团大使钱嘉东照会关贸总协定总干事阿瑟·邓克尔，正式提出了中国政府关于恢复关贸总协定缔约国地位的申请。从 1986 年 7 月提出恢复关贸总协定缔约国地位的申请后，中国就由此开始了长达 9 年的“复关”谈判，一直持续到 1995 年 11 月。1995 年 1 月 1 日，世贸组织取代关贸总协定正式成立，从 1995 年 11 月起，中国复关谈判转为“入世”谈判，这个谈判又进行了 6 年，一直到 2001 年 12 月中国成为世贸组织的正式成员。从“复关”“入世”谈判的内容、进展和国内外所处的不同的政治经济形势来看，15 年的“复关”“入世”谈判大致经历以下 4 个阶段：

第一个阶段，从 1986 年 7 月到 1989 年 5 月，为复关申请、答疑和综合评估阶段。1987 年 2 月，在经过几个月的认真准备后，中国驻日内瓦大使钱嘉东向关贸总协定总干事邓克尔递交了《中国对外贸易制度备忘录》，详细介绍了中国的经济体制，对外开放政策、对外贸易政策、对外贸易体制、海关关税制度等内容，并表示随时准备与关贸总协定缔约各方进行实质性谈判。同年 6 月，关贸总协定成立了“中国的缔约方地位工作组”，经推荐和理事会确认，瑞士经济部长大使吉拉德当选为“中国工作组”主席。7 月，中国政府派外经贸部部长助理沈觉人带队赴日内瓦，与吉拉德进行了第一次正式会见，标志着中国复关工作进入实质性操作阶段。11 月，针对关贸总协定缔约各方对中国外贸制度提出的问题，中国政府向关贸总协定提交了各缔约方对《中国对外贸易制度备忘录》所提 329 个问题的答复，回答了各缔约方所关心的一些主要问题并表明了中国政府的立场、原则。到 1989 年 4 月，经过中国工作组连续 7 次会议，关贸总协定基本完成了对中国关贸制度的答疑和综合评估工作，中国复关议定书框架草案已跃然纸上，在 1989 年底结束的“复关”谈判无论在多边还是双边磋商中已基本形成共识。这一阶段的复关谈判之所以进展较为顺利，主要有以下几方面原因：一是中国改革开放的进程位居各社会主义国家前列。以邓小平为核心的第二代领导人在政治上、外交上务实的作风，使中国与主要西方国家的关系有了重大改善，各国与中国的政治关系几乎同时步入了“蜜月期”。西方国家迫切希望中国进入多边贸易谈判，并希望以此推动中国经济良性发展，从而为其他尚在观望和起步的社会主义国家改革树立榜样。第二，各主要缔约国对中国在政治、经济上抱有良好观感，加上各方矛盾被暂时掩盖了起来，使他们对中国复关的要价比较适中务实，并认可了当时中国的经济实际，没有人为地抬高“门槛”。第三，关贸总协定的“入门费”远较后来的世贸组织为低，这一点决定了谈判内容的相对简单，涉及的问题也不像后来那样广泛和复杂。这一阶段也是处在关贸总协定“乌拉圭回合”谈判正开始进行之时，所有要价均是基于关贸总协定的规则提出的，主要涉及的是货物贸易的市场准入问题，而没有涉及知识产权保护、投资措施、服务业市场准入等问题。

第二个阶段，从 1989 年 6 月到 1992 年 1 月，为复关谈判因政治因素干扰而陷于停顿阶段。1989 年中国发生政治风波后，以美国为首的西方国家对华实行经济制裁，并把暂时不让中国“复关”作为其经济制裁的一项主要内容，加之中国国内经济也正处在治理整顿阶段，中国复关谈判涉及的双边磋商和以日内瓦工作组形式进行的多边谈判事实上均陷入了停顿状态。中国国内政治风波后，美欧等主要发达国家缔约方对我国复关采取消极态度，并出于政治考虑对我故意挑刺，故意刁难中国复关工作组的工作，乃至推翻工作组同各缔约方近 4 年来所取得的谈判成果。其手法，一是积极支持台湾以“台、澎、金、马”单独关税区名义加入关贸总协定，借此向中国大陆施压。二是节外生枝地对已经审议完成的我对外贸易制度及外经贸体制提出质疑，提出要重新作评估。三是第一次对中国所坚持的发展中国家地位提出挑战，声称要慎重考虑我享受发展中国家待遇的要求。由于欧美的蓄意阻难，从这次会议开始，我国的复关谈判事实上又重新回到了对外贸制度进行审议评估的阶段，中国的复关进程开始走回头路。

第三个阶段，从 1992 年 2 月至 1995 年 11 月，这是复关谈判重新启动与实质性谈判的攻坚阶段。经过中国政府和有关部门积极有效的工作，1992 年 2 月，关贸总协定中国工作组第十次会议在日内瓦召开。在第十次中国工作组会议召开前后，1992 年初，中国改革开放的总设计师邓小平视察武昌、深圳、珠海、上海等地并发表重要讲话，澄清了长期困扰和束缚人们手脚的“左”的思想迷雾，开辟了中国改革开放和现代化建设的新阶段。在南方谈话精神的指导下，党的十四大明确提出了中国经济改革的目标是建立社会主义市场经济体制。市场经济改革目标的确立从根本上破解了曾困扰中国复关谈判多年的关于中国实行的是什么样的经济体制这一难题。南方谈话和党的十四大以后，人们的思想进一步解放，中国各个方面的建设和发展也出现了新的气象。乘着思想解放的东风，从事外经贸工作的政府官员和专家学者们在此期间也发表了大量的理论宣传文章和研究报告，向人们客观、全面介绍了关贸总协定特别是加入关贸总协定对于推进中国改革开放和现代化建设的积极影响等，使国内对中国“复关”的必要性、重要性等问题有了更加深入、准确的认识。正是在这一国内背景下，1992 年 10 月，以外经贸部副部长佟志广为团长的中国代表团出席了在日内瓦召开的关贸总协定中国工作组第十一次会议。但是，由于以美国为代表的西方国家对中国议定书谈判和市场准入谈判的要价过高，使中国复关后期谈判陷入一个“怪圈”，即复关谈判对变化中的中国经贸体制和关贸总协定多边贸易体制，不是谈判问题减少，而是越谈问题越多，似乎中国无论如何深化改革、完善经贸体制，其离复关要求和目标不是越来越近而是越谈越远。为了摆脱和打破这一谈判怪圈，增加主要谈判方的责任感与紧迫感，中国于1994年11月明智地作出了“1994年底为结束中国复关实质性谈判最后期限”的重大决定，以推动主要缔约方丢掉幻想，要价适可而止，对中国复关谈判采取务实灵活的态度。1994年12月，关贸总协定中国工作组第十九次会议在日内瓦举行。在这次关系中国能否在关贸总协定结束其历史使命并世贸组织成立前“复关”成功的关键会议上，中国代表团为了国家利益，与美欧谈判代表展开了激烈交锋和讨价还价，但终因欧美要价过高，中方没能与其他缔约方就中国复关和成为世界贸易组织创始国问题达成协议。至此，中国复关的8年努力，由于主要缔约方的阻挠而功亏一篑，冲刺未果。

第四个阶段，从1995年11月到2001年11月，这是中国“入世”谈判阶段，也是继续实质性谈判阶段。1995年，世界贸易组织正式成立，但与关贸总协定继续并存1年。从1995年11月起，中国的“复关”谈判转成“入世”谈判。同恢复关贸总协定缔约方地位相比，加入世界贸易组织的程序进一步复杂化，同时世界贸易组织的成员国增多，所管理的范围大大增加，这一切都增加了中国“入世”的复杂性和难度。为了统一对世贸组织谈判进行研究和作出决策，中央专门成立了以国务委员吴仪为组长、各有关部门主要领导为成员的世贸组织工作小组[①]。1995年11月，中国政府照会世贸组织总干事鲁杰罗，把“中国复关工作组”更名为“中国入世工作组”，主席仍为瑞士人吉拉德。同月，美国向中国递交了一份“关于中国‘入世’的非正式文件”，罗列了对中国“入世”的28项要求。1996年2月，中美就中国“入世”问题举行了第十轮双边磋商。中方对美方的“交通图”逐点作了反应。3

① 《让历史铭记这十五年——中国加入世贸组织谈判备忘录》，《人民日报》2001年11月11日。

月，中国“入世”首席谈判代表龙永图率领中国代表团赴日内瓦出席世贸组织中国工作组第一次会议。6月，中国与欧盟就中国入世问题举行第六轮双边磋商。11月，在菲律宾的亚太经合组织（APEC）峰会上，中国国家主席江泽民与美国总统克林顿举行会晤，两国高层决意推动中国“入世”谈判进程。随即，1996年12月至1997年1月，加拿大、日本、欧盟、美国先后在北京与以龙永图为首的中国代表团就中国入世问题进行双边磋商。其中，中欧间磋商为双方第七轮磋商，中美间为双方第十三轮磋商。1997年8月，中国还分别与新西兰和韩国就中国“入世”问题达成双边协议。10月又与匈牙利、捷克、斯洛伐克、巴基斯坦签署了结束中国“入世”双边市场准入谈判协议，并与智利、哥伦比亚、阿根廷、印度等基本结束了中国“入世”双边市场准入谈判。1998年2月，欧盟委员会作出决定，将中国从欧盟反倾销政策针对的“非市场经济”国家名单中删除，这是欧盟改善对华贸易的一个积极步骤。1998年6月，江泽民接受美国记者采访时提出中国“入世”三原则：第一，世贸组织没有中国参加是不完整的。第二，中国毫无疑问要作为一个发展中国家加入世贸组织。第三，中国的“入世”是以权利和义务的平衡为原则的。1999年4月，国务院总理朱镕基将访问美国。为了赶在朱镕基访美期间结束中美关于世贸组织的谈判，进入1999年后，中美各个层级的谈判夜以继日地进行。1999年3月底，美国贸易代表巴尔舍夫斯基再次来华，并与国务委员吴仪举行了会谈。经过这次谈判，在两国最高层会面之前，双边技术层面的谈判已结束，交由两国领导人作政治决断。1999年4月，朱镕基总理访问美国，并与克林顿总统就中国入世问题举行了会谈。中美本来可以在此期间结束双边谈判，但是美国出于国内政治上的原因，最终错失了与中方达成协议的机会。由于美方承诺“坚定地支持中国于1999年加入世贸组织”，中美谈判仍然取得了重大进展。然而，正在这个时候，1999年5月8日，以美国为首的北约悍然轰炸中国驻南斯拉夫大使馆。面对北约的野蛮暴行，中国人民群情激愤，中国和美国的外交关系降到了近10年来的最低点。政治关系的冷却必然对双方的经贸关系产生一定的消极影响，也自然给原本已接近成功的中国“入世”谈判蒙上了一层阴影。美国国会和政府的个别人士面对中国的正当要求，以限制经贸往来相威胁，美国贸易谈判代表团也推迟了前往中国的行程。在中国，也有一些人士认为，在中国主权正在遭受以美国为首的北约侵犯的情况下，讨论中国“入世”问题有些不合时宜，主张中国暂缓“入世”的观点又有所抬头。在此情况下，1999年9月8日，正在澳大利亚进行国事访问的国家主席江泽民在与澳大利亚总理霍华德举行会谈后共同接见中外记者，江泽民在回答记者提问时阐述了中国在加入世贸组织问题上的原则立场。江泽民说：“我1993年与克林顿总统在西雅图会晤时，即同他谈过关于恢复中国在关贸总协定的合法地位的问题，现在已叫世界贸易组织。我当时阐明了三条原则，现在仍然适用。”江泽民指出：“今年5月8日，我国驻南斯拉夫联盟大使馆被炸，有三位烈士牺牲。虽然美国政府和克林顿总统本人再三向我们道歉，但在那个时候美国提出继续进行中国加入世界贸易组织问题的谈判，时机是很不适宜的。所以，谈判中断了。从今年8月开始，美国就不断传来信息，要同中国恢复进行谈判。最近，克林顿总统专门就中美恢复谈判问题给我写信，我复信表示同意，谈判又开始了。……中美之间谈得好不好，能不能达成协议，很大程度上取决于美国。”① 1999年9月11日，江泽民与克林顿在澳大利亚奥克兰举行的第七次亚太经合组织领导人非正式会议上正式会晤，江泽民在会晤时说，中方对加入世贸组织一直持积极态度，中国加入世贸组织不仅是中国经济发展和改革开放的需要，也是建立一个完整开放的国际贸易体系的需要，我们希望谈判能在平等互利的基础上进行，争取早日达成协议。克林顿表示，美国支持中国尽早加入世贸组织，希望尽快地结束同中国的谈判，希望双方能为此进一步努力。经过会晤，双方领导人同意恢复关于中国加入世贸组织的双边谈判。1999年11月9日至15日，中美两国就中国加入世贸组织问题在北京重开谈判。经过讨价还价，中美双方代表终于签署了关于中国入世的双边协议。中美双边协议的签署扫除了中国在加入世贸组织进程中的最大障碍，标志着在经过13年的漫长等待之后，中国加入世贸组织终于取得了突破性和决定性的重要进展。2001年11月10日，世界贸易组织第四届部长级会议在卡塔尔首都多哈举行。在没有任何反对意见的情况下，会议以全体协商一致的方式，审议并通过了中国加入世界贸易组织的法律文件，从2001年12月11日起

---

① 《江泽民主席阐述我国在台湾问题和中国加入世贸组织问题上的原则立场》，《人民日报》1999年9月9日。

中国成为世贸组织正式成员。

加入世界贸易组织，是党中央、国务院高瞻远瞩、审时度势做出的重大战略决策，是中国对外开放进入新阶段的重大标志。这一战略决策充分体现了以党中央总揽全局、与时俱进的远见卓识和深化改革、扩大开放的坚定信心，充分展示了中国顺应经济全球化潮流、主动参与国际竞争与合作的积极姿态。

中国的对外开放已经走过了30多年的历史行程，取得了巨大成就。随着经济全球化深入发展和我国社会主义市场经济体制不断完善，我国对外开放面临的内外条件正在发生深刻变化，既为我们扩大对外开放、推动经济又好又快发展提供了良好机遇，也对我们在日趋激烈的国际竞争中牢牢掌握我国发展的主动权、切实维护国家经济安全提出了严峻挑战。我们要坚持以邓小平理论和“三个代表”重要思想为指导，深入贯彻落实科学发展观，全面分析我国发展面临的新形势新任务，抓住和用好重要战略机遇期，在新的历史起点上继续扩大对外开放，把“引进来”和“走出去”更好结合起来，扩大开放领域，优化开放结构，提高开放质量，完善内外联动、互利共赢、安全高效的开放型经济体系，形成经济全球化条件下参与国际经济合作和竞争的新优势。要继续深化沿海开放，加快内地开放，提升沿边开放，实现对内对外开放相互促进。要加快转变外贸增长方式，立足以质取胜，调整进出口结构，促进加工贸易转型升级，大力发展服务贸易。要创新利用外资方式，优化利用外资结构，发挥利用外资在推动自主创新、产业升级、区域协调发展等方面的积极作用，创新对外投资和合作方式，支持企业在研发、生产、销售等方面开展国际化经营，加快培育我国的跨国公司和国际知名品牌，积极开展国际能源资源互利合作。要实施自由贸易区战略，加强双边多边经贸合作，注重防范国际经济风险。总之，要站在新的历史起点上，进一步拓展对外开放的广度和深度，提高开放型经济水平，不断开创对外开放的新局面。

社会主义市场经济体制改革目标的确立*

匈牙利经济学家彼得米哈里在对中国与东欧国家的改革作比较时曾认为,中国走出“文化大革命”非常轻松,好像是一场愉快的郊游,但东欧国家摆脱这样一种理性的计划体制就是一场艰苦的长征。这个评论有独到的见识,但似乎只讲对了一半。实际上,中国走出“文化大革命”的泥淖,告别计划经济、最终走上社会主义市场经济之路,同样是一场“艰苦的长征”。

始于1978年的中国经济体制改革,要走向何处、要确定一个什么样的目标模式,始终是关系我国改革开放和现代化建设全局的一个重大问题。这个问题的核心,是正确认识和处理计划与市场的关系。传统观念认为,市场经济是资本主义特有的东西,计划经济才是社会主义的本质特征。从1978年到1992年,我们党立足中国社会主义初级阶段的具体实际,总结国内外经验教训,经过长达14年的艰苦探索,逐步摆脱了这种僵化认识,最终确定我国经济改革的目标是建立社会主义市场经济体制,这是对马克思科学社会主义理论的一次重大突破。

一、“计划经济”语境下关于商品生产与价值规律问题的辩争

马克思主义经典作家认为,生产的社会化和生产资料的私人占有之间的矛盾导致了资本主义生产的无计划性,束缚和破坏了生产力的发展,而“一旦社会占有了生产资料,商品生产就将被消除,……社会生产内部的无

* 这是2008年5月至2011年6月在中央党校中青班、中共党史师资班上的授课讲稿。

政府状态将为有计划的自觉的组织所代替。”① 列宁也认为：“只要还存在市场经济，只要还保持着货币权利和资本力量，世界上任何法律都无法消灭不平等和剥削。只有建立起大规模的社会化的计划经济，一切土地、工厂、工具都转归工人阶级所有，才可能消灭一切剥削。”② 列宁晚年思想有一些变化，搞了“新经济政策”，允许商品经济存在，但后来为斯大林所否定。在斯大林执政的30年里，苏联创建了世界上第一个实行集中计划经济体制的国家发展模式。此后，包括中国在内的各社会主义国家纷纷模仿或照搬苏联模式建立了本国的计划经济体制并进行了长期实践。

中国的实践表明，在夺得全国政权之初，在国民经济发展水平较低、经济规模较小、经济结构简单、发展目标比较集中的特定时期，计划经济体制曾起到了重要的积极作用。但是，随着我国社会主义经济建设规模日益扩大，生产的社会化程度不断提高，经济行为主体和经济运行环节之间的关系日益复杂，以高度集中统一为特征的计划经济体制的固有弊端也明显地暴露出来。

中国计划经济体制存在的主要弊端是：第一，政企职责不分，国家对企业统得过多过死，使企业失去了生机和活力③；通过行政系统和行

---

① 《马克思恩格斯选集》第3卷，人民出版社1995年版，第757页。

② 《列宁全集》第13卷，人民出版社1987年版，第124页。

③ 高尚全在1956年12月6日《人民日报》发表的题为《企业要有一定的自治权》的文章中，曾对当时企业“自治权过小，中央主管机关集权过多、过细”的情况，作过详实介绍和分析，指出其弊端是：“第一，给国家造成很大的人力、财力的浪费。由于中央主管机关管得太多、太细，企业的许多事情都要请示中央有关部门，即使是很小的事情，如盖一个厕所或买一架打字机也不例外”，各地企业来北京办事者，“要经过好几‘关’才能把事办完，最多的要经过‘九关’，即局里‘四关’（科员—科长—处长—局长）部里‘五关’（科员—科长—处长—司长—部长）”“来北京后，最少要住上一、二个星期，最多的达10个月”“第二，限制了企业的积极性和主动性，潜力不能充分发挥。拿财务管理来说，厂长只有500元的机动权，超过了500元就不能作主。企业的利润要全部上缴，不能留一部分由企业自己支配”“职工跟企业的经营管理、降低成本及盈利的关系并不是十分密切的，因此也不可能对它感到十分关心”“第三，助长了中央机关的官僚主义、文牍主义和事务主义。中央机关管得太多、太细，能否管好呢？事实证明，什么事都管，什么事也不容易管好，而且也管不了”“因为部长、主任、司长、局长等领导同志都很忙，……电话铃不断地响，来人不断地找，公文电报源源而来，会议一个接一个地开着，他们很少有时间来考虑问题，而且许多事情也只有靠做具体工作的同志来管。企业里的同志都怕这种‘小二当家’的作法，……‘小二’们也有苦恼，因为他们当不了家，常常说：‘这只是我个人的意见。’有时候，局里的意见给部里否定了；部长同意了；管具体工作的同志不同意；部里的意见又给计委、经委或建委否定了。因此，使企业觉得不好办事，不知听谁的好。”文章最后提出：“在国家统一计划下，让企业有一定的自治权，是精简国家机构，节约开支、提高企业积极性和克服官僚主义、文牍主义、事务主义的重要措施。”

政区划对企业进行管理，造成条块分割、部门垄断、地区封锁，割断了国民经济发展的内在有机联系。第二，国家对经济运行的调节，主要通过行政手段和指令性计划，市场通过价格机制对资源的配置作用被压低到最小的范围，资源的利用结构极不合理。第三，分配方式上存在严重的平均主义现象，财政上统收统支、物资上统购包销、劳动制度上统包统配、工资制度上统一控制，造成企业吃国家的“大锅饭”，职工吃企业的“大锅饭”，抑制了企业和职工的生产积极性、创造性。第四，所有制结构和经营方式上单一化，片面追求“一大二公”。在全社会范围内力求实现单一的公有制，消灭个体经济和私有经济；在公有制内部，保持国有经济对整个社会经济的绝对垄断地位。这种单一的所有制结构，不能适应我国生产力发展不平衡、多层次的实际。第五，对外经济关系上闭关自守，脱离世界经济发展潮流。第六，接连不断的政治运动使计划体制下的经济生活带有明显的政治化特征，经济效率受制于政治动员和意识形态的宣传和鼓动。上述弊端的存在表明。如果不能对计划经济体制的固有缺陷进行根本性改革，中国社会主义经济就没有生命力。

对于计划经济体制中存在的问题，早在我国社会主义制度建立伊始，党中央就有觉察并提出了一些重要意见和改进措施。1956 年 3 月 2 日，在听取地方工业部汇报时，毛泽东结合苏联和中国的经验，就开始思考中央集权和地方分权的问题，萌生了发挥好中央和地方两个积极性的思想。同年 4 月，在《论十大关系》中，他进一步指出：“把什么东西统统都集中在中央或省市，不给工厂一点权力，一点机动的余地，一点利益，恐怕不妥”“各个生产单位都要有一个与统一性相联系的独立性，才会发展得更加活泼。”① 刘少奇在八大政治报告中提出：“我们的经济部门的领导机关必须认真把该管的事管好，而不要去管那些可以不管或者不该管的事”“应当在统一的社会主义市场的一定范围内，允许国家领导下的自由市场的存在和一定程度的发展，作为国家市场的补充。”② 陈云在党的八大上的发言中系统地阐述了对社会主义改造基本

① 《毛泽东文集》第 7 卷，人民出版社 1999 年版，第 29 页。

② 刘少奇：《中国共产党中央委员会向第八次全国代表大会的政治报告》，《人民日报》1956 年 9 月 17 日。

完成之后我国经济体制的设想，提出了“三个主体，三个补充”的主张，即在工商业经营方面，国家经营和集体经营是主体，一定数量的个体经营是补充；在生产计划方面，计划生产是主体，按照市场变化而在国家计划许可范围内的自由生产是补充；在社会主义的统一市场里，国家市场是主体，一定范围内的自由市场是补充①。党的八大以后不久，面对自由市场日益活跃的新情况，毛泽东在同黄炎培等人谈话时又提出了“可以消灭了资本主义，又搞资本主义”的“新经济政策”思想等②。

经济学家则主张，鉴于现实中的中国社会主义不可能完全消灭商品生产和商品交换，为了弥补计划经济的不足，就必须高度重视和发挥商品生产及其交换（商品经济）的内在运行规律——价值规律的作用。1956年至1957年，中国经济学界掀起了关于社会主义制度下商品生产和价值规律问题讨论的第一次高潮。代表性的文章有：薛暮桥在1956年10月28日《人民日报》发表的《计划经济与价值规律》、孙冶方在《经济研究》1956年第6期发表的《把计划和统计放在价值规律的基础上》、顾准在《经济研究》1957年第3期发表的《试论社会主义制度下的商品生产和价值规律》等。这些文章大都围绕社会主义社会存在商品生产的必然性、计划经济和价值规律的关系问题展开。其中顾准的观点最为超前。他在文章中明确提出：“社会主义经济是计划经济与经济核算的矛盾统一体”，价值规律是通过经济核算制度调节社会生产的，这种调节的最高限度的做法是：“使劳动者的物质报酬与企业盈亏发生程度极为紧密的联系，使价格成为调节生产的主要工具。因为企业会自发的追求价格有利的生产，价格也会发生自发的涨落，这种涨落就实际上在调节着生产。同时全社会还有一个统一的经济计划，不过这个计划是‘某种预见，不是个别计划的综合’，因此它更富于弹性，更偏向于规定一些重要的经济指标，更减少它对于企业经济活动的具体规定。”③ 顾准关于社会主义的生产、分配、资源配置可由市场规律自发调节的观点，与后来我国实行社会主义市场经济体制的认识思路大体一致。

---

① 《陈云文选（1956—1985）》，人民出版社1986年版，第13页。
② 《毛泽东文集》第7卷，人民出版社1999年版，第170页。
③ 顾准：《试论社会主义制度下的商品生产和价值规律》，《经济研究》1957年第3期。

但是，在1958年“大跃进”发生后，由于对马克思主义的教条化理解和急于向共产主义过渡、开展对“资产阶级法权”的批判、在农村大刮“一平二调”的“共产风”，价值规律、商品生产被认为是与社会主义格格不入的东西而在很大程度上遭到否定。陈伯达等人更提出要取消商品、废除货币。党中央及时察觉并着手纠正这些错误。1958年11月10日，毛泽东在第一次郑州会议上指出：避开使用还有积极意义的范畴——商品生产、商品流通、价值法则等来为社会主义服务，“这是对马克思主义不彻底、不严肃的态度”。“商品生产不能与资本主义混为一谈。为什么怕商品生产？无非是怕资本主义。”“已经把鬼吃了，还怕鬼？”毛泽东指出：“商品生产，要看它是同什么经济制度相联系，同资本主义制度相联系就是资本主义的商品生产，同社会主义制度相联系就是社会主义的商品生产。商品生产从古就有，商朝的‘商’字，就是表示当时已经有了商品生产的意思。”① 1958年12月10日，党的八届六中全会通过的《关于人民公社若干问题的决议》进一步指出：“有些人在企图过早地‘进入共产主义’的同时，企图过早地取消商品生产和商品交换，过早地否定商品、价值、货币、价格的积极作用，这种想法是对于发展社会主义建设不利的，因而是不正确的。”1959年3月，毛泽东在山西省委第一书记陶鲁笳的报告上批示：价值法则“是一个伟大的学校，只有利用它，才有可能教会我们的几千万干部和几万万人民，才有可能建设我们的社会主义和共产主义。”② 这是党中央在初步纠“左”中取得的重要思想成果。

根据党中央的论述，经济学界此时也就社会主义商品生产的地位和作用、搞社会主义建设要不要尊重价值规律、为什么说价值规律是一个伟大的学校等问题展开了讨论。1959年4月3日至22日，中科院经济研究所、上海社科院经济研究所在上海联合举办以商品生产和价值规律为主题的全国经济理论讨论会，使这个讨论达到了高潮。参加这次会议的有各省市经济科学研究机关、高等学校经济院系的经济理论工作者、国家经济部门和党委有关部门的经济工作者和经济理论工作者245人，

---

① 《毛泽东文集》第7卷，人民出版社1999年版，第439—440页。

② 《毛泽东文集》第8卷，人民出版社1999年版，第34页。

共提交论文 54 篇，调查报告 23 篇[①]。经过讨论，在若干重要问题上取得了比较一致的认识，比如：中国是商品生产很不发达的国家，我们的商品经济不是多了，而是少了；社会主义制度下两种公有制（全民所有制和集体所有制）之间的交换、国营企业与国营企业之间的交换以及社会与个人之间的交换都是商品关系；社会主义商品生产和商品交换不会引导到资本主义；在社会主义各种交换关系中，都要承认和尊重价值规律，坚持等价交换等等。

不过，这个时期经济学界关于商品生产和价值规律的讨论，主要是针对陈伯达取消商品生产、否定价值规律的主张进行的，着重阐述的是两种公有制之间的商品生产和价值规律的作用问题。而对全民所有制内部有没有商品生产、价值规律作用如何，虽然也有文章研究并予以肯定[②]，但普遍的观点，仍否认全民所有制内部交换的生产资料是商品，否认价值规律对全民所有制经济的生产和流通起调节作用，否认社会主义经济的计划调节必须充分运用市场机制等。更有学者始终坚持价值规律“同私有制相联系”[③] 是同有计划发展规律相排斥的“异端”，因而提出了“代替论”（即随着社会主义改造的基本完成，有计划发展规律的调节作用代替了价值规律的调节作用）“限制论”（即随着计划经济的发展，价值规律的作用范围将进一步受到限制）“工具论”（价值规律只能作为计划工作的工具）“太极图式的此消彼长论”（即有计划发展规律的作用强，价值规律的作用就弱，反之即相反）“野性难除论”（即在社会主义制度下，价值规律虽然“改土归流”，但毕竟“野性难除”，需要给它带上“笼头”）等[④]。实践证明，这些观点不符合中国社会主义的实际，不利于我国生产力的发展。

为了克服“大跃进”造成的严重困难，1961 年初，党中央制定并开始实施以“调整、巩固、充实、提高”为主要内容的八字方针，对国民经济进行调整。党和国家经济领导机关和经济学界通过对我国“一

---

① 《关于社会主义制度下商品生产和价值规律问题的讨论》，《人民日报》1959 年 6 月 1 日。

② 张朝尊：《社会主义全民所有制内部商品主产的必要性及其特点》，《教学与研究》1959 年第 6 期。

③ 关梦觉：《关于当前商品生产和价值规律的作用问题》，《经济研究》1959 年第 2 期。

④ 孙尚清等：《试评我国经济学界三十年来关于商品价值问题的讨论》，《经济研究》1979 年第 10 期。

五”时期和1958年以后经济建设的经验进行对比总结，开展了关于社会主义经济核算和经济效果问题的新一轮讨论。孙冶方在讨论中提出，要“提高利润指标在计划管理体制中的地位”，认为“利润的多少是反映企业技术水平和经营管理好坏的最综合的指标”[①]。有的经济学者主张要用经济方法管理经济，即按经济规律，首先是价值规律办事，并据此提出要学习资本主义管理方面对我们有用的经验，如组织托拉斯等。1964年孙冶方进一步提出：“客观经济规律中，以价值规律为主，最重要。因此，强调客观经济规律，首先要强调价值规律”[②] “千规律，万规律，价值规律第一条。”[③] 1961年至1962年，时任广东省委党校经济学教研部主任的卓炯用“于凤村”的署名，在《经济研究》《学术月刊》《中国经济问题》等刊物上发表了多篇论文，论证价值规律作用、社会主义商品生产和商品经济问题。卓炯认为，商品经济产生和发展的原因是社会分工，社会主义存在着发达的社会分工，因此，社会主义是商品经济，价值规律仍然是社会主义经济发展的基本规律。社会主义实行生产资料公有制，所以社会主义商品经济又具有计划性的特点，是“计划商品经济”。卓炯是最早提出并论证我国社会主义经济是有计划商品经济的学者。

但是，随着“文化大革命”的发生，前述的许多富有启发性的见解都被当作资本主义或修正主义的“谬论”而大遭挞伐：发展商品生产被诬为产生资本主义的土壤，主张利润是评价企业经营成果的综合指标被斥为“利润挂帅”，倡导用经济方法管理经济被批为离开了无产阶级政治，价值规律被认为“是一种异己的力量”，重视价值规律被视为导致“价值追逐狂”，等等。孙冶方因为讲了“千规律，万规律，价值规律第一条”而被陈伯达、康生定为中国经济学界最大的修正主义者，关进秦城监狱达7年之久。在“文化大革命”极左理论指导下，全国大割“资本主义尾巴”，取消城乡个体经济、社员家庭副业和集市贸易，否定市场调节和价格规律的作用，排斥经济手段和物质利益原则，企业内部的规章制度被当作“管、卡、压”加以否定，奖金制度废除，平均主义

① 孙冶方：《社会主义经济的若干理论问题》，人民出版社1979年版，第266、265页。
② 《孙冶方的“理论”是修正主义谬论》，《人民日报》1966年8月8日。
③ 《孙冶方的“理论”是修正主义谬论》，《人民日报》1966年8月8日。

泛滥。

长期坚持和固化计划经济，使我国社会主义的体制机制日益僵化，严重阻碍了生产力的发展，也造成了百业萧索、物资短缺，几十年来充斥于人们生活中的各种票证，既是计划经济时代的产物，也是这一体制“失败”的佐证。当“文化大革命”结束后，伴随着政治环境的大变动，经济理论领域率先解放思想，对我国经济工作中长期存在的“左”倾错误理论进行了批判，反思了计划经济的弊端，并重新评估了有关价值规律、市场力量在我国经济建设中的作用和地位的问题。

二、改革的最初思路：“计划经济为主，市场调节为辅”

（一）经济理论领域的拨乱反正与对计划经济体制弊端的反思

对计划经济体制的弊端进行反思，进而提出改革的任务，首先是从对我国社会主义经济建设中的一些重大理论问题的拨乱反正开始的。“文化大革命”结束后，经济理论领域的拨乱反正和思想解放，主要集中在3个问题上：

一是在商品经济问题上，纠正否定商品生产和商品交换的错误观点，重新肯定社会主义必须大力发展商品生产和商品交换，重视价值规律的作用。1976年12月31日，商业部大批判组发表文章，肯定“商品交换，是现阶段工业同农业、城市同乡村、社会主义全民所有制同集体所有制之间经济联结的主要形式”“是从生产到消费的必不可少的环节”。[①] 1977年12月21日，《人民日报》发表了题为《斥“四人帮”对社会主义商品制度的诬蔑》的文章，提出“我国现行的商品制度，是社会主义经济制度的一个重要组成部分。我们应该理直气壮地坚持社会主义商品制度，努力发展社会主义商品生产，使它适应社会主义经济全面发展的需要”。[②] 1978年5月22日，《人民日报》发表国务院财贸小组理论组的文章《驳斥“四人帮”诋毁社会主义商品生产的反动谬论》，

① 商业部大批判组：《安排好市场，安排好群众生活——批判“四人帮”破坏社会主义市场的罪行》，《人民日报》1976年12月31日。

② 李岩石：《斥“四人帮”对社会主义商品制度的污蔑》，《人民日报》1977年12月21日。

进一步提出要“打碎‘四人帮’加在从事社会主义商品生产和商品流通的广大群众和广大干部头上的精神枷锁”，大力“发展社会主义的商品生产和商品流通”。文章驳斥了“四人帮”在关于价值规律总是“自发地向资本主义方向发展”的错误观点，强调要“自觉地利用商品生产的基本规律——价值规律，为社会主义建设服务”。① 按照价值规律办事，就要允许企业追求合理的利润。1977 年 11 月 22 日，经济学家许涤新发表文章，明确提出“在深入揭批‘四人帮’的伟大斗争中，我们要大声疾呼地肯定社会主义企业利润的必要性和合理性，理直气壮地狠抓盈利，一抓到底！”②

二是在按劳分配问题上，清算对所谓“资产阶级法权”和按劳分配原则的批判，重新强调按劳分配和物质利益原则。1977 年 4 月、6 月、10 月，由国家计委经济研究所同中国科学院经济研究所、国家劳动总局、北京大学、北京师范大学、北京师范学院、北京经济学院和北京市委党校等单位共同发起，先后召开了 3 次全国性的按劳分配理论讨论会，就如何认识按劳分配与物质刺激的界限、按劳分配与“资产阶级法权”、按劳分配是否产生资本主义和资产阶级的经济基础等问题，展开了热烈讨论。《人民日报》《光明日报》《经济研究》等报刊发表了多篇讨论文章，把讨论引向社会。1977 年 8 月 9 日，苏绍智、冯兰瑞在《人民日报》发表的《驳姚文元按劳分配产生资产阶级的谬论》的文章，还引起了邓小平的注意。邓小平特别过问、指导国务院政治研究室起草并以“特约评论员”的名义在 1978 年 5 月 5 日的《人民日报》上发表了《贯彻执行按劳分配的社会主义原则》一文。这篇文章长达 18000 字、比《光明日报》发表《实践是检验真理的唯一标准》还早 6 天。文章结合我国经济建设的具体实践，否定了毛泽东晚年关于按劳分配是“资产阶级法权”的论点，鲜明地提出：“按劳分配是社会主义公有制的产物，又是社会主义公有制的实现。”③ 这篇文章的发表，标志着经济理论界首先冲破了“两个凡是”的禁区，也标志着按劳分配的名誉得到了正式恢复。

---

① 国务院财贸小组理论组：《驳斥“四人帮”诋毁社会主义商品生产的反动谬论》，《人民日报》1978 年 5 月 22 日。

② 许涤新：《关于社会主义利润的问题》，《人民日报》1977 年 11 月 22 日。

③ 本报特约评论员：《贯彻执行按劳分配的社会主义原则》，《人民日报》1978 年 5 月 5 日。

三是在生产力问题上，否定对“唯生产力论”的批判，强调发展生产的重要性，提出要“理直气壮地抓经济”。社会主义基本制度建立以后，要集中力量发展社会生产力，党的八大就明确提出发展生产力是全党在社会主义改造完成后的主要任务。但是，1957 年以后，由于指导思想上的“左”，这个认识开始发生动摇，并逐渐被否定，“文化大革命”中更被批判为“唯生产力论”。批判“唯生产力论”，即否定经济建设是党和国家的工作重点，而以政治冲击经济；否认在生产力和生产关系这一对矛盾中生产力是主要方面，把生产关系的变动作为决定性的因素。1976 年 10 月 6 日粉碎“四人帮”当天，《人民日报》还曾发表文章，认为“唯生产力论是个大祸害”。但不到一个月，该报的文章则提出：“多快好省地发展社会主义生产，……决不是什么唯生产力论”“抓生产就是唯生产力论吗？否！”[①] 1977 年 1 月，李先念对国家计委、财政部等部门发表讲话指出：“这些年来‘四人帮’在各方面的干扰和破坏极其严重”“过去，我们要抓生产，他们就说是‘唯生产力论’，是‘用生产压革命’；我们要扭亏增赢他们就说是搞资产阶级的‘利润挂帅’”“我们现在要通过批判‘四人帮’，放开手脚，理直气壮地抓经济。”[②] 于光远等学者也认为，“在社会发展中，生产力的发展起决定作用，是第一性的，理所当然地可以称之为‘唯生产力论’。‘唯生产力论’是马克思主义的历史唯物主义中的一个重要观点，这本来就不错”。[③] 1977 年 6 月，由林子力、有林撰写的《评“四人帮”对“唯生产力论”的批判》一书的征求意见稿由广东人民出版社出版，采取了内部发行的形式。邓小平看了此书后赞成“写得好”“站得住”。[④] 该书于 1978 年 3 月公开出版发行时，印数多达 14 万册。1977 年 8 月，针对李鑫等人起草的十一大报告中仍写进批判“唯生产力论”的内容，邓小平进一步明确表示，这样写法不行，不能把“唯生产力论”说成是修正主义的谬论，认为“从现在起应该倒过来说”。他说，“现在我们很多矛盾

---

① 《把“四人帮”破坏生产的损失夺回来！》，《人民日报》1976 年 11 月 1 日。

② 中共中央文献编辑委员会编：《李先念文选（1935—1988）》，人民出版社 1989 年版，第 311—312 页。

③ 于光远：《我承认自己是“唯生产力论”者》（1977 年 8 月在哈尔滨一次报告会上的讲话摘录），《1978：我亲历的那次历史大转折》，中央编译出版社 2008 年版，第 300—301 页。

④ 中共中央文献研究室编：《邓小平年谱（1975—1997）》（上），中央文献出版社 2004 年版，第 171 页。

归根结底都要靠发展生产力来解决，生产力是社会发展起决定作用的因素，起最权威作用的”。①

经济理论领域的深入讨论，极大地活跃了人们的思想。1978 年 3 月 13 日，以李一氓为团长，于光远、乔石为副团长的中国共产党的工作者访问团访问南斯拉夫时，专门就“社会计划和市场经济”问题与南斯拉夫社会计划委员会主席米·比罗夫列夫进行了座谈。

1978 年 6 月 16 日，李先念提出要充分“运用社会主义商品生产和价值规律的力量，来为社会主义有计划的大生产服务”。②

1978 年 7 月 7 日，在全国财贸学大庆学大寨会议上发表的讲话中，华国锋说：“在社会主义计划经济的条件下，正确利用价值规律，对于促进社会主义生产的发展，十分重要。”“不利用价值规律，违背这个规律，我们的经济工作就不能正确有效地进行，就不能以最少的消耗取得充分的效果，就必然产生严重的浪费和亏损，破坏社会主义生产，受到客观规律的惩罚。”为此，“必须在全党，在全体经济工作人员中，在财贸工作人员中，大张旗鼓地进行加强经济核算、讲求经济效果、增加企业利润、厉行财政监督的教育，这样就能大大地促进生产，并且为社会主义建设积累更多的资金”。③

1978 年 7 月 6 日至 9 月 11 日，在国务院召开的讨论加快现代化建设的务虚会上，一些曾长期担任实际经济领导工作的经济学家结合新中国成立以来的经验教训，进一步批评了在商品货币关系上的“左”的错误观点，提出要更多地发挥价值规律的作用。已经平反的孙冶方重提“千规律，万规律，价值规律第一条”，薛暮桥则提出“应当为长途贩运平反，要利用市场活跃流通，等等。”④

1978 年 7 月，国家计委经济研究所依据当年 6 月在江苏省考察时了解到的情况，由薛暮桥执笔，写出《关于计划管理体制的一些意见》，指出我国计划管理体制的两大根本缺点是：第一，条条与块块分割，割断

---

① 于光远：《我亲历的那次历史转折》，中央编译出版社 1998 年版，第 364 页。

② 中共中央文献编辑委员会编：《李先念文选（1935—1988）》，人民出版社 1989 年版，第 320 页。

③ 华国锋：《在全国财贸学大庆学大寨会议上的讲话（1978 年 7 月 7 日）》，《人民日报》1978 年 7 月 12 日。

④ 吴敬琏：《二十年来中国的经济改革和经济发展》，《百年潮》1999 年第 11 期。

了行业之间和地区之间的经济联系。第二，企业没有机动权力。“因此，改革计划管理体制，不仅要扩大地方的权力，发挥中央和地方两个积极性，更加重要的是扩大企业的机动权力，发挥企业的积极性。”“可以采取‘大计划、小自由’的原则”“在计划管理下的‘市场经济’似乎应当充分利用。我们消费品的分配通过市场，一般商品让消费者自由选择。”“国家计划收购以外的农副产品的产销也要利用‘市场经济’”。[①] 这一文件关于应利用“计划管理下的‘市场经济’”的观点极有价值。

1978 年 10 月 6 日，《人民日报》在头版发表了由胡乔木署名、题为《按客观经济规律办事，加快实现四个现代化》的长篇文章，提出发展国民经济要按两大经济规律办事，第一是“有计划按比例的规律”，第二是“价值规律”。这篇文章长达 2.1 万多字，用了 33 个注释，发表之后，引起了强烈反响，并由此在经济理论界掀起了一场关于价值规律的新的大讨论。讨论中，有人提出，不应把“有计划按比例规律”放在第一条，“有计划”是主观意图，非客观“规律”[②]。1978 年 10 月 28 日，孙冶方以《千规律，万规律，价值规律第一条》为题在《光明日报》发文，有针对性地表明了自己在这个问题上的态度和看法。

1979 年 2 月 16 日至 26 日，四川省计划委员会、四川省物价委员会、四川省社科院在成都联合召开四川省第一次价值规律理论讨论会。西南财经大学的袁文平和四川省社会科学院的周振华在大会发言中都使用了社会主义“市场经济”的概念。会后，袁文平还写成《社会主义经济发展的客观要求——谈谈社会主义计划经济同市场经济结合的客观必然性》一文，于 1979 年 3 月 13 日在《四川日报》发表。同年 3 月 17 日，《光明日报》以《计划经济与市场经济能不能结合?》为题，对这次成都会议的内容作了报道。1979 年 4 月 16 日至 29 日，由中国社会科学院经济研究所、国家计委经济研究所、江苏省哲学社会科学研究所联合发起，在江苏省无锡市，也就是孙冶方、薛暮桥的家乡又召开了更大规模的“社会主义经济中价值规律问题讨论会”。会议面向全国征文，各方面踊跃投稿，收到的征文多达 2 万篇。经济学家如孙冶方、薛暮桥、刘国光、卓炯等都参加了这次会议。无锡会

① 薛暮桥：《关于计划管理体制的一些意见》，《经济管理通讯》1978 年第 4 期。

② 杨继绳：《对有计划按比例规律的再认识》，天津《中青年经济论坛》1984 年第 3 期。

议对我国经济体制改革产生了重要影响。会议期间，很多代表围绕“价值规律”的讨论，提出了许多极富创新性的观点。比如，有人指出：“社会主义既然实行商品制度，那么社会主义经济在本质上就不能不是一种特殊的市场经济”。有人提出，“计划经济和市场经济应该互相结合，你中有我，我中有你，计划经济要充分利用市场经济”，“社会主义市场经济是建立在生产资料公有制基础上的新型市场经济”，等等。① 这些听起来颇有些“离经叛道”的见解，当时就引起了激烈争论，也成为此后十几年里经济理论界一直争论不休的主题。刘国光、赵人伟为会议提交的《论社会主义经济中计划与市场的关系》一文，突破了过去关于计划与市场在社会主义经济中相互排斥不能结合的传统认识，认为两者既不是互相排斥，也不是由外在的原因所产生的一种形式上的凑合，而是因为社会主义经济本质所决定的内在有机结合，必须在计划经济的条件下利用市场，在利用市场的同时加强国家计划的调节。文章在中国社科院内部刊物《未定稿》发表后，受到广泛关注，胡耀邦还专门作了批示给予充分肯定：“这是一篇研究新问题的文章，也是一篇标兵文章，在更多理论工作者还没有下大决心，作最大努力转到这条轨道上的时候，我们必须大力提倡这种理论研究风气”。② 中央党校、国家计委等内部刊物，国内几家重要报刊全文转载了这篇文章。1979 年底，由薛暮桥撰写、系统总结新中国成立以来经济建设经验教训特别是对当时国内的“左”倾思潮进行深刻批判的《中国社会主义经济问题研究》一书由人民出版社出版，引起了国内外强烈反响，人民出版社重印 300 万册仍供不应求。

（二）邓小平、陈云关于“价值法则”和“计划与市场”关系的论述

经济理论界的讨论，不可避免地会引起中央领导层的注意，从而促使他们也对这个问题进行思考。1978 年底，在为中央工作会议拟写的讲话提纲中，邓小平提出：“自主权与国家计划的矛盾，主要从价值法

---

① 杨圣明：《中国经济体制改革的历程》，《百年潮》2004 年第 3 期。

② 刘国光：《我的经历：计划与市场关系变革的三十年》（上），《社会科学报》2008 年 10 月 16 日。

则、供求关系来调节。”[①] 党的十一届三中全会进一步提出：为发展经济，除了恢复和坚持长期行之有效的各项经济政策外，还应“根据新的历史条件和实践经验，采取一系列新的重大的经济措施，对经济管理体制和经营管理方法着手认真的改革”。为了克服“我国经济管理体制的一个严重缺点”——“权力过于集中”的问题，全会提出了“四个应该”，其中包括“应该有领导地大胆下放（权力），让地方和工农业企业在国家统一计划的指导下有更多的经营管理自主权；应该着手大力精简各级经济行政机构，把它们的大部分职权转交给企业性的专业公司或联合公司；应该坚决实行按经济规律办事，重视价值规律的作用”。[②] 党的十一届三中全会作出的这些重大决策，实际上开启了此后中国以“市场为取向”的渐进改革进程。

1979 年 3 月，陈云草拟《计划与市场问题》研究提纲，提出：“整个社会主义时期必须有两种经济：（1）计划经济部分（有计划按比例的部分）；（2）市场调节部分（即不作计划，只根据市场供应的变化进行生产，即带有盲目性调节的部分）。第一部分是基本的主要的；第二部分是从属的次要的，但又是必需的。”[③] 这份提纲是党内最早的以文字形式论述要在计划经济体制下发挥市场调节作用的文献，在社会主义经济理论上是一个重要突破。提纲所阐述的应发挥“市场调节”作用的意见，在中央决策层对经济工作的认识过程中产生了重要影响。

根据陈云的思想，1979 年 4 月 5 日，李先念在中央工作会议上明确提出，“在我们的整个国民经济中，以计划经济为主，同时充分重视市场调节的辅助作用”[④] ——这是“计划经济为主，市场调节为辅”提法的最初由来。李先念在对这个论断作进一步展开阐述时还提出：国家计划的编制也“要自觉运用价值规律”，企业生产要在国家计划指导下“按照市场供求关系”进行，国有企业之间也“可以进行竞争”[⑤]。李先念这些说法的价值和意义在于：传统理论认为，社会主义只开展竞赛，

---

① 中共中央文献研究室编：《邓小平年谱（1975—1997）》（上），中央文献出版社 2004 年版，第 445 页。

② 《三中全会以来重要文献汇编》（上），人民出版社 1982 年版，第 4 页。

③ 《陈云文选（1956—1985）》，人民出版社 1986 年版，第 221 页。

④ 中共中央文献编辑委员会编：《李先念文选（1935—1988）》，人民出版社 1989 年版，第 371—372 页。

⑤ 《三中全会以来重要文献汇编》（上），人民出版社 1982 年版，第 164 页。

没有竞争，竞争是资本主义弱肉强食的斗争，现在提出社会主义经济也可以进行竞争，已经是理论上的一个突破。而提倡国有企业之间进行竞争，则就要以国有企业成为独立的商品生产者和经营者、具有自己相对独立的经济利益为前提——这实际上是从开展竞争的角度强调了市场机制的重要。

1979 年 11 月 26 日，邓小平会见美国不列颠百科全书出版公司编委会副总裁弗兰克·吉布尼和加拿大麦吉尔大学东亚研究所主任林达光，在回答是不是“过去中国犯了一个错误，过早地限制了非资本主义的市场经济”以及“现在就需要在社会主义计划经济的指引之下，扩大非资本主义的市场经济的作用”的提问时，邓小平明确回答：“说市场经济只存在于资本主义社会，只有资本主义的市场经济，这肯定是不正确的，社会主义为什么不可以搞市场经济，这个不能说是资本主义。我们是计划经济为主，也结合市场经济，但这是社会主义的市场经济。”① 这是邓小平关于“社会主义也可以搞市场经济”的第一次谈话。当时“市场经济”与“商品经济”“市场调节”混用，意思大致相同。

党的十一届三中全会以后，经济理论界就如何认识计划和市场的相互关系主要提出了以下一些观点：（1）社会主义经济是有商品关系的计划经济，或含有市场机制的计划经济；（2）社会主义经济是计划经济和商品经济的统一；（3）社会主义经济是有计划的商品经济；（4）社会主义经济是商品经济或市场经济。

（三）薛暮桥“商品经济”论：“对 30 年来占统治地位的教条主义思想的挑战”

党的十一届三中全会提出了改革的任务。为了从总体上统筹财经决策并规划经济改革的路径和方向问题，1979 年 3 月 25 日，以陈云为主任、李先念为副主任的国务院财政经济委员会开始运作。6 月 27 日，国务院财经委成立了 4 个经济问题调查研究小组，研究改革的具体问题：第一组是经济体制改革研究小组，由张劲夫、房维中负责（后由薛暮桥负责）；第二组是经济结构研究小组，由马洪、孙友余负责；第三组是技术、设备和资金引进研究小组，由汪道涵负责；第四组是经济理

① 《邓小平文选》第 2 卷，人民出版社 1994 年版，第 236 页。

论方法研究小组，由于光远负责。1979 年 12 月 3 日，经济体制改革研究小组拟出《关于经济管理体制改革总体设想的初步意见》，概括了当时关于经济管理体制改革的 3 种设想：第一种设想，是以中央各部为主集中管理，适当扩大地方和企业的权限，并在一定的范围内采取一些经济办法，如“按行业组织一些公司，扩大企业一些自主权，给地方增加一点机动财力，流动资金和一部分基本建设投资实行银行贷款等”。第二种设想，是在中央统一领导下，以省、市、自治区为主分散管理，实际上“就是把原定在福建、广东试点的体制推广到全国”；第三种设想，是按照社会化大生产的要求组织整个经济活动，主要采取经济办法、通过经济组织管理经济，实行计划调节与市场调节相结合，在国家计划指导下扩大企业自主权。其好处是，能够充分调动企业的积极性，促进社会分工，推动技术进步，提高经济效益，发展社会生产；能够使各级经济组织负起经济责任，有助于消除官僚主义、命令主义、瞎指挥；能够迅速暴露经济生活中的问题，便于及时采取措施；能够使中央决策机构和地方党政领导机关从烦琐的事务中解脱出来，致力于重大经济方针、政策的研究，搞好综合平衡，加强计划管理；能够大大精简行政机构，减少行政人员。同时，还可以改变全国统包统揽，吃“大锅饭”，互相牵扯，上下交困的状况。综合上述情况，《关于经济管理体制改革总体理想的初步意见》明确提出：“改革以采取前述第三个方案为宜”。同时，还提出了包括“把单一的计划调节，改为计划调节与市场调节相结合，以计划调节为主，注意发挥市场调节的作用”“把单纯的行政管理经济的办法，改为经济办法与行政办法相结合，以经济办法为主，保持必要的行政手段”“把企业从行政机构的附属物，改为相对独立的商品生产者，在国家统一领导下扩大企业经营管理的自主权”等 5 项改革的基本原则及 7 项具体改革设想。① 这是关于经济体制改革的第一个总体设想，虽然尚未能够提到党和政府决策层面，但关于经济体制改革的市场取向理念已有明确表达。

1980 年 3 月 17 日，以赵紫阳为组长的中央财经领导小组成立，原国务院财政经济委员会撤销。当时国民经济正在调整之中，经济体制改

① 国家经济体制改革委员会：《中国经济体制改革规划集（1979—1987 年）》，中共中央党校出版社 1988 年版，第 6—7 页。

革刚刚开始，一系列复杂的经济问题摆在党和政府面前，亟须加强经济决策咨询工作。1980 年 4 月，中央财经领导小组和国务院聘请薛暮桥、马洪、许涤新、于光远等 10 人担任国家计委制订“六五”计划的咨询顾问。5 月，由国务院秘书长杜星垣兼主任、廖季立主持日常工作、薛暮桥为顾问的国务院经济体制改革办公室成立。但这时的经济决策咨询活动比较分散和间断，未能形成正常的咨询研究体系，不能满足需要。为了使经济决策咨询机制常态化、制度化，1980 年 8 月，中央财经领导小组和国务院批准建立国务院经济研究中心，把国务院有关部委所属和其他在京中央级综合性经济研究院所共 18 个单位组织起来，专门从事研究中央财经领导小组和国务院交议的国民经济发展中带有决策性、方针性的问题并提出政策建议。国务院经济研究中心由薛暮桥任总干事，马洪、廖季立等任副总干事，孙冶方、许涤新、钱俊瑞、梅行、刘国光等为常务干事，与国务院经济体制改革办公室一套人马两块牌子。① 这样，围绕着中央财经领导小组，实际上就形成了一个以薛暮桥、杜润生、于光远、廖季立等为主要代表、以主张建立“社会主义商品经济学”为核心观点和政策取向的“经济改革学派”。②

1980 年 9 月，在薛暮桥主持下，国务院体制改革办公室起草并向中央正式提交了《关于经济体制改革的初步意见》的研究报告，这是关于我国经济体制改革方向的又一个总体性方案。报告大胆地将我国社会主义经济的性质定性为“商品经济”，提出经济改革的总体方向是市场取向。报告明确提出：“我国现阶段的社会主义经济，是生产资料公有制占优势、多种经济成分并存的商品经济。”“我国经济体制改革的原则和方向应当是：在坚持生产资料公有制占优势的条件下，按照发展商品经济和促进社会化大生产的要求，自觉地运用价值规律，把单一的计划调节，改为在计划指导下充分发挥市场调节的作用。”③ 这个报告得到了中央总书记胡耀邦的赞扬。当时，中央正在北京召开各省、市、自治区党委第一书记会议，会上传发了这份报告。薛暮桥应胡耀邦之邀，还特地到会就“初步意见”作了说明。薛暮桥

---

① 参见《薛暮桥回忆录》，天津人民出版社 1996 年版，第 360—361 页。

② 吴敬琏：《当代中国经济改革》，上海远东出版社 2004 年版，第 58 页。

③ 彭森、郑宁铨主编：《中国改革 20 年规划总集：构筑社会主义市场经济的蓝图》，改革出版社 1999 年版，第 16—18 页。

开门见山地说："在我们起草这个文件的时候，深深感到所谓经济体制的改革，是要解决在中国这块土地上，应当建立什么形式社会主义经济的问题，这是社会主义建设的根本方针。将来起草的经济管理体制改革规划，是一部'经济宪法'。"他说："现在我们提出：'我国现阶段的社会主义经济是生产资料公有制占绝对优势、在国家计划指导下的商品经济'，是对三十年来占统治地位的教条主义思想的挑战。这种认识究竟对不对，应当广泛讨论。如果是对，这是马克思的社会主义学说的一个新发展。"① 薛暮桥意见的实质是在中国建立以市场为基础的经济管理和运行体系，指出了中国改革的大方向。但薛暮桥的"商品经济论"很快就受到了批判。

（四）1981 年底至 1982 年初：陈云四提"计划经济为主，市场经济为辅"

进入 1980 年，中国宏观经济运行呈现两个方面的特点：一方面，因为实行改革开放，特别是农村改革快速推进，经济保持了较快增长，市场供应改善，城乡人民收入均有增加；另一方面，在实施经济调整的过程中，贪多求快、急于求成的思想又有所抬头，重复建设、盲目生产，基建投资规模过大，造成国民经济运行出了新的严峻问题，主要是：财政收支失衡，财政赤字达到 120 亿元；物价攀升，商品价格上涨 6%，其中城市上涨 8.1%，农村上涨 4.4%。这种情况使中央领导层认识到：经济中"潜伏着一个很大的危险，搞得不好，可能爆发经济危机"，甚至引起政治形势的不稳定。② 为什么会出现这样的困难和问题呢？有人坚持认为：困难是由于近年来过分强调"价值规律""市场调节"等造成的，把矛头集中指向"商品经济"。在此情况下，薛暮桥等人的观点很快就遭否定和批判。

1980 年 12 月 16 日至 25 日，中央召开工作会议，着重讨论经济形势和调整工作。此前，翁永曦、黄江南、朱嘉明、王岐山 4 名青年研究者提交了一个报告，就经济形势和经济工作提出意见，认为"国民经济的结构失调已经到了崩盘的边缘，不是要大跃进，而是到了要采取危机

---

① 薛暮桥：《薛暮桥晚年文稿》，生活・读书・新知三联书店 1999 年版，第 235—236 页。

② 参见《三中全会以来重要文献选编》（上），人民出版社 1982 年版，第 609 页。

对策的时候了。”报告通过王岐山经姚依林转给了陈云，最后转到赵紫阳那里。赵紫阳看了报告后，把4人找去，听取他们对经济形势的看法并进行对话讨论。参加这次被称作“老青对话”的还有国务院负责经济工作的领导人姚依林、薛暮桥、马洪等。对话之后，翁永曦做了8句话24字的总结，即“抑需求，稳物价；舍发展，求安定；缓改革，重调整；大集中，小分散”。① 在这次中央工作会议上，陈云以《经济形势与经验教训》为题，就经济调整为题发表了“十四条意见”，并宣读了这8句话，讲到：“有二个青年，不是学财贸的，据说是一个学工，一个学农，写了四句话：抑需求，稳物价。舍发展，求安定。缓改革，重调整。大集中，小分散。我看这四句话有一定的道理。说‘舍发展’不妥，应改为‘节发展’。说缓改革，是因为我们的改革问题复杂，不能要求过急。改革固然要靠一定的理论研究、经济统计和经济预测，更重要的还是要从试点着手，随时总结经验，也就是要‘摸着石头过河’。开始时步子要小，缓缓而行。这绝对不是不要改革，而是要使改革有利于调整，也有利于改革本身的成功。”② 这次中央工作会议基本上接受了“缓改革”的建议。

1981年4月，中央书记处研究室印发了一份内部掌握的材料，题为《当前关于计划调节与市场调节的几种观点》，它按照对计划经济和商品经济的态度，将国内经济学家分为四类：第一类是坚持计划经济的，第二类是不那么坚持计划经济的，第三类是不太坚定地赞成商品经济的，第四类是主张发展商品经济的。在第一类中，摘引了一些人关于坚持以计划为主的言论，邓力群等被归入第一类。薛暮桥、廖季立、林子力等主张宏观经济由计划调节，微观经济由市场调节，或国家计划也要通过市场调节来实现，被划为第四类。

1981年6月，党的十一届六中全会通过了《关于建国以来党的若干历史问题的决议》，总结了新中国成立以来经济建设中正反两方面的经验、特别是“文化大革命”的教训，明确提出“必须在公有制基础上

---

① 喻建欢、汤铎铎主编：《三十年三十人之指点江山》（经济改革卷），中信出版社2008年版，第8页。

② 国家经济体制改革委员会办公室：《经济体制改革文件汇编（1978—1983）》，中国财政经济出版社1984年版，第36—37页。

实行计划经济，同时发挥市场调节的辅助作用”。[①] 这一文件发表后的1年时间里，经济理论工作者和实际工作者就计划经济与市场调节等问题展开了深入讨论，发表了近百篇文章。

讨论期间，1981年底至1982年初，陈云就坚持“计划经济为主、市场调节为辅”问题先后发表4次谈话，实际上为讨论确定了基调。第一次是1981年11月25日，在中央政治局扩大会议上，陈云说：“计划经济和市场经济两者的关系是主要方面和从属方面的关系，计划经济起主要作用，市场调节还是从属于计划”。第二次是1981年12月22日，在中央召开的省、市、自治区党委第一书记座谈会上，陈云就计划与市场、吃饭与建设、试办经济特区以及全国一盘棋按计划办事等问题发表意见，提出农村实行包产到户生产责任制以后，“也必须以计划经济为主，市场调节为辅”。第三次是1982年1月22日，在与国务院体制改革办公室副主任周太和谈到首都钢铁公司实行经济责任制情况时，陈云说：“首钢实行经济责任制，要保证实现国家计划。按市场需要进行调节，只能作为计划的补充。”[②] 第四次是在1982年1月25日谈的。由于是春节期间，按照惯例，中央领导人在这一天都要参加一项公开活动，以便新闻单位报道。陈云决定邀请国家计委的负责人到他家座谈，来的人有国家计委主任姚依林，副主任宋平、柴树藩、李人俊、房维中等。座谈期间，陈云说：“现在计划不受欢迎啊！所以今天大年初一，我就找计委几位主要负责同志来谈一谈这件事。”[③] “我今天要讲的是怎样坚持以计划经济为主，市场经济为辅的问题。我们国家是计划经济，工业要以计划经济为主；农业实行生产责任制以后，仍然要以计划经济为主。”[④] 陈云谈话的要点当天由新华社作为新闻稿电发国内外。第二天，《人民日报》等各大报纸作了报道。1982年底，《经济日报》评选当年全国十大经济新闻，陈云关于“计划经济为主、市场调节为辅”的讲话名列“十大新闻”第三项。

---

① 《三中全会以来重要文献汇编》（下），人民出版社1982年版，第1136页。

② 金冲及等主编：《陈云传》（下），中央文献出版社2005年版，第1637—1641页。

③ 金冲及等主编：《陈云传》（下），中央文献出版社2005年版，第1644页。

④ 参见《人民日报》1982年1月26日。该谈话在收入1986年出版的《陈云文选》时，删去了“我们国家是计划经济，工业要以计划经济为主，农业实行生产责任制以后，仍要以计划经济为主”这两句话。

（五）对“商品经济”论的批判与“主辅论”的确立

陈云关于“计划经济为主、市场调节为辅”讲话发表后，经济理论界随即掀起了一场声势颇大的对偏离“计划经济为主”的“商品经济”“有计划的商品经济”论的批判。1981 年 12 月 26 日，《光明日报》发表文章说：“作为社会主义经济基本特征的，应该是计划经济，而不是商品经济”“至于‘有计划的商品经济’，落脚点仍然是商品经济，计划经济被抽掉了。计划经济既然已不复存在，‘有计划’又是从何而来呢?”市场经济“和我们的社会主义经济制度是不相容的。在中国，依靠市场经济不能实现社会主义现代化。”① 1982 年 1 月 29 日，经济学家孙冶方约请北京经济理论工作者座谈，学习讨论陈云春节讲话。参加座谈的有刘国光、桂世镛、何建章、徐雪寒、王珏、吴敬琏、李人俊 7 名经济学家。刘国光在发言中说：“社会主义在任何时候都应该强调计划经济”“要以计划经济为主”“这几年关于计划与市场问题的研究和讨论，成绩还是主要的。但是，确实也有过头的地方。比如，有的同志‘计划调节为主’就不提了，还有的同志否定现在社会主义经济是计划经济，等等。关于社会主义是不是还存在商品经济，这个问题是可以讨论的。但是把社会主义经济的本质定义为商品经济，恐怕有点不妥。近两年来，有不少同志，其中包括一些权威人士，都认为社会主义经济就是有计划的商品经济。这样一个定义，我觉得是把社会主义经济的重点放在商品经济上，而不是放在计划经济上；‘有计划’就变成了商品经济的一个属性。所以，……最近陈云同志再次强调计划经济，我认为是很及时的。”桂世镛在发言中说：“我们是社会主义国家，必须在公有制基础上实行计划经济”“这是社会主义制度区别于、优越于资本主义制度的重要表现。”② 1982 年 6 月 26 日，《光明日报》再次发文说：“社会主义经济的本质特征只能是计划经济”“把社会主义经济降格为‘商品经济’，当然只能是一种历史上的倒退。事实上，如果没有计划经济，也就没有什么社会主义可言了。”③《红旗》杂志也发文认为，“如果把

① 李震中：《也谈计划与市场问题》，《光明日报》1981 年 12 月 26 日。

② 《孙冶方同志主持座谈会学习陈云同志春节重要讲话》，《财贸经济》1982 年第 4 期。

③ 陶大镛：《是计划经济，还是商品经济?》，《光明日报》1982 年 6 月 26 日。

我们的经济概括为商品经济，就会模糊社会主义经济和资本主义经济的本质区别”。① 有人还进而反对“宏观经济由计划调节，微观经济由市场调节”的主张，认为这样一来，“‘宏观’就很可能被架空，成为‘梁上君子’”，结果就会“削弱社会主义计划经济”。②

红旗出版社编辑部 1983 年 2 月将部分批判文章收集起来，编成《计划经济与市场调节文集（第一辑）》一书出版。该书编者在前言中特别列举了在“计划”与“市场”关系问题上的 8 种“不正确的观点”，即认为社会主义制度下不存在国民经济有计划发展的规律；认为我国现阶段不具备实行计划经济的物质条件；认为瞎指挥、效益低是计划经济的必然产物和必然结果；认为指令性计划应当取消，国家计划只供企业参考，不应具有约束力；认为计划调节只管宏观经济，微观经济即各个企业的活动应由市场调节；认为包括全民所有制企业在内的所有企业，都应成为完全独立的经济实体，具有商品生产者的一切特征和权利，有权自主地进行生产、交换等经济活动；认为只依靠价值规律就能调节好生产和其他经济活动；认为市场经济比起计划经济要优越得多等。该书编者认为，“这些观点有的只是个别人的主张，有的却得到了部分同志的赞成。对于这类否定、怀疑或者至少会导致削弱社会主义计划经济的观点”，绝不能“漠然置之”。③ 1982 年 4 月 3 日，邓小平在同胡乔木、邓力群谈话时，也说：“经济体制改革还只是试点。”“最重要的，还是陈云同志说的，公有制基础上的计划经济，计划经济为主、市场调节为辅，全国一盘棋，主要经济活动都要纳入国家计划轨道。”④

在此情况下，曾积极主张商品经济的薛暮桥不得不对自己过去提出并一直坚持的观点作“自我批评”式的“澄清”。1982 年 5 月，为配合党的十二大的准备工作，在赵紫阳的授意下，时任国务院经济研究中心总干事的薛暮桥会同新成立的国家经济体制改革委员会组织了关于经济体制改革理论问题的大讨论，参加讨论的主要是在京的经济学家以及有

---

① 有林：《计划经济是社会主义经济的一个基本特征》，《红旗》杂志 1982 年第 10 期。

② 吴敬琏：《社会主义市场经济的历史沿革和现实意义》，引自日山编：《著名学者论社会主义市场经济》，人民出版社 1993 年版，第 60 页。

③ 红旗出版社编辑部编：《计划经济与市场调节文集（第一辑）》，红旗出版社 1983 年版，第 2—3 页。

④ 金冲及等主编：《陈云传》（下），中央文献出版社 2005 年版，第 1646 页。

关部委和若干企业的实际工作者，共300多人，分成8个组，累计召开了大小讨论会70余次，历时4个多月，到党的十二大闭会后，讨论才告一段落。1982年5月4日，在其亲自主持的讨论动员报告会上，薛暮桥在作“批评和自我批评”时说：“这几年我们许多文章中，确实存在或多或少、这样那样的片面性。例如，有的文章在侧重研究社会主义经济的商品性和价值规律作用的时候，对社会主义经济是计划经济这一方面常常有重视不够的地方，……至于用语不当、表达方法不确切等情况，那就更多了”“我自己在理论上就有一个重要问题没有弄清楚，我把自觉利用经济杠杆进行计划调节，也看成是市场调节，结果，不恰当地认为计划调节大部分要通过市场调节来实现。现在我觉得这个说法有毛病，需要澄清”“我想搞理论工作的同志，应当有诚恳的自我批评的精神”“共同努力克服片面性和不恰当的看法。”① 对这次“自我批评”，薛暮桥后来在自己的回忆录中记述了当时的心情：“感到相当为难。这次讨论要由我来做动员报告，我必须表态，是赞成计划调节和市场调节相结合、充分发挥市场调节的作用呢？还是赞成计划经济为主，市场调节为辅？一方面，我在思想上倾向前一种提法，另一方面我有义务在公开场合遵守中央文件有关规定。”② 1982年6月21日，薛暮桥在上海《世界经济导报》上发表文章，进一步“澄清”说：“社会主义还广泛存在着商品生产、商品交换，从这个意义上说它是商品经济也是可以的。但社会主义经济最重要的特征不是商品经济，而是建立在生产资料公有制基础上、存在着商品生产和商品交换的计划经济。”③ 刘国光也因在《人民日报》发文提出“我们不能把扩大指令性计划的范围作为体制改革的方向”“随着经济调整工作的进展，随着‘买方市场’的逐步形成，随着价格的合理化，要逐步缩小指令性计划的范围，扩大指导性计划的范围”而受到批评。④

1982年8月，在十二大报告的起草过程中，“商品经济”继续受到批判。参加起草工作的王忍之、袁木等5人给起草小组负责人、主管中央理论工作的胡乔木写信，批评一些经济学家提出的关于发挥价值规律

① 薛暮桥：《关于经济管理体制改革理论问题的讨论》，《光明日报》1982年5月19日。

② 薛暮桥：《薛暮桥回忆录》，天津人民出版社2006年版，第293—294页。

③ 薛暮桥：《计划经济和市场经济》，《世界经济导报》1982年6月21日。

④ 刘国光：《坚持经济体制改革的基本方向》，《人民日报》1982年9月6日。

的作用、把企业办成独立的经济实体、企业的经营活动主要由市场调节、体制改革的实质是要建立“在商品经济基础上的计划经营方式”等意见，都是“必然会削弱计划经济，削弱社会主义公有制”的“错误观点”。信中提出，“在我国，尽管还存在商品生产和商品交换，但绝不能把我们的经济概括为商品经济。如果做这样的概括，那就会把社会主义条件下人们之间共同占有、联合劳动关系，说成是商品等价物交换关系；就会认定支配我们经济活动的，主要是价值规律，而不是社会主义的基本经济规律和有计划发展规律。这样就势必模糊有计划发展的社会主义经济和无政府状态的资本主义经济之间的界限，模糊社会主义经济和资本主义经济的本质区别”。① 胡乔木将这封信的意见作为定论，批发给了宣传口所属各单位。

此后，不同的提法基本上从报刊上消失了。在此情况下，1982 年 9 月召开的党的十二大在“计划”与“市场”关系问题上未能取得实质性的新进展，大会报告只是重申并正式肯定了“计划经济为主，市场调节为辅”的提法，指出：“我国在公有制基础上实行计划经济”“正确贯彻计划经济为主、市场调节为辅的原则，是经济体制改革中的一个根本性问题。我们要正确划分指令性计划、指导性计划和市场调节各自的范围和界限，……建立起符合我国情况的经济管理体制，以保证国民经济的健康发展。”②

“计划经济为主，市场调节为辅”在社会上产生了广泛影响。1982 年年底，《经济日报》评选 1982 年全国十大经济新闻，其中“陈云强调坚持以计划经济为主、市场调节为辅”位列“十大新闻”第三项。《邓小平文选（1975—1982 年）》在 1983 年出版时，也将 1980 年 1 月发表的《目前形势和任务》一文中“计划调节和市场调节相结合”的提法改为“在计划经济指导下发挥市场调节的辅助作用”，直到 1994 年出新版时才恢复最初的提法，并在注释中作了说明③。

党的十二大以后不久，1982 年 11—12 月间，陈云 3 次使用了“鸟”与“笼子”的关系来阐述他对于“市场”与“计划”关系的认识。

---

① 吴敬琏：《计划经济还是市场经济》，中国经济出版社 1992 年版，第 136 页。

② 胡耀邦：《全面开创社会主义现代化建设的新局面——在中国共产党第十二次全国代表大会上的报告》，《人民日报》1982 年 9 月 8 日。

③ 参见《邓小平文选》第 2 卷，人民出版社 1994 年版，第 434 页。

第一次是 1982 年 11 月 4 日，在与宋平、柴树藩谈话时，陈云说：“搞活经济是对的，但是必须在计划的指导下搞活。这就像鸟一样，捏在手里会死，要让它飞，但是只能让它在合适的笼子里飞，没有笼子，它就飞跑了。笼子大小要适当，但是总要有个笼子，这就是计划经济。市场调节只能在计划许可的范围以内。”① 后两次谈话与这次谈话意思大致相同，有人称之为“鸟笼”理论。“鸟笼”比喻从何而来呢？其实这并非陈云的发明，而是黄克诚首先提出来的。“那是在党的十二大召开前夕，陈云同志请黄克诚等来有关中央纪委的各种问题。谈完工作后，黄克诚向陈云同志反映了走私、逃税以及乱上项目、乱涨价等经济犯罪猖獗和经济秩序混乱的情况，表达了自己的忧虑心情。他说：‘要把经济搞活，不能再像过去那样搞死，但搞活不能没有秩序。这就好比一只鸟，不能捏在手里，捏在手里它就死了，要让它飞。但要让它在笼子里飞，否则它就飞跑了。’陈云当时没有说什么，但过了两个月，（1982 年 11 月 4 日）在听取宋平、柴树藩关于全国计划会议和当前经济情况的汇报时，用了这个比喻。”② 陈云的“鸟笼”理论，极为形象地表达了他对于“计划经济为主，市场调节为辅”的认识，是他几十年来思想的一贯反映和“亮点”之一，直到 1995 年陈云去世时，外电报道时还特别提到了这个理论。

“计划经济为主，市场调节为辅”是 1979 年至 1984 年指导我国经济改革的基本方针。应该怎样评价这个方针呢？我认为，应该讲两句话：第一句话，放在历史的时空条件下，这个提法有重要的积极意义。因为相较于过去长期“一统天下”的计划经济体制，它大胆地承认了市场调节的辅助作用，这是中国社会主义经济理论的一次飞跃，为初期改革开放提供了理论依据；第二句话，随着改革的深入，这个提法又表现出了很大的局限性。因为它仍然把计划经济作为我国社会主义经济的基础，仍然坚持计划经济为主，反对和排斥商品经济。这种情况，与我国改革开放的大方向和经济改革的具体实践相违背，束缚了人们的手脚，因此必须改变。特别是在党的十二大以后继续批判“商品经济”的情况下把“商品经济”论当作经济领域“精神污染”的主要内容之一，使推

---

① 金冲及等主编：《陈云传》（下），中央文献出版社 2005 年版，第 1650 页。
② 朱佳木：《谈谈陈云对计划与市场关系问题的思考》，《党的文献》2000 年第 3 期。

进改革遭遇了严重阻碍，从侧面更加凸显出了对改革的必要性。终于，党的十二大过了两年之后，在 1984 年 10 月召开的党的十二届三中全会上，情况终于发生了根本改变。

三、重大突破："公有制基础上的有计划的商品经济"确立

（一）"异端"写进中央文件：十二届三中全会确立"商品经济"论

观察中国改革开放 35 年的历史演进，可以得出一个结论：从 1984 年党的十二届三中全会到 1987 年党的十三大，是我们党在理论探讨上最积极、最进取，也是收获最多的时期之一。这包括：第一，关于国情的认识取得重大突破性进展，确立了社会主义初级阶段论；第二，关于政治体制改革的讨论形成热潮，仅邓小平就 20 多次讲到政治体制改革问题，推动关于政治体制改革的讨论进入高潮；第三，关于我国经济体制改革目标的讨论出现重大突破，确立了有计划商品经济理论。

1984 年 10 月 20 日，党的十二届三中全会召开，全会审议并通过了《中共中央关于经济体制改革的决定》，以中央全会的郑重形式，第一次明确宣布我国社会主义经济是"公有制基础上的有计划的商品经济"，这是在理论上的一个重大贡献。《中共中央关于经济体制改革的决定》指出："改革计划体制，首先要突破把计划经济同商品经济对立起来的传统观念，明确认识社会主义计划经济必须自觉依据和运用价值规律，是在公有制基础上的有计划的商品经济。商品经济的充分发展，是社会经济发展的不可逾越的阶段，是实现我国经济现代化的必要条件。只有充分发展商品经济，才能把经济真正搞活，促使各个企业提高效率，灵活经营，灵敏地适应复杂多变的社会需求，而这是单纯依靠行政手段和指令性计划所不能做到的。"这段话，旗帜鲜明地为一直被看作资本主义"异端"的商品经济平了"反"，从而历史性地冲破了自 1979 年以来坚守了 5 年之久的"计划经济为主，市场调节为辅"的改革理论和实践框架，把经济体制改革向前推进了一大步。

在此基础上，《中共中央关于经济体制改革的决定》还依据新的认

识，第一次对我国计划经济体制的主要特点，从 4 个方面作了总体概括："第一、就总体说，我国实行的是计划经济，即有计划的商品经济；第二、完全由市场调节的生产和交换，主要是部分农副产品、日用小商品和服务修理行业的劳务活动；第三、实行计划经济不等于指令性计划为主，指令性计划和指导性计划都是计划经济的具体形式；第四、指导性计划主要依靠运用经济杠杆的作用来实现，……要有步骤地适当缩小指令性计划的范围，适当扩大指导性计划的范围。"[①] 从上述概括的第一点中，可以看到，党的十二届三中全会通过的《中共中央关于经济体制改革的决定》在肯定商品经济的同时，并没有完全否定"计划经济"。而是通过对"计划经济"的内涵作出全新的解释，来解决二者的对立和冲突的，即重新解释以后的"计划经济"，落脚点落在了"商品经济"上。这既反映了当时的认识水平，也是改革者的一个重要策略，它使中央的提法前后衔接，有利于全党达成共识，但又从实质上确定了中国的改革方向，从而鲜明地体现了 20 世纪 80 年代中国渐进推动"增量"改革的特点。发展商品经济，实质上就要求推进市场取向的经济体制改革，虽然《中共中央关于经济体制改革的决定》还有不彻底、不完善之处，但是"商品经济"毕竟名正言顺进了中央文件了，这正是《中共中央关于经济体制改革的决定》的根本意义所在。

为什么党的十二大以后短短两年间就实现了如此重大的突破呢？为什么一直被指责和声讨的"商品经济"论最终却写进了中共中央正式文件呢？原因可从多方面分析，归结起来，主要得力于三个"推动"：

第一，改革实践的"推动"。经过近 6 年改革，到 20 世纪 80 年代中期，包括集体经济、个体经济、私营经济和外资企业在内的非国有成分在整个国民经济中占据了重要地位，极大地促进了市场竞争格局的形成。

在农村，个体经济发展很快，广东高要出了鱼塘承包大户陈志雄、安徽芜湖出了卖"傻子瓜子"闻名的年广久。到 1983 年底，农村个体工商业发展到 419.5 万户、538 万人。对农村个体经济发展中的"雇工"算不算剥削的问题，也曾发生过争论。1983 年 1 月 2 日，中共中央在印发《当前农村经济政策的若干问题》的通知中提出了"不宜提

① 《十二大以来重要文献选编》(中)，人民出版社 1986 年版，第 569 页。

倡，不要公开宣传，也不要急于取缔”的“三不”方针。邓小平对“雇工”问题则始终持宽容、开放的态度。1983 年 12 月，在收到邓力群、王任重分别送来的涉及雇工问题的讲话稿和有关材料及信后，他的表态是：“听其自然，看两年再说。”[①] 1984 年 2 月，在同薄一波谈话时，他又说：“农村雇工，我说看两三年，没有什么了不起，将来经济发展了，如果有了偏差，一个命令就可以收回来。”[②] 不管政界和理论界有什么争论，农村改革始终坚持着市场取向，特别是从一开始就生存于计划外空间的乡镇企业更是异军突起，成为市场机制发挥作用的典范。20 世纪 70 年代末，在城镇，1700 万知识青年回城，再加上 320 万没有就业的留城青年，“待业青年”总数达到 2000 多万。为了解决当时这个最具“爆炸性”的社会问题，除硬性分派之外，政府还出台了“自谋职业”政策。依据这项政策，城市也大量涌现了以开裁缝店、饮食店，摆摊修车，搞运输等谋生的个体工商户。1981 年，广州市个体户达到 20000 户[③]，成都市个体户达到 12282 户[④]。1979 年，北京市西城区有商业、饮食、服务、修理业、运输业等个体户 69 个，从业人员 69 人，1983 年发展到 2434 户，从业人员 2554 人。[⑤]

城乡非国有经济的快速发展，强烈要求进一步打破指令性计划经济“一统天下”的局面，要求取消 1981 年以来实行的部分生产资料价格“双轨制”和建立统一的市场制度，并对价格体制、流通体制、金融体制等进行相应的改革。

随着加快改革的呼声渐高，1983 年初，胡耀邦在全国职工思想工作会议上作了题为《四化建设和改革问题》的长篇报告，提出要“全面而系统地改、坚决而有秩序地改”“要以是否有利于建设有中国特色的社会主义，是否有利于国家的兴旺发达，是否有利于人民的富裕幸福，

---

① 中共中央文献研究室编：《邓小平年谱（1975—1997）》（下），中央文献出版社 2004 年版，第 948 页。

② 中共中央文献研究室编：《邓小平年谱（1975—1997）》（下），中央文献出版社 2004 年版，第 964 页。

③ 《发展城镇个体经济》，工商出版社 1981 年版，第 71 页。

④ 引自《坚持发展与管理并重——成都市个体、私营经济考察报告》，成都市“城乡个体、私营经济研究”课题组，1990 年 6 月。

⑤ 时宪民：《体制的突破——北京市西城区个体户研究》，中国社会科学出版社 1992 年版，第 59—60 页。

作为衡量我们各项改革对或不对的标志。”[①] 同年 3 月底，赵紫阳在听取全国工交会议情况汇报时也提出：“改革的步伐要加快”“调整也好，整顿也好，如果不同改革结合，是很难进行下去的。”[②] 1984 年 1 月 22 日到 2 月 16 日，邓小平先后视察广州、深圳、珠海、厦门和上海等地，高度评价、充分肯定了经济特区取得的成就，提出要进一步扩大对外开放。按照邓小平的意见，1984 年 3 月下旬，党中央、国务院召开沿海部分城市座谈会，决定开放上海、天津、大连、秦皇岛、青岛、烟台、连云港、南通、宁波、温州、福州、广州、湛江、北海 14 个沿海港口城市，同时讨论了海南岛的开发及开放问题，由此在全国掀起了第二轮对外开放的浪潮，“倒逼”了改革的加速。

此时，与日益壮大的城乡非国有经济的发展和新一轮对外开放“轰轰烈烈”形成“反差”的是，由于“商品经济论”受到压制，国有经济在指令性计划束缚之下严重缺乏活力，国有企业素质不高、效率低下的情况频频出现。1984 年 3 月 24 日，《福建日报》在头版头条刊登了福建 55 位厂长、经理以《请给我们“松绑”》为题联名写给省委书记项南、省长胡平的一封信，信中说：“现行体制条条框框捆住了我们的手脚，企业处于只有压力，没有动力，也没有活力的境遇”“为此，我们怀揣冒昧，大胆地向你们伸手要权”。4 天之后，《人民日报》在二版头条显著位置全文转载了这封信，并加了“编者按”给予高度肯定。1983 年末至 1984 年初，经济领导部门曾专门研究“怎样改善国有企业素质”的问题。根据研究结果，1984 年 5 月 10 日，国务院发布了《关于进一步扩大国营工业企业自主权的暂行规定》（简称“扩权十条”）。但当时参加了这项研究的许多人都认识到，要真正落实好“扩权十条”，不仅是企业内部的问题，而且要求对整个经济体制作相应的改变，而改变的现实出路，只能是在改革的理论和目标上寻求突破，恢复此前一直受批判的“商品经济”的应有名誉，进行国民经济总体性的市场取向改革。于是，政界和学术界的一些人开始酝酿为商品经济（市场经济）恢复名誉。

第二，经济理论界的“推动”。1984 年 7 月，中国社会科学院院

---

① 《中华人民共和国实录》第 4 卷，吉林人民出版社 1994 年版，第 608 页。

② 《中华人民共和国经济管理大事记》，中国经济出版社 1986 年版，第 505 页。

长、资深经济学家马洪受国务院总理赵紫阳之命，组织撰写了一篇为“商品经济”翻案的文章，题为《关于社会主义有计划商品经济的再思考》。文章初稿由周叔莲、张卓元提供，吴敬琏参与修改。文章定稿后，分送中央有关部门和党内老同志征求意见，意在试探反应。使马洪等人出乎意料的是，文章不但没有遭到批评，还得到了原以为会持强烈反对意见的老同志的称赞。王震看过文章后，亲笔写信，称赞文章写得好，有创造性。1984 年 9 月初，在党的十二届三中全会文件起草的关键阶段，为了进一步论证实行商品经济的必要性，在中国经济体制改革研究所所长高尚全的建议下，中国经济体制改革研究会和中国经济体制改革研究所在北京西苑饭店联合召开了一次有 20 多位专家学者参加的座谈会，就有关改革的几个理论问题提出了一些看法。会议认为，“商品经济是社会经济发展的一个必经阶段。商品经济和资本主义制度并无必然联系，并不是资本主义的特有范畴”“苏联模式的根本问题在于限制商品经济、忽视价值规律的作用”“如果现在我们明确提出‘社会主义商品经济’的概念，在理论上对原有模式就是一个突破”“这一概念应成为中国式社会主义道路的一大理论支柱”。会议还讨论了“计划经济为主、市场调节为辅”的问题，认为：第一，这一提法在概念上不对称，“计划经济是想用‘计划’说明社会主义经济的性质和特点，而市场调节则是经济运行的一种调节方式”“计划经济与市场调节并不是同一层次的范畴”；第二，“这种提法给人印象是把计划与市场对立起来了”；第三，这一提法想“把计划调节与市场调节两种方式的优点保留，……而实际结果很可能适得其反，恰恰是使两方面的长处都不能得到”；第四，“计划与市场在空间上是重叠的，而不是板块式的”“承认市场机制在整个国民经济范围内的调节作用是顺理成章的”。这次会议得出的结论报送中央后，引起了决策者的高度重视。

另外，受当时西方国家提出的“第四次工业革命”观点的影响，从 1983 年下半年开始，国内开展了一场关于“新技术革命”的广泛讨论，这从一个侧面加强了推进改革的声势。1983 年 7 月 29 日，报纸报道了一则消息：美国科协副主席认为，世界上将出现以微处理机、遗传工程、新能源、新材料为主要内容的第四次产业革命，资本主义世界和西欧、日本，经历了战后的 15 年繁荣，但目前不景气，他们都把希望寄托在“第四次产业革命”上。看到这则消息后，1983 年 10 月 9 日，赵紫阳在国务院召开了一次有沿海几个省市、国务院综合部门和一些科技单位负责人参加的小型座谈会，在会上提出“应当注意研究世界新的技术革命和我们的对策”。[①] 他认为，这次新技术革命对中国的发展来说，有两种可能：一种是我们时机利用得好，可以缩小同发达国家在经济上的差距；另一种是“漠然视之”，那就会扩大差距，西方发达国家会“把我们甩得更远”。[②] 这次座谈会后，国务院和上海市分别组织了专家小组研究对策。国务院小组由马洪、张寿、朱镕基、吴明瑜负责，国务院副秘书长马洪牵头。1983 年 11 月 5 日，由马洪主持，国务院技术经济研究中心、国家计委、国家经委、国家科委联合举行了“新的产业革命及我国的对策”动员大会，1600 多名自然科学、社会科学、工程技术专家参加了会议。11 月下旬，又由马洪牵头召集了 130 多名有关专家，着重讨论了新技术革命对世界和我国的影响。1984 年 1 月，马洪再次邀请 200 多名各领域的专家，分组讨论迎接新技术革命挑战的综合对策以及微电子、计算机、光纤通讯、信息技术、生物技术、新材料、机电技术、传统工业技术改造、航天技术等专项技术。从 1984 年 3 月 10 日到 10 月 5 日，中组部、劳动人事部、国家科委、中国科协、中直机关党委和国家机关党委 6 个单位还分两个阶段联合举办了 20 期“新技术革命知识讲座”，钱学森、马洪、宦乡等 20 名专家学者授课，中央直属机关和国家机关 2000 多名司局长以上干部参加了主课堂听课，全国大约 100 万名干部收听或收看了讲座录音、录像。关于这次“新产业革命”的讨论，进一步增加了人们加快改革的危机感和紧迫感，讨论中达成的基本共识是：新技术革命对于中国现行的经济体制和管理方式、思维方式的确是一个重大挑战。面对挑战，必须且只有进一步大胆推进改革开放。[③]

第三，中央高层的介入和“推动”。对于党的十二届三中全会，邓小平高度重视，也寄予了很高期望。会议前夕，1984 年 10 月 2 日，邓小平会见参加国庆活动的 60 多位外籍华人科学家，在谈到即将召开的

---

① 《赵紫阳同志谈“第四次产业革命”问题》，《图书馆》1984 年第 3 期。

② 《应当注意研究世界新的技术革命和我们的对策——赵紫阳同志 1983 年 10 月 9 日在国务院召开的一次小型座谈会上的讲话》，《经济工作通讯》1984 年第 1 期。

③ 肖冬连：《1978—1984 年中国经济体制改革思路的演进——决策与实施》，《当代中国史研究》2004 年第 5 期。

党的十二届三中全会时，他明确表示，“我相信在将来的历史上会表明它的重要性”。[①] 10月6日，在会见参加中外经济合作问题讨论会全体的中外代表时，他说：“十二届三中全会的主题，就是城市和整个经济体制的改革。这意味着中国将出现全面改革的局面”“十二届三中全会将在中国的历史发展上写上很重要的一笔。”[②] 10月10日，在会见德意志联邦共和国总理赫尔穆特·科尔时，邓小平说：“过几天我们要开十二届三中全会，这将是一次很有特色的全会。前一次三中全会重点在农村改革，这一次三中全会则要转到城市改革”[③] “十二届三中全会的决议公布后，人们就会看到我们全面改革的雄心壮志。”[④] 为了达到这样的目的，中央专门成立了由胡耀邦、赵紫阳、胡启立、胡乔木、姚依林、田纪云组成的党的十二届三中全会文件起草领导小组，负责起草会议文件——《中共中央关于经济体制改革的决定》。

全会文件的起草小组从1984年5月开始工作，最初成员有袁木、高尚全、桂世镛、王忍之、谢明干、杨启先等，袁木为负责人。起草小组先写提纲，但提纲经过多次讨论，总跳不出“计划经济为主，市场调节为辅”的圈子。对于是否将“社会主义商品经济”写进文件，起草小组内部出现了支持和反对两种意见，并发生了激烈争论：一方坚持把“计划经济为主，市场调节为辅”的提法改为“有计划商品经济”；另一方则持反对意见，仍然坚持“计划经济为主，市场调节为辅”。7、8月间，胡耀邦在北戴河主持会议，讨论了该提纲，对提纲很不满意，因此调整了起草小组，增加了林涧青、林子力、龚育之、郑必坚等人，负责人也由袁木改为林涧青。[⑤] 文件起草期间，胡耀邦、赵紫阳等多次参与讨论。对于计划与市场的关系问题，赵紫阳表示，他倾向于在文件中写入“有计划商品经济”[⑥]。他曾问起草小组成员杨启先：这样写“理论

---

① 中共中央文献研究室编：《邓小平年谱（1975—1997）》（下），中央文献出版社2004年版，第997页。

② 中共中央文献研究室编：《邓小平年谱（1975—1997）》（下），中央文献出版社2004年版，第1002页。

③ 中共中央文献研究室编：《邓小平年谱（1975—1997）》（下），中央文献出版社2004年版，第1003页。

④ 《邓小平文选》第3卷，人民出版社1993年版，第82页。

⑤ 参见杨继绳：《邓小平时代》（下），中央编译出版社1998年版，第326页。

⑥ 参见杨继绳：《邓小平时代》（下），中央编译出版社1998年版，第326页。

上有没有问题?”杨启先回答:“理论上能站得住。”赵紫阳又问:“和宪法有没有矛盾?”郑必坚回答:“没有矛盾。宪法上没有写‘计划经济为主，市场调节为辅’。”①

依据改革实践的强烈要求和一些经济理论工作者的意见，1984 年 9 月 9 日，赵紫阳给胡耀邦、邓小平、李先念、陈云四位常委写了一封信，就我国计划经济体制的内涵作了四个层面的概括：第一，“中国实行计划经济，不是市场经济”。第二，“自发地盲目地通过市场进行调节的生产和交换，只限于小商品、三类农副产品和服务修理行业，它们在整个国民经济中起辅助作用”。第三，“计划经济不等于指令性计划为主。指令性计划和指导性计划都是计划经济的具体形式”“在当前和今后相当长的时期内，我们的方针应该是逐步缩小指令性计划，扩大指导性计划”。第四，“指导性计划主要用经济手段调节，指令性计划也必须考虑经济规律特别是价值规律的作用。社会主义经济是以公有制为基础的有计划的商品经济。计划要通过价值规律来实现，要运用价值规律为计划服务。‘计划第一，价值规律第二’这一表述并不确切，今后不宜继续沿用”。信中认为，“明确以上四条，可以把中国的经济体制既同资本主义的市场经济模式相区别，又不与旧的模式雷同。社会主义制度是优越的，但旧的模式清规戒律太盛，把企业捆得死死的，使本来应该生机盎然的社会主义企业失去了活力。中国应该走自己的路。中国式的社会主义，应该是企业有活力的社会主义。中国式的计划经济，应该是自觉依据并运用价值规律的计划经济。”② 9 月 11 日，邓小平在信上批示：“我赞成。”③ 9 月 13 日，陈云复信赵紫阳，指出：“我国现在的经济规模比五十年代大得多，也复杂得多了。因此，对五十年代适用的一些做法，现在不能也不应该套用。”④ 陈云也赞成关于“有计划商品经济”的表述。四位常委的意见很快被批转到文件起草小组，小组立即统一了思想。正是由于中央决策层的直接推动，党的十二届三中全会最终历史性地在“商品经济”论上实现了重大突破。

---

① 参见杨继绳:《邓小平时代》(下)，中央编译出版社 1998 年版，第 326 页。

② 《十二大以来重要文献选编》(中)，人民出版社 1986 年版，第 535 页。

③ 田纪云:《经济改革是怎样搞起来的——为纪念改革开放三十周年而作》，《刊授党校》2008 年第 1 期。

④ 金冲及等主编:《陈云传》(下)，中央文献出版社 2005 年版，第 1685 页。

“社会主义有计划商品经济”理论的确立，既否定了社会主义经济非商品经济论、生产资料非商品论、商品经济与计划调节对立论、商品逐渐褪色论等观点，也否定了商品经济是旧社会制度遗留下来的经济形式，是外加于社会主义经济而非社会主义经济内生的东西的观点。对党的十二届三中全会《中共中央关于经济体制改革的决定》及在理论上取得的突破，邓小平给予了高度评价，他说：“我的印象是写出了一个政治经济学初稿，是马克思主义基本原理和中国社会主义实践相结合的政治经济学。我是这么个评价。”“这个文件，我没有写一个字，没有改一个字，但确实很好。”“这次经济体制改革的文件好，就是解释了什么是社会主义，有些是我们老祖宗没有说过的话，有些新话。”“过去我们不可能写出这样的文件，……写出来，也很不容易通过，会被看作‘异端’。我们用自己的实践回答了新情况下出现的一些新问题。不是说四个坚持吗？这是真正坚持社会主义。”[①] 在这之前，陈云在中央政治局扩大会议上也表态说，“这个文件非常重要，是一个很好的文件，我完全拥护”。[②]

以党的十二届三中全会召开为标志，从 1984 年开始，我国经济改革的重点发生了重大转变，从农村为重点转向以城市为重点，改革的目标取向更加明确，就是市场取向，改革的力度、决心进一步加大。1985 年 3 月 27 日，赵紫阳在六届人大三次会议上提出“坚定不移，慎重初战，务求必胜”的“十二字”改革行动总方针[③]；3 月 28 日，邓小平在会见日本自民党副总裁二阶堂进，第一次提出了“改革是中国的第二次革命”的重要论断；10 月 23 日，在回答美国时代公司总编辑格隆瓦尔德关于“市场经济和社会主义制度之间”是否存在着“一个潜在的、很难解决的矛盾”的提问时，邓小平明确回答：“社会主义和市场经济之间不存在根本矛盾”“某种意义上说，只搞计划经济会束缚生产力的发展。把计划经济和市场经济结合起来，就更能解放生产力，加速经济发展。”[④]

---

① 《邓小平文选》第 3 卷，人民出版社 1993 年版，第 83、91 页。

② 金冲及等主编：《陈云传》（下），中央文献出版社 2005 年版，第 1686 页。

③ 赵紫阳：《当前的经济形势和经济体制改革——1985 年 3 月 27 日在第六届全国人民代表大会第三次会议上的政府工作报告》，《人民日报》1985 年 4 月 12 日。

④ 《邓小平文选》第 3 卷，人民出版社 1993 年版，第 148 页。

（二）“巴山轮会议”与“国家调节市场，市场引导企业”经济运行模式

改革要“务求必胜”、全面推进，改革的原则和方向是实行“有计划的商品经济”。但是，“商品经济”究竟应该怎样搞？搞“商品经济”能否以及如何进行宏观调控？建立商品经济体制需要搞好哪些配套改革？对于这些重要问题，当时我们并不都是很清楚的。而党的十二届三中全会后不久，中国在发展商品经济的过程中出现的新一轮经济“过热”，又急需从理论上搞清楚这些问题。正是在此背景下，1985 年 9 月 2 日至 7 日，经国务院批准，召开了著名的“巴山轮会议”。

“巴山轮会议”由中国社会科学院、中国经济体制改革研究会和世界银行联合举办，正式的名称叫“宏观经济管理国际讨论会”（因会议是在从重庆到武汉的“巴山号”长江游轮上召开的，故称“巴山轮会议”）。出席“巴山轮会议”的有来自匈牙利、南斯拉夫、联邦德国、英国、美国、法国、日本和世界银行的 11 位著名经济专家和学者和 20 多位中方代表。国外学者包括 1981 年诺贝尔经济学奖获得者、美国耶鲁大学教授托宾，匈牙利经济学家亚诺什·科尔奈、英国牛津大学高级研究员弗拉基米尔·布鲁斯等。中方参加者有薛暮桥、安志文、童大林、马洪、刘国光、戴园晨、杨启先、周叔莲、高尚全、吴敬琏、赵人伟、张卓元、陈吉元、项怀诚、洪虎、楼继伟、李克穆、田源、郭树清等。由于会议的高规格，1985 年 8 月 31 日，赵紫阳在北京专门会见了会议代表。

“巴山轮会议”讨论的主要内容是计划与市场的关系、税收和金融手段的运用等。外国专家们还介绍了国外宏观经济管理的理论与实践，并对中国的经济体制改革提出了见解和建议。会议对中国经济改革产生了重要影响。

比如，在我国经济体制改革的目标模式问题上，匈牙利经济学家亚诺什·科尔奈从经济协调机制角度，对社会主义经济模式进行了分类，并根据匈牙利等东欧国家经济改革的实践，对经济改革的目标模式问题提出了新的见解。在科尔奈看来，经济运行的协调机制可以分为行政协调（Ⅰ）和市场协调（Ⅱ）两类。每一类协调机制又各有两种具体形态：直接的行政协调（ⅠA）、间接的行政协调（ⅠB）、无控制的市场

协调（ⅡA）和有宏观控制的市场协调（ⅡB)。直接的行政协调和间接的行政协调都是靠上下级隶属关系，通过纵向的信息流和行政手段来控制经济运行，两者的区别在于：纵向调节手段不同。ⅠA体制是行政机构对企业下达具体的指令性投入产出指标。ⅠB体制是行政机构借助手中的权力，通过各种形式的干预，迫使企业作出大致符合上级要求的投入产出决策。无控制的市场协调和有宏观控制的市场协调都是通过企业间的横向的信息流和市场力量来协调经济的运行，两者的区别在于：在ⅡA体制中，没有宏观调控系统，经济运行几乎完全受市场机制自发的盲目的调节和引导。在ⅡB体制中，社会中心既不是通过直接行政手段也不是通过对微观经济活动进行大量的频繁的间接行政干预来控制经济运行，而是借助统一的和规范的宏观约束手段或经济参数手段来进行调节和管理，企业的财务预算约束是硬性的，企业的经营活动要尽量符合市场要求。按照科尔奈的模式分类，ⅠA体制是改革的出发点，ⅡA或ⅠB体制作为社会主义经济改革的目标模式，实践证明也都不理想，唯一可供选择的就是ⅡB体制。当时，中国经济学家对国外经济理论和实践的了解甚少，科尔奈的观点对中方经济学家启发很大。会议结束后，刘国光、张卓元、赵人伟、周叔莲、陈吉元、戴园晨、何家成等对讨论会上涉及的问题集体撰写了评述，并发表在当年的《经济研究》第12期上。1985年12月27日、30日，《人民日报》分两次转载了这个评述①。两年后，党的十三大提出的“国家调控市场，市场引导企业”的经济运行机制，实际上借鉴的就是科尔奈的思路。

党的十二届三中全会确认了我国社会主义经济是有计划商品经济，改革必须坚持市场取向。但是全会以后，经济理论界对于究竟应如何理解“有计划商品经济”很快出现了较大分歧和争论：主张计划经济的，强调“有计划”三个字，批评“市场取向”是搞资本主义；主张“市场取向”的，强调“商品经济”，批评对方阻挠改革。在争论中，关于“计划与市场”的关系，继“主辅论”之后，又进一步讨论或新提出了一些看法，这包括：“板块论”，认为“计划和市场”各管一块；“渗透

① 《经济体制模式的选择与转换——“宏观经济管理国际讨论会”评述之一》，《人民日报》1985年12月27日。《经济体制改革与宏观经济管理——“宏观经济管理国际讨论会”评述之二》，《人民日报》1985年12月30日。

论”，认为“计划和市场”紧密结合，互相渗透；“重合论”，认为“计划和市场”共通共融，计划必须通过市场实现，市场必须依靠计划调节；“合力论”，认为“计划和市场”你中有我，我中有你，相互作用，是“合力”而非“合一”的关系；“时空论”，认为根据不同的时空条件，计划与市场各有侧重；“层次论”，认为宏观层次实行计划管理，微观层次实行市场调节，等等①。究竟应该如何进一步界定“计划和市场”的关系呢？这个问题留给了党的十三大。

在为十三大报告作准备的过程中，1987 年 2 月 6 日，邓小平在住地同赵紫阳、杨尚昆、万里、薄一波等谈话，再次谈到了“计划和市场”问题。他一上来就问：“为什么一谈市场就说是资本主义，只有计划才是社会主义呢？计划和市场都是方法嘛。只要对发展生产力有好处，就可以利用。它为社会主义服务，就是社会主义的；为资本主义服务，就是资本主义的。好像一谈计划就是社会主义，这也是不对的，日本就有一个企划厅嘛，美国也有计划嘛。我们以前是学苏联的，搞计划经济。后来又讲计划经济为主，现在不要再讲这个了。”②

这样，1987 年 9 月十三大报告就没有再提计划经济。党的十三大以社会主义初级阶段理论为依据，在“计划和市场”关系的论述上更前进了一步，指出：“社会主义有计划商品经济的体制，应该是计划与市场内在统一的体制。”“必须把计划工作建立在商品交换和价值规律的基础上。以指令性计划为主的直接管理方式，不能适应社会主义商品经济发展的要求。”“我们的任务就是要善于运用计划调节和市场调节这两种形式和手段”“计划和市场的作用范围都是覆盖全社会的。”“利用市场调节决不等于搞资本主义。”大会还提出，“新的经济运行机制，总体上来说应当是‘国家调节市场，市场引导企业’的机制”。③ 党的十三大的论述，把市场调节的作用提到了前所未有的高度，否定了“主辅论”“板块论”“层次论”等不重视市场调节的观点，离确认国家调控的“市场经济”只隔一层纸了。

① 中国经济年鉴编辑委员会：《中国经济年鉴（1990 北京版）》（Ⅴ），经济管理出版社 1990 年版，第 3—4 页。

② 《邓小平文选》第 3 卷，人民出版社 1993 年版，第 203 页。

③ 赵紫阳：《沿着有中国特色的社会主义道路前进——在中国共产党第十三次全国代表大会上的报告》，《人民日报》1987 年 11 月 4 日。

（三）卓炯、马洪等：社会主义商品经济“也可以叫做社会主义市场经济”

党的十三大以后，经济理论研究相当活跃。有的经济学家明确提出要捅破这层“纸”，直截了当地使用“社会主义市场经济”的提法。

还在党的十三大之前，广东老经济学家卓炯就提出：“理论上要彻底一些，其实社会主义商品经济也可以叫做社会主义市场经济。”① 经济学家杨坚白提出，“商品经济与市场经济本来是同义语，只是在不同场合的使用上有某些差别。我们没有必要回避这个用语，更没有必要在用语的差别上大作文章。正由于商品经济离不开市场，所以，我们需要建立在国家计划指导下的统一的社会主义市场，并逐步完善市场体系，从了解市场变化，研究市场问题中掌握市场规律。”② 于光远 1986 年 8 月在由《中国社会科学》《财贸经济》《计划经济研究》及山西省社会科学院等单位共同发起、于太原召开的“社会主义商品经济理论讨论会”上所作的学术报告中也明确提出：“商品经济与市场经济这两个范畴之间没有区别。商品都要在市场上出售，都要在市场上实现，因而商品经济就是市场经济。把计划经济等同于社会主义经济，把市场经济等同于资本主义经济，这种观点是不能成立的。商品经济与市场经济这两个概念没有必要区分，要区分的是社会主义的市场经济和资本主义的市场经济。”③ 1986 年 10 月 26 日至 31 日，在南京召开、由中国社会科学院工业经济研究所及南京大学经济系等单位共同发起的“经济体制改革理论与实践研讨会”，在讨论经济体制改革目标模式问题时，提出的一个需要重新认识的问题就是：“建立有计划的社会主义市场经济，是否更能适应商品经济的发展？”④ 1986 年 11 月，林子力在《人民日报》上发表文章时也坚持认为：“资本主义市场经济，从本质上说也就是资本主义商品经济。社会主义商品经济如果要从现象上去讲，那也就是社会主义

---

① 《伟大祖国的广东·广东社会科学四十年》，广东人民出版社 1989 年版，第 8 页。

② 杨坚白：《关于有计划的商品经济和市场实现问题》：《天津社会科学》1986 年第 2 期。

③ 韩志国（整理）：《商品经济：新的起点上的探索与选择——社会主义商品经济理论讨论会观点综述》，《中国社会科学》1986 年第 6 期。

④ 汪珊：《“经济体制改革的理论与实践研讨会”简介》，《人民日报》1986 年 12 月 8 日。

市场经济。”[①]

1988年1月下旬，广东省社会经济发展研究中心、广东省社会科学院等6个单位联合召开“社会主义初级阶段市场经济研讨会”，会议提出：“社会主义市场经济，在本质上与社会主义商品经济是一致的。这是因为，在商品经济中，起主导作用的规律是价值规律，而在市场经济中，价值规律同样是本本规律。在这一点上，两者没有什么差异。”[②]在这次会议形成的论文集《社会主义初级阶段市场经济》代序中，马洪也认为，“我国经济体制改革，是要以市场机制为基础的资源配置方式取代传统的、以行政命令为主的资源配置方式。也就是说，我们要通过改革建立的社会主义有计划的商品经济，是一种用有宏观管理的市场来配置资源的经济。我认为，在这个意义上也可以叫做社会主义的市场经济。”[③] 中央领导在看到广东会议的有关报告后，让马洪组织国务院经济技术社会发展研究中心的人员就“市场经济”和“商品经济”两个概念的异同进行研究。1988年3月，吴敬琏、胡季受命写出《关于“商品经济”和“市场经济”的几点意见》的专题报告。同年7月15日，《人民日报》以《社会主义商品经济也是一种市场经济》为题，发表了这个报告的主要观点。

1988年2月，在一次中央会议上，国务院发展研究中心主任马洪提问：“社会主义商品经济”和“社会主义市场经济”有什么不同？国务院主要领导回答：“就实际工作而言，没有差别。用商品经济，是为了减少震动，使更多人容易接受。十三大说的商品经济，就是市场经济。两个说法，一个意思。”[④]

不过，也要承认，商品经济与市场经济虽然有很多相通相近之处，是同一种类型的经济，但毕竟又是两个不同的概念。正如前述吴敬琏、胡季的专题报告所指出的那样：商品经济是同自然经济（产品经济）相对立的一种经济形式，德语中并没有“商品经济”这个词汇，在马克思

---

① 林子力：《温州商品经济的“成分”问题》，《人民日报》1986年11月21日。

② 广东省“市场经济研讨会”编辑组：《社会主义初级阶段市场经济》，东北财经大学出版社1988年版，第5—6页。

③ 广东省“市场经济研讨会”编辑组：《社会主义初级阶段市场经济》，东北财经大学出版社1988年版，第3、5页。

④ 安志文：《他的改革功绩是不可抹杀的》，《历史研究集粹》第1辑。

和恩格斯的著作中，称之为“货币经济”。而在俄语中，“商品经济”则是一个常用词汇，列宁、斯大林的著作以及苏联政治经济学教科书中经常使用这个词。市场经济是同“命令经济”或“统制经济”相对立的概念，市场经济通过市场机制配置资源。命令经济通过行政命令配置资源，我国经济体制改革的实质，就是用前者替代后者，即“用以市场机制为基础的资源配置方式取代以行政命令为主的资源配置方式”①。因此，使用“市场经济”的提法更为明确。而“商品经济”的提法，既不能从马克思的原著中找到根据，也不是现代经济学的通用语言，虽然“更多人容易接受”，但它不能反映一种经济体制的运行特征，指明它基本的社会资源配置手段。而若要对运行机制作出明确的界定，只好再为其附加种种解释，说明它与“市场经济”相通，为此要费许多口舌。因此，“商品经济”的提法，只能是权宜之计，使用“市场经济”，则更鲜明准确②。市场经济虽无社会制度属性，但为了减少不必要的争论，更妥善的方案是使用“社会主义市场经济”的表述。

总之，在“商品经济”论的基础上再前进一步，旗帜鲜明地提出我国经济体制改革的目标是建立社会主义市场经济，这是改革的大方向和根本要求。

但是，到了1989年，随着国内风波和国际变局的发生，“市场经济”受到了严厉批判，“计划经济”的主张重新抬头，中国的改革又面临着新的严峻考验。

四、新一轮争论与改革目标的最终确定：“建立社会主义市场经济体制”

（一）实行“市场经济”就是“否定共产党的领导，否定社会主义制度”

从党的十三大到党的十四大的这几年，是我国改革开放史上极不平

① 吴敬琏、胡季：《关于“商品经济”和“市场经济”的几点意见》，《经济参考》1988年7月6日。

② 吴敬琏：《关于计划与市场提法的建议》（1992年4月30日），《经济工作者学习资料》1992年第50期。

凡的5年：从1988年价格改革“闯关”受挫、“治理整顿”开始，到1989年国内发生政治风波，中央领导机构调整，多个西方国家对华实施“制裁”。与此同时，从波兰开始，东欧社会主义国家步入了瓦解剧变的进程；1991年底，苏联共产党垮台，国际共产主义运动遭受重大挫折，陷入低潮。国内国际局势的急遽变化，在中共党内中国国内引起了强烈震动。人们不由要提出问题：这一切因何发生？有何教训？中国何以才能避免重蹈苏东的覆辙？冷静地、正确地提出和回答这些问题，是一项重大任务。但在反思的过程中，意见分歧严重，一股“左”的思潮乘势而起。

就事关中国改革方向的“计划和市场”的关系而言，1989年政治风波后，党中央正式文件中增加了一个“计划经济和市场调节相结合”的新提法。这个提法来自于1989年6月9日邓小平接见首都戒严部队军以上干部讲话的发表稿中：“我们要继续坚持计划经济与市场调节相结合，这个不能改”（邓小平的原话是：“我们要继续坚持计划经济与市场经济相结合，这个不能改”）①。通览邓小平整个讲话可以清楚地看到，他所更加着重强调的是党的十一届三中全会以来制定的“基本路线、方针、政策”“没有错”，要“照样干下去，坚定不移地干下去”②，其中包括党的十二届三中全会所选择的改革方向和目标——“有计划商品经济”没有错，“不能改”。但是，从其后一些重要报刊发表的文章看，有人试图用“计划经济和市场调节相结合”的提法否定“有计划商品经济”的提法。政治风波以后，党的十三大所提出的“国家调节市场，市场引导企业”的经济运行模式也不再提了，甚至成了理论禁区——因为“有的学者认为在这十二个大字中，只字不提计划，偏离社会主义方向”。③ 还有人宣称这是由于邓小平认为这两句话是错的。但事实并非如此。邓小平在1989年6月的一次讲话中提及这两句话时是这样讲的：“十三大报告中那两句话‘国家调节市场，市场引导企业’我就没有看出有问题。当时可能有人看出问题，但也没有人明确提出来。那两句话究竟怎么样，我也没有研究。如果错了，就不讲了。”显

---

① 吴敬琏：《在一个座谈会上的三次发言要点（1991年10—12月）》，《计划经济还是市场经济》，中国经济出版社1993年版，第113页。

② 《邓小平文选》第3卷，人民出版社1993年版，第307页。

③ 钱伯海：《经济学新论》，中国经济出版社1999年版，第307页。

然，是在有人提出这两句话错了时，邓小平才讲到这个问题的，但他并不认为这两句话有错。他的意思很清楚：第一，党的十三大提出这一新的经济运行模式时，他当时并未感到有问题；第二，这两句话究竟是对是错，他“没有研究”；第三，“如果错了，就不讲了”。他用的是假定语气“如果”。“如果”不错呢？当然还可以讲。① 邓小平 1989 年 5 月 31 日在同李鹏、姚依林的谈话中还说过一句话：“十三大政治报告是经过党的代表大会通过的，一个字都不能动”② ——这就从根本上排除了“错”的可能。

在这个问题上，“左”的思潮的最主要表现，是在论述经济体制改革的目标时，完全否定改革的“市场经济”方向，重新把“计划经济”与“商品经济”（市场经济）对立起来，并把计划与市场问题跟社会制度相联系，坚持“市场经济等于资本主义”，只有计划经济才是社会主义。有人说，中国资产阶级自由化的根子就在经济领域，并一口气列举了资产阶级自由化在经济领域的“十二个表现”，首当其冲的就是“市场经济”。③ 1989 年，有人断言：“完全否定计划经济，实质上就是搞资本主义。”④ 有人说，“在我国经济改革过程中，由于资产阶级自由化思潮泛滥，出现了全盘否定社会主义计划经济，而代之以市场经济的错误主张。这实际上是要从根本上否定我国社会主义基本经济制度”“把社会主义国家逐步演变为资本主义国家”⑤。有人提出，“资产阶级自由化有两个方面，所有制方面公有制要改为私有制；经济运行方面让我们改革计划经济，搞市场经济”。⑥ 有人提出，“如果我们……让市场成为资源的主要配置者，不重视乃至削弱和否定计划经济的重要作用，必然会导致社会主义公有制经济的瓦解”。⑦ 1989 年 11 月 7 日，在邓力群主持的总结 1989 年“七十天”经验教训的座谈会上，围绕经济体制改革究竟应该选择“计划取向”还是“市场取向”的问题，国务院发展研究中心的吴敬琏与财政部财科所原所长许毅发生了激烈争论。

---

① 卫兴华：《卫兴华经济文选》，中国时代经济出版社 2011 年版，第 161 页。

② 《邓小平文选》第 3 卷，人民出版社 1993 年版，第 296 页。

③ 王一夫：《经济领域资产阶级自由化的十二个表现》，《理论信息报》1989 年 8 月 7 日。

④ 马岩：《改革：资本主义化，还是社会主义的自我完善?》，《人民日报》1989 年 10 月 16 日。

⑤ 《建立计划经济与市场调节相结合的运行机制》，《人民日报》1989 年 11 月 27 日。

⑥ 蒋学模：《总结经验教训，坚持改革的社会主义方向》，《经济纵横》1989 年第 12 期。

⑦ 卫兴华：《中国不能完全实行市场经济》，《光明日报》1989 年 10 月 28 日。

1990 年、1991 年，对“市场经济”的批判进一步升级。有人说，“按照市场经济原则改革我国的经济管理体制，对计划经济则任意加以否定，……这种观点无论如何不能认为是正确的”“我国 40 年社会主义经济建设取得举世瞩目的成就，充分说明了在我国实行计划经济的巨大优越性。”[①] 有人说，“社会主义的经济是公有制的经济，因而必然要求实行计划经济。计划经济是社会主义的一个基本特征，是优越于资本主义经济的根本标志之一”。[②] 有人说，“社会主义经济只能是计划经济”“把改革的目标定位在‘市场取向’上，把‘市场经济’作为我们社会主义社会的目标模式，……就把资本主义生产方式的经济范畴同社会主义生产方式的经济范畴混淆了”[③]。有人则这样推论：“市场经济，就是取消公有制，这就是说，要否定共产党的领导，否定社会主义制度，搞资本主义。”[④] 这些批判文章的共同点，是把计划与市场同社会基本制度联系起来，认为要“坚持社会主义制度就要坚持计划经济”，改革不问姓“资”姓“社”，就会把改革开放引向“资本主义的邪路”，更有人把市场经济与计划经济之争提到“路线斗争”的高度，认为关于改革目标的争论是“两条道路斗争”的“继续”[⑤] 等等。

1989 年以来对“市场经济”改革方向“无限上纲上线”的政治性批判，使改革开放受到严重干扰，再加上此一时期国内政经及外交形势本就异常严峻，致使人们的思想更加迷茫混乱，农村更是出现了许多乱象。在湖南，零陵一些农村的院墙上又出现了“抓阶级斗争”的标语，在“抓阶级斗争，促三项任务完成”（即定购粮，农业税、教育附加费）的口号之下，一些“文化大革命”时代的惯常做法重又“死灰复燃”：冷水滩市牛角坝乡对欠交定购粮的“钉子户”挂牌游村示众；道县祥林铺区召开万人大会，将欠交定购粮的农民挂上“抗粮分子”的牌子，拉到主席台上亮相；岳阳县西塘乡仁塘村农民刘学义因欠粮欠款，于 1989 年 8 月 21 日被乡干部捆绑押到乡政府，于次日召开的万人大会上进行批斗，同时被批斗的共有 8 人。衡阳、湘潭、常德等地也是“农民

① 《发展商品经济不可否定计划经济》，《人民日报》1991 年 3 月 15 日。

② 《关于计划经济与市场调节相结合的两个问题》，《人民日报》1990 年 10 月 5 日。

③ 《市场和市场经济辨析》，《真理的追求》1991 年第 2 期。

④ 高狄：《社会主义必定代替资本主义》，《人民日报》1990 年 12 月 17 日。

⑤ 《关于当前改革之我见》，《真理的追求》1991 年第 8 期。

怕‘变’”“干部怕‘查’”。“农民怕政策变，怕又要打‘土围子’、割‘资本主义尾巴’”，致使“庭院经济不愿搞，私人企业不敢搞，思想顾虑重重，农村个体工商户比1988年减少40%以上。桃源县城关镇北门坪村有个运输专业大户，由于担心政策变，最近已卖掉3部汽车，另外两部也打算卖掉。”乡镇干部则担心“为发展乡镇企业，在请客送礼和吃喝方面多少都有点问题，要清查算总账，都过不了关”，因此不敢放开手脚发展生产。[①] 在安徽：1989年11月24日，一份有关农村的调查报告送交江泽民，报告反映的是以“大包干”闻名全国的安徽凤阳小岗村干部和农民对“八九春夏之交的政治风波”后农村局势的忧虑。小岗村农民说：“天安门事件后我们农民心里不安哪!”“打夏天来心理就一直打鼓，怕刚过了几天好日子再退回去”。村长严俊昌则说：“农民都担心江泽民再搞毛泽东的一大二公那一套”。[②]

在国内外不利因素的交织作用下，我国经济发展几乎陷入停滞乃至倒退。1984年至1988年，我国国内生产总值年均增长速度分别达到15.2%、13.5%、8.8%、11.6%、11.3%，几乎都是两位数的高增长。但是，到了1989年，国内生产总值年均增长速度只有4.1%，1990年进一步降至3.8%，经济增长出现严重滑坡。1989年11月底至12月中旬，国务院研究室同中国人民银行、中国工商银行、中国人民建设银行等单位组成3个调查组，分赴江苏、山东、湖北、四川、黑龙江、吉林、辽宁和上海这7省1市调查，历时25天，发现经济运转中的问题包括：商品市场销售持续疲软，7省1市1989年1月至11月社会商品零售额增幅扣除物价上涨因素，实际为负增长。工业生产增长速度回落过猛，除山东省外，其他6省1市1989年9、10月份都呈现负增长，上海市机械行业1989年年末订货平均只完成上年同期的30%至40%。企业处境困难，许多制成品积压在仓库里，债务越积越大：1988年全国第一纳税大户烟草行业上缴税款210亿元，而1989年1月至10月累计拖欠税款多达58.7亿元，变成了全国拖欠大户。就业形势严峻，失业率不断提高，据四川省统计，1988年该省失业率为2.8%，1989年上升到4%，城镇失业人口

① 国务院研究室农村经济组：《农村贯彻十三届四中全会精神后的一些情况》，1989年10月17日。

② 余国耀：《一九八九年的中国农村——小岗村农民的不安与江泽民同志的回应》，《中国农村改革决策纪事》，中央文献出版社1999年版，第193、195页。

为55万人，失业率接近1978年的水平。①

（二）邓小平三论“市场经济”与党中央在理论上作的深入“调研”

面对改革方向上的重大分歧，发展实践中的严重问题，邓小平一方面提出“特别要注意经济发展速度滑坡的问题”“担心滑坡”②，另一方面在事关改革全局的“计划与市场”的关系问题上进一步表明自己的态度。

1990年12月24日，在同江泽民、杨尚昆、李鹏谈话时，邓小平说：“我们必须从理论上搞懂，资本主义与社会主义的区分不在于是计划还是市场这样的问题。社会主义也有市场经济，资本主义也有计划控制。”“不要以为搞点市场经济就是资本主义道路，没有那么回事。计划和市场都得要。不搞市场，连世界上的信息都不知道，是自甘落后。”他又指出：“不要怕冒一点风险”“改革开放越前进，承担和抵抗风险的能力就越强。我们处理问题，要完全没有风险不可能，冒点风险不怕。”③ 他还曾特别交代李鹏：不要提以计划经济为主。④

1991年2月6日，在视察上海时，邓小平在与朱镕基的谈话中进一步指出：“不要以为，一说计划经济就是社会主义，一说市场经济就是资本主义，不是那么回事，两者都是手段，市场也可以为社会主义服务。”⑤

根据邓小平的论述，1990年底召开的党的十三届七中全会以及1991年3月召开的七届全国人大四次会议又都重提要“进一步适当缩小指令性计划的范围，适当扩大指导性计划的范围，更多地发挥市场机制的作用”。⑥ 理论界的争论也开始发生微妙变化，逐渐地不再把有关

① 参见国务院研究室：《决策之友》，经济科学出版社1992年版，第35—38页。

② 《邓小平文选》第3卷，人民出版社1993年版，第354页。

③ 《邓小平文选》第3卷，人民出版社1993年版，第364页。

④ 陈锦华：《国事忆述》，中共党史出版社2005年版，213页。

⑤ 《邓小平文选》第3卷，人民出版社1993年版，第367页。

⑥ 《中共中央关于制定国民经济和社会发展十年规划和“八五”计划的建议》（1990年12月30日中国共产党第十三届中央委员会第七次全体会议通过），《人民日报》1991年1月29日。《中华人民共和国国民经济和社会发展十年规划和第八个五年计划纲要》（第七届全国人民代表大会第四次会议1991年4月9日批准），《人民日报》1991年4月16日。

“计划与市场”关系的不同意见同社会性质、社会基本制度联系起来辩争，而更多地看成是资源配置的不同方式。1991 年 3 月 2 日，上海《解放日报》发表了署名为“皇甫平”的文章，就尖锐地批评“有些同志总是习惯于把计划经济等同于社会主义，把市场经济等同于资本主义，认为在市场调节背后必然隐藏着资本主义的幽灵”，强调“计划和市场只是资源配置的两种手段和形式，而不是划分社会主义与资本主义的标志。资本主义有计划，社会主义有市场。”“在改革深化、开放扩大的新形势下，我们要防止陷入某种‘新的思想僵滞’。”[①] 此文因触到了某些市场经济批判者的痛处而受到“围攻”。

以江泽民为总书记的党中央也就涉及我国经济体制改革的方向、模式等一系列重大理论问题作了深入调研，进行了理论上的研究和思考。

1990 年 7 月 5 日，江泽民邀集一些经济学家在中南海座谈经济形势和对策，李鹏、乔石等政治局常委参加，出席会议的有薛暮桥、刘国光、苏星、吴树清、吴敬琏、有林、袁木、许毅等十多人。座谈会一开始，就在改革应是“计划取向”还是“市场取向”问题上发生了激烈争论。薛暮桥、吴敬琏等人坚持必须维护党的十一届三中全会以来的改革路线，维护市场取向的正确方向。[②] 薛暮桥不但在会上发了言，还在会后给政治局常委写了一封长信，对攻击改革路线的言论作了批驳。信中说：“最近大家对东欧剧变议论纷纷。我认为仅仅以资本主义国家推行‘和平演变’政策来加以解释是不够的。在我看来，东欧挫折的主要原因，是因为未作彻底改革。这些国家采取对传统体制修修补补，或者搞一些零打碎敲的改革的做法，至多只能延迟矛盾的爆发，把国民经济引向慢性危机，而不可能求得经济状况的根本改善和同资本主义竞赛的胜利。当这些国家的领导认识到必须进行改革时，却发现群众对依靠现领导进行社会主义制度范围内的改革已经失去了信心，不愿给予起码的支持，因而追悔莫及。认清了这一点，才能把握亡羊补牢的时机。我们必须认准形势，当机立断。”所谓“彻底改革”和“当机立断”，就是在中国推进以建立社会主义商品经济（市场经济）为目标导向的综合改革。薛暮桥在信的最后特别说道：“历史经验告诉我们，拖下去只会加深矛

---

① 皇甫平：《改革开放要有新思路》，《解放日报》1991 年 3 月 2 日。

② 吴敬琏：《经济改革二十年：实践和理论的发展》，《马克思主义与现实》1998 年第 5 期。

盾，促成严重危机的爆发，只有痛下决心，动员全党全民的力量来克服困难，才能摆脱困境，走向繁荣，除此以外是别无选择的”“不能安于现状，更不能知难而退。”①

1990年10月10日至13日，中国经济界、企业界知名人士与政府高级官员100多人，在北京举行“社会主义经济改革理论讨论会”，新任国家经济体制改革委员会主任陈锦华在会上发表讲话，要求就“在当前改革的实践中，如何坚持改革的社会主义方向，如何建立有中国社会主义特色的计划经济和市场调节相结合的机制，如何科学地确定下一步改革的战略目标，拟订具体的实施步骤”等进行深入研讨。此前，根据陈锦华的布置，国家体改委国外经济体制司副司长江春泽整理完成了一份题为《外国关于计划与市场问题的争论和实践以及对中国的计划与市场关系的评论》的材料。这份材料扼要地介绍了从1902年至1903年意大利经济学家帕累托出版的两卷本《社会主义制度》一书开始，西方学术界对是以中央计划机关还是以市场作为未来社会资源配置的主要方式所进行的长达一个世纪的争论情况。材料表明，最先提出用中央计划机关取代市场来配置资源的学者是意大利经济学家、社会学家帕累托。他和他的追随者都不是马克思主义者，更不是共产党员，而是西方研究社会主义经济的学者。发生这个问题的争论时，社会主义制度还没有诞生，主张计划经济或是主张市场经济，同坚持或反对社会主义制度根本没有关联。对于帕累托及其继承者关于社会主义可以实行“计划经济”的观点，有人赞成，有人反对，但争论的各方都是研究经济问题的专家学者。真正把这个理论和设想付诸实践，并与社会主义制度联系起来，形成计划经济模式的是苏联，特别是在列宁逝世后，以1929年“大转变的一年”为标志，重视市场作用的“新经济政策”消失，代之而起的是高度集中的、排斥市场的计划经济。早期的计划经济，对苏联的工业化、国防现代化起了积极作用，显示了巨大的优越性。但是后来，同美国等资本主义国家面对自身矛盾，主动借鉴苏联计划经济的经验、加强政府对经济干预的态度相反的是苏联的思维僵化，教条主义地迷恋计划经济的优越性，抱残守缺不去正视其已开始显露的缺陷，直至戈尔巴乔

---

① 薛暮桥：《深化改革，摆脱困境——给中央政治局常委的一封信》，《薛暮桥晚年文稿》，生活·读书·新知三联书店1999年版，第116、124页。

夫时代仍然视市场为“洪水猛兽”，致使生产脱离市场、技术停滞不前，整个社会主义经济体制日益失去活力，这成为苏联经济每况愈下、发展缓慢、人民生活长期没有显著改善并最终解体的诸多原因之一。总之，这份材料清楚地表明，计划不是社会主义制度的“特产”，市场也不是资本主义的“专利”。资本主义可以有计划，社会主义更应当用市场。陈锦华把这个材料立即报送中央领导参阅。江泽民看了以后特地给他电话说：“材料很好，我看了两遍。”①

1991 年 7 月 1 日，江泽民在庆祝中国共产党成立 70 周年大会上的讲话中说：“计划与市场，作为调节经济的手段，是建立在社会化大生产基础上的商品经济发展所客观需要的，因此在一定范围内运用这些手段，不是区别社会主义经济和资本主义经济的标志。”② 这正是邓小平在上海及同高层内部谈话时阐明的观点。

为了给党的十四大做准备，1991 年 10 月 17 日至 12 月 14 日，江泽民先后邀请 20 多位经济学家举行座谈会。受邀专家包括国务院发展研究中心的吴敬琏、林毅夫、王慧炯，中国社科院的刘国光、张卓元、蒋一苇、陈东琪、李琮，国家体改委的江春泽、杨启先、傅丰祥，中国银行的周小川，国家计委的郭树清等。座谈会主要讨论三个问题：第一，二战以来西方资本主义国家经济的发展现状以及资本主义为什么“垂而不死”。第二，苏联东欧社会主义国家剧变的根本原因及教训是什么。第三，在深入讨论前两个问题的基础上，探讨怎样建设有中国特色的社会主义经济以及如何进一步推进中国的改革开放。与会的大部分经济学家不约而同地批评了当时甚嚣尘上的在改革方向上“开倒车”的论调。吴敬琏在发言中提出：计划和市场都是配置稀缺资源的方式和手段，传统计划体制的一个严重弊病，是它企图用一个无所不包的预定计划来配置社会资源，而事实上这是不可能的。经济改革的实质就是改变资源配置的方式，扩大市场机制在资源配置中的作用。江泽民主持并出席了全部 11 次座谈会，并对专家发言作了点评。

在改革开放面临重大选择的关键时刻，1992 年 1 月 18 日至 2 月

---

① 陈锦华：《国事忆述》，中共党史出版社 2005 年版，第 213—216 页。

② 江泽民：《在庆祝中国共产党成立七十周年大会上的讲话》，《人民日报》1991 年 7 月 2 日。

21 日，改革开放的总设计师邓小平来到武昌、深圳、珠海、上海等地视察，发表了著名的南方谈话。在谈话中，他充分肯定了改革开放的巨大成就，并针对国内外关心的一些重大理论和路线、方针、政策问题提出明确意见。关于计划和市场的关系问题，邓小平郑重强调："计划多一点还是市场多一点，不是社会主义与资本主义的本质区别。计划经济不等于社会主义，资本主义也有计划；市场经济不等于资本主义，社会主义也有市场。计划和市场都是经济手段。"他还说："现在，有右的东西影响我们，也有'左'的东西影响我们，但根深蒂固的还是'左'的东西。有些理论家、政治家，拿大帽子吓唬人的，不是右，而是'左'。""右可以葬送社会主义，'左'也可以葬送社会主义。中国要警惕右，但主要是防止'左'。"① 这是邓小平 1978 年以来第十二次谈到计划和市场问题，特别是谈话中首次明确宣布的"计划经济不等于社会主义""市场经济不等于资本主义"，这两个"不等于"，是在计划与市场关系问题上的又一个石破天惊、振聋发聩的论断，极具理论上的批判精神，极大地解放了人们的思想，澄清了在这个问题上长期存在的种种疑惑和错误认识，是对改革理论和实践的又一次巨大推动。

（三）党的十四大"一锤定音"："建立社会主义市场经济体制"

1992 年 2 月 28 日，中共中央发出《关于传达学习邓小平同志重要谈话的通知》。3 月 9 日至 10 日，中央政治局全体会议认真讨论了我国改革和发展的若干重大问题，确认："计划和市场，都是经济手段。要善于运用这些手段，加快发展社会主义商品经济。"② 3 月 13 日，江泽民在会见乌兹别克斯坦共和国总统卡里莫夫时，特意透露了邓小平南方谈话后党中央在"计划和市场"关系问题上的新认识。他说："我们过去在很长的时间里认为，市场是资本主义的特征，计划是社会主义的特征。其实，计划和市场都是调节经济的手段，不是区别社会主义经济和

① 《邓小平文选》第 3 卷，人民出版社 1993 年版，第 373、375 页。

② 《江泽民主持中共中央政治局全体会议讨论我国改革和发展若干重大问题》，《人民日报》1992 年 3 月 12 日。

资本主义经济的标志。资本主义也有计划，社会主义不能没有市场。”[①]

邓小平南方谈话后，人们普遍关注的一个焦点问题，是在即将于当年下半年召开的党的十四大上究竟为我国经济体制改革确定什么样的目标模式。当时，代表性的观点有三种：一是建立计划与市场相结合的社会主义商品经济体制，二是建立社会主义有计划的市场经济体制，三是建立社会主义的市场经济体制。围绕这个问题，以江泽民为核心的党中央和理论界作了大量的调研和论证工作。

1992年3月20日至4月3日，七届人大五次会议在北京举行。会议期间，4月1日晚上11点钟，江泽民打电话给国家体改委主任陈锦华，说：“现在改革开放正处在一个非常重要的时刻，下一步该怎么办，大家都在等待，也有点着急”，他要求“体改委好好研究下，向中央提出建议”。陈锦华说：“情况确实是像总书记指出的那样，大家都在等待，在看中央的态度，下一步该怎么搞，认识也不大一致，思想有点混乱。”陈锦华答应“尽快找人研究，向中央提出建议”。[②] 这次会议后，陈锦华即于4月15日邀请广东、江苏、山东、辽宁、四川5个省的体改委主任，到北京专门座谈下一步改革的设想，主题是计划与市场的关系。座谈会开了3个半天，大家的一致建议是：党的十四大应在计划与市场的关系上有所突破，明确提出“建立和发展社会主义市场经济”[③]。4月21日，陈锦华将座谈会形成的意见写成报告直接报送江泽民和李鹏。陈锦华还在报告中附了一份上述5省1978年和1991年8项宏观经济指标的统计资料，结论是：凡是市场机制运用得活的地区，比相对运用得差的地区，各项指标都大大领先。

与此同时，1992年4月21日至24日，国家体改委还和联合国经济社会发展部在北京联合召开了“经济机制转换国际研讨会”，墨西哥、英、美、埃及、中国等17个国家的专家学者与会。研讨主题中的“经济机制转换”实际上就是“中央计划经济向市场经济转换”。美国前国务卿亨利·基辛格为会议提交了一篇题为《经济发展与政治稳定》的论文，认为“在当前迅速变化的世界中，没有比这个题目更重要的问题

① 《江泽民会见卡里莫夫，指出计划和市场都是调节经济的手段，不是区别社会主义经济和资本主义经济的标志》，《人民日报》1992年3月14日。

② 陈锦华：《国事忆述》，中共党史出版社2005年版，第207页。

③ 陈锦华：《国事忆述》，中共党史出版社2005年版，第208页。

了”。在文中，他论述了对实现经济机制转换的看法，结论是：“我们正处在一个变革的时代，我们周围的经济生活在发生着重大的变化。变化的趋势错综复杂，但中心是朝向市场经济。”基辛格还指出：“向市场转变的目标被广泛接受，但实现这一目标的方式同试图改革的国家一样多，显然，没有一个‘通用’的办法。改革过程必须与各个国家的经济、社会、文化环境相一致”“改革的成功取决于政治稳定。”这篇论文没有夹杂意识形态和政治偏见，一些重要论点同中国改革实践比较一致，也被陈锦华转给江泽民、李鹏等参阅。①

1992 年 4 月 30 日，江泽民主持召开中央政治局常委会议，讨论十四大报告起草组提交的报告第一稿。江泽民在会上说：“党的十四大在计划与市场的关系上要前进一步，这是关系改革开放和现代化建设全局的一个重大问题”。② 当时，第一稿中还没有“社会主义市场经济”的提法。也就是在这一天，吴敬琏向中央上报了一份《关于计划与市场提法的建议》，提出“市场取向的改革，是社会主义走向复兴的必由之路”，建议党的十四大正式“确立‘社会主义市场经济’的提法”，而不再使用“有计划的商品经济”或“社会主义商品经济”的提法。③ 经济学家刘国光参与了十四大报告的起草，就我国经济体制改革目标模式的三种提法问题，曾应约与江泽民谈话。江泽民说“他个人比较倾向于使用‘社会主义市场经济体制’的提法”，并征求刘国光的意见，刘国光表示赞成。④

经过深入细致的调查研究并综合各方面意见，1992 年 6 月 9 日，江泽民在中央党校省部级干部进修班上发表的重要讲话中，对 1978 年以来党关于计划和市场关系的认识轨迹进行了系统梳理，并就中国经济体制改革究竟采纳何种目标模式这个长期“悬而未决”的问题提出了明确的看法和意见。他说：“党的十一届三中全会以来，我们对计划与市场问题及其相互关系的认识，有一个发展过程。党的十二大时，讲的是计划经济为主、市场调节为辅；党的十二届三中全会通过的《关于经济

① 陈锦华：《国事忆述》，中共党史出版社 2005 年版，第 210 页。

② 《江泽民文选》第 2 卷，人民出版社 2006 年版，第 528 页。

③ 吴敬琏：《关于计划与市场提法问题的建议》，《计划经济还是市场经济》，中国经济出版社 1993 年版，第 138 页。

④ 刘国光：《我的经历：计划与市场关系变革三十年》，《社会科学报》2008 年 10 月 16 日。

体制改革的决定》提出了社会主义经济是在公有制基础上的有计划的商品经济的新概念；党的十三大时，提出了社会主义有计划商品经济的体制应该是计划与市场内在统一的体制；党的十三届四中全会以来，提出了建立适应有计划商品经济发展的计划经济与市场调节相结合的经济体制和运行机制。”“最近，经过学习邓小平同志的重要谈话，在对计划和市场、建立新经济体制问题的认识上又有了一些新的提法。”在列举了当时 3 种主要提法后，江泽民明确表示：“我个人的看法，比较倾向于使用‘社会主义市场经济体制’这个提法。”他解释说：“有计划的商品经济，也就是有计划的市场经济。社会主义经济从一开始就是有计划的，这在人们的脑子里和认识上一直是清楚的，不会因为提法中不出现‘有计划’三个字，就发生是不是取消了计划性的疑问。”“所以，我觉得使用‘社会主义市场经济体制’是可以为大多数干部群众所接受的。虽然这是我个人的看法，但也与中央一些同志交换过意见，大家基本上是赞成的。”①

这次讲话 3 天后，1992 年 6 月 12 日，江泽民向邓小平报告了这个新提法，得到邓小平的赞成。邓小平说：“实际上我们是在这样做，深圳就是社会主义市场经济。不搞市场经济，没有竞争，没有比较，连科学技术都发展不起来。”还说：“在党校的讲话可以先发内部文件，反映好的话，就可以讲。这样十四大也就有了一个主题了。”② 1992 年 7 月 23 日，陈云在《人民日报》发表悼念李先念的文章，其中特别谈道：“现在我们国家的经济建设规模比过去要大得多、复杂得多，过去行之有效的一些做法，在当前改革开放的新形势下很多已经不再适用。这就需要我们努力学习新的东西，不断探索和解决新的问题。”③ 陈云认可了这个新提法。全国 30 个省市自治区党委经认真讨论，也都同意这个新提法。

在此基础上，1992 年 10 月党的十四大正式宣布：“我国经济体制改革的目标是建立社会主义市场经济体制”，并指出：“我们要建立的社会主义市场经济体制，就是要使市场在社会主义国家宏观调控下对资源

---

① 《江泽民文选》第 1 卷，人民出版社 2006 年版，第 201—202 页。

② 中共中央文献研究室编：《邓小平年谱（1975—1997）》（下），中央文献出版社 2004 年版，第 1347—1348 页。

③ 陈云：《悼念李先念同志》，《人民日报》1992 年 7 月 23 日。

配置起基础性作用，使经济活动遵循价值规律的要求，适应供求关系的变化；通过价格杠杆和竞争机制的功能，把资源配置到效益较好的环节中去，并给企业以压力和动力，实现优胜劣汰；运用市场对各种经济信号反应比较灵敏的优点，促进生产和需求的及时协调。”“建立和完善社会主义市场经济体制，是一个长期发展的过程，是一项艰巨复杂的社会系统工程。”“我们相信，社会主义条件下的市场经济，应当也完全可能比资本主义条件下的市场经济运转得更好。”① 经由党的最高领导机关讨论并认可的这一重大决策，标志着社会主义市场经济体制改革目标的最终确立。

党的十四大以后，1993 年 11 月，党的十四届三中全会审议并通过《中共中央关于建立社会主义市场经济体制若干问题的决定》，把党的十四大提出的经济体制改革的目标和基本原则具体化，构筑了社会主义市场经济体制的基本框架，成为 20 世纪 90 年代我国建立社会主义市场经济体制的行动纲领和工程化蓝图。经过此后 10 年探索，我国经济体制改革取得重大进展，社会主义市场经济体制初步建立。在此基础上，2003 年 10 月，党的十六届三中全会又审议通过了《中共中央关于完善社会主义市场经济体制若干问题的决定》，就完善我国社会主义市场经济体制的若干重大问题作出部署，引领中国经济体制改革进入新的阶段。

五、把“社会主义”与“市场经济”结合起来是党的伟大创举

从 1978 年底提出改革开放政策，开始推进以“市场为取向”的经济体制改革，到 1992 年正式确定中国经济体制改革的目标是建立社会主义市场经济体制，中国共产党人艰辛探索了 14 年。探索的结果，是把“社会主义”与“市场经济”这两个曾长期被认为“风马牛不相及”“水火不容”的“对立物”联结起来、“铆”在一起，完成了科学社会主义认识史上的“哥白尼式革命”，实现了对马克思主义的重大突破。回顾实现这一突破的历史，能够给人很多启示。

---

① 江泽民：《加快改革开放和现代化建设步伐，夺取有中国特色社会主义事业的更大胜利——在中国共产党第十四次全国代表大会上的报告》，《人民日报》1992 年 10 月 21 日。

首先是如何对待马克思主义。马克思主义的理论生命力在于与时俱进，马克思主义的实践生命力在于能够为纷繁复杂的现实世界提供“化忧解难”的“正能量”并取得积极的实效。因此，马克思主义的基本立场观点原则不能丢，但必须用发展的、变化的、面向未来的眼光正确认识和科学对待马克思主义，绝不能拿一百多年前的“本本”上的只言片语以及别国经验、传统做法来“框”今日丰富多彩的中国社会主义之实践。几十年来我们一直把社会主义与计划经济体制捆绑在一起，就是照“本本”办事、搬别国经验的突出一例。列宁曾经指出：在迅猛变化的资本主义世界经济面前，“即使有 70 个马克思也不能够把握住所有这些错综复杂的变化的总和；至多是发现这些变化的规律，在主要的基本的方面指出这些变化及其历史发展的客观的逻辑”。[①] 自马克思逝世以来，百多年巨变，沧海桑田。面对突飞猛进的科技进步、面对世界范围内的思想文化激荡博弈、面对日益激烈严峻的综合国力竞争，任何僵化的思维、保守的做法、退缩的观念，只会给党和国家事业的发展带来危险、设置障碍，没有意义，没有出路。

其次是如何认识中国社会主义。中国实行社会主义制度，是历史的选择，人民的选择。但是在中国真正实践社会主义——鉴于过去的教训，一定要“小心谨慎”，一定要立足中国，一定要吃透中国国情，一定要弄清楚中国的社会主义是什么起点上的社会主义，在这样的起点上如何建设社会主义。只有深刻地弄清楚了这些问题，类似市场经济之于社会主义是“异端邪说”的思想偏见，才会少发生、不发生。各国国情不同，因此社会主义没有“先入为主”、一成不变的固定模式。但是，不管各国如何实践社会主义，科学社会主义有一点的要求是共同的，那就是要以比资本主义更快、更高的速度发展生产力，以此显示其优越性。考察中国社会主义的经济运行体制及内在机制是否合理、是否高效，标准也只有一个，那就是看“是否有利于发展社会主义社会的生产力，是否有利于增强社会主义国家的综合国力，是否有利于提高人民的生活水平”[②]，用这个“标准”褒贬得失，检验正误——用社会主义市

① 《列宁选集》第 2 卷，人民出版社 1995 年版，第 220 页。

② 江泽民：《加快改革开放和现代化建设步伐，夺取有中国特色社会主义事业的更大胜利——在中国共产党第十四次全国代表大会上的报告》，《人民日报》1992 年 10 月 21 日。

场经济替代集中计划经济正是基于这一“标准”。

再次是如何继续开拓中国特色社会主义伟大进程。建设中国特色社会主义是前无古人的伟大事业，不可能一帆风顺，也不可能一蹴而就，必须脚踏实地，始终保持“勇于变革、勇于创新，永不僵化、永不停滞”的精神状态①，把握历史大势，顺应时代潮流，着眼中华民族的根本利益和长远利益，大胆探索、闯出新路。我们党在创建社会主义市场经济体制上勇敢地这样做了，成功地这样做了，打破了“计划和市场”关系上的“金科玉律”，闯出了一片新天地。在现实生活中，仍然束缚人们思想、需要打破的各种有形无形的“金科玉律”还相当之多。实践表明：这样的“金科玉律”打破到哪里，思想解放就推进到哪里，改革开放就深入到哪里。若能把中国共产党在确立社会主义市场经济体制改革目标过程中展现出来的创新气魄和求实精神运用、拓展和深化到对包括政治体制改革在内的其他领域陈旧的“金科玉律”的打破上来，也就一定能够推动中国的改革向纵深发展，推动中国特色社会主义道路越来越宽广、理论更自信、制度更完善。

实现从长期计划经济向社会主义市场经济的突破实属不易。在实现这个突破的过程中，当代中国共产党人以实现民族伟大复兴伟业为担当，排除陈规陋见，敢于创造、敢于作为、敢于进取的政治勇气、理论胆识和求实精神，得到了淋漓尽致的展现。

对于这样的突破和创造，并不是所有人都赞成的。恰恰相反，从一开始就有人持怀疑和否定的态度。国内的怀疑和反对不用再重述了，国外持怀疑态度的也大有人在。1985 年 11 月 11 日，来访的美国前国务卿亨利·基辛格与邓小平见面，在谈到中国的改革问题时，基辛格说：“像中国这样大规模的改革是任何人都没有尝试过的，世界上还没有别的国家尝试过把计划经济和市场经济结合起来。这是一个有历史意义的事件，因为你们的尝试是一个全新的试验。如果你们成功了，就将从哲学上同时向计划经济国家和市场经济国家提出问题。”在以睿智著称的基辛格的心目中似乎也存在着一个与基本制度相联结的“铁则”：“计划经济＝社会主义；市场经济＝资本主义”。此时的中国正在勇敢地推进

---

① 胡锦涛：《高举中国特色社会主义伟大旗帜，为夺取全面建设小康社会新胜利而奋斗——在中国共产党第十七次全国代表大会上的报告》，《人民日报》2007 年 10 月 25 日。

以市场为取向的经济体制改革，市场经济已经在中国社会主义改革的视野中、实践中。"社会主义也可以搞市场经济"打破了很多抱持固化观念人的政治"常识"，甚至打破了一些人判断社会制度"姓社姓资"的"准绳"，这就难怪基辛格也认为要"从哲学上同时向计划经济国家和市场经济国家提出问题"了，其要表达的意思不言自明：社会主义搞市场经济，很难成功，要走着瞧。不仅是基辛格，1991年9月，英国前首相撒切尔夫人访问中国，在与江泽民、朱镕基会谈时，也坚持认为："社会主义和市场经济不可能兼容，社会主义不可能搞市场经济，要搞市场经济就必须实行资本主义制度，必须私有化。"[①] 基辛格的"问题"、撒切尔夫人的"固执己见"，代表了西方政治家和经济学家的主流看法，甚至一定程度上代表了某种"国际共识"。1998年5月，60多个国家的1000多名代表齐聚法国巴黎，纪念《共产党宣言》发表150周年。会上，中国20年改革开放的成绩得到广泛承认，但却很少有人同意"邓小平的社会主义市场经济论"是马克思主义。[②] 由此可见，马克思主义的所谓信仰者也拘泥于"过时的"迂腐之见。

对中国的改革前途，邓小平乐观而自信。就在1985年11月与基辛格的对谈中，邓小平满怀信心地表示，中国的改革，"不说是个伟大的试验，但确实是个重大的试验。""中华民族不是低能的民族，这一点是肯定的"。他还说，"中国落后许多年了，近几年可以看到一些兴旺的气象。更早一点的时候，在1949年，黄面孔的中国人站起来了，但是真正的翻身还要两代人的努力"。[③] 1978年以来，中国用了不到两代人的时间，创造性地开展社会主义市场经济这个超大规模的"重大试验"，推动经济社会和综合国力实现跨越式发展，中国"兴旺的气象"已初步彰显出来了：从1978年至2007年的30年间，中国经济年均增长9.8%。1978年中国国内生产总值2165亿美元，2007年增至3.2万亿美元。中国的综合国力及在国际上的影响和地位，已发生重大变化。

这些变化无不在验证着邓小平的真知灼见："计划和市场都是方法嘛。只要对发展生产力有好处，就可以利用。它为社会主义服务，就是

---

① 陈锦华：《国事忆述》，中共党史出版社2005年版，第247页。

② 冷溶：《邓小平理论研究中的几个问题》，《理论学习》2002年第2期。

③ 中共中央文献研究室编：《邓小平年谱（1975—1997）》（下），中央文献出版社2004年版，第1094页。

社会主义的；为资本主义服务，就是资本主义的。”① 社会主义与市场经济的结合，既发挥了社会主义的优越性，也发挥了市场经济的优越性，这是改革开放以来，特别是20世纪90年代以来中国经济社会高速而稳定发展的主要原因，也是中国特色社会主义道路成功的根本所在。若与世界上同样搞市场经济、发展水平大体相同的发展中大国比较起来，中国社会主义市场经济的优势就看得更加清楚。实践证明：社会主义能够和市场经济相结合，我们已经初步探索出了一条发展社会主义市场经济的成功道路，一定要坚持这一改革方向，决不能怀疑和动摇。

当然，也要看到，伴随中国经济30年的高速发展，我们在前进的道路上也出现了一些问题，诸如发展中不平衡、不协调、不可持续的问题；城乡差距拉大、居民收入差距拉大的问题；教育、就业、社会保障、医疗、住房、生态环境等关系群众切身利益的社会矛盾明显增多的问题；道德失范、诚信缺失的问题，等等。这些问题的产生，有多方面原因，其中一个重要原因，是社会主义市场经济体制还不够完善，也包括市场经济本身固有缺陷带来的问题等。对市场经济的利弊，马克思主义经典作家曾有过深刻的分析：一方面，市场经济有它的优点，是配置资源和提供激励的有效方式，效率高，有活力；另一方面，市场并非万能，也存在盲目性、无序性等问题，如不加以限制，必然导致发展的不平衡和两极分化，破坏人与人、人与社会、人与自然之间的和谐。对市场经济的缺陷，资本主义国家也有认识，也提出了应对之策，但靠资本主义自身解决不了这个问题。中国的市场经济，是社会主义市场经济，解决市场经济的固有缺陷，只能靠社会主义，靠发挥社会主义制度的优越性。当前，中国的市场经济还在加快完善之中，在某些领域和方面发育得还不够充分、不够成熟，这需要通过深化改革来加以解决，但与此同时，市场经济的一些缺陷又已经显露出来。对市场经济的缺陷，对一些领域（如教育、医疗、住宅等）过度市场化带来的不良后果、造成的民众痛苦，党和国家必须给予高度重视。能否最大限度地降低和克服市场经济的负效应，是中国市场经济最终能否成功的关键。为此，必须充分发挥党和社会主义的政治优势，做到全国一盘棋，集中力量办大事。这就要求：越是发展市场经济，越要加强总体规划和宏观调控，避免盲

① 《邓小平文选》第3卷，人民出版社1993年版，第203页。

目性；越要提倡共同富裕，防止两极分化；越要注重社会公正公平，关爱照顾弱势群体；越要重视思想道德教育，强调理想信念和奉献精神；越要坚持指导思想的一元化和维护党中央的权威，做到集中统一。只有这样，才能体现社会主义的优越性，才是名副其实的“社会主义市场经济”，才能实现市场经济与社会主义在更积极意义、更高层次上的结合。这些要求和工作过去一直在做，以后要下更大力气做得更好。

中国改革开放的背景和缘起*

改革开放作为党带领人民进行的一场新的伟大革命，其发生决不是偶然的，而是有着深刻的国际国内背景的。一是从我国自身情况看，历时10年的“文化大革命”，给党、国家和人民带来沉重灾难，社会主义形象受到严重损害，我们党必须通过改革开放，解放和发展社会生产力，改善人民生活，增强社会主义的吸引力、号召力；二是从外部情况看，20世纪五六十年代世界范围蓬勃兴起的新科技革命推动世界经济迅猛发展，我国经济实力、综合国力与国际先进水平的差距进一步拉大，面临巨大的国际竞争压力，我们党必须通过改革开放，带领人民赶上时代潮流。因此，30多年前中国之所以要义无反顾地选择和走上改革开放之路，既是国内困境使然，也是外部压力使然，是国际国内“双重逼迫”的产物。

一、“文化大革命”给党和国家带来严重灾难

中国是在1956年完成三大改造后进入社会主义社会的。1956年9月，党的八大对于如何以苏联为鉴、探索中国自己的社会主义建设道路，提出了很好的思路。但遗憾的是，从1957年开始，由于党在社会主义建设的指导思想上出现了“左”的错误，我国社会主义建设多次遭

---

* 这是2008年9月在中央党校地厅班以及2011年4月在中央党校全校中共党史专题讲座的授课讲稿。

受严重挫折。1988年5月，在会见捷克斯洛伐克共产党中央总书记雅克什时邓小平曾说："'文化大革命'耽误了十年。如果加上从1957年开始的'左'的错误所耽误的时间，总的算起来应该是20年。在这20年中我们并不是什么好事都没有做，我们做了许多工作，也取得了一些重大成就，……但就整个政治局面来说，是一个混乱状态；就整个经济情况来说，实际上是处于缓慢发展和停滞状态。"① 1957年的"左"，主要表现为政治上的反右派斗争严重扩大化；1958年，政治上的"左"又发展为经济上的"左"，相继发动了"大跃进"和人民公社化运动，给我国经济建设和人民生活造成重大损失。"大跃进"失败后，从1961年至1965年，我国进入国民经济调整时期，调整工作历时5年，取得了显著成效。但在调整过程中，社会主义建设指导思想上"左"的错误非但没有得到纠正，反而进一步发展，愈演愈烈，最终导致了"文化大革命"。"文化大革命"名义上是坚持和捍卫社会主义、坚持和捍卫马克思主义，实际上严重损害了党和社会主义的形象，给党、国家和人民带来了巨大灾难。

从政治上看，十年"文化大革命"使国家政治生活遭到巨大的破坏。"文化大革命"期间，各项政治制度与规则或残缺虚置，或极度变形，党和政府各级机构、各级人民代表大会和政协组织长期陷于瘫痪和不正常状态，作为我国根本政治制度的人民代表大会制遭到严重破坏，全国人民代表大会停止活动达9年之久。中国人民政治协商会议10年没有召开。十年"文化大革命"严重混淆敌我，严重损害国家政权，严重践踏社会主义民主法制，造成的冤假错案堆积如山。在这场所谓的"大革命"中，林彪、江青反革命集团为了篡党夺权，利用毛泽东晚年的错误，煽动"怀疑一切、打倒一切"，使包括党和国家领导人在内的大批中央党政军领导干部、民主党派负责人、各界知名人士和群众受到残酷迫害，制造了大批冤假错案。据统计，"文化大革命"的十年中，全国被立案审查的干部高达230万人，占"文化大革命"前夕全国1200万干部的19.2%。仅最高人民检察院特别检察厅起诉书中列举的受诬陷、迫害的就有729511人之多，迫害致死的达34800多人②。中

① 《邓小平文选》第3卷，人民出版社1993年版，第264页。

② 参见《触目惊心的统计》，《北京晚报》1980年11月21日。

央和国家机关各部委被审查的干部有29885人，占干部总数的16.7%。其中，中央副部级和地方副省级以上的高级干部被立案审查的达75%。[①] 据最高人民法院1980年9月统计，仅因刘少奇问题而受株连的“案件”就有2.6万多件，被判刑的达2.8万多人。仅内蒙古“内人党”一案，就有3.46万人受迫害，16222人被迫害致死。[②] 公安、检察、司法等专政机关和维护社会秩序的机关都被搞乱了。一些地方私设公堂、私立监狱、私自关押干部群众。至于蛮横批斗、刑讯逼供、随意逮捕、任意抄家乃至草菅人命的现象在全国各地更是极为普遍，人民生命财产失去保障，整个社会生活陷入持续不断的动荡之中。

从经济上看，“文化大革命”推行极左政策，违背客观经济规律，严重阻碍了工农业生产，使我国的经济总量和人均水平在世界各国的位次上不断后移，而且与许多国家发展的差距也越来越大。GDP总量是衡量一个国家发展的最核心指标，代表着一国生产力的发展水平，而且是一个国家一切社会、政治、文化、国防等等事业的物质和财富基础，没有GDP持续和有效的增长，其他方面的发展便无从谈起。从GDP总量看，1952年，中国GDP总量占世界GDP的比例为5.2%，1978年下降为5.0%。据国外权威专家研究计算，1952年到1978年中国GDP的实际平均增长率只有4.7%。整个国家和人民的发展和生活水平，大多数发展和生活指标排在世界国家和地区170位以外，处于联合国有关部门和世界银行等组织划定的贫困线之下。按照正常年份百元投资的应增效益推算，“文化大革命”十年内乱使我国国民收入损失了5000亿元，这相当于新中国成立后30年全部基本建设投资的80%，相当于全国40万个工交企业的全部固定资产的总和。从统计数字看，“文化大革命”十年中，有5年经济增长不超过4%，其中3年负增长：1967年增长为－5.7%，1968年增长为－4.1%，1976年增长为－1.6%。[③]1978年2月，华国锋在五届人大一次会议上作的《政府工作报告》披露，由于“文化大革命”的破坏，仅1974年到1976年，全国就“损失工业总产

① 参见中央党史研究室科研管理部编：《拨乱反正（中央卷）》（上），中共党史出版社1999年版，第248页。

② 参见《历史的审判》编辑组编：《历史的审判》，群众出版社1981年版，第32页。

③ 参见中央财经领导小组办公室编：《中国经济发展五十年大事记》，人民出版社1999年版，第222、228、282页。

值1000亿元，钢产量2800万吨，财政收入400亿元，整个国民经济几乎到了崩溃的边缘”。[①] 在一些地区，特别是云、贵、川、闽、浙、赣等省，粮食产量急剧下降。由于工农业生产受到破坏，直接影响到市场供应和人民生活，国家财政连续3年出现赤字。

需要特别指出的是，“文化大革命”时期我国计划经济体制的弊端尽显。我国计划体制很多方面学苏联，苏联的计划经济已经存在很多弊端，但是，苏联制定经济计划，有的是借助大型计算机完成的，一定意义还有一些科学性，而中国的计划经济，则带有强烈的长官意志和随意性，严格地说，是“无计划的命令经济”。有人因此评论说：“改革前中国的农村体制是一种具有社会主义原始积累特征的，有束缚而无保护的共同体，它比东欧那种束缚功能与保护功能相协调的、甚至有保护而无束缚的农业体制更不公平；改革前中国的工业体制是一种大轰大嗡的运动经济或农民战争式的命令经济，它比东欧式的科学主义计划经济更无效率。”因此，1978年以后的中国经济改革和苏联东欧等国比较起来，“与其说是表明我们如今干得比他们好，毋宁说是表明我们过去干得比他们差。”[②] 长期实行计划经济使中国企业失去了应有活力。1978年夏天，美国记者马修斯到广西桂林采访，他描述广西桂林丝厂的情况是：“同中国大多数工厂的情况一样，桂林丝厂的工人看来并不是干劲十足的。就业保障、退休金保证以及其他一些好处促使中学毕业生拼命挤进工厂去工作。因此，许多人都挤进了本来就已经过多的工人行列。当我走进一个车间的时候，有三名女工正在同旁边桌上的另外三名女工聊天。我一进去，她们就很快回到了自己的座位上，然后交叉着双手坐在那里。在我逗留的几分钟里，只有一个女工干了活，而没有一个女工说得清楚她们的生产定额是多少。”“在这种企业里，工人的身份是可以世袭的，当一名工人退休时，他或她可以送一个子女到这家工厂工作。桂林丝厂有2500多名工人，从来没有解雇过一个人。”马修斯的评论是：“这种松松垮垮的工作态度，仍然是妨碍这个世界上人口最多的国家实现现代化的一个主要障碍”。最具戏剧性的一幕出现在重庆。一位日本

① 华国锋：《团结起来，为建设社会主义的现代化强国而奋斗——1978年2月26日在第五届全国人民代表大会第一次会议上的政府工作报告》，《人民日报》1978年3月7日。

② 王利民等编：《中国经济大论战》第六辑，经济管理出版社2001年版，第371页。

记者在重庆钢铁厂采访时发现：这家年产 30 万吨原钢的工厂，使用的设备全都是 20 世纪 50 年代之前的。最令人惊异的是一台 140 多年前制造的、由清末张之洞从英国为汉阳兵工厂引进的蒸汽式轧钢机竟然还在使用。厂长对此的解释是："因为质量好，所以一直在用。"① 其实，并不是因为质量好还在用，而是从 1965 年开始，这家工厂就不断向上级打报告，要求进行技术改造，淘汰这台机器，但是报告打了 13 年，上级直到这时还没有批准。孙冶方对计划经济时代这种妨碍和扼杀企业技术进步的现象，称之为"复制古董"，是计划经济体制的主要弊端之一。农村也实行计划经济体制，对广大农民的生产积极性同样造成严重压抑。"文化大革命"时期，农村实行"一大二公"的人民公社体制，8 亿农民生活在 5.4 万个人民公社里。农民没有生产、分配、消费的自主权，种什么作物、种多大面积、怎么种植，都由上级决定。分配上实行平均主义，干多干少一个样，干和不干一个样。农民是最讲实际的，也没有那么高的政治觉悟，既然"干和不干一个样"，大家就都不干了。一些地方流传的"大呼隆"民谣，典型地反映了各地农村农民参加集体生产时消极怠工的情况："一队打钟二队喊，三队四队往外撵，五队猛敲生铁板，六队地头把名点，喊破嗓子砸烂钟，社员迟迟不上工，树边候，路边等，蹭到地头坐个坑。""你来我来大家来，男打扑克女纳鞋。你走我走一阵风，工分挣钱太稀松，集体活，慢慢磨，干得多了划不着。劳动多了你别喜，'人八劳二'不由你，劳动少了不用愁，分配多少按人头。""白天黑夜拼命干，不如生个大肉蛋（指生小孩）"。在上述体制下运转的中国社会和经济，求不倒退尚不可得，又如何谈得上发展呢？"文化大革命"结束时的中国，也是对外封闭的中国，几乎与世界隔绝，不要说地方领导人，就是中央领导人也很少出国。1977 年 11 月，李先念让时任国家计委副主任的袁宝华随团访问英国、法国，袁宝华的第一反应是"大吃一惊"，说除了 20 年前"到过苏联外，还没有去过国外"②。来中国旅游和工作的外国人也很少。即使在北京、上海这样的大城市，大街上也很少见到外国人。

① 吴晓波：《激荡三十年·中国企业（1978—2008）》（上），中信出版社 2007 年版，第 10 页。

② 朱玉：《李先念与一九七八年的国务院务虚会议》，《中共党史研究》2005 年第 1 期。

从科技文化发展上看，这场由文化领域发端的“大革命”革了“文化”的命，实行的是文化专制，对科学文化教育事业的摧残尤为严重，使中华民族优秀的文化遗产遭受浩劫，一大批学有专长的知识分子受到残酷迫害。百花凋零，学校停课，教育倒退，科学落后，文盲增多，文化园地荒芜，许多科研机构被撤销，在一个时期内造成了“文化断层”“科技断层”“人才断层”。“文化大革命”十年中，中等高等教育搞革命，中高等教育的考试被废除，一般的知识课程设置被打乱，中高等基础和专业知识被大量删减和简单化，正规的知识教育受到冲击，耽误了一代人的教育培养。知识分子斯文扫地，被称为“臭老九”，有专业知识的人更是往往被指责走白专道路。从 1966 年到 1976 年，10 年间没有组织过正式的高考，交白卷也可以上大学。据 1982 年的人口普查统计，全国文盲和半文盲人数达 2.3 亿多，占全国总人口数的近四分之一。科技人员受到歧视，没有应有的社会地位。许多学有所成、留洋回国的知识分子，在“文化大革命”中受到严重迫害。“文化大革命”期间，中国科学院仅在北京的 171 位高级研究人员中，就有 131 位被先后列为打倒和审查对象。全院被迫害致死的达 229 名。上海在科技界制造的“两线一会”特务案，株连了 14 个研究单位共 1000 多人。受逼供、拷打等残酷迫害的科技人员和干部达 607 人，其中 2 人被活活打死，6 人被迫自杀①。

新中国成立后一段时间，虽然我国也取得过一些重大科技成就，但到“文化大革命”结束时，我国与世界科学技术突飞猛进的形势相比，除了某些军事工业技术外，其他各方面自主研究的科学技术与世界发达国家，包括一些新兴发展中国家科学技术水平的差距进一步扩大，大约落后于发达国家 40 年左右，落后于韩国、巴西等发展中国家 20 年左右。20 世纪 50 年代到 70 年代，各发达国家科学技术进步对经济增长的贡献率分别从 20 世纪初的 10%提升到了 50%至 70%。而中国科学技术进步对经济增长的贡献率，则从 1952 年至 1957 年的 27.78%下降至 1965 年至 1976 年的 4.12%。与世界科学技术进展相比，“文化大革命”期间我国的科学技术进步非常缓慢，对国民经济增长和社会发展的推动

---

① 参见《惊回眸，那个春天——记 1978 年全国科学大会召开的前前后后》，《科技日报》2008 年 3 月 17 日。

作用十分有限①。

“文化大革命”还造成了全民族空前的思想混乱，党的建设和社会风气受到严重破坏，内伤所及，无形损失更大。在“左”倾思潮指导下，许多符合马克思主义和社会主义基本原则的做法被当作修正主义加以批判，发展生产力被批作“唯生产力论”，重视物质利益原则被批作“物质刺激”，“宁要社会主义的草，不要资本主义的苗”，黑白不明、是非混淆，使唯心主义和形而上学四处泛滥，使一系列理论、政策上产生了严重混乱。“文化大革命”号召“踢开党委闹革命”，全面破坏了党的组织建设，一些投机分子、野心分子、阴谋分子和打砸抢分子乘机混到党内并窃取一部分权力，党的组织原则和纪律遭到破坏，由此造成派别林立、以帮代党、以帮代政，严重地分裂了党政军组织和人民群众，留下了巨大创伤。

实行社会主义的根本目的是为了让人民过上更加幸福美好的生活。“文化大革命”结束时，中国老百姓的生活状况又如何呢?

先看市民生活。城市市民基本上靠工资生活。然而，从 1957 年到 1976 年，全国职工在长达 20 年的时间里几乎没涨过工资，1957 年全国职工平均货币工资 624 元，1976 年下降至 575 元，不进反退，还少了 49 元②。1978 年，失业的城镇青年 2000 万人，实际城镇失业率高达 19%左右，城市居民食品消费占总其支出的比重即恩格尔系数高达 56.66%。很多日常生活消费品需要凭票购买。粮票流行了 40 年，与人民币同等重要，被称为“第二货币”。服装从颜色到样式，单调划一，蓝、黑、绿、灰是占绝对“统治地位”的主色调。“三转一响”（缝纫机、自行车、手表、收音机）是人人向往的“四大件”。直至 1980 年时，这“四大件”每百户的拥有率也只为 5.5%、11.2%、15.7%、14.9%。黑白电视机的每百户拥有率也仅为 1.6%，家庭电话非常少，即使按当时的公用电话计算，每百户普及率只有 0.64 部，而洗衣机还很少有，家庭轿车普及率几乎为零。

由于物资短缺，很多城乡居民家庭的耐用消费品同样需要凭票券购买。2008 年 5 月，在改革开放 30 周年之际，有武汉市民回忆说：“在

① 参见《三十年前我们为什么要选择改革开放》，《学习时报》2008 年 9 月 1 日。

② 参见曾培炎主编：《新中国经济 50 年》，中国计划出版社 1999 年版，第 897—898 页。

我们那个年代，几乎买一切东西都要凭票、凭证、凭券，买粮食要有粮票，买布要有布票，买其他用品要有公分券才行。我1968年参加工作，在武汉皮革厂做司炉工，工资比较高，吃饭是不成问题，但是好多生活用品还是买不到，因为物品供应太少，有钱也买不到。当时流行一句顺口溜，叫‘三转一响一咯嚓’，三转就是当时的三大件——自行车、手表、缝纫机；一响指收音机；一咯嚓就是皮鞋，在鞋底钉个铁脚掌，走起路来咯嚓作响。这几大样是人人羡慕的东西，也是当时有钱有能耐的标志。我年轻气盛，虚荣心也强，便想方设法地要搞到这些东西，再加上到了谈婚论嫁的年龄，没有这些东西是没有姑娘愿意嫁给你的。我当时置办的第一大件是缝纫机，省吃俭用整整攒了一年，攒了120个公分券，托熟人关系找到了供销社的主任，费尽种种周折才批来一台武汉天桥牌的缝纫机。当时还买不起有名的上海蝴蝶牌，但这也足足让我们全家高兴了好一阵子。第二年，我又花了189元钱托那个供销社主任买了一辆永久牌载重自行车，随后又买到了上海牌手表。三大件逐渐配齐，在那时风光了好一阵子。”① 市民住房相当困难。据1978年建设部对全国182个大中城市统计显示：全国城市人均居住面积是3.6平方米，182个城市中共有缺房户689万户，占这些城市总户数的35.8%。改革开放初期，上海180万住户中，按国家标准，有89.98万户为住房困难户，占了总户数的一半左右，其中三代同室的119499户，父母与12周岁以上子女同室的316079户，12周岁以上兄妹同室的85603户，两户同居一室的44332户，人均居住2平方米以下的268650户②。住房大多没有客厅，进门就是卧室、厨房，卫生间很多是几家合用。1972年2月，美国专栏作家赖斯顿随同尼克松到达阔别多年的上海访问，他的观感是：除了殖民地时代的华丽建筑，上海的市政建设在他的脑海里再没有留下任何其他印象。1974年，法国社会学家朗兹也来到上海，还私自考察了上海的大街小巷，在回国后撰写的描述上海见闻的札记中写

---

① 《改革开放30周年报道读者来稿选登》，《长江商报》2008年5月8日。

② 1985年上海市房屋普查的数据（《上海地方志—房地产志》）：全上海合计180万户，计668万人。居民缺房登记90万户（899768），其中婚后无房12986户；暂住非住宅房450户；暂住临时简易房113户；暂住亲友房93户。三代同室119499户；父母与12周岁以上子女同室316079户；12周岁以上兄妹同室85603户；二户同室44332户；人均居住面积2平方米以下268650户，2—4平方米以内51963户。

道："我看到在一条凝滞不动的小河边搭建起来的一间的小屋。屋顶披着歪斜着的羊毛毡，上面压着几十个瓶瓶罐罐。窗户的玻璃全都破裂，显示着利齿般形状。至多只有 10 平方米的空间，却住着 5 口之家。时时可闻腐烂的蔬菜气息荡漾在小屋四周。这情景让我想起了孟买、加尔各答和新墨西哥城……"① 中国城市呈现的是一副破败的面貌。

农村的情况也很严重。安徽农村最有代表性。"1977 年 6 月，中央政治局会议上放映了一部只有 10 分钟的内部参考片，片中反映的是安徽农村的贫困状况。这个片子我们今天已经看不到了。当时，中央政治局迅速作出决定，要尽快派一名得力的干部去主持安徽工作。"② 随后，中央任命万里担任安徽省委第一书记。到任以后，万里先后来到芜湖、徽州、肥东、定远、凤阳等地调研，所见所闻，使他大为震惊。万里后来回忆说：我"一到任就先下去看农业、看农民，用三四个月的时间把全省大部分地区都跑到了。我这个长期在城市工作的干部，虽然不能说对农村的贫困毫无所闻，但是到农村一具体接触，还是非常受刺激。原来农民的生活水平这么低啊，吃不饱，穿不暖，住的房子不像个房子的样子。淮北、皖东有些穷村，门、窗都是泥土坯的，连桌子、凳子也是泥土坯的，找不到一件木器家具，真是家徒四壁呀。我真没料到，解放几十年了，不少农村还这么穷！"③ 安徽凤阳县有个前王生产队，紧靠津浦铁路。这个有着 10 户人家 68 口人的生产队，4 户没有门，3 户没水缸，5 户没有桌子。队长史成德是个复员军人，一家 10 口人只有一床被子、7 个饭碗，筷子全是树条或秸秆做的。

安徽农村的情况并非个别现象。改革开放初期，新华社国内部农村组派出几位记者到中西部农村调查。结果，1979 年全年农民的人均收入，最高的是山西吕梁地区，为 70 元；甘肃陇东地区的庆阳第二，为 64.86 元；陕西的延安地区第三，为 57.2 元；榆林地区第四，为 52 元；甘肃平凉地区第五，为 47.6 元；宁夏固原和甘肃定西最低，同为 36.8 元。而按照当时的消费水平，农民年均收入只有达到 100 元才能解决温饱问题，满足最低生活需要。吕梁地区总共有 13 个县，山上 9

---

① 何建华：《大地的警醒》，学林出版社 1992 年版，第 80 页。

② 《大型电视文献纪录片〈新中国〉解说词》，中央文献出版社 1999 年版，第 306 页。

③ 田纪云：《万里：改革开放的大功臣》，《新远见》2009 年第 3 期。

个县，147万人，山下4个县，103万人。1976年，吕梁地区粮食总产量不到12亿斤，人均占有粮食只有400多斤，口粮仅200来斤，人均分配收入43元。最穷的临县，从1958年到1979年的22年中，每个农民平均每年从集体分得的收入，达到和超过40元的，仅有3年，其余19年都在40元以下，最低的1976年仅有21.8元，平均一天才6分钱。1976年，固原地区天灾人祸交加，全地区每人从集体分得口粮仅176斤。1977年，是中等年景，人均口粮223斤。1978年，是新中国成立以来第二个丰收年，人均口粮也只有329斤。这表明，无论是丰年、平年、灾年，这里的农民绝大多数常年挣扎在饥饿线上①。在地处西南的贵州省，1977年全省粮食总产量只比1957年增长21.4%，而同期人口却增加了57.1%，全省每人平均占有粮食比20年前下降了22.8%，社员口粮水平下降了约1/5，只有370斤左右。收入不足40元的生产队高达40%以上。许多生产队无粮无钱，有的连种籽也要国家支援，维持简单再生产也有困难。据统计，该省镇宁县1977年全县社员分配收入人均39元；1978年有48%的生产队人均口粮不足300斤，扣除口粮折款后，很多农户分不到现金，零花钱只能靠变卖粮食，实际吃粮水平更低。② 在广东省，虽然临近港澳，地理条件优越，但由于政策上的问题，农村也相当贫穷落后。1978年，深圳农民的人均收入是134元，而一河之隔的香港新界农民的年收入却是13000元港币。如此大的差距，引诱了不少人铤而走险偷渡港澳。据统计，1979年，广东发生偷渡外逃292518人次，仅深圳市1980年1月至9月就收容外逃人员156980人次。③ 1976年全国农村人均口粮比1957年减少4斤。1977年全国有1.4亿人平均口粮在300斤以下，处于半饥饿状态。1978年全国受灾，农民生活更为艰难，年人均只能吃到原粮248斤，每天人均只有6两7钱，而在贫困地区、重灾区连这个水平都达不到。1978年全国居民的粮食和食油消费量比1949年分别低18斤和0.2斤，农村居民恩格尔系数为67.71%，全国有2.5亿绝对贫困人口。另据原农业部人

---

① 参见陈大斌：《饥饿引发的变革——一个资深记者的亲身经历与思考》，中共党史出版社1998年版，第17、19页。

② 参见陈大斌：《饥饿引发的变革——一个资深记者的亲身经历与思考》，中共党史出版社1998年版，第28页。

③ 参见《习仲勋主政广东》，中共党史出版社2011年版，第102页。

民公社管理局统计：1978 年，全国农民每人年均从集体分配到的收入仅有 74.67 元，其中两亿农民的年均收入低于 50 元；有 1.12 亿人每天只能挣到 1 角 1 分钱，1.9 亿人每天能挣 1 角 3 分钱，有 2.7 亿人每天能挣 1 角 4 分钱。相当多的农民辛辛苦苦干一年不仅挣不到钱，还倒欠生产队的钱。①

二、中外经济科技发展差距巨大使中国面临沉重压力

从 20 世纪 50 年代中期到 70 年代中期，在中国相继经历“大跃进”、人民公社化运动、“文化大革命”之时，美国、欧洲等西方资本主义国家，日本、韩国等中国周边的一些国家和地区却在新科技革命浪潮的推动下实现了经济科技的迅速发展，社会面貌发生了意义深远的重大变化。

新科技革命，也称作第三次科技革命，首先兴起于 20 世纪四五十年代的美国，到 20 世纪七八十年代以后出现高潮。这次科技革命的一个重要特点，是将二战期间积累的本来服从于战争需要的军事技术转移到民用上来，使得原子能技术、信息技术、生物技术、空间技术等尖端技术得到快速发展和广泛利用。

在原子能技术方面，1942 年 12 月费米在芝加哥大学领导建成了世界上第一座核反应堆，首次实现了人工控制的核链式反应。1945 年 7 月，美国成功试爆第一颗原子弹，标志着利用原子能时代的开始。1949 年苏联也试爆原子弹成功。1953 年至 1964 年间，英法等国相继成功试制了核武器。原子能技术首先被应用于军事领域，但很快在商业运用上取得重要进展。1954 年 6 月，苏联建成第一个原子能电站。1957 年苏联第一艘核动力破冰船下水。1957 年，美国西屋公司建成了世界上第一个压水堆型商用核电站。核电作为一种新能源，燃料消耗少、能值高，具有经济、安全、干净等长处，一进入实用阶段，就显露出了突出的经济与科技价值。1961 年至 1968 年，德、日、加、意、比、瑞士、瑞典等国也相继建成核电站。1969 年后，核电进入大发展时期。到 1977 年，世界上已有 22 个国家和地区拥有核电站反应堆 229 座。

① 参见杨继绳：《中国当代社会各阶层分析》，甘肃人民出版社 2006 年版，第 110 页。

在信息技术方面，1946年2月世界上第一台电脑ENIAC在美国宾夕法尼亚大学诞生，目的是用来计算炮弹弹道的轨迹。这部机器使用了18800个真空管，占地170平方米，重达30吨。它的计算速度很快，每秒可以从事5000次加法运算，是人工计算的20万倍。不过，它的耗电量也很大，每次一开机，整个费城西区的电灯都为之黯然失色。此后，计算机技术以惊人的速度发展。1958年出现了晶体管计算机。20世纪60年代中期以后出现了每秒运算千万次的集成电路，即第三代计算机。1971年世界上第一台以大规模集成电路作芯片的微型计算机在美国制成。此后，大体上每隔5—8年计算机的运算速度就提高10倍。体积缩小10倍、成本降低10倍。计算机的出现，为人类开辟了一个崭新的信息时代。

在空间技术方面，空间技术又称航天技术，是一项旨在研究和实现人类如何进入太空和利用太空的技术。火箭、人造地球卫星、宇宙飞船、航天飞机等的制造和发射，是它的主要研究对象，它是人类向近地球空间、太阳和行星空间、恒星空间和更遥远天体的重要扩展，是现代技术高度发达的体现。1926年3月在马萨诸塞州的奥伯恩，美国技术专家成功发射了世界上第一枚液体推进火箭，标志着人类已有能力借助于航天飞行的运载工具而去探索茫茫宇宙。1957年10月4日、11月3日，苏联相继成功发射了两颗人造地球卫星，开创了空间技术发展的新纪元。此后，美、苏两国开始了激烈的太空竞争。1961年4月12日苏联发射载人宇宙飞船成功，人类首次涉足太空。1969年7月16日美国“阿波罗11号”飞船将两名宇航员送上月球，这是人类历史上第一次在月球上留下自己的脚印。1981年4月，美国“哥伦比亚号”航天飞机又成功发射。此外，生物技术、新材料技术、海洋技术等也在迅速发展。

新科技革命的蓬勃兴起，特别是电子计算机的普及，极大地改变了世界的面貌和人们的生活方式，成为劳动生产率提高和整个经济增长的源泉。西方国家工业生产的年平均增长率，在两次世界大战之间为1.7%，1950—1972年增至6.1%。在促进增长的各因素中，科技进步的因素在20世纪70年代约占60%。

在新科技革命的推动下，美国经济高速发展，从1961年1月到1969年10月，美国经济连续上升了106个月，20世纪60年代的美国被称为“繁荣的十年”①。第二次世界大战后，欧洲经济濒于崩溃。为了帮助欧洲经济摆脱困境，1947 年 6 月，美国国务卿马歇尔在哈佛大学发表演说，提出了著名的“马歇尔计划”，为期 5 年。到 1951 年底，“马歇尔计划”提前结束。美国对欧拨款共 131.5 亿美元，其中赠款占 88%。“马歇尔计划”实施期间，西欧国家 GDP 增长了 25%。此后，欧洲经济逐步走出困境。以西德为例，从 1951 年到 1971 年，20 年间，西德 GDP 增加了 5 倍多，是除日本之外世界发展最快的国家。法国 1951—1970 年的工业年均增长率为 5.9%。1970 年国民生产总值达 1409 亿美元，居资本主义世界第四位②。日本的发展更令人瞩目。1955 年 12 月，日本编制并实施《经济自立五年计划》（1956—1960 年），1960 年，又实施了为期 10 年的“国民收入倍增计划”。1955—1960 年，日本经济的年均增长率为 8.5%，1960—1965 年为 9.8%，1965—1970 年为 11.8%。从 1955—1970 年，日本的 GDP 增长了 7.2 倍。1960 年，日本 GDP 超过加拿大，1967 年超过英国和法国，1968 年超过西德，成为位居美国之后的资本主义世界第二经济大国③。1973 年，日本的船舶、收音机、电视机等产品产量已居世界第一位，水泥、橡胶、汽车等产品产量居世界第二位。

日本、美国、欧洲经济的高速发展一直持续到 1973 年石油危机爆发，前后近 20 年，这个时期被称为发达资本主义国家经济发展的第二个“黄金时代”。而正是在这 20 年间，中国与这些国家本来就已经很大的经济、科技差距进一步被拉大了。1965 年，中国 GDP（国民收入）总额为 1387 亿元，按人民币兑美元的固定汇率 2.46∶1 计算，约合 563.8 亿美元；1965 年，美国 GDP 总额为 6291 亿美元，日本为 821 亿美元，西德为 984 亿美元，法国为 845 亿美元，英国为 865 亿美元，意大利为 522 亿美元，巴西为 167 亿美元，分别是中国的 11.15 倍、1.45 倍、1.74 倍、1.49 倍、1.53 倍、0.92 倍、0.29 倍。1970 年，中国 GDP（国民收入）总额为 1926 亿元，按人民币兑美元的固定汇率 2.46∶1计算，约合 783 亿美元；1970 年，美国 GDP 总额为 9812 亿美

① 参见宋则行、樊亢主编：《世界经济史》（下卷），经济科学出版社 1994 年版，第 48 页。
② 参见宋则行、樊亢主编：《世界经济史》（下卷），经济科学出版社 1994 年版，第 50 页。
③ 参见宋则行、樊亢主编：《世界经济史》（下卷），经济科学出版社 1994 年版，第 52 页。

元，日本为 2046 亿美元，西德为 1855 亿美元，法国为 1409 亿美元，英国为 1219 亿美元，意大利为 927 亿美元，巴西为 464 亿美元，分别是中国的 12.53 倍、2.61 倍、2.36 倍、1.79 倍、1.57 倍、1.18 倍、0.59 倍。到了 1978 年，中国 GDP（国民收入）总额为 3010 亿元，按人民币兑美元的固定汇率 1.57∶1 计算，约合 1917 亿美元。1978 年，美国 GDP 总额为 21124 亿美元，日本为 9739 亿美元，西德为 6388 亿美元，法国为 4716 亿美元，英国为 3095 亿美元，意大利为 2601 亿美元，巴西为 1887 亿美元，分别是中国的 11.01 倍、5.08 倍、3.33 倍、2.46 倍、1.61 倍、1.36 倍、0.98 倍。在这期间，美国、日本、欧洲等发达国家及巴西的 GDP 增长速度大都超过中国。

若论人均 GDP，差距就更大了。“文化大革命”之前的 1965 年，美国人均 GDP 是 3233 美元，按人民币兑美元的固定汇率 2.46∶1 计算，中国当时人均 GDP（国民收入）约 78.7 美元，美国是中国的 41 倍。美国以外，法国人均 GDP 为 1732 美元、西德人均 GDP 为 1667 美元、英国人均 GDP 为 1590 美元、日本人均 GDP 为 838 美元、巴西人均 GDP 为 207 美元，分别是中国的 22 倍、21 倍、20 倍、10.6 倍、2.6 倍。经历“文化大革命”十年后，差距进一步拉大。1978 年，美国人均 GDP 达到 9687 美元，按人民币兑美元的汇率 1.57∶1 计算，中国当时人均 GDP（国民收入）约 200 美元，美国是中国的 48 倍。1978 年，西德人均 GDP 是 10419 美元，法国人均 GDP 为 8851 美元，日本人均 GDP 为 8476 亿美元，英国人均 GDP 为 5545 美元，巴西人均 GDP 为 1635 美元，分别是中国的 50 倍、44 倍、42 倍、28 倍、8 倍。[①] 从人民生活来说，20 世纪 70 年代末，当中国人还在为“三转一响一咔嚓”奋斗时，日本早在 20 世纪五六十年代就实现了黑白电视机、电冰箱、洗衣机这“三大件”进入了“寻常百姓家”的目标。日本的第一台电视机，是 1952 年生产的，中国的第一台电视机是 1958 年由天津 712 厂生产的，都是黑白电视机，那时中日电视机技术基本处在同一起跑线。但是，到了 1977 年，日本电视机年产量达到 1500 万台，成为世界第一电视机生产大国，且主要是彩电，而同年中国生产的电视机总量只有 28

---

① 参见联合国：《统计年鉴》1969 年，《国民经济核算年鉴》1978 年、1979 年；《中国统计年鉴》1983 年。

万台。

除了西方国家之外，在这期间，中国周边原来一些比较落后的国家和地区，如韩国、新加坡等，也抓住机遇快速发展，实现了经济起飞。新中国成立初期，韩国经济总量和中国的山东省差不多。但韩国从20世纪60年代开始，大力发展国民经济，创造了著名的“汉江奇迹”。到20世纪80年代，韩国一改贫穷与落后的面貌，经济总量达到了山东的几倍。香港，只是一个弹丸之地，1977年，进出口总额达到196亿美元，而当年整个中国大陆的对外贸易总额仅有148亿美元。

对中国与西方国家、与周边一些国家和地区在经济科技发展上越来越大的差距，“文化大革命”期间有的我们并不了解，有的虽有所了解却不予承认也不敢承认。由于长期受到自欺欺人的宣传灌输，很多人甚至认为西方资本主义国家的工人都生活在“水深火热”之中，都等着我们去“解放”和“拯救”。

我们是什么时候开始真正、真切、真实地感受到这种差距的呢？是在粉碎“四人帮”以后，通过出国访问感受到的。“文化大革命”结束后，由于国内局势的深刻变动，人们急切地想了解外部世界的面貌。房维中《在风浪中前进——中国发展与改革编年纪事》一书中写道：为此，1977年7月26日国家计委在向中央政治局提交的关于引进的报告中，首次提出要“认真组织好出国考察工作”。华国锋也提出：“我们搞四个现代化，要坚持独立自主、自力更生，同时学习外国的先进经验。要学习外国，就得出去考察了解……看看国外有什么好东西，看看资本主义的弱点，联系自己作为借鉴。”① 从1977年下半年起，国务院即安排各部委分别派团出国参观访问。如轻工部派人去美国、西德、日本、英国考察；地质部派人去法国、西德考察；农业部派人去意大利、法国、英国、丹麦、日本考察；冶金部派人去日本、美国、加拿大和西欧考察；石油部派人去美国、日本考察；国家经委派人去英国、法国、日本考察等。1977年11月全国计划会议期间，李先念专门找国家计委副主任袁宝华谈话，让他到英国、法国访问。李先念说：“你做经济工作的，长期关在国内不行，你得出去看看，看看人家怎么干的。”袁宝华

① 房维中：《在风浪中前进——中国发展与改革编年纪事》第一分册，2004年11月初稿，第118页。

回国后向华国锋、李先念汇报了出访情况，李先念又让他带团到日本考察，“日本的竞争更快”。[①] 1978年，全国掀起了一股声势更加浩大的出国考察热潮。据当时的国务院港澳办公室统计，仅从1978年1月至11月底，经香港出国和去港考察的人员就达529批，共3213人[②]。重要的考察团有：3—4月，以林乎加为团长的中国赴日经济代表团，考察战后日本经济发展的经验；以李一氓为团长，于光远、乔石为副团长的中共中央代表团访问南斯拉夫；4—5月，以段云为组长的港澳经贸考察组，实地调研香港、澳门经贸发展情况；5—6月，谷牧带领中国经济代表团访问法国、瑞士、比利时、丹麦、德国等西欧五国。其他考察团还有：4—6月，中国农业机械化代表团访问意大利、法国、英国和丹麦；5—6月，中国农业代表团和中国基本建设代表团先后访问日本；7—9月，中国农业代表团访问美国；8月，中国林业代表团访问奥地利、罗马尼亚；8—9月，中国农业代表团访问罗马尼亚、西德、法国、加拿大；9—10月，中国财经代表团访问南斯拉夫、罗马尼亚，中国农业代表团访问日本；10—12月，袁宝华率国家经委代表团赴日本考察企业管理；11月，国家计委代表团访问南斯拉夫，等等[③]。这些代表团中，以谷牧率领的西欧五国考察团规格最高，也最引人注目。代表团成员包括水电部部长钱正英，农业部副部长张根生，国家建委副主任彭敏，北京市副市长叶林，广东省副省长王全国，山东省副省长杨波等30多人。

以上这些代表团在国外访问都看到了什么，有怎样的感受呢？

第一个强烈印象是：没有想到当代世界现代化会发展到如此程度，中国与发达国家之间的发展差距会如此之大。以林乎加为团长的赴日经济代表团，1978年3月28日出国，4月22日回国，访问了东京、大阪等地。在日本他们看到：日本工厂的生产过程高度自动化，劳动生产率很高。如丰田汽车厂有职工4.3万人，加上直接协作的工厂，不过15万人，年产汽车却高达270万辆，而当时中国最先进的长春第一汽车制造厂年产汽车只有6万辆。丰田的内燃机工厂，实现完全自动化，生产20种发动机，年产240万台，工作实行两班制，每班工人只有46人。

---

① 《李先念传（1949—1992）》（下），中央文献出版社2009年版，第1048页。

② 《国务院批转港澳办公室关于加强去港澳考察工作计划性的请示》，见《国务院文件》，国发〔1979〕61号。

③ 《共和国年轮：1978》，河北人民出版社2001年版，第187—191页。

新日铁君津钢铁厂，职工不到1万人，年产粗钢1000万吨，一座4000立方米的大高炉，一班只有4人。自1960年到1976年，日本总的劳动生产率提高了3倍[①]。西欧五国考察团1978年5月2日出发，6月6日回国，行程36天，一共访问了西欧五国25个主要城市，参观了80多个工厂、矿山、港口、农场、大学及科研单位。欧洲经济的自动化、现代化、高效率，给考察团留下了深刻印象。五国工业设备技术先进，不仅大型技术复杂的工厂，如原子能发电站、汽车制造厂、机场和地铁等，普遍使用电子计算机操作，劳动生产率比我国高得多。他们看到：西德一个年产5000万吨褐煤的露天煤矿只用2000工人，而中国生产相同数量的煤需要16万工人，相差80倍；瑞士伯尔尼公司一个低水头水力发电站，装机容量2.5万千瓦，职工只有12人。我国江西省江口水电站，当时装机2.6万千瓦，职工却有298人，高出20多倍。法国马赛索尔梅尔钢厂年产350万吨钢只需7000工人，而中国武钢年产钢230万吨，却需要67000工人，相差14.5倍。法国戴高乐机场，一分钟起落一架飞机，一小时起落60架；而当时中国的机场半小时起落一架，一小时起落两架，还搞得手忙脚乱。法国的地铁，那么复杂的系统，到它们的控制中心一看，地铁运行情况清清楚楚，每个站台，卖票都是自动化。高速公路纵横交错，整个欧洲连成一片[②]。农业也是科技型、集约化的，从耕地、播种、施肥、除草，直到收割、加工，全部实现机械化；家畜、家禽饲养也逐步机械化、自动化，基本上消灭了手工劳动。法国农业人口只占全国总人口的10.6%，生产的粮食除供应国内消费外，1976年净出口谷物1255万吨。丹麦的农业劳动生产率最高，有耕地4300万亩，农业劳动力只有13万人，占全国总劳动力的6%，生产的粮食、牛奶、猪肉、牛肉，可供3个丹麦人口的需要。西德350户农民有一个科技顾问，专门负责指导种什么，怎么个种法。瑞士政府则规定：农场主不能随便把自己的农场交给儿子经营，需受过高等教育，并拿到相关学科证书，还要在别的农场做工3年，才有资格继承父亲的农场。谷牧回国后，应邀到中央党校等单位作报告，大发感慨，他说：

---

① 房维中：《在风浪中前进——中国发展与改革编年纪事》第一分册，2004年11月初稿，第104页。

② 《追寻1978：中国改革开放纪元访谈录》，福建教育出版社1998年版，第543页。

“过去，‘四人帮’搞闭关锁国，夜郎自大，吹嘘什么都是‘天下第一’，什么都是我们的好，走出国门一看，完全不是那么回事!”

第二个强烈印象是，西欧、日本这些国家老百姓的生活水平比我们高出很多。西欧五国工人的工资都相当高，城市住房人均达 20 至 30 平方米，农民的生活水平同工人相差无几。访问日本的人介绍：1950 年前后，日本国民生活非常困难，仅可满足温饱，有大米饭、咸菜、大酱汤，就很不错了。但从 1955 年到 1976 年，日本国民生产总值 22 年中增长了 4.8 倍，1978 年达到近 1 万亿美元，仅次于美国，居世界第二位。日本工人平均实际收入，1955 年到 1976 年增长 2.1 倍，扣除物价上涨的因素，平均每人每年增长 6%。随着经济的高速发展和工资收入的增加，国民生活有了很大改善。普通工人家庭一般都有四五十平方米的住宅，全国平均每两户有一辆汽车，95%的家庭有电视机、电冰箱、洗衣机、电唱机、吸尘器、电器炊具等耐用消费品。农民的物质生活同城市工人没有多大差别，一般都穿毛料子，服装样式很多。访问中看到的一家属于日本当地中上等的农户，9 口人，4 个劳动力，33 亩地，全年收入 1150 万日元，合人民币约 10 万元，家中有 3 部小汽车、3 辆摩托车和全套的农业机械——这些农业机械，一年的收入即可买齐；有两套沙发，三代人各有一部电视机，还有一些其他耐用消费品。即使生活最差的农民一年也有收入 150 万日元。而当时的中国，农村还有两亿五千万人食不果腹，没有解决温饱问题，城市职工 20 多年没涨工资，城市人均住房面积只有 3.6 平方米，电视机、电冰箱等电器很多人连见都没有见过；大多数家庭苦苦追求的目标还停留在“三转一响一咔嚓”上。日本东京一些百货商店商品多达 50 万种，而北京王府井百货公司仅有 2.2 万种，“相比之下，实在觉得我们很寒伧”①。大家的一个共同感受是：比比人家，我们真是太落后了，我们党再不调整政策，另寻出路，奋起直追，真是愧对人民、愧对民族、愧对时代了!

第三个强烈印象是：欧洲、日本等国在发展经济上的很多理念先进，做法超前，值得中国学习。比如，重视环境保护。日本 20 世纪 60 年代大建工厂，造成的环境污染问题严重。在各方压力下，日本政府自 1967 年起陆续制定防治公害法律条例，采取严格措施，搞好环境保护，

① 邓力群：《日本经济情况》，《经济研究参考资料》1979 年第 45 期。

防止污染。经多年治理，赴日经济代表团看到的日本大钢铁厂，厂区都很干净，废气、废水都作了处理。东京、大阪等城市基本上解决了空气污染，街道上汽车噪音极少，从高楼上四望，已看不到烟雾弥漫现象。联邦德国的一个露天煤矿，随开采随回填造林，整个矿区郁郁葱葱，除正在开采的工作面外，全有森林覆盖。比如，重视科学技术，西欧五国团考察中发现，欧洲国家所以能在一二十年时间内实现国民经济的现代化，科学技术起了关键作用。他们的做法是：政府和大企业都设立专门科研机构，投入大量研究经费；都积极从别的国家引进先进技术和专利；都非常注重职业教育和技术培训，提高管理技能。欧洲经济的现代化，实际上是一次新的科技工业革命，中国也必须进行这样的革命。① 日本经济高速度发展的原动力也在于重视科学技术。再如，重视产品质量，就日本而言，战前日本货质量并不好，战后日本大量派人出国考察，认识到靠生产大路货无法在国际市场上竞争。为提高产品质量，日本政府和企业花了很大功夫，制订了质量管理立法和一整套严格的规章制度。日本的每种工业产品都有质量保证书，在一定时期内对用户负责到底。又如，工作效率高，时间观念强，情报发达，消息灵通。日本企业生产流通环节紧密联系，一环扣一环，办事手续简便，说干就干。企业负责人精通业务，不论大厂小厂，不但了解本企业的生产、经营和技术情况，而且通晓国外同行的基本情况和动态。产品花色品种丰富多彩，工厂生产注意用户的需要和市场的变化，顾客需要什么式样、品质的商品，企业就生产什么，有随机应变的极大灵活性②。

各考察团回国后，都通过口头汇报或书面报告形式，把他们出访的观感和建议，向党中央和国务院领导吹风通气。1978 年 6 月 1 日、3 日、30 日，华国锋三次主持中央政治局会议，分别听取赴日经济代表团、港澳经贸考察组和西欧五国团的汇报。6 月 1 日，赴日经济代表团汇报，谈了日本经济“为什么能在一二十年间取得这样飞跃的进展”的 3 个关键“窍门”：“第一，大胆引进新技术，把世界上的先进东西拿到自己手上”。自 1950 年至 1975 年，日本共引进外国技术 2.6 万项，花

① 《谷牧回忆录》，中央文献出版社 2009 年版，第 301 页。

② 房维中：《在风浪中前进——中国发展与改革编年纪事》第一分册，2004 年 11 月初稿，第 105 页。

费58亿美元。日本的原则是，谁先进就引进谁的，兼采世界各国之长。引进技术后，迅速加以吸收、消化、革新、创造，广泛应用，并逐步出口。由于引进新技术，日本节省了大量的摸索时间和研究经费，使许多产品由落后状态一跃而达到了世界先进水平。“第二，充分利用国外资金”。日本企业的自有资金一般比重很小，资本家为了发展生产，不惜付出较高的利息从国外贷款。“第三，大力发展教育事业和科学研究，培养科技人才”。日本每个企业都有一个相当规模的产品设计和研究机构，人员一般占到全厂职工的15％到20％，从事新技术的开发、新产品的试制和实验研究工作，从中取得新的技术成果。赴日代表团提出，“日本采取‘拿来主义’，后来居上，我们在技术上也采取‘拿来主义’，把世界最先进的技术拿过来，以七十年代的水平作为我们的起点。”①港澳经贸考察组汇报了香港、澳门经济发展情况，提出要“千方百计夺回我在港澳市场的优势地位，切实把宝安、珠海两个基地建设好”，并提出了把宝安、珠海两县改为两个省辖市，“实行某些特殊管理办法”，以及“利用港澳大力发展对外加工装配业务”等建议。听取以上两个汇报后，华国锋讲话说：“这次组织人出去，考察是认真的，考察以后起了一些好的作用。首先，同志们思想开阔了。接触到的一些问题，对我们有启发。这个方法，已经用了，今后还要用。省市委书记，管工业的、管农业的、管财贸的，也要有机会出去。还有一些工厂企业的领导，也可以出去。”“总的意见，参观以后，看准了的东西，就要动手去干，不要议而不决、决而不行。……不要参观回来热闹一气、汇报一气就过去了。要抓落实，切实见成效。”“用外汇进口新技术，可以加一些；利用外资，胆子也要大一些”。邓小平说：要“下个大决心，不要怕欠账”，“林乎加同志说得对，只要有产品，就没有危险，就不怕还不上钱。抢回一年时间，就补偿有余。思想要解放。”②

西欧五国团汇报是1978年6月30日下午进行的，听取汇报的有华国锋、叶剑英、李先念、乌兰夫、纪登奎、苏振华、吴德、陈锡联、聂荣臻、陈慕华等政治局委员和王震、康世恩副总理。对这次汇报，谷牧

---

① 房维中：《在风浪中前进——中国发展与改革编年纪事》第一分册，2004年11月初稿，第107页。

② 房维中：《在风浪中前进——中国发展与改革编年纪事》第一分册，2004年11月初稿，第120页。

回忆说："我回来后，政治局召开扩大会议，所有的老同志都到了。特别几位老帅，听说我出国，谈欧洲的情况，都来了。我开口就讲：你们都说资本主义处于崩溃的边沿，没有多久就灭亡了。我看资本主义不但比封建主义生产力发展得快，而且现在也没有到达崩溃的边沿。资本主义所以能有今天的情况，有很多具体的经验值得我们参考。几位老帅讲，所有人回来都说资本主义腐朽没落，只有谷牧敢讲资本主义如何如何，我说我说老实话，欢迎批评。"① 谷牧在汇报中着重讲了三点：一是第二次世界大战后，欧洲资本主义国家的经济确实得到了前所未有的大发展，尤其是科学技术日新月异，电子技术广泛应用，劳动生产率大大提高。和这些国家相比，我国大大落后了，形势咄咄逼人。这些国家的经济运行机制、政府对经济的调控和对社会矛盾的处理，有很多值得我们学习和借鉴的地方。二是这些国家大都对华友好，由于资金过剩，技术要找市场，商品要找销路，因此都非常重视与中国发展经济贸易交往。只要我们做好工作，许多事情可以办成。三是在发展对外经济交往中，有许多国际上通行的办法，如卖方信贷、买方信贷、补偿贸易、中外合作生产、吸收外国直接投资等等，我们都可以选择采用，以加速我国的现代化建设。听了汇报，到会的中央领导纷纷发表意见。叶剑英说："资本主义国家的现代化是一面镜子，可用来照照自己是什么情况，没有比较不行。出国考察，就是照镜子，解决我们自己的问题"，"我们同西欧几十年没打过仗，没债可还。我国引进技术，重点在西欧。"李先念说："要利用西欧这个力量，把先进的东西搞过来"。聂荣臻也说："这次调查比较全面，可以说都看了。引进什么，从哪个国家进，应该拍板了！"主持汇报会的华国锋讲话说："今年上半年，提出了派人出去看看。去年年底、今年上半年出去了很多人。看来出外参观考察，是个很好的调查研究，开开眼界。""不抓七十年代的东西不行。我们太落后了，五亿吨煤，用二百六十万人。美国七亿吨煤用了多少人？十九万人。承认落后，不甘心落后。前一段我提出党内要克服骄傲自满情绪。我从朝鲜回来，路过本溪，感到这个问题很突出。本溪的同志净讲形势大好，说是大庆式企业了，自满得厉害。……知道落后，差得很，不然就自满了。""出去的同志回来后，自信心更强了。原来认为二十三年很

① 《南方的怀念：再道一声"小平您好"》，《南方日报》2004 年 8 月 9 日。

快就过去了，一考察，日本搞现代化只有十三年，德国、丹麦也是几十年。今年我们起步是三千万吨钢，日本起步时只有两千二百万吨钢。我们有优越的社会主义制度，有九亿人口，资源丰富，有正反两个方面经验，只要路线、方针、政策正确，安定团结，调动各方面积极因素，可以赶上去。”① 这次汇报后不久，邓小平约谷牧谈话，详细听取了谷牧出访欧洲五国的汇报，着重强调了三点：“一、引进这件事要做；二、下决心向国外借点钱搞建设；三、要尽快争取时间。”②

1978 年 6 月 23 日，邓小平会见即将离任的罗马尼亚驻华大使格夫里列斯库，在谈到大规模出访考察时说：“洋为中用是自力更生的一个重要内容”。“我们派了许多代表团到欧洲和日本去考察，发现我们可以利用的东西很多，许多国家都愿意向我们提供资金和技术，条件也不苛刻，从政治、经济角度对我们都有利，为什么不干呢？国际条件有利，国内条件也有利，只要下决心干，就可以加快建设速度。”③ 9 月 4 日，在会见张澈为团长的朝鲜国立交响乐团时，邓小平说：“‘四人帮’破坏带来的后果，要靠我们努力做工作去纠正……现在大量吸收国际先进技术，也利用它们的资金。这没有危险，本身不会损害我们的社会主义制度，只能为我们的社会主义制度服务。”“到国外参观后，发现我们差得太远了。现在确实要学习，而且要善于学习。比如科研方面，有很多课题需要研究。关起门来不行。把世界上的先进成果作为我们发展的起点，这才不会把我们实现四个现代化的目标变成空话。”④ 9 月 12 日，在朝鲜同金日成会谈时，邓小平进一步讲到了由这些出访带来的巨大心灵震撼，他说：“我们一定要以国际上先进的技术作为我们搞现代化的出发点。最近我们的同志出去看了一下，越看越感到我们落后。什么叫现代化？50 年代一个样，60 年代不一样了，70 年代就更不一样了。”⑤

---

① 房维中：《在风浪中前进——中国发展与改革编年纪事》第一分册，2004 年 11 月初稿，第 128 页。

② 中共中央文献研究室编：《回忆邓小平》（上），中央文献出版社 1998 年版，第 156 页。

③ 中共中央文献研究室编：《邓小平年谱（1975—1997）》（上），中央文献出版社 2004 年版，第 329 页。

④ 中共中央文献研究室编：《邓小平年谱（1975—1997）》（上），中央文献出版社 2004 年版，第 368—369 页。

⑤ 中共中央文献研究室编：《邓小平年谱（1975—1997）》（上），中央文献出版社 2004 年版，第 372—373 页。

10月10日，在会见格奥尔格·内格韦尔为团长的德意志联邦共和国新闻代表团，邓小平再次指出："中国在历史上对世界有过贡献，但是长期停滞，发展很慢。现在是我们向世界各国学习的时候了。我们过去有一段时间，向外国学习先进的科学技术被叫做'崇洋媚外'。现在大家明白了，这是一种蠢话。我们派了不少人出去看看，使更多的人知道世界是什么面貌。关起门来，固步自封，夜郎自大，是发达不起来的。……要实现四个现代化，就要善于学习，大量取得国际上的帮助。要引进国际上的先进技术、先进装备，作为我们发展的起点。"①

1978年，也是中国领导人出国访问的高峰，一年中有12位副总理、副委员长以上领导人20多次出访，访问了50多个国家。

1978年8月15日至29日，华国锋访问罗马尼亚、南斯拉夫。这是自1957年以来中国最高领导人第一次出国访问。访问中，华国锋了解到：罗马尼亚、南斯拉夫同中国的同类工厂、企业相比，其规模、设备都不如中国，但效率却比中国高很多，企业还挤出一部分产品出口换外汇，而中国的企业权力太小，自己关门搞建设，既不引进外国先进技术，又由国家垄断出口，企业产品不能进入国际市场去接受外国消费者对产品质量的裁判。印象最深的是南斯拉夫首都贝尔格莱德的农工联合企业（中文译为"背靠背"企业），不仅搞农、牧、畜业，还搞加工，还有自己的销售网点。华国锋要随同访问的中央政治局候补委员、四川省委第一书记赵紫阳在四川也搞一个这样的"背靠背"企业，北京搞它几个。南斯拉夫和罗马尼亚的对外经济合作完全开放，搞补偿贸易，吸收外国投资，进行合作经营，生产协作等等，并没有损害国家主权。南斯拉夫认为，吸收外国贷款有利，因为利率低，归还期限长。华国锋说：看来我们吸收外国贷款"似无不可"。华国锋认为，这次访问很大的成果，是开阔了眼界，有助于解放思想，找到了在经济建设方面的差距，我们要争取时间赶上去。还说：我赞成省委书记们出去多看看。此后，从中央到地方，国内又出现了一次访问南斯拉夫的高潮。

1978年11月6日至17日，国务院副总理王震出访英国，对英国经济和社会生活进行了较全面的考察。出访之前，王震对于英国资本主义

① 中共中央文献研究室编：《邓小平年谱（1975—1997）》（上），中央文献出版社2004年版，第398—399页。

制度的认识大部分来自马克思的著作，一度以为自己会在伦敦看到贫民窟以及贫穷与剥削。然而出乎意料的是，他在英国了解到：英国大部分工人、职员、知识分子、小资产阶级、约占全国人口百分之七十的普通百姓，都拥有在中国人看来相当阔绰的私人住宅和家用轿车，每年都可以度假出国旅游。在一个失业工人家庭访问时，他发现这位工人住着一栋一百多平方米的两层楼房，有餐厅、客厅，有沙发、电视机，装饰柜子里珍藏着银器，房后还有一个约 50 平方米的小花园。由于失业，他可以不纳税，享受免费医疗，子女免费接受义务教育。对此，王震大发感慨，他说："我看英国搞得不错，物质极大丰富，三大差别基本消灭，社会公正、社会福利也受重视，如果加上共产党执政，英国就是我们理想中的共产主义社会"①

1978 年邓小平也多次出访，到了 7 个国家。其中，在日本和新加坡的访问，给他留下了极为深刻的印象。邓小平是 1978 年 10 月到日本访问的，访日期间参观了一些现代化的大工厂，通过比较，他对中日之间经济和技术的巨大落差有了切身感受。当乘坐新干线"光—81 号"超特快列车，以每小时 210 公里的速度从东京去京都访问途中，他应日本记者之请谈了对乘坐新干线的感受，说："就像推着我们跑一样，我们现在很需要跑！"② 在出席有 400 多名日本记者和各国驻日本记者参加的记者招待会上，邓小平回答了关于中日关系问题的提问，指出："中日双方在经济方面合作的余地很大。我们向日本学习的地方很多，也会借助于日本的科学技术甚至于资金。我们之间已经签订了一个长期贸易协议。但只有这一个还不够。那是 200 亿美元，还要加一倍至两倍。"③ 同年 11 月，在新加坡访问时，邓小平对中国驻新加坡机构主要负责人谈到了访日的感受，他说："在日本访问时，我们到处讲穷，……本来长得很丑，为什么要装美人呢？苏联就吃这样的亏，自以为什么都是自己的好，其实农业、技术都很落后，结果是自己骗自己。我们的框框太多了，一下子要改过来不容易。北京在前门一带建了 30 栋房子，外面好看，里面就不行了。可派人出来看看，学人

① 于日：《旅英十年——重新认识资本主义》，《陈独秀研究简报》2002 年，转引自《吴江文稿》（上），中央编译出版社 2009 年版，第 291 页。

② 《邓副总理离东京抵京都友好访问》，《人民日报》1978 年 10 月 27 日。

③ 《邓副总理在东京记者招待会上答记者问》，《人民日报》1978 年 10 月 26 日。

家是怎么搞的。大家要开动脑筋，有的人总认为自己好。要比就要跟国际上比，不要与国内的比。”①

访问新加坡后3个月，1979年初，邓小平又到美国访问，先后参观了福特汽车厂、约翰逊航天中心、休斯公司、波音公司等大型现代化公司企业。美国社会高度现代化的“冲击力”，再次给邓小平留下了深刻印象。访美期间，当有人询问他视察时的感受时，邓小平回答：“很有收获”“不虚此行”②。

中国的改革开放有很多特点，其中的一个重要特点，就是改革开放的“双核”动力源。动力源的一“核”在基层、下层，另一“核”在高层、上层，是“自下而上”和“自上而下”的结合。改革是从农村开始的，包产到户是农民自发的创造，这叫“自下而上”。但是搞对外开放，搞经济特区，这样的事情，则不是下层自发能够搞起来的，也难以自发，必须是上层、必须是决策层有意识地发动，才能搞起来，实际情况也是如此，这叫“自上而下”。20世纪80年代，中国的对外开放之所以越开越大，一发而不可收，是与邓小平等这些直接到访国外、对外部世界有了切身感受和深入了解的人“自上而下”大力推动分不开的。

三、“旧的那一套”几十年证明不成功，“这种情况不改革行吗?”

“文化大革命”结束后的中国，是一个贫穷落后的中国，是一个与发达资本主义国家存在巨大发展差距的中国，也是亟须振作、奋起直追的中国。

中国共产党从成立的第一天起，就把实现社会主义、共产主义作为奋斗目标。但是，如上所述，“文化大革命”时期搞的这种社会主义，难道就是我们千百万共产党人流血牺牲所要追求的那个社会主义吗？社会主义的优越性就是如此体现的吗？按照这样的社会主义继续发展下去，社会主义还有吸引力、号召力、凝聚力吗？中国的老百姓能够答应

① 中共中央文献研究室编：《邓小平年谱（1975—1997）》（上），中央文献出版社2004年版，第429页。

② 中共中央文献研究室编：《邓小平年谱（1975—1997）》（上），中央文献出版社2004年版，第485—486页。

吗？中国还有希望吗？每一个关心党和国家前途命运的人都会提出这样的问题。邓小平更是如此。从第三次复出伊始，他就对“文化大革命”所呈现的社会主义及其“优越性”打出了沉重问号。

1977 年 12 月 26 日，在会见澳大利亚共产党（马列）主席希尔和夫人乔伊斯时，邓小平说：“林彪和‘四人帮’反对马克思主义，他们不讲生产，谁讲发展生产就说谁是修正主义，那马克思写《资本论》是干什么的？”按照马克思列宁主义的学说，社会主义是一种比资本主义更加优越的社会制度。“怎样才能体现列宁讲的社会主义的优越性，什么叫优越性？不劳动、不读书叫优越性吗？人民生活水平不是改善而是后退叫优越性吗？如果这叫社会主义优越性，这样的社会主义我们也可以不要。”① 1978 年 2 月 26 日，在出席第五届全国人民代表大会第一次会议解放军代表团第一小组会议时，邓小平指出：“社会主义不是比资本主义优越吗？不优越叫什么社会主义。‘四人帮’不讲生产。过渡到共产主义不讲生产能行吗？共产主义是什么？是各尽所能，按需分配。按需分配就要物质极大丰富。所以要实现四个现代化，才能更好地体现社会主义的优越性，不然，就始终处于挨打的地位。光喊口号没有用。”② 1978 年 3 月 10 日，在国务院第一次全体会议时，他又说：“什么叫社会主义？它比资本主义好在哪里？每个人平均六百几十斤粮食，好多人饭都不够吃，28 年只搞了 2300 万吨钢，能叫社会主义优越性吗？干社会主义，要有具体体现，生产要真正发展起来，相应的全国人民的生活水平能够逐步提高，这才能表现社会主义制度的优越性。”③ 1978 年 9 月，在东北三省视察期间，他说：“我们是社会主义国家，社会主义制度优越性的根本表现，就是能够允许社会生产力以旧社会所没有的速度迅速发展，使人民不断增长的物质文化生活需要能够逐步得到满足。”“生产力发展的速度比资本主义慢，那就没有优越性，这是最大的政治，这是社会主义和资本主义谁战

① 中共中央文献研究室编：《邓小平年谱（1975—1997）》（上），中央文献出版社 2004 年版，第 250 页。

② 中共中央文献研究室编：《邓小平年谱（1975—1997）》（上），中央文献出版社 2004 年版，第 271 页。

③ 中共中央文献研究室编：《邓小平年谱（1975—1997）》（上），中央文献出版社 2004 年版，第 277 页。

胜谁的问题。”“外国人议论中国人究竟能够忍耐多久，我们要注意这个话。我们要想一想，我们给人民究竟做了多少事情呢？我们一定要根据现在的有利条件加速发展生产力，使人民的物质生活好一些，使人民的文化生活、精神面貌好一些。”“我们太穷了，太落后了，老实说对不起人民。”“社会主义要表现出它的优越性，搞了20多年还这么穷，那要社会主义干什么？”①

这一连串的“问号”，实际上是发出了重新思考和探索“什么是社会主义、在中国怎样建设社会主义”的强有力的信号。中国共产党的领导和社会主义的基本制度还要坚持，但是，类似“文化大革命”这样未能体现优越性的社会主义再也不能搞下去了，中国再也不能像“文化大革命”这样发展下去了。

那怎么办呢？改革开放的问题就这样自然而然地提出来了。

1977年11月17日，邓小平在广州听取广东省委负责人韦国清、王首道等汇报工作，在谈到农村政策、“逃港”事件、生产管理等问题时，他说：“看来最大的问题是政策问题。政策对不对头，是个关键。这也是个全国性的问题。”他提出，“规章制度、管理制度，好的都要恢复……改掉那些不合理的”。②

1978年9月15日，在哈尔滨听取黑龙江省委书记李力安等汇报工作时，邓小平说：“从总的状况来说，我们国家的体制，包括机构体制等，基本上是从苏联来的，人浮于事，机构重叠，官僚主义发展……有好多体制问题要重新考虑。总的说来，我们的体制不适应现代化，上层建筑不适应新的要求。”③

1978年9月16日，在听取吉林省委第一书记王恩茂汇报工作时，邓小平又说，“这些年来思想僵化了”“世界天天发生变化，新的事物不断出现，新的问题不断出现，我们关起门来不行，不动脑筋永远陷于落后不行”，要建立“科研机构、学校的考核制度”“公社各级领导干部”

① 中共中央文献研究室编：《邓小平年谱（1975—1997）》（上），中央文献出版社2004年版，第380、384页。

② 中共中央文献研究室编：《邓小平年谱（1975—1997）》（上），中央文献出版社2004年版，第238—239页。

③ 中共中央文献研究室编：《邓小平年谱（1975—1997）》（上），中央文献出版社2004年版，第376页。

的考核制度、“工厂企业管理干部”的考核制度，要“实事求是，开动脑筋，要来一个革命”。①

认识到“中心的问题还是政策问题”，而且是“全国性的问题”，认识到“总的说来，我们的体制不适应现代化”，认识到“世界天天发生变化，新的事物不断出现”，要求改掉“不合理”的政策，要求“好多体制问题要重新考虑”，要求改变“关起门来”搞建设的状况，“来一个革命”，实际上是深刻意识到、实质提出了对现行政策、体制进行“改革”，对外部世界实行“开放”的问题。

1978年10月11日，在中国工会第九次全国代表大会开幕式上的致词中，邓小平进一步指出：实现四个现代化，是一场“根本改变我国经济和技术落后面貌”的伟大革命，“这场革命既要大幅度地改变目前落后的生产力，就必然要多方面地改变生产关系，改变上层建筑，改变工农业企业的管理方式和国家工农业企业的管理方式，使之适应于现代化大经济的需要……因此，各个经济战线不仅需要进行技术上的重大改革，而且需要进行制度上、组织上的重大改革”。②

此前，1978年7月7日，在全国财贸学大庆学大寨会议上的讲话中，华国锋更是详述了中国在技术、管理、上层建筑等方面存在的问题，论述了“改革”和向“国外先进经验”学习的必要性。他说：“我们的目标是要实现四个现代化，在经济上和技术上赶超国外先进水平，我们的成就必须同国外的先进水平比。这样，就可以看出我们的水平仍然是很低的。多年以来，由于‘四人帮’打着‘革命’旗号，挥舞种种大棒，禁止大家向国外的先进经验学习，我们很多同志对国外的情况很不了解。有些同志稍有一点进步，就表现出一种骄傲自满、故步自封、夜郎自大的危险态度。如果不坚决改变这种态度，我们就不可能坚定地确立积极进取的雄心壮志，不可能认真学习国内外的先进经验，更谈不到赶上外国先进水平。我们现在不但技术水平低，而且管理水平低。”“大多数企业存在着劳动生产率低，产品质量差，生产成本高、利润收入少、资金周转慢的现象。”“内外贸易在经

---

① 中共中央文献研究室编：《邓小平年谱（1975—1997）》（上），中央文献出版社2004年版，第377页。

② 《邓小平文选》第2卷，人民出版社1994年版，第135—136页。

营管理上也存在不少问题，迂回运输、商品积压损坏以及经营上的亏损还很严重”“我们的上层建筑和生产关系的许多方面还不完善，我们的政治制度和经济制度的许多环节还有缺陷，这些同实现四个现代化的要求是不相适应的，是束缚生产力，阻碍生产力的发展的。”为此，华国锋提出，我们“要有勇气正视和揭露我们的具体政策、规章制度、工作方法、思想观念中那些同实现四个现代化的要求不相适应的东西，有魄力去坚决而又妥善地改革上层建筑和生产关系中同生产力发展不相适应的部分”“并且吸取外国先进的科学技术和企业管理方法中合乎科学的方面”。[①] 华国锋的这个讲话，表明他对进行经济体制和上层建筑方面的改革以及实行对外开放政策是积极的——这也是当时中央领导层的基本共识。

对于长期的“左”倾实践以及“文化大革命”与“改革开放”的关系，1978年底在中央工作会议上的讲话中，邓小平通过对“文化大革命”结束时中国党和国家思想上“僵化半僵化”、政治上“空谈淹没一切”、经济管理上“机构臃肿，层次重叠，手续繁杂，效率极低”等诸多问题的深刻揭示，严正指出：“如果现在再不实行改革，我们的现代化事业和社会主义事业就会被葬送。”[②] 1987年6月，在会见南斯拉夫共产主义者联盟中央主席团委员科罗舍茨时，他又郑重指出：“我是主张改革的，不改革就没有出路，旧的那一套经过几十年的实践证明是不成功的。”“从1957年开始我们的主要错误是‘左’，‘文化大革命’是极左。中国社会从1958年到1978年20年时间，实际上处于停滞和徘徊的状态，国家的经济和人民的生活没有得到多大的发展和提高。这种情况不改革行吗?”[③] 1988年7月15日，在会见美国国务卿乔治·舒尔茨时，邓小平进一步指出：“中国不仅领导层支持改革，而且全国人民上上下下都要求改革。这要归功于‘文化大革命’。‘文化大革命’变成了全国人民的大课堂。中国有‘文化大革命’和没有‘文化大革命’不同”，“文化大革命”“作用就是教育我们要改革开放”。[④]

---

① 《全国财贸学大庆学大寨会议文件》，人民出版社1978年版，第3—5页。

② 《邓小平文选》第2卷，人民出版社1994年版，第150页。

③ 《邓小平文选》第3卷，人民出版社1993年版，第237页。

④ 中共中央文献研究室编：《邓小平年谱（1975—1997）》（下），中央文献出版社2004年版，第1242页。

四、打破“两个凡是”禁锢，十一届三中全会正式决策“改革开放”

1985年11月，在会见美国前国务卿基辛格时，邓小平曾说：“中华民族不是低能的民族，这一点是肯定的。但最终证明中国人行不行，还要看这十亿人口怎么做。”① 新中国成立以后几十年间特别是“文化大革命”十年间，中国人做得怎么样呢？作为执政党，中国共产党做得怎么样呢？中国的社会主义表现得如何呢？应该说，进行了艰苦探索和巨大努力，也取得了一系列显著成绩，但从最终结果看，距离应该和可以达到的目标，还存在很大的差距。但新的契机终于到来了。随着“四人帮”被粉碎，历时10年的“文化大革命”结束了，中国获得了重新出发的重大转机。面对这样的转机，中国再也不能失却也不容失败了。

在重大历史转机面前，作为毛泽东临终前指定的接班人、并在粉碎“四人帮”问题上发挥决定性作用的华国锋，虽然对“文化大革命”给中国造成的巨大灾难有所认识，也曾试图结束“文化大革命”造成的混乱。但由于他没有能够从根本上认清“文化大革命”的危害，相反却提出并坚持“两个凡是”的方针，还在这个方针下继续肯定“文化大革命”的“左”倾理论，继续坚持“以阶级斗争为纲”，因而没能承担并完成引领全党走出“文化大革命”的困局、实现历史转折的重任。这就造成了“文化大革命”结束后两年间，虽然各项工作有所前进，党的指导思想却仍然没有实现根本转变，党和国家的各项工作仍处于徘徊中前进的不正常状态。

这样，打破“两个凡是”的禁锢，来一场思想上的革命，就成为中国告别过去、开创未来，开辟新时期新道路新天地，解决当时中国一切问题的前提和关键，更是关键中的关键。真理标准大讨论就是在这样的背景下开展起来的。1978年5月11日，《光明日报》发表《实践是检验真理的唯一标准》一文，确立了“实践至上”的权威，不点名地批判了“两个凡是”。这篇文章发表后，立即引起了激烈交锋，并引发了一

① 中共中央文献研究室编：《邓小平思想年编（1975—1997）》，中央文献出版社2011年版，第564页。

场全国规模、影响深远的关于真理标准问题的大讨论。关键时刻，邓小平对这场讨论给予了有力支持，批评“两个凡是”的主张，公开支持《实践是检验真理的唯一标准》一文的观点，号召“一定要肃清林彪、‘四人帮’的流毒，拨乱反正，打破精神枷锁，使我们的思想来个大解放”。叶剑英、李先念、陈云等人也表态支持这场讨论。到党的十一届三中全会召开前，在全国29个省市自治区（不含台湾）中，有27个省市的党政领导先后表态支持真理标准讨论，不赞成“两个凡是”，从而造成了真理标准讨论的不败之势。真理标准问题大讨论对中国社会主义建设产生的影响是深刻而久远的，它的最大贡献，是重新恢复了党的解放思想、实事求是的思想路线，把人们从个人迷信、“两个凡是”的禁锢中解放出来，开启了当代思想解放之先河，为改革开放、拨乱反正等一系列新政策、新主张、新思想、新办法的提出，打开了通道，提供了思想空间和条件。

真理标准讨论推动了各条战线的拨乱反正。人们开始摆脱“两个凡是”的束缚，实事求是反思过去的曲折，考虑中国未来的出路。一些工业部门恢复了某些过去曾遭批判的行之有效的做法。在农村工作中，安徽、四川等地方领导人从实际情况出发，大胆地对农村政策进行调整，在一定范围内着手纠正了多年来农村工作中的“左”的做法。对国际形势特别是发达国家真实情况的了解增多，也进一步加深了中国对外开放的紧迫感。在对国际形势及其发展趋向进行总体分析的基础上，1977年12月，邓小平提出世界战争可以推迟，我国经济建设可以争取更多的和平时间的判断。1978年3月，邓小平又指出：“独立自主不是闭关自守，自力更生不是盲目排外”“任何一个民族、一个国家，都需要学习别的民族、别的国家的长处，学习人家的先进科学技术。”① 于是，如何学习借鉴国外先进的管理经验和科学技术，成为中国领导人日益关注的问题。1978年7月6日至9月9日，国务院召开务虚会，中心议题是总结新中国成立以来的历史经验，研究如何加速我国现代化建设的步伐。会议开了两个月零3天，提出的新办法、新路子，集中起来，就是一条：改革开放。会议期间，袁宝华、张劲夫、胡乔木等36位同志发言；李一氓、谷牧分别介绍了考察南斯拉夫、罗马尼亚和西欧五国的情

① 《邓小平文选》第2卷，人民出版社1994年版，第91页。

况；姚依林在发言中引用列宁的话，提出“在狼群中要学会狼叫”，都给与会者很大启发。会议结束时，李先念在总结讲话中指出，实现四个现代化，是一场伟大的革命。“这场革命既要大幅度地改变目前落后的生产力，也就必然要多方面地改变生产关系，改变上层建筑，改变工农业企业的管理方式和国家对工农业企业的管理方式，改变人们的活动方式和思想方式，使之适应于现代化大经济的需要。这场革命，规模的巨大，变化的广泛、激烈、深刻，任务的繁重、紧迫，意义的深远，都不下于我们党过去领导的任何革命，某些方面还要超过。”① 同时提出：“为了大大加快我们掌握世界先进技术的速度，必须积极从国外引进先进技术设备。这比关起门来，样样自己从头摸索的爬行主义，要快不知多少倍。”② 这次务虚会，虽然提了一些不切实际的高指标，但却是十一届三中全会前，我们党唯一一次用如此长的时间，集中地、大规模地研究和探讨改革开放的会议。会议取得的成果，对中央高层形成改革开放决策产生了重要影响。同年 9 月下旬，国务院召开的全国计划会议又提出，经济工作必须实行三个转变：一是把注意力转到生产斗争和技术革命上来；二是把管理制度和管理方法转到按照经济规律办事的科学管理的轨道上来；三是从闭关自守或半闭关自守状态转到积极引进国外先进技术，利用国外资金，大胆进入国际市场的开放政策上来。

1978 年 11 月 10 日至 12 月 15 日，党中央在北京召开工作会议。这次会议本来是要讨论经济工作的，但会议开始后不久，陈云率先提出系统地解决历史遗留问题的意见，引起大多数与会者的强烈反响，从而改变了会议议程。在与会者的强烈要求下，11 月 25 日，中央政治局终于作出为天安门事件平反，为“薄一波等六十一人叛徒集团”案等错案平反的决定，解决了一批重大的历史遗留问题。接着，会议对真理标准问题上出现的意见分歧进行讨论。经过思想交锋，会议要求确立实事求是思想路线的呼声更为强烈。12 月 13 日，邓小平在闭幕会上作题为《解放思想，实事求是，团结一致向前看》的讲话。他指出：首先是解放思想，只有思想解放了，我们才能正确地以马列主义、毛泽东思想为指

① 《李先念传（1949—1992）》（下），中央文献出版社 2009 年版，第 1066 页。

② 房维中：《在风浪中前进——中国发展与改革编年纪事》第一分册，2004 年 11 月初稿，第 142 页。

导，解决过去遗留的问题，解决新出现的一系列问题。“一个党，一个国家，一个民族，如果一切从本本出发，思想僵化，迷信盛行，那它就不能前进，它的生机就停止了，就要亡党亡国。”① 他还提出改革经济体制的任务，语重心长地告诫全党：“再不实行改革，我们的现代化事业和社会主义事业就会被葬送”②。在中国面临向何处去的重大历史关头，邓小平的这篇讲话成为开辟新时期新道路的宣言书。它受到与会者的热烈拥护，实际上成为随后召开的十一届三中全会的主题报告。

在此基础上，1978 年 12 月 18 日至 22 日党的十一届三中全会召开。这次全会彻底否定“两个凡是”的方针，重新确立解放思想、实事求是的指导思想，实现了思想路线的拨乱反正；停止使用“以阶级斗争为纲”的口号，作出工作重点转移的决策，实现了政治路线的拨乱反正；事实上形成以邓小平为核心的党中央领导集体，取得了组织路线拨乱反正的最重要成果；审查和解决历史上遗留的一批重大问题和一些重要领导人的功过是非问题，开始了系统清理重大历史是非的拨乱反正。全会在深入总结新中国建立以来经济建设经验教训的基础上清醒地认识到，实行工作重点转移之后，决不能再沿用过去的管理体制、管理方法，而必须根据现代化建设的需要，对传统的僵化体制进行大胆改革，探索新的发展道路。全会提出：“实现四个现代化，要求大幅度地提高生产力，也就必然要求多方面地改变同生产力发展不适应的生产关系和上层建筑，改变一切不适应的管理方式、活动方式和思想方式，因而是一场广泛、深刻的革命。”为此，要“根据新的历史条件和实践经验，采取一系列新的重大的经济措施，对经济管理体制和经营管理方法着手认真的改革，在自力更生的基础上积极发展同世界各国平等互利的经济合作，努力采用世界先进技术和先进设备”。公报中虽然没有出现“改革开放”4 个字，但这一段话，概括起来就是“改革开放”。关于改革的内容，全会指出：“我国经济管理体制的一个严重缺点是权力过于集中，应该有领导地大胆下放，让地方和工农业企业在国家统一计划的指导下有更多的经营管理自主权；应该着手大力精简各级经济行政机构，把它们的大部分职权转交给企业性的专业公司或联合公司；应该坚决实行按经济

① 《邓小平文选》第 2 卷，人民出版社 1994 年版，第 143 页。

② 《邓小平文选》第 2 卷，人民出版社 1994 年版，第 150 页。

规律办事，重视价值规律的作用，注意把思想政治工作和经济手段结合起来，充分调动干部和劳动者的生产积极性；应该在党的一元化领导之下，认真解决党政企不分、以党代政、以政代企的现象，实行分级分工分人负责，加强管理机构和管理人员的权限和责任，减少会议公文，提高工作效率，认真实行考核、奖惩、升降等制度。采取这些措施，才能充分发挥中央部门、地方、企业和劳动者个人四个方面的主动性、积极性、创造性，使社会主义经济的各个部门各个环节普遍地蓬蓬勃勃地发展起来”。[①] 以党的十一届三中全会召开为标志，我国开始了从“以阶级斗争为纲”到以经济建设为中心、从僵化半僵化到全面改革、从封闭半封闭到对外开放的历史性转变。

综上所述，20 世纪 70 年代末，中国之所以义无反顾地走上了改革开放的道路，是中国发展的要求和时代发展的大势使然，是国内困境和国际压力双重逼迫的产物——这是一种被迫的选择，然而却是唯一正确的选择。在作出这个选择的过程中，中国共产党人的大智大勇、顽强生机再次得到了淋漓尽致的展现。正是因为我们作出了这样的选择，中国社会才能够在此后的 30 年间发生了今天这样呈现在世人面前的翻天覆地的变化。如果当初不作这样的抉择，或者作出别样的抉择，继续陷在固步自封、僵化封闭的“左”的泥淖之中，与世界发展的潮流相脱节、与人民群众的根本利益和长远利益相背离，很难想象我们党、国家和中国社会主义的命运会陷入怎样的境地。30 年来，通过改革开放，我国综合国力大幅度跃升，民族凝聚力和自豪感不断增强，国际威望和影响力日益提高。通过改革开放，社会主义在中国焕发出前所未有的强大生命力，马克思主义在中国焕发出前所未有的强大感召力，领导这场伟大革命的中国共产党焕发出前所未有的强大的创造力和战斗力。事实雄辩地证明，改革开放是决定当代中国命运的关键抉择，是发展中国特色社会主义、实现中华民族伟大复兴的必由之路。这些年来，我们之所以能够在国际风云变幻中站稳脚跟，之所以能够经受住来自经济、政治、社会和自然等各个方面的一次次严峻考验，之所以能够战胜各种困难和风险，使现代化建设的航船始终沿着正确的方向破浪前进，归根结底，就

① 《中国共产党第十一届中央委员会第三次全体会议公报》，人民出版社 1978 年版，第 7—8 页。

在于通过改革开放，使中国的社会生产力得到了大解放，大发展，积累了应对和化解各种风险和困难的雄厚基础。当前，我国改革开放和现代化建设进入了一个新的历史阶段，推动科学发展、促进社会和谐、构建“四位一体”的中国特色社会主义，有许多观念需要更新、许多规律需要把握、许多困难需要克服、许多矛盾需要解决。改革开放虽然取得了重大成就，但是我国仍然处于并将长期处于社会主义初级阶段，基本国情和主要矛盾没有改变。面对错综复杂的国际环境和日趋激烈的国际竞争，面对改革发展中可能遇到的各种困难和风险，只有按照党的十七大提出的“解放思想、实事求是、与时俱进，勇于变革、勇于创新，永不僵化、永不停滞，不为任何风险所惧，不被任何干扰所惑”，始终保持昂扬向上的精神状态，中国特色社会主义道路才能越走越宽广，改革开放才能在已有基础上不断深化，不断取得新的成就。

酝酿和策划改革开放的三次重要会议*

“文化大革命”结束时的中国，满目疮痍，百废待举。经济上最为紧迫的问题是：“由于‘四人帮’的干扰破坏”，从 1974 年到 1976 年，“全国大约损失工业总产值 1000 亿元”“整个国民经济几乎到了崩溃的边缘”①。面对严峻形势，华国锋重提了 20 年前毛泽东的“开除球籍”论。而“怎么样能够把国民经济的增长速度搞得更快一些”“把被‘四人帮’耽误的时间夺回来，把他们破坏生产的损失补上去”②，也成为了没有“哪一个中国人会无动于衷”③“全国上上下下普遍关心的一个大问题”④。怎样解决这个棘手的“大问题”呢？怎样化解“开除球籍”的近忧远虑呢？实现中国现代化的办法和出路又在哪里呢？

进入 1978 年，预示中国即将发生决定性积极新变化的因素持续叠加。这年的上半年，因大规模出国考察而切身感受到的中外经济科技之间的巨大差距已然给人们造成了心灵上的强烈震撼，几乎同时展开的真理标准问题大讨论又给长期以来人们精神上的枷锁“松绑”，“改革”的

---

* 这是 2012 年 5 月至 2015 年 12 月为中央党校中共党史专业研究生的授课讲稿的一部分。

① 华国锋：《团结起来，为建设社会主义的现代化强国而奋斗——1978 年 2 月 26 日在第五届全国人民代表大会第一次会议上的政府工作报告》，《人民日报》1978 年 3 月 7 日。

② 中共北京化工厂委员会：《彻底清算“四人帮”祸国殃民的罪行》，《人民日报》1976 年 11 月 16 日。

③ 华国锋：《把无产阶级专政下的继续革命进行到底——学习〈毛泽东选集〉第五卷》，《人民日报》1977 年 5 月 1 日。

④ 《我国国民经济的发展情况——余秋里副总理受国务院委托在四届人大常委会第四次会议上的讲话（摘要）》，《人民日报》1977 年 10 月 25 日。

呼声日渐高涨。到了1978年下半年，变革的节奏更为快速，变革的走向也愈发清晰，特别是国务院务虚会、全国计划会议、中央工作会议等重要会议的相继召开以及针对涉及中国现代化建设的一系列重大政策和实际问题展开的深入讨论，更是在党和国家最高决策层中进一步累积和凝聚了变革的共识。这几次会议虽然内容、层级、规模各不相同，但正是经由其接续酝酿和准备，党的十一届三中全会才最终作出了改革开放的决策，明晰、确定了下一步中国发展的走向，并由此打开了此后30多年来中国历史性巨变的通道。

一、要求“勇敢地改革”、大胆地“引进”的国务院务虚会

1978年7月至9月，国务院举行为期两个月的务虚会议。会议是在华国锋提议下，经中央政治局常委同意召开的。会议的主题是“总结经验，发扬民主”①，主要研究了如何改革经济管理体制，特别是研究如何学习国外成功经验，从国外引进先进技术，利用国外资金和技术设备，加快我国现代化建设速度的问题。

这次国务院务虚会，就其渊源来说，是1975年6月至8月国务院召开的“计划工作务虚会的继续和发展”②。1975年国务院计划工作务虚会是邓小平领导纠“左”期间，为加快国民经济发展并对涉及经济发展的全局性问题进行总体筹划的一次重要会议，会议期间形成的阐述经济体制改革问题的《体制问题汇报提纲（草稿）》以及国务院各部门关于“五五”计划和十年长远规划的设想，特别是务虚会上提出、会后完成的《关于加快工业发展的若干问题》（即《工业二十条》），均富有改革精神，是指导当时工业整顿乃至整个国民经济整顿的重要文件。在务虚会讨论的基础上，1975年10月26日至1976年1月26日，国务院召开全国计划会议，讨论拟定了十年长远规划和1976年年度计划。会议期间，中央政治局审议了国家计委草拟的《1976年至1985年发展国民经济十年规划纲要（草案）》，决定略加修订后试行1年，再作进一步修

① 《李先念传（1949—1992）》（下），中央文献出版社2009年版，第1056页。

② 《谷牧回忆录》，中央文献出版社2009年版，第308页。

订。但是随着“批邓、反击右倾翻案风”的发动，这次全国计划会议被批为“复辟资本主义的高潮”，十年规划未能再作修订。国务院计划工作务虚会上提出的许多意见也在“批邓”中被诬为“右倾翻案风的风源”，未能得到贯彻执行。粉碎“四人帮”后，这次计划工作务虚会上提出的曾被批为“大毒草”的一些重要意见被重新肯定。发展国民经济十年规划纲要的进一步修订也被重新提了出来，并在这个过程中提出了学习外国经验、引进外国先进技术设备的问题。这是国务院务虚会召开的现实背景。

1977 年 7 月，邓小平再次复出，参加党中央和国务院的领导工作。1977 年 9 月，华国锋提出了“挽起袖子来干”的高速度发展国民经济的要求。为加速实现四个现代化，党中央决定，由李先念、余秋里负责，重新修订十年规划纲要。1977 年 11 月，全国计划会议形成供中央政治局讨论的《关于经济计划的汇报要点》。“汇报要点”的主要内容主要包括：二十三年设想、“五五”计划后三年的安排、“六五”计划轮廓、十项重大政策措施。“汇报要点”提出，为“在本世纪内把我国建成一个社会主义的现代化强国，我们必须在思想上有一个大解放，在战略上有一些大决策，在速度上有一个大突破”。汇报要点设想，20 世纪的最后 23 年，经济发展分为 3 个阶段，要打几个大的战役：第一阶段，1980 年以前，基本上实现农业机械化，粮食产量达到 6700 亿斤；钢产量达到 3600 万吨；在全国建成独立的比较完整的工业体系和国民经济体系。第二阶段，1985 年以前，把我国社会主义的农业提高到一个新的水平，粮食产量达到 8000 亿斤；工业部门的主要生产环节基本掌握现代先进技术，钢产量达到 6000 万吨。第三阶段，在 2000 年以前，全面实现农业、工业、国防和科学技术现代化。房维中《在风浪中前进——中国发展与改革编年纪事》一文中写道：“在主要工业产品产量方面超过现在的日本，接近现在的美国，使我国国民经济走在世界的前列。”11 月 23 日、25 日，邓小平在听取这个设想的汇报时说：“我看这个计划，是一个很积极的计划”“我们需要有这样的雄心壮志”“我赞成把这个计划定下来。有的事一时看不准，不要紧，可以在执行中调整。”

还在十年规划纲要酝酿修订的过程中，1977 年 7 月 17 日，国家计委根据纲要的指标，首先向国务院呈报了《关于引进新技术和进口成套设备规划的请示报告》，即“八年引进规划”。“八年引进规划”提出，在“五五”计划后三年和“六五”计划期间，除抓紧把 1973 年批准的 43 亿美元进口方案中的在建项目尽快建成投产外，还拟围绕长远规划的目标和任务，再进口一批成套设备、单机和技术专利。8 年中引进的项目包括支农工业、轻工业、石油工业、煤炭工业、电力工业等方面，共需外汇 65 亿美元。1977 年 7 月 26 日，中央政治局听取并原则批准了这个规划。邓小平提议，“引进还可以加一点，譬如搞 100 亿美元也可以。”① 叶剑英、华国锋、李先念也都表示赞成。会后，国家计委修订引进方案，提出在 65 亿美元的基础上，再增加一些引进项目，规模扩大到 150 亿美元。1977 年 11 月 18 日、23 日、25 日，中央政治局在听取国家计委汇报时，肯定了 150 亿美元的引进计划。1978 年 3 月，党中央、国务院又原则上批准了一批追加项目，使得引进规模从 150 亿美元扩大到 180 亿美元。1978 年 4 月 19 日，在中央政治局听取国家计委等 5 部委关于《今后八年发展对外贸易、增加外汇收入的规划要点》的汇报时，华国锋发表讲话，进一步提到了“争速度”、大胆引进的问题。房维中《在风浪中前进——中国发展与改革编年纪事》一书中提到，他说：“我认为还是要考虑争速度的问题。西德、日本战败后，十多年就上去了，要研究他们的经验。我们要经过 23 年实现四个现代化，就要真正动脑筋，想办法，争速度，这里就有一个引进的问题。太急了不行，慢吞吞也不行。”

根据“汇报要点”的精神，国家计委制订了《1976 年至 1985 年发展国民经济十年规划纲要》修订草案。新的十年规划纲要，是在 1975 年制定的基础上形成的。1978 年 1 月，中央政治局讨论国家计委新修订的十年规划纲要草案。纲要草案共包括 16 个部分：十年规划的出发点；十年规划的奋斗目标；走毛主席指引的建设社会主义的道路；大力发展农业；加快发展轻工业；发展壮大基础工业；积极发展石油化工、电子等新兴工业；切实加强国防工业和国防科研；加强三线战略后方基地；坚持挖潜、革新、改造的方针；基本建设要集中力量打歼灭战；做好商业工作，扩大对外贸易；努力增加财政收入，重点保证经济建设；迅速发展科学技术，繁荣文教卫生事业；认真搞好劳动力的安排和管理；逐步提高人民生活水平。讨论中，与会者对这个规划纲要草案原则

---

① 《李先念传（1949—1992）》（下），中央文献出版社 2009 年版，第 1041 页。

上表示赞成。1978年2月，这个纲要草案经党的十一届二中全会讨论通过，接着又提交五届全国人大一次会议讨论通过。1978年3月10日，李先念主持国务院召开第一次全体会议，邓小平讲话说：五届全国人大“这次庄严的大会批准了一个庄严的规划。大的方针基本上理出来了。现在的问题就是要扎扎实实地干，关键是这个问题。讲政治，最根本的一条政治，叫实现我们的八年规划，实现二十三年规划。这是最根本的政治。”华国锋在最后的发言中说：“这个计划讲了明年、三年、八年、二十三年。近的安排具体一些，远的是个设想。同意小平同志的看法，这个计划是积极的，经过努力是可以实现的。粉碎‘四人帮’后，在新的党中央领导下，一定要把速度搞上去。这个决心，要狠下。”①

历经4年时间酝酿、制定、修改，最终由五届全国人大一次会议通过的这个十年规划纲要，虽然在经济建设的指导思想上有明显的急于求成倾向，也提出了一些不切实际的目标，但在当时背景下，它确实反映了“文化大革命”结束后全党全国奋力追赶发达国家、急迫实现国家现代化的“雄心壮志”。某种意义上，它也是全党从“多年来以阶级斗争为纲，开始向以经济建设为中心转变的一个起点”“起到了动员全党全民理直气壮地抓经济，向四个现代化进军的作用”。②

如何实现十年规划纲要部署的既定目标？除了继续强调“自力更生，洋为中用”外，除了提出大规模引进国外先进技术设备等等措施以外，大量派团出国考察学习——主要是到日本、欧洲、美国等发达国家考察学习，得到了中共中央和国务院领导层前所未有的重视。关于大量派人出国考察的原因，华国锋说，中央提出了十年规划、二十三年设想，但“现在有个问题，高干思想跟不上，怎么办？多出国，多考察……我们是坐井观天，夜郎自大”。③ 1978年6月，由华国锋提议的以谷牧为团长的西欧五国考察团回国后④，中央政治局于6月30日召开扩大会议听取汇报。房维中《在风浪中前进——中国发展与改革编年纪事》一书中提到，主持会议的华国锋说：“今年开了五届人大，提出

---

① 《李先念传（1949—1992）》（下），中央文献出版社2009年版，第1046页。

② 《李先念传（1949—1992）》（下），中央文献出版社2009年版，第1047页。

③ 华国锋同胡耀邦、谭启龙的谈话（1978年7月4日），引自韩钢：《关于华国锋的若干史实》，《炎黄春秋》2011年第2期。

④ 参见张根生：《华国锋谈粉碎“四人帮”》，《武汉文史资料》2008年第1期。

了新时期的总任务，新的长征。通过了十年规划、二十三年设想，进入了社会主义革命和社会主义建设的新时期，提出了要高速度的问题。”“高速度发展，主要立足国内，独立自主，自力更生，但还要引进国外先进技术。”“不这样，快不了，不能高速度。”“出去看了好，现在要消化。看了那么多国家，有不少感触和意见，就是拿镜子照照。但光照照不够，还要联系我国的实际情况，研究怎样吸取国外的经验教训，加快我们的速度。不要看了激动，回来不动。现在要少说空话，认真地、脚踏实地去工作，一步一个脚印地去干，不能停留在议论阶段。要议而决，决而行。”他要求谷牧把出国考察人员“组织起来，共同研究，提出几条来。要有情况分析，有改进意见和采取的措施，提出来在国务院务虚会务虚，也务实，虚实结合，统一认识。七月份就务起来”。这是1978年国务院务虚会召开的直接缘由。

实际上，在1978年5月，包括邓小平、华国锋在内的党中央主要领导人在实行对外开放、学习国外先进经验、引进国外先进技术和设备、发展对外经济合作上，“决心已经下定”。他们所“思索和考虑的不是‘要不要开放’，而是‘怎么搞对外开放’”的问题。① 有鉴于此，华国锋在这次汇报会上的讲话中，具体地提出了要求国务院务虚会重点讨论的4个议题：一是“怎样引进先进技术设备”；二是“企业管理包括工业管理问题”；三是“计划平衡问题”；四是“出口贸易”。参加汇报会的李先念在讲话中说：“组织人员出国考察回来汇报，这也是调查研究，是个很重要的调查研究。我们还比较落后，不要打肿脸充胖子，要利用西欧这个力量，把先进的东西搞过来。”② 遵照华国锋的要求，1978年7月6日，国务院务虚会在北京西皇城根9号国务院临时办公地召开。会议由中共中央副主席、国务院副总理李先念主持，参加会议的有谷牧、王震等副总理、国务院各部委主要负责人以及国务院直属办公机构负责人等。华国锋出席了大部分会议并十余次发言；李先念除了总结讲话外，在会上作了17次发言。③

7月6日下午，国务院务虚会正式开始时，李先念、余秋里、康世

---

① 中共中央文献研究室编：《回忆邓小平》（上），中央文献出版社1998年版，第156页。

② 《李先念传》编写组：《李先念年谱》第5卷，中央文献出版社2011年版，第621页。

③ 参见《李先念传》编写组：《李先念年谱》第5卷，中央文献出版社2011年版，第625—645页。李正华：《中国改革开放的酝酿与起步》，当代中国出版社2002年版，第330—340页。

恩、耿飚、谷牧、王震、陈慕华等副总理以及国务院各经济部门负责人共47人出席了会议。李先念首先发言，总结了粉碎“四人帮”1年零9个月以来各方面取得的成绩，重点讲了这次国务院务虚会的内容和开法。他说：“这次会议，主要是总结正反两方面的经验。在此基础上，对十年规划纲要进行补充修订，使计划更加切合实际。从国外引进先进技术，利用国外的资金、技术、设备，来加快我们的建设，正如小平同志讲的，这是一个大政策。究竟怎么搞法，怎么搞得快一些好一些，这次会议要根据华主席的指示，很好地研究。向哪些国家引进，要服从整个外交路线。引进新技术，要搞好同国内工作的平衡，要同国内机械制造结合起来，提高我们整个机械工业的制造能力。”他“希望大家畅所欲言，认真总结经验，既务虚，又务实，统一了思想，就落实去干。大家要充分发言，统一思想把这次会议开好。”① 谷牧在会上传达了中央关于对外开放的原则意见，介绍了率团考察西欧五国的情况，他说：“我国要老老实实承认落后了，与世界先进水平拉开了很大的差距。我们怎么赶上国际先进水平，怎么搞现代化，怎么把速度搞快些？很重要的一条就是狠抓先进技术的引进、消化、吸收。”“必须解放思想，多想点子，开拓路子，绝不能自我封闭，自我禁锢，作茧自缚，贻误时机。”②

7月11日，华国锋第一次出席务虚会，要求与会人员“敞开思想，充分议论。说错了没有关系”，并提出了“三不主义”，即“不戴帽子，不打棍子，不揪辫子”。从7月8日到8月3日，以下各部门负责人发言：7月8日，对外贸易部副部长、中国技术进口总公司副董事长崔群汇报成套设备的引进情况，总的意见是引进缓慢。李先念在议论这个问题时说：“引进的多了能否赶得上，要研究。引进项目的建设一定要搞好，搞不好会丢脸。”“引进新技术，要买设备，还要买专利，把自己机械工业制造能力提高一步。我们不能买四个现代化，这是个路线问题。”③ 7月9日，外交部部长黄华传达中共中央关于对外关系的指示。7月11日，国家计委副主任李人俊汇报扩大新技术引进的初步设想，

① 《李先念传》编写组：《李先念年谱》第5卷，中央文献出版社2011年版，第626页。

② 《谷牧回忆录》，中央文献出版社2009年版，第307—308页。

③ 《李先念传》编写组：《李先念年谱》第5卷，中央文献出版社2011年版，第627—628页。

介绍了引进工作的安排。华国锋、李先念出席会议并讲话。7月12日，国家基本建设委员会副主任宋养初就搞好引进项目建设工作提出10条具体意见。李先念在议论这个问题时提出，不要孤立地研究引进，“要同整个国民经济的发展情况联系起来考虑”“要真正有计划按比例地搞，分清主次。万马奔腾不行，会踩死很多人的。一步一个脚印”。① 7月13日，国家经委副主任马仪谈加快发展我国农业和农业机械化问题。李先念主持会议。7月14日、16日，农林部部长杨立功专谈加快农业发展速度问题。华国锋、李先念出席会议并讲话。7月17日，国家经委副主任袁宝华谈提高职工技术水平的方法与政策问题。7月18日，第一机械工业部副部长孙友余汇报把引进新技术同提高国内机械制造水平相结合的问题。7月19日、20日，国家建委副主任、国家建材总局局长白向银谈发展建材工业、提高施工装备水平的意见。7月20日、21日，国家劳动总局局长康永和汇报劳动工资和劳动力问题。7月23日，国家计委副主任段云谈积极扩大出口增加对外支付能力问题。李先念在议论这个问题时说：“引进专利，必要。但要相信自己的力量，如果买一个四个现代化，这叫什么路线？要考虑两笔账：一是引进一美元国内要负担多少人民币，一是8年中自己搞多少设备。不要说引进五百亿美元，就是四百亿美元，也不一定消化得了。用国外贷款四百亿美元，可不是简单的事，苏联也没有用到那么多吧！什么都引进，我们自己的机械行业就要失业、停工了，看来，首要的一条，还得自己干。”② 7月24日，第三机械工业部部长吕东和第五机械工业部部长张珍分别谈航空工业和加速发展兵器工业问题。7月26日、27日，冶金部部长唐克和财政部部长张劲夫分别谈发展冶金工业和加快积累建设资金问题。7月28日，中国社会科学院院长胡乔木就按照经济规律办事，加快实现四个现代化问题发言。李先念主持会议并讲话。7月31日，国家地质总局局长孙大光谈加快地质工作现代化问题。7月31日、8月2日，轻工业部部长梁灵光谈加快轻工业发展问题。8月2日，国家物资总局局长李开信谈挖掘库存物资潜力问题。8月3日，国务院财贸领导小组组长姚依林谈适当提高农产品价格问题，这是务虚会发言阶段的最

① 《李先念传（1949—1992）》（下），中央文献出版社2009年版，第1063页。
② 《李先念传（1949—1992）》（下），中央文献出版社2009年版，第1064页。

后一次会议。除了以上发言外，另有煤炭工业部肖寒、纺织工业部胡明、第四机械工业部王子纲、第六机械工业部柴树藩、铁道部段君毅、中国人民银行李葆华、水利电力部杜星垣、国家林业总局罗玉川、全国供销合作总社陈国栋、教育部刘西尧、中国科学院郁文、国家科委蒋南翔、第二机械工业部刘伟等部门负责人向会议提交了书面发言。

国务院务虚会上各部门的发言和讨论，基本上都是围绕高速度发展经济的问题，总结历史经验教训，提出新的设想、见解和措施。研讨的内容覆盖了我国经济建设的各重大方面，触及了许多带有全局性的深层次问题——这是在历史大转折的酝酿期我国经济领域里的一次破除禁锢、探索求新的重要会议。

在十余次出席会议的讲话和插话中，华国锋主要讲了引进技术、外贸出口、发展工农业、加强工业和企业管理等经济工作的方针政策问题，总的倾向就是“四个一点”，即“思想再解放一点，胆子再大一点，办法再多一点，步子再快一点”。“四个一点”对务虚会所议所论和实际工作产生了很大影响。

这次国务院务虚会最大的“特点”是“务虚”，即只作讨论、出谋划策，不作决议、决策、决定。但会议所“务”、所“谋”的多为指导经济工作的“实策”，而绝非空洞玄虚的“泛泛之论”。其中有两个文件对后来的实际决策发生较大影响：一是 9 月 9 日李先念的总结讲话，二是 7 月 28 日胡乔木的发言。

胡乔木的发言是代表中国社会科学院、国务院研究室作的。发言强调了“经济规律的客观性”，阐述了“为什么资本主义国家的经济管理方法有值得我们学习的地方”的问题，提出“只有把社会主义制度的优越性同发达的资本主义国家的先进科学技术和先进管理经验结合起来，把外国经验中一切有用的东西和我们自己的具体情况、成功经验结合起来，我们才能够迅速提高按照客观经济规律办事的能力，才能够加快实现四个现代化的步伐。”关于“按照经济规律办事”的问题，发言指出：“在社会主义条件下，商品生产和商品流通将继续长期存在，在我国还需要大大发展，价值规律在经济生活中仍然起不可缺少的作用。”发言提出“社会主义经济的根本目的就是要提高人民的物质文化生活水平”，强调了加强经济核算的重要性，指出：“经济核算的制度在‘四人帮’横行的那段时间里被破坏得很厉害。工人上班不上班一个样，干多干少一个样，干轻干重一个样，干好干坏一个样，这就是说对活劳动的消耗根本不计算、不监督。有些单位工人常年不劳动，照样拿工资；有些单位临时工做工，正式工不做工、干私活或者游荡。这种状况现在已经有了相当大的改变，但是改变得还很不彻底。……很多企业长期以来对物化劳动也不计算、不监督，原材料任意浪费，固定资金、流动资金占用不计多少。至于创造了多少价值，创造了多少利润，更是不讲。这种不计算、不监督的状态，是我们企业管理被搞乱了的一个根本原因。现在我们拨乱反正，就要运用价值规律，健全经济核算制度，通过各种实物指标和价值指标，通过严格实行按劳分配和把企业经营的好坏同每个职工的物质利益结合起来的办法，来改善经营管理，来为实现管理现代化创造一个必要的前提。”发言批判了“依靠纯粹行政的方法”进行经济管理的弊端，阐述了“扩大经济组织和经济手段的作用”问题，并为此提出了“推广合同制”“发展专业公司”“加强银行的作用”“发展经济立法和经济司法”4 项建议。发言还提出了“缩小工农业产品交换价格的剪刀差”“真正承认农民的集体所有制，承认生产队的自主权”等事关农村工作改革的问题。胡乔木发言中提出的重要思想，一定程度上代表了当时中央高层领导和许多经济学家的共识，文中的一些重要观点后来融入了由胡乔木主持起草的党的十一届三中全会公报等文件中。

李先念代表中共中央、国务院所作的务虚会总结讲话，共讲了六个问题：一是抓紧大好时机，加快实现四个现代化的速度；二是加强综合平衡，在统一计划下发挥中央、地方和企业的积极性；三是搞好技术引进，努力扩大出口；四是有关农业的几个问题；五是有关工业的几个问题；六是搞好领导班子的整顿，改进领导作风。第一个问题是整个讲话的纲，其余是目，主要阐述了如何实现高速度发展经济的问题。讲话综合了务虚会讨论的结果及各方面的意见，经中央政治局常委同意，比较系统地提出了一系列重要观点和举措，特别是着眼战略全局，全面、深入、紧迫地提出了改革开放的主张，实际上成为这次务虚会的主报告。

——关于改革的必要性和重大意义，讲话指出，实现四个现代化，是一场伟大的革命。“这场革命既要大幅度地改变目前落后的生产力，也就必然要多方面地改变生产关系，改变上层建筑，改变工农业企业的管理方式和国家对工农业企业的管理方式，改变人们的活动方式和思想方式，使之适应于现代化大经济的需要。这场革命，规模的巨大，变化的广泛、激烈、深刻，任务的繁重、紧迫，意义的深远，都不下于我们党过去领导的任何革命，某些方面还要超过。……目前的问题已经不是要不要在本世纪末实现这个任务，而是要比原来的设想更快的速度来实现这个任务，要在本世纪末实现更高程度的现代化。经济发展速度问题，是党内党外、上上下下、老老少少，人人关心的大问题。搬掉了‘四人帮’这块绊脚石，充分地发挥社会主义的优越性，持久地高速度地发展国民经济的前提终于具备了。现代化速度必须加快，也完全有条件加快。”①

——关于经济体制改革的内容和原则，讲话提出，无论中央各部门或是地方各级领导机关，都必须认真注意发挥工农业企业的积极性。只有充分尊重和充分发挥他们的积极性和主动精神，生产才能够高速度发展。把各企业当作任何行政主管机关的附属品，当作只能依靠上级从外部指挥推动的算盘珠，这种管理思想是同实现四个现代化的要求格格不入的。机器都要自动化，何况是人，何况是当家作主的工人农民和由他们组成的社会主义的企业？因此，一定要给予各企业以必要的独立地位，经济工作必须严格按照客观经济规律，而不是按照“长官意志”办事，要勇敢地改革一切不适应生产力发展的生产关系、不适应经济基础要求的上层建筑；要坚决摆脱墨守行政层次、行政区划、行政便利、行政方式而不讲经济核算、经济效果、经济效率、经济责任的老框框，打破小生产的狭隘眼界，改变手工业式、小农经济式、甚至封建衙门式的管理方法，掌握领导和管理现代化工业大生产的本领，特别要坚决实现专业化、发展合同制和贯彻按劳分配原则②；“过去二十多年中，我们已经不止一次改革经济体制，……但是在企业管理体制方面，往往从行政权力的转移着眼多，往往在放了收、收了放的老套中循环，因而难以符合经济发展的要求。为了适应四个现代化的需要，我们将改革计划体制、财政体制、物资体制、企业管理体制和内外贸易体制，建立起现代化的经济组织、科研组织、教育组织及有关管理制度。我们现在要进行的这次改革，一定要同时兼顾中央部门、地方和企业的积极性，一定要考虑大企业和大专业公司的经济利益和发展前途，努力用现代化的管理

① 《李先念传（1949—1992）》（下），中央文献出版社2009年版，第1066页。

② 《李先念传（1949—1992）》（下），中央文献出版社2009年版，第1067页。

方法来管理现代化的经济，使我们的管理水平尽可能适应工农业高速度发展的需要。”①

——关于打破“爬行主义”，在对外开放中“积极引进国外先进技术和设备”的问题，房维中《在风浪中前进——中国发展与改革编年纪事》一书中提到，讲话说，“自力更生决不是闭关自守，不学习外国的先进事物。为了大大加快我们掌握世界先进技术的速度，必须积极从国外引进先进技术设备。这比关起门来，样样自己从头摸索的爬行主义，要快不知多少倍。……要抓紧时机搞好引进工作。最近中央决定，在这一工作中，胆子要更放大一些，步子要更加快一些，今后十年的引进规模可以考虑增加到 800 亿美元。这是一个伟大的战略决策，对于加快外国实现四个现代化的速度，具有极其重要的意义”。讲话同时要求，“对于引进的东西，我们要努力去消化它，发展它，争取创造出新东西”“摸着石头过河”“如果只引进不创造，就会永远落在别人后面，永远不能赶上和超过，那我们就是笨蛋。应该懂得，四个现代化是买不来的。那种什么都想买、一直买下去的懒汉思想，是永远也实现不了四个现代化的”。② 讲话对引进先进技术设备的目的、范围、原则、步骤、保证以及扩大出口贸易、增加外汇收入等问题作了系统阐述，并全面深入阐述了对外开放的思想。

邓小平、陈云虽然没有出席这次务虚会，但通过看会议简报和一些人的发言，掌握着会议的动态情况。这次长达 2 个多月的国务院务虚会，就加快我国现代化建设速度所发表的议论、所提的办法、所拟订的措施，总基调是“改革开放”。虽然包括李先念的总结讲话在内，会议在一些方面表露出了急于求成的情绪，提出了一些不切实际的高指标，在一定程度上强化了国民经济“新跃进”的氛围，但会议的独特地位在于：它是我们党在“文化大革命”结束后、党的十一届三中全会召开前唯一一次用如此长的时间，集中地、深入地探讨并明确提出通过进行经济体制改革和开放引进的办法加快我国现代化建设步伐的一次意义重大的会议，为党的十一届三中全会最终确定改革开放的总方针、总政策

---

① 《李先念论财政金融贸易（1950—1991 年）》（下），中国财政经济出版社 2010 年版，第 371 页。

② 《李先念论财政金融贸易（1950—1991 年）》（下），中国财政经济出版社 2010 年版，第 372—373、365 页。

"奠定了基础"①。可以说，"我们的党正视经济体制中的问题，重视改革，发轫于这次务虚会"②。

二、提出经济工作实行"三个转变"的全国计划会议

国务院务虚会还没有结束，1978 年 9 月 5 日，又召开了全国计划会议（预备会议），会议一直开到 10 月 22 日。各省、自治区、直辖市主管经济工作的书记，计委主任和财政局长参加了这次会议。会议的中心议题是根据华国锋、李先念在国务院务虚会上的讲话精神，研究经济管理体制的改革问题。如果说国务院务虚会所重点关注和讨论的是"引进"问题，全国计划会议则重点讨论的是"改革"。会议明确提出："必须多方面地改变不适应生产力发展的生产关系，改变不适应经济基础的上层建筑，改变工农业企业的管理方式和思想方式，使之适应现代化的大经济的需要。"要"放手发挥经济手段和经济组织的作用，按经济规律办事，改变那些不讲经济核算、不讲经济效果、不讲经济效率、不讲经济责任的老框框、老方法。各级领导干部要自觉地认识这些变革的必要性、复杂性、艰巨性，站在斗争的前列，依靠广大群众，大胆而又细致地去领导这些变革。"③

根据以上认识，由这次会议形成的《一九七九、一九八〇两年经济计划的安排》明确提出经济工作必须实行"三个转变"：一是"从上到下都要把主要注意力转到生产斗争和技术革命上来"。会议提出，阶级斗争、生产斗争和科学实验必须一起抓，但是阶级斗争必须促进和保证生产斗争和科学实验任务的完成；企业和各级经济管理机关的中心任务是搞好生产。党的工作、行政工作、群众团体工作，都要服从这个中心，而不能离开这个中心。二是"从那种不计经济效果、不讲工作效率的官僚主义的管理制度和管理方法，转到按照经济规律办事、把民主和集中很好地结合起来的科学管理的轨道上来"。会议提出，要消除经济

① 刘国光主编：《中国十个五年计划研究报告》，人民出版社 2006 年版，第 394 页。

② 于光远：《1978：我亲历的那次历史大转折》，中央编译出版社 2008 年版，第 55—56 页。

③ 国家计委档案：《全国计划会议简报》，1978 年 9 月 26 日。武力主编：《中华人民共和国经济史》（上），中国时代经济出版社 2010 年版，第 645 页。

管理中的无政府现象，加强综合平衡和全国的统一计划；要改变经济管理体制上集中过多的毛病，扩大地方和企业的权力，充分发挥地方和企业的主动性、积极性；要改变用单纯的行政办法管理经济的方式，自觉地运用价值规律，充分发挥经济手段和经济组织的作用，实行严格的经济核算制和经济责任制。三是“从那种不同资本主义国家进行经济技术交流的闭关自守或半闭关自守状态，转到积极地引进国外先进技术，利用国外资金，大胆地进入国际市场”①。会议提出，要在坚持独立自主、自力更生方针的基础上，采取各种国际上通行而又对我有利的方式，把世界上主要先进技术拿过来，缩短我们赶上世界先进水平的时间；要发挥我们自己的有利条件和特长，通过世界市场，同国外互通有无、取长补短，并且通过对外贸易检验和提高自己的技术水平和经济水平。②“三个转变”是这次全国计划会议取得的一项最重要成果。

与会的各省市经济领导干部还就改革经济管理涉及的 9 个方面的体制问题进行了深入讨论，提出了重要意见。这 9 个方面的体制是：计划管理体制；工业管理体制；基本建设管理体制；物资管理体制；财政管理体制；劳动工资管理体制；商业管理体制；物价管理体制；外贸管理体制。讨论中大家普遍认为，现在的经济管理工作，用经济办法少，用行政办法多，既存在着分散和无政府现象，也存在着地方和企业权力过小的问题，束缚着生产力的发展，必须进行大的改革。改革的原则是：按照客观经济规律办事，发挥经济手段和经济组织的作用；在统一计划下，发挥中央、地方和企业的积极性等。关于计划管理体制改革，大家一致主张按照“统一计划，分级管理，条块结合，以块为主”的原则，实行中央和地方两级管理。中央一级的任务是，研究和提出发展国民经济的方针政策，制订全国统一计划；省市一级的任务是，根据中央的方针政策，结合本地区的实际情况，制订地方计划。关于工业管理体制改革，大家认为，要实行中央和地方两级管理，关系全局的、产供销由全国平衡的、跨省区的、产品性质特殊的企业由中央管，其余企业由地方管。不论由哪一级管，都要改变单纯用行政办法管理的现状，打破行业

① 中央财经领导小组办公室编：《中国经济发展五十年大事记（1949.10—1999.10）》，人民出版社、中共中央党校出版社 1999 年版，第 299 页。

② 《当代中国的计划工作》办公室编：《中华人民共和国国民经济和社会发展计划大事辑要（1949—1985）》，红旗出版社 1987 年版，第 398 页。

地区界限，组织各种类型的公司，按照经济办法进行管理。会上，江苏省革委会副主任汪海粟等讲了关于公司的具体主张，得到了一致肯定，大家认为：公司的形式可以多样化，有专业公司、综合公司、服务公司，可以组织全国公司、大区公司、省公司，也可以组织省范围内的地区公司。公司直接承担国家的计划任务，受国家计划和法律的约束，又有独立从事经济活动的权力，包括同国外的经济往来。各级公司之间，可以是隶属关系，或者是业务指导关系，也可以是合同关系。公司之上，不再设行业的行政管理机构，统由各级经济委员会领导。随着各类公司的建立，各部的专业司局和省市区的专业厅局要适当合并，有的要撤销。① 会议还第一次提出了改革要采取“摸着石头过河”的试验办法。

国务院务虚会和全国计划会议上围绕开放引进和体制改革的所进行的讨论和观点交流，表明实行改革开放的主张在党内的重要决策层次已经具有了扎实的思想基础，党中央在这方面作出重大决策的条件已经趋于成熟。

在这期间，邓小平关于改革开放的决心和思路也进一步明确了。

1978 年 9 月，结束对朝鲜访问的邓小平，顺道在东北三省及唐山、天津等地视察，一方面批评“两个凡是”，一方面反复强调改革、开放。9 月 13 日，在辽宁本溪，谈到本溪钢铁公司的发展时，邓小平说：“现在就是要好好向世界先进经验学习，不然老是跟在人家后面爬行。你们在国内是比较好的，但是同发达国家比，还是落后的。要到发达国家去看看，应当看看人家是怎样搞的。”② 9 月 15 日，在黑龙江，他就企业管理和体制改革等问题讲话说：“管理好的企业，工资待遇应该不同。企业管理得好，为国家贡献大的，应给予奖励，刺激技术水平、管理水平的提高。平均主义害处太大了。”③ 9 月 16 日，在吉林，邓小平说：“我们现在要实现四个现代化，有好多条件，毛泽东同志在世的时候没

① 国家计委档案：《全国计划会议简报》，1978 年 10 月 14 日。武力主编：《中华人民共和国经济史》（上），中国时代经济出版社 2010 年版，第 646 页。

② 中共中央文献研究室编：《邓小平年谱（1975—1997）》（上），中央文献出版社 2004 年版，第 373 页。

③ 中共中央文献研究室编：《邓小平年谱（1975—1997）》（上），中央文献出版社 2004 年版，第 376 页。

有，现在有了。中央如果不根据现在的条件思考问题、下决心，很多问题就提不出来、解决不了。比如毛泽东同志在世的时候，我们也想扩大中外经济技术交流，包括同一些资本主义国家发展经济贸易关系，甚至引进外资、合资经营等等。但是那时候没有条件，人家封锁我们。后来‘四人帮’搞得什么都是‘崇洋媚外’、‘卖国主义’，把我们同世界隔绝了。”[①] 在听取正在建设的霍林河煤矿要引进联邦德国技术的汇报时，邓小平说：“要引进人家的技术，就要学习人家的管理方法，完全按它的管理方式生产。从开始引进，就要组织一个班子，从头到尾负责，……对这样的企业，不要搞改良主义，要彻底革命。所有的引进，必须坚持这一点，否则就没有资格引进，我们就永远落后。”“要使所有的人开动脑筋，哪怕管理一个街道工厂，也要自己开动脑筋，敢于思考怎么样使生产增加，产品质量提高，成本降低，原材料消耗少，产品价格不断降低。不管大中小企业，搞得好的要奖励，不能搞平均主义，要鼓励先进。”[②] 9 月 18 日，邓小平在听取中共鞍山市委第一书记沈越等汇报时指出：“世界在发展，我们不在技术上前进，不要说超过，赶都赶不上去，那才真正是爬行主义。”“引进先进技术设备后，一定要按照国际先进的管理方法、先进的经营方法、先进的定额来管理，也就是按照经济规律管理经济。一句话，就是要革命，不要改良，不要修修补补。”[③]

结束在东北的考察回到北京后，邓小平继续就改革开放问题进行了阐述，1978 年 10 月 10 日，他在会见以格奥尔格·内格韦尔为团长的德意志联邦共和国新闻代表团时说：“中国在历史上对世界有过贡献，但是长期停滞，发展很慢。现在是我们向世界各国学习的时候了。”“我们派了不少人出去看看，使更多的人知道世界是什么面貌。关起门来，固步自封，夜郎自大，是发达不起来的。”[④] 10 月 11 日，在中国工会第九次全国代表大会的开幕致辞中，邓小平更加明确地指出：实现四个现代化，是一场根本改变我国经济和技术落后面貌的伟大革命，“这场革

---

① 《邓小平文选》第 2 卷，人民出版社 1994 年版，第 127 页。

② 中共中央文献研究室编：《邓小平年谱（1975—1997）》（上），中央文献出版社 2004 年版，第 377—378 页。

③ 《邓小平文选》第 2 卷，人民出版社 1994 年版，第 129—130 页。

④ 《邓小平文选》第 2 卷，人民出版社 1994 年版，第 132 页。

命既要大幅度地改变目前落后的生产力，就必然要多方面地改变生产关系，改变上层建筑，改变工农业企业的管理方式和国家对工农业企业的管理方式，使之适应于现代化大经济的需要。为了提高经济发展速度，就必须大大加强企业的专业化，大大提高全体职工的技术水平并且认真实行培训和考核，大大加强企业的经济核算，大大提高劳动生产率和资金利润率。因此，各个经济战线不仅需要进行技术上的重大改革，而且需要进行制度上、组织上的重大改革。”①

1977年以来，特别是进入1978年下半年，在加快现代化建设速度的共同呼声中，在出国考察体验到的“咄咄逼人”的差距带来的“震撼”和“信心”面前，由国务院务虚会、全国计划会议集体议论、邓小平、华国锋、李先念等积极倡导提出的关于改革开放的一系列思考和部署，对人们的思想观念和实际工作产生了重大而直接的影响：1978年，改革已在安徽农村悄然萌动，封闭半封闭的心态、状态和政策也逐步打破。1977年《国际贸易问题》杂志第3期发表文章还宣称，“我国是社会主义国家，根本不允许外国资本来开发资源，也不同外国资本搞什么联合经营。”② 1978年4月22日，外贸部部长李强还强调，“以下几种做法在‘四人帮’干扰时我们不能做，现在可以做：补偿贸易；来料加工、来样加工；用外商商标牌号定牌；协作生产；寄售；分期付款、延期付款。”但有“两种做法，我们是坚决不干的：一是借款，二是不搞合资。”③ 1978年5月，由中国社会科学院经济研究所编写出版的《“四人帮”对马克思主义政治经济学的篡改》一书仍然表示：“我们既不允许外国资本家同我们办联合企业，更不允许把领土、领海的主权租让给外国”④。但是形势变化很快，到了1978年12月15日，外贸部长李强在香港向世界公开宣布了中国利用外资政策的重大转变：“不久以前，我们在对外贸易上，还有两个禁区。第一，政府与政府之间的贷款，不干，只有银行与银行之间的商业贷款。现在不是了。第二，外商在中国

① 邓小平：《在中国工会第九次全国代表大会上的致词》，《人民日报》1978年10月12日。

② 茅文：《宜将剩勇追穷寇——把外贸战线上被“四人帮”颠倒了的路线是非纠正过来》，《国际贸易问题》1977年第3期。

③ 《李强同志谈灵活的对外贸易做法》，新华通讯社《内部参考》1978年第59期。

④ 中国社会科学院经济研究所：《“四人帮”对马克思主义政治经济学的篡改》，山西人民出版社1978年版，第313页。

投资不干。最近我们决定把这两个禁区取消了，基本上国际贸易上惯例的做法都可以干。”①

三、为正式决策改革开放作准备的 36 天中央工作会议

1978 年 11 月 10 日至 12 月 15 日，中共中央召开工作会议。这次会议是在真理标准问题讨论的大背景下、在国务院务虚会和全国计划会议的基础上召开的，是对这两次会议所讨论的议题和所提出的主要观点进一步讨论的延续，同时又为召开党的十一届三中全会作准备。参加这次中央工作会议的包括所有中央政治局委员、候补委员、中央军委常委、全国人大常委会的党员副委员长和秘书长、国务院副总理、全国政协的党员副主席、最高人民法院院长、最高人民检察院检察长、各省、市、自治区党委第一书记和分管政府工作的书记、各大军区司令员和政委、中央直属机关各部委第一把手、中央国家机关各部委第一把手、中央军委各直属机关第一、二把手等，共 219 人②。这次中央工作会议开了 36 天，讨论了关系我国行动上建设全局的若干重大问题，在随后召开的党的十一届三中全会上所作出的一系列重大决策部署，在这次会议上都先行进行了充分讨论并形成了共识。

1978 年 11 月 10 日，中央工作会议在京西宾馆第一会议室开幕。华国锋在主持会议时，宣布了会议的三项议题：一是讨论如何进一步贯彻执行以农业为基础的方针，尽快把农业生产搞上去。这是会议的最主要议题。会上印发了两个文件供讨论，一个是《中共中央关于加快农业发展速度的决定》，另一个是《农村人民公社工作条例（试行草案）》；二是商定 1979 年和 1980 年两年国民经济计划的安排，关于这个问题，此前的全国计划会议已进行了讨论，并形成了《一九七九、一九八〇两年经济计划的安排》；三是讨论李先念在国务院务虚会上的讲话。在讲了这三个议题后，华国锋又宣布：“中央政治局决定，在讨论上面这些议题之前，先讨论一个问题”，这就是，“从明年一月起，把全党工作的

① 《突破“禁区”，为四个现代化大干贸易》，《经济导报》1978 年第 1600 期。

② 参见于光远：《我亲历的那次历史转折》，中央编译出版社 1998 年版，第 23 页。

着重点转移到社会主义现代化建设上来，动员全党、全军和全国各族人民，同心同德，鼓足干劲，全力以赴，为加快我国社会主义现代化建设而奋斗。”这样，会议实际上要讨论四项议题。新增加的这个“中心问题”，是邓小平首先提出来的。

还在1977年8月23日，在中央军委座谈会上的讲话中，邓小平就指出：“某一个时期总有某一个时期的纲，某一个部门总有某一个部门的纲。就当前来说，揭批‘四人帮’的斗争是我们的纲，一定要把这场斗争进行到底，但总要有一个时间限制。”① 1978年3月，在全国科学大会上的讲话中，邓小平说：“我们的国家进入了新的发展时期，我们党的工作重点、工作作风都应该有相应的转变。”② 同年10月3日，在同胡乔木、邓力群、于光远等商议关于中国工会第九次全国代表大会上讲话稿的修改问题时，邓小平更加明确地提出了工作重点转移问题，说：“现在到了这么个时候，‘四人帮’当然要批，但不能老是说什么都是‘四人帮’搞的。现在有些事将要考核我们自己的干部，批了‘四人帮’还搞不好，总得整一下自己吧，总得问一问领导人、领导班子是不是可以吧。外国人有个议论说，你们什么都归罪于‘四人帮’。归罪于‘四人帮’还是可以的，但是不能以后一直都归罪于‘四人帮’的干扰破坏。……揭批‘四人帮’运动总有个底，总不能还搞三年五年吧！要区别一下哪些单位可以结束，有百分之十就算百分之十，这个百分之十结束了，就转入正常工作”。③ 邓小平关于结束揭批“四人帮”，将党的工作重点转移到社会主义现代化建设上来的意见，在1978年10月就已得到了中央政治局常委的认同——明确体现这个意思的、由邓小平代表中共中央、国务院在中国工会第九次全国代表大会开幕式上曾经过华国锋、叶剑英等核阅的致辞。致辞明确提出：“很明显，……我们一定要把揭批‘四人帮’的斗争进行到底。但是同样很明显，这个斗争在全国广大范围内已经取得决定性的胜利，我们已经能够在这一胜利的基础上开始新的战斗任务”④。这里使用的“开始新的战斗任务”实际上表达

---

① 中共中央文献研究室编：《邓小平年谱（1975—1997）》（上），中央文献出版社2004年版，第186—187页。

② 《邓小平文选》第2卷，人民出版社1994年版，第96—97页。

③ 引自朱佳木：《我所知道的十一届三中全会》，当代中国出版社2008年版，第21—22页。

④ 《邓小平文选》第2卷，人民出版社1994年版，第135页。

的就是进行“工作重点转移”的意思。

提出将全党工作着重点转移到现代化建设上来，意义重大。11月12日，胡乔木在华北组讨论中，从理论上阐述了工作重点转移的重要性、必要性。他说：把全党工作的着重点转移到社会主义现代化建设上来，“这个转变，非常重要。这不是党的具体工作的着重点的通常性质的转变，而是具有历史意义的根本性转变。”① 胡耀邦在西北组的发言中也指出：“华主席代表中央政治局提出全党工作着重点的转移，是什么性质的问题？我理解，是工作方针的新部署，是领导方法的大问题。……是一个根本的转折。它必将对全党、全国、全世界产生巨大的影响。”1980年11月，胡耀邦在中央政治局会议上特别点明了邓小平在其中的贡献，指出：“1978年9月份，小平同志在东北提出了全党工作着重点的转移，为三中全会的方针，为今后党的工作方针，作出了决策。”② 1983年7月13日，胡乔木在全国宣传工作会议上的讲话中，进一步阐述了邓小平提出这个决策的意义，指出：“把党的工作重点由清查转到经济建设，这看起来是很简单的事情，但在当时，就是三中全会以前中央工作会议，1978年年底，就很不容易。实际上，从1949年到1979年，我们党始终没有认真地、系统地和一贯地实行这个转变，这就是这30年中的最大错误。小平同志这时坚决提出要转到以发展社会主义经济建设为党的中心任务，可以说是真正的开端，意义非常重大。”③

把党的工作着重点转移到社会主义现代化建设上来，从“以阶级斗争为纲”转为“以经济建设为中心”，势必要对长期以来妨碍现代化建设的僵化体制机制以及各种不合时宜的观念和做法进行调整和重大变革。这样，围绕会议议题，众多与会者还就进行上层建筑领域改革、调整农村和农业政策、改革计划管理体制、引进国外先进技术和借鉴国外先进经验等问题进行了深入讨论。

讨论中，与会者普遍认为，全党工作着重点转移是一个关系全局的大问题，要真正地、不动摇地实现全党工作重点的转移，必须在思想、

---

① 红旗杂志社图书资料研究室编：《理论资料（5）》，1978年12月22日。

② 引自朱佳木：《我所知道的十一届三中全会》，当代中国出版社2008年版，第23页。

③ 《胡乔木文集》第2卷，人民出版社1993年版，第571页。

政策、体制和工作方法上也来个大转变，对于上层建筑中那些不适应生产力发展的部分必须坚决改革。湖北省革命委员会第一副主任陈丕显说，全党工作着重点的转移，是战略的转移，胜利的转移，前进的转移，实现这个转移首先要把思想转移过来，思想认识提高了，才能真正地转移，要不断解决上层建筑不相适应的问题，要进行体制改革。中宣部副部长朱穆之在发言中说：实现全党工作着重点的转移，在思想上将引起又一场大革命；中国建设四个现代化，还应该再加上一个思想现代化。思想现代化就是要克服一切妨碍我们前进的思想，特别是林彪、“四人帮”流毒还有苏联僵化模式的影响以及小生产和旧的习惯势力的影响等。

在讨论《关于加快农业发展速度的决定》和《农村人民公社工作条例（试行草案）》两个农业问题文件时，与会代表对农村人民公社体制、农民生产自主权、农村个体经济等问题进行了反思和讨论，对两个文件回避了严峻的现实问题，空讲“人民公社的优越性”和“连续十几年的大丰收”等表示强烈不满。有的与会者指出：现在全国有近两亿人每年口粮在300斤以下，吃不饱肚子。造成这种局面，主要是过去在政策上对农民卡得太死，动不动就割“资本主义尾巴”，把农民挖得太苦了。农业上不去，主要是“左”倾错误作怪。西北组有代表发言指出：人民公社的“一大二公”，究竟发挥了什么优越性？所谓“公”，实际上搞的是“共产”“平均主义”“一平二调”。人民公社政社合一这种组织形式究竟怎么样？公社实际上是党政社合一，反对了社长一长制，实际搞的是书记一长制，用行政命令来办农业。关于如何改革农村体制、促进农业发展的问题，与会者主张，应把人民公社真正当作企业来办，实行“政社分开”，按经济规律和自然规律来搞农业经济。北京市革命委员会主任林乎加在会上提出，外国有农业现代化的经验，应该组织人认真研究一下。欧美一些国家实现农业现代化不是孤立搞农业而是在工业、科技发展的基础上，把现代化的工业、科技成果用在农业上。我们只就农业来谈农业的现代化是“化”不了的。农业现代化是大规模、专业化、社会化。要有个农业现代化设想，要有实现这个设想的规划，要有全国布局。中央要统一考虑，统筹规划。新华通讯社社长曾涛发言说：我主张重申农民的权利和生产队自主权，要给农民应该得到的物质利益，不能再搞“空头政治”。江西省革委会主任江渭清发言说，要加快农业发展，重要的是要调动广大农民的积极性，不少人总怕农民富起来后会走资本主义道路，想方设法加以限制，这些都必须破除。西南组代表在发言中指出，多年来，林彪、“四人帮”宣传“钱就是资本主义，富就是修正主义，穷才是社会主义”，有的地方农民连鸡、兔都不能养。如果认为农民富了就会产生资本主义，那我们只有世世代代穷下去，那我们还干什么革命呢？老百姓养几只鸡、种几棵树，怎么就能搞出资本主义？个体农民靠自己劳动进行家庭副业，不剥削别人，这叫资本主义吗？让农民搞点家庭副业能出资本主义吗？会议还初步总结了“农业学大寨”的教训，指出全国情况千差万别，怎么能都搞成大寨一个模式？为了借鉴国外农业发展经验，会上还散发了1978年上半年以来各省市组成中国农业代表团分赴日本、美国、加拿大等国家访问所形成的考察报告，如《关于日本农业的考察报告》《第二批赴日农业代表团考察报告》《美国农业情况报告》《赴加拿大考察报告》《西欧五国农业情况报告》《关于赴欧考察农业和农业机械化的报告》《关于罗马尼亚、西德、法国农业的考察报告》等①。这些报告较为系统地介绍了各国农业的发展情况和做法，提出了可资中国借鉴的若干建议。

在讨论1979年、1980年国民经济计划安排和总结经济工作经验教训时，许多人对两年来经济工作中的急于求成倾向和国民经济中的比例失调问题提出了批评，痛切地认识到经济工作必须采用经济手段，用政治运动方式搞经济是不可能成功的。12月10日，陈云在东北组发表了关于当前经济问题的5点意见，引起与会者的高度重视。根据各方面意见，国务院开始对国民经济计划进行修改，从而开始了对两年来经济工作中急躁冒进、急于求成倾向的初步纠正。

在讨论李先念在国务院务虚会上的讲话时，与会代表深入反思了我国经济管理体制存在的严重弊端，强烈呼吁改革经济管理体制，打开国门学习借鉴国外有益经验。鉴于参加中央工作会议的很多老干部因“文化大革命”中断工作多年，对国外情况知之甚少，为了开阔与会者的视野，经邓颖超向李先念建议，并报经华国锋同意，会议印发了《苏联在二三十年代是怎样利用外国资金和技术发展经济的?》《香港、新加坡、

① 这些考察报告以及《关于朝鲜农业的考察报告》后以“中国农业代表团”的名义编成《国外农业考察报告》之一、之二、之三、之四，于1979年、1980年由农业出版社公开出版。

南朝鲜、台湾的经济是怎样迅速发展起来的?》《战后日本、西德、法国经济是怎样迅速发展起来的?》《罗马尼亚、南斯拉夫的经济为什么能高速发展?》等4份材料供与会代表参阅。同时，会议还印发了中央有关部门出国考察形成的考察报告，都引起了大家极大兴趣。这些材料揭示了一个共同的规律，即当今世界任何国家和地区的经济要获得迅速发展，都不可能封闭自己，都离不开利用外国的资金和技术。在这样的规律面前，如果中国再“陶醉”于“既无内债、又无外债”就显得太僵化了。在发展经济方面，应当解放思想，认真研究其他国家的做法，汲取别国成功经验，大胆改革、搞活。

这次中央工作会议关于改革开放的讨论，主要涉及以下几个方面。

第一，关于改革的必要性、原则和意义。还在中央工作会议开幕会上的讲话中，华国锋就批评各部门普遍存在的组织重叠、机构臃肿、人浮于事、官僚主义、办事效率低、企业管理水平差等问题，严重影响了四个现代化的进程。他还举了上海申请进口一套设备要盖18个图章等例子，具体说明了当时的上层建筑实在不适应生产力发展的需要。为此，华国锋提出，实现四个现代化，必须大力改革上层建筑中那些不适应生产力发展的部分①。12月4日，国家计委也提出，要真正推进全国计划工作会议提出的经济战线上的三大转变，还要加上一个转变，就是上层建筑必须做重大改变，要精简机构，减少层次，改变按行政手段办经济的方法。如果上层建筑不改革，我们的章法不变，三大转变是不能实现的。在讨论李先念国务院务虚会总结讲话时，有代表进一步指出，我们的上层建筑有两个方面不合理：一是用行政的办法管理企业，不讲经济核算，不讲经济效果，吃大锅饭；二是体制不合理，制度烦琐，不能调动各方面积极性，也提不高办事效率。黑龙江省革委会副主任侯捷说，体制问题是多年形成的一个老问题，根据国际上的经验，罗马尼亚是高度集中，南斯拉夫是高度分散，但都得到了高速度发展，体制改革是罗马尼亚式、南斯拉夫式，还是有新的中国式都可以，最重要的原则是，让人民群众都能搞富、搞活，都有主动性。有代表提出，体制改革，要有利于调动各方面的积极性，加快国民经济发展速度，要在中央的路线、方针、政策指导下，放手让各地方去干，不要怕地方富了，企

---

① 参见于光远：《我亲历的那次历史转折》，中央编译出版社1998年版，第31页。

业富了，老百姓富了。有代表说，在经济领导工作中坚决摆脱墨守行政层次、行政区划、行政便利、行政方式而不讲经济核算、经济效率、经济责任的老框框，放手发挥经济手段和经济组织的作用，是认真总结新中国成立29年来正反两个方面的经验，分析当前国际国内形势后提出的重大方针。这是一个极大的改革，也是我们必须走的路子。西南组在讨论中提出，怎样加快实现四个现代化，重要一条是要充分调动中央、地方和企业的积极性。现在企业那么多，体制怎么搞？说权力下放，到底下放什么东西？怎样把几千万人的积极性调动起来，这是个大问题。我们现在的经济管理体制，是小农经济、军事共产主义和苏联早期那一套的结合。这个体制一定要改。搞体制改革，权力下放，不要误认为只是集权与分权的问题，而是调动各方面积极性的问题，是如何分清各级经济责任的问题，是如何使计划更接近经济规律办事的问题。

第二，关于改革的入手处和途径。讨论中大家认为，改革应首先指向计划体制。因为计划体制是龙头，它不改革，别的体制就不好改。计划体制的主要弊病是集中过多，统得过死，用行政办法管理企业，不讲经济核算、经济效果，吃“大锅饭”。管理体制也不合理，制度烦琐，不能调动各方面的积极性。改革计划体制，首要的是扩大企业自主权。现在的企业“婆婆”太多，负担太重，权力太小，尤其是经济权力太小，1万元以上的建设项目都得经过上级管理部门批准，这怎么能有积极性呢？应尽快下放经济管理权，减少层次，简化手续，以充分调动企业生产的积极性、主动性，这是体制改革的关键。当时，四川正在都江木工机械厂和第一棉纺厂进行扩大企业自主权的试点，结果订货量大增，企业生产积极性和生产能力得到充分发挥。通过扩大企业自主权，可让企业自行组织和安排部分产品的生产，可以自己订合同解决一部分生产资料和自销部分产品，可以通过利润分成，获得一部分供自己支配的资金。由于企业开始具有了一定的各自的经济利益，这种利益促使他们经常保持勤勉、紧张的状态，推动着他们竞相向上，不断前进。[①] 第一机械工业部党组副书记孙友余在12月8日的发言中重点讲了工业管理体制改革中的“政企分开”问题。他认为：“当前工业管理体制

① 参见中央书记处研究室理论组编：《调查和研究（1979—1980年汇编本）》，中共中央党校出版社1983年版，第105页。

改革最主要的是把经济管理系统同政权管理系统分开，经济管理系统按经济要求管理企业的经济活动；政权管理系统则按国家和地方的法律、法令来管理企业，但不干涉企业的经济活动；所在地的党委负责抓好党的工作和思想政治工作。”“这是一个非常大的变化，因为势必有几级党组织和政府要放弃对一部分生产企业的经济事务的管理权，同‘企业在那里就由当地管’的传统概念有很大不同。”“这么改革牵扯面很大，执行中要试点，要稳步前进，不能一下子就办成……也不能出了小毛病就否定这个方向。”“‘管理、管理’，不要‘管’而不‘理’。现在只是行政官在想办法，出了毛病，就加强‘管’，结果愈管愈死。……要从‘理’字上、从政策上、从经济规律上动脑筋来解决问题。”孙友余还提出，要“在严格社会主义所有制的基础上，把计划经济组织好”“同时有组织地适当扩大市场经济，作为计划经济的补充”，这“对发展生产有好处”。①

第三，关于改革的手段和方法。第四机械工业部副部长刘佩荣在12月5日的发言中说，近30年来，我们党及党的领导干部，对于全国性的群众运动的方法是比较熟悉的。但是，就当前工作任务、目标和要求来说，继续采取大规模的群众运动的方法是不可取的。历史证明，大规模的群众运动，没有哪一次是不搞扩大化、不产生极左思潮的后遗症的。我们要认真总结过去的经验教训，向一切内行人学习，按经济规律、经济组织、经济方法办事情，讲究经济效果。内蒙古自治区革委会副主任刘景平认为，当前发展中的主要障碍是思想上的、技术上的和管理水平上的，对思想上的障碍必须予以高度重视，必须打破因循守旧的观念，要通过这次会议，在党内外进行思想大动员，让群众都知道，什么要改，如何改。广东省委书记王全国在讨论中提出，把经济工作“从那种不计经济效果、不讲工作效率的官僚主义的管理制度和管理方法，转到按照经济规律办事、把民主和集中很好地结合起来的科学管理的轨道上来”，从内容上讲，这种转变应包括三个方面的转变：一是从小生产式的和行政的甚至衙门式的管理方式，转到用经济方法，符合社会化大生产要求的科学管理的轨道上来；二是从统收统支，统得过死，转到统一计划下实行分级管理，充分发挥中央、地方和企业的积极性的体制

① 经济研究参考资料编辑部编：《经济研究参考资料》1980年第43期。

上来；三是从分散的半政府状态转到尊重经济规律，加强综合平衡，有计划按比例发展国民经济的轨道上来。谷牧在12月15日的发言中提出，我国经济管理体制改革，不能单纯从权力多放少放、多收少收上去考虑，应有一个大的改革。大改革的标志有两条：一是在中央集中统一领导下，在坚持社会主义道路，实行社会主义经济的前提下，放手让各地和基层企业去干。体制的好坏，主要看它是否有利于生产力的发展；社会主义制度的优越性，主要表现在上层建筑适应经济基础，生产关系适应生产力的发展。始终按照这个规律办事，既可以避免生产的盲目性以及由此引起的经济危机，又可以有比资本主义高得多的经济发展速度。第二个标志是，经济工作不能凭长官意志办事，而必须真正按照客观经济规律办事，价值、利润、税收、信贷、物质利益等，要真正在社会主义经济中起到杠杆作用。

第四，关于改变闭关自守状态，实行对外开放的紧迫性和可能性。对此，华国锋在会议开幕时的讲话中也讲了一段话。他说：由于林彪、“四人帮”干扰破坏，不敢进口，一进口就被诬为“卖国”，诬为“崇洋媚外”；“文化大革命”中外国看到中国很乱，也不敢在资金上、技术上支持我们。粉碎“四人帮”后，先搞了中日长期贸易协定，200亿美元。条约签订后，日本认为200亿太少，提出从1980年到1990年，增加到1000亿美元。中日长期贸易协定签字后，西欧着急，法国也要和我们签订这个协定，积极要求发展和我们的贸易。西德也是如此。现在我们同意与法国、英国、美国、西德、意大利签订长期贸易协定，国外也积极到我们这儿来投资。他们在广东搞了机械化养鸡厂、手表厂、电厂。国际形势现在是很好的。正因为这样，就给我们提出一个问题，要善于利用这种形势吸收外国的技术和资金，来大大加快我们的建设速度①。与会代表在讨论中认为，中央决定扩大引进国外的先进技术和设备，利用国外的资金，这个决心下得好，是一个重大的决策；从长期闭关自守或半闭关自守状态转为积极引进国外先进技术，利用国外资金，大胆进入国际市场，这样做比我们关起门来，样样自己从头摸索地爬行，不知要快多少倍。在某种意义上，闭关自守等于慢性自杀。有的说，可以向外国借款。外国人可以到中国来合办工厂。我们赚外国资本

① 参见于光远：《我亲历的那次历史转折》，中央编译出版社1998年版，第31页。

家的钱，为人民服务，为什么不行？要研究日本、西德、南斯拉夫等国经济发展的情况，很好地吸取它们的经验。一些在1978年出国访问过西方发达国家的中央领导以及一些做外交工作的人士都谈到，他们的一个突出感受是：当前的国际形势对我们十分有利。资本主义国家生产过剩，资金过剩，开工不足，市场萧条。欧洲有5000亿美元的游资没有出路。世界上大多数国家都希望中国强大起来，支持中国的现代化建设，他们普遍地看好中国这个大市场，有向中国投资或同中国合作的愿望。我们应该充分利用这个时机，根据两利的原则，在充分调查研究的基础上，尽可能多的吸收外国资金，大量引进先进技术和设备，加快四化建设速度。福建省代表还提出：从福建的实际出发，应充分利用侨乡这一特殊条件，大量吸收外资、侨资，引进先进技术和设备，开矿办厂建电站，放手大搞出口贸易；要开放港口和加强码头建设，如福州的马尾港和厦门港。有人提出，在利用外资方面，我们应采取多种方式、齐头并进的办法，能合资就合资，能和外国合作生产的就合作生产，能买专利就买专利，能请专家就请专家。参加西北组讨论的王震于1978年11月初访问英国，并顺道访问了巴基斯坦、南斯拉夫等国。当他于11月27日回到北京时，中央工作会议已召开半个多月了。他结合出访见闻，也谈到了对外开放问题：我在国外参观了一些工厂和科研单位，相比之下，痛感我国经济、技术落后了几十年，群众文化水平也比他们低得多。为了加速建设进程，就要大大使用外国的资金，引进先进技术。他建议：人大常委会应尽快制定有关接受外国贷款、借款、投资等方面的法律，对外商投资提供优惠，鼓励外商与我们合办企业，保证外国投资不受侵犯；要扩大省、市、自治区的自主权，充分发挥地方积极性，允许他们向外借款或与外资合办企业，以加速发展中国的现代化建设。

上述关于改革开放的讨论和提出的意见建议，虽然在广度和深度上还有待进一步拓展，讨论也主要集中在经济领域，但讨论中与会者所表现出来的忧患意识、变革决心、进取精神无疑是很强烈的，对实行改革开放的必要性、紧迫性的认识也是很充分的，这都进一步强化了国务院务虚会和全国计划会议所达到的认识，标志着党中央顺应时代大势和现实要求正式作出改革开放决策的条件已然成熟。

这次中央工作会议还就“天安门事件”等历史问题、真理标准讨论问题、中央人事安排等问题进行了讨论并达成共识。

由于中央工作会议所讨论的内容大大超出了原定议题，会期也因此超出原来设想的“二十天”时间[①]。1978年12月13日，中央工作会议举行闭幕会，叶剑英、邓小平、华国锋分别讲话。叶剑英在讲话中着重讲了民主和法制问题，讲话结束时，他郑重呼吁全党要以全新的风貌、昂扬的斗志迎接这场即将到来的伟大变革，指出：“我们进行社会主义现代化建设，不仅是大大提高社会生产力，而且是从经济基础到上层建筑的一场深刻的社会革命。我们的同志，对待这样一场革命，是不是有充分的思想准备呢？我看，许多人还是准备不足。有些同志还是前怕狼后怕虎，墨守陈规，因循守旧，思想就是不解放，不敢往前迈出一步。怕什么？是不是怕人家说自己‘复辟资本主义’，怕抓辫子、扣帽子、打棍子，怕丢乌纱帽？如果是那样，那他们为什么不怕两千多年来遗留下来的手工业生产方式继续保存下去，不怕中国贫穷落后，不怕中国人民不答应这样的现状？”[②]

邓小平在会上发表了由他亲自拟定提纲、题为《解放思想，实事求是，团结一致向前看》的讲话。这个讲话，是一篇具有强烈危机意识、发展意识、开拓意识、进取精神，意在激发全党全国人民摆脱“因循守旧，安于现状，不求发展，不求进步，不愿接受新事物”的“僵化或半僵化的状态”而敢闯敢干、敢为人先，强力倡导改革创新精神的政治呼吁书、宣言书。它为即将召开的党的十一届三中全会提供了指导思想，实际上也是党的十一届三中全会的主题报告。

讲话开宗明义点出“解放思想是当前的一个重大政治问题”，重点列举了由“思想僵化”而产生的种种“怪现象”，提出要破除“条条框框”“独立思考，敢想、敢说、敢做”，强调“一个党，一个国家，一个民族，如果一切从本本出发，思想僵化，迷信盛行，那它就不能前进，它的生机就停止了，就要亡党亡国”。倡导“干革命、搞建设，都要有一批勇于思考、勇于探索、勇于创新的闯将。没有这样一大批闯将，我们就无法摆脱贫穷落后的状况，就无法赶上更谈不到超过国际先进水平。”希望“各级党委和每个党支部，都来鼓励、支持党员和群众勇于

① 参见于光远：《1978：我亲历的那次历史大转折》，中央编译出版社2008年版，第31页。

② 《叶剑英选集》，人民出版社1996年版，第501页。

思考、勇于探索、勇于创新，都来做促进群众解放思想、开动脑筋的工作。”①

讲话强调，“民主是解放思想的重要条件”，要“使民主制度化、法律化，使这种制度和法律不因领导人的改变而改变，不因领导人的看法和注意力的改变而改变”，并着重阐述了“发扬经济民主的问题”。发扬“经济民主”，实际上就是要改革不合理的经济管理体制。讲话说：“现在我国的经济管理体制权力过于集中，应该有计划地大胆下放，否则不利于充分发挥国家、地方、企业和劳动者个人四个方面的积极性，也不利于实行现代化的经济管理和提高劳动生产率。应该让地方和企业、生产队有更多的经营管理的自主权。我国有这么多省、市、自治区，一个中等的省相当于欧洲的一个大国，有必要在统一认识、统一政策、统一计划、统一指挥、统一行动之下，在经济计划和财政、外贸等方面给予更多的自主权。”讲话认为，“当前最迫切的是扩大厂矿企业和生产队的自主权，使每一个工厂和生产队能够千方百计地发挥主动创造精神。……全国几十万个企业，几百万个生产队都开动脑筋，能够增加多少财富啊！为国家创造财富多，个人的收入就应该多一些，集体福利就应该搞得好一些”“革命是在物质利益的基础上产生的，如果只讲牺牲精神，不讲物质利益，那就是唯心论”。② 讲话阐明，“这次会议，解决了一些过去遗留下来的问题，分清了一些人的功过，纠正了一批重大的冤案、错案、假案。这是解放思想的需要，也是安定团结的需要。目的正是为了向前看，正是为了顺利实现全党工作重心的转变。”③

讲话最后提出，要“研究新情况，解决新问题”，当前“尤其要注意研究和解决管理方法、管理制度、经济政策这三方面的问题。”这部分讲话集中阐述了改革的必要性和重点任务，改革开放的思想、思路旗帜鲜明。在管理方法上，讲话郑重指出，“我们的经济管理工作，机构臃肿，层次重叠，手续繁杂，效率极低。政治的空谈往往淹没一切。这并不是哪一些同志的责任，责任在于我们过去没有及时提出改革。但是如果现在再不实行改革，我们的现代化事业和社会主义事业就会被葬

---

① 《邓小平文选》第 2 卷，人民出版社 1994 年版，第 141—143 页。

② 《邓小平文选》第 2 卷，人民出版社 1994 年版，第 144—146 页。

③ 《邓小平文选》第 2 卷，人民出版社 1994 年版，第 147 页。

送”。我们要学会用经济方法管理经济，“自己不懂就要向懂行的人学习，向外国的先进管理方法学习。不仅新引进的企业要按人家的先进方法去办，原有企业的改造也要采用先进的方法。在全国的统一方案拿出来以前，可以先从局部做起，从一个地区、一个行业做起，逐步推开。中央各部门要允许和鼓励它们进行这种试验”。讲话提出，今后，“看一个经济部门的党委善不善于领导，领导得好不好，应该主要看这个经济部门实行了先进的管理方法没有，技术革新进行得怎么样，劳动生产率提高了多少，利润增长了多少，劳动者的个人收入和集体福利增加了多少。各条战线的各级党委的领导，也都要用类似这样的标准来衡量。这就是今后主要的政治。”在管理制度上，讲话提出，“当前要特别注意加强责任制”“任何一项任务、一个建设项目，都要实行定任务、定人员、定数量、定质量、定时间等几定制度”“要扩大管理人员的权限”“要善于选用人员，量才授予职责”“要严格考核，赏罚分明”，并“同物质利益联系起来”。在经济政策上，讲话提出，“要允许一部分地区、一部分企业、一部分工人农民，由于辛勤努力成绩大而收入先多一些，生活先好起来”。这样“就必然产生极大的示范力量，影响左邻右舍，带动其他地区、其他单位”“使整个国民经济不断地波浪式地向前发展，使全国各族人民都能比较快地富裕起来”。“这是一个大政策，一个能够影响和带动整个国民经济的政策。”①

邓小平在中央工作会议闭幕会上的讲话，是在党和国家历史大转折的关键时期，确定改革开放新道路、阐述改革开放新政策的开篇之作。

华国锋在闭幕会上最后一个讲话中，总结了这次中央工作会议的成果，并对“两个凡是”方针作了自我批评，承担了责任。

弥漫、贯穿36天中央工作会议始终的是民主、求变、自励、务实、“科学”②、敢言奋行、突破陈规陋见“向前看”的“改革开放”精神。会议在思想路线、政治路线、组织路线和重大历史是非方面所达成的共识和取得的成果，无不是这一精神的具体体现。这些成果的取得，为随后召开的中共十一届三中全会正式确立改革开放决策和在全会之后强有力地贯彻实施这一决策作了各方面的重要准备。一定意义上，正是这次

① 《邓小平文选》第2卷，人民出版社1994年版，第149—152页。

② 于光远：《我亲历的那次历史大转折》，中央编译出版社1998年版，第342页。

层次更高、讨论更充分、议题更广泛、为期长达 36 天的会议所进一步论证和凝结的几大共识，历史性地“设定”了十一届三中全会决策的框架、轨道和方向。对包括这段历史在内的粉碎“四人帮”以来的两年多历史，邓小平曾给予高度评价，他说：“粉碎‘四人帮’以后三年的前两年，做了很多工作，没有那两年的准备，三中全会明确地确立我们党的思想路线、政治路线，是不可能的。”① 1978 年 12 月 31 日，胡耀邦在赴任中宣部部长的第三天于一次会议上的讲话中也说：“我个人的看法是：粉碎‘四人帮’两年多来，是拨乱反正的两年，是扭转乾坤的两年。两年多，我们搞了一场政治上的大搏斗，……确实是一场政治大革命，出现了多少惊心动魄、雄伟壮观的场面。我建议在座的历史学家想一想我们两年多来的经历，以便几年之后好写这两年多来的历史，作出公正的评价。”胡耀邦还说：“这么一场大决斗，大革命，没有思想发动，没有思想领先，许多事情是扭不过来的，拨乱反正也是拨不好，反不好的。”“两年多来，我们全党、全国人民的思想一天比一天活跃起来。两年多来，党中央用马列主义，毛泽东思想这个强大思想武器，澄清了一系列被林彪，‘四人帮’颠倒、破坏、歪曲了的理论是非、思想是非、路线是非、政策是非。”② 的确，没有这两年多的酝酿和推动，就不可能有十一届三中全会的决策及会后改革开放新局面的开创。

① 《邓小平文选》第 2 卷，人民出版社 1994 年版，第 242 页。

② 胡耀邦：《在地、县宣传工作座谈会上的讲话》（1979 年 12 月 13—14 日）。引自中央宣传部办公厅编：《党的宣传工作会议概况和文献（1951—1992）》，中共中央党校出版社 1994 年版，第 260—261 页。

社会主义初级阶段理论的形成和发展*

能够科学判断和准确把握中国国情，并据以制定正确的路线方针政策，是中国共产党作为政治上清醒、理论上成熟的马克思主义政党的重大标志和重要能力之一。毛泽东就曾指出："认清中国社会的性质，就是说，认清中国的国情，乃是认清一切革命问题的基本的根据。""只有认清中国社会的性质，才能认清中国革命的对象、中国革命的任务、中国革命的动力、中国革命的性质、中国革命的前途和转变。"① 在 1978 年启动改革开放的新时期，我们也完全可以说：认清中国社会的现况，认清中国社会主义处于并将长期处于社会主义初级阶段这个最大最基本的国情，乃是认清一切改革开放问题的基本根据。只有认清中国社会的现况，认清中国社会主义处于并将长期处于初级阶段这个最大最基本的国情，才能认清中国改革开放的性质、对象、策略、任务等重大问题。

"文化大革命"结束后，中国共产党在重新审视国情和深刻反思国内外社会主义实践历史教训的过程中，一个最重大的理论建树，就是创造性地提出了社会主义初级阶段论。这个理论，规定了中国社会主义的历史方位，明确了建设中国特色社会主义的立足点和出发点，成为新时期制定和实施各项改革开放政策的根本理论依据。新时期中国改革开放的深化与对国情认识的深化相辅相成，若要深刻理解和把握中国改革开

---

* 这是 2012 年 12 月至 2013 年 6 月在中央党校几个分校辅导"学习贯彻十八大精神"相关课程的讲稿的一部分。

① 《毛泽东选集》第 2 卷，人民出版社 1991 年版，第 633 页。

放启动和推进的历史进程，就不能不同时研究和把握中国共产党科学判断国情，提出和发展社会主义初级阶段理论的历史。

一、历史回溯：社会主义发展阶段问题上的认识和教训

（一）马克思恩格斯对未来社会发展的预测

由于历史和社会实践的局限性，马克思恩格斯在创立科学社会主义学说的过程中，还不可能对社会主义社会的发展阶段问题做出具体阐述和划分。但是他们运用辩证唯物主义和历史唯物主义的基本原理，对未来社会的发展做出了很多预测，为今天探讨社会主义发展阶段问题提供了科学的方法。

马克思恩格斯始终认为，社会主义是“资本主义社会的最独特的最后产物”①，“无论哪一个社会形态，在它们所能容纳的全部生产力发挥出来以前，是决不会灭亡的”②；实现社会主义是一个自然历史过程，是不以人的意志为转移的。对于未来社会的发展阶段问题，马克思是极为谨慎的。1844 年，在未完成的“经济学—哲学手稿”中，26 岁的马克思第一次论及了未来社会的发展阶段问题，认为人类从资本主义社会进入的未来社会，在其第一阶段，只是消灭了私有制，还没有消灭私有财产的影响，只有消灭了私有制及其影响而且实现了人的全面发展的社会才是未来社会的高级阶段。1849 年底至 1850 年冬，在伦敦德意志教育协会举办的《共产党宣言》讲座中，马克思指出：共产主义要经过许多年后才能确立，而且将经过几个阶段。首先是建立起由小资产阶级掌权的“民主共和国”，然后是无产阶级经过斗争、建立起“社会共和国”，再逐步发展到“社会——共产主义共和国”和纯粹的“共产主义共和国”。1871 年 4 月至 5 月，马克思在《法兰西内战》一书中指出：“工人阶级并没有期望公社做出奇迹。他们不是要凭一纸人民法令去推行什么现成的乌托邦。他们知道，为了谋求自己的解放，并同时创造出现代社会在本身经济因素作用下不可遏止地向其趋归的那种更高形式，

① 《马克思恩格斯选集》第 4 卷，人民出版社 1995 年版，第 442 页。

② 《马克思恩格斯选集》第 2 卷，人民出版社 1995 年版，第 33 页。

他们必须经过长期的斗争，必须经过一系列将环境和人都加以改造的历史过程。”[①] 在这个历史过程中“必须经历阶级斗争的几个不同阶段”[②]。

1875 年，马克思在《哥达纲领批判》一书中，第一次明确提出了在无产阶级夺取政权后，未来新社会的发展将要经历三个阶段“长久阵痛”的思想：第一个阶段，是“过渡时期”，即从资本主义社会向共产主义社会的革命转变时期。第二个阶段，是共产主义社会的第一阶段或叫初级阶段，其主要特征包括：消灭资本主义私有制，建立生产资料公有制；社会有计划地进行生产，不存在商品生产、货币交换和市场；实行按劳分配，并逐步从按劳分配向按需分配过渡；消灭阶级，国家逐步自行消亡，建立起每个人“自由发展的联合体”[③]。第三个阶段，是共产主义社会的高级阶段。马克思指出，共产主义的第一阶段，“不是在它自身基础上已经发展了的，恰好相反，是刚刚从资本主义社会中产生出来的，因此它在各方面，在经济、道德和精神方面都还带着它脱胎出来的那个旧社会的痕迹”。[④]

19 世纪 70 年代以后，西欧工人运动处于低潮，俄国等东方革命运动兴起，马克思恩格斯开始花费大量精力研究经济比较落后的国家实现社会主义革命的条件和途径问题。1881 年 2 月，俄国女革命家查苏利奇给马克思写信，请马克思根据俄国农村公社情况，说明世界各国是否都须经过完整的资本主义阶段才能进入社会主义。马克思对此的回应是，俄国可以跨越“资本主义制度的卡夫丁峡谷”进入社会主义[⑤]，但要具备一定条件，即有西方无产阶级革命的支持。1882 年 9 月，恩格斯在给考茨基的信中又指出：像阿尔及利亚、埃及、印度这些被西方征服的殖民地国家可以在欧美先进国家革命胜利后并在其帮助下，不必经过资本主义独立发展阶段，而逐步过渡到社会主义。至于这些国家要经过哪些发展阶段才能同样达到社会主义的组织，则只能作一些相当空泛的假设。

马克思恩格斯关于未来社会的预测，是建立在对人类社会发展大趋

---

① 《马克思恩格斯选集》第 3 卷，人民出版社 1995 年版，第 60 页。
② 《马克思恩格斯选集》第 3 卷，人民出版社 1995 年版，第 98 页。
③ 《马克思恩格斯选集》第 3 卷，人民出版社 1995 年版，第 294 页。
④ 《马克思恩格斯选集》第 3 卷，人民出版社 1995 年版，第 304—305 页。
⑤ 《马克思恩格斯选集》第 3 卷，人民出版社 1995 年版，第 770 页。

势的深刻把握和现实基础之上的，是在唯物史观指导下通过批判资本主义生产方式的内在矛盾发现和揭示了新世界的大致轮廓。列宁就此指出："马克思丝毫不想制造乌托邦，不想凭空猜测无法知道的事情。马克思提出共产主义的问题，正像一个自然科学家已经知道某一新的生物变种是怎样产生以及朝着哪个方向演变才提出该生物变种的发展问题一样。"① 不能要求他们所预测的每一个结论或细节都与后来的历史事实相契合，其所做的工作只是为后人继续探索提供了方法和理论指导。

（二）列宁关于"发达""完全"社会主义的论说

列宁在领导俄国革命和建设的过程中，肯定并进一步阐明了马克思关于未来社会发展阶段的学说。在十月革命前写的《国家与革命》中，列宁第一次把马克思所称的"共产主义第一阶段"叫做"社会主义"社会。列宁写道："通常所说的社会主义，马克思把它称作共产主义社会的第一阶段或低级阶段，既然生产资料已成为公有财产，那么'共产主义'这个名词在这里也是可以用的，只是不要忘记这还不是完全的共产主义。"列宁将无产阶级夺取政权后的社会发展划分为"从资本主义向共产主义的过渡"，即社会主义社会、共产主义社会。

十月革命胜利后，列宁领导俄国开始了社会主义建设的初步实践。但在经济文化落后的俄国如何过渡到社会主义并组织社会主义建设，在马克思恩格斯的著作中没有现成的答案。列宁就此指出：对俄国来说，根据书本争论社会主义纲领的时代，"已经一去不复返了""今天，只能根据经验来谈论社会主义"②。他提出，在一个小农经济的国家中，"不经过一系列渐进的预备阶段，要过渡到社会主义是不可能的"。③ 这个过渡是"非常长久的"④。

列宁从俄国实际出发，认为社会主义也有其自身的发展阶段，是一个多级发展的过程。1919 年底，在《关于星期六义务劳动》的报告中，列宁指出："社会主义是直接从资本主义生长出来的社会，是新社会的初级形式""我们在剥夺了地主和资本家以后，只获得了建立社会主义

① 《列宁选集》第 3 卷，人民出版社 1995 年版，第 187 页。
② 《列宁全集》第 34 卷，人民出版社 1985 年版，第 466 页。
③ 《列宁全集》第 35 卷，人民出版社 1985 年版，第 352 页。
④ 《列宁全集》第 37 卷，人民出版社 1985 年版，第 273 页。

那些最初级形式的可能，但是这里还丝毫没有共产主义的东西。拿我国目前的经济来看，我们就能看出，这里社会主义的幼芽还很嫩弱，旧的经济形式还占很大的支配地位”“共产主义则是更高的社会形式，只有在社会主义完全巩固的时候才能得到发展。”“如果把‘共产党’这个名称解释为似乎现在就实现共产主义制度，那就是极大的歪曲，那就是胡乱吹嘘，会带来实际的害处。”因此“对待‘共产主义’这个词要十分审慎。”[①] 从以上论述中可以看出，列宁不仅认为社会主义与共产主义是有区别的，就是社会主义本身也有“初级形式的”和“完全巩固的”不同发展情况。

此外，列宁在《工人同被剥削劳动农民的联盟》（1917 年 11 月 18 日）一文中还提出了“完全的社会主义”的概念[②]、在《苏维埃政权的当前任务》（1918 年 4 月）一文中提出了“真正的社会主义”“理想的社会主义”的概念；在《论“左派”幼稚性和小资产阶级性》（1918 年 5 月 5 日）中提出了“完整的社会主义”的概念[③]；还使用过“完备形式的社会主义”“彻底胜利和巩固了的社会主义”等说法。1920 年 5 月，在《共产主义运动中的“左派”幼稚病》一文中，列宁对未来社会的发展作了进一步的预测，将无产阶级夺取政权后的共产主义发展划分为 4 个阶段，即“最初阶段”“低级阶段”“中级阶段”“高级阶段”。“最初阶段”相当于从资本主义到社会主义的过渡时期，“低级阶段”和“中级阶段”是指社会主义发展阶段，“高级阶段”就是指共产主义社会。列宁关于社会主义发展阶段问题的思考和论断，为后来提出和实施新经济政策提供了理论基础。

必须指出，列宁所论述的“发达”“完备”“完全”的社会主义，实际上也就是马克思恩格斯所设想的共产主义第一阶段。对于社会主义本身是否还要划分阶段，列宁并未明确论述；至于何时才能达到“发达”“完备”的形式，列宁也认为只能靠实践来回答，完备的社会主义社会不可能一“跳”达到[④]，一蹴而成。

---

① 《列宁选集》第 4 卷，人民出版社 1995 年版，第 91—92 页。

② 《工人同被剥削劳动农民的联盟》，《真理报》第 194 号，1917 年 11 月 19 日。

③ 《列宁选集》第 3 卷，人民出版社 1995 年版，第 531 页。

④ 《列宁选集》第 4 卷，人民出版社 1995 年版，第 154 页。

（三）斯大林及其继承者：长期陷于“超越阶段”的泥淖

列宁逝世后，斯大林领导苏联社会主义建设取得了巨大成就。但是在对社会主义发展阶段问题的认识上，斯大林离开列宁的思路，漠视社会主义建设的长期性、阶段性、艰巨性，过早地宣布建成社会主义，并急于提出了向共产主义过渡的口号。自 1928 年起，苏联开始执行第一个五年计划，加速实行社会主义工业化和农业全盘集体化，“对资本主义举行全线进攻”。1930 年 6 月斯大林宣布新经济政策进入“最后阶段”，苏联“已进入社会主义时期”。1933 年 1 月，斯大林在《第一个五年计划的总结》中宣告：苏联已“由农业国变成了工业国”“社会主义工业成了苏联唯一的工业形式”，社会主义社会的“经济基础在苏联已经建成了”。[①] 1934 年 1 月，斯大林在联共（布）十七大的总结报告中又宣布，“苏联已经建成了社会主义社会的基础，剩下的只是建成它的上层建筑，这件事无疑要比建成社会主义社会的基础容易得多”。[②] 1936 年 11 月，斯大林在《关于苏联宪法草案》的报告中正式宣布：“苏联社会已经做到在基本上实现了社会主义，建立了社会主义制度，实现了马克思主义者又称为共产主义第一阶段或低级阶段的制度，也就是说，我们已基本上实现了共产主义的第一阶段，即社会主义。”[③]

显然，宣布社会主义基本建成，就意味着苏联从资本主义向社会主义过渡时期的结束。但斯大林宣布建成的社会主义，无论从当时生产力和生产关系的发展水平看，还是从经济基础和政治制度的发展程度看，都还是一种刚刚起步、水平很低、很不成熟的社会主义，离马克思列宁设想的社会主义相去甚远。也正是鉴于此，斯大林当时在理论上还是留有一定余地的。他在一些重要论述中给“建成社会主义社会”加上了限制词：“基本上”。既然是“基本建成”，从逻辑上讲，那自然就还有一个“完全建成”的问题，今后的任务就是建立“完全的社会主义”社会。但是，1939 年 3 月，联共（布）十八大决议又提出：“苏联在第三个五年计划中进入新的发展阶段，即完成无阶级的社会主义社会的建设

① 斯大林著，中共中央马克思，恩格斯，列宁，斯大林著作编译局译：《列宁主义问题》（第 8 分册），人民出版社 1964 年版，第 600、632 页。

② 《斯大林全集》第 13 卷，人民出版社 1956 年版，第 288—289 页。

③ 《斯大林选集》下册，人民出版社 1979 年版，第 39 页。

并从社会主义逐渐过渡到共产主义的阶段。”① 这实际上否定了“基本上建成论”。1952 年 10 月苏共十九大通过的《苏联共产党章程》进一步提出：“现在，苏联共产党的主要任务是：从社会主义逐渐过渡到共产主义，最后建成共产主义社会。”② 这就在党的理论和实践中越来越明显地出现了急于过渡、超越发展阶段的倾向。

斯大林去世后，赫鲁晓夫在执政初期，一度对斯大林急于过渡到共产主义的认识和做法作出过某些纠正，对促进经济改革起了一定作用。但是，从 20 世纪 50 年代末到 20 世纪 60 年代初，赫鲁晓夫过高地估计了苏联的经济发展速度，从而又进一步发展了斯大林“超越阶段”的倾向。1956 年苏共二十大重申苏联已经建成社会主义并正逐步向共产主义过渡。1957 年 5 月 22 日，赫鲁晓夫在苏联农业工作会议上提出苏联于最近三四年内将在肉类、牛奶、黄油等的人均产量方面赶上和超过美国。同年 11 月 6 日，在庆祝十月革命 40 周年的报告中，赫鲁晓夫正式提出了 5 年内赶超美国的口号，宣称“我们有一切根据宣布共产主义已经不是遥远的将来的事情了。”③ 1959 年 1 月，赫鲁晓夫在苏共二十一大的报告中更进一步提出：社会主义在苏联已取得“完全的和彻底的胜利”，苏联已进入了“一个新的、极重要的发展时期——全面开展共产主义社会建设的时期”，再次宣称“共产主义现在已经不是遥远的理想，而是我们最近的明天”“建立共产主义社会成了党和人民的直接的实际任务”④。1961 年初，赫鲁晓夫又提出苏联“全面开展共产主义社会建设”要解决的三项主要任务是：“建立共产主义物质技术基础；在这基础上发展共产主义社会关系；造就未来的共产主义新人”⑤。1961 年 10 月在苏共二十二大上作的总结报告中，赫鲁晓夫把“全面开展共产主义社会建设”的设想进一步具体化，提出苏联要“在二十年内基本上建成共产主义社会”，具体的时间表是：在头十年，即 1961 年至 1970 年，

---

① 《联共（布）第十八次代表大会关于第三个五年计划的决议》，1936 年 3 月 20 日，原载《苏共和苏联政府关于经济问题决议汇编》俄文版第 5 册，第 11 页。

② 《苏联共产党章程》，1952 年 10 月 13 日，原载《苏共和苏联政府关于经济问题决议汇编》俄文版第 5 册，第 98 页。

③ 阎明复、朱瑞真：《赫鲁晓夫对中国“大跃进”运动的反应》，《百年潮》2007 年第 8 期。

④ 《苏联共产党第二十一次非常代表大会文献》，人民出版社 1960 年版，第 22、120、131 页。

⑤ 赫鲁晓夫：《争取共产主义运动的新胜利》，苏联《共产党人》1961 年第 1 期。

苏联要在按人口平均计算的产品产量方面超过美国。在第二个十年，即1971年至1980年结束时，苏联将建立起共产主义的物质技术基础，保证全体居民得到富裕的物质文化财富，从按劳分配过渡到按需分配，"把美国远远抛在后面"。赫鲁晓夫甚至宣布："我们这一代苏联人将要在共产主义制度下生活！"① 赫鲁晓夫"二十年内基本上建成共产主义"的口号严重脱离了苏联社会实际，是"最出色的空想家"描绘的虚无缥缈的"空中楼阁"②，把超越阶段、急于过渡的思想推到了登峰造极的地步。

1964年勃列日涅夫执政后，针对赫鲁晓夫超越阶段、急于过渡的极端观点进行了调整和修补，并提出"发达社会主义"理论。这个理论承认社会主义的长期性，否定了赫鲁晓夫认为社会主义向共产主义过渡只是一个"短暂"阶段的观点，认为社会主义社会必须经历几个发展阶段，否定了过去认为社会主义时期不必划分阶段的观点。他认为，1936年以来苏联只是建成了社会主义的基础，还不能开始向共产主义过渡，否定了斯大林当年过早提出向共产主义过渡的观点。现在苏联正处于建成发达的（或叫成熟的、完全的）社会主义社会阶段，否定了这一时期是建设共产主义时期（向共产主义过渡时期）的观点。完善发达的社会主义社会是一个长期任务，否定了赫鲁晓夫"二十年基本建成共产主义"的口号。

从上述内容可以看出，"发达社会主义"的提出，是苏联在社会主义发展阶段问题上的重要理论进展，一定程度上纠正了苏联理论中某些"左"的倾向。但是，这个理论确认苏联已建成"发达的社会主义社会"，宣称这个社会具有"高度发达的社会生产力"，具有"强大的物质技术基础"，具有"成熟的社会关系""体现最深刻的民主"，等等，显然又脱离了苏联实际，是对苏联社会发展水平的过高估计，从而一定程度上掩盖了当时实际存在的各种矛盾和社会危机。这也表明，勃列日涅夫时期苏联的理论中仍存在着某些超越发展阶段的倾向。

20世纪70年代末至20世纪80年代初，苏联经济发展速度不断下

---

① 《苏联共产党第二十二次代表大会主要文件》，人民出版社1961年版，第370、406页。

② 〔俄〕亚·维·菲利波夫：《俄罗斯现代史（1945—2006）》，中国社会科学出版社2008年版，第151页。

降，与西方发达国家的技术差距又有扩大的趋势。这种形势使苏共中央对理论问题不得不重新考虑。1982年勃列日涅夫去世后，继任的苏共中央总书记的安德罗波夫，针对勃列日涅夫的发达社会主义“建成”论，提出了发达社会主义“起点”论。其后继任苏共中央总书记的契尔年科和戈尔巴乔夫在对苏联社会发展阶段的估计上，也基本上沿袭了这一论点。“起点论”的主要内容包括：一是继续肯定苏联已进入发达社会主义阶段，但认为现在仅是处在这一漫长的历史阶段“起点”，即处于发达社会主义社会的“初级阶段”。二是从“起点论”的前提出发，提出今后几十年苏联的重大战略任务是“完善发达社会主义”，并大大减少了“建设共产主义”字眼的使用。三是批判急于过渡到共产主义的“盲目冒进”倾向，提出要防止“在理解苏联社会接近共产主义最高阶段的程度方面可能出现的夸张”，要纠正“把向共产主义最高阶段的过渡”看成“轻而易举的事情”的观点①。“起点论”的提出，表明苏共领导人对社会主义发展阶段的认识前进了一步。但尽管如此，“起点论”仍然没有摆脱超越阶段、急于过渡的冒进倾向，因为它还是认为苏联已经是“发达社会主义社会”，并强调要“逐步过渡到共产主义”②。

综上，自斯大林执政以来，苏共历届领导人在对苏联社会主义发展阶段的认识上，始终存在超越阶段、急于过渡的思想。这对苏联的政治体制和经济体制产生了重大的影响，并对苏联社会主义事业造成了严重损害：一是在各方面条件都不具备的情况下，宣布社会主义已经“建成”，并要求向共产主义“过渡”，就必然使得许多经济规律难以发挥作用，在此情况下，苏共只能借助行政手段，通过加强集中领导来推动这一“过渡”，从而进一步强化了高度集中的政治体制和经济体制的形成和巩固。二是排斥商品货币关系和市场调节。既然苏共在理论上始终强调要向“共产主义过渡”，那么在实际生活中就必然要限制和排斥与共产主义“各尽所能，按需分配”不相容的商品货币关系和市场调节。斯大林认为，扩大商品流通范围“只会阻碍我们向共产主义前进”“从社会主义到共产主义过渡以及按照需要分配产品的共产主义原则，是排斥

---

① 参见《吴仁彰文集：二十世纪的苏联社会主义》，世界知识出版社2002年版，第150—161页。

② 《安德罗波夫言论选集》，新华出版社1984年版，第439页。

任何商品交换的”。三是推动了所有制“一大二公”倾向的发展。为了促进向共产主义过渡，苏联常常采取行政措施，把集体所有制变成全民所有制，把集体农庄变成国营农场，并过早地否定个体劳动者的积极作用，过多地限制个人副业的发展。四是受苏联超越阶段、急于过渡理论和实践的影响，东欧一些国家在 20 世纪 70 年代也跟着苏联纷纷宣布，它们正在建设“发达的社会主义社会”，而且“逐步过渡到共产主义”的前提正在形成，结果也导致发展陷入歧路。总之，超越阶段、急于过渡，对本国社会主义所处发展阶段的认识和估计长期脱离实际，是造成苏联社会主义体制僵化、各项改革迈不开大步并最终覆灭的根本性因素之一①。

（四）毛泽东对社会主义发展阶段问题的认识与实践中的失误

在探索社会主义发展阶段问题上，以毛泽东为代表的中国共产党人也作出了艰辛努力，积累了正反两方面经验教训。毛泽东是科学社会主义发展史上最早提出并较为深入地阐述社会主义社会也要分阶段发展的理论家。

还在中国进入社会主义之初，毛泽东就明确地将中国的社会主义制度区别为“建立”与“建成”两个发展阶段。1956 年 1 月 20 日，在中共中央召开的知识分子问题会议上的讲话中，毛泽东指出：“现在已经进入社会主义，对不对呢？比如北京市，我说进入是进入了，你说还没进入？比如北京这么一个城，火车从天津开进了城没有呢？进了城了。完成了没有呢？还没有。这个社会主义社会已经进入，尚未完成。是不是这样？全国都是这样。”② 这就是说，1956 年社会主义改造的基本完成，只是意味着社会主义制度在中国的建立，并不等于社会主义已经建成了。1957 年 2 月，在《关于正确处理人民内部矛盾的问题》讲话中，毛泽东进一步指出：“中国的社会主义制度还刚刚建立，还没有完全建成，还不完全巩固。”“它是和生产力的发展相适应的；但是，它又还很

---

① 参见李慎明主编：《居安思危：苏共亡党二十年的思考》，社会科学文献出版社 2011 年版，第 131—137 页。

② 转引自石仲泉：《毛泽东的艰辛开拓》（新增订本），中共党史出版社 1996 年版，第 315 页。

不完善”“我们的社会主义制度还需要有一个继续建立和巩固的过程，人民群众对于这个新制度还需要有一个习惯的过程，国家工作人员也需要一个学习和取得经验的过程。”①

不仅如此，在区分“建立”与“建成”的基础上，毛泽东还进一步提出了“建成”社会主义也要“分几步来走”的思想。1957 年 3 月 20 日，在江苏南京召开的有江苏、安徽两省及南京军区党员干部参加的会议上，毛泽东说：“有些人讲，到了社会主义，大概是要过好生活了。这就是不懂什么叫社会主义。现在，我们建立了社会主义的生产关系，这种新的生产关系刚刚建立，还没有完全建立好。至于用主要力量搞生产，我们才刚刚开始。”“把我们的国家建设好要多少年呢？我看大概要一百年吧。要分几步来走：大概有十几年会稍微好一点；有个二三十年就更好一点；有个五十年可以勉强像个样子；有一百年那就了不起，就和现在大不相同了。”② 毛泽东关于把国家“建设好”要分四个步骤、时间上要经历“一百年”的预测，既反映了他对中国从 20 世纪下半叶到 21 世纪上半叶 100 年发展进程的总构想，同时也体现了他关于“建成”社会主义要分阶段进行的思想。

但是，进入 20 世纪中期以后，从苏联开始，随着世界社会主义阵营骤然兴起一股“赶超”发达资本主义国家的浪潮，随着党内政治上经济上的“左”倾思想不断滋长和发展，毛泽东头脑中急于求成、脱离实际、超越阶段的社会主义空想观念越来越多，逐步偏离了对中国社会主义发展阶段的正确认识。

早在 1955 年 3 月 21 日，在中国共产党全国代表会议上，毛泽东就曾提出“赶超”思想，提出“要在大约几十年内追上或赶过世界上最强大的资本主义国家。”③ 同年 10 月 29 日，在工商业社会主义改造问题座谈会上，他进一步提出：“我们的目标是要赶上美国，并且要超过美国，……究竟要几十年，看大家努力，至少是五十年吧，也许七十五年。”④ 1956 年 8 月 30 日在党的八大预备会议上⑤、1956 年 12 月 8 日

① 《毛泽东文集》第 7 卷，人民出版社 1999 年版，第 214—216 页。

② 《毛泽东传（1949—1976）》（上），中央文献出版社 2003 年版，第 647—648 页。

③ 《毛泽东文集》第 6 卷，人民出版社 1999 年版，第 392 页。

④ 《毛泽东文集》第 6 卷，人民出版社 1999 年版，第 500 页。

⑤ 《毛泽东文集》第 7 卷，人民出版社 1999 年版，第 89 页。

在与工商界人士谈话时[①]、1957年5月4日在接见来访的缅甸联邦民族院议长、前总统萧恢塔时[②]、1957年7月在青岛召开的省市委书记会议上[③]，毛泽东均多次谈到“在经济上赶上并超过美国”的问题。这一阶段毛泽东的“赶超”思想总的来看还比较务实。然而，1957年11月，在访问苏联期间，受到赫鲁晓夫苏联15年内“赶超”美国口号的刺激，毛泽东先是在莫斯科共产党和工人党代表会议上提出了中国力争15年后“赶上或者超过英国”的目标[④]，随即于回国后的1958年1月至3月接连召开杭州会议、南宁会议、成都会议，严厉批评“反冒进”，号召破除迷信、解放思想。1958年4月15日，在《介绍一个合作社》的批语中，毛泽东说：“十年可以赶上英国，再有十年可以赶上美国”[⑤]。

1958年5月5日至23日，党的八大二次会议在北京召开。会议期间，毛泽东多次讲话，要求全党“破除迷信”“敢想、敢说、敢做”，认为“十五年赶上英国，赶上美国，差不多”[⑥]。毛泽东甚至估计：“大概十年左右，可能产品非常丰富，道德非常高尚，我们就可以从吃饭、穿衣、住房子上实行共产主义。公共食堂，吃饭不要钱，就是共产主义”[⑦]，中国的“共产主义可能提前到来”[⑧]。党的八大二次会议通过了“鼓足干劲、力争上游、多快好省地建设社会主义”的总路线，提出了“苦干三年，基本改变面貌”“十五年赶上美国”等豪言壮语。1个月后，6月21日，毛泽东在中央军委扩大会议上的讲话中又一次将赶超时间提前，他说：“我们三年基本超过英国，十年超过美国，有充分把握。”[⑨] 同年9月8日，在最高国务会议上的第二次讲话中，毛泽东又要求“（钢铁）第二个五年计划就要接近或赶上美国。再加两年，七年，搞一亿五千万吨，超过美国，变成天下第一。”[⑩] 此前，在北戴河召开

---

① 《毛泽东文集》第7卷，人民出版社1999年版，第182页。
② 顾龙生：《毛泽东经济年谱》，中共中央党校出版社1993年版，第399页。
③ 顾龙生：《毛泽东经济年谱》，中共中央党校出版社1993年版，第400页。
④ 《毛泽东文集》第7卷，人民出版社1999年版，第325—326页。
⑤ 《建国以来毛泽东文稿》第7册，中央文献出版社1992年版，第179页。
⑥ 《毛泽东传（1949—1976）》（上），中央文献出版社2003年版，第817页。
⑦ 薄一波：《若干重大决策与事件的回顾》（下），中共中央党校出版社1993年版，第767页。
⑧ 《建国以来毛泽东文稿》第7册，中央文献出版社1992年版，第194、197页。
⑨ 薄一波：《若干重大决策与事件的回顾》（下），中共中央党校出版社1993年版，第702页。
⑩ 《毛泽东文集》第7卷，人民出版社1999年版，第394页。

的中央政治局扩大会议通过了《关于在农村建立人民公社问题的决议》，提出人民公社“将发展成为未来共产主义社会的基层单位”“共产主义在我国的实现，已经不是什么遥远将来的事情了，我们应该积极地运用人民公社的形式，摸索出一条过渡到共产主义的具体途径。”① 根据刘少奇的指示，在中央农村工作部副部长陈正人的指导下，1958 年 9 月 20 日，河北省徐水县开始了向共产主义过渡的试点，在全县搞起了以“吃、穿、住、鞋、袜、毛巾、肥皂、灯油、火柴、烤火费、洗澡、理发、看电影、医疗、丧葬，全由县里统一包下来”为主要内容的体现共产主义要求的供给制②。1958 年年底，当“大跃进”和人民公社化运动在各地实践中已暴露出严重问题之时，党的八届六中全会通过的《关于人民公社若干问题的决议》仍坚持认为：“在社会主义和共产主义之间，没有隔着也不允许隔着万里长城”③。

1958 年开始的“大跃进”和人民公社化运动，是党在探索中国自己的社会主义建设道路过程中遭受的一次严重挫折，是脱离国情、超越阶段、违背经济和社会发展客观规律的“唯意志论”的产物。“大跃进”高潮期间，农业上竞放“高产卫星”，工业上全民大炼钢铁，以高指标、瞎指挥、浮夸风和“共产风”等为主要标志的“左”倾错误泛滥全国，浪费了大量人力、物力、财力，造成国民经济严重失衡和人民生活困难。初创时期的人民公社制度则带有浓厚的平均主义和军事共产主义色彩，不仅造成了对农民的剥夺，而且使农村生产力遭到灾难性破坏。

“大跃进”和人民公社化运动受挫后，在领导纠“左”的过程中，毛泽东就社会主义发展阶段问题、社会主义与共产主义的关系问题等重大理论和政策问题进行了重新思考，提出了一些重要观点和主张。

1958 年 11 月 2 日至 10 日，在有部分中央领导人和部分地方负责人参加的第一次郑州会议上，毛泽东批评河南的“马克思主义‘太多’了”，4 年就要“过渡到共产主义”“我们搞革命战争用了二十二年，曾经耐心地等得民主革命的胜利。搞社会主义没有耐心怎么行？没有耐心

---

① 《中共中央关于在农村建立人民公社问题的决议（1958 年 8 月 29 日）》，《人民日报》1958 年 9 月 10 日。

② 赵云山、赵本荣：《徐水县共产主义试点始末》，《党史通讯》1987 年第 6 期。

③ 中共中央文献研究室编：《建国以来重要文献选编》第 11 册，中央文献出版社 1995 年版，第 601 页。

是不行的。”① 当河南省委书记吴芝圃向他作“共产主义建设十年规划纲要”汇报时，毛泽东说：“你现在涉及到共产主义，这个问题就大了，全世界都不理解了。现在的题目，我看还是社会主义。不要一扯就扯到共产主义。”② 他要求邓小平主持会议，专门讨论社会主义的内容是什么、共产主义的内容是什么，什么叫建成社会主义等问题。同年 11 月 21 日、27 日，在武昌中央政治局扩大会议上，毛泽东说：苏联在准备向共产主义过渡问题上很谨慎，“我们中国人，包括我在内，大概是个冒失鬼。只有九年，就起野心。中国人就这么厉害？整个中国进入共产主义要多少时间，现在谁也不知道，难以设想。”“我们乡以上的干部，没有一百万，也有几十万，就是要过渡得快，越早越好，抢先于苏联”③ “我们有说两年的，也有说三年的，也有说四年的，也有说五年的，就要进入了，哪有那个事呀？”④

1959 年 12 月 10 日至 1960 年 2 月 9 日，在杭州、上海历时 2 个月读苏联《政治经济学教科书》时，毛泽东则首次比较集中地谈论了社会主义的发展阶段问题。他首先从共产主义的发展阶段谈起。他说：“就是到了共产主义阶段，也还是要发展的。它可能要经过几万个阶段。能够说到了共产主义，就什么都不变了，就一切都‘彻底巩固’下去吗？难道那个时候只有量变而没有不断的部分质变吗？”在毛泽东看来，“一切事物总是有‘边’的”，建成社会主义也有一个“边”。他提出：“社会主义这个阶段，又可分为两个阶段，第一个阶段是不发达的社会主义，第二个阶段是比较发达的社会主义。后一阶段可能比前一阶段需要更长的时间。经过后一阶段，到了物质产品、精神财富都极为丰富和人们的共产主义觉悟极大提高的时候，就可以进入共产主义社会了。”⑤ 把社会主义划分成“不发达的”和“比较发达的”两个阶段，是毛泽东在总结“大跃进”经验教训中在社会主义理论问题上达到的新境界，是对他过去所提出的社会主义制度应有“建立”和“建成”之别思想的进一步深化和发展。此外，这个时期，毛泽东还对建成社会主义现代化强国的长期性

① 《毛泽东文集》第 7 卷，人民出版社 1999 年版，第 440—441 页。
② 《毛泽东传（1949—1976）》（下），中央文献出版社 2003 年版，第 890 页。
③ 《中国共产党历史》第 2 卷（下），中共党史出版社 2011 年版，第 515 页。
④ 《毛泽东传（1949—1976）》（下），中央文献出版社 2003 年版，第 901 页。
⑤ 《毛泽东文集》第 8 卷，人民出版社 1999 年版，第 108、116 页。

问题作出了新的思考。1961年9月，在同来华访问的英国陆军元帅蒙哥马利谈话时，毛泽东说："建设强大的社会主义经济，在中国，五十年不行，会要一百年，或者更多的时间。"① 在1962年1月扩大的中央工作会议上，他告诫全党："我劝同志们宁肯把困难想得多一点，因而把时间设想得长一点。三百几十年建设了强大的资本主义经济，在我国，五十年内外到一百年内外，建设起强大的社会主义经济，那又有什么不好呢？"②

毛泽东关于社会主义又可能分为"不发达"和"比较发达"两个阶段以及关于社会主义建设长期性、艰巨性的思考，为研究社会主义发展阶段和未来社会发展问题打开了思路，是我们党提出社会主义初级阶段理论的重要思想来源之一。

二、对国情的重新认识与社会主义初级阶段论的孕育

（一）"讲实事求是，先要把'实事'搞清楚"

"文化大革命"结束后，中国共产党人反思历史教训，恢复和确立了解放思想，实事求是的思想路线，重新认识国情，孕育并逐步提出了社会主义初级阶段论。

还在1977年10月第三次复出不久，邓小平就指出："人们都说中国是个大国，其实只有两点大，一是人口多，二是地方大。就发展水平来说，是个小国，顶多也是个中小国家，连中等国家都算不上。"③ 1978年8月，他又说："资本主义要消灭，这是一个很长期的斗争。各国的发展阶段不同，消灭资本主义，建立共产主义，这是一个很长的历史过程。"④ 1979年3月21日，陈云在中央政治局会议上也提出："我们搞四个现代化，建设社会主义强国，是在什么情况下进行的。讲实事求是，先要把'实事'搞清楚。这个问题不搞清楚，什么事情也搞不好。"最大的"实事"是什么呢？就是"我们国家是一个九亿多人口的大国，百分之八十的人口是农民""革命胜利三十年了还有要饭的，需

① 《毛泽东文集》第8卷，人民出版社1999年版，第301页。
② 《毛泽东著作选读》下册，人民出版社1986年版，第828页。
③ 《邓小平思想年谱》，中央文献出版社1998年版，第48页。
④ 《邓小平思想年谱》，中央文献出版社1998年版，第73页。

要改善生活。我们是在这种情况下搞四个现代化的”①。1979 年 3 月底，在《坚持四项基本原则》的讲话中，邓小平进一步指出：“要使中国实现现代化，至少有两个重要特点是必须看到的”“一个是底子薄”“现在中国仍然是世界上很贫穷的国家之一”“第二条是人口多耕地少”“中国式的现代化，必须从中国的特点出发”。②

与此同时，理论界对新中国成立以来党的诸多历史问题包括社会主义社会发展阶段问题也展开了广泛讨论。自 20 世纪 60 年代以来，我国社会上流行的观点是：在无产阶级革命胜利以后到进入共产主义社会高级阶段以前，都属于从资本主义到共产主义的过渡时期，中间不再划分阶段。由于这个观点是毛泽东提出的，十几年来成为定论，无人敢就此提出不同意见。1979 年 2 月，在中央召开的理论工作务虚会上，苏绍智、冯兰瑞作了题为《无产阶级取得政权后的社会发展阶段问题》的联合发言③，对这个“定论性”的观点提出批评，认为我国还没有进入马克思所设想的共产主义第一阶段（社会主义社会）。作者主张，从资本主义社会到共产主义高级阶段，可分为这样几个阶段。一是从资本主义到社会主义的过渡阶段，这里又可分为两个时期：第一个时期是从无产阶级革命胜利后到生产资料所有制的社会主义改造基本完成，这就是过去我们所讲的“过渡时期总路线”的那个“过渡时期”。生产资料所有制的社会主义改造基本完成以后，就进入另一个时期，即不发达的社会主义。然后再进入发达的社会主义，最后才进入到共产主义阶段。苏、冯认为，现阶段我国仍处在“不发达的社会主义”阶段④。

1979 年 9 月，党的十一届四中全会通过叶剑英庆祝中华人民共和国成立三十周年的讲话。在酝酿讲话初稿时，主持起草工作的胡乔木就曾设想，总结 30 年经验教训，最重要的一条，就是要认识社会主义建设的长期性。这个讲话稿几经讨论和修改，最后的定稿中有这样几句话：“社会主义制度是人类历史上崭新的社会制度，它同世界上的任何其他事物一样，有它发生和发展的过程。同已经有了三四百年历史的资本主义制度相比，社会主义制度还处在幼年时期。”“我们的社会主义制

① 中共中央文献研究室编：《陈云传》（下），中央文献出版社 2005 年版，第 1557 页。

② 《邓小平文选》第 2 卷，人民出版社 1994 年版，第 163—164 页。

③ 联合发言稿整理后发表于《经济研究》1979 年第 5 期。

④ 参见冯兰瑞：《别有人烟行路难》，时代国际出版有限公司 2005 年版，第 147 页。

度已经开始显示出它的生命力和发展前途。但是，它还不成熟，不完善”“我国现在还是发展中的社会主义国家，社会主义制度还不完善，经济和文化还不发达。”“在我国实现现代化，必然要有一个由初级到高级的过程。”① 这些话对我国社会发展现状作了基本估计，实际上已蕴含了社会主义初级阶段的基本思想。

此间，邓小平又多次谈到国情问题。1978 年 10 月和 1979 年初，邓小平先后访问日本和美国。在美、日两个资本主义发达国家的所见所闻，使他切身体验到了中国与西方发达国家经济科技上的巨大差距。1979 年 12 月，在会见日本首相大平正芳时，邓小平说：“我们要实现的四个现代化，是中国式的四个现代化。我们的四个现代化的概念，不是像你们那样的现代化的概念，而是‘小康之家’。到本世纪末，中国的四个现代化即使达到了某种目标，我们的国民生产总值人均水平也还是很低的。”② 1980 年 1 月，在《目前的形势和任务》的讲话中，邓小平强调：“中国搞四个现代化，要老老实实地艰苦创业。我们穷，底子薄，教育、科学、文化都落后，这就决定了我们还要有一个艰苦奋斗的过程。”③ 同年 4 月，在会见阿尔及利亚民族解放阵线代表团时，邓小平又说：“要充分研究如何搞社会主义建设的问题。现在我们正在总结建国三十年的经验。总起来说，第一，不要离开现实和超越阶段采取一些‘左’的办法，这样是搞不成社会主义的。我们过去就是吃‘左’的亏。第二，不管你搞什么，一定要有利于发展生产力。”④

（二）社会主义“初级阶段”论断的两次使用与认识反复

1979 年 10 月下旬，邓小平在同胡耀邦、姚依林、邓力群等谈话时说：1980 年的主要工作之一，是“起草建国以来党的历史问题决议”“现在着手，明年六中全会讨论通过”。他要求，历史决议的起草要以叶剑英国庆讲话“为纲要”，在讲话基础上“考虑具体化、深化”⑤。正是

① 《三中全会以来重要文献选编》（上），人民出版社 1982 年版，第 295、300、307 页。

② 《邓小平文选》第 2 卷，人民出版社 1994 年版，第 237 页。

③ 《邓小平文选》第 2 卷，人民出版社 1994 年版，第 257 页。

④ 《邓小平文选》第 2 卷，人民出版社 1994 年版，第 312 页。

⑤ 中共中央文献研究室编：《邓小平年谱（1975—1997）》（上），中央文献出版社 2004 年版，第 574 页。

在“历史决议”起草和讨论的过程中，社会主义初级阶段的一些思想和观念雏形逐步明确。

比如，在1980年10月12日提交党内4000名高级干部讨论的“历史决议”稿中，其第五部分出现了这样的论断：“在中国条件下实现现代化，是一个长期的复杂的任务，应当而且只能有步骤地、分阶段地实现。”再如，在1981年3月31日提交中央政治局、书记处全体同志以及部分中央负责同志52人讨论的修改稿中，在总结历史经验教训、明确今后建设的基本方针的部分，单列了一条“必须从我国国情出发，充分认识建设社会主义的长期性和艰巨性”，其中说道：“从根本上说，过去我们在社会主义经济建设中发生的左倾错误，包括企图在短时期内彻底改变我国落后面貌这一类错误，就是因为离开了我国国情。”“我们过去的社会主义经济建设虽然取得了相当可观的成绩，但社会经济文化落后的状况还没有得到根本改变；我国自然资源和人力资源十分丰富，但社会生产力水平还很低；我国有十亿人口，其中八亿是农民，以手工劳动为主的农业在国民经济中仍占很大比重，封建主义思想和小生产习惯势力的影响还很深。这种国情决定了把我国建设成为现代化的社会主义国家的长期性和艰巨性，决定了我国现代化建设只能量力而行，有步骤分阶段地实现，首先达到‘小康’水平，即中等收入的发展中国家的水平，然后再向较高目标前进。”① 社会主义初级阶段的提法在这段话中已经呼之欲出了。根据中央52人讨论意见，“历史决议”稿又进行了增删修改。

1981年6月27日，党的十一届六中全会通过《关于建国以来党的若干历史问题的决议》。这是在党的正式文献中，第一次使用了社会主义“初级阶段”的概念②，并指出：“尽管我们的社会主义制度还是处于初级的阶段，但是毫无疑问，我国已经建立了社会主义制度，进入了社会主义社会，任何否认这个基本事实的观点都是错误的。”“当然，我

---

① 转引自《龚育之党史论集》（下），湖南人民出版社2009年版，第870页。

② 1958年6月17日和18日两天下午，北京经济学界举办纪念毛泽东《关于正确处理人民内部矛盾的问题》出版一周年座谈会，中国科学院经济研究所代理所长孙冶方在发言中使用了“社会主义初级阶段”和“社会主义高级阶段”的表述；同年9月3日《人民日报》在题为《高举人民公社的红旗前进》的社论中也使用了“社会主义初级阶段”一词。1979年12月经济学家薛暮桥在其所著《中国社会主义经济问题研究》的序言中写道：“社会主义是共产主义的低级阶段，它是不成熟的共产主义。所以，从共产主义角度来看，社会主义是不完善的。现在我们还处于社会主义初级阶段，即使从社会主义角度来看，也还是不成熟的”。

们的社会主义制度由比较不完善到比较完善，必然要经历一个长久的过程。”① 1年后，即1982年9月党的十二大报告重申（第二次使用）了“我国的社会主义社会现正处在初级发展阶段”这个论断，并用“物质文明还不发达”这个高度集中的概括作为社会主义初级阶段的根本特征。

但是，必须指出的是，虽然我国处于社会主义“初级阶段”的相关表述在党的正式文件中已两次出现，表明我们党对我国社会主义发展阶段和基本国情的认识在理论上开始出现重大突破，但是，在党的十二大召开前后一段时间里，对于我国究竟是处于“社会主义初级阶段”还是“共产主义初级阶段”的问题，在党内，在思想理论界一度出现表述混淆和认知混乱。

党的十二大召开前夕，《人民日报》发表多篇文章，大谈“共产主义思想道德信念”，认为“目前我们党所领导的、全体党员参加的，已经不是一般意义上的共产主义运动，而是已经进入社会主义，即已经进入共产主义初级阶段的共产主义运动”②，我国现在处于“共产主义的初级阶段”③。由胡乔木主持起草的十二大报告一方面讲我国处于社会主义初级发展阶段，另一方面又强调“共产主义的思想和共产主义的实践早已存在于我们的现实生活中”“我们每天的生活都包含着共产主义，都离不了共产主义”④，两者已显矛盾。还在十二大报告起草时，起草小组另一位主要成员、中央书记处研究室主任兼中宣部部长邓力群就反复向宣传系统的干部说，十二大报告的精神是共产主义，共产主义精神贯穿整个报告。在党的十二大闭会后布置如何宣传时，他也特别强调十二大精神是共产主义。他说：“党的十二次代表大会，贯穿着实践共产主义这条红线，学习宣传十二大文件，一定要突出共产主义思想的教育。”⑤ 1983年3月1日，中宣部发布了一份《共产主义实践活动和共产主义思想教育》的研究提纲，其中说道：“共产主义好比一座宏伟的

① 《三中全会以来重要文献选编》（下），人民出版社1982年版，第1134页。

② 《文艺要用共产主义思想教育人民》，《人民日报》1982年6月30日。

③ 沙英：《加强共产主义思想和道德的教育》，《人民日报》1982年8月17日。

④ 胡耀邦：《全面开创社会主义现代化建设的新局面——在中国共产党第十二次全国代表大会上的报告》，《人民日报》1982年9月8日。

⑤ 于光远：《“社会主义初级阶段”的来龙去脉》，《书摘》2009年第5期。

大厦，我们现在已经不是在大厦的门外，而是已经进入了大厦的门内。进行共产主义初级阶段的建设，对于我国人民来说，已经不仅是一种理想，而是活生生的现实。我们现在实行各项社会主义政策，也就是共产主义在今天的实践。”① 并为此提出要在全国发动一场“高举共产主义大旗”的宣传活动。

关于十二大精神和社会主义发展阶段问题的上述解释宣传使得党内和社会上在思想上陷入迷茫混乱。毋庸置疑，党的十二大主要精神当然是邓小平在开幕词中提出的“建设有中国特色的社会主义”，也是胡耀邦加以具体化提出来的“全面开创社会主义现代化建设的新局面”，而宣传部门却硬将其概括为“共产主义”，这不但使十二大精神不能正确地贯彻下去，同时也模糊了、弱化了人们对于社会主义初级阶段问题的认知，其直接结果就是一段时间里关于“社会主义初级阶段”的研究和讨论陷入了沉寂，以至 1984 年 10 月党的十二届三中全会通过的《关于经济体制改革的决定》等党的重要文件都没有使用“初级阶段”这一概念。

（三）“社会主义初级阶段”论断的第三次使用

随着改革开放的推进，人们的认识不断深化。1986 年 5 月 5 日，《人民日报》发表了吴江的题为《关于社会主义建设的历史阶段》的文章，再次提出了我国社会主义所处发展阶段问题。据作者后来说，此文写于 1985 年上半年，原题为《一个最难解决的问题——向社会主义共产主义过渡》，当年 6 月 24 日曾送总书记胡耀邦一阅，并附了一封信，信中说：“这篇文章拟评论一下二十世纪出现的社会主义，说明我们的社会主义目前究竟处于什么阶段，是否已经建成，社会主义和共产主义的关系究竟如何。特别是，能否说我们目前已处于‘共产主义社会第一阶段’，已处于‘共产主义建设时期’，这些是有很大争议的问题。读到一篇关于《共产主义实践活动和共产主义思想教育提纲》，我觉得那里对于这些问题的回答是不恰当的。但是有人认为那个东西的正确性无可怀疑。至今中央还没有对于《提纲》提出的重大问题说过一句话。难怪

① 《共产主义实践活动和共产主义思想教育（研究提纲）》，《思想政治工作研究》1983 年第 2 期。

目前理论界对现实问题噤若寒蝉，多一事不如少一事。我认为对于我们目前的社会主义究竟处于什么阶段，中央应当有一个明确的说法。”

胡耀邦在6月25日为此写了一封简迅给胡绳，对信中批评提纲的事没有表态，但是说了：“吴江此文，有些地方也有可商榷处，但总的来说倒是一篇平心静气探讨问题的作品。你们认为如何？至于是否发表，在哪里发表，我们都不必过问，由他自己和那家报刊编辑去定。”①胡绳看了吴文，表示赞同。论文于当年7月送到《人民日报》编辑部，但一直到了次年5月才公开发表。

吴江的文章指出：“所谓改革，不是别的，就是指在坚持社会主义原则的前提下，逐步消除社会主义经济体制自身一切束缚生产力发展的东西，不管它们在历史上是怎样形成的，起过什么样的作用。我们所要建设的有中国特色的社会主义，也不是别的，而是指最能够在中国条件下发展社会生产力的社会主义。”而所谓“中国条件”，就是“我们现时已经建立的社会主义社会，其发展过程和发展程度和马克思原来设想作为共产主义初级阶段的社会主义社会很不相同”，并不是马克思主义者原来所说的共产主义初级阶段或第一阶段，它的发展程度远远没有达到这一步，它只不过是向共产主义（包括它的第一阶段）过渡的准备阶段。文章认为，不能因为我们的社会主义发展水平不高而不承认我们已初步建立起社会主义制度，但也不能无视我们的社会主义尚处于不发达不完备的初级形态的事实而轻率宣布我国已经进入了共产主义社会第一阶段或初级阶段；我们“不能以匆匆忙忙地进入社会主义、获得社会主义的称号为满足”，社会主义改造基本完成以后我们处在“集中力量发展生产力，使初级形态的不发达的社会主义逐渐发展成为完备的、经济上发达的社会主义”的长期过程中②。

吴江在写于1986年6月、发表于1987年的另一篇文章中进一步指出：“如果我们不是根据书本而是根据经验来谈论社会主义，那么，我认为，我们目前获得的社会主义，就其达到的发展水平来说，只能认为是马克思主义者原来设想的社会主义的预备阶段。如果把社会主义比做大学的话，那它就是大学的预科，是为直接进入大学作准备的，然而这

---

① 《吴江论集》，兰州大学出版社2004年版，第86页。

② 吴江：《关于社会主义建设的历史阶段》，《人民日报》1986年5月5日。

一准备阶段将是很长的；实事求是地说，我们目前获得的这种社会主义只能认为是社会主义的初级阶段、早期阶段，它还很不完备，很不成熟，还远远没有达到马克思所设想的‘共产主义社会第一阶段’或列宁所设想的‘完全社会主义’所要求的那种发展水平和社会目标。这样看问题，我认为是唯一实事求是的态度。社会主义目前到处面临着改革的任务，改革已成为一种潮流，依我看，它直接同对这个问题的认识有关。如果我们能对目前的社会主义明确地提出这种看法，那它对于我们各方面的影响将是巨大的。"①

也许纯粹是出于巧合，1986 年 6 月 16 日，中央书记处研究室《陈云文选》编辑组在《人民日报》发表介绍了《陈云文选》的文章，呼应了吴江提出的问题。文章说："马克思、恩格斯根据当时的历史条件，预言无产阶级一旦革命胜利，经过一个过渡时期，资本主义将转变为共产主义。无产阶级革命导师这样的设想，是以资本主义社会形成的高度发展的社会生产力为前提而作出的理论上的推断。但从俄国十月革命开始，到中国革命胜利为止，所有走上社会主义道路的国家，除个别国家外，经济都很不发达或不够发达，社会生产力水平都不高，劳动生产率大大低于发达的资本主义国家。要在经济落后的条件下完成社会主义建设，实现向共产主义过渡，从已有的实践经验看，确实需要一整个历史时期。只有在这个历史时期内，社会生产力得到高度的发展以后，才有可能向共产主义过渡。""在社会主义这个历史时期中，社会经济的发展，还将从低级到高级，经历若干个历史阶段。我国目前社会经济文化的实际状况，表明我们还只是处在建设社会主义的初级阶段。我们搞建设，搞改革，都要考虑这个事实。"②

随着关于我国国情和社会主义发展阶段问题讨论的进一步深入，1986 年 9 月，在时隔 4 年之后，党的十二届六中全会通过的《关于社会主义精神文明建设指导方针的决议》才引人注目地第三次使用了"我国还处在社会主义初级阶段"的提法，并有所展开。《关于社会主义精神文明建设指导方针的决议》指出："我国还处在社会主义的初级阶段，

---

① 吴江：《论发展中的社会主义——作为社会主义预备阶段的社会主义初级阶段》，《马克思主义研究》1987 年第 2 期。

② 中共中央书记处研究室《陈云文选》编辑小组：《坚持实事求是原则是一切事业的成功之道——介绍〈陈云文选〉》，《人民日报》1986 年 6 月 16 日。

不但必须实行按劳分配，发展社会主义的商品经济和竞争，而且在相当长历史时期内，还要在公有制为主体的前提下发展多种经济成分，在共同富裕的目标下鼓励一部分人先富裕起来。”①《关于社会主义精神文明建设指导方针的决议》在起草过程中曾因相关问题发生意见分歧和激烈争论，其中关于“我国还处在社会主义初级阶段”的提法也是在最终提交中央全会讨论后由提交稿中的“我国还处在社会主义历史阶段”经修改而来②。

《关于社会主义精神文明建设指导方针的决议》发表后，彭真在六届全国人大常委会十八次会议讨论这一决议的联组会上发言说：“作为社会制度，马克思是把共产主义分为初级和高级两个阶段的，即社会主义阶段和共产主义阶段。即使他说的那个初级阶段，也是建立在社会生产力的发展水平已经相当高的基础上的社会主义，我们还没有达到那个程度。‘我国还处在社会主义的初级阶段’，即共产主义的初级阶段的初级阶段。”③

但是，虽然党的正式文件中 3 次使用了“初级阶段”的提法，但都未加以发挥，人们关注的焦点自然都集中到了 1987 年要召开的党的十三大上。

三、党的十三大正式确立“社会主义初级阶段”论

（一）中央领导层和理论界关于“社会主义初级阶段”的讨论

党的十二届六中全会决议起草告一段落后，党中央就开始着手准备十三大报告的相关工作。1986 年 9 月中旬，时任中共中央总书记的胡耀邦向准备列入十三大报告起草小组的人员透露：党的十三大上他将不再担任总书记；他希望，十三大报告要从理论上讲深讲透，要像毛泽东当年在延安写出一篇《新民主主义论》那样，在十三大上通过一篇《中

---

① 《中共中央关于社会主义精神文明建设指导方针的决议》，《人民日报》1986 年 9 月 29 日。

② 《龚育之党史论集》（下），湖南人民出版社 2009 年版，第 877 页。

③ 《在六届全国人大常委会十八次会议讨论〈决议〉联组会上彭真阐述理想、民主和法制》，《人民日报》1986 年 11 月 27 日。

国特色的社会主义论》或《社会主义初级阶段论》。①

就如何起草好十三大报告，1986年10月3日和10日，胡耀邦两次主持有中央高级领导人和理论工作者参加的会议，酝酿基调。在会上，胡耀邦说：《新民主主义论》是建党以后经过近二十年才写出来的。现在，中国特色的社会主义搞了九年，从建国以后算起，则已经三十几年。为什么社会主义只能是这样搞，不能那样搞，经验丰富，不亚于写《新民主主义论》的时候。总结得好，就能站得高。社会主义初级阶段还可阐发，很多政策是从这里出来的。1986年10月29日、30日，起草小组在组长郑必坚主持下进行讨论，强调十三大报告要突出我们现在处于社会主义初级阶段，认为“这一言可以兴邦”，以后再也不要吵着急忙搞共产主义了。11月11日，胡耀邦主持讨论十三大报告设想稿。12月4日起草小组讨论十三大报告起草提纲，按照胡耀邦的意见分成三大块，其中第二块写从社会主义初级阶段出发，并分10个方面论述建设有中国特色的社会主义。1987年1月初，胡耀邦辞去总书记职务。不久，十三大报告改由代总书记赵紫阳主持准备②。

1987年2月6日，邓小平同赵紫阳、杨尚昆、万里、薄一波等谈党的十三大的筹备和十三大报告的起草等问题。邓小平提出：“十三大报告要在理论上阐述什么是社会主义，讲清楚我们的改革是不是社会主义。要申明‘四个坚持’的必要，反对资产阶级自由化的必要，改革开放的必要，在理论上讲得更加明白。十三大报告应该是一篇好的著作。”③ 3月18日，赵紫阳邀请薄一波、杨尚昆、万里、胡乔木、胡启立等中央领导同志座谈，议论了报告的提纲，提出十三大报告关系重大，一定要写好，要把党的十一届三中全会以来我们党建设有中国特色的社会主义的路线写清楚，写出分量来。中央还成立了由19人组成的十三大报告起草小组。

1987年3月21日，赵紫阳就草拟十三大报告大纲的设想，给邓小

① 参见龚育之：《十三大报告要好好写出一篇社会主义初级阶段论》，《学习时报》2005年12月6日。

② 参见龚育之：《十三大报告要好好写出一篇社会主义初级阶段论》，《学习时报》2005年12月6日。

③ 中共中央文献研究室编：《邓小平年谱（1975—1997）》（下），中央文献出版社2004年版，第1168页。

平写信。信中说：十三大报告“全篇拟以社会主义初级阶段作为立论的根据”，并据以说明“由此而来的经济建设的发展战略”“由此而来的发展社会主义商品经济的任务和我国经济体制改革的方向”“由此而来的建设社会主义民主政治的任务和我国政治体制改革的原则”“由此而来的加强和改善党的领导的任务，包括执政党的领导体制、党内民主和对党的领导人的监督、党的干部、党的风气”“由此而来的在理论和思想指导上避免‘左’右两种倾向的必要性，着重阐明三中全会以来路线的两个基本点是坚持四项基本原则和坚持改革开放搞活，指出在新的实践中必须进行创造性的理论探索”等重大问题，说明“我们所以必须采取现在这样的方针政策而不能采取别的方针政策的基本根据”。信中强调：“以社会主义的初级阶段立论，有可能把必须避免‘左’右两种倾向这个大问题说清楚，也有可能把我们改革的性质和根据说清楚。如能这样，对统一党内外认识很有好处，对国外理解我们政策的长期稳定性也很有好处。”信中特别说道：“‘初级阶段’这个提法，在党的文件中已三次出现（历史问题决议、十二大报告、精神文明决议），但都没有发挥。如您同意，报告的起草工作就准备循着这个思路加以展开。”3 月 25 日邓小平审阅后批示：“这个设计好。”①

邓小平对于将中国的社会主义定位于“初级阶段”继续进行了深入思考。1987 年 4 月 26 日，在批准十三大报告设想的一个月后，邓小平在同捷克斯洛伐克社会主义共和国总理什特劳加尔的谈话中提出过一个大胆而坦率的论点：“现在虽说我们也在搞社会主义，但事实上不够格。只有到了下世纪中叶，达到了中等发达国家的水平，才能说真的搞了社会主义，才能理直气壮地说社会主义优于资本主义。现在我们正在向这个路上走。”②“不够格”的社会主义，实际上指的就是初级阶段的社会主义。只不过后面的提法较好接受、较为柔和、较为正式而已。这个“不够格”，当然首先是指我们的社会主义在生产力方面还不发达，还没有摆脱贫穷，还没有达到基本实现现代化。而马克思原来设想的社会主义是在资本主义国家发达的生产力基础上通过无产阶级革命而建立起

① 《十二大以来重要文献选编》（下），人民出版社 1988 年版，第 1307—1309 页。

② 中共中央文献研究室编：《邓小平年谱（1975—1997）》（下），中央文献出版社 2004 年版，第 1183 页。

来的。

1987年8月29日，即党的十三大召开前约两个月，邓小平在会见意大利共产党领导人约蒂和赞盖里时又说："我们党的十三大要阐述中国社会主义是处于一个什么阶段，就是初级阶段，是初级阶段的社会主义。社会主义本身是共产主义的初级阶段，而我们中国又处在社会主义的初级阶段，就是不发达的阶段。一切都要从这个实际出发，根据这个实际来制定规划。"① 这个说法实际上表明，作为共产主义初级阶段的"社会主义本身"又可分为若干阶段，中国只是处在社会主义的初级阶段，是"作为共产主义初级阶段的社会主义"本身的一个阶段。

进入1987年，随着十三大各项筹备工作的展开和总体设想的确定，国内思想理论界掀起了一股研究、讨论和宣传社会主义初级阶段理论的热潮。

1月5日，《人民日报》发表题为《社会主义的幼驹和资本主义的老马及其他》的文章，提出："确认我们目前还处在社会主义的初级阶段""这是一个非常重要的论断，……是我们观察和处理中国当前各种社会问题的立足点。脚应该站在地上，这是最大的实际。""毛泽东同志当年写了一本《新民主主义论》。现在，我们也需要有一本《社会主义初级阶段论》。"②

4月24日，红旗杂志社《内部文稿》编辑部、北京市《学习与研究》杂志社、北京市社科联等单位联合举行座谈会，邀请在京的部分理论工作者就"深入讨论社会主义初级阶段问题的意义""社会主义初级阶段的基本特征""社会主义初级阶段与其他阶段的区别及联系""讨论社会主义初级阶段问题的思路和方法论"等问题进行了深入探讨。③

5月，安徽人民出版社出版了北京大学薛汉伟撰写的《社会主义社会阶段划分的理论和实践》一书，这是国内第一部系统研究社会主义社会阶段划分和社会主义初级阶段的学术著作。

6月4日至8日，北京市社科联、北京市委宣传部、市社科院、《学习与研究》杂志社联合召开"社会主义初级阶段理论研讨会"。讨论

---

① 《邓小平文选》第3卷，人民出版社1993年版，第252页。

② 鲍彤：《社会主义的幼驹和资本主义的老马及其他》，《人民日报》1987年1月5日。

③ 周溯源、刘牧雨：《关于社会主义初级阶段问题的座谈概述》，《前线》1987年第6期。

中，对于社会主义的阶段划分，与会者提出了4种意见：第一种意见主张分为初级阶段和高级阶段两个阶段。初级阶段的上限是三大改造基本完成和确立起公有制为主体的社会主义经济制度，下限是现代化的物质技术基础建立和人民共同富裕的基本实现。第二种意见认为，社会主义时期可划分为三个大阶段：初级阶段、发达阶段和完备阶段。初级阶段从1956年算起至21个世纪中叶止，要达到中等发达国家的生活水平，初具“四化”规模。发达阶段，要使人们觉悟普遍提高，赶上先进资本主义国家经济水平。完备阶段，要加强两个文明建设，超过发达资本主义国家。第三种意见认为，社会主义初级阶段的终点，是高度文明、高度民主的社会主义现代化国家的建成。这是一个综合指标，包括社会生活的经济、政治和文化等各个领域。其中最基本的指标是经济的现代化。第四种意见认为，社会主义初级阶段的起点可以从1956年确立起社会主义公有制算起，终点则不宜限制①。6月19日，《人民日报》发表《关于我国社会主义初级阶段问题的探讨》一文，对社会主义初级阶段的经济特征、民主政治和历史任务等问题进行了分析探讨②。6月下旬，上海市召开了由市委宣传部理论处、《世界经济导报》研究部、《解放日报》理论部、《文汇报》理论部、市委政策研究室等10家单位联合举办的“社会主义初级阶段讨论会”。100多位会议代表围绕初级阶段的一些重大理论和实际问题展开了深入讨论。③

7月16日至18日，由浙江省委宣传部、省社联、省社科院和省委党校四单位联合发起的社会主义初级阶段理论讨论会在杭州举行，60余名理论工作者参加了会议，会议就社会主义初级阶段提出的重要意义、历史依据、基本特征、根本任务和方法论原则等问题进行了广泛的讨论。④

8月17日至22日，全国第四次社会主义社会辩证法研讨会在乌鲁木齐召开，会议就“社会主义初级阶段的由来”“研究社会主义初级阶

---

① 参见张国安：《社会主义初级阶段理论研讨会综述》，《光明日报》1987年8月10日。

② 参见何家成、张学军、边勇壮、张晓明：《关于我国社会主义初级阶段问题的探讨》，《人民日报》1987年6月19日。

③ 参见程恩富、童桦：《上海理论界继“社会主义商品经济讨论会”后的又一聚会——“社会主义初级阶段理论讨论会”综述》，《世界经济导报（沪）》1987年7月20日。

④ 参见晓余：《社会主义初级阶段理论讨论会观点综述》，《浙江社会科学》1987年第4期。

段的方法论原则”“社会主义初级阶段划分的标准”以及“社会主义初级阶段的质的规定性及其基本特征”等问题进行了热烈讨论。①

9月底，安徽省哲学原理研究会邀请部分哲学理论工作者，就“我国还处在社会主义的初级阶段”这一重要论断进行座谈，会议提出的需要进一步研究和回答的问题包括：“1. 社会主义社会的标志是什么？是单项标志，还是多项标志？它的根本标志是什么？2. 社会主义发展过程中有哪几个阶段？它们划分的主要依据是什么？社会主义初级阶段有什么特定含义？3. 社会主义初级阶段是中国社会主义发展的特有阶段，还是所有社会主义国家的必经阶段？4. 为什么我们搞了近40年的社会主义，到目前还处在初级阶段？根源何在？5. 初级阶段在我国整个社会主义发展过程中占有什么历史地位？6. 怎样才能使我国的社会主义的发展从初级阶段较顺利地进入新的历史阶段？”②

1987年5月至7月，十三大报告先后写出了第一至三稿。第三稿完成后，中央书记处在北戴河召开会议，对报告进行了认真讨论，并决定由起草小组根据这些讨论意见修改后，作为征求意见稿发到党内征求意见。8月，十三大报告征求意见稿由中央办公厅发往党内大约5000位同志手中征求意见。与此同时，起草小组还在北京召开了有100多位同志参加的座谈会。9月初，起草小组向中央书记处汇报了各地讨论中提出的10多个涉及全局和原则性的重大理论问题，其中就包括社会主义初级阶段如何论证、社会主义初级阶段的主要矛盾以及社会主义初级阶段的起始时间等问题。十三大报告起草和讨论的过程，也就是人们对社会主义初级阶段理论逐渐接受和认识不断深化的过程。

（二）十三大报告对社会主义初级阶段理论的全面阐述

在邓小平确定指导性意见、十三大报告草稿讨论和全国学术理论界深入研究的基础上，1987年10月党的十三大第一次对社会主义初级阶段理论作了系统阐述。报告第二部分以“社会主义初级阶段和党的基本路线”为题，开宗明义地指出：“正确认识我国社会现在所处的历史阶

① 参见胡金鉴：《全国第四次社会主义社会辩证法研讨会关于社会主义初级阶段理论问题的综述》，《实事求是》1987年第6期。

② 郑于栋：《关于我国社会主义初级阶段的讨论综述》，《安徽大学学报（哲学社会科学版）》1987年第4期。

段，是建设有中国特色的社会主义的首要问题，是我们制定和执行正确的路线和政策的根本依据。”围绕这个主旨，报告环环相扣地深入论述了 8 个方面的相关问题：

一是揭示了社会主义初级阶段论断的两层含义：其一是说我国社会已经是社会主义社会，我们必须坚持而不能离开社会主义；其二是说我国的社会主义社会还处在初级阶段，我们必须从这个实际出发，而不能超越这个阶段。

二是阐明了我国社会主义必须经历一个很长初级阶段的根据。历史根据是：我国社会主义脱胎于半殖民地半封建社会，生产力水平远远落后于发达的资本主义国家，这就决定了我们必须经历一个很长的初级阶段，去实现别的许多国家在资本主义条件下已经实现的工业化和生产的商品化、社会化、现代化。现实根据是：新中国成立 30 多年来我国社会主义建设虽有相当发展，但人口多，底子薄，人均国民生产总值仍居于世界后列，生产关系和上层建筑等方面还不成熟不完善。

三是总结了我国超越社会主义初级阶段的历史教训。从 20 世纪 50 年代后期开始，由于“左”倾错误的影响，我们曾经急于求成，盲目求成，以为单凭主观愿望，依靠群众运动，就可以使生产力急剧提高，以为社会主义所有制形式越大越公越好。许多束缚生产力发展的、并不具有社会主义本质属性的东西，或者只适合于某种特殊历史条件的东西，被当作“社会主义原则”加以固守。许多在社会主义条件下有利于生产力发展和生产商品化、社会化、现代化的东西，被当做“资本主义复辟”遭到反对，由此而形成的过分单一的所有制结构和僵化的经济体制以及同这种经济体制相联系的权力过分集中的政治体制，严重束缚了生产力的发展，也使我国社会主义建设经历多次曲折，付出了巨大代价。

四是阐述了社会主义初级阶段的“特指”和时长。我国社会主义的初级阶段，“不是泛指任何国家进入社会主义都会经历的起始阶段，而是特指我国在生产力落后、商品经济不发达条件下建设社会主义必然要经历的特定阶段。我国从五十年代生产资料私有制的社会主义改造基本完成，到社会主义现代化的基本实现，至少需要上百年时间，都属于社会主义初级阶段。”

五是明确了我国社会主义初级阶段的主要矛盾和改革任务。人民日益增长的物质文化需要同落后的社会生产之间的矛盾是现阶段我国社会的主要矛盾。阶级斗争在一定范围内还会长期存在，但已不是主要矛盾。为了解决这个主要矛盾，就必须大力发展商品经济，提高劳动生产率，逐步实现现代化，并且为此而改革生产关系和上层建筑中不适应生产力发展的部分。

六是概括了我国社会主义初级阶段的走向和总体特征。长达百年的中国社会主义初级阶段，“是逐步摆脱贫穷、摆脱落后的阶段；是由农业人口占多数的手工劳动为基础的农业国，逐步变为非农产业人口占多数的现代化的工业国的阶段；是由自然经济半自然经济占很大比重，变为商品经济高度发达的阶段；是通过改革和探索，建立和发展充满活力的社会主义经济、政治、文化体制的阶段；是全民奋起，艰苦创业，实现中华民族伟大复兴的阶段”。

七是规定了基于社会主义初级阶段实际的一系列具有长远意义的指导方针，包括：必须集中力量进行现代化建设；必须坚持全面改革；必须坚持对外开放；必须以公有制为主体，大力发展有计划的商品经济；必须以安定团结为前提，努力建设民主政治；必须以马克思主义为指导，努力建设精神文明。

八是概括了党在社会主义初级阶段建设有中国特色的社会主义的基本路线，即“领导和团结全国各族人民，以经济建设为中心，坚持四项基本原则，坚持改革开放，自力更生，艰苦创业，为把我国建设成为富强、民主、文明的社会主义现代化国家而奋斗。”① ——这就是“一个中心，两个基本点”的基本路线。

在对社会主义初级阶段理论作出展开论述的基础上，十三大报告接着规划了我国经济建设分三步走的战略部署，制定了推进经济体制改革、政治体制改革和加强党的建设等的一系列大政方针。报告结语部分强调：“社会主义初级阶段是很长的历史发展过程。我们对这个阶段的状况、矛盾、演变及其规律的认识，在许多方面还知之不多，知之不深。我们的许多方针、政策和理论还有待于完善，要随着实践的发展，不断经受检验，得到补充、修正和提高。我们既不把书本上的个别论断当作束缚自己手脚的教条，也不把实践中已见成效的东西看成完美无缺

① 赵紫阳：《沿着有中国特色的社会主义道路前进——在中国共产党第十三次全国代表大会上的报告》，《人民日报》1987年11月4日。

的模式。必须在实际工作中鼓励探索和开拓，在理论研究上坚持‘百花齐放、百家争鸣’。生活、实践的观点，是认识论的第一的和基本的观点。没有探索，没有创新，没有不同试验的比较和不同意见的讨论，我们的事业就没有生气。努力发扬马克思主义的科学精神和创造活力，振奋起全民族探索创新的勇气，是我们的理论和事业不断发展的希望所在。”这段话至今读来仍激昂有力，发人深思。

社会主义初级阶段理论的提出，具有重大的理论和实践意义。党的十一届三中全会前我们在建设社会主义中出现失误的根本原因之一，就在于提出的一些任务和政策超越了社会主义初级阶段。党的十一届三中全会后改革开放和现代化建设取得成功的根本原因之一，则是逐渐认清了“中国现在处于并将长期处于社会主义初级阶段”这个最基本的现实国情。党的十一届三中全会以来我们党总结历史经验教训，提出走自己的路，建设有中国的特色社会主义，提出一系列符合中国实际的路线方针政策，其根据，就在这里；只能采取这样的路线和政策而不能采取别样的路线和政策，其根据，就在这里；必须长期地、稳定地采取这样的基本路线和基本政策，而不是短期地、临时地采取这样的路线和政策，其根据，就在这里；必须充分认识和清醒估计中国现代化建设的长期性、艰巨性、复杂性，其根据，就在这里；从认识根源上解决“左”右偏差，消除疑惑，排除干扰，弥合纷争，思考和解决“什么是社会主义，在中国怎样建设社会主义”的问题，其根据，也在这里。总之，党的十三大对社会主义初级阶段理论的阐述，为理解新中国成立以来党的事业的兴衰成败提供了一把钥匙，也为立足国情实行改革开放、坚持走中国特色社会主义道路提供了有力的理论武器，是对科学社会主义理论的重大贡献。

四、党的十三大以来：社会主义初级阶段论的进一步发展

党的十三大以后，中央主要领导提出了深化社会主义初级阶段理论研究的任务。1988 年 3 月 19 日，在中央顾问委员会第二次全体会议上，中央顾问委员会副主任薄一波就专门讲到“关于加强对社会主义初级阶段理论的研究”，提出可以从社会主义初级阶段的观点来回顾和反

思新中国成立以来特别是 20 世纪 50 年代初期的历史进程。中央还成立了由中国社会科学院副院长郑必坚、中宣部副部长龚育之任召集人的“社会主义初级阶段理论研究联络小组”以推动研究。

1988 年 4 月 20 日，社会主义初级阶段理论研究联络小组成员郑必坚、贾春峰在四川成都请中共四川省委书记杨汝岱谈“初级阶段”理论学习和研究工作问题。杨汝岱说：“社会主义初级阶段理论的提出，是党的十三大的重大理论成果。过去什么叫‘左’呀右呀，改革开放的依据是什么呀，是姓‘资’还是姓‘社’呀，争论不休，不容易说清楚。初级阶段理论的提出，把这些问题说清楚了，对于统一全党的思想起了很大作用。这是坚持实事求是，从中国的实际出发，对社会主义再认识的重大成果，也是对社会主义再认识的新起点。”

1988 年 7 月 5 日至 6 日，联络小组召集人郑必坚、龚育之在深圳主持召开了“加强对当代世界发展的调研、深化社会主义初级阶段理论”座谈会。参加座谈的有中顾委委员任仲夷、新华社香港分社副社长张浚生、中国国际信托投资公司第一副董事长唐克，全国人大法律委员会副主任委员林涧青、中央党校副校长高获、中国社会科学院副院长赵复三、中共广东省委常委方苞、中共四川省委常委许川等 20 余人。郑必坚在发言时说：“从 70 年代后期开始，尤其是进入 80 年代以来，一个引人注目的国际现象，就是各种不同社会制度和不同发展程度的国家，各种不同利益的政治派别和经济集团，分别从不同立场和角度，几乎不约而同地尖锐提出了各自国家发展战略的抉择问题，提出了范围广泛的改革调整问题，提出了重新认识自己的问题。”他认为，“十三大阐述的社会主义初级阶段理论，既是十一届三中全会以来解放思想的成果，又是——而且更重要的是——进一步解放思想的新起点，是进一步推进改革、开放和现代化建设的新起点，是进一步加深对社会主义再认识的新起点。”任仲夷在发言时说：过去一个时期，一提起资本主义，就不加分析地把它看成是万恶的渊薮，一无是处；一讲到帝国主义，就教条地说它是腐朽的、垂死的，马上就要崩溃了。但事实并不是这样。对于什么是社会主义，怎样建设社会主义，我们也需要进行再认识。“过去，我们把建设社会主义的问题看得简单了，太容易了。……其中有许多是空想社会主义。本来，马克思、恩格斯经过长期的科学研究，已经把社会主义从空想变为科学，我们却又走了一段‘社会主义从科学到空想’

的冤枉路”[①]。

这个时候，从中央到地方，一些重要理论研究部门也制定并实施了一系列规划和部署，加强了对社会主义初级阶段理论的研究工作。1988 年 1 月，中央党校制订了《关于组织社会主义初级阶段理论研究的计划》，中国社会科学院成立社会主义初级阶段理论研究协调小组，制订了《中国社会科学院关于社会主义初级阶段理论研究计划》，并公布了第一批研究项目。上海社会科学院也制订了《关于社会主义初级阶段理论研究的规划》，成立了社会主义初级阶段研究中心课题组。以上工作都大大推进了这个时期对于社会主义初级阶段理论的研究。

党的十三大以后，邓小平又多次发表过涉及社会主义初级阶段的谈话。1987 年 11 月 16 日，在同日本社会党委员长土井多贺子谈话时，邓小平强调党的十三大有两大特点，第一个就是：“阐述了中国社会主义初级阶段的理论，在这个理论指导下，坚定地贯彻党的十一届三中全会以来的路线、方针和政策”。[②] 1988 年 6 月 22 日，在同埃塞俄比亚总统谈话时，邓小平说：“从 1957 年下半年开始，我们就犯了‘左’的错误。总的来说，就是对外封闭，对内以阶级斗争为纲，忽视发展生产力，制定的政策超越了社会主义的初级阶段”。[③] 1992 年初，在视察南方发表的重要谈话中，邓小平指出：“我们搞社会主义才几十年，还处在初级阶段。巩固和发展社会主义制度，还需要一个很长的历史阶段，需要我们几代人、十几代人，甚至几十代人坚持不懈地努力奋斗，决不能掉以轻心。”[④]

1997 年，面对世纪之交改革发展的新情况和国内外形势的新变化，十五大报告再次论述了社会主义初级阶段问题，报告说：这次大会要进一步强调这个问题，是因为“面对改革攻坚和开创新局面的艰巨任务，我们解决种种矛盾，澄清种种疑惑，认识为什么必须实行现在这样的路线和政策而不能实行别样的路线和政策，关键就在于对所处社会主义初

① 《深化对社会主义的再认识——一次座谈会的发言记要》，《瞭望》1988 年第 30 期。
② 《邓小平文选》第 3 卷，人民出版社 1993 年版，第 258 页。
③ 《邓小平文选》第 3 卷，人民出版社 1993 年版，第 269 页。
④ 《邓小平文选》第 3 卷，人民出版社 1993 年版，第 379—380 页。

级阶段的基本国情要有统一认识和准确把握。”① 十五大报告在十三大报告的基础上，进一步阐述了社会主义初级阶段的历史方位、基本特征、主要任务等重大问题，并据此提出了党在社会主义初级阶段建设中国特色社会主义的经济、政治和文化纲领。

2002 年，党的十六大重申：“我国正处于并将长期处于社会主义初级阶段”②。2007 年，党的十七大报告宣告：“我国仍处于并将长期处于社会主义初级阶段的基本国情没有变”③。报告从 8 个方面深入分析了当前我国发展的阶段性特征，进一步丰富了对社会主义初级阶段的认识。

2008 年 12 月 18 日，胡锦涛在纪念党的十一届三中全会召开 30 周年大会上发表讲话，总结了改革开放的历史进程和基本经验，再次强调：“发展中国特色社会主义，最根本的就是一切都要从社会主义初级阶段这个最大的实际出发。”④

2012 年 11 月，十八大报告强调：“建设中国特色社会主义，总依据是社会主义初级阶段”“我国仍处于并将长期处于社会主义初级阶段的基本国情没有变”“在任何情况下都要牢牢把握社会主义初级阶段这个最大国情，推进任何方面的改革发展都要牢牢立足社会主义初级阶段这个最大实际”⑤。

从 1979 年我们党提出我国社会主义制度“还处在幼年时期”“还不完善”“还不发达”，到 1987 年系统阐述社会主义初级阶段论，直至今日，关于社会主义初级阶段的讨论和研究已历时 30 年。30 年来，社会主义初级阶段论作为党的十一届三中全会以来我们党最主要的理论创新之一，已被牢牢地嵌入了中国特色社会主义理论体系之中。坚

---

① 江泽民：《高举邓小平理论伟大旗帜，把建设有中国特色社会主义事业全面推向二十一世纪——在中国共产党第十五次全国代表大会上的报告》，《人民日报》1997 年 9 月 22 日。

② 江泽民：《全面建设小康社会，开创中国特色社会主义事业新局面——在中国共产党第十六次全国代表大会上的报告》，《人民日报》2002 年 11 月 17 日。

③ 胡锦涛：《高举中国特色社会主义伟大旗帜，为夺取全面建设小康社会新胜利而奋斗——在中国共产党第十七次全国代表大会上的报告》，《人民日报》2007 年 10 月 25 日。

④ 胡锦涛：《在纪念党的十一届三中全会召开 30 周年大会上的讲话》，《人民日报》2008 年 12 月 19 日。

⑤ 胡锦涛：《坚定不移沿着中国特色社会主义道路前进，为全面建成小康社会而奋斗——在中国共产党第十八次全国代表大会上的报告》，《人民日报》2012 年 11 月 18 日。

持社会主义初级阶段论，强调认清社会主义初级阶段的基本国情，并不是要妄自菲薄、自甘落后。要坚持把它作为推进改革开放、谋划长远发展的根本依据。我们要始终保持清醒头脑，立足社会主义初级阶段这个最大实际，创造改革开放和中国特色社会主义更加广阔的发展前景。

后　　记

本书是1998年迄今我在中央党校从事教学工作所撰写的部分讲稿的汇辑，共20篇，印发对象主要是中央党校省部级、地厅级、县处级等各类干部班的学员。这20篇讲稿，篇幅各有长短，写作时间前后跨度较大。这次选编时，为了便于读者阅览，依据主题和内容的不同，我将之作了分类，大致分为“基本理论”“历史经验”“文献导读”“改革源流”四个部分，每类讲稿以讲授时间为序排列。

讲稿是课堂教学的辅助材料，更多反映的是授课者讲述的基本思路而非全部细节，不会也难以同课堂教学的实际内容完全一致，每篇讲稿所表达的也只能是授课者彼时彼刻对某一讲题及相关内容的理解和认识。为了尊重历史，也为了“忠实”体现“彼时彼刻”的立题原意和授课者的认识水平。本书在选编整理时，未对讲稿内容作大的删改，基本保留了讲稿原貌。也正因为如此，就难免使得一些讲稿间存在交叉重复以至错讹脱漏之处，这是要特别说明并请读者谅解的。

曹　普

2019年2月